תלמוד בבלי

מהדורת נאה

סוטה חלק ב

Steinsaltz Center

KOREN

Please note that the number ranges that appear at the bottom of each daf of the Vilna pages indicate the corresponding pages of the Koren Talmud Bavli translation and commentary.

תלמוד בבלי

הוצאת קורן ירושלים

— מהדורת נאה —

מסכת סוטה
דף יד. עד דף לב.

COMMENTARY BY

Rabbi Adin Even-Israel Steinsaltz

EDITOR-IN-CHIEF

Rabbi Dr Tzvi Hersh Weinreb

EXECUTIVE EDITOR

Rabbi Joshua Schreier

•

STEINSALTZ CENTER

KOREN PUBLISHERS JERUSALEM

גַּסְטְרָא שֶׁל בֵּית פְּעוֹר: הַרְאֵנוּ הֵיכָן מֹשֶׁה קָבוּר, עָמְדוּ לְמַעְלָה — נִדְמֶה לָהֶם לְמַטָּה, לְמַטָּה — נִדְמֶה לָהֶם לְמַעְלָה. נֶחְלְקוּ לְשְׁתֵּי כִּיתּוֹת, אוֹתָן שֶׁעוֹמְדִים לְמַעְלָה — נִדְמֶה לָהֶן לְמַטָּה, לְמַטָּה — נִדְמֶה לָהֶן לְמַעְלָה, לְקַיֵּים מַה שֶּׁנֶּאֱמַר: "וְלֹא יָדַע אִישׁ אֶת קְבוּרָתוֹ". ר' חָמָא בַּר' חֲנִינָא אָמַר: אַף מֹשֶׁה רַבֵּינוּ אֵינוֹ יוֹדֵעַ הֵיכָן קָבוּר, כְּתִיב הָכָא: "וְלֹא יָדַע אִישׁ אֶת קְבוּרָתוֹ", וּכְתִיב הָתָם: "וְזֹאת הַבְּרָכָה אֲשֶׁר בֵּרַךְ מֹשֶׁה אִישׁ הָאֱלֹהִים". וְא"ר חָמָא בְּרַבִּי חֲנִינָא: מִפְּנֵי מָה נִקְבַּר מֹשֶׁה אֵצֶל בֵּית פְּעוֹר — כְּדֵי לְכַפֵּר עַל מַעֲשֵׂה פְּעוֹר. וְאָמַר רַבִּי חָמָא בְּרַבִּי חֲנִינָא: (א) מַאי דִּכְתִיב: "אַחֲרֵי ה' אֱלֹהֵיכֶם תֵּלֵכוּ", וְכִי אֶפְשָׁר לוֹ לְאָדָם לְהַלֵּךְ אַחַר שְׁכִינָה? וַהֲלֹא כְּבָר נֶאֱמַר: "כִּי ה' אֱלֹהֶיךָ אֵשׁ אוֹכְלָה הוּא"! אֶלָּא: לְהַלֵּךְ אַחַר מִדּוֹתָיו שֶׁל הקב"ה: מַה הוּא מַלְבִּישׁ עֲרוּמִּים, דִּכְתִיב: "וַיַּעַשׂ ה' אֱלֹהִים לְאָדָם וּלְאִשְׁתּוֹ כָּתְנוֹת עוֹר וַיַּלְבִּשֵׁם" — אַף אַתָּה הַלְבֵּשׁ עֲרוּמִּים, הקב"ה בִּיקֵּר חוֹלִים, דִּכְתִיב: "וַיֵּרָא אֵלָיו ה' בְּאֵלוֹנֵי מַמְרֵא" — אַף אַתָּה בַּקֵּר חוֹלִים, הקב"ה נִיחֵם אֲבֵלִים, דִּכְתִיב: "וַיְהִי אַחֲרֵי מוֹת אַבְרָהָם וַיְבָרֶךְ אֱלֹהִים אֶת יִצְחָק בְּנוֹ" — אַף אַתָּה נַחֵם אֲבֵלִים, הקב"ה קָבַר מֵתִים, דִּכְתִיב: "וַיִּקְבֹּר אוֹתוֹ בַגַּיְא" — אַף אַתָּה קְבוֹר מֵתִים. § "כָּתְנוֹת עוֹר". רַב וּשְׁמוּאֵל; חַד אָמַר: דָּבָר הַבָּא מִן הָעוֹר, וְחַד אָמַר: דָּבָר שֶׁהָעוֹר נֶהֱנֶה מִמֶּנּוּ. דָּרַשׁ ר' שַׂמְלַאי: תּוֹרָה תְּחִלָּתָהּ גְּמִילוּת חֲסָדִים וְסוֹפָהּ גְּמִילוּת חֲסָדִים. תְּחִילָּתָהּ גְּמִילוּת חֲסָדִים — דִּכְתִיב: "וַיַּעַשׂ ה' אֱלֹהִים לְאָדָם וּלְאִשְׁתּוֹ כָּתְנוֹת עוֹר וַיַּלְבִּשֵׁם", וְסוֹפָהּ גְּמִילוּת חֲסָדִים — דִּכְתִיב: "וַיִּקְבֹּר אוֹתוֹ בַגַּיְא". דָּרַשׁ רַבִּי שַׂמְלַאי: מִפְּנֵי מָה נִתְאַוָּה מֹשֶׁה רַבֵּינוּ לִיכָּנֵס לא"י? וְכִי לֶאֱכוֹל מִפִּרְיָהּ הוּא צָרִיךְ אוֹ לִשְׂבּוֹעַ מִטּוּבָהּ הוּא צָרִיךְ? אֶלָּא כָּךְ אָמַר מֹשֶׁה: הַרְבֵּה מִצְוֹת נִצְטַוּוּ יִשְׂרָאֵל, וְאֵין מִתְקַיְּימִין אֶלָּא בא"י, אֶכָּנֵס אֲנִי לָאָרֶץ כְּדֵי שֶׁיִּתְקַיְּימוּ כּוּלָּן עַל יָדִי. אָמַר לוֹ הקב"ה: כְּלוּם אַתָּה מְבַקֵּשׁ אֶלָּא לְקַבֵּל שָׂכָר — מַעֲלֶה אֲנִי עָלֶיךָ כְּאִילּוּ עֲשִׂיתָם, שֶׁנֶּאֱמַר: "לָכֵן אֲחַלֶּק לוֹ בָרַבִּים וְאֶת עֲצוּמִים יְחַלֵּק שָׁלָל תַּחַת אֲשֶׁר הֶעֱרָה לַמָּוֶת נַפְשׁוֹ וְאֶת פּוֹשְׁעִים נִמְנָה וְהוּא חֵטְא רַבִּים נָשָׂא וְלַפּוֹשְׁעִים יַפְגִּיעַ". "לָכֵן אֲחַלֶּק לוֹ בָרַבִּים", יָכוֹל כָּאַחֲרוֹנִים וְלֹא כָּרִאשׁוֹנִים — ת"ל: "וְאֶת עֲצוּמִים יְחַלֵּק שָׁלָל", כְּאַבְרָהָם יִצְחָק וְיַעֲקֹב שֶׁהֵן עֲצוּמִים בַּתּוֹרָה וּבַמִּצְוֹת. "תַּחַת אֲשֶׁר הֶעֱרָה לַמָּוֶת נַפְשׁוֹ" — שֶׁמָּסַר עַצְמוֹ לְמִיתָה, שֶׁנֶּאֱמַר: "וְאִם אַיִן מְחֵנִי נָא" וגו'. "וְאֶת פּוֹשְׁעִים נִמְנָה" — שֶׁנִּמְנָה עִם מֵתֵי מִדְבָּר, "וְהוּא חֵטְא רַבִּים נָשָׂא" — שֶׁכִּיפֵּר עַל מַעֲשֵׂה הָעֵגֶל, "וְלַפּוֹשְׁעִים יַפְגִּיעַ" — שֶׁבִּיקֵּשׁ רַחֲמִים עַל פּוֹשְׁעֵי יִשְׂרָאֵל שֶׁיַּחְזְרוּ בִּתְשׁוּבָה. וְאֵין פְּגִיעָה אֶלָּא תְּפִלָּה, שֶׁנֶּאֱמַר: "וְאַתָּה אַל תִּתְפַּלֵּל בְּעַד הָעָם הַזֶּה וְאַל תִּשָּׂא בַעֲדָם רִנָּה וּתְפִלָּה וְאַל תִּפְגַּע בִּי". §

הדרן עלך המקנא לאשתו

הָיָה מֵבִיא אֶת מִנְחָתָהּ בְּתוֹךְ כְּפִיפָה מִצְרִית וְנוֹתְנָהּ עַל יָדֶיהָ כְּדֵי לְיַגְּעָהּ. כָּל הַמְּנָחוֹת תְּחִילָּתָן וְסוֹפָן בִּכְלִי שָׁרֵת, וְזוֹ תְּחִלָּתָהּ בִּכְפִיפָה מִצְרִית וְסוֹפָהּ בִּכְלִי שָׁרֵת. כָּל הַמְּנָחוֹת טְעוּנוֹת שֶׁמֶן וּלְבוֹנָה, וְזוֹ אֵינָהּ טְעוּנָה לֹא שֶׁמֶן וְלֹא לְבוֹנָה. כָּל הַמְּנָחוֹת בָּאוֹת מִן הַחִטִּין, וְזוֹ בָּאָה מִן הַשְּׂעוֹרִין. מִנְחַת הָעוֹמֶר, אע"פ שֶׁבָּאָה מִן הַשְּׂעוֹרִין — הִיא הָיְתָה בָּאָה גֶּרֶשׂ, וְזוֹ בָּאָה קֶמַח. ר"ג אוֹמֵר: כְּשֵׁם שֶׁמַּעֲשֶׂיהָ מַעֲשֵׂה בְהֵמָה — כָּךְ קָרְבָּנָהּ מַאֲכַל בְּהֵמָה. § **גמ'** תַּנְיָא, אַבָּא חָנִין אוֹמֵר מִשּׁוּם רַבִּי אֱלִיעֶזֶר: (וְכָל כָּךְ לָמָּה) כְּדֵי לְיַגְּעָהּ — כְּדֵי שֶׁתַּחֲזוֹר בָּהּ. אִם כָּכָה חָסָה תּוֹרָה עַל עוֹבְרֵי רְצוֹנוֹ, קַל וָחוֹמֶר עַל עוֹשֵׂי רְצוֹנוֹ. וּמִמַּאי מִשּׁוּם דְּחָסָה הוּא? דִּילְמָא כִּי הֵיכִי דְּלָא תִּימָּחֵק מְגִילָּה! קָסָבַר מַשְׁקָה

רש"י

גַּסְטְרָא. מוֹשָׁל. כְּמָה שֶׁאָמַר קוֹמוּס דוּכוּס וְשִׁלְטוֹן. וַחֲבֵירוֹ — רִיהַטוֹן קוֹרְטוֹן גַּסְטְרָא (ברכות דף נג:). וַיְבָרֶךְ אֱלֹהִים אֶת יִצְחָק. נִיחֲמוֹ עַל אָבִיו, וּבֵרְכוֹ בִּרְכַּת אֲבֵלִים. דָּבָר הַבָּא מִן הָעוֹר. שֶׁל צֶמֶר הוּא. שֶׁהָעוֹר נֶהֱנֶה מִמֶּנּוּ. שֶׁל פִּשְׁתָּן, שֶׁהָאָדָם לוֹבְשׁוֹ סָמוּךְ לְעוֹרוֹ. תְּחִילָּתוֹ גְּמִילוּת חֲסָדִים. הִלְבִּישׁ עֲרוּמִּים. תורה אור וְלַפּוֹשְׁעִים יַפְגִּיעַ. בִּשְׁבִיל פּוֹשְׁעִים הִפְגִּיעַ. הֶעֱרָה. הֵרִיק.

הדרן עלך המקנא

הָיָה מֵבִיא אֶת מִנְחָתָהּ. הַבַּעַל, כִּדְכְתִיב: "וְהֵבִיא אֶת קָרְבָּנָהּ עָלֶיהָ" וגו' (במדבר ה). **בִּכְפִיפָה מִצְרִית.** סַל שֶׁל נִצְרֵי דֶקֶל, זְרָדִים שֶׁגְּדֵילִין סְבִיב הַדֶּקֶל. **כְּדֵי לְיַגְּעָהּ.** בַּגְּמָרָא מְפָרֵשׁ טַעְמָא. **תְּחִילָּתָן וְסוֹפָן.** הָשְׁתָּא מַשְׁמַע: כְּשֶׁמְּבִיאָהּ מִבֵּיתוֹ — מְבִיאָהּ בִּכְלִי שָׁרֵת לָעֲזָרָה. **וְסוֹפָהּ בִּכְלִי שָׁרֵת.** קוֹדֶם קְמִיצָה. **כָּל הַמְּנָחוֹת טְעוּנוֹת שֶׁמֶן וּלְבוֹנָה.** כִּדְכְתִיב: "וְיָצַק עָלֶיהָ שֶׁמֶן וְנָתַן עָלֶיהָ לְבוֹנָה" (ויקרא ב). וּלְקַמֵּיהּ פָּרֵיךְ: וְהָאִיכָּא מִנְחַת חוֹטֵא! **וְזוֹ אֵינָהּ טְעוּנָה.** דִּכְתִיב בָּהּ: "לֹא יִצֹק עָלֶיהָ שֶׁמֶן" וגו' (במדבר ה). **בָּאוֹת מִן הַחִטִּין.** דִּכְתִיב: "סֹלֶת חִטִּים תַּעֲשֶׂה אוֹתָם" (שמות כט). **מִנְחַת הָעוֹמֶר בָּאָה מִן שְׂעוֹרִים.** בְּמַסֶּכֶת מְנָחוֹת (דף סח:) יָלְפִינַן לָהּ מִקְּרָאֵי. **בָּאָה גֶּרֶשׂ.** דִּכְתִיב: "גֶּרֶשׂ כַּרְמֶל תַּקְרִיב אֵת מִנְחַת בִּכּוּרֶיךָ" (ויקרא ב). וּבְמַסֶּכֶת מְנָחוֹת (דף סו:) אָמְרִינַן: בְּמִנְחַת הָעוֹמֶר הַכָּתוּב מְדַבֵּר. **גֶּרֶשׂ.** בִּשְׂעוֹרִים. מוּבְחָר שֶׁבּוֹ, מְנוּפֶּה בְּי"ג נָפָה, כְּעֵין סוֹלֶת חִטִּים. **קֶמַח.** הַכֹּל מְעוֹרָב כְּמוֹ שֶׁנִּטְחַן. **גמ'** וְכָל כָּךְ לָמָּה. לָמָּה אָנוּ טוֹרְחִין לְיַגְּעָהּ. **עַל עוֹבְרֵי רְצוֹנוֹ.** שֶׁאִם זִינְּתָה עָבְרָה עַל רְצוֹנוֹ שֶׁל מָקוֹם, וְרוֹצָה שֶׁתּוֹדֶה שֶׁלֹּא תִּיבָּדֵק. **קָסָבַר.** הַאי תַּנָּא, דְּאָמַר מִשּׁוּם דְּחָסָה הוּא. מַשְׁקֶה

תוספות

מִפְּנֵי מה נקבר מול בית פעור כדי לכפר על מעשה פעור. ומדרש אגדה: בכל שנה ושנה בעת שחטאו ישראל בבנות מואב, באותו פרק בית פעור עולה למעלה כדי לקטרג ולהזכיר עון, וכשהוא רואה קברו של משה חוזר ושוקע. שמשה רבינו שקעו בקרקע עד חוטמו, וכל שעה שעולה חוזר ונשקע למקום ששקעו משה רבינו. מתוספת רבי.

הדרן עלך המקנא

מביא את מנחתה. אין סדר המשנה וסדר הפרשה מכוונין, שהרי כך סדר הפרשה: קינא לה ונסתרה — מעלה האשה ומביא את מנחתה. הכהן מביא פיילי של חרש, ונותן לתוכו חצי לוג מים מן הכיור, ונותן בו עפר. מעמיד האשה בשער נקנור, ואוחז בבגדיה וסותר את שערה, ונותן את המנחה על ידיה, וביד הכהן מים המרים, ומשביע ומתנה עמה, וכותב את המגילה, ומוחק, ומשקה, ונוטל מנחתה מתוך כפיפה מצרית ונותן לתוך כלי שרת, מניף ומגיש קומץ ומקטיר. ולא ידענו למה שינה התנא הסדר, ואם סדר התנא דוקא או סדר הפרשה.

כדי ליגעה. שהרי היתה נתונה על ידה עד גמר כל הסדר, כדי שתחזור ותודה. ולא שייך למימר דדריש טעמא דקרא, אלא היכא דנפקא לן מינה מידי דמרבי מיניה, וקרא סתמא כתיב וכולל הכל, ואנו דורשין טעמו ואומרים: זהו הטעם של פסוק, הואיל וטעמו בשביל כך — היכא דוקא. כגון: "לא תחבול בגד אלמנה" — משמע בין עניה ועשירה, וקאמר ר"ש טעמא דקרא: שאם אתה ממשכן אותה — אתה משיא לה שם רע בשכינותיה מתוך שאתה משיב לה העבוט, ונאמר: עניה דוקא אין ממשכנין אותה (ב"מ דף קטו.). אי

עין משפט נר מצוה

ם א מיי' פ"א מהל' דעות הל"ה סמג עשין ז:

א ב מיי' פ"ג מהל' סוטה הלי"ב סמג עשין נ:

ב ג ד מיי' פי"ב מהל' מעשה הקרבנות הל"ז ופ"ג מהל' סוטה הלי"ג:

ג ה ו מיי' פ"ג מהל' סוטה הלי"ב ופי"ב מהל' מעשה הקרבנות הלכה ב:

ד ז מיי' פ"ז מהל' תמידין ומוספין הלי"א:

תוספות שאנ"ץ

גסטרא דוכוס ושלטון וחבירו בברכות (ד' נג) ריהטון קרטין גיסטרא: **היה** מביא את מנחתה כדכתיב והביא את קרבנה עליה. בתוך כפיפה מצרית וכו'. צורי של דקל זרדין שגדילין סביב הדקל כדי ליגעה ולאו משום תנופה היא. דלא כתיב תנופה בפרשה עד אחר ונתן על כפיה אלא כדי ליגעה ובגמ' מפרש טעמא: היא היתה גרש פ"ה ממובחר שבו מנופה בי"ג נפה כעין סלת חיטים. ל"ה: **גמ'** קסבר משקה

הגהות הב"ח

(א) גמ' על מעשה פעור ואמר ר' חמא בר חנינא מפני מה נסתר קברו של משה מעיני בשר ודם מפני שגלוי וידוע לפני הקב"ה שעתיד ביהמ"ק ליחרב ולהגלות את ישראל מארצם שמא יבאו לקבורתו של משה באותה שעה ויעמדו בבכיה ויתחננו למשה ויאמרו לו משה רבינו עמוד בתפלה בעדנו ועומד משה ומבטל את הגזירה מפני שחביבים צדיקים במיתתם יותר מבחייהם שכן אתה מוצא בשעה שהיו ישראל במדבר ושרתו במעשיהם ועשו עגל קצף הקב"ה על ישראל ואמר למשה הרף ממני ואשמידם כמה צדיקים היו באותו הדור וכמה חסידים משה ואהרן ויהושע אלדד ומידד וע' זקנים ושאר חכמים ותלמידים ולא עשה כשבילם ולא ביטל הגזירה אלא בשביל משה ואמר ר' חמא בר חנינא מאי דכתיב:

מסורת הש"ס

דברים לד | שם לג | שם יג | שם ד | בראשית ג | שם יח | שם כה | דברים לד | ישעיה נג | שמות לב | (ברכות כו: תענית ז: ח. סנהדרין מד:) ירמיה ז | כת"י ליתא

*מַשְׁקֶה וְאח"כ מַקְרִיב אֶת מִנְחָתָהּ, דְּאִי מִשּׁוּם מְגִילָּה — הָא אִימְחִיקָא לָהּ.§ "כָּל הַמְּנָחוֹת" כו'.§ וּרְמִינְהוּ: *אסֵדֶר מְנָחוֹת כֵּיצַד? אָדָם מֵבִיא מִנְחָה מִתּוֹךְ בֵּיתוֹ בִּקְלָתוֹת שֶׁל כֶּסֶף וְשֶׁל זָהָב, וְנוֹתְנָהּ לְתוֹךְ כְּלִי שָׁרֵת, וּמְקַדְּשָׁהּ בִּכְלִי שָׁרֵת, וְנוֹתֵן עָלֶיהָ שַׁמְנָהּ וּלְבוֹנָתָהּ, וּמוֹלִיכָהּ אֵצֶל כֹּהֵן. וְכֹהֵן מוֹלִיכָהּ אֵצֶל מִזְבֵּחַ, וּמַגִּישָׁהּ בְּקֶרֶן דְּרוֹמִית מַעֲרָבִית כְּנֶגֶד חוּדָּהּ שֶׁל קֶרֶן, וְדַיּוֹ. וּמְסַלֵּק אֶת הַלְּבוֹנָה לְצַד אֶחָד, וְקוֹמֵץ מִמָּקוֹם שֶׁנִּתְרַבָּה שַׁמְנָהּ, וְנוֹתְנוֹ לְתוֹךְ כְּלִי שָׁרֵת, וּמְקַדְּשׁוֹ בִּכְלִי שָׁרֵת, וּמְלַקֵּט אֶת לְבוֹנָתָהּ וְנוֹתְנָהּ עַל גַּבָּיו, (וּמַעֲלֶה אוֹתוֹ לְגַבֵּי מִזְבֵּחַ,) וּמַעֲלֵהוּ וּמַקְטִירוֹ בִּכְלִי שָׁרֵת, וּמוֹלְחוֹ וְנוֹתְנוֹ עַל גַּבֵּי הָאִשִּׁים. בקָרַב הַקּוֹמֶץ — שְׁיָרֶיהָ נֶאֱכָלִין. גוְרַשָּׁאִין הַכֹּהֲנִים לִיתֵּן לְתוֹכָהּ יַיִן וְשֶׁמֶן וּדְבַשׁ, וְאֵין אֲסוּרִין אֶלָּא מִלְּחַמֵּץ. קָתָנֵי מִיהָא: בִּקְלָתוֹת שֶׁל כֶּסֶף וּבִקְלָתוֹת שֶׁל זָהָב! אָמַר רַב פַּפָּא, אֵימָא: דבְּכֵלִים הָרְאוּיִין לִכְלֵי שָׁרֵת. מִכְּלָל דִּכְפִיפָה מִצְרִית לָא חַזְיָא, כְּמַאן — דְּלָא כְּרַבִּי יוֹסֵי בְּרַבִּי יְהוּדָה. *דְּתַנְיָא: כְּלֵי שָׁרֵת שֶׁעֲשָׂאָן שֶׁל עֵץ, רַבִּי הפּוֹסֵל, *וְר' יוֹסֵי בְּר' יְהוּדָה מַכְשִׁיר. אֲפִי' תֵּימָא רַבִּי יוֹסֵי בְּרַבִּי יְהוּדָה, אֵימַר דְּא"ר יוֹסֵי בְּר' יְהוּדָה בַּחֲשׁוּבִין — בִּפְחוּתִין מִי אָמַר? (א) לֵית לֵיהּ לְר' יוֹסֵי בְּר' יְהוּדָה °"הַקְרִיבֵהוּ נָא לְפֶחָתֶךָ"?!§ "וְנוֹתְנָהּ לִכְלִי שָׁרֵת וּמְקַדְּשָׁהּ בִּכְלִי שָׁרֵת".§ שָׁמְעַתְּ מִינַּהּ *וכְּלֵי שָׁרֵת אֵין מְקַדְּשִׁין אֶלָּא מִדַּעַת? אֵימָא: נוֹתְנָהּ בִּכְלִי שָׁרֵת לְקַדְּשָׁהּ בִּכְלִי שָׁרֵת.§ "וְנוֹתֵן עָלֶיהָ שַׁמְנָהּ וּלְבוֹנָתָהּ" — שֶׁנֶּאֱמַר: °"וְיָצַק עָלֶיהָ שֶׁמֶן וְנָתַן עָלֶיהָ לְבוֹנָה".§ "וּמוֹלִיכָהּ אֵצֶל כֹּהֵן" — דִּכְתִיב: °"וֶהֱבִיאָהּ אֶל בְּנֵי אַהֲרֹן" וגו'.§ "וְכֹהֵן מוֹלִיכָהּ אֵצֶל מִזְבֵּחַ" — דִּכְתִיב: °"וְהִגִּישָׁהּ אֶל הַמִּזְבֵּחַ".§ "מַגִּישָׁהּ בְּקֶרֶן דְּרוֹמִית מַעֲרָבִית כְּנֶגֶד חוּדָּהּ שֶׁל קֶרֶן וְדַיּוֹ". מְנָלַן — דִּכְתִיב: °"וְזֹאת תּוֹרַת הַמִּנְחָה הַקְרֵב אוֹתָהּ בְּנֵי אַהֲרֹן לִפְנֵי ה' אֶל פְּנֵי הַמִּזְבֵּחַ", *וְתַנְיָא: "לִפְנֵי ה'", יָכוֹל בַּמַּעֲרָב — ת"ל: "אֶל פְּנֵי הַמִּזְבֵּחַ", אִי "אֶל פְּנֵי הַמִּזְבֵּחַ" יָכוֹל בַּדָּרוֹם — ת"ל: "לִפְנֵי ה'". הָא כֵּיצַד? מַגִּישָׁהּ בְּקֶרֶן דְּרוֹמִית מַעֲרָבִית כְּנֶגֶד חוּדָּהּ שֶׁל קֶרֶן, וְדַיּוֹ. רַבִּי אֶלְעָזָר אוֹמֵר: יָכוֹל יַגִּישֶׁנָּה בְּמַעֲרָבָהּ שֶׁל קֶרֶן אוֹ לִדְרוֹמָהּ שֶׁל קֶרֶן — אָמַרְתָּ: כָּל מָקוֹם שֶׁאַתָּה מוֹצֵא שְׁנֵי מִקְרָאוֹת, אֶחָד מְקַיֵּים עַצְמוֹ וּמְקַיֵּים דִּבְרֵי חֲבֵירוֹ, וְאֶחָד מְקַיֵּים עַצְמוֹ וּמְבַטֵּל דִּבְרֵי חֲבֵירוֹ — מַנִּיחִין אֶת שֶׁמְּקַיֵּים עַצְמוֹ וּמְבַטֵּל חֲבֵירוֹ, וְתוֹפְסִין אֶת שֶׁמְּקַיֵּים עַצְמוֹ וּמְקַיֵּים חֲבֵירוֹ. כְּשֶׁאַתָּה אוֹמֵר "לִפְנֵי ה'" בַּמַּעֲרָב — בִּיטַּלְתָּהּ "אֶל פְּנֵי הַמִּזְבֵּחַ" בַּדָּרוֹם, וּכְשֶׁאַתָּה אוֹמֵר "אֶל פְּנֵי הַמִּזְבֵּחַ" בַּדָּרוֹם — קִיַּימְתָּהּ "לִפְנֵי ה'" בַּמַּעֲרָב. הָא כֵּיצַד? מַגִּישָׁהּ לִדְרוֹמָהּ שֶׁל קֶרֶן. וְהֵיכָן קִיַּימְתָּהּ? אָמַר רַב אַשִׁי: קָסָבַר הַאי תַּנָּא *כּוּלֵּיהּ מִזְבֵּחַ בַּצָּפוֹן קָאֵי. מַאי וְדַיּוֹ? א"ר אַשִׁי: אִיצְטְרִיךְ, ס"ד אָמִינָא: תִּיבָּעֵי הַגָּשַׁת מִנְחָה גּוּפָהּ, קָמַשְׁמַע לָן. וְאֵימָא הָכִי נַמִי! אָמַר קְרָא: "וְהִקְרִיבָהּ אֶל הַכֹּהֵן וגו' וְהִגִּישָׁהּ אֶל הַמִּזְבֵּחַ", מָה הַקְרָבָה אֵצֶל כֹּהֵן בִּכְלִי — אַף הַגָּשָׁה אֵצֶל מִזְבֵּחַ בִּכְלִי.§ "וּמְסַלֵּק אֶת לְבוֹנָתָהּ לְצַד אֶחָד".§ כִּי הֵיכִי דְּלָא תִּקְמוֹץ בַּהֲדֵי מִנְחָה, כִּדְתְנַן: *יקָמַץ וְעָלָה בְּיָדוֹ צְרוֹר, אוֹ גַּרְגֵּר מֶלַח, אוֹ קוֹרֶט לְבוֹנָה — פָּסוּל.§ "וְקוֹמֵץ מִמָּקוֹם שֶׁנִּתְרַבָּה שַׁמְנָהּ".§ מְנָלַן? דִּכְתִיב: °"מִסָּלְתָּהּ וּמִשַּׁמְנָהּ מִגִּרְשָׂהּ וּמִשַּׁמְנָהּ".§ "וְנוֹתְנוֹ לְתוֹךְ כְּלִי שָׁרֵת וּמְקַדְּשׁוֹ בִּכְלִי שָׁרֵת".§ לָמָּה לִי? הָא קִדְּשָׁהּ חֲדָא זִימְנָא! מִידֵּי דַּהֲוָה אַדָּם; דָּם, אע"ג דְּקַדִּישְׁתֵּיהּ סַכִּין בְּצַוַּאר בְּהֵמָה — הֲדַר מַקְדִּישׁ לֵיהּ בִּכְלִי שָׁרֵת, הָכָא נַמִי לָא שְׁנָא. "וּמְלַקֵּט אֶת לְבוֹנָתָהּ וְנוֹתְנָהּ עַל גַּבָּיו" — דִּכְתִיב: °"וְאֵת כָּל הַלְּבוֹנָה אֲשֶׁר עַל הַמִּנְחָה".§ "וּמַעֲלֵהוּ וּמַקְטִירוֹ"

(מלאכי א; ויקרא ב; שם; שם; שם ו; שם ב; שם ו; ס"א ל"ג)

תורה אור

רש"י

מַשְׁקֶה. הַמַּיִם, וְאח"כ מַקְרִיב מִנְחָתָהּ. וּפְלוּגְתָּא הִיא בְּפֶרֶק "הָיָה נוֹטֵל" (לקמן דף יט.). וּמִיהוּ, כָּל זְמַן שֶׁלֹּא קָרְבָה מִנְחָתָהּ – אֵינָהּ נִבְדֶּקֶת, דִּכְתִיב: "מַזְכֶּרֶת עָוֹן". וְאע"פ שֶׁשָּׁתְתָה – מַנִּיחִין אוֹתָהּ בְּיָדָהּ כְּדֵי לְיַגְּעָהּ וְתוֹדֶה. וְהַשְׁתָּא וַדַּאי מִשּׁוּם חִסָּיוֹן הוּא, דְּאִי מִשּׁוּם מְגִילָּה – הָא אִימְחִיקָא לָהּ (ב). קְלָתוֹת. כְּעֵין סַלִּים. אָדָם מֵבִיא מִנְחָתוֹ לָעֲזָרָה מִתּוֹךְ בֵּיתוֹ בִּקְלָתוֹת וכו'. וְנוֹתְנָהּ. בָּעֲזָרָה בִּכְלִי שָׁרֵת. קס"ד שֶׁצָּרִיךְ לְתִתָּהּ ע"מ כֵּן, שֶׁיְּהֵא דַּעְתּוֹ שֶׁיְּקַדְּשֶׁנָּה הַכְּלִי. וּמַגִּישָׁהּ. מַגִּיעַ אֶת הַכְּלִי לְקֶרֶן מַעֲרָבִית דְּרוֹמִית. וּלְקַמָּן יָלֵיף לָהּ מִקְּרָאֵי. וְדַיּוֹ. לְקַמָּן מְפָרֵשׁ מַאי הִיא, (ג) וּמַאי תֵּיסַק אַדַּעְתִּין דְּנִבָּעֵי טְפֵי. וּמְסַלֵּק הַלְּבוֹנָה לְצַד אֶחָד. בְּתוֹךְ הַכְּלִי עַצְמָהּ. וּלְקַמָּן מְפָרֵשׁ טַעְמָא דְּכוּלָּהּ מַתְנִיתָא. שֶׁנִּתְרַבָּה שַׁמְנָהּ. מִמָּקוֹם שֶׁהִיא נִבְלֶלֶת יָפֶה בַּשֶּׁמֶן. וְנוֹתְנוֹ לִכְלִי שָׁרֵת. שֵׁנִי. וּלְקַמָּן מְפָרֵשׁ טַעְמָא. עַל גַּבֵּי הָאִשִּׁים. עַל הָאֵשׁ. לִיתֵּן לְתוֹכָהּ. לִיתֵּן לְתוֹךְ הַשִּׁירַיִם. בְּכֵלִים הָרְאוּיִין לִכְלֵי שָׁרֵת. אִם הָיָה מַקְדִּישָׁן. רַבִּי פּוֹסֵל. [בִּמְנָחוֹת], וּבְמַסֶּכֶת סוּכָּה יָלֵיף טַעְמָא בְּפֶרֶק "הֶחָלִיל" (דף נ:). בַּחֲשׁוּבִין. בִּכְלֵי עֵץ חֲשׁוּבִין. הַקְרִיבֵהוּ נָא לְפֶחָתֶךָ. סֵיפָא דִּקְרָא: "הֲיִרְצְךָ אוֹ הֲיִשָּׂא פָנֶיךָ". אֵין מְקַדְּשִׁין אֶלָּא מִדַּעַת. שֶׁהַנּוֹתְנוֹ בָּהֶן צָרִיךְ שֶׁיִּתְּנֶנּוּ לְשֵׁם כָּךְ. וְא"ת: הֲרֵי מִנְחָה קְדוֹשָׁה וְעוֹמֶדֶת, שֶׁהִקְדִּישָׁהּ בַּפֶּה! קְדוּשַּׁת פֶּה אֵינָהּ אֶלָּא קְדוּשַּׁת דָּמִים, וְאֵינָהּ קְדוּשַּׁת הַגּוּף, וְאֵינָהּ נִפְסֶלֶת בִּטְבוּל יוֹם וּבְלִינָה, וְאִם נִטְמֵאת – נִפְדֵּית. קָדְשָׁהּ בִּכְלִי – קִידְּשָׁהּ קְדוּשַּׁת הַגּוּף, וְנִפְסֶלֶת בִּטְבוּל יוֹם וּבְלִינָה, וְאֵין לָהּ פִּדְיוֹן. נוֹתְנָהּ לְקַדְּשָׁהּ. הַתּוֹרָה הִצְרִיכָתוֹ לִיתְּנוֹ בִּכְלִי שָׁרֵת כְּדֵי שֶׁיְּקַדְּשֶׁנָּה הַכְּלִי, וַאֲפִילּוּ אֵינוֹ מִתְכַּוֵּין לְכָךְ. וְנוֹתֵן עָלֶיהָ. הַזָּר, שֶׁמֶן וּלְבוֹנָה. וְאֵין צָרִיךְ כֹּהֵן לְכָךְ, דִּכְתִיב: "וְיָצַק עָלֶיהָ שֶׁמֶן" וגו' וַהֲדַר "וֶהֱבִיאָהּ אֶל בְּנֵי אַהֲרֹן" וגו'. וְזֹאת תּוֹרַת הַמִּנְחָה. כָּל הַמְּנָחוֹת בְּמַשְׁמַע. הַקְרֵב אוֹתָהּ בְּנֵי אַהֲרֹן וגו' יָכוֹל בַּמַּעֲרָב. יַגִּיעֶנָּה לְדוֹפֶן מַעֲרָבִי שֶׁל מִזְבֵּחַ, דְּהַיְינוּ "לִפְנֵי ה'". שֶׁהַהֵיכָל בַּמַּעֲרָב וְהַמִּזְבֵּחַ בַּחָצֵר ל"ב אַמָּה רָחְבּוֹ מְמוּצָּע בְּאֶמְצַע הָעֲזָרָה, וְכֵן הַהֵיכָל מְמוּצָּע בְּאֶמְצַע הָעֲזָרָה זֶה מוּל זֶה ל"ב אַמָּה. הֵיכָל וְכָתְלָיו חֲלָלוֹ כ', וְכָתְלָיו ו' אַמָּה עוֹבִי כּוֹתֶל צְפוֹנִי, וְשִׁשָּׁה לְכוֹתֶל דְּרוֹמִי. נִמְצָא מַעֲרָבוֹ שֶׁל מִזְבֵּחַ לִפְנֵי ה', דְּאֵין מַפְסִיק כְּלוּם בֵּינוֹ לְבֵין הַהֵיכָל. דְּאִילּוּ אוּלָם שֶׁלִּפְנֵי הַהֵיכָל – פָּתוּחַ הוּא, וְרָחְבּוֹ עֶשְׂרִים אַמָּה כְּכָל חֲלָלוֹ שֶׁל הֵיכָל. כְּנֶגֶד חוּדָּהּ. כָּל מַה שֶּׁיָּכוֹל לְקָרְבוֹ כְּלַפֵּי מַעֲרָב, וּבִלְבַד שֶׁיְּהֵא שָׁם קְצָת דָּרוֹם, מִשּׁוּם "אֶל פְּנֵי הַמִּזְבֵּחַ". דְּאִי לָאו כְּנֶגֶד חוּדָּהּ – לֵיכָּא לִפְנֵי ה' כְּלָל, שֶׁהֲרֵי זָוִיּוֹת הַהֵיכָל כּוּלָּם כְּנֶגֶד זָוִיּוֹת הַמִּזְבֵּחַ. ר' אֶלְעָזָר אוֹמֵר כו'. דּוֹרְשׁוֹ לַמִּקְרָא בְּעִנְיָן אַחֵר. וְכָךְ דּוֹרְשׁוֹ: מִתּוֹךְ שֶׁנֶּאֱמַר "לִפְנֵי ה' אֶל פְּנֵי הַמִּזְבֵּחַ" יָכוֹל יַגִּישֶׁנָּה לְאֶחָד מֵהֶן, רָצָה – לַמַּעֲרָב, רָצָה – לִדְרוֹמָהּ. וה"ג לָהּ בְּת"כ. אוֹ לִדְרוֹמָהּ שֶׁל קֶרֶן אָמַרְתָּ. כָּךְ תְּשִׁיבֵנִי. כָּל מָקוֹם שֶׁאַתָּה מוֹצֵא כו'. דְּכֵיוָן דְּאֶפְשָׁר לְקַיֵּים אֶת שְׁנֵיהֶם – תּוּ לָא תּוֹקְמָהּ רָצָה זֶה עוֹשֶׂה רָצָה זֶה עוֹשֶׂה, אֶלָּא תְּפוֹס הַמְקַיֵּים אֶת שְׁנֵיהֶם. קִיַּימְתָּה לִפְנֵי ה' בַּמַּעֲרָב הָא כֵּיצַד מַגִּישָׁהּ לִדְרוֹמָהּ שֶׁל קֶרֶן. ה"ג לָהּ בְּת"כ: לִדְרוֹמָהּ שֶׁל קֶרֶן, וְלָא בָּעֵי כְּנֶגֶד חוּדָּהּ. וְהֵיכָן קִיַּימְתָּהּ. הֲלֹא חוּץ לִכְנֶגֶד זָוִיּוֹת הַהֵיכָל הוּא!. קָסָבַר הַאי תַּנָּא. ר' אֶלְעָזָר. כּוּלֵּיהּ מִזְבֵּחַ בַּצָּפוֹן קָאֵי. בְּחֵלֶק צְפוֹנִי שֶׁל עֲזָרָה. וְלֵית לֵיהּ דְּמִזְבֵּחַ מְכוּוָּן כְּנֶגֶד הַהֵיכָל וּכְתָלָיו. נִמְצָא דְּרוֹמוֹ שֶׁל מִזְבֵּחַ כְּנֶגֶד אֶמְצַע פֶּתַח הַהֵיכָל. הִלְכָּךְ יַגִּישֶׁנָּה אֶל פְּנֵי הַמִּזְבֵּחַ בַּדָּרוֹם וּבִלְבַד שֶׁיְּהֵא סָמוּךְ לַמַּעֲרָב – נִמְצָא מְקַיֵּים אֶת שְׁנֵיהֶם. וְה"ה נַמִי אִם הָיָה מִזְבֵּחַ מָשׁוּךְ מְעַט מִכְּנֶגֶד זָוִיּוֹת דְּרוֹמִית הַהֵיכָל וְלַצָּפוֹן שֶׁיְּהֵא דְּרוֹמוֹ שֶׁל מִזְבֵּחַ כְּנֶגֶד הַהֵיכָל – הֲוָה מָצֵי לְקַיֵּים אֶת שְׁנֵיהֶם, דִּכְנֶגֶד הַהֵיכָל קָרֵינַן בֵּיהּ "לִפְנֵי ה'", וּבִלְבַד שֶׁיַּגִּישׁ סָמוּךְ לַקֶּרֶן – דְּהַיְינוּ אֵצֶל מַעֲרָב, וְהָא דְּנָקַט לְמַשְׁמַע מִינָּהּ כּוּלֵּיהּ מִזְבֵּחַ בַּצָּפוֹן קָאֵי – מִשּׁוּם דְּג' מַחֲלוֹקוֹת הֵן בְּדָבָר זֶה: ר' יְהוּדָה אִית לֵיהּ מִזְבֵּחַ מְכוּוָּן כְּנֶגֶד הֵיכָל וּכְתָלָיו, בְּפ"ק דְּיוֹמָא (דף טז.), וְר"א בֶּן יַעֲקֹב אִית לֵיהּ כּוּלֵּיהּ מִזְבֵּחַ בַּדָּרוֹם קָאֵי, דְּאָמַר: צְפוֹנִי – שֶׁהוּא נֶגֶד פְּנוּי מִכְּלוּם, וְר' יוֹסֵי הַגְּלִילִי אִית לֵיהּ כּוּלֵּיהּ מִזְבֵּחַ בַּצָּפוֹן קָאֵי, בִּזְבָחִים בְּפ' "קָדְשֵׁי קָדָשִׁים" (דף נט.). הִלְכָּךְ לְר"א דְּהָכָא, דְּשַׁמְעֵי' לֵיהּ ע"כ דְּקָאָמַר: זָוִית דְּרוֹמִית שֶׁל מִזְבֵּחַ לִפְנִים מִכְּנֶגֶד זָוִית שֶׁל הֵיכָל הוּא, וּפָלֵיג אַדְּר' יְהוּדָה וְאַדְּר"א בֶּן יַעֲקֹב – מוֹקְמִינַן לֵיהּ כְּר' יוֹסֵי הַגְּלִילִי דִּס"ל דְּכוּלֵּיהּ מִזְבֵּחַ בַּצָּפוֹן, וְלָא מוֹקְמִינַן לֵיהּ בְּמַחְלוֹקֶת רְבִיעִית. מַאי וְדַיּוֹ. מַאי תֵּיסַק אַדַּעְתֵּיהּ דְּנִבָּעֵי טְפֵי? מִנְחָה גּוּפָהּ. וְלָא הַכְּלִי שֶׁהִיא בּוֹ. אֶלָּא יָכוּף הַכְּלִי שֶׁיְּהֵא נוֹגֵעַ סוֹלֶת לַמִּזְבֵּחַ. פָּסוּל. מִשּׁוּם דַּהֲוָה קוֹמֶץ חָסֵר. סַכִּין. הָוֵי כְּלֵי שָׁרֵת, דְּתַנְיָא (יומא דף יב:): כָּל הַכֵּלִים שֶׁעָשָׂה מֹשֶׁה מְשִׁיחָתָן מְקַדַּשְׁתָּן, מִכָּאן וְאֵילָךְ עֲבוֹדָתָן מְחַנַּכְתָּן. הֲדַר מְקַדֵּשׁ לֵיהּ בִּכְלִי. שֶׁמְּקַבְּלוֹ בִּכְלִי שָׁרֵת, כְּדִכְתִיב "וַיָּשֶׂם בָּאַגָּנֹת" (שמות כד). וְאֵת כָּל הַלְּבוֹנָה. גַּבֵּי הַקְטָרָה כְּתִיב, דְּמַקְטֵר קוֹמֶץ וּלְבוֹנָה כִּי הֲדָדֵי. ה"ג

תוספות

אי משום מגילה הא אימחיקא. היה קשה לרבי: והאמרי' לעיל* (דף ז:) דלאחר [שנמחקה] מגילתה מאיימין עליה שתשתה! ונראה, דעל כרחך אית לן למימר דר"א לית ליה איום שתשתה אפי' אחר מחיקת מגילה. ומדלא פריך: נהי דמשקה ואחר מקריבה, אימא דלאחר מחיקה לאלתר היה נוטל המנחה מעל ידיה – ש"מ דפשיטא ליה דעד שעת הקרבה היה מניחה על ידיה. אם כן, למאן דאמר מאיימין עליה שתשתה – אית לן למימר דסבירא ליה מקריב מנחתה ואח"כ שותה, דכבר נקרבה.

טעונה

עין משפט נר מצוה

[לקמן יט: ועי' בתיו"ט ד"ה כדי ליגעה]

ה א מיי' פי"ג מהל' מעשה הקרבנות הלי"ב:

ו ב מיי' שם פי"ב הלכה ט והל' יג:

ז ג מיי' שם הלי"ד:

ח ד מיי' שם פי"ג הלי"ב:

ט ה מיי' פ"א מהל' בית הבחירה הלי"ת:

י ו מיי' פ"ג מהל' פסולי המוקדשין הל"כ:

יא ז מיי' שם פי"א הל"ג:

תוספות שאנץ

ואחר כך מקריב מנחתה ופלוגתא היא בפ' היה נוטל ומיהו כל זמן שלא קירבה מנחתה אינה נבדקת דכתיב מזכרת עון ואע"פ ששתה משהין אותה בידה כדי ליגעה ותודה. וכהן מוליכה אצל מזבח ומגישה בקרן מערבית דרומית אבל בלילה לא חשיב משום דאין בלילה מעכבת דהא תנן אם לא בלל כשר. וא"ת והא במנחות בפ' הקומץ רבה אמרינן וקמץ הכהן מקמיצה ואילך מצות כהונה א) ואפי' הכי ממעטי יציקה ובלילה דמקמי הגשה הוו ואמאי נקט מקמיצה ואילך ב) וי"ל דאיתיה אמ' במסכת ואילך מצות כהונה היה מכשרי קמיצה בזר והא דכתיב כהן אצל הגשה היינו שאין זר יכול ליקרב אצל המזבח דכתיב והזר הקרב יומת אבל קמיצה אימר שכשרה בזר להכי נקט מקמיצה ואילך מצות כהונה. וא"ת אמאי לא קאמר מתנופה ואילך מצות כהונה ואפי' הכי ממעטי יציקה דמקמי תנופה היה וי"ל דלאו מילתא היא דהא בשאר מנחות אין תנופה כמו שפירשו בהדיא במנחות (דף ס.) אבל קמיצה דהויא בכל המנחות נקט לה. הקרב אותה בני אהרן לפני המזבח יכול במערב יגיענה לדופן מערבי של מזבח דהיינו לפני ה' שההיכל היה למערב והמזבח לדרומו ל"ב אמה ממוצע באמצע העזרה וכן ההיכל באמצע זה מול זה ל"ב אמה ההיכל וכותלו חללו כ' וכותליו ו' אמה עובי ועובי כותל צפוני שש ושש לכותל דרומי נמצא מערבו של מזבח [לפני ה'] דאין מפסיק בינו לבין ההיכל דאילו אולם שלפני היכל פתוח הוא ורחבו כ' אמה ככל חללו של היכל. ל"ה. אל פני המזבח בדרום פי' משום דכתיב ושחט אותו על ירך המזבח צפונה. וכיון דהוי ירך לצפון א"כ הוי פניו לדרום. כנגד חודה כל מה שיכול לקרבו כלפי מערב ובלבד שיהי' שם קצת דרום משום אל פני המזבח דאי לאו כנגד חודה ליכא לפני ה'. שהרי זויות ההיכל כולה בעד זויות המזבח. כולי מזבח בצפון קאי בחלק צפוני של עזרה [ולית ליה] דמזבח מכוון כנגד היכל וכותליו. נמצא כותל דרומי של מזבח כנגד אמצעי פתח ההיכל הלכך יגישנה אל פני המזבח בדרום ובלבד שיהא סמוך למערב ונמצא מקיים את שניהם וה"ה נמי אם היה מזבח משוך מעט כנגד זוית ההיכל ולצפון שיהא דרומה של מזבח כנגד ההיכל הוה מצי לקיים את שניהם דכיון דכנגד ההיכל הוה קרי ביה לפני ה'. ובלבד שיהא סמוך לקרן דהיינו אצל מערב והאי דנקט (בפ"ק דיומא ר' אליעזר אית ליה) למשמע מיניה דכולי מזבח בצפון קאי משום דג' מחלוקות הן בדבר זה ר' יהודה אית ליה מזבח מכוון כנגד ההיכל וכותליו בפ"ק דיומא ור' אליעזר בר' יעקב אית ליה כולי מזבח בדרום קאי דאמר צפונה שיהא פנוי מכלום. ור' יוסי הגלילי אית ליה כולי מזבח בצפון קאי כדאמר בפ' קדשי הקדשים הילכך לר"א דהכא דשמעי' ליה ע"כ דאמר דרומו של מזבח לפנים מכנגד זוית של היכל הוא ופליג אדר' יהודה ואדר' אליעזר בן יעקב אוקי' ליה כר' יוסי הגלילי דסבי' ליה כולי מזבח בצפון ולא מוקמי ליה במחלוקת רבי' ל"ה. אע"ג דקדשי' סכין חדא זימנא הדר מקדש ליה בכלי שרת משמע מהכא דהסכין הוי קדוש וק' מההוא דפ"ק דחולין דקאמר כגון שבדק קרומית של קנה והכא אמר דצריך שיהא קדוש וקרומית לא הוו קדוש. וי"ל דלא ק' מידי דההיא דהתם אתיא כר' יוסי בר' יהודה דמכשר כלי שרת שעשאן של עץ אבל לעולם בעי' שהסכין הוי קדוש וראיה מיהא דאמרי' חומר בסכין מכלי שרת שהסכין אינו טעון תוך וכלי שרת טעון תוך ואי הוה אמרי' דאין צריך שיהא הסכין קדוש אמאי לא קאמר דסכין אינו קדוש וכלי שרת מקודש אלא ש"מ דלעולם סכין בעי' כלי שרת כדפרש"י ודלא כפי' ה"ר [אפרים] דפי' דלגבי שחיטת קדשים לא בעי כלי שרת ומביא ראיה מההיא דחולין דבדק בקרומית של קנה דהוה עץ. ויש לדחות אותה [ראיה] כמו שפירשתי דסבירא ליה כר' יוסי בר' יהודה. ועוד היה מביא ה"ר אפרים ראי' מפרק איזהו מקומן שחיטתן בצפון וקיבול דמן בכלי שרת בצפון ומדנקט גבי קבלה כלי שרת ולא נקט גבי שחיטה דלא אמר שחיטתן בכלי שרת בצפון ש"מ דבשחיטה לא בעי כלי שרת. ומיהו אינה ראיה דהא דלא תני שחיטתן בכלי שרת בצפון כמו דתני וקיבול דמן בכלי שרת משום דבקבלה צריך שיהא הכלי בצפון אבל בשחיטה לא צריך. מקטירו ס"ד ה"ג רש"י ז"ל

א) נראה דל"ל ואמאי לא אמר נמי מהגשה ואילך מצות כהונה ואפי' הכי. ב) נראה דל"ל וי"ל דאי לאו קרא דוקמץ הכהן היה מכשיר וכו' אבל קמילה הוה אמינא שכשרה בזר וכו'.

מסורת הש"ס

[לקמן יט.]

תוספתא פ"א דמנחות

סוכה נ: מנחות כח:

[שם וזבחים לו:]

סוכה נ. מנחות ז. [עח: ל.]

מנחות יט: זבחים סג.

[זבחים טז.]

מנחות ו.

הגהות הב"ח

(א) גמ' מי אמר וכי לית לה לר' יוסי: (ב) רש"י ד"ה משקה וכו' אימחיקא לה הס"ד ואח"כ מ"ה אדם מביא וכו' בקלתות וכו' קלתות כעין סלים הס"ד ואח"כ מ"ה ונותנה וכו' שרת ומקדשה קס"ד שצריך: (ג) ד"ה ודיו וכו' אמאי תיסק:

תורה אור

וּמַקְטִירוֹ בִּכְלִי שָׁרֵת". *בִּכְלִי שָׁרֵת מַקְטִיר לֵיהּ?! אֶלָּא אֵימָא: מַעֲלֵהוּ בִּכְלִי שָׁרֵת לְהַקְטִירוֹ.§ "וּמוֹלְחוֹ וְנוֹתְנוֹ עַל גַּבֵּי הָאִשִּׁים". דִּכְתִיב: (ויקרא ב) °"וְכָל קָרְבַּן מִנְחָתְךָ בַּמֶּלַח תִּמְלָח" וגו'.§ "קָרַב הַקּוֹמֶץ (שם) שְׁיָרֶיהָ נֶאֱכָלִין".§ מְנָלַן? דִּכְתִיב °"וְהִקְטִיר הַכֹּהֵן (שם) אֶת אַזְכָּרָתָהּ" וגו' וּכְתִיב: °"וְהַנּוֹתֶרֶת מִן הַמִּנְחָה לְאַהֲרֹן וּלְבָנָיו". קָרֵב הַקּוֹמֶץ, לְמָר כִּדְאִית לֵיהּ וּלְמָר כִּדְאִית לֵיהּ, דְּאִיתְּמַר: *הַקּוֹמֶץ מֵאֵימָתַי מַתִּיר שִׁירַיִים בַּאֲכִילָה? רַבִּי חֲנִינָא אָמַר: מִשֶּׁתִּשְׁלוֹט בּוֹ הָאוּר, רַבִּי יוֹחָנָן אָמַר: [א]מִשֶּׁתַּיצַּת הָאוּר בְּרוּבּוֹ.§ "וְרַשָּׁאִין הַכֹּהֲנִים לִיתֵּן לְתוֹכוֹ יַיִן וְשֶׁמֶן וּדְבַשׁ". מַאי טַעְמָא? אָמַר קְרָא: "לְמָשְׁחָה" — *לִגְדוּלָּה, כְּדֶרֶךְ שֶׁהַמְּלָכִים אוֹכְלִין.§ "וְאֵין אֲסוּרִין אֶלָּא מִלְּחַמֵּץ" — דִּכְתִיב: (שם ו) °"לֹא תֵאָפֶה חָמֵץ חֶלְקָם", *א"ר שִׁמְעוֹן בֶּן לָקִישׁ: [ב]אֲפִילּוּ חֶלְקָם לֹא תֵאָפֶה חָמֵץ.§ "כָּל הַמְּנָחוֹת" כו'.§ וְכָל הַמְּנָחוֹת טְעוּנוֹת שֶׁמֶן וּלְבוֹנָה?! [ג]וְהָאִיכָּא מִנְחַת חוֹטֵא, דְּרַחֲמָנָא (שם ה) אָמַר: °"לֹא יָשִׂים עָלֶיהָ שֶׁמֶן וְלֹא יִתֵּן עָלֶיהָ לְבוֹנָה"! הָכִי קָאָמַר: כָּל הַמְּנָחוֹת טְעוּנוֹת שֶׁמֶן וּלְבוֹנָה, וּבָאוֹת מִן הַחִיטִּין, וּבָאוֹת סֹלֶת. מִנְחַת חוֹטֵא, אַף עַל פִּי שֶׁאֵינָהּ טְעוּנָה שֶׁמֶן וּלְבוֹנָה — בָּאָה מִן הַחִטִּין וּבָאָה סֹלֶת. מִנְחַת הָעוֹמֶר, אע"פ שֶׁהִיא בָּאָה מִן הַשְּׂעוֹרִין — טְעוּנָה שֶׁמֶן וּלְבוֹנָה, וּבָאָה גֶּרֶשׂ. וְזוֹ אֵינָהּ טְעוּנָה לֹא שֶׁמֶן וְלֹא לְבוֹנָה, וּבָאָה מִן הַשְּׂעוֹרִין, וּבָאָה קֶמַח. *תַּנְיָא, אָמַר ר"ש: בְּדִין הוּא שֶׁתְּהֵא מִנְחַת חוֹטֵא טְעוּנָה שֶׁמֶן וּלְבוֹנָה, שֶׁלֹּא יְהֵא חוֹטֵא נִשְׂכָּר. וּמִפְּנֵי מָה אֵינָהּ טְעוּנָה — שֶׁלֹּא יְהֵא קָרְבָּנוֹ מְהוּדָּר. וּבְדִין הוּא שֶׁתְּהֵא חַטַּאת חֵלֶב טְעוּנָה נְסָכִים, *שֶׁלֹּא יְהֵא חוֹטֵא נִשְׂכָּר. וּמִפְּנֵי מָה [ד]אֵינָהּ טְעוּנָה — שֶׁלֹּא יְהֵא קָרְבָּנוֹ מְהוּדָּר. אֲבָל חַטָּאתוֹ שֶׁל מְצוֹרָע וַאֲשָׁמוֹ — [ה]טְעוּנִין נְסָכִים, לְפִי שֶׁאֵין בָּאִין עַל חֵטְא. אִינִי?! *וְהָאָמַר רַבִּי שְׁמוּאֵל בַּר נַחְמָנִי אָמַר רַבִּי יוֹנָתָן: עַל שִׁבְעָה דְּבָרִים נְגָעִים בָּאִין וכו'! הָתָם מִנִּגְעֵיהּ הוּא דְּאִיכַּפַּר לֵיהּ, כִּי מַיְיתֵי קָרְבָּן — לְאִשְׁתַּרוּיֵי בְּקָדָשִׁים הוּא דְּקָא מַיְיתֵי. אֶלָּא מֵעַתָּה, חַטַּאת נָזִיר תְּהֵא טְעוּנָה נְסָכִים, לְפִי שֶׁאֵינָהּ בָּאָה עַל חֵטְא! סָבַר לָהּ כְּרַבִּי אֶלְעָזָר הַקַּפָּר, *דְּאָמַר: נָזִיר נַמִי חוֹטֵא הוּא.§ "רַבָּן גַּמְלִיאֵל אוֹמֵר כְּשֵׁם" כו'.§ תַּנְיָא, אָמַר לָהֶן רַבָּן גַּמְלִיאֵל לַחֲכָמִים: סוֹפְרִים, הַנִּיחוּ לִי וְאֶדְרְשֶׁנָּה *כְּמִין חוֹמֶר. דִּשְׁמָעֵיהּ

רש"י

ה"ג: וּמַקְטִירוֹ ס"ד. וְלָא גָּרַס: אָתוֹ בִּכְלִי שָׁרֵת מַקְטֵר לֵיהּ. וְהָכִי קָא קַשְׁיָא לֵיהּ: מַקְטִירוֹ ס"ד? וַהֲרֵי עֲדַיִין לֹא מְלָחָהּ, וְסֵיפָא קָתָנֵי: וּמוֹלְחוֹ וְנוֹתְנוֹ עַל גַּבֵּי הָאִשִּׁים, אַלְמָא הַשְׁתָּא הוּא דְּמַקְטַר לֵיהּ!. אֶלָּא אֵימָא מַעֲלֵהוּ לְהַקְטִירוֹ בִּכְלִי שָׁרֵת. כְּלוֹמַר, מַעֲלֵהוּ בִּכְלִי שָׁרֵת לְהַקְטִירוֹ לְאַחַר שֶׁיִּמְלָחֶנּוּ. קָרַב הַקּוֹמֶץ לְמָר כִּדְאִית לֵיהּ וכו'. קָרַב הַקּוֹמֶץ דְּקָתָנֵי דְּמַתִּיר שִׁירַיִם בַּאֲכִילָה, מֵאֵימָתַי חָשִׁיב קְרִיבָה לְהַתִּיר שִׁירַיִם — לְרַבִּי יוֹחָנָן כִּדְאִית לֵיהּ מִשֶּׁתִּיצַּת הָאוּר בְּרוּבּוֹ, וּלְרַבִּי חֲנִינָא — מִשֶּׁתִּשְׁלוֹט בּוֹ וַאֲפִילּוּ מְעַט. לְמָשְׁחָה. גַּבֵּי מַתְּנוֹת כְּהוּנָּה כְּתִיב (במדבר יח): "לְךָ נְתַתִּים לְמָשְׁחָה". לֹא תֵאָפֶה חָמֵץ חֶלְקָם וגו'. אֲפִילּוּ חֶלְקָם, שִׁירַיִם, לֹא תֵאָפֶה חָמֵץ. דְּדָרְשִׁינַן לֵיהּ הַאי "חֶלְקָם" דִּקְרָא נַמִי לְפָנָיו אַ"לֹא תֵאָפֶה". מִנְחַת חוֹטֵא. הַבָּאָה עַל חֵטְא, דְּמִטַּמֵּא מִקְדָּשׁ וּשְׁבוּעַת הָעֵדוּת וּשְׁבוּעַת בִּיטּוּי, דִּכְתִיב הָתָם: "וְאִם לֹא תַשִּׂיג יָדוֹ לִשְׁתֵּי תוֹרִים" וגו' (ויקרא ה). ה"ק וכו'. כְּלוֹמַר, לָא קָתָנֵי מִילְּתָא בְּאַנְפֵּי נַפְשֵׁיהּ, אֶלָּא כְּרוֹךְ וּתְנֵי הָכִי: כָּל הַמְּנָחוֹת טְעוּנוֹת שֶׁמֶן וּלְבוֹנָה וּבָאוֹת חִטִּין, כְּלוֹמַר: וְשֶׁאֵינָם טְעוּנוֹת — בָּאוֹת מִיהַת חִטִּין וּבָאוֹת סוֹלֶת. כְּלוֹמַר, חֲדָא מֵהָנֵי מַעַלְיוּתָא אִית בְּהוּ. כֵּיצַד? מִנְחַת חוֹטֵא אע"פ שֶׁאֵינָהּ טְעוּנָה וכו'. שֶׁלֹּא יְהֵא חוֹטֵא נִשְׂכָּר. לְהָקֵל בְּמִנְחָתוֹ יוֹתֵר מִשְּׁאָר מְנָחוֹת. חַטַּאת חֵלֶב. כָּל חַטָּאת סְתָם קָרֵי חַטַּאת חֵלֶב, דִּבְדָבָר חֵלֶב כְּתִיב: (א) "כָּל חֵלֶב וְכָל דָּם לֹא תֹאכֵלוּ" (שם ג), וּכְתִיב בַּתְרֵיהּ פָּרָשַׁת חַטָּאת. נְסָכִים. סוֹלֶת לְמִנְחָה, וְעִשָּׂרוֹן לַכֶּבֶשׂ יַיִן, וְשֶׁמֶן רְבִיעִית הַהִין, כְּמוֹ שֶׁמַּקְרִיבִין לְעוֹלָה וּשְׁלָמִים. וּמִפְּנֵי מָה אֵינָם טְעוּנוֹת. דִּכְתִיב בְּפָרָשַׁת נְסָכִים (במדבר טו): "לְפַלֵּא נֶדֶר אוֹ בִנְדָבָה"; הַבָּא בְּנֶדֶר וּנְדָבָה — טָעוּן נְסָכִים, וְאֵין חַטָּאת וְאָשָׁם טְעוּנִים נְסָכִים. חַטָּאתוֹ וַאֲשָׁמוֹ שֶׁל מְצוֹרָע. אִיתְרַבּוּ בְּהֶדְיָא לִנְסָכִים, בְּמַסֶּכֶת מְנָחוֹת בְּפֶרֶק "שְׁתֵּי מִדּוֹת" (דף נא.). עַל שִׁבְעָה דְּבָרִים נְגָעִים בָּאִין. וּמְפָרֵשׁ לְהוּ בַּעֲרָכִין בְּפֶרֶק "יֵשׁ בַּעֲרָכִין" (דף טז.). מִנִּגְעֵיהּ אִיכַּפַּר לֵיהּ. יִסּוּרִים וּבֹשֶׁת שֶׁל נֶגַע, כִּפְּרוּ לוֹ עַל אוֹתוֹ חֵטְא. וְכִי קָא מַיְיתֵי קָרְבָּן לְאִישְׁתַּרוּיֵי בְּקָדָשִׁים הוּא דְּמַיְיתֵי. שֶׁיֵּשׁ טוּמְאוֹת שֶׁהִצְרִיכָן הַכָּתוּב כַּפָּרָה לְטָהֳרָתָן: זָב, וְזָבָה, וְיוֹלֶדֶת, וּמְצוֹרָע, וְנָזִיר שֶׁנִּטְמָא. חַטַּאת נָזִיר. שֶׁמֵּבִיא בִּמְלֹאת יְמֵי נִזְרוֹ חַטָּאת וְעוֹלָה וּשְׁלָמִים. נָזִיר חוֹטֵא הוּא. שֶׁצִּיעֵר עַצְמוֹ מִן הַיַּיִן. חוֹמֶר. בוטו"ן בְּלַעַ"ז, וְהוּא שֶׁל זָהָב, וְחוֹתְמִים בּוֹ שְׁנֵי צַוְּארֵי חָלוּק לְנוֹי.

תוספות

טעונה נסכים. א"ל דאינה טעונה נסכים משום דאינה בנדר ונדבה — די"ל ה"פ: בדין הוא, מאחר שהוא חוטא היה לריך לעונשו להביא קרבן גדול, אבל בכור ומעשר אינו בדין.

סבר לה כרבי אלעזר הקפר. הכא משמע דרבי שמעון ורבי אלעזר הקפר סבירא להו דאפילו נזיר טהור חוטא הוא, דהא נזיר טמא היה מביא חטאת העוף, ועופות אינם טעונים נסכים, כדאיתא בפרק "שתי מדות" (מנחות דף נ:). והכי איתא בהדיא נמי בפרק קמא דנדרים (דף י.) ובפרק ג' דנזיר (דף יט.), דאף על גב דקרא בנזיר טמא כתיב — אנן אפילו נזיר טהור קאמרינן דקסבר רבי אלעזר הקפר חוטא הוא. והיינו טעמא דכתב קרא בנזיר טמא — הואיל ושנה בחטא. וקשה משמעתא קמייתא דנזיר (דף ג:), דתנן: "אהא נאה" — הרי זה נזיר, ודלמא אתנאה לפניו במלות קאמר? אמר שמואל: שתפוס בשערו, ואמר "אתנאה". נזירא עביד מילתא דעבירה ואמרינן ליה נאה? אין, אפילו רבי אלעזר הקפר דאמר נזיר חוטא הוא — הני מילי גבי נזיר טמא, דאיידי דבעי מיסתר דילמא אתי למיעבר על נזירותיה. אבל נזיר טהור — לאו חוטא קרינן ביה! ואם תאמר: שמואל סבירא ליה התם אליבא דרבי אלעזר הקפר דנזיר טהור לאו חוטא, וסתמא דגמרא דהכא ודפ"ג דנזיר (דף יט.) לאו כשמואל, וסתמא דמתניתין דקרי ליה נאה — אליבא דרבנן דאמרי לאו חוטא, לפום סתמא דגמרא. *אם כן, תיקשה דשמואל אדשמואל, דאמר פרק קמא דתענית (דף יא.): כל היושב בתענית נקרא חוטא, סבר לה כרבי אעזר הקפר. ותענית כנזיר טהור הוא, דאמרינן בפ"ק דנדרים (דף י.): רבי אלעזר הקפר אומר וכו' — מכאן שיושב בתענית נקרא חוטא. והתם מיירי בנזיר טהור, כדפרישית, ומדמי ליה יושב בתענית! והשתא אית לן למימר דסתמא דגמ' דנדרים נמי, דמדמי יושב בתענית לנזיר טהור — דלא כשמואל, דאיהו הוה מדמי ליה דוקא לנזיר טמא, לפי שמצער את עצמו מכל דבר, שהרי יושב בתענית ומתחרט, כנזיר טמא שמתחרט משום צער דבעי מיסתר נזירותיה. אבל נזיר טהור אינו צער. מיהו, תיקשה דשמואל אדשמואל, דאמר בפ"ק (לעיל דף יא.) דיושב בתענית נקרא חוטא, ובפרק "החובל" (ב"ק דף צא:) פריך: ואין אדם רשאי לחבול בעצמו? והתניא: יכול נשבע להרע לעצמו וכו' מה הטבה רשות — אף הרעה רשות. ומוקי לה שמואל ביושב בתענית, דהוא רשות! ועוד קשיא מפרק בתרא דכריתות (דף כו.) דאמר: [חטא] שאין אנו מכירין בו אלא המקום — יום הכפורים מכפר. וקא פריך: ספק נזיר שעבר עליו יום הכפורים לא נייתי, דהא כפר עליה יום הכפורים! ומשני: "לכל חטאתם" ולא לכל טומאתם. ולרבי אלעזר הקפר מאי איכא למימר? נזיר כי מייתי קרבן — לאו לכפרה מייתי, אלא לאחולי עליה נזירות טהרה. א"נ, למישרי נפשיה ביין. אלמא דקרבן נזיר לר' אלעזר הקפר לאו לכפרה אתי, והכא משמע משום דבא על חטא אינה טעונה נסכים! והכי אמר נמי בפ"ג דנזיר (דף יט.) דחטאת העוף לר' ישמעאל בא על חטא, דאע"ג דבעל מיעקר עקר, מייתי. ואכתי הוה מצי למיפרך התם לר' שמעון דהכא ולר' ישמעאל מספק נזיר, לר' ישמעאל מספק נזיר טמא, לר' שמעון אפי' מספק נזיר טהור. ובפרק קמא דשבועות (דף ח.) נמי לא מתרץ כמו בכריתות דלאו משום כפרה אתי! **סבר** לה כרבי אלעזר הקפר. תימה לי: אמאי תלי מילתיה בר' אלעזר הקפר? והא איהו גופיה אומר נמי בפ"ק דנדרים (דף י.): אבל בנזירות לא התנדבו, שלא יקראו חוטאין, שנאמר: "וכפר עליו מאשר חטא"! וי"ל: אגב שיטפיה, דנקט בכל דוכתא הכי — נקט נמי הכא כי האי לישנא. **כמין** חומר. פי' רבי הילל: מרגלית. ענין אחר: בושם, כמו חומרתא דפילון (שבת דף סב.) — בשמים מעורבין, תרגום "בלולה" — דפילא. ענין אחר פי' רבינו סעדיה גאון: כמין המעשה. דבלשון ארמית אומר אדם לחבירו "מה חמרך" — כלומר: מה מעשיך*. איכא

עין משפט נר מצוה

יב א מיי' פי"ב מהל' מעשה הקרבנות הלכה יג:

יג ב מיי' שם הל' ד:

יד ג מיי' שם הל' ז:

טו ד ה מיי' שם פ"ב הלכה ג סמג עשין קפב:

גירסת רש"א אכתי

מסורת הש"ס

פסחים סה: יומא סז: | מנחות כו: | [זבחים כח. לא. חולין קלב.] | יכמות מ. שבועות טו: [מנחות נה.] | מנחות ו. | [יבמות לב. וש"נ] | ערכין טז. שבועות ח. [כריתות כו:] | נזיר יט. וש"נ | [קדושין כב:]

תוספות שאנץ

ז"ל ולא גרס אתו בכלי שרת מקטר ליה. והכי קא קשיא ליה והרי עדיין לא מלחן והרי אחרי כן תני ומולחו ונותנו על גבי האשים אלא אימא מעלהו על מנת להקטירו בכלי שרת לאחר שימלחנו ובמנחות (דף כו ע"א) קאמר כי הכא ומקטירו בכלי שרת ולא פריך כי הכא ופי' במסכת יומא פ' שני שעירי (דף סז). נזיר נמי חוטא הוא. פי' שציער עצמו מן היין. וא"ת ליקשי מאשם נזיר דהוה ליה למימר דתהא טעונה נסכים דאינה באה על חטא כדאמר התם בכריתות (דף כו ע"א) אשם נזיר לבטלה אתי. וי"ל דכיון דלבטלה קא אתי אינו טעון נסכים:

הגהות הב"ח

(א) רש"י ד"ה חטאת וכו' כתיב דכתיב כל חלב:

[וע' בערוך ערך סמר דרבינו סעדיה גריס כמין הומר שכן בלשון ארמי אומר מאי אסמרך ע"ש ועי' תוס' קדושין כב: ותוס' חולין קלב:]

דִשְׁמָעֵיהּ לְר' מֵאִיר דְקָאָמַר: *הִיא הֶאֱכִילַתּוֹ מַעֲדַנֵּי עוֹלָם – לְפִיכָךְ קׇרְבָּנָהּ מַאֲכַל בְּהֵמָה. א"ל: הָתֵינַח עֲשִׁירָה, עֲנִיָּה מַאי אִיכָּא לְמֵימַר? אֶלָּא: כְּשֵׁם שֶׁמַּעֲשֶׂיהָ מַעֲשֵׂה בְהֵמָה כָּךְ קׇרְבָּנָהּ מַאֲכַל בְּהֵמָה.§

מתני' *[א]הָיָה מֵבִיא *פַּיְלִי שֶׁל חֶרֶס וְנוֹתֵן לְתוֹכָהּ חֲצִי לוֹג מַיִם מִן הַכִּיּוֹר. ר' יְהוּדָה אוֹמֵר: רְבִיעִית. כְּשֵׁם שֶׁמִּמַּעֵט בַּכְּתָב, כָּךְ מְמַעֵט בַּמַּיִם. [ב]נִכְנַס לַהֵיכָל וּפָנָה לִימִינוֹ, וּמָקוֹם הָיָה שָׁם אַמָּה עַל אַמָּה, וְטַבְלָא שֶׁל שַׁיִשׁ, וְטַבַּעַת הָיְתָה קְבוּעָה בָּהּ, כְּשֶׁהוּא מַגְבִּיהָהּ, וְנוֹטֵל עָפָר מִתַּחְתֶּיהָ, וְנוֹתֵן כְּדֵי שֶׁיֵּרָאֶה עַל הַמַּיִם, שֶׁנֶּאֱמַר: °"וּמִן הֶעָפָר אֲשֶׁר יִהְיֶה בְּקַרְקַע הַמִּשְׁכָּן יִקַּח הַכֹּהֵן וְנָתַן אֶל הַמָּיִם".§ (במדבר ה)

גמ' תָּנָא: [ג]פַּיְלִי שֶׁל חֶרֶס חֲדָשָׁה, דִּבְרֵי רַבִּי יִשְׁמָעֵאל. מַאי טַעְמָא דְּרַבִּי יִשְׁמָעֵאל? גָּמַר "כְּלִי" "כְּלִי" מִמְּצוֹרָע, מַה לְּהַלָּן [ד]חֶרֶס חֲדָשָׁה – אַף כָּאן חֶרֶס חֲדָשָׁה. וְהָתָם מְנָלַן? דִּכְתִיב: °"וְשָׁחַט אֶת הַצִּפּוֹר הָאֶחָת אֶל כְּלִי חֶרֶשׂ עַל מַיִם חַיִּים", מַה מַּיִם חַיִּים שֶׁלֹּא נַעֲשָׂה בָּהֶן מְלָאכָה – אַף כְּלִי שֶׁלֹּא נַעֲשְׂתָה בּוֹ מְלָאכָה. אִי מַה לְּהַלָּן מַיִם חַיִּים – אַף כָּאן מַיִם חַיִּים? לְרַבִּי יִשְׁמָעֵאל הָכִי נַמִי. *דְּאָמַר ר' יוֹחָנָן: מֵי כִיּוֹר, רַבִּי יִשְׁמָעֵאל אוֹמֵר: מֵי מַעְיָן הֵן, וַחכ"א: [ה]מִשְּׁאָר מֵימוֹת הֵן. אִיכָּא לְמִיפְרַךְ: מַה לִּמְצוֹרָע – שֶׁכֵּן טָעוּן עֵץ אֶרֶז וְאֵזוֹב וּשְׁנִי תוֹלַעַת! אָמַר רַבָּה: אָמַר קְרָא "בִּכְלִי חֶרֶשׂ" – כְּלִי שֶׁאָמַרְתִּי לְךָ כְּבָר. אָמַר רָבָא: לֹא שָׁנוּ אֶלָּא שֶׁלֹּא נִתְאַכְּמוּ פָּנָיו, [ו]אֲבָל נִתְאַכְּמוּ פָּנָיו – פְּסוּלִין. מַאי טַעְמָא – דּוּמְיָא דְּמַיִם, מַה מַּיִם שֶׁלֹּא נִשְׁתַּנּוּ – אַף כְּלִי שֶׁלֹּא נִשְׁתַּנָּה. בָּעֵי רָבָא: נִתְאַכְּמוּ, וְהֶחֱזִירָן לְתוֹךְ כִּבְשַׁן הָאֵשׁ וְנִתְלַבְּנוּ, מַהוּ? מִי אָמְרִינַן: כֵּיוָן דְּאִידְּחוּ אִידְּחוּ, אוֹ דִּילְמָא [ז]כֵּיוָן דַּהֲדוּר הֲדוּר? ת"ש, רַבִּי *אֶלְעָזָר אוֹמֵר: עֵץ אֶרֶז וְאֵזוֹב וּשְׁנִי תוֹלַעַת שֶׁהִפְשִׁיל בָּהֶן קוּפָּתוֹ לַאֲחוֹרָיו – פְּסוּלִין. וְהָא הָתָם הָדְרִי וּמִפַּשְׁטִי! הָתָם [ח]דְּאִיקְלוּף אִיקְלוּפֵי.§ "נִכְנַס לַהֵיכָל וּפָנָה לִימִינוֹ" וכו'.§ מ"ט? *דְּאָמַר מָר: [ט]כׇּל פִּנּוֹת שֶׁאַתָּה פּוֹנֶה, לֹא יְהוּ אֶלָּא דֶּרֶךְ יָמִין.§ "מָקוֹם הָיָה שָׁם אַמָּה" כו'.§ תָּנוּ רַבָּנַן: "וּמִן הֶעָפָר אֲשֶׁר יִהְיֶה". יָכוֹל יְתַקֵּן מִבַּחוּץ וְיַכְנִיס – תַּלְמוּד לוֹמַר: "בְּקַרְקַע הַמִּשְׁכָּן". אִי "בְּקַרְקַע הַמִּשְׁכָּן" – יָכוֹל [י]יַחְפּוֹר בְּקַרְדּוּמּוֹת – תַּלְמוּד לוֹמַר: "אֲשֶׁר יִהְיֶה". הָא כֵּיצַד? [כ]יֵשׁ שָׁם – הָבֵא, אֵין שָׁם – תֵּן שָׁם. תַּנְיָא אִידָךְ: "וּמִן הֶעָפָר אֲשֶׁר יִהְיֶה" וגו' – מְלַמֵּד שֶׁהָיָה מְתַקֵּן מִבַּחוּץ וּמַכְנִיס. "בְּקַרְקַע הַמִּשְׁכָּן". אִיסִי בֶּן יְהוּדָה אוֹמֵר: לְהָבִיא קַרְקַע שִׁילֹה

לרבות

רש"י

דְּשַׁמְעֵיהּ לְרַבִּי מֵאִיר דְּאָמַר כו'. בְּפ"ק (לעיל דף ח:) גַּבֵּי בְּמִדָּה שֶׁאָדָם מוֹדֵד. עֲנִיָּה. לֹא הֶאֱכִילַתּוֹ מַעֲדַנִּים, לָמָּה מְבִיאָה מַאֲכַל בְּהֵמָה? אֶלָּא הִיא עָשְׂתָה מַעֲשֵׂה בְהֵמָה. שֶׁהִפְקִירָה עַצְמָהּ לְתַשְׁמִישׁ לְמִי *שֶׁאֵינָהּ בֶּן זוּגָהּ. מתני' הָיָה מֵבִיא. הַכֹּהֵן. פַּיְלִי. כּוֹס שֶׁל מַיִם. מִן הַכִּיּוֹר. דִּכְתִיב: "מַיִם קְדוֹשִׁים" (במדבר ה), וְאֵין קְדוֹשִׁים אֶלָּא שֶׁנִּתְקַדְּשׁוּ בִּכְלִי. הָכִי תַּנְיָא בְּסִיפְרִי. כְּשֵׁם שֶׁמְּמַעֵט. רַבִּי יְהוּדָה בִּכְתַב הַמְּגִילָּה, לְקַמָּן בְּמַתְנִי'* – כָּךְ מְמַעֵט כָּאן בַּמַּיִם. וּמָקוֹם הָיָה שָׁם. נִיכָּר מִתּוֹךְ שְׁאָר רִצְפַּת הַהֵיכָל. טַבַּעַת קְבוּעָה בָּהּ. לְאׇחְזָהּ בְּטַבַּעְתָּהּ, וּלְהַגְבִּיהָהּ מִבֵּין הָרִצְפָּה, שֶׁהִיא כּוּלָּהּ בְּאַבְנֵי שַׁיִשׁ. כְּדֵי שֶׁיֵּרָאֶה. צָרִיךְ לִיתֵּן שִׁיעוּר שֶׁיְּהֵא נִרְאֶה וְנִיכָּר עַל פְּנֵי הַמַּיִם. וְנָתַן אֶל הַמָּיִם. מִדְּלָא כְּתִיב "וְנָתַן בַּמַּיִם", אֶלָּא "אֶל הַמַּיִם", מַשְׁמַע שֶׁלֹּא יְהֵא נִבְלָע בְּתוֹכָן. גמ' מַאי טַעְמָא דְּרַבִּי יִשְׁמָעֵאל. דְּבָעֵי חֲדָשָׁה. גָּמַר מִמְּצוֹרָע. "וְשָׁחַט אֶת הַצִּפּוֹר הָאֶחָת אֶל כְּלִי חֶרֶשׂ" וגו'. שֶׁלֹּא נַעֲשָׂה בָּהֶן מְלָאכָה. דְּהָא "חַיִּים" כְּתִיב. לְר' יִשְׁמָעֵאל. דְּפָרְכַתְּ הָא אַלִּיבֵּיהּ. הָכִי נַמִי. דְּבָעֵינַן מַיִם חַיִּים לְסוֹטָה. דְּהָא מִן הַכִּיּוֹר הוּא נוֹטֵל. וְשָׁמְעִינַן לֵיהּ לְר' יִשְׁמָעֵאל בְּעָלְמָא דְּאָמַר: מֵי כִיּוֹר מֵי מַעְיָן הֵן, דְּהַיְינוּ חַיִּים. מִשְּׁאָר מֵימוֹת הֵן. אִם רָצָה לִיתֵּן לְתוֹכוֹ מֵי מִקְוֶה – יִתֵּן. אִיכָּא לְמִיפְרַךְ. בְּהָא ג"ש דְּרַבִּי יִשְׁמָעֵאל דְּגָמַר "כְּלִי" "כְּלִי" מִמְּצוֹרָע. מַה לִּמְצוֹרָע שֶׁכֵּן טָעוּן כו'. לְפִיכָךְ כְּלִי שֶׁלּוֹ חָדָשׁ, תֹּאמַר בְּסוֹטָה שֶׁאֵין בָּהּ כׇּל אֵלּוּ. אָמַר רַבָּה וכו' בִּכְלִי שֶׁאָמַרְתִּי לְךָ כְּבָר. הָכִי מַשְׁמַע לֵיהּ לְרַבָּה: מִדְּלָא כְּתִיב: "וְלָקַח כְּלִי חֶרֶשׂ וְנָתַן בּוֹ מַיִם", וּכְתִיב: "בִּכְלִי חָרֶשׂ" – מַשְׁמַע שֶׁכְּבָר הוּזְכַּר כְּלִי זֶה בְּמָקוֹם אַחֵר, וְאָמַר רַחֲמָנָא הָכָא שֶׁבְּאוֹתוֹ כְּלִי שֶׁאָמַרְתִּי לְךָ בְּמָקוֹם אַחֵר – קַח אוֹתָם, וּמַאי נִיהוּ – דִּמְצוֹרָע. לֹא שָׁנוּ. רַבָּנַן דְּמַתְנִי' דְּבָעוּ חֶרֶס וּמַכְשְׁרֵי בְּיָשָׁן. אֶלָּא שֶׁלֹּא נִתְאַכְּמוּ. הוּשְׁחֲרוּ פָּנָיו עַל יְדֵי הָאוּר. דּוּמְיָא דְּמַיִם. אע"ג דְּלָא גָּמְרֵי מִמְּצוֹרָע, מִיהוּ, מִינָּהּ וּבָהּ גָּמְרֵי כְּלִי דְּסוֹטָה מִמֵּי סוֹטָה. וְנְהִי דְּמֵי סוֹטָה לְרַבָּנַן לָאו חַיִּים נִינְהוּ, דְּמַכְשְׁרֵי בִּשְׁאָר מֵימוֹת – מִיהַת לֹא נִשְׁתַּנּוּ, וּכְלִי נַמִי בָּעֵינַן דְּלָא נִשְׁתַּנָּה. הֶחֱזִירָן לְכִבְשָׁן. שֶׁל יוֹצֵר, שֶׁמְּצָרְפִים בּוֹ אֶת הַקְּדֵרוֹת שֶׁל חֶרֶס חֲדָשׁוֹת. שֶׁהִפְשִׁיל קוּפָּתוֹ לַאֲחוֹרָיו. מִדְּלָא קָתָנֵי "שֶׁנַּעֲשָׂה בָּהֶן מְלָאכָה" – ש"מ: אַמְּלָאכָה לָא קָפֵיד, אַשִּׁינּוּיָא קָפֵיד. וְאֵלּוּ נִתְעַקְּמוּ בְּמַשָּׂאוֹי. וְהָא [הָתָם] דְּהָדְרִי וּמִפַּשְׁטִי. וְקָתָנֵי: פְּסוּלִין, אַלְמָא: כֵּיוָן דְּאִידְּחוּ – אִידְּחוּ. דְּאִיקְלוּף. שֶׁעַל יְדֵי הַמַּשָּׂאוֹי נִתְקַלְּפוּ מִקְּלִיפָּתָן, דְּשִׁינּוּיָא דְּלָא הָדַר הוּא. דְּאָמַר מָר. בְּסֵדֶר יוֹמָא (דף נח:) וּבִשְׁחִיטַת קָדָשִׁים (דף סב:). וְיָלֵיף לָהּ מִ"פּוֹנִים" "פּוֹנִים" דִּשְׁנֵים עָשָׂר בָּקָר דְּיָם שֶׁעָשָׂה שְׁלֹמֹה. וּמִן הֶעָפָר אֲשֶׁר יִהְיֶה בְּקַרְקַע הַמִּשְׁכָּן. אִי (א) לָא הֲוָה כְּתִיב "בְּקַרְקַע" *[ה"א בָּעֵינַן מִקַּרְקַע הַמִּשְׁכָּן מַמָּשׁ, אֲבָל הַשְׁתָּא דִּכְתִיב "בְּקַרְקַע"] מַשְׁמַע דְּאֵינוֹ מַקְפִּיד אֶלָּא שֶׁיַּכְנִיס הֶעָפָר לַהֵיכָל. יָכוֹל יְתַקֵּן. יָזְמִין עָפָר מִבַּחוּץ וְיַכְנִיס בַּהֵיכָל, וְדַיּוֹ בִּכְנִיסָתוֹ. ת"ל בְּקַרְקַע. בְּקַרְקָעִיתוֹ. אִי בְּקַרְקַע. קָא דָרְשִׁינַן, וְלָא כְּתִיב "אֲשֶׁר יִהְיֶה", יָכוֹל לֹא מָצָא שָׁם עָפָר תִּיחוּחַ נוֹחַ לִינָּטֵל יַחְפּוֹר שָׁם בְּקַרְדּוּמּוֹת – ת"ל: "אֲשֶׁר יִהְיֶה", (ב) וּמִדְּלָא כְּתִיב "וּמִקַּרְקַע הַמִּשְׁכָּן יִקַּח" – ש"מ: לֹא הִקְפִּיד אֶלָּא שֶׁיְּהֵא מוּנָּח בְּקַרְקָעִית הַמִּשְׁכָּן שָׁעָה אַחַת. הָא כֵּיצַד? יֵשׁ שָׁם עָפָר תִּיחוּחַ – הָבֵא מִשָּׁם. אֵין שָׁם תֵּן שָׁם. עַל הַקַּרְקָעִית, וְחוֹזֵר וְנוֹטְלוֹ וְנוֹתְנוֹ לְתוֹךְ הַמַּיִם. תַּנְיָא אִידָךְ. פְּלִיגָא אַהָךְ קַמַּיְיתָא. וְתַנָּאֵי הִיא, כִּדְקָתָנֵי בָּהּ פְּלוּגְתָּא דְּתַנָּאֵי. וְהָךְ דִּלְעֵיל מִיתּוֹקְמָא כְּאִיסִי בֶּן מְנַחֵם. (ג) מִן הֶעָפָר אֲשֶׁר יִהְיֶה בַּמִּשְׁכָּן. מִדְּלָא כְּתִיב "מִקַּרְקַע הַמִּשְׁכָּן יִקַּח" – אֵינוֹ מַקְפִּיד אֶלָּא שֶׁיַּכְנִיס לַהֵיכָל, מְלַמֵּד שֶׁמְּתַקֵּן מִבַּחוּץ וּמַכְנִיס מִבִּפְנִים לַהֵיכָל, וְנוֹתֵן אֶל הַמַּיִם, וְא"צ לְהַנִּיחוֹ בְּקַרְקַע הַהֵיכָל. בְּקַרְקַע הַמִּשְׁכָּן אִיסִי בֶּן יְהוּדָה וכו'. "בְּקַרְקַע הַמִּשְׁכָּן" לְמַאי אֲתָא, כֵּיוָן דְּיָלְפִינַן מֵ"אֲשֶׁר יִהְיֶה" דְּא"צ לִיטְּלוֹ מֵעַל גַּבֵּי קַרְקָעִית. אִיסִי בֶּן יְהוּדָה אוֹמֵר לְהָבִיא קַרְקַע בֵּית עוֹלָמִים. ה"ג לָהּ בְּסִיפְרִי. וְלָא גָּרַס: לְרַבּוֹת שִׁילֹה וְנוֹב וְגִבְעוֹן וּבֵית עוֹלָמִים. דְּשִׁילֹה מִשְׁכָּן הוּא, וְלָא צָרִיךְ לְרִבּוּיָא, דְּהוּא עִיקַּר הַכָּתוּב. וְנוֹב וְגִבְעוֹן אֵין מַשְׁקִין בָּהּ סוֹטוֹת, דְּהָא בָּמָה הֲוַאי, וְלָא הֲוָה שָׁם אָרוֹן אֶלָּא מִזְבַּח הַנְּחוֹשֶׁת לְבַדּוֹ, וְלֹא קְרֵבָה בָּהֶן מִנְחַת סוֹטָה וְלֹא שׁוּם חוֹבַת יָחִיד שֶׁאֵין לָהּ זְמַן קָבוּעַ, כִּדְאָמַר בִּשְׁחִיטַת קָדָשִׁים (דף קיז.) וּבִמְגִילָּה (דף ט:). אֲבָל בֵּית עוֹלָמִים הוּצְרַךְ לְרַבּוֹת, שֶׁלֹּא תֹּאמַר: מִשְׁכָּן נֶאֱמַר וְלֹא מִקְדָּשׁ. בֵּית הַמִּקְדָּשׁ שֶׁבִּירוּשָׁלַיִם קָרֵי לֵיהּ "בֵּית עוֹלָמִים" לְפִי שֶׁאֵין אַחֵר קְדוּשָּׁתוֹ הֵיתֵּר בְּמָקוֹם אַחֵר, וְשׁוּב לֹא שָׁרְתָה שְׁכִינָה בְּמָקוֹם אַחֵר.

אינו

תוספות

איכא למפרך מה למצורע. הא סוגיא כרב אחא בריה דרבא דאמר בפרק "המפלת" (נדה דף כג.): לרבי ישמעאל כל ג"ש שאינה מופנה כל עיקר – למידין ומשיבין. ולפי המסקנא דיליף ליה מ"בכלי" לא תיקשה נמי לרב יהודה דאמר:* אין למידין כל עיקר.

מה מים שלא נעשתה בהם מלאכה. וא"ת: כיון דמי כיור הן, מי לא עסקינן שקדש ממנו כבר? יש לומר: אפי' אם קידש בהן, *שילק מן הדדין שבו – לא היתה מלאכה גבי נטילה. דתנן בפ"ק דידים (מ"ג): עשה בהן מלאכה או ששרה בהן פתו – פסולין, ואפ"ה קתני (שם מ"ה): מים שנחתום מטבל בהן את הגלוסקין – פסולין, ושהוא מדיח בהן ידיו – כשירין. אלמא דלא חשיב מלאכה הדחת ידים, אלא הדחת כלים ומי נחתום, כדקתני התם.

ומה מים שלא נשתנו. תימה: דמאחר דמי כיור הן, ומי כיור כשירין במי מקוה, ומי מקוה שנשתנו מראיהן כשר, כדתנן במסכת מקואות פ"ז (מ"ג) דמי צבע אין פוסלין המקוה בשינוי מראה! ועוד תימה לרבי: מאי שנא דהכא אמר: מה מים שלא נשתנו, ובפרק ב' דמסכת ע"ז (דף לז:) לא מסיק הכי גבי בישולי גוים? ונראה דהכא נמי אסמכתא בעלמא הוא, וליכא אלא פסולא דרבנן.

נתאכמו והחזירן לתוך כבשן האש מהו. תימה: מ"ש דקא מבעיא ליה הכא בנראה וחוזר ונראה? והא בפ' "לולב הגזול" (סוכה דף לג:) קא מבעיא לן ולא אפשיטו! ועוד: מאי שנא מהא דאמר בזבחים פ"ב (דף יח:): בגדי כהונה שהיו מקורעין או מטושטשין ועבד – עבודתו פסולה, ואפי' הכי אם כיבס טשטוש וגיעול שלהן – חזרו להתירן, כדמייתי ברייתא פרק "המזבח מקדש" (שם דף פח.): בגדי כהונה אין עושין אותן מעשה מחט אלא מעשה אורג, נתגעלו – אין מכבסין אותן לא בנתר ולא באהל. ופרכינן: הא במים מכבסין? אמר אביי, ה"ק: הוגעו למים – מכבסין אותן בנתר. אלמא דמכבסין אותן, ולא אמר דנלחו! מ"ר. **והא** התם הדרי ומפשטי. פרש"י: מדלא קתני שנעשה בהן מלאכה – ש"מ אמלאכה לא קפיד, אשינוי קפיד. וקשיא לרבי מתוספתא דנגעים פרק "אין מלורע": ר' אליעזר אומר: "עץ ארז ואזוב ושני תולעת" שנאמר בתורה – שלא נעשית בהן מלאכה. אלמא דמלאכה פוסלת בהן לר' אליעזר גופיה!

עין משפט נר מצוה

[שם כב:]

שלא ילק מן וכו'. מהרש"א וכ"ה בנ"י

טז א מיי' פ"ג מהל' סוטה הל"ט סמג עשין נז:
יז ב מיי' שם הל"י:
יח ג מיי' שם הל"ט:
יט ד מיי' פי"א מהל' טומאת צרעת הלכה א סמג עשין רלז:
כ ה מיי' פ"ה מהל' ביאת מקדש הלי"ב ועי' בכ"מ בפ"ג מהל' סוטה הל"ט:
כא ו ז מיי' פ"ג מהל' סוטה הל"ט וע"ש בכ"מ:
כב ח מיי' פי"א מהל' טומאת צרעת הל"א סמג עשין רלז:
כג ט מיי' פי"ד מהל' נשיאות כפים הלי"ג:
כד י מיי' פ"ד מהל' סוטה הלי"ג:
כה כ מיי' שם הלי"ב:

תוספות שאנץ

פיילי כוס בספל אדירים מתרגמי' בפיילי: כדי שיראה על פני המים צריך ליתן שיעור כדי שיהיה נראה וניכר על פני המים דכתיב ונתן אל המים מדלא כתיב ונתן במים אלא אל המים משמע שצריך שיבא העפר אל המים שלא יהא נבלע בתוכו ל"ה. לא שנו לרבנן דמתני' דלא בעי חדשים אלא שלא נתאכמו פניו על פני האור. דומיא דמים ואע"ג דלא גמירי ממצורע מיהו מינה ובה גמרי כלי דסוטה ממי דסוטה ונהי דמי סוטה לרבנן לאו חיים נינהו דמכשרי בשאר מימות מיהא לא נשתנו וכלי נמי בעינן דלא נשתנה. תניא אידך פליגא אקמיתא דלעיל ותנאי הוא כדקתני בה פלוגתא דתנאי והך דלעיל מתוקמא כאיסי בן מנחם: מן העפר אשר יהיה בקרקע המשכן מדלא כתיב ומקרקע המשכן יקח אינו מקפיד אלא שיכנסו להיכל מלמד שמתקן מבחוץ ומכנים בפנים ל"ה. איסי בן יהודה אמר לרבות בית עולמים:

גי' רש"ל

מסורת הש"ס

[נ"ל שאינו וכן הגיה התוי"ט]
[לעיל ט.]
[ד' יז.]
[נזיר לח.]
[במשנה שבמשניות פיילי וכ"כ הערוך שהוא כוס בלשון יון וכ"א בפירוש הרב לברטנורה והתוי"ט]
זבחים כב:
[מתוך מ"ש תוס' ד"ה והא התם וכו' מוכח שהיה גרסתם רבי אליעזר]
זבחים סב: יומא טו: יז: מה. נח:

הגהות הב"ח

(א) רש"י ד"ה ומן וכו' אי הוה כתיב ומן העפר אשר יהיה במשכן ולא הוה כתיב בקרקע משמע דאינו מקפיד אלא שיכנים העפר להיכל כצ"ל ונ"ב נראה שרש"י ז"ל קא מפרש האי יכול כו' דה"ק אילו לא נאמר בקרקע אלא ומן העפר אשר יהיה במשכן יקח הייתי אומר יתקן מבחוץ ויכנים ת"ל בקרקע המשכן ואילו לא נאמר אשר יהיה אלא ומן העפר אשר בקרקע המשכן יקח הייתי אומר דיחפור בקרדומות ת"ל אשר יהיה ופי' רש"י דמדלא כתיב ומקרקע המשכן יקח ולאו דוקא הך לישנא קאמר רש"י אלא ה"ה ומן העפר אשר בקרקע המשכן יקח כמ"ש תחילה דאין חילוק בין מ"ש דומן העפר אשר בקרקע לבין מ"ש דומקרקע אידי ואידי משמע דיקח מן הקרקע שבמשכן ממש אלא דרש"י הכא לשון קצרה נקט ומהרש"ל בהגהותיו הגיה בלשון רש"י כאן ואי אפשר ליישבו: (ב) ד"ה אי בקרקע וכו' דמדלא כתיב: (ג) ד"ה ומן העפר אשר יהיה מדלא כתיב ומקרקע כצ"ל ותיבת במשכן נמחק:

שִׁילֹה, נוֹב וְגִבְעוֹן וּבֵית עוֹלָמִים. אִיסִי בֶּן מְנַחֵם אוֹמֵר: אֵינוֹ צָרִיךְ, וּמַה בְּטוּמְאָה קַלָּה לֹא חָלַק הַכָּתוּב — בְּטוּמְאַת אֵשֶׁת אִישׁ חֲמוּרָה לֹא כ"ש? א"כ מַה ת"ל "בְּקַרְקַע הַמִּשְׁכָּן" — שֶׁלֹּא יָבִיא מִתּוֹךְ קוּפָּתוֹ. אִיבַּעְיָא לְהוּ: אֵין שָׁם עָפָר, מַהוּ שֶׁיִּתֵּן אֵפֶר? אַלִּיבָּא דְּבֵית שַׁמַּאי לָא תִּיבָּעֵי לָךְ, דְּאָמְרִי: לֹא מָצִינוּ אֵפֶר שֶׁקָּרוּי "עָפָר". כִּי תִּיבָּעֵי לָךְ — אַלִּיבָּא דְּבֵית הִלֵּל, דְּאָמְרִי: *מָצִינוּ אֵפֶר שֶׁקָּרוּי "עָפָר", מַאי? אע"ג דְּאִיקְּרִי "עָפָר" — הָכָא "בְּקַרְקַע הַמִּשְׁכָּן" כְּתִיב, אוֹ דִילְמָא הַאי "בְּקַרְקַע הַמִּשְׁכָּן" לְכִדְאִיסִי בֶּן יְהוּדָה, וְלִכְדְאִיסִי בֶּן מְנַחֵם הוּא דְּאָתֵי? ת"ש, דְּא"ר יוֹחָנָן מִשּׁוּם ר' יִשְׁמָעֵאל: בִּשְׁלֹשָׁה מְקוֹמוֹת הֲלָכָה עוֹקֶבֶת מִקְרָא; הַתּוֹרָה אָמְרָה °"בֶּעָפָר", וַהֲלָכָה — אבְּכָל דָּבָר. הַתּוֹרָה אָמְרָה °"בְּתַעַר", וַהֲלָכָה — בבְּכָל דָּבָר. הַתּוֹרָה אָמְרָה °"סֵפֶר", וַהֲלָכָה — גבְּכָל דָּבָר. וְאִם אִיתָא — לִיחְשׁוֹב נַמִי הַאי! *תָּנָא וְשַׁיֵּיר. וּמַאי שַׁיֵּיר דְּהַאי שַׁיֵּיר?! שַׁיֵּיר מְצוֹרָע. דְּתַנְיָא: °"וְהָיָה בַיּוֹם הַשְּׁבִיעִי יְגַלַּח אֶת כָּל שְׂעָרוֹ" — כְּלָל, "אֶת רֹאשׁוֹ וְאֶת זְקָנוֹ וְאֵת גַּבֹּת עֵינָיו" — פְּרָט, "וְאֶת כָּל שְׂעָרוֹ יְגַלֵּחַ" — חָזַר וְכָלַל, כְּלָל וּפְרָט וּכְלָל — אִי אַתָּה דָן אֶלָּא כְּעֵין הַפְּרָט: מַה פְּרָט מְפוֹרָשׁ — מְקוֹם כִּינּוּס שֵׂעָר וְנִרְאֶה, אַף כָּל מְקוֹם כִּינּוּס שֵׂעָר וְנִרְאֶה. מָה רַבֵּי — רַבֵּי שֵׂעָר הָרַגְלַיִם, מַאי מִיעֵט — מִיעֵט דְּבֵית הַשֶּׁחִי וּדְכוּלֵּיהּ גּוּפֵיהּ. וְהִלְכְתָא: דמְגַלֵּחַ כִּדְלַעַת. דִּתְנַן: *בָּא לוֹ לְהַקִּיף אֶת הַמְּצוֹרָע מַעֲבִיר תַּעַר עַל כָּל בְּשָׂרוֹ, וְקָתָנֵי סֵיפָא: *וּבַיּוֹם הַשְּׁבִיעִי מְגַלְּחוֹ התִּגְלַחַת שְׁנִיָּה כְּתִגְלַחַת רִאשׁוֹנָה. אָמַר רַב נַחְמָן בַּר יִצְחָק: כִּי קָא חָשֵׁיב — הֲלָכָה עוֹקֶבֶת מִקְרָא, הָא — עוֹקֶבֶת מִדְּרַבָּנַן הִיא. רַב פַּפָּא אָמַר: כִּי קָא חָשֵׁיב — הֲלָכָה עוֹקֶבֶת וְעוֹקֶרֶת, הָא — עוֹקֶבֶת וּמוֹסֶפֶת הִיא. רַב אַשִׁי אָמַר: הָא מַתְנִיתָא מַנִּי — *רַבִּי יִשְׁמָעֵאל הִיא, דְּדָרֵישׁ כְּלָלֵי וּפְרָטֵי,

כִּדְלַעַת

תורה אור: ויקרא יז; במדבר ו; דברים כד; ויקרא יד

רש"י

אֵינוֹ צָרִיךְ. לְרַבּוֹת בֵּית הָעוֹלָמִים. וּמַה טוּמְאָה קַלָּה. לִיכָּנֵס בְּטוּמְאַת הַגּוּף לַמִּקְדָּשׁ, שֶׁאֵינָהּ בְּמִיתַת ב"ד אֶלָּא כָּרֵת – לֹא חִלֵּק הַכָּתוּב בֵּין מִקְדָּשׁ לְמִשְׁכָּן, שֶׁנֶּאֶמְרוּ בְּפָרָשַׁת פָּרָה אֲדוּמָּה שְׁנֵי פְסוּקִים: "כִּי אֶת מִקְדַּשׁ ה' טִמֵּא", (כִּי) "אֶת מִשְׁכַּן ה' טִמֵּא" (במדבר יט). לֹא כָּל שֶׁכֵּן. שֶׁהוּשְׁווּ מִקְדָּשׁ וּמִשְׁכָּן לְבוֹדְקָהּ וּלְבַעֲרָהּ מִתּוֹכָן. א"כ מַה ת"ל בְּקַרְקַע שֶׁלֹּא יָבִיא מִתּוֹךְ קוּפָּתוֹ. לְתוֹךְ כְּלִי וְיַכְנִיס לַהֵיכָל, אֶלָּא מִקַּרְקָעִיתוֹ יִטּוֹל. וְאִם אֵין שָׁם – יָבִיא וְיַנִּיחַ שָׁם, וְאַחַר כָּךְ יִטְּלֶנּוּ. וְנִתְקַיֵּים "אֲשֶׁר יִהְיֶה" וְנִתְקַיֵּים "בְּקַרְקַע" כִּדְדָרְשִׁינַן לְעֵיל. וּבְסִפְרִי לָא תָּנֵי הָכִי לְהַךְ בָּרַיְיתָא, וְאוֹמֵר אֲנִי: מִדְרָשׁ שֵׁנִי הוּא בְּפָנִים אֲחֵרִים: פְּלוּגְתָּא דְּב"ש וּב"ה בִּשְׁחִיטַת חוּלִּין (דף פח:) גַּבֵּי כִּיסּוּי הַדָּם. אַלִּיבָּא דְּב"ה דְּאָמְרֵי אֵפֶר קָרוּי עָפָר, דִּכְתִיב (במדבר יט): "וְלָקְחוּ לַטָּמֵא מֵעֲפַר שְׂרֵפַת הַחַטָּאת", וּב"ש אוֹמְרִים: עֲפַר שְׂרֵיפָה נִקְרָא, עָפָר סְתָמָא לָא אִקְרִי. הָכָא בְּקַרְקַע הַמִּשְׁכָּן כְּתִיב. וּקְרָא יְתֵירָא הוּא, דְּהָא אִתְרַבֵּי מֵ"אֲשֶׁר יִהְיֶה" דְּאֵין צָרִיךְ לַחוֹפְרוֹ מִשָּׁם. הִילְכָּךְ לְמַעוּטֵי אֵפֶר אֲתָא, וּלְמִידְרַשׁ דְּבָעֵינַן דּוּמְיָא דְּקַרְקַע הַמִּשְׁכָּן. עוֹקֶבֶת. מְקַפַּחַת אֶת עֲקֵבוֹ מֵעָמְדוֹ, וְעוֹקֶרֶת. בג' מְקוֹמוֹת הֲלָכָה לְמֹשֶׁה מִסִּינַי בָּאָה וְעוֹקֶרֶת אֶת הַפָּסוּק. הַתּוֹרָה אָמְרָה בֶּעָפָר. לְעִנְיַן כִּסּוּי הַדָּם, וְלֹא הִכְשִׁיר דָּבָר אַחֵר. וַהֲלָכָה בְּכָל דָּבָר. הַמְגַדֵּל צְמָחִים, כְּגוֹן (הַגִּיר) וְהַזַּרְנִיךְ וְהַסִּיד וְחַרְסִית, וּלְבֵינָה שֶׁכְּתָשָׁהּ. הַתּוֹרָה אָמְרָה סֵפֶר. לְעִנְיַן גֵּט כְּרִיתוּת. וַהֲלָכָה בְּכָל דָּבָר. שֶׁכְּתָבוֹ עָלָיו; *עַל עָלֶה שֶׁל זַיִת, עַל הַנְּיָיר, וְעַל הַלּוּחַ. (א) הַתּוֹרָה אָמְרָה תַּעַר. לֹא יַעֲבוֹר עַל רֹאשׁוֹ בְּנָזִיר. וַהֲלָכָה בְּכָל דָּבָר. דִּתְנַן (נזיר דף לט.): נָזִיר שֶׁגִּילֵּחַ, בֵּין בְּזוּג בֵּין בְּתַעַר אוֹ שֶׁסִּפְסֵף כָּל שֶׁהוּא – חַיָּיב. וְא"ת: אֵין זוֹ עֲקִירָה אֶלָּא תּוֹסֶפֶת! אִיבְּרָא, עֲקִירָה הִיא, שֶׁמַּלְקִין אוֹתוֹ עַל כָּךְ, וְאָסוּר לְהַכּוֹת אֶת יִשְׂרָאֵל בְּחִנָּם, שֶׁהֲרֵי אָמְרָה תּוֹרָה (דברים כה): "לֹא יֹסִיף" "פֶּן יֹסִיף". וְאַף עַל גַּב דִּבְכוּלְּהוּ קְרָאֵי דָּרְשִׁי' בִּשְׁחִיטַת חוּלִּין (דף פח:) וּבְגִיטִּין (דף כא:) וּבְנָזִיר (דף לט:) – לְר' יִשְׁמָעֵאל לָא מַשְׁמַע לֵיהּ קְרָאֵי. דְּ"וְכָתַב לָהּ" דִּמְרַבִּינַן מִינֵּיהּ לְרַבּוֹת כָּל דָּבָר – דָּרֵישׁ לֵיהּ: בִּכְתִיבָה מִתְגָּרֶשֶׁת וְאֵינָהּ מִתְגָּרֶשֶׁת בְּכֶסֶף, כִּדְדָרְשִׁינַן לָהּ הָתָם, וְכֵן כּוּלָּן. אֶלָּא הֲלָכָה לְמֹשֶׁה מִסִּינַי סָמְכִינַן, וּקְרָאֵי אַסְמַכְתָּא בְּעָלְמָא הוּא. הִלְכָּךְ, שְׁאָר מִדְרָשִׁים רִיבּוּיִין דְּכָל הַתּוֹרָה כּוּלָּהּ לָא חָשֵׁיב לְהוּ ר' יִשְׁמָעֵאל כַּהֲלָכָה עוֹקֶבֶת מִקְרָא אֶלָּא הָנֵי תְּלָת. וּבְמַסֶּכֶת קִידּוּשִׁין יְרוּשַׁלְמִי מָצָאתִי מִשְׁנָה זוֹ דְּר' יִשְׁמָעֵאל, וְאֵין תַּעַר מִן הַשְּׁלֹשָׁה, אֶלָּא מַרְצֵעַ. וְהָכִי תַּנְיָא הָתָם: הַתּוֹרָה אָמְרָה סֵפֶר וַהֲלָכָה בְּכָל דָּבָר הַתָּלוּשׁ, הַתּוֹרָה אָמְרָה עָפָר – וַהֲלָכָה בְּכָל דָּבָר הַמְגַדֵּל צְמָחִים, הַתּוֹרָה אָמְרָה מַרְצֵעַ – וַהֲלָכָה אָמְרָה אֲפִי' סוֹל וְסִירָה. וְהוּא נִרְאֶה בְּעֵינַי מְאֹד, דְּהַךְ דְּתַעַר מוֹסֶפֶת הוּא. וְאִם אִיתָא. דְּאֵפֶר נַמִי כָּשֵׁר – לִיחְשַׁב נַמִי דְּהָא הֲלָכָה עוֹקֶבֶת מִקְרָא, דְּהַתּוֹרָה אָמְרָה עָפָר וַהֲלָכָה אָמְרָה אַף אֵפֶר! וּמִמַּשְׁמָעוּתֵיהּ לָא מַשְׁמַע לַן, דְּהָא לְרַבִּי יִשְׁמָעֵאל *עָפָר לָאו מִמַּשְׁמָעוּתֵיהּ מַמָּשׁ נָפְקָא לֵיהּ לְעִנְיַן כִּיסּוּי הַדָּם. תָּנָא וְשַׁיֵּיר. לָא חָשְׁבִינְהוּ לְכוּלְּהוּ מְקוֹמוֹת. שַׁיֵּיר מְצוֹרָע. בְּתִגְלַחַת שְׁנִיָּה. שֶׁהוּא צָרִיךְ שְׁנֵי תִּגְלָחוֹת, דִּכְתִיב: "וְכִבֶּס הַמִּטַּהֵר אֶת בְּגָדָיו וגו' וְהָיָה בַּיּוֹם הַשְּׁבִיעִי יְגַלַּח אֶת כָּל שְׂעָרוֹ" וגו'. בְּתִגְלַחַת רִאשׁוֹנָה לֹא כָּתַב כְּלָל וּפְרָט, אֶלָּא "אֶת כָּל שְׂעָרוֹ" סְתָם, דְּמַשְׁמַע כָּל גּוּפוֹ, זְרוֹעוֹתָיו וְשׁוֹקָיו וּבֵית הַשֶּׁחִי, שֶׁיְּהֵא כָּל גּוּפוֹ חָלָק כִּדְלַעַת. וּבְתִגְלַחַת שְׁנִיָּה כָּתוּב בִּכְלָל וּפְרָט, דְּמַשְׁמַע: מְקוֹם כִּינּוּס שֵׂעָר – שֶׁיְּהֵא שָׁם קִיבּוּץ שֵׂעָר הַרְבֵּה, לְמַעוּטֵי זְרוֹעוֹתָיו וְשׁוֹקָיו שֶׁאֵינוֹ מְכוּנָּס. וְנִרְאֶה – לְמַעוּטֵי בֵּית הַשֶּׁחִי. שֵׂעָר הָרַגְלַיִם. דְּאוֹתוֹ מָקוֹם. וְלִישָּׁנָא מְעַלַּיְיתָא נָקַט. וַהֲלָכָה מְגַלֵּחַ כּוּלּוֹ כִּדְלַעַת. אַף בְּתִגְלַחַת שְׁנִיָּה קָתָנֵי דִּמְגַלֵּחַ כָּל גּוּפוֹ. כִּדְתְנַן. בְּמַסֶּכֶת נְגָעִים (פי"ד מ"ב). לְהַקִּיף. לְגַלְּחוֹ כּוּלּוֹ, לְשׁוֹן "לֹא תַקִּיפוּ פְּאַת רֹאשְׁכֶם" (ויקרא יט). מַעֲבִיר תַּעַר עַל כָּל בְּשָׂרוֹ. וּבְתִגְלַחַת רִאשׁוֹנָה קָאֵי: ה"ג וְקָתָנֵי סֵיפָא וּבַיּוֹם הַשְּׁבִיעִי מְגַלְּחוֹ תִּגְלַחַת שְׁנִיָּה כְּתִגְלַחַת רִאשׁוֹנָה וְלָא גָּרְסִינַן: יְגַלְּחֶנּוּ שֶׁתְּהֵא תִּגְלַחַת וכו'. דְּלָאו אַקְּרָא קָאֵי, אֶלָּא לְשׁוֹן הַמִּשְׁנָה "וּמְגַלְּחוֹ תִּגְלַחַת שְׁנִיָּה כְּתִגְלַחַת רִאשׁוֹנָה" תְּנַן בָּהּ. אַלְמָא שְׁנִיָּה נַמִי כִּדְלַעַת, דְּהָא תָּנָא לֵיהּ בְּתִגְלַחַת רִאשׁוֹנָה: מַעֲבִיר תַּעַר עַל כָּל בְּשָׂרוֹ. אָמַר רַב נַחְמָן בַּר יִצְחָק. מְצוֹרָע לָא שְׁיוּרָא הוּא, דְּכִי קָא חָשֵׁיב הֲלָכָה עוֹקֶבֶת מִקְרָא – כְּגוֹן סֵפֶר, תַּעַר, עָפָר, דִּכְתִיב בְּהֶדְיָא, וַהֲלָכָה עוֹקֶבֶת (ב) – מוֹסֶפֶת עַל הַמִּקְרָא. רַב אַשִׁי אָמַר הָא מַתְנִיתָא. דְּקָתָנֵי: מְקוֹם כִּינּוּס שֵׂעָר וְנִרְאֶה. דְּדָרֵישׁ. כָּל הַתּוֹרָה כּוּלָּהּ בִּכְלָל וּפְרָט, כִּדְאָמְרִינַן בִּשְׁבוּעוֹת בפ"ג (דף כו.): רַבִּי יִשְׁמָעֵאל שִׁימֵּשׁ אֶת רַבִּי נְחוּנְיָא בֶּן הַקָּנָה שֶׁהָיָה דּוֹרֵשׁ אֶת כָּל הַתּוֹרָה בִּכְלָלֵי וּפְרָטֵי, וְר"ע שִׁימֵּשׁ אֶת נַחוּם אִישׁ גַּם זוֹ שֶׁהָיָה דּוֹרֵשׁ כָּל הַתּוֹרָה בְּרִיבּוּיֵי וּמִיעוּטֵי. וּכְבָר פֵּירַשְׁתִּי כָּל מַשְׁמָעוּת כְּלָל וּפְרָט וְרִיבּוּי וּמִיעוּט וְחִילּוּקָן בְּמַסֶּ' סוּכָּה בְּפֶ' "הֶחָלִיל" (דף נ:*).

תוספות

לרבות נוב וגבעון שילה ובית עולמים. רש"י גורס: להביא קרקע בית עולמים. ושיבש הגירסא: שילה נוב וגבעון, משום דנוב וגבעון אין משקין בהן סוטות, משום דהויא מנחת יחיד שאין קבוע לה זמן. ותימה שיבשה משום קושיא זו, דילמא קסבר איסי בן יהודה כרבי יהודה, דאמר בפרק בתרא דשחיטת קדשים (זבחים ד' קיז.): כל שהצבור והיחיד מקריבין באהל מועד שבמדבר – מקריבין באהל מועד שבגלגל, ואין חילוק ביחיד אלא במתו שבראש גגו. והשתא הוצרך לרבות נוב וגבעון, משום דבמה הוו!

ובית העולמים. מקשינן: אמאי איצטריך לרבות בית העולמים? והאמר בפ"ב דשבועות (דף טז:) דמשכן אקרי "מקדש" ומקדש אקרי "משכן", ואי לא הוה כתיב אלא (כי) "את משכן ה' טמא" הוה נמי מקדש בכלל. הכא נמי נימא הכי! ובריש מסכת עירובין (דף ב.) דנפקא לן שלמים ששחטן קודם שיפתחו דלתות ההיכל פסולים במקדש, משום דמקדש אקרי "משכן", ואע"ג ד"ושחטו פתח אהל מועד" במשכן כתיב! ולפי גירסת הספר הזה אתי שפיר, דהוי מצי למימר: עיקר ריבויא לא הוה צריך אלא משום נוב וגבעון, ובית עולמים נקט אגב שיטפיה. אבל ר"י פירש: האי דאיצטריך הכא לרבות בית עולמים, משום דכתיב "קרקע" – משמע היכא דאיכא קרקע, לאפוקי בית העולמים דהואי רילפה. ולא מסתברא, משום דמריבויא ד"קרקע" מרבינן בית העולמים, דאי לא הוה כתיב "קרקע" – לא הוה בית העולמים בכלל, ולפירושו לא הוה צריך למיכתב "קרקע" כלל! ועוד קשיא מפ' "טרף בקלפי" (יומא דף מד.), דמייתי ברייתא: "וכל אדם לא יהיה באהל מועד", אין לי אלא אהל מועד שבמדבר, שילה ובית העולמים מנין? אלמא דשילה לא הוה בכלל אהל מועד, וכן בית העולמים. ובפ"ק דעירובין (דף ב.) אמר דבית העולמים הוה בכלל אהל מועד "ושחטו פתח אהל מועד", הואיל ומקדש איקרי "משכן", וכן בפרק "הוציאו לו" (יומא דף נג.), רב ששת אמר: אין לי אלא אהל מועד שבמדבר, שילה ובית עולמים מנין ת"ל – "וכסה"! א).

ואם איתא ליחשב נמי הא. תימה: היכי מצי למיפשט מדר' ישמעאל? והא סבירא ליה כבית שמאי דאפר לא איקרי "עפר", ואליבא דבית שמאי לא קמיבעי' ליה אלא אליביה דב"ה. א"כ ה"נ אפר בכלל משמעותא ד"עפר", משום דהכא "בקרקע" כתיב!

תנא ושייר. ואי קשיא: היכי מצי למימר תנא ושייר? והא "שלשה" קתני, ואמר בפ"ק דקידושין (דף טז:) גבי הענקה: וכי תימא הכא נמי תנא ושייר – והא "ארבעה" קתני! ונראה דהתם דוקא, משום דקתני בסיפא: ואי אתה יכול לומר ארבעה באחד מהן כו', ואם איתא דמיתת האב נמי מוציאה – היה יכול לומר ארבעה באשה ב).

מאי

א) [וע"ע תוס' חולין כז. ד"ה יכול] ב) [וע"ע תוס' מנחות יח: ד"ה מניין ותוס' קידושין עז: ד"ה והא ותוס' יבמות ג: ד"ה למעוטי ותוס' כתובות נא: ד"ה חמשה ותוס' גיטין נ: ד"ה אין מוציאין ותוס' ב"ק נה. ד"ה חמשה ועוד שם: ד"ה שלשה]

תוספות שאנץ

[ה"ג רש"י ז"ל [ולא גרס] לרבות נוב וגבעון ושילה ובית עולמים משום דשילה משכן הוא ולא צריך לריבוי דהוא עיקר הכתוב ביה כתיב ונוב וגבעון אין משקין בהן את הסוטות דהוא במת יחיד היא. ולא היה שם ארון אלא מזבח הנחשת לבדו ולא קרבה בה מנחת סוטה ולא שום חובת יחיד שאין לה זמן קבוע כדאמרי' בשחיט' קדשים ובמסכת מגילה אבל בית עולמים הוצרך לרבות שלא תאמר משכן נאמר ולא מקדש ל"ה. אינו צריך לרבות בית עולמים ומה בטומאה קלה שהיא ליכנס בטומאת הגוף במקדש שאינה מיתת ב"ד אלא כרת לא חלק הכתוב בין משכן למקדש שנ' בפרשה פרה אדומה [שני פסוקים] את [מקדש] [משכן] ה' טמא. וכתיב את מקדש ה' טמא לא כ"ש שהושוו מקדש למשכן לבודקה ולבערה מתוכן ל"ה. אליבא דב"ש לא תיבעי לך דאמרי לא מצינו אפר שקרוי עפר פלוגתייהו גבי כיסוי הדם. ואומר ר"ת דהא דקאמר ב"ש דאפר לא הוי עפר היינו באפר של אוכלין כגון אפר פרה אבל אפר דעצים מודו דהוי עפר ומכסין בו. ומ"ה כתב ר"ת הכי משום דק"ל הא דקאמר פ"ק [דביצה] גבי פלוגתא דב"ש וב"ה הכל מודים בדקר נעוץ מבעוד יום ובאפר כירה שהוא מן המוכן פי' ומותר לכסות בו. ומ"ה פי' דאפר לא הוי [עפר] דקאמר ב"ש. י"ל דמיירי באפר של אוכלין והכי נמי לענין סוטה מיבעיא ליה באפר של אוכלין. ולפי פי' רש"י דפי' התם דהא דקאמר מודים לא קאי אלא אדקר נעוץ ולא אאפר כירה דאפר כירה פליגי ב"ש ואמרי שאין מכסין בו ולפי זה אתי שפיר הכא דמיבעיא ליה לענין סוטה בכל מיני אפר: בג' מקומות התורה עוקבת המקרא פ"ה עוקבת מקפחת את עקבו והעמדתו ועוקרתו אישטלונ"ר בלע"ז: התורה אמרה בעפר לענין כיסוי ולא הכשר דבר אחר והלכה בכל דבר המגדל צמחים הגיר והגור וסיד וחרסים ולבינה שנכתשה. התורה אמרה ספר לענין כריתות ולא ד"א והלכה בכל דבר שאפי' כתבו על העלה של זית ועל הגיר ועל הלוח כשר. התורה אמרה תער לא יעבור על ראשו והלכה בכל דבר כדתניא נזיר שגילח בין בזוג בין בתער או שספסף כל שהוא חייב. וכל הני ג' מקומות הוי עוקרת ועוקבת והקשה בקונטרס גבי נזיר אין זה עקירה איברא עקירה היא שמלקין אותו על כך ואסור להכות ישראל על חנם שהרי אמרה תורה לא יוסיף פן יוסיף. וא"ת מאי קאמר עוקבת אנן דרשי' להו כולהו בכלל ופרט ובכלולו איכא ריבוי דקראי בגיטין ובנזיר ובכסוי הדם ועוקבת הוא מקראי נפקי' להו. וי"ל דסבירא ליה לר' ישמעאל דכולהו הני ריבויי איצטריכו להו לכדמפרש התם ... אלא הל"מ הם וקרא אסמכתא בעלמא הילכך שאר מדרשים ריבויין דכל התורה כולה לא חשיב להו ר' ישמעאל כהלכה עוקבת מקרא כי אם אלו הג' כפ"ה ופי' באורך. ועוד פ"ה בירושלמי דמסכת קידושין מייתי משנה דר' ישמעאל ואין תער מן הג' אלא מרצע דהכי תניא התם התורה אמרה מרצע והלכה אפי' סיל וסירה ומקדח ומכתב ופי' נראית בעיני דהך דתער תוספת היא ל"ה: תנא ושייר וא"ת אמאי לא פריך והא ג' קתני כדפריך בפ"ק דקידושין גבי ר' מעניקין להם ... ואי אתה יכול לומר ד' באחד מהם ... אבל הכא לא שייך למימר הכי ... היינו משום דנחת למניינא לאפושי לאוין:

מביא

עין משפט נר מצוה

כו א מיי' פי"ד מהל' שחיטה הל"א סמג עשין סד טוש"ע יו"ד סי' כח סעי' כג:

כז ב מיי' פ"ה מהל' נזירות הל"א:

כח ג מיי' פ"ד מהל' גירושין הל' ג סמג עשין נ טוש"ע אה"ע סי' קכד סעי' א ב:

כט ד מיי' פי"א מהל' טומאת צרעת הל"א סמג עשין רלו לכ:

ל ה מיי' שם הל"ב:

מסורת הש"ס

[חולין פח:]

[סוכה נד. וש"נ]

[גיטין יט.]

נגעים פי"ד מ"ב ע"ש

[שם משנה ג]

[שבועות כו.]

ג' רס"א אפר ע"ש

הגהות הב"ח

(א) רש"י ד"ה התורה אמרה תער נ"ל קודם ד"ה התורה אמרה ספר: (ב) ד"ה והלכה עוקבת וכו' ואח"כ מ"ה הא עוקבת תוספת:

עין משפט נר מצוה

לא א מיי' פי"א מהל' טומאת צרעת הל"א סמג עשין רלו רלז:
לב ב ג מיי' פ"ד מהל' סוטה הלי"ב:
לג ד מיי' שם פ"ג הלי"י:
לד ה מיי' פ"ט מהל' פרה אדומה הל"א סמג עשין רלג:
לה ו מיי' פ"ד מהל' יבום וחליצה הל' ז סמג עשין נב טוש"ע אה"ע סי' קסט סעי' לא וכסדר חליצה סעי' נג ובפירוש סדר חליצה סעי' עו עז עח:
לו ז מיי' פי"א מהל' טומאת צרעת הל"א סמג עשין רלו רלז:
לז ח מיי' פ"ד מהל' סוטה הלי"ב:
לח ט י מיי' פ"ט מהל' פרה אדומה הל"א סמג עשין רלג:

כדלעת מני – *ר"ע היא, דדריש ריבויי ומיעוטי. דתניא: "והיה ביום השביעי יגלח את כל שערו" – ריבה, "את ראשו ואת זקנו ואת גבות עיניו" – מיעט, "ואת כל שערו יגלח" – חזר וריבה. ריבה ומיעט וריבה – ריבה הכל. מאי ריבה – ריבה דכוליה גופיה, ומאי מיעט – אמיעט שיער שבתוך החוטם. מאי הוי עלה? ת"ש, דאמר רב הונא בר אשי אמר רב: אין שם עפר – במביא רקבובית ירק ומקדש. גולא היא, רקבובית ירק – הוא דהואי עפר, אפר – לא הואי עפר.§ "כדי שיראה על המים".§ תנו רבנן: *שלשה צריכין שיראו: דעפר סוטה, הואפר פרה, ורוק יבמה. משום רבי ישמעאל אמרו: אף דם צפור. מאי טעמא דרבי ישמעאל – דכתיב: "וטבל אותם בדם הצפור" וגו', ותניא: "בדם" יכול בדם ולא במים – ת"ל: (א) "במים". אי מים. יכול במים ולא בדם – ת"ל "בדם". הא כיצד – זמביא מים שדם ציפור ניכר בהן, וכמה – רביעית. ורבנן: ההוא לגופיה. דהכי קאמר רחמנא: אטביל בדם ובמים. ורבי ישמעאל: אם כן, לכתוב רחמנא "וטבל בהם", "בדם ובמים" למה לי – לניכר. ורבנן: אי כתב רחמנא "וטבל בהם" – הוה אמינא האי לחודיה והאי לחודיה, כתב רחמנא "בדם ובמים", לערבן. ור' ישמעאל: לערבן – קרא אחרינא כתיב: "ושחט את הצפור האחת" וגו'. ורבנן: אי מההוא – הוה אמינא: לישחטיה סמוך למנא, ונינקטינהו לוורידין, ולקבליה לדם במנא אחרינא, קמ"ל. בעא מיניה ר' ירמיה מר' זירא: גדולה ומדחת את המים, קטנה ונדחית מפני המים, מהו? א"ל: *לאו אמינא לך: לא תפיק נפשך לבר מהילכתא?! בצפור דרור שיערו רבנן, אין לך גדולה שמדחת את המים, ואין לך קטנה שנדחית מפני המים. ת"ר: *חהקדים עפר למים – פסול, ור' שמעון מכשיר. מ"ט דרבי שמעון – דכתיב: "ולקחו לטמא מעפר שריפת החטאת" ותניא, אמר ר"ש: וכי עפר הוא? והלא אפר הוא! שינה הכתוב במשמעו לדון הימנו גזירה שוה; נאמר כאן "עפר" ונאמר להלן "עפר", מה להלן עפר על גבי מים – אף כאן עפר על גבי מים, ומה כאן הקדים עפר למים כשר – אף להלן, הקדים עפר למים כשר. והתם מנלן? תרי קראי כתיבי; כתיב "עליו" – אלמא אפר ברישא, וכתיב "מים חיים אל כלי" – אלמא מים ברישא, הא כיצד? רצה זה נותן, רצה זה נותן. ורבנן: "אל כלי" – טדוקא, "עליו" – ילערבן. ואימא "עליו" דוקא, "אל כלי" – שתהא *חיותן בכלי! מה מצינו בכל מקום מכשיר למעלה – אף כאן מכשיר למעלה.§

מתני'

ויקרא יד; שם; שם; במדבר יט; [סוטה טז:]

רש"י

כדלעת מני. הא דקתני: מגלחו תגלחת שניה כראשונה – רבי עקיבא היא. מאי הוה עלה. דבעיין דלעיל: אם אין שם עפר מהו שיתן שם אפר? ה"ג מביא רקבובית ירק ומקדש רקבובית ירק הוא דהוי עפר וכו' ולא גרס ולא היא. ומקדש. נותנו *במקום, והמקום מקדשו, וחוזרו ונוטלו, ונותנו למים. עפר סוטה. דכתיב (במדבר ה): "אל המים" – שיראה עליהן, מדלא כתיב (ג) "במים". ורוק יבמה. לעיני הזקנים, דכתיב: "לעיני הזקנים וחלצה וירקה" (דברים כה). (ג) ואפר פרה. דגזירה שוה גמירי מהדדי עפר סוטה ואפר פרה, כדלקמן. אף דם צפור. של מצורע, ששוחטו אל כלי חרס על מים חיים. וצריך שלא יתן מים אלא כשיעור שיהא דם צפור ניכר בהן. ת"ל מים. גרס. ולא גרס "במים", דהא "על המים החיים" כתיב בקרא. וכמה הן רביעית. כדמפרש לקמן. בצפור דרור. שיערו חכמים שאין במינה גדולה שמדחה את המים, ולא קטנה שנדחת מפני המים שהן רביעית. אטביל בדם ובמים. ואפי' אין ניכר. קרא אחרינא כתיב. שׁשוחט לתוך המים, והרי הן מעורבין מעיקרא. ולינקטינהו לוורידים. יאחוז בין אצבעותיו שלא יצא מהן דם. גדולה ומדחת את המים. שאין מים ניכר מפני רוב הדם. לא תפיק נפשך לבר מהילכתא. כל דברי חכמים שנקבעו, אל תהרהר אחריהן. הקדים עפר למים בסוטה פסול. כדכתיב: "ונתן אל המים" – אלמא מים ברישא, וכתיב: "ועשה לה הכהן את כל התורה הזאת" – דבעינן כסדר הכתוב בפרשה. מה להלן. בסוטה, מצותו לכתחילה עפר אל המים, כדכתיב בה – אף כאן בפרה, עפר אל המים מצותו כן לכתחילה. ולא תימא "ונתן עליו" דוקא, דמשמע עפר לכתחילה. ומה כאן. בפרה, הקדים עפר למים כשר, כדמפרש ואזיל. והתם מנלן. גבי פרה, דאם הקדים עפר למים כשר. מים חיים אל כלי. משמע מים לצד הכלי, ולא עפר חוצץ בינתיים. ורבנן. דאמרי לעיל בסוטה הקדים עפר למים פסול, אמרי לך: בפרה נמי פסול, ד"אל כלי" דוקא, דמשמע מים ברישא. והא דכתיב: "ונתן עליו מים" – לערבן; לאחר שנתן אפר אל המים, צריך להפך המים עליו ולערבן: ה"ג ואימא עליו דוקא אל כלי שתהא חיותן בכלי. ואימא "עליו" דוקא, שיהא עפר תחילה. והא דכתיב: "מים חיים אל כלי" לאו למימרא שיהו המים לצד הכלי, אלא למימר שיהא חיותן בכלי, שלא יטול מן המעיין בכלי אחר ויתן לתוך זה, אלא בכלי זה ישאבם מן המעיין. מה מצינו בכל מקום. בסוטה. מכשיר למעלה. עפר הוא המכשיר את המים לבדוק אותה, וכן דם צפור של מצורע שמכשיר את המים להזאה, אף כאן – עפר מכשיר את המים.

מתני'

את

תוספות

מאי הוה עלה. תימה: מאי קא בעי? כיון דלאו שיורא הוה, אם כן תפשוט! וי"ל: דלא איתברר להו האי דשיירא, אי משום טעמא כדפרי' ולאו שיורא הוא, אי משום דתנא נחת לשיורא. **מביא** מים שדם צפור ניכר בהם וכמה רביעית ורבנן ההוא לגופיה. קשיא לרבי: הכא אמר דרבנן פליגי עלה, ובפ' "ג' מינין" (נזיר דף לח.) קא חשיב ליה בהדי עשר רביעיות מחמש חוריתא, וקא פריך התם: ותו ליכא? והא איכא, ומייתי מתניתין דהכא: היה מביא פיילי של חרש וכו', ומשני: בפלוגתא לא קא מיירי. והא דמצורע נמי פלוגתא היא, וקא חשיב ליה! ונראה דהא פלוגתא דהכא לא דמיא לפלוגתא דמייתי התם, כגון נוטלין לידים לאחד ואפילו לשנים, ור' יוסי דפליג התם בפ"ק דמסכת ידים (מ"א) ואמר: לא סגי ליה לשנים ברביעית, דבעי לאחרון נמי רביעית. וכן במתניתין היה מביא פיילי של חרש, דת"ק דרבי יהודה לא סגי ליה ברביעית. וכן גבי דימול מי רגלים, דקאמר תנא קמא כל שהוא. אבל הכא – רבנן מודו בפחות מרביעית לא אפשר, ואי בעי – סגי ברביעית, מיהו, לכתחילה מביא חצי לוג, כדתנן בריש פרק י"ד דמסכת נגעים: כיצד מטהרין את המצורע – היה מביא פיילי של חרש חדשה ונותן לתוכה *חצי לוג מים חיים. והא דתנן בפ' "שתי מדות" (מנחות דף פח.) רביעית מה היתה משמשת, *רביעית מים למצורע – ר' ישמעאל היא. **מביא** מים שדם ניכר בהם וכמה רביעית. וא"ת: וכי אינו ניכר ביותר מרביעית? והא תנן בפ"ז דמסכת מקואות (מ"ה), ומייתי לה בגמרא בכמה דוכתי, בשילהי פ"ק דשחיטת חולין (דף כו.), ובפ"ק דמכות (דף ג:): ג' לוגין מים שנפל לתוכן קורטוב יין ומראיהן כמראה יין. אלמא דאפילו יין ניכר בג' לוגין, וכ"ש דם דסומק טפי! י"ל: ניכר דקאמר – ממשותו של דם, ולאו בשינוי מראה דעלמא (מ"ר). והשתא לא תיקשה מה שהיה תמיה רבי נמי מהא דקאמרינן ב"הקומץ רבה" (מנחות דף כב.) ופרק "גיד הנשה" (חולין דף לח:): לרבי יהודה דיליף למין במינו דאינו בטל ממאי דכתיב: "ולקח מדם הפר ומדם השעיר", הדבר ידוע שדמו של פר מרובה משל שעיר – אלמא דמין במינו לא בטיל, ורבנן אמרי: עולין אין מבטלין זה את זה. והא הכא דהוה מין שלא במינו, והדבר ידוע שהמים מרובין על הדם, ואפילו הכי כתיב "בדם"! וי"ל: כיון דממשותו ניכר הרי הוא בעין. **קטנה** ונדחית מפני המים מהו. תימה: אליבא דמאן קא מיבעיא להו? אי לרבי ישמעאל – פשיטא דפסול, דהא בעי שיהא דם צפור ניכר. אי לרבנן – הא לא קפדי אהיכר מים! ונראה דהא בעיא לאו לשון ספיקא, אלא שהיה תמיה על דברי ר' ישמעאל דאמר: רביעית לעולם דם צפור ניכר בהן – והא פעמים שאינו ניכר, שהמים מדחין אותו כגון קטנה, ופעמים שאין המים ניכרין כגון גדולה, והיכי קים לרבנן לשעוריה בצפור שיהא דמה ניכר לעולם ברביעית? דומיא דפ"ק דר"ה (דף יג.) דאמר ליה רבי ירמיה לרבי זירא: מי קים להו לרבנן בין שליש לפחות משליש? אמר ליה: לאו אמינא לך לא תפיק נפשך לבר מהלכתא וכו'. **שינה** הכתוב במשמעו. תימה לרבי: וכי שינוי הוא שנקרא אפר "עפר"? והכתיב (מלכים ב כג): "וישרוף אותה בנחל קדרון וידק לעפר", וכן "ואכות אותו טחון היטב עד אשר דק לעפר" (דברים ט)! וי"ל: אותן שלא נעשית אפר ע"י שריפה אלא נריכין כתישה נקראין "עפר", אבל פרה – עיקר מצות שריפתה לאפר, אע"פ שאם היו שם אודין היו כותשין אותם, כדאיתא בספרי, וכדתנן בפ"ג דפרה: נשרפה חובטין אותה במקלות משום אודין שלא נעשו אפר. מיהו, עיקר מצות שריפתה – לאפר הוא. **שינה** הכתוב במשמעו. תימה: וכי מפני כך שינה? והאמר בפרק "כיסוי הדם" (חולין דף פח:) דלכך שינה אליבא דב"ה – ללמד שאפר נקרא "עפר"! וי"ל: תרתי שמע מינה.

הצלות

[עי' בר"ש דאיכא דגרסי הכי במשנה שם אכן לפנינו איתא רביעית ועי' תוס' מנחות פח. ד"ה רביעית]

*רביעית מים למצורע פי' היה מביא מים שדם צפור ניכר בהם וכמה רביעית אתי כר' ישמעאל וא"ת כו' וי"ל כו' והל"א. מהרש"ל

תוספות שאנץ

מביא רקבובית ירק ומקדש (דקטנית) [רקבובית] ירק הוא דהוי עפר כו'. ולא גרס ולא היא כפ"ה. נראה הטעם משום דקא בעי מאי הוי עלה ומייתי עלה ת"ש משמע שבא להוכיח האמת מיהו דבכך אין למוחקו דמצינו בכמה מקומות דבעי מאי הוי עלה ומדחי ליה ולא פשטא ולא מידי: מים שדם צפור ניכר בהם וכמה רביעית. מכאן נראה דל"ג במשניות דמס' נגעים חצי לוג. דקאמר כיצד מטהרין את המצורע מביא פיילי של חרם חדשה ונותן לתוכה חצי לוג של מים חיים ול"ג חצי לוג דהכא משמע דלא בעי אלא רביעית. וי"ל דשפיר גרסי' ליה התם חצי לוג ונעמיד כרבנן כר' ישמעאל דהכא דס"ל דבעי בסוטה חצי לוג וילפי' מצורע מסוטה מג"ש דכלי כלי. ולא נראה דבמנחות פ' ב' מדות סתם לן תנא (א) דר' יהודה דאמר רבי' של מצורע דקאמר כתיב חצי לוג לסוטה ורבי' למצורע אלמא משמע דלא ילפי' להו מהדדי וכן משמע בנזיר פ' ג' מינין דקא חשיב עשר רביעית הן וקחשיב רביעית דמצורע ופרי' התם והאיכא נמי רבי' דסוטה ומשני בפלוגתא לא קא מיירי אלמא משמע דליכא מאן דפליג גבי רבי' דמצורע מדקא חשיב ליה מן העשר רביעות ולא ילפי' מצורע מסוטה על כן ל"ג במשניות חצי לוג כדפרישי': וכי עפר הוא והלא אפר היא. אע"ג דאמרי' בפ' כסוי הדם דנפקא להו לב"ה מהכא שמכסין באפר משום דאפר איקרי עפר ולא אמרי' דשינה לר"ש דהכא מ"מ לא משני הקרא לקרות אפר עפר ואין הלשון משמע כן. מה מצינו בכל מקום מכשיר למעלה בתורה עפר הוא המכשיר

(א) נראה דצ"ל סתם לן תנא כת"ק דר"י דקאמר התם חצי לוג מים לסוטה ואעפ"כ תני התם רביעית למצורע אלמא וכו'.

מסורת הש"ס

במקום פי' במשכן. רש"ל

[שבועות כו.]

[תוספתא פ"א ע"ש]

[ר"ה יג.]

תמורה יב: ע"ש [תוספתא דפרה פ"ה]

הגהות הב"ח

(א) גמ' ת"ל מים כצ"ל ואות ב' נמחק: (ב) רש"י ד"ה עפר וכו' כתיב ונתן במים: (ג) ד"ה ואפר צ"ל קודם ד"ה ורוק:

גליון הש"ס

גמ' ורבנן אל כלי וכו'. עיין רש"י פסחים ד' לה ע"א ד"ה מעלה וצ"ע: תוד"ה מביא וכו' דממשותו ניכר. תמוה לי הא לרבנן לא בעי היכר דם. ונהי דדרשא וטבל בדם צריך לגופה מ"מ הא הדם בטל ולא מתקיים בדם וכן לר"י נפיק רק מיתורא והא בלא"ה צריך ממשות ניכר שלא יתבטל. ובעיקר קושיתם י"ל דהא דם במים הוי אינו מינו ובכה"ג מס' עדיין שם דם עליו דהאוכלו חייב משום דם. ורק בדם הפר דהוי מין במינו דלדין ביטולו ברוב כיון לטעמן שוה: ד"ה קטנה כו'. אהיכר מים. אהיכר דם כצ"ל:

מתני' בָּא לוֹ לִכְתּוֹב אֶת הַמְּגִילָּה, מֵאֵיזֶה מָקוֹם הוּא כּוֹתֵב (א) — מִ"וְאִם לֹא שָׁכַב אִישׁ" וגו', "וְאַתְּ כִּי שָׂטִית תַּחַת אִישֵׁךְ", וְאֵינוֹ כּוֹתֵב "וְהִשְׁבִּיעַ הַכֹּהֵן אֶת הָאִשָּׁה", וְכוֹתֵב "יִתֵּן ה' אוֹתָךְ לְאָלָה וְלִשְׁבוּעָה וּבָאוּ הַמַּיִם הַמְאָרְרִים הָאֵלֶּה בְּמֵעַיִךְ לַצְבּוֹת בֶּטֶן וְלַנְפִּיל יָרֵךְ", וְאֵינוֹ כּוֹתֵב "וְאָמְרָה הָאִשָּׁה אָמֵן אָמֵן". רַבִּי יוֹסֵי אוֹמֵר: לֹא הָיָה מַפְסִיק. *ר' יְהוּדָה אוֹמֵר: כָּל עַצְמוֹ אֵינוֹ כּוֹתֵב אֶלָּא "יִתֵּן ה' אוֹתָךְ לְאָלָה וְלִשְׁבוּעָה וגו' וּבָאוּ הַמַּיִם הַמְאָרְרִים הָאֵלֶּה בְּמֵעַיִךְ" וגו'. וְאֵינוֹ כּוֹתֵב "וְאָמְרָה הָאִשָּׁה אָמֵן אָמֵן".§

גמ' בְּמַאי קָא מִיפַּלְגִי? בְּהַאי קְרָא קָמִיפַּלְגִי: "וְכָתַב אֶת הָאָלוֹת הָאֵלֶּה הַכֹּהֵן בַּסֵּפֶר". ר"מ סָבַר: "אָלוֹת" — אָלוֹת מַמָּשׁ, "הָאָלוֹת" — לְרַבּוֹת קְלָלוֹת הַבָּאוֹת מֵחֲמַת בְּרָכוֹת, "אֵלֶּה" — לְמַעוּטֵי קְלָלוֹת שֶׁבְּמִשְׁנֵה תוֹרָה, "הָאֵלֶּה" — לְמַעוּטֵי צַוָּואוֹת וְקַבָּלוֹת אָמֵן. וְרַבִּי יוֹסֵי: כּוּלְּהוּ כִּדְקָאָמְרַתְּ, "אֶת" לְרַבּוֹת צַוָּואוֹת וְקַבָּלוֹת. וְר"מ: *אֶתִּים לָא דָרֵישׁ. וְר' יְהוּדָה: כּוּלְּהוּ בְּמִיעוּטֵי דָרֵישׁ לְהוּ: "אָלוֹת" — אָלוֹת מַמָּשׁ, "הָאָלוֹת" — לְמַעוּטֵי קְלָלוֹת הַבָּאוֹת מֵחֲמַת בְּרָכוֹת, "אֵלֶּה" — לְמַעוּטֵי קְלָלוֹת שֶׁבְּמִשְׁנֵה תוֹרָה, "הָאֵלֶּה" — *לְמַעוּטֵי צַוָּואוֹת וְקַבָּלוֹת. וְרַבִּי מֵאִיר מ"ש הַאי ה"י דְּמַרְבֵּי בֵּיהּ, וּמַאי שְׁנָא הַאי ה"י דְּמַעֵיט בֵּיהּ? ה"י דְּגַבֵּיהּ דְּרִיבּוּיָא — רִיבּוּיָא הִיא, ה"י דְּגַבֵּיהּ דְּמִיעוּטָא — מִיעוּטָא. (ב) וְהָא לֵית לֵיהּ לְר"מ מִכְּלָל לָאו אַתָּה שׁוֹמֵעַ הֵן! *אָמַר רַבִּי תַּנְחוּם: "הִנָּקִי" כְּתִיב. דָּרֵישׁ ר"ע: אִישׁ וְאִשָּׁה, זָכוּ — שְׁכִינָה בֵּינֵיהֶן, לֹא זָכוּ — אֵשׁ אוֹכַלְתָּן. אָמַר רָבָא: וּדְאִשָּׁה עֲדִיפָא מִדְּאִישׁ. (מ"ט) — הַאי מִצָּרֵף וְהַאי לָא מִצָּרֵף. אָמַר רָבָא: מִפְּנֵי מָה אָמְרָה תוֹרָה הָבֵא עָפָר לַסּוֹטָה? זָכְתָה — יוֹצֵא מִמֶּנָּה בֵּן כְּאַבְרָהָם אָבִינוּ דִּכְתִיב בֵּיהּ "עָפָר וָאֵפֶר", לֹא זָכְתָה — תַּחֲזוֹר לַעֲפָרָהּ. *דָּרֵישׁ רָבָא: בִּשְׂכַר שֶׁאָמַר אַבְרָהָם אָבִינוּ, "וְאָנֹכִי עָפָר וָאֵפֶר" זָכוּ בָּנָיו לְב' מִצְוֹת, *אֵפֶר פָּרָה וַעֲפַר סוֹטָה. וְהָאִיכָּא נַמִי עֲפַר כִּיסּוּי הַדָּם! הָתָם הֶכְשֵׁר מִצְוָה אִיכָּא, הֲנָאָה לֵיכָּא. *דָּרַשׁ רָבָא: בִּשְׂכַר שֶׁאָמַר אַבְרָהָם אָבִינוּ: "אִם מִחוּט וְעַד שְׂרוֹךְ נַעַל" זָכוּ בָּנָיו לְב' מִצְוֹת: חוּט שֶׁל תְּכֵלֶת וּרְצוּעָה שֶׁל תְּפִלִּין. בִּשְׁלָמָא רְצוּעָה שֶׁל תְּפִלִּין, דִּכְתִיב: "וְרָאוּ כָּל עַמֵּי הָאָרֶץ כִּי שֵׁם ה' נִקְרָא עָלֶיךָ", *וְתַנְיָא, ר"א הַגָּדוֹל אוֹמֵר: אֵלּוּ תְּפִלִּין שֶׁבָּרֹאשׁ. אֶלָּא חוּט שֶׁל תְּכֵלֶת מַאי הִיא? דְּתַנְיָא, *הָיָה ר"מ אוֹמֵר: מַה נִּשְׁתַּנָּה תְּכֵלֶת מִכָּל מִינֵי צִבְעוֹנִין? מִפְּנֵי שֶׁהַתְּכֵלֶת דּוֹמֶה לַיָּם, וְיָם דּוֹמֶה לָרָקִיעַ, וְרָקִיעַ דּוֹמֶה לְכִסֵּא הַכָּבוֹד, שֶׁנֶּאֱמַר: "וַיִּרְאוּ אֵת אֱלֹהֵי יִשְׂרָאֵל וְתַחַת רַגְלָיו כְּמַעֲשֵׂה לִבְנַת הַסַּפִּיר וּכְעֶצֶם הַשָּׁמַיִם לָטֹהַר", וּכְתִיב: "כְּמַרְאֵה אֶבֶן סַפִּיר דְּמוּת כִּסֵּא".§

מתני' בּאֵינוֹ כּוֹתֵב לֹא עַל הַלּוּחַ, וְלֹא עַל הַנְּיָר, וְלֹא עַל הַדִּיפְתְּרָא

תורה אור: במדבר ה; שם; שם; בראשית יח; שם יד; דברים כח; שמות כד; יחזקאל א

רש"י

מתני' (ג) מוֹאִם לֹא שָׁכַב אִישׁ אוֹתָךְ. "וְאִם לֹא שָׂטִית טוּמְאָה" וגו'. שֶׁהֵן קְלָלוֹת הַבָּאוֹת מֵחֲמַת בְּרָכוֹת, דְּמַשְׁמַע: הָא אִם שָׂטִית לֹא הִנָּקִי. "וְאַתְּ כִּי שָׂטִית טוּמְאָה תַּחַת אִישֵׁךְ וְכִי נִטְמֵאת וגו', יִתֵּן ה' אוֹתָךְ לְאָלָה וְלִשְׁבוּעָה בְּתוֹךְ עַמֵּךְ וגו' וּבָאוּ הַמַּיִם הַמְאָרְרִים" וגו'. וְכָךְ הֵן סְדוּרִין בַּפָּרָשָׁה, אֶלָּא שֶׁ"וְהִשְׁבִּיעַ הַכֹּהֵן אֶת הָאִשָּׁה בִּשְׁבוּעַת הָאָלָה וְאָמַר הַכֹּהֵן לָאִשָּׁה" מַפְסִיק בְּרֹאשׁ "יִתֵּן ה' אוֹתָךְ" וְאֵינוֹ כּוֹתְבוֹ, דְּאֵינוֹ אֶלָּא צַוָּואָה שֶׁמְּצַוֶּה הַכֹּהֵן לְהַשְׁבִּיעַ. וְגַם בַּסּוֹף "וּבָאוּ הַמַּיִם הַמְאָרְרִים בְּמֵעַיִךְ לַצְבּוֹת בֶּטֶן וְלַנְפִּיל יָרֵךְ" אֵינוֹ כּוֹתֵב סוֹף הַמִּקְרָא "וְאָמְרָה הָאִשָּׁה", דְּהַיְינוּ קַבָּלָה שֶׁהָאִשָּׁה תְּקַבֵּל עָלֶיהָ שְׁבוּעָה, וְאֵין זוֹ מִן הָאָלוֹת. לֹא הָיָה מַפְסִיק. מִשֶּׁהִתְחִיל "אִם לֹא שָׁכַב אִישׁ אוֹתָךְ" עַד "אָמֵן אָמֵן". שֶׁהָיָה כּוֹתֵב צַוָּואָה דְּ"וְהִשְׁבִּיעַ הַכֹּהֵן אֶת הָאִשָּׁה", וְקַבָּלָה דְּ"וְאָמְרָה הָאִשָּׁה אָמֵן אָמֵן". כָּל עַצְמוֹ. לִישָּׁנָא בְּעָלְמָא הוּא; יִזָּהֵר בְּעַצְמוֹ שֶׁלֹּא יְהֵא כּוֹתֵב אֶלָּא אָלוֹת לְבַדּוֹ. וַאֲפִילּוּ "אִם לֹא שָׁכַב אִישׁ אוֹתָךְ" וְ"הִנָּקִי" לֹא הָיָה כּוֹתֵב, וְכ"ש "וְהִשְׁבִּיעַ הַכֹּהֵן". וְאֵינוֹ כּוֹתֵב "וְאָמְרָה הָאִשָּׁה אָמֵן אָמֵן" שֶׁהוּא סוֹף הַמִּקְרָא הַזֶּה. גמ' אָלוֹת מַמָּשׁ. "יִתֵּן ה' אוֹתָךְ", "וּבָאוּ הַמַּיִם הַמְאָרְרִים הָאֵלֶּה בְּמֵעַיִךְ" וגו'. קְלָלוֹת הַבָּאוֹת וכו'. "הִנָּקִי מִמֵּי הַמָּרִים". אֵלֶּה. מִיעוּטָא הוּא. שֶׁבְּמִשְׁנֵה תוֹרָה. דְּאִי כָּתַב קְרָא "וְכָתַב אֶת הָאָלוֹת בַּסֵּפֶר" — הֲוָה מַשְׁמַע אָלוֹת שֶׁבְּמִשְׁנֵה תוֹרָה: "יַכְּכָה ה' בַּשַּׁחֶפֶת", דְּאָלָה אִיקְרוּ, דִּכְתִיב: "וְהָיָה בְּשָׁמְעוֹ אֶת דִּבְרֵי הָאָלָה הַזֹּאת" וגו' (דברים כט). צַוָּואוֹת. "וְהִשְׁבִּיעַ הַכֹּהֵן אֶת הָאִשָּׁה". דְּלָא תֵּימָא לֹא יְדַלֵּג, הִילְכָּךְ אִיצְטְרִיךְ לְמַעֲטִינְהוּ. וְקַבָּלַת אָמֵן. וּלְקַמֵּיהּ פָּרֵיךְ: מ"ש הַאי ה"י דְּמַרְבֶּה בֵּיהּ, וּמ"ש הַאי ה"י דִּמְמַעֵט בֵּיהּ? כּוּלְּהוּ. רִיבּוּיָא כִּדְקָאָמְרַתְּ, "אָלוֹת" — אָלוֹת מַמָּשׁ, *"הָאָלוֹת" — הַקְּלָלוֹת הַבָּאוֹת מֵחֲמַת בְּרָכוֹת, "אֵלֶּה" — לְמַעוּטֵי שֶׁבְּמִשְׁנֵה תוֹרָה וְשֶׁבְּתוֹרַת כֹּהֲנִים. אֲבָל הֵ"י דְּ"הָאֵלֶּה" לֹא תִּדְרוֹשׁ לְמַעוּטֵי צַוָּואוֹת וְקַבָּלוֹת, דַּאֲתָא "אֶת" וְרַבִּינְהוּ, וְהֵ"י דְּ"הָאֵלֶּה" אוֹרְחֵיהּ הוּא. וְר"י כּוּלְּהוּ. הֵהֵ"ין דִּקְרָא, מִעוּטֵי דָּרֵישׁ לְהוּ. דִּלְגַבֵּי רִיבּוּי. דְּ"הָאָלוֹת", דְּקָאֵי אַ"וְכָתַב". דִּלְגַבֵּי מִיעוּט. "אֵלֶּה", דְּמִיעוּטָא הוּא: אֵלֶּה וְלֹא אֲחֵרוֹת. וְהָא לֵית לֵיהּ לְר"מ מִכְּלָל לָאו אַתָּה שׁוֹמֵעַ הֵן. דְּשָׁמְעִינַן לֵיהּ דְּבָעֵי תְּנַאי כָּפוּל, דִּתְנַן, *ר"מ אוֹמֵר: כָּל תְּנַאי שֶׁאֵינוֹ כִּתְנַאי בְּנֵי גָד וּבְנֵי רְאוּבֵן — אֵינוֹ תְּנַאי, דִּכְתִיב בֵּיהּ: "אִם יַעַבְרוּ", "וְאִם לֹא יַעַבְרוּ". הָא לָא כַּפְלֵיהּ — מִכְּלָל לָאו לֹא תִּשְׁמַע הֵן. א"ר תַּנְחוּם הִנָּקִי כְּתִיב. בְּלֹא יוּ"ד, דְּמִתְמַשְׁמַע הִנָּקִי אִם לֹא שָׁכַב, וְתִדְרוֹשׁ הָכִי: טוּמְאָה תַּחַת אִישֵׁךְ — חִנָּקִי. זָכוּ. לָלֶכֶת בְּדֶרֶךְ יְשָׁרָה, שֶׁלֹּא יְהֵא הוּא נוֹאֵף וְלֹא הִיא נוֹאֶפֶת. שְׁכִינָה בֵּינֵיהֶם. שֶׁהֲרֵי חִלֵּק אֶת שְׁמוֹ, וְשִׁיכְּנוֹ בֵּינֵיהֶן, יוּ"ד בָּאִישׁ וְהֵ"י בָּאִשָּׁה. לֹא זָכוּ אֵשׁ אוֹכַלְתָּן. שֶׁהקב"ה מְסַלֵּק שְׁמוֹ מִבֵּינֵיהֶן, וְנִמְצְאוּ אֵשׁ וָאֵשׁ. וּדְאִשָּׁה עֲדִיפָא מִדְּאִישׁ. אֵשׁ שֶׁל אִשָּׁה קָשָׁה וּמְמַהֶרֶת לֶאֱכוֹל וְלִיפָּרַע מִשֶּׁל אִישׁ. מַאי טַעְמָא הַאי מִיצָּרֵף. אֵשׁ שֶׁל אִשָּׁה נוֹחָה לְהַדְלִיק מַהֵר, שֶׁאֵין אוֹת שֶׁל שֵׁם מַפְסִיק אֶלָּא מְחוּבָּר הוּא, וְנִקְרָא אֵשׁ. אֲבָל שֶׁל אִישׁ — אֵין אוֹתִיּוֹת שֶׁל אֵשׁ מִצְטָרְפוֹת יַחַד, שֶׁהַיּוּ"ד שֶׁל שְׁכִינָה מַפְסֶקֶת. הֲנָאָה לֵיכָּא. וְאֵין זֶה קִיבּוּל שָׂכָר. אֲבָל כָּאן יֵשׁ הֲנָאָה, בְּסוֹטָה — לָתֵת שָׁלוֹם, וְשֶׁלֹּא יִרְבּוּ מַמְזֵרִים בְּיִשְׂרָאֵל אִם זוֹנָה הִיא. וְאִם נְקִיָּה — וְנִזְרְעָה זֶרַע, וּמְבַטֶּלֶת לַעַז מֵעַל בָּנֶיהָ. וְאֵפֶר פָּרָה — לְטַהֲרָן, וְלִזְכּוֹת אֶת יִשְׂרָאֵל מִמַּעֲשֵׂה הָעֵגֶל. בִּשְׂכַר אִם מִחוּט וְעַד שְׂרוֹךְ נַעַל. שֶׁהִדְרִיחַ עַצְמוֹ מִן הַגָּזֵל. חוּט שֶׁל תְּכֵלֶת. כְּנֶגֶד "מִחוּט", וּרְצוּעָה שֶׁל תְּפִילִּין — כְּנֶגֶד "שְׂרוֹךְ", דְּהַיְינוּ רְצוּעָה. בִּשְׁלָמָא רְצוּעָה שֶׁל תְּפִילִּין. קִיבּוּל שָׂכָר הוּא, דְּאִיכָּא הֲנָאָה, כִּדְכְתִיב וכו'. אֲבָל חוּט שֶׁל תְּכֵלֶת שֶׁל צִיצִית — מַאי הֲנָאָה אִיכָּא? מַה נִּשְׁתַּנָּה תְּכֵלֶת. שֶׁהִזְקִיקוֹ הַכָּתוּב לְצִיצִית? שֶׁהַתְּכֵלֶת דּוֹמֶה לַיָּם כו'. בָּא לְלַמֶּדְנוּ שֶׁכָּל הַמְקַיֵּים מִצְוַת צִיצִית כְּאִילּוּ הִקְבִּיל פְּנֵי שְׁכִינָה. וְהָכִי תַּנְיָא לָהּ בְּסִפְרֵי. (ד) דְּאִיצְטְרִיכוּ כָּל הָנֵי מִשּׁוּם דְּלָא אַשְׁכְּחַן קְרָאֵי אֶלָּא בָּרָקִיעַ שֶׁדּוֹמֶה לְכִסֵּא הַכָּבוֹד, הִילְכָּךְ תְּכֵלֶת דּוֹמֶה לַיָּם, וְיָם דּוֹמֶה לָרָקִיעַ. דִּתְכֵלֶת לָא דָּמֵי לָרָקִיעַ כָּל כָּךְ אֶלָּא דּוֹמֶה לַדּוֹמֶה, כְּמוֹ תְּכֵלֶת דּוֹמֶה לְמַרְאֵה הַיָּם, וַאֲנַן קָחָזֵינַן דְּיָם דּוֹמֶה לְמַרְאֵה הָרָקִיעַ. וְרָקִיעַ דּוֹמֶה לְכִסֵּא הַכָּבוֹד. קְרָאֵי קָדָרֵישׁ, דִּכְתִיב בָּרָקִיעַ: "כְּמַעֲשֵׂה לִבְנַת הַסַּפִּיר", וּכְתִיב בְּכִסֵּא הַכָּבוֹד: "כְּמַרְאֵה אֶבֶן סַפִּיר דְּמוּת כִּסֵּא". מתני' לוּחַ. שֶׁל עֵץ. נְיָיר. שֶׁל עֲשָׂבִים שֶׁכּוֹתְשִׁין וּמְדַבְּקִין אוֹתָן בְּדֶבֶק שֶׁקּוֹרִין גלי"ד, וְעוֹשִׂין כְּמוֹ עוֹר. דִּיפְתְּרָא

תוספות

האלות לרבות קללות הבאות מחמת ברכות. תימה לרבי: דהכא דריש ר"מ ה"י ד"האלות", ובפ"ק דהוריות (דף ה.) אמר: ור"מ "קהל" "הקהל" לא דריש! ותו איכא למיתמה: דר"י דריש הכא ה"י דריבויא למעט, והתם דריש "קהל" "הקהל" לרבויא! ותו קשיא דר' יהודה אדרבי יהודה, דהכא משמע דלא דריש "את האלות", ובפ"ק דמנחות (דף יא:) אמר: ר"י סבר "את [כל הלבונה]" לרבות [קורט] אחר!*.

אמר רבי תנחום הנקי כתיב. הכא פרש"י דתדרוש הכי: "טומאה תחת אישך" — "חינקי". אבל בסוף פרק "שבועת העדות" (שבועות דף לו.) פירש: "הנקי" בלא יו"ד, כמו "חנקי", וקאי אקרא דבתריה "ואת כי שטית", דמשמע הכי: חנקי ממים המרים האלה ואת כי שטית. והתם אמר: כי לית ליה לר"מ מכלל לאו אתה שומע הן — בממונא, באיסורא — אית ליה. וסוטה איסורא דאית ביה ממונא הוא. ונשאל רבי: והא בפ"ק דנדרים (דף יא.) אמר בגמרא: מאי "לחולין" — לא חולין ליהוי אלא לקרבן. מני מתני'? אי ר"מ — הא לית ליה מכלל לאו. והכי דייק נמי בסוף הפרק (שם יג:) ובריש פרק שני (דף יד.), אע"ג דאיסורא גרידתא הוא! והשיב רבי: דהתם נמי איסורא דאית ביה ממונא הוא, שאסר ממונו על חבירו.

מפני שהתכלת דומה לים. בירושלמי דפ"ק דברכות: מגיד שהתכלת דומה לים, והים דומה לעשבים, ועשבים לרקיע, ורקיע לכסא, והכסא לספיר, וכתיב: "ואראה והנה (על) [אל] הרקיע וגו'" (יחזקאל י).

אינו כותב וכו' על הנייר אלא על המגילה. תימה: בפ' "המוציא" (שבת דף עח:) דתנן: קלף כדי לכתוב עליו פרשה קטנה שבתפילין "שמע ישראל" — אמאי לא קתני פרשת סוטה, דשיעור זוטא טפי? אור"י: דפרשת סוטה לא שכיח כפרשת תפילין, ואמרינן התם (דף עח.): כל מילתא דשכיח ולא שכיח — אזול רבנן בתר שכיח לקולא.

לא על הלוח ולא על הנייר אלא על המגילה. תימה: אמאי לא מרבינן כל מילי מ"וכתב", כדאמרינן פרק שני דגיטין (דף כא:): "ספר" — אין לי אלא ספר, מנין לרבות כל דבר — ת"ל "וכתב" מ"מ. אם כן מה ת"ל "ספר" — מה ספר שאין בו רוח חיים. ורבנן אי כתב "בספר" — כדאמרת. אלמא: כל היכא דכתיב בספר

תוספות שאנץ

את המים לבדוק אותה וכן דם צפור של מצורע שמכשיר המים להזאה אף כאן בפרה עפר מכשיר את המים. ל"ה: אלא למעוטי קללות של משנה תורה דאי כתב וכתב את האלות האלה בספר ה"א אפי' דמשנה תורה. יככה ה' בשחפת ובקדחת. דאלה איקרו דכתיב והיה בשמעו. ולא תימא דלא דלג להכי איצטריך קרא למעוטינהו אבל לא קאמר למעוטי אותן של תורת כהנים לפי שלא הוצרך למעט לפי שהוא לשון רבים אך אותן של משנה תורה שהן לשון יחיד איצטריך קרא למעוטינהו. צואות וקבלות צואות וכתב לה קבלות ואמרה האשה אמן אמן. ור' יהודה כולהו במיעוטי דריש להו והקשה ה"ר אלחנן דהכא משמע דלא דרי' ר' יהודה [את] דלא פליג אדר' מאיר אלא מוסיף עליו ובפ"ק דמנחות דרי' את גבי ואת כל הלבונה וצ"ל דאת דהכא לא דרי' אבל בעלמא דרי' להו: והא שמעי' לר' מאיר דאמר מכלל לאו לא תשמע הן דתניא ר' מאיר אומר כל תנאי שאינו כתנאי בני גד ובני ראובן אינו תנאי אם יעברו אם לא יעברו הא לא כפליה מכלל לאו לא תשמע הן. ל"ה. זכו שכינה ביניהם שהרי חלק הקב"ה שמו ושכנו ביניהם יו"ד באיש וה"א באשה לא זכו אש אוכלתן שהקב"ה מסלק שמו מביניהם ונמצאו אש ואש. ודאשה עדיפא אש של אשה נוח לדלוק וממהרת לאכול לפי שאין אות של שם מפסיקתן אלא מחובר הוא אבל אש של איש אינו מחובר יחד לפי שאות של שכינה מפסיקתם. ל"ה. הנאה ליכא ואין זה קיבול שכר אבל כאן יש הנאה בסוטה לתת שלום ושלא ירבו ממזרות בישראל אם זונה היא. ואם נקתה ונזרעה זרע ומבטלת לעז מעל בניה וכן אפר פרה איכא הנאה לטהר ולזכות ישראל ממעשה העגל. ל"ה: מפני שהתכלת דומה לים בא ללמד שכל המקיים מצות ציצית כאילו מקביל פני שכינה והכי תני לה בספרי ואיצטריכו כל הני משום דלא אשכח' קרא אלא ברקיע הילכך תכלת דומה לים וים דומה לרקיע מפני דתכלת לאו לרקיע כל כך אלא דומה לדומה כמו תכלת קרוב למראה הים ולפי' מזכירין יציאת מצרים בפרשת ציצית לפי שהתכלת דומה לים והקב"ה שיושב על כסא הכבוד עשה לנו נסים בים. ועוד התכלת דומה לים שאנו עושין שליש גדיל ושני שלישי ענף וכן עשה הקב"ה בקע הים בשליש אמצעי ועשה מן הים ג' שלישים שאם יבקענה בשליש התחתון צריך שירדו למטה בתוך הים ואם יבקענה בשליש העליון צריך שיעלו למעלה דק"ל גודשא תילתא והבקיעה בשליש האמצעי לא למעלה ולא למטה על כן ייסד הפייט א) פנו כאן וכאן שליש רום מימות

א) הוא ביוצר ליום אחרון של פסח.

עין משפט נר מצוה

לט א מיי' פ"ג מהל' סוטה הל"ח סמג עשין ט:

מ ב מיי' שם פ"ד הל"ח סמג שם:

רש"ל

[וע' תוספות מנחות יא: ד"ה ורבי שמעון מייבכים קושיא זו]

מסורת הש"ס

[ברכות טו:]

[פסחים כב: קדושין נז. ב"ק מא: מנחות יח: בכורות ו: נזיר סה: נדה לה.]

[ברכות טו: ע"ש]

שבועות לו. ע"ש קדושין סב.

האלות לרבות הקללות כו'. מהרש"ל

חולין פח:

[ילקוט רמז פ"ג איתא עפר סוטה ואפר פרה]

חולין פט.

[קדושין סא.]

חולין פט. ברכות ו. נז. מנחות לה: [מגילה טו:] [מנחות מג:]

הגהות הב"ח

(א) במשנה מאם לא: (ב) גמ' מיעוטא היא והא לית ליה: (ג) רש"י ד"ה מאם לא וכו' אלא שמה שהשביע וכו' ואינו כותבו וכו' שמצוה לכהן: (ד) ד"ה שהתכלת וכו' ואיצטריכו:

מא א מיי' פ"ג מהל' סוטה הל"ח ופ"ד הל"ט סמג עשין נו:
מב ב ג ד מיי' שם פ"ד הל"ז:
מג ה מיי' שם הל"ח:

"בספר" כ"ע מודו דמרבינן כל מילי, בר מדבר שיש בו רוח חיים! מיהו, לפי' ר"ת לא קשיא מידי, דפי': התם – בכלל ופרט וכלל דרשינן ליה, *דחזר וכתב "ונתן לה" (ספר כריתות). אבל הכא – כלל ופרט הוא, ואין בכלל אלא מה שבפרט. א"נ, התם קרא יתירא הוא דקא דריש, משום דכתיב תרי זימני "וכתב לה ספר כריתות". ובירושלמי מקשה ליה נמי: הכא כתיב "ספר" והכא כתיב "ספר", הכא את אומר כל דבר שהוא בתלוש, והכא את אומר הכין! שנייא היא הכא, דכתיב "בספר". אבל בגמרא דידן לא אמר התם הכי, דאמר: אי כתיב "בספר" – כדקא אמרת, דהוי מרבינן כל מילי דתלוש בר מדבר שיש בו רוח חיים. ירושלמי: תניא, ר"א בן שמוע אומר: אין כותבין על עורות בהמה טמאה. אמר ר"ש: מכיון דאיתמר למחיקה ניתנה למה אינו כותב? תני ר"א [בר שמעון] אומר: רואה אני את דברי ר"א בן שמוע מדברי אבא, שמא תאמר "איני שותה" ונמצא השם גנוז על עור בהמה טמאה. ותו התם: ר' לוי בר סיסי בעי קמיה רבי: מגילת סוטה מהו שתטמא את הידים? א"ל: הרי זו שאלה. א"ר יוסי: אינה שאלה, כלום גזרו על הספרים שיטמאו את הידים – לא מפני קדושתן? וזו למחיקה נתנה, לא צריכא [דלא], הואיל ונתנה למחיקה.

שנאמר ומחה כתב שיכול למחוק. בירושלמי: אי "מחה", יכול במשקה או במי פירות – ת"ל "וכתב", הא כילד – כתב שיכול לימחק, ואיזו זו – דיו שאין בו קנקנתוס. והא תני: אם מחק מתוך הספר כשר! תיפתר כהדין תניא, דתנא, אמר ר"מ: כל ימי שהיינו למדין אצל ר' ישמעאל [לא] היינו נותנין קנקנתוס לתוך הדיו.

תורה אור

הַדִּיפְתְּרָא אֶלָּא עַל הַמְּגִילָּה, שֶׁנֶּאֱמַר: °"בַּסֵּפֶר". במדבר ה
אוְאֵינוֹ כּוֹתֵב לֹא בְּקוֹמוֹס וְלֹא בְּקַנְקַנְתּוֹם וְלֹא בְּכָל דָּבָר שֶׁרוֹשֵׁם, אֶלָּא בִּדְיוֹ, שֶׁנֶּאֱמַר: *°"וּמָחָה" שם – כְּתָב שֶׁיָּכוֹל (א) לִמְחוֹת.§ **גמ'** אָמַר רָבָא: במְגִילַּת סוֹטָה שֶׁכְּתָבָהּ בַּלַּיְלָה – פְּסוּלָה, מ"ט – אָתְיָא "תּוֹרָה" "תּוֹרָה"; כְּתִיב הָכָא: °"וְעָשָׂה לָהּ שם הַכֹּהֵן אֵת כָּל הַתּוֹרָה הַזֹּאת", וּכְתִיב הָתָם: °"עַל דברים יז פִּי הַתּוֹרָה אֲשֶׁר יוֹרוּךָ וְעַל הַמִּשְׁפָּט", מַה מִּשְׁפָּט בַּיּוֹם – אַף מְגִילַּת סוֹטָה בַּיּוֹם. גכְּתָבָהּ לְמַפְרֵעַ פְּסוּלָה, דִּכְתִיב: "וְכָתַב אֶת הָאָלוֹת הָאֵלֶּה" – כִּי דִּכְתִיבָא. * דכְּתָבָהּ קוֹדֶם שֶׁתְּקַבֵּל עָלֶיהָ שְׁבוּעָה – פְּסוּלָה, [שֶׁנֶּא'] "וְהִשְׁבִּיעַ" וְאַחַר כָּךְ "וְכָתַב". רש"ל הכְּתָבָהּ אִיגֶּרֶת – פְּסוּלָה, "בַּסֵּפֶר" אָמַר רַחֲמָנָא.
כְּתָבָהּ

דִּיפְתְּרָא. עוֹר שֶׁאֵינָהּ מְעוּבָּד כָּל צָרְכָּהּ, דִּמְלִיחַ וּקְמִיחַ וְלָא עָפִיץ. שֶׁהָיוּ מְעַבְּדִין הַקְּלָפִים בַּעֲפָצִים שֶׁקּוֹרִין גלי"ש. בַּסֵּפֶר. קְלָף. קוֹמוֹס. שְׂרַף הָאִילָן. וּמַתִּיכוֹ בַּמַּיִם, וְכוֹתֵב הֵימֶנּוּ. קַנְקַנְתּוֹם. וויטריאול"ו או אורדימנ"ט קוֹרִין אוֹתוֹ. וְלֹא בְּכָל דָּבָר שֶׁהוּא רוֹשֵׁם. וְנִבְלָע בַּקְּלָף וְאֵינוֹ יָכוֹל לִמְחוֹק, וְקוֹמוֹס וְקַנְקַנְתּוֹס עָבְדֵי רוֹשֶׁם. אֶלָּא בִּדְיוֹ. שֶׁלָּנוּ, שֶׁל שָׂרָף. **גמ'** מִשְׁפָּט בַּיּוֹם. בְּסַנְהֶדְרִין (דף לד:) נָפְקָא לָן מִ"וְהָיָה בְּיוֹם הַנְחִילוֹ". לְמַפְרֵעַ. יָרֵךְ וְלַנְפִּיל בֶּטֶן לַצְבּוֹת בְּמֵעַיִךְ *) וכו' כַּסֵּדֶר הַזֶּה, אוֹ אֶחָד מֵהֶן הֵיפֵךְ, וְהַשְּׁאָר כָּתַב כְּהִילְכָתָן. הָאֵלֶּה. מַשְׁמַע כְּמוֹ שֶׁהֵן סְדוּרִין בַּפָּרָשָׁה. אִגֶּרֶת. בְּלֹא שִׂרְטוּט. בַּסֵּפֶר מְסַיֵּי שֶׁהַסְּפָרִים צְרִיכִין שִׂרְטוּט.
*) נ"ל כולה
עַל

מה משפט ביום אף מגילת סוטה ביום. כל מעשה סוטה ילפינן מהכא בפ"ב דמגילה (דף כ:) דהשקאה ביום. רש"י פי': מה משפט ביום – בסנהדרין נפקא לן מ"והיה ביום הנחילו את בניו". ולא מסתברא, דהא "ע"פ התורה" כתיב גבי זקן ממרא, דמשתעי בדיני נפשות, והאי קרא ד"ביום הנחילו" משתעי בדיני ממונות. אלא מ"והוקע אותם לה' נגד השמש" נפקא לן התם* דביום. ונראה לי דכל דין סוטה, בין גמר בין תחילה – פסול בלילה, דומיא דדיני נפשות, ולא כדיני ממונות דתחילת דין ביום אבל גמר דין אפילו בלילה. **דכתיב** וכתב את האלות האלה בדכתיבא. תימה לר"י: לקמן בפרק "ואלו נאמרין" (דף לב:), ואיתא נמי בריש פ"ב דמסכת ברכות (דף יג.), ובמסכת מגילה (דף יז:), דק"ש לא יקראנה למפרע, לרבנן מ"והיו" ולרבי מ"דברים" "הדברים". ורבנן – "דברים" "הדברים" לא משמע להו, הילכך איצטריך "והיו" שלא יקראנה למפרע. ואמאי לא נפקא להו מ"האלה" כי הכא, "הדברים האלה" כדכתיבא? וי"ל: כיון דקיבלו וגמירי מרבותינו ד"שמע" אית לן למדרש בכל לשון שאתה שומע – אייתר לך "והיו" שלא יקראנה למפרע, ו"האלה" דרשי להו לדרשא אחריתי. **קודם** שתקבל עליה שבועה פסולה. ירושלמי: ר' קרוספא אמר: איתפלגון ר' יוחנן ור"ל, חד אמר: משביע ואח"כ כותב, וחד אמר: כותב ואח"כ משביע. ומפרש טעמא כדי לסמוך שבועה להשקאה. והתם משמע דבהכי פליגי: מ"ד משביע ואח"כ כותב – אית ליה "חוקה" ו"תורה" מעכב על הסדר, ומאן דאמר כותב ואח"כ משביע – אית ליה אע"ג דמעכב, אינו על הסדר. ותימה: א"כ, כמאן ס"ל? לא כר"י ולא כר' נחמיה בפ' "הוציאו לו" (יומא דף ס.), דמשמע דכ"ע סבירא להו היכא דכתיב "חוקה" מעכב נמי על הסדר! ותמה רבי: דבפרק "ד' מיתות" (סנהדרין דף מט:) אמר רבא אמר רב סחורה אמר רב הונא: כל מקום ששנו חכמים דרך מנין – אין מוקדם ומאוחר, חוץ משבעה סממנין. רב פפא סבא משמיה דרב אמר: אף ד' מיתות. ואידך – בפלוגתא לא קא מיירי. רב פפא אומר: אף סדר יומא. ואידך – ההוא לחומרא בעלמא. דמשמע: הא לאו הכי – הוה חשיב ליה. ואמאי לא חשיב סדר סוטה? דהא איהו אמר הכא: כתבה קודם שתקבל עליה שבועה – פסולה, ומשמע בירושלמי דבעי כל הפרשה על הסדר! ונראה דלא חשיב אלא היכא דשנוין על הסדר. אבל סדר סוטה אינה נשנית על הסדר, שהרי אין סדר המשנה וסדר הפרשה מכוונין, כמו שפירשנו בראש הפרק. וסדר הפרשה עיקר, אבל סדר המשנה אפילו למצוה בעלמא לא. ולהכי לא אמר נמי התם, דאמר "זהו סדר תמיד" לאפוקי ממלות חליצה, אבל לאפוקי מסדר סוטה ליכא למימר, דאפילו בדיעבד נמי לא. **כתבה** איגרת פסולה. רש"י פירש: אגרת – בלא שרטוט, "בספר" אמר רחמנא, והלכה למשה מסיני שהספרים צריכין שרטוט. ואי קשיא: מאי איריא משום דנקראת "ספר"? תיפוק לי דבלאו הכי אסור לכתוב שום פסוק בלא שרטוט, דאמרי' בפ"ק דגיטין (דף ו:), אמר רב יוסף: מאן לימא לן דר' אביתר בר סמכא הוא, ועוד, הא איהו דשלח ליה לרב יהודה: בני אדם העולים משם לכאן הן קיימו בעצמם "ויתנו הילד בזונה והילדה מכרו ביין וישתו", וכתב ליה בלא שרטוט, וא"ר יצחק: שתים כותבין, שלש אין כותבין! ואמרינן בסוף פרק "מצות חליצה" (יבמות דף קו:) אמר אביי: האי מאן דכתב גיטא דחליצתא – לכתוב הכי: אקריוה לדידה מ"מאן יבמי" עד "יבמי". ופירוש: משום דלא מצי למכתב שלש תיבות רצופין בלא שרטוט, כדמסיק: מר זוטרא שירטט וכתב ליה לכולה פרשתא, מתקיף לה מר בר רב אידי: והא לא ניתן ליכתב! והילכתא כמר זוטרא, אע"ג דלא ניתן ליכתב! תריץ: אי לאו משום דנקראת "ספר" – ה"א: אע"ג דאסור לכתוב בלא שירטוט – המגילה עצמה אינה פסולה, קמ"ל דפסולה, ונראה שלא היו המים בודקין על ידה. מיהו, לא ידענא אם שרטט אותה בין שיטה לשיטה לאחר כתיבה, אע"ג דבשעת כתיבה כתב באיסורא – אי המגילה כשירה בהכי או לא. והא דאמרי' ב"הקומץ רבה" (מנחות דף לב:), ובמגילה (דף יח:), הלכתא: מזוזה צריכה שירטוט, אבל לא תפילין – נראה דהכי הילכתא גמירי לה דאין לו לשרטט תפילין. דאי לא תימא הכי, אלא הא דפסיק: אבל לא תפילין – דלא מיפסלי אי כתבן בלא שרטוט, מיהו צריך לשרטט משום דאסור לכתוב בלא שרטוט – א"כ, הא דמקשה התם מהא דתפילין שבלו אין עושין מהן מזוזה, שאין מורידין אותו מקדושה חמורה לקדושה קלה. טעמא – דאין מורידין, אבל משום שרטוט – לא? ומשני: תנאי היא. אי הוה מצי לשרטט להו – הוה מצי למימר: במשורטטין! אלא ש"מ דהכי גמירי לה, דלא מצי לשרטט להו. אבל ר"ת פירש: הא דאמרי': שלש אין כותבין – היינו אם לא שרטט כלל, אבל אם שרטט בד' פיאות הגליונים, אע"פ דלא שרטט בין שיטה לשיטה – חשוב שירטוט אפי' לענין ס"ת, אלא משום "זה אלי ואנוהו" (שמות טו) צריך לשרטט בין כל שיטה ושיטה. וכן מוכיח בפ"ק דמגילה (דף טז:): "דברי שלום ואמת" – מלמד שצריכה שרטוט כאמיתה של תורה, ופירש ר"ח: דלאו היינו ס"ת, אלא מזוזה. ולישנא ד"אמיתה" – משמע כיחידה של תורה, דהיינו מזוזה דיש בה עול מלכות שמים. וכן עיקר, דאי ס"ת ממש משתעי ההוא קרא ד"ואמת" – א"כ הא דגרסינן בפ"ב דמגילה (דף יט.): מגילה נקראת ספר ונקראת אגרת, נקראת ספר – שאם תפרה בפשתן פסולה, מאי איריא משום ספר? תיפוק ליה משום "ואמת", ונימא צריכה שירטוט ותפירה כאמיתה של תורה! אלא ש"מ לשרטוט דמזוזה איצטריך, דהתם תפירה ליכא, ולענין תפירה נקראת ספר. והשתא לא תקשי הא דפסקינן ב"הקומץ רבה" (מנחות דף לב:) ובמגילה (דף יח:): הילכתא מזוזה צריכה שרטוט, תפילין אין צריכין שרטוט. ומקשה מהא דתפילין שבלו אין עושין מהן מזוזה לפי שאין מורידין, הא משום שרטוט – לא? ומשני: תנאי היא. מדלא משני: במשורטטין – ש"מ דאפי' מנהג ליכא, *הואיל וכן – אין צריך לשרטטן, דגרסינן בירושלמי בפרק *"במה מדליקין": כל הפטור בדבר ועושהו נקרא הדיוט. השתא י"ל: הא דאין צריכין שרטוט – היינו בין השיטין, אבל בד' פיאות – צריכין שרטוט, דלא גריעי מ"שלש אין כותבין". מיהא לפירושו לא תירץ *מאי איצטריך למימר גבי מגילת סוטה דפסולה בלא שרטוט, כיון דאפילו ס"ת הוא – סגי ליה בשרטוט לארבע פיאות. מצאתי בתוספות רבינו יב"א במסכת גיטין, שמעתי מר' אליהו הצרפתי שהיה אומר: מה שאנו כותבים בכתבים בלא שרטוט – ליכא למיחש, דלא כתבינן לשום פסוק אלא לאמירה בעלמא, לפרוש בשלום בלשון עברי, או לדבר בו בלשון נח. אבל כשכותב שמביא אותו לשום פסוק – כי האי גוונא אסור למכתב בלא שרטוט. ולא ידענא מנלן לכתוב בפירושים פסוקים בלא שרטוט, כשמביא לשום פסוק*. *כתבה על שני דפין פסולה. מקשים לפירוש רש"י [שפי'] בדפין של ס"ת, מפרק בתרא דגיטין (דף פז:), דתנן: שייר מקצת הגט וכתבו בדף השני, והעדים מלמטה – כשר, ולא חשיב ליה שני ספרים, כיון דמעורה, כדאמרי' בפרק שני דגיטין (דף כ:) אהא: הרי זה גיטך והנייר שלי – אינה מגורשת וכו'. בעי רב פפא: בין שיטה לשיטה בין תיבה לתיבה מהו? וקפריך: ותיפוק ליה משום דספר אחד אמר רחמנא ולא שנים! לא צריכא דמעורה. וב"הקומץ רבה" (מנחות דף לג.) גבי מזוזה אמר נמי, אמר רב יהודה אמר שמואל: כתבה על שני דפין פסולה

תוספות שאנץ
מימות ונפקא ליה מדכתיב בלב ים וק"ל דלבו של אדם הוי בשליש גופו: כתבה אגרת בלא שרטוטין. בספר אמר רחמ' והל"מ הוא דספרים צריכין שרטוט:

וכתב לה כלל ספר כריתות פרט ונתן חזר וכלל אבל הכא כו'. מהרש"ל

[לקמן כ. עירובין יג.]

[לקמן יט:]

[בסנהדרין לד:]

הגהות הב"ח
(א) גמ' שיכול להמחות:

גליון הש"ם
גמ' כתבה קודם שתקבל. עיין לקמן דף כ ע"א תד"ה א"ר ירמיה:

הואיל ואין צריך לשרטטן מהרש"ל

[נ"ל יציאות השבת]

לא תירץ מאי אוכא למימר כו' מהרש"ל

[ועי' תוס' גיטין ו: ד"ה אמר ותוס' מנחות לב: ד"ה הא]

שייך לדף שאח"ז

מד א מיי' פ"ד מהל' סוטה הל"ח:
מה ב מיי' שם הל"י:
מו ג ד ה ו מיי' שם הלכה יא:
מז ז מיי' שם הלי"ז:

תורה אור

אכְּתָבָהּ עַל שְׁנֵי דַפִּין – פְּסוּלָה, "סֵפֶר" – אֶחָד אָמַר רַחֲמָנָא, וְלֹא שְׁנַיִם וּשְׁלֹשָׁה סְפָרִים. בכָּתַב אוֹת אַחַת וּמָחַק אוֹת אַחַת, וְכָתַב אוֹת אַחַת וּמָחַק אוֹת אַחַת – פְּסוּלָה, דִּכְתִיב: °"וְעָשָׂה לָהּ הַכֹּהֵן אֵת כָּל הַתּוֹרָה הַזֹּאת". (במדבר ה) בָּעֵי רָבָא: כָּתַב ב' מְגִילוֹת לִשְׁתֵּי סוֹטוֹת, וּמְחָקָן לְתוֹךְ כּוֹס אֶחָד, מַהוּ? כְּתִיבָה לִשְׁמָהּ בָּעֵינַן – וְהָאִיכָּא, אוֹ דִּילְמָא בָּעֵינַן נַמִּי מְחִיקָה לִשְׁמָהּ? וְאִם תִּמְצָא לוֹמַר: גבָּעֵינַן נַמִּי מְחִיקָה לִשְׁמָהּ, מְחָקָן בְּב' כּוֹסוֹת וְחָזַר וְעֵירְבָן, מַהוּ? מְחִיקָה לִשְׁמָהּ בָּעֵינַן – וְהָאִיכָּא, אוֹ דִּילְמָא הָא לָאו דִּידָהּ קָא שָׁתְיָא, וְהָא לָאו דִּידָהּ קָא שָׁתְיָא? וְאִם תִּמְצָא לוֹמַר: דהָא לָאו דִּידָהּ קָא שָׁתְיָא וְהָא לָאו דִּידָהּ קָא שָׁתְיָא, חָזַר וְחִלְּקָן מַהוּ – יֵשׁ בְּרֵירָה אוֹ אֵין בְּרֵירָה? התֵּיקוּ. בָּעֵי רָבָא: הִשְׁקָה *בְּסִיב מַהוּ, בִּשְׁפוֹפֶרֶת מַהוּ – דֶּרֶךְ שְׁתִיָּה בְּכָךְ אוֹ אֵין דֶּרֶךְ שְׁתִיָּה בְּכָךְ? תֵּיקוּ. בָּעֵי רַב אַשִׁי: נִשְׁפְּכוּ מֵהֶן וְנִשְׁתַּיְּירוּ מֵהֶן מַהוּ? ותֵּיקוּ. א"ר זֵירָא אָמַר רַב: ב' שְׁבוּעוֹת הָאֲמוּרוֹת בְּסוֹטָה לָמָּה – אַחַת קוֹדֶם שֶׁנִּמְחֲקָה מְגִילָּה, וְאַחַת לְאַחַר שֶׁנִּמְחֲקָה. מַתְקִיף לָהּ רָבָא: תַּרְוַיְיהוּ קוֹדֶם שֶׁנִּמְחֲקָה מְגִילָּה כְּתִיבָן! אֶלָּא אָמַר רָבָא: אַחַת שְׁבוּעָה שֶׁיֵּשׁ עִמָּהּ אָלָה, וְאַחַת שְׁבוּעָה שֶׁאֵין עִמָּהּ אָלָה. הֵיכִי דָּמֵי שְׁבוּעָה שֶׁיֵּשׁ עִמָּהּ אָלָה? אָמַר רַב עַמְרָם אָמַר רַב: מַשְׁבִּיעֲנִי עָלַיִךְ שֶׁלֹּא נִטְמֵאת, שֶׁאִם נִטְמֵאת – יָבוֹאוּ בֵּיךְ. אָמַר רָבָא: אָלָה לְחוּדָהּ קַיְימָא, וּשְׁבוּעָה לְחוּדָהּ קַיְימָא! אֶלָּא אָמַר רָבָא: מַשְׁבִּיעֲנִי עָלַיִךְ שֶׁאִם נִטְמֵאת יָבוֹאוּ בֵּיךְ. אָמַר רַב אַשִׁי: אָלָה – אִיכָּא, שְׁבוּעָה – לֵיכָּא! אֶלָּא אָמַר רַב אַשִׁי: מַשְׁבִּיעֲנִי עָלַיִךְ שֶׁלֹּא נִטְמֵאת, וְאִם נִטְמֵאת – יָבוֹאוּ בֵּיךְ.§ **מתני'** *ועַל מַה הִיא אוֹמֶרֶת "אָמֵן אָמֵן" – *אָמֵן עַל הָאָלָה, אָמֵן עַל הַשְּׁבוּעָה, אָמֵן מֵאִישׁ זֶה, אָמֵן מֵאִישׁ אַחֵר, אָמֵן שֶׁלֹּא שָׂטִיתִי אֲרוּסָה, וּנְשׂוּאָה,

וְשׁוֹמֶרֶת

רש"י

עַל שְׁנֵי דַפִּין. כְּדַפִּין שֶׁל סֵפֶר תּוֹרָה, הָעֲשׂוּיִין עַמּוּדִים. כָּתַב אוֹת אַחַת וּמְחָקָהּ. עַל הַמַּיִם, וְחָזַר וְכָתַב אוֹת שֶׁלְּאַחֲרֶיהָ וּמְחָקָהּ, עַד שֶׁהִשְׁלִים אֶת כּוּלָּהּ – פָּסוּל, דִּכְתִיב "אֶת כָּל הַתּוֹרָה" – עַד שֶׁתְּהֵא כּוּלָּהּ כְּאֶחָד. לִשְׁמָהּ. בְּסֵפֶר לְעַצְמוֹ, דִּכְתִיב: "וְעָשָׂה לָהּ" – לִשְׁמָהּ. מְחִיקָה נַמִּי. בְּכוֹס. לִשְׁמָהּ לְעַצְמָהּ, שֶׁיְּהֵא נִיכָּר הַמְּחִיקָה שֶׁהִיא לִשְׁמָהּ. הִשְׁקָה בְּסִיב. שֶׁהוּא חָלוּל, כְּדֶרֶךְ שֶׁהַתִּינוֹקוֹת שׁוֹתִין. שֶׁיֵּשׁ עִמָּהּ אָלָה. דִּכְתִיב בַּחֲדָא מִינַּיְיהוּ "בִּשְׁבוּעַת הָאָלָה", וּלְקַמֵּיהּ מְפָרֵשׁ הֵיכִי דָּמֵי. מַשְׁבִּיעֲנִי עָלַיִךְ. בַּשֵּׁם, וּמַזְכִּיר שֵׁם. שֶׁלֹּא נִטְמֵאת. שֶׁאַתְּ אוֹמֵר אֱמֶת שֶׁלֹּא נִטְמֵאת – הַיְינוּ שְׁבוּעָה א] שֶׁאֵין עִמָּהּ אָלָה. שֶׁאִם נִטְמֵאת יָבוֹאוּ בֵּיךְ. הַמַּיִם "לַצְבּוֹת בֶּטֶן" כו', וְהַיְינוּ אָלָה. אָמַר רָבָא אָלָה לְחוּדֵיהּ קַיְימָא כו'. שְׁבוּעָה וְאָלָה יֵשׁ כָּאן, וּשְׁנֵיהֶן עַל הָאִשָּׁה, וּקְרָא כְּתִיב "בִּשְׁבוּעַת הָאָלָה" – שֶׁהַשְּׁבוּעָה שֶׁל אָלָה. מַשְׁבִּיעֲנִי עָלַיִךְ שֶׁאִם נִטְמֵאת יָבוֹאוּ בֵּיךְ. דְּאִיכָּא הַשְׁתָּא* (א) "שְׁבוּעַת הָאָלָה", שֶׁמַּשְׁבִּיעַ אֶת הָאָלָה שֶׁתָּחוּל. שְׁבוּעָה לֵיכָּא. עַל הָאִשָּׁה, וּקְרָא כְּתִיב: "וְהִשְׁבִּיעַ אֶת הָאִשָּׁה". מַשְׁבִּיעֲנִי עָלַיִךְ שֶׁלֹּא נִטְמֵאת וְאִם נִטְמֵאת יָבוֹאוּ בֵּיךְ. מַשְׁבִּיעֲנִי עָלַיִךְ שֶׁיְּהֵא אֱמֶת מַה שֶּׁאָמַרְתְּ בְּפָנֵינוּ שֶׁלֹּא נִטְמֵאת, וְאִם נִטְמֵאת – יָבוֹאוּ בֵּיךְ הַמַּיִם, דְּקַיְימָא שְׁבוּעָה אַאִשָּׁה – שֶׁלֹּא נִטְמֵאת, וְאַאָלָה – שֶׁתָּחוּל. **מתני'** אָמֵן עַל הָאָלָה וכו'. לְכָךְ הוּצְרְכָה לִכְפּוֹל. אֲרוּסָה וּנְשׂוּאָה. עַל יְדֵי גִּלְגּוּל שְׁבוּעָה הוּא מְגַלְגֵּל עָלֶיהָ זְנוּת שֶׁל אֵירוּסִין, אע"פ שֶׁלֹּא הָיָה בּוֹ קִינּוּי. וּמִכָּאן לְגִלְגּוּל שְׁבוּעָה מִן הַתּוֹרָה.

שׁוֹמֶרֶת

תוספות

פסולה. מיתיבי: כתבה על שני דפין והניח בשני סיפין – פסולה, הא בסף אחד – כשירה! ראויה לשני סיפין קא אמר. אלמא דשני דפין דקאמר שמואל – בנחתכין זה מזה קאמר, שאין מעורין! להכי מפרש נמי הכא שני דפין שאין מעורין. ופירש ר"י: הא דאמר נמי בפ' "ראוהו ב"ד" (ר"ה דף כו.): אפי' לרבנן דאמרי קרן פרה פסול, כיון דאית בה גילדי – כשנים ושלש שופרות דמי, ואע"ג דמחברי – התם נמי דרכו להוסיף בכל שנה גלד אחד, והרי הוא כמביאו משופר אחר ומדבקו לזה, כדתנן: דיבק שברי שופרות פסול, מפני שמתחילתו לא היתה ברייתן בנת אחת, וניכר התוספת, ולא מהני חיבורו, ודומה כאילו גט שכתבו על ב' דפין ותפרן יחד דפסול. *דהאי דוקא כשכתב חצי מגילת סוטה על דף זה וחציה על דף אחר אמרינן דחשיב שני ספרים, וה"ה אם כתב לה שתי מגילות ומחקו לתוך כוס אחד. וכן גבי גט, אם נתן לה שני גיטין, אע"ג דכל חד וחד שלם הוא, וספר אחד בפני עצמו – פסולין, ולא מיגרשא בתרוייהו משום שנים או שלשה ספרים, כדאמרינן בפ' "שור שנגח" (ב"ק דף מ.): "כופר" אחד אמר רחמנא, ולא שנים או שלשה כופרין. ובפרק "לולב הגזול" (סוכה דף לה.): לינקוט תרתי תלת – "פרי" אחד אמר רחמנא ולא שנים או שלשה פירות. ואין להקשות: מאי שנא משנתן שופר בתוך שופר, אם קול פנימי שמע – יצא, ולא חשיב ליה כשני שופרות? דהתם בשמיעה תליא מילתא, והוא לא שמע אלא קול הפנימי. **חזר** וחלקן מהו יש ברירה או אין ברירה. האי לא דמי לברירה דמדלה מן הבור, פלוגתא דר' אליעזר ב"י ורבנן ב"שור שנגח" (ב"ק דף נא:), דהתם לא הוכר חלקו של אחד מהן לעולם, אבל הכא – הוכר הכתב ונתערב. וכן ברירה מ"שני לוגין שאני עתיד להפריש", דמייתי בפ' "מרובה" (שם דף סט:) – נמי לא הוכר המעשר מעולם. וכן לכולהו ברירות דמייתי בפ' "כל הגט" (גיטין דף כה.). אבל דמי לברירה דמייתי ב"בכל מערבין" (עירובין דף לז.): שתי נשים שלקחו קיניהן בעירוב, או שנתנו דמי קיניהן לכהן – איזה שירצה יקריב חטאת, ואי זה שירצה יקריב עולה, אע"ג דהוכרו מתחילה דמי כל אחת – לא אמרי' זו מתכפרת במה שנקח מדמי חבירתה, או שתי קינין של אחת יקריב כולן לעולה ושל חבירתה לחטאת, א"נ איפכא, *דאמרי' ברירה. ואע"ג דדחי ליה: התם כשהתנו – מיהו חזינן דקא מייתי לה אשאר ברירות, אלמא דליכא לאיפלוגי בין ברירה שהוכרה מתחילה לשאר ברירות. וכן בפ' "הוציאו לו" (יומא דף נה.) דמייתי מתני', ר' יהודה אומר: לא היו מביאין שופרות לקיני חובה מפני התערובות. ומסיק: משום תערובות דמי חטאת שמתה בעליה. וקא פריך: ונברור ד' זוזי ונשדי במיא והנך לישתרו! ר' יהודה לית ליה ברירה מנלן? ומייתי ההיא דהלוקח יין מבין הכותים, ומסיק: מדתני איו. אלמא דמדמי ברירה ד"אם בא חכם למזרח", אע"ג דליכא היכרא מעיקרא – לברירה דארבעה זוזי, דהוכר מעיקרא. א"כ רבא מאי קא מבעיא ליה דלא פשיט מהני? ומהא נמי דתנן בפ' בתרא דמס' מעילה (דף כא:): פרוטה של הקדש שנפלה לתוך הכיס, או שאמר "פרוטה בכיס זה הקדש", כיון שהוציא הראשונה – מעל, דברי ר"ע. וחכ"א: עד שיוציא את כל הכיס. אלמא לר"ע אית ליה ברירה כי האי גוונא, דאמר: בפרוטה ראשונה הוברר הדבר שפרוטה ראשונה שעלתה בידו היא היתה של הקדש שנפלה. מיהא לא איתברר לן התם במאי פליגי. ומהא נמי ליכא למפשט, דמייתי בבכורות פרק "הלוקח בהמה" (דף כב:): סאה תרומה טמאה שנפלה לק' חולין, ר"א אומר: תירום ותירקב, שאני אומר: היא סאה שעלתה היא סאה שנפלה. ה"נ נימא שהמחק של זאת יגיע לזאת – דהתם מקילינן בדרבנן, דמדאורייתא חד בתרי בטל. וריב"א הקשה בפ' "הוציאו לו" (יומא דף נה:) אהא ונברור ד' זוזי, דתניא בתוספתא דמעילה (פ"א): נזיר שהפריש מעות ואמר "אלו לחטאתי ואלו לעולתי ואלו לשלמי" ונתערבו – הרי לוקח בהן ג' בהמות, בין ממקום אחד בין משלשה מקומות, *מכלל דמי חטאת וכו'. ודוקא בכי האי גוונא שרי, אבל ליקח שליש המעות וליקח בהן בהמה לחטאת וניימא: הוברר הדבר דאלו הוו דמי חטאת – לא אמרי'. מיהו, מכל הני הוה מצי רבא למיפשט! ועוד תימה: אי אית לן למימר ברירה כי האי גוונא – אם כן כל התערובות שבעולם יחזור ויחלק משום ברירה! ועוד: אמאי לא פשיט ליה מפרק קמא דראש השנה (דף יג.), דקיימא לן דיש בילה לשמן ויין – נמצא דאין ברירה בדבר לח, ובפרק "התערובות" (זבחים דף פ.) מייתי ליה פלוגתא דרבי אליעזר ורבנן: גלוסית של חטאת שנפל *לתוך מים וכו'? ונראה, דהכא קא מבעיא ליה: מי אמרינן לא קפיד קרא אלא אמחיקה מן המגילה שתהא ניכרת לתוך המים שלה, אבל לתוך כוס אחד – איכא למימר כל חדא שתייא מים דלאו דידה – לאו מחיקה ניכרת היא, חזר וחלקן – הרי מים של כל אחת ניכרין, מי אמרינן ברירה וכו' הרי הוברר מימיה. אי דילמא אין ברירה, כלומר ברירת מים בשעת מחיקה בעינן. אבל על תערובת דיו של כתב המגילה – לא קפדינן, שהרי בשעת מחיקה בטל הכתב, ולא תלי מילתא אלא במחיקה לתוך מים המבוררין לצרכה, וקא מבעיא ליה אי מיא לא בדקי לה משום דלא נמחקה כהלכתה, אי משום דטהורה היא. **בעי** רבא השקה בסיב מהו. ליכא למיפשט מהא דאמר רבא בפרק "ערבי פסחים" (פסחים דף קטו:): כרכן בסיב – אף ידי מצה לא יצא, אלמא אין דרך אכילה בכך. דהתם מפסיק הסיב בין המצה ובין בית הבליעה, אבל הכא דלא מפסיק קא מיבעיא ליה. **על** מה היא אומרת אמן אמן. בפרק שלישי דמסכת שבועות (דף כט:): כל העונה אמן כאילו מוציא שבועה מפיו. ובפרק "שבועת העדות" (שם דף לו.): אמן יש בו קבלה, יש בו שבועה, ויש בו האמנת דברים. ***אמן** שלא אטמא. ירושלמי: לא שהיה ר"מ אומר המים בודקין אותה מעכשיו, אלא המים פקודים בה, לכשתטמא – המים בודקין אותה למפרע.

שומרת

גירסת רש"א ולאו דוקא.

תוספות שאנץ

על שני דפין פי' כדפין של ספר תורה שקורין קולנייש בלע"ז. פסולה ומיירי שאינן מחוברין יחד אבל אם הן מחוברין השני דפין שפי' קרי' ליה ספר אחד. השקה בסיב שהיא חלולה כדרך שהתינוקות שותין בגבעולי קנבוס ל"ה. יש ספרים דגרסי בסיב או בשפופרת מהו כעין קליעה שעושין נקבים כמין סל א) ולאו דומה לשפופרת: **מתני'** אמן שלא שטיתי ארוסה ונשואה על ידי גלגול שבועה הוא מגלגל עליה זנות של אירוסין ואע"ג דלא היה בו קינוי ומכאן מפקי' דגלגול שבועה מן התורה. ומאן דמוקי לה התם ב) למילתא אחריתי מפיק גלגול שבועה מאמן מאיש זה אמן מאיש אחר: ולא מאחר שתתגרש ותסתר לאחר ואחר כך יחזירנה ה"ג ואפי' לר' מאיר דאמר מתנה על העתיד ונטמאת בגירושיה דאינה נאסרת עליו לחזור לו אלא א"כ נשאת על ידי קידושין דכי כתיב לא יוכל בעלה הראשון אשר שלחה וגו' לאחר קידושין ונישואין כתיב כדכתיב והלכה והיתה לאיש אחר ושנאה האיש האחרון ל"ה. ואית דגרסי ולא מאחר שתתגרש ותנשא לאחר ול"נ דכיון דאין האיש מנוקה מעון דלוקה משום לאו דלא יוכל ואין קידושין תופסין בה אין המים בודקין את אשתו. אבל קשה הכא משמע כיון שהיא גרושה לא נאסרה בזנות על בעלה אם יחזירנה. ותימה דפ"ק דמגילה [דף טו] קאמר גבי אסתר וכאשר אבדתי מבית אבא כך אבדתי ממך דעד עכשיו באונס ועכשיו ברצון ואמאי לא גרשה מרדכי כדאיתא הכא. וי"ל משום דגט צריך עדים והיה ירא מרדכי פן יודע הדבר לאחשורוש ומ"ה לא גרשה וכן פי' בפ"ק דמגילה.

א) אולי צ"ל ולאו שפופרת ממש קאמר אלא דומה לשפופרת. ב) ר"ל ביבמות דף נח דמיירי בהשקאה לארוסה ממש ונכנסה לחופה ולא נבעלה ע"ש. ועי' בתוס' קדושין כז ע"ב ד"ה ה"ג.

[גיטין כ:]

שבועה שיש עמו אלה כו'. מהרש"ל

[פי' נתן הסיב במים ובלע הסיב למים כמין ספוג ונתן הסיב בפיה ומוצצת למים. ערוך ערך סב ג]

הגהות הב"ח

(א) רש"י ד"ה משביעני וכו' שבועה של אלה:

קדושין כז: יבמות נח. [פירוש נכון דכיון דילפינן כל אותן דחשיב הכא מן חד אמן יתירה תמצא בתוס' יבמות נח. ד"ה שומרת ותוס' קדושין כז: ד"ה אמן]

ולא אמרינן דשמא אות' שהקריב כולה חטאת שמא עולה או איפכא משום דאמר ברירה כו'. מהרש"ל

הגהות מהר"ב רנשבורג

א] רש"י ד"ה שלא נטמאת וכו' שבועה שאין עמה. מלת שאין נמחק וכ"ב שיש כצ"ל. רש"ל:

נ"ל מחלל

[נ"ל לתוכה]

[שייך לע"ב]

מח [א] [ב] [ג] מיי' פ"ד מהל' סוטה הל"ז:
מט [ד] מיי' פ"ב מהל' יבום הל"כ סמג עשין נ טוש"ע אה"ע סי' קנט סעי' ג:
נ [ה] [ו] [ז] מיי' פ"ד מהל' סוטה הלכה יז:
נא [ח] מיי' פ"א מהל' סוטה הל"ב:

תורה אור

וְשׁוֹמֶרֶת יָבָם וּכְנוּסָה. אָמֵן שֶׁלֹּא נִטְמֵאתִי, וְאִם נִטְמֵאתִי – יָבוֹאוּ בִּי. ר"מ אוֹמֵר: [א]אָמֵן שֶׁלֹּא נִטְמֵאתִי, אָמֵן שֶׁלֹּא אֶטָּמֵא. הַכֹּל שָׁוִין [ב]שֶׁאֵין מַתְנֶה עִמָּהּ לֹא עַל קוֹדֶם שֶׁתִּתְאָרֵס (א) וְלֹא עַל אַחַר שֶׁתִּתְגָּרֵשׁ. נִסְתְּרָה לְאֶחָד וְנִטְמֵאת, וְאח"כ הֶחֱזִירָהּ – לֹא הָיָה מַתְנֶה עִמָּהּ. [ג]זֶה הַכְּלָל: כָּל שֶׁתִּבָּעֵל וְלֹא הָיְתָה אֲסוּרָה לוֹ – לֹא הָיָה מַתְנֶה עִמָּהּ.§ **גמ'** *אָמַר רַב הַמְנוּנָא: שׁוֹמֶרֶת יָבָם שֶׁזִּינְּתָה – אֲסוּרָה לִיבָמָהּ. מִמַּאי – מִדְּקָתָנֵי שׁוֹמֶרֶת יָבָם וּכְנוּסָה; אא"ב אֲסִירָה – מִשּׁוּם הָכִי מַתְנֶה בַּהֲדָהּ, אֶלָּא א"א לָא אֲסִירָה – הֵיכִי מַתְנֶה בַּהֲדָהּ? וְהָתְנַן: זֶה הַכְּלָל: כָּל שֶׁאִילּוּ תִּיבָּעֵל וְלֹא תְּהֵא אֲסוּרָה לוֹ – לֹא הָיָה מַתְנֶה עִמָּהּ! אָמְרִי בְּמַעַרְבָא: [ד]לֵית הִילְכְתָא כְּרַב הַמְנוּנָא. אֶלָּא הָא דְּקָתָנֵי שׁוֹמֶרֶת יָבָם וּכְנוּסָה, הָא מַנִּי – ר"ע הִיא, דְּאָמַר: *אֵין קִידּוּשִׁין תּוֹפְסִין בְּחַיָּיבֵי לָאוִין, וּמְשַׁוֵּי לָהּ כִּי עֶרְוָה. בָּעֵי רַבִּי יִרְמְיָה: מַהוּ שֶׁיַּתְנֶה אָדָם עַל נִישּׂוּאִין הָרִאשׁוֹנִים? עַל נִישּׂוּאֵי אָחִיו מַהוּ? ת"ש: זֶה הַכְּלָל כָּל שֶׁתִּיבָּעֵל וְלֹא תְּהֵא אֲסוּרָה לוֹ – לֹא הָיָה מַתְנֶה עִמָּהּ, [ה]הָא אֲסִירָה – ה"נ דְּמַתְנֶה, ש"מ.§ "ר"מ אוֹמֵר אָמֵן שֶׁלֹּא נִטְמֵאתִי" וכו'.§ תַּנְיָא: *לֹא כְּשֶׁאָמַר ר"מ אָמֵן שֶׁלֹּא אֶטָּמֵא, שֶׁאִם תִּטָּמֵא מַיִם בּוֹדְקִין אוֹתָהּ מֵעַכְשָׁיו. אֶלָּא, [ו]לִכְשֶׁתִּטָּמֵא – מַיִם מְעַרְעֲרִין אוֹתָהּ, וּבוֹדְקִין אוֹתָהּ. בָּעֵי רַב אַשִׁי: מַהוּ שֶׁיַּתְנֶה אָדָם עַל נִישּׂוּאִין הָאַחֲרוֹנִים? הָשְׁתָּא מִיהָא לָא אֲסִירָה לֵיהּ, אוֹ דִּילְמָא זִימְנִין דִּמְגָרֵשׁ לָהּ וַהֲדַר מַהֲדַר לָהּ? ת"ש: הַכֹּל שָׁוִין שֶׁלֹּא הָיָה מַתְנֶה עִמָּהּ לֹא עַל קוֹדֶם שֶׁתִּתְאָרֵס וְלֹא עַל אַחַר שֶׁתִּתְגָּרֵשׁ. (ב) נִסְתְּרָה לְאֶחָד, וְנִטְמֵאת וְאח"כ יַחֲזִירֶנָּה – לֹא הָיָה מַתְנֶה. [ז]הָא יַחֲזִירֶנָּה וְתִיטַּמָּא – ה"נ דְּמַתְנֵי, ש"מ. ת"ר: °"זֹאת תּוֹרַת הַקְּנָאוֹת" – מְלַמֵּד שֶׁהָאִשָּׁה שׁוֹתָה וְשׁוֹנָה, רַבִּי יְהוּדָה אוֹמֵר: "זֹאת" – שֶׁאֵין הָאִשָּׁה שׁוֹתָה וְשׁוֹנָה. אָמַר ר' יְהוּדָה: מַעֲשֶׂה וְהֵעִיד לְפָנֵינוּ נְחוּנְיָא חוֹפֵר שִׁיחִין שֶׁהָאִשָּׁה שׁוֹתָה וְשׁוֹנָה, וְקִיבַּלְנוּ עֵדוּתוֹ בִּשְׁנֵי אֲנָשִׁים אֲבָל לֹא בְּאִישׁ אֶחָד. וַחכ"א: אֵין הָאִשָּׁה שׁוֹתָה וְשׁוֹנָה, בֵּין בְּאִישׁ אֶחָד בֵּין בב' אֲנָשִׁים. וְת"ק נַמִי, הָכְתִיב "זֹאת"! וְרַבָּנַן בַּתְרָאֵי נַמִי, הָא כְּתִיב "תּוֹרַת"! אָמַר רָבָא: בְּאִישׁ אֶחָד וּבוֹעֵל אֶחָד – דְּכ"ע לָא פְּלִיגֵי [ח]דְּאֵין הָאִשָּׁה שׁוֹתָה וְשׁוֹנָה, דִּכְתִיב

(במדבר ה)

שׁוֹמֶרֶת יָבָם וּכְנוּסָה. וְאִם הָיְתָה יְבִמְתּוֹ, וּכְנָסָהּ, וְקִינֵּא לָהּ וְנִסְתְּרָה – מְגַלְגֵּל עָלֶיהָ שְׁבוּעָה שֶׁלֹּא נִטְמֵאת כְּשֶׁהִיא שׁוֹמֶרֶת יָבָם. שׁוֹמֶרֶת יָבָם – מְלַפָּה וּמַמְתֶּנֶת לַיָּבָם שֶׁיְּיַבְּמֶנָּה, כְּמוֹ "וְאָבִיו שָׁמַר אֶת הַדָּבָר" (בראשית לז), "לֹא תִשְׁמוֹר עַל חַטָּאתִי" (איוב יד). **אָמֵן שֶׁלֹּא נִטְמֵאתִי.** הַיְינוּ קַבָּלַת שְׁבוּעָה, "וְאִם נִטְמֵאתִי יָבֹאוּ בִּי" – הַיְינוּ קַבָּלַת אָלָה, כְּדֶרֶךְ שֶׁהִשְׁבִּיעָהּ, כִּדְאָמַר לְעֵיל בַּגְּמָרָא: מַשְׁבִּיעֲנִי עָלַיִךְ שֶׁלֹּא נִטְמֵאת, וְאִם נִטְמֵאת – יָבֹאוּ בָּיךְ. וְהַיְינוּ פֵּירוּשׁוֹ דְּ"אָמֵן עַל הַשְּׁבוּעָה אָמֵן עַל הָאָלָה" דְּתַנְיָא בְּרֵישָׁא. **אָמֵן שֶׁלֹּא אֶטָּמֵא.** שֶׁאִם תִּטָּמֵא לְאַחַר זְמַן – מַיִם מְעַרְעֲרִין אוֹתָהּ לְאַחַר שֶׁתִּטָּמֵא, כִּדְתַנְיָא בַּבָּרַיְיתָא בַּגְּמָרָא. **וְלֹא עַל אַחַר שֶׁתִּתְגָּרֵשׁ כו'.** וַאֲפִילּוּ לר"מ, דְּאָמַר: מַתְנֶה עַל הֶעָתִיד. **וְנִטְמֵאת.** בְּגֵירוּשֶׁיהָ, דְּאֵינָהּ נֶאֱסֶרֶת עָלָיו לַחֲזוֹר לוֹ אֶלָּא א"כ נִישֵּׂאת עַל יְדֵי קִידּוּשִׁין. דְּהָכִי כְּתִיב (דברים כד): "לֹא יוּכַל בַּעְלָהּ הָרִאשׁוֹן אֲשֶׁר שִׁלְּחָהּ לָשׁוּב לְקַחְתָּהּ" – אַחַר קִידּוּשִׁין וְנִישּׂוּאִין כְּתִיב, כִּדְכְתִיב: "וְהָיְתָה לְאִישׁ אַחֵר וּשְׂנֵאָהּ הָאִישׁ הָאַחֲרוֹן". **גמ'** שֶׁזִּינְּתָה. כְּשֶׁהִיא שׁוֹמֶרֶת יָבָם. **אֲסוּרָה לִיבָמָהּ.** כְּאִשָּׁה שֶׁזִּינְּתָה תַּחַת בַּעְלָהּ, שֶׁאֲסוּרָה לְבַעְלָהּ. **מִדְּקָתָנֵי שׁוֹמֶרֶת יָבָם.** שֶׁמַּשְׁבִּיעָהּ עַל זְנוּת שֶׁזִּינְּתָה כְּשֶׁהִיא שׁוֹמֶרֶת יָבָם. **אִי אָמְרַתְּ בִּשְׁלָמָא.** זָנְתָה נֶאֱסֶרֶת עָלָיו – מִשּׁוּם הָכִי מַתְנֶה ע"י גִּלְגּוּל אַף עַל אוֹתוֹ זְנוּת, אֶלָּא אִי אָמְרַתְּ כו'. **אֵין קִידּוּשִׁין תּוֹפְסִין.** לְאִשָּׁה הָאֲסוּרָה עַל הַמְקַדְּשָׁהּ בְּלָאו. וְרַבָּנַן פְּלִיגֵי עֲלֵיהּ, וְאָמְרִי: בְּחַיָּיבֵי כְרֵיתוֹת הוּא דְּלָא תָּפְסֵי, אֲבָל בְּחַיָּיבֵי לָאוִין – תָּפְסֵי. אַלְמָא לר"ע מְשַׁוֵּי חַיָּיבֵי לָאוִין חֲמוּרוֹת לְעִנְיַן אִיסּוּרֵיהֶם כְּחַיָּיבֵי כְרֵיתוֹת, שֶׁהַוָּלָד מַמְזֵר. וּלְגַבֵּי לֶאֱסוֹר עַל בַּעְלָהּ נַמִי, כִּי הֵיכִי דְּהַבָּא עַל אֵשֶׁת אִישׁ שֶׁהִיא בְּכָרֵת – אֲסוּרָה עַל בַּעְלָהּ, כֵּן הַבָּא עַל שׁוֹמֶרֶת יָבָם נַמִי, שֶׁהִיא עָלָיו בְּ"לֹא תִהְיֶה אֵשֶׁת הַמֵּת הַחוּצָה לְאִישׁ זָר" (דברים כה) – אוֹסְרָהּ עַל יְבָמָהּ. **וּמְשַׁוֵּי לָהּ.** לְחַיָּיבֵי לָאוִין. **כִּי עֶרְוָה.** דְּכָרֵת. **נִשּׂוּאִין הָרִאשׁוֹנִים.** כְּגוֹן גֵּירְשָׁהּ, וְהֶחֱזִירָהּ וְקִינֵּא לָהּ וְנִסְתְּרָה. **[עַל נִשּׂוּאֵי אָחִיו] מַהוּ.** לְגַלְגֵּל זְנוּת שֶׁתַּחַת אָחִיו. דְּהָא דִּתְנַן בְּמַתְנִי': אֲרוּסָה וּנְשׂוּאָה שׁוֹמֶרֶת יָבָם וּכְנוּסָה – לָאו בַּחֲדָא אִתְּתָא קָאֵי, שֶׁיַּשְׁקֶנָּה יָבָם וְיַשְׁבִּיעֶנָּה עַל הָאֵירוּסִין וְנִישּׂוּאִין שֶׁל אָחִיו, אֶלָּא מִילֵּי מִילֵּי קָתָנֵי: אִם הַבַּעַל מַשְׁקֶה – מַתְנֶה עִמָּהּ עַל אֲרוּסָה וּנְשׂוּאָה, וְאִם הַיָּבָם שֶׁכְּנָסָהּ מַשְׁקֶה – מַתְנֶה עִמָּהּ שׁוֹמֶרֶת יָבָם וּכְנוּסָה. **הָא אֲסִירָה** הָכִי נַמִי דְּמַתְנֶה. וְזוֹ נֶאֱסֶרֶת עָלָיו בִּזְנוּת נִישּׂוּאִין הָרִאשׁוֹנִים לְעוֹלָם, וְכֵן בִּזְנוּת נִישּׂוּאֵי אָחִיו, כִּדְאָמַר בְּפ"ק (לעיל דף ג.): וְאִם מֵת חוֹלֶצֶת וְלֹא מִתְיַיבֶּמֶת. **לֹא כְּשֶׁאָמַר ר"מ אָמֵן שֶׁלֹּא אֶטָּמֵא.** עָלְתָה עַל דַּעְתּוֹ שֶׁתִּבָּדֵק עַכְשָׁיו עַל הֶעָתִיד. **מְעַרְעֲרִין אוֹתָהּ.** חוֹזְרִין לָהּ לְתוֹךְ גְּרוֹנָהּ, כְּאָדָם הַנֶּחֱנָק ע"י מַשְׁקֶה נִרְאֶה כְּעוֹשֶׂה עַרְעָר, וְהוּא לְשׁוֹן "זַעֲקַת שֶׁבֶר יְעֹעֵרוּ" (ישעיה טו). **עַל נִישּׂוּאִין אַחֲרוֹנִים.** לר"מ, דְּאָמַר מַתְנֶה עַל הֶעָתִיד – מַהוּ שֶׁיַּתְנֶה עִמָּהּ בְּגִלְגּוּל שְׁבוּעָה שֶׁלֹּא תִּטָּמֵא אִם יְגָרְשֶׁנָּה וְיַחֲזִירֶנָּה וְתִטָּמֵא? **וְאַחַר כָּךְ** יַחֲזִירֶנָּה. טַעְמָא דְּתִטָּמֵא בִּימֵי גֵירוּשֶׁיהָ דְּלָא מִיתַּסְרָא עֲלֵיהּ, הָא תִּטָּמֵא לְאַחַר חֲזָרָה – הָכִי נַמִי דְּמַתְנֵי עַכְשָׁיו. **תּוֹרַת הַקְּנָאוֹת.** תּוֹרָה אַחַת לְכָל הַקְּנָאוֹת, שֶׁבְּכוּלָּן יֵעָשֶׂה לָהּ כַּתּוֹרָה הַזֹּאת. **רַבִּי יְהוּדָה אוֹמֵר זֹאת.** מִיעוּטָא הוּא: זֹאת וְלֹא אַחֶרֶת. **חוֹפֵר שִׁיחִין.** לְהַכְנִיס מַיִם לְעוֹלֵי רְגָלִים בַּשָּׂדוֹת וּבַדְּרָכִים. **בִּשְׁנֵי אֲנָשִׁים.** אִם מֵת בַּעְלָהּ זֶה שֶׁהִשְׁקָהּ, וְנִישֵּׂאת לְאַחֵר וְקִינֵּא לָהּ, וְהִיא נִסְתְּרָה. וְקִבַּלְנוּ עֵדוּתוֹ שֶׁל נְחוּנְיָא שֶׁיַּשְׁקֶנָּה הַשֵּׁנִי.

דְּרַבִּי

שומרת יבם שזינתה אסורה ליבמה. פי': אפי' לרבנן דאמרי קידושין תופסין בחייבי לאוין, ופליגי אדר"ע – הכא מודו, כדאמר ב"האשה רבה" (יבמות דף צב:) דכתיב בה: "לא תהיה אשת המת החוצה לאיש זר" – לא תהא בה הויה לזר. אלמא דקרא משוי לה כערוה, דלא תפסי בה קידושין משום דאגידא ביה, והויא כארוסתו שזינתה. **אמרי** במערבא לית הילכתא כרב המנונא. בסוף פ"ק דסנהדרין (דף יז:) מפרש ד"אמרי במערבא" היינו רבי ירמיה. ונראה: אע"ג דפסיק דלית הילכתא כרב המנונא – הילכתא כוותיה, דאמר ב"האשה רבה" (יבמות דף צב:) דרב סבירא ליה דאין קידושין תופסין ביבמה, ושמואל מספקא ליה, ואמר: בעניותינו צריכה גט, ופסיק אמימר כשמואל, ורב גידל אמר רב חייא בר יוסף אמר רב: נישואין יש בה בזנות, כדרב המנונא. וכן ר' יוחנן ור' ינאי סבירא להו התם דאין קידושין תופסין ביבמה. ופשיט לה ר' יוחנן ממתני' ד"לאחר שיחלוץ לך יבמיך", וא"ל רבי ינאי: אי לאו דדלאי לך חספא מי משכחת מרגניתא תותיה, וא"ל ר"ל לר"י: אי לאו דקלסך גברא רבה – ה"א מתני' ר"ע היא. ומיהו, ר"ל לא פליג אדר' יוחנן, דהא מוקי התם באותו הפרק (דף צה.) הא דקתני: ומה במקום שבא על האיסור קל נאסר האוסר – בשומרת יבם, וכדרב המנונא. ובסוף ההיא גמרא ובשילהי "החולץ" (שם דף מט:) אמרינן נמי: אביי מספקא ליה אי כרב אי כשמואל. ובפ' "הזורק" בגיטין (דף פ:) פליגי לישני דגמרא אי מתני' הוה תיובתא לרב המנונא אי הוה סייעתיה. והתם מצי למידחי סייעתיה כי הכא, לאוקמיה מתניתין כר"ע, אלא דדחי לה מלישנא דמתני' גופיה. בירושלמי מפרש היאך קילס רבי ינאי לרבי יוחנן – שקרא עליו: "הזילים זהב מכיס בני אל יליזו מעיניך", "חכם בני ושמח לבי", "תן לחכם ויחכם עוד", "ישמע חכם ויוסף לקח". א"ל ר"ל: בתר כל אלו פסוקי קילוסיה יכול הוא פתר ליה כר"ע. ותו דחי ליה התם: ויתיבניה, מה איכפת לו ממזר גבי קינוי? התורה אמרה "וקנא את אשתו" – אפילו מקלת אשתו. ולפום מסקנא דהתם משמע דלית הילכתא כרב המנונא. והכי גרס התם: שומרת יבם שזינתה, ר"א אומר: מותרת לביתה, ר' יהושע בן לוי אומר: אסורה לביתה. א"ר ינאי: שומרת יבם שזינתה מותרת לביתה, ותני כן: "ונעלמה מעיני אישה" ולא מעיני יבמה. רבי יעקב בן זבדי בשם ר' אבהו: מעשה היה, וכהנת היתה, והותרה לביתה. א"ר יוסי בר בון: אף לא מכות אין בה. לפי הירושלמי משמע דפליג רבי ינאי ארבי ינאי. הא דאמר ב"האשה רבה" א"ר ינאי: בחבורה נמנו וגמרו אין קידושין תופסין ביבמה – גרסי' הכי בירושלמי: א"ר שמואל לא כן א"ר ינאי נמנו שלשים וכמה זקנים, מנין שאין קדושין תופסין וכו'. **מהו** שיתנה אדם על נישואין האחרונים. ירושלמי: א"ר ינאי: פשיטא שאדם מוחל על קינוי. היך *עבידא? קינא לה וגירשה החזירה ונסתרה, אי תימא גירש כמי שמחל – צריך לקנאות לה פעם שניה, אי תימא גירש כמי שלא מחל – אין צריך לקנאות לה פעם שניה. אבל אם קינא לה ונסתרה וידע בה, וגירשה והחזירה ונסתרה, ששתה ולא בדקו אותה המים – טהורה היא. או מאחר שאין המים בודקין *את האשה – טמאה היא, ואסורה לביתה. **אין** האשה שותה ושונה. ירושלמי: כורכמית תוכיח, ששתתה ושינתה ושילשה לפני שמעיה ואבטליון. **קבלנו** עדותו בשני אנשים. ל"ע בפ"ק דקידושין (דף יח.), דמוקמינן התם הא דקתני: "בבגידתו" כיון שנמכר פעם אחת שוב אי אתה רשאי למוכרו – בשני בני אדם, אבל באדם אחד – נמכר ונשנה. [ולפירוש רש"י התם ניחא שפיר, כיון שנמכר פעם אחת וכו']. מתוספת רבי. **ורבנן** בתראי הכתיב תורת. וא"ת: הא דרשינן ליה בפ"ב דכריתות (דף ט:) שאדם מביא קרבן אחד אפילו אם קינא לאשתו על ידי אנשים הרבה! וי"ל: דהתם איירי קודם ששתתה קינא לה מפלוני ונסתרה, וקינא לה מפלוני ונסתרה, וכן פעמים הרבה – משקה בפעם אחת על כולן, ומביא מנחה אחת על כולן, ונפקא לן מ"קנאות". אבל הכא דרשינן "תורת" לשותה ושונה, שחזר וקינא לה לאחר שתיה ונסתרה, שחוזרת ושותה שנית.

הדרן עלך היה מביא

[כלומר מאי נפקא מיניה]

בירושלמי שלפנינו הגי' כך את האשה שהיא אסורה לביתה טמאה היא ועיין שם בפ"מ

גירסת רש"א

תוספות שאנץ

גמ' הא מני ר' עקיבא היא דאמר אין קידושין תופסין בחייבי לאוין באשה שהיא על המקדשה בלאו ורבנן פליגי עליה ואמרי בחייבי כריתות הוא דלא תפסי אלמא בחייבי לאוין תפסי. אבל לר' עקיבא משוי חייבי לאוין חמורות לענין איסוריהו כחייבי כריתות שהולד ממזר ולגבי ליאסר על בעלה נמי כי היכי דהבא על אשת איש שהיא בכרת אוסרה על בעלה הבא על שומרת יבם נמי שהיא בלאו דלא תהיה אשת המת אוסרה על יבמה. ל"ה. אבל אליבא דרבנן אע"ג דאיכא מאן דאמר בהאשה רבה דאין א) ביבמה אלא מ"מ לאו משני לאוין בערוה ולא תהא אסורה לו כיון שאין ממזר מיבמה. מהו שיתנה על הנישואין הראשונים פ"ה כגון גירשה והחזירה וקינא לה ונסתרה מהו לגלגל עליה זנות אם זינתה קודם שגירשה שיבדקוה המים הללו. על נישואי אחיו כגון מת אחיו בלא בנים וכנסה היבם וקינא לה ונסתרה מהו לגלגל עליה זנות שתחת אחיו. ואי קשיא דממתני' מצי למפשט דהא תנן במתני' ארוסה ונשואה ושומרת יבם וכנוסה ופ"ה דמתני' לאו בחדא איתתא קאי שישקנה יבם וישביענה על נישואין ואירוסין של אחיו אלא מילי מילי קתני אם הבעל משקה מתנה עמה על ארוסה ואם היבם משקה אותה מתנה עמה שומרת יבם וכנוסה. ל"ה:

א) נראה דצ"ל אפי' למ"ד דאין קדושין תופסין ביבמה מ"מ לא שאני מצאר לאוין ולא הוי כערוה ולא תהא וכו'.

הגהות הב"ח

(א) במשנה קודם שתתארס (ולא על אחר שתתגרש נסתרה לאחד ונטמאת ואח"כ החזירה לא היה מתנה עמה) תא"מ ונ"ב גירסת רש"י ולא על אחר שתתגרש ונסתרה לאחד ונטמאת ואח"כ יחזירנה לא היה מתנה עמה ויש גורסין לאחד משנתגרש ונסתרה לאחד ונטמאת ואח"כ החזירה לא היה מתנה עמה פי' על השבועה אחר שהחזירה לא היה מתנה עמה על מה שזינתה אחר הגירושין קודם שהחזירה והמדפיס עירב שתי הגירסאות יחד ועיין בפי' רש"י שם וברמב"ם פ"ד לסנהדרין: (ב) גמ' שתתגרש ונסתרה לאחד ונטמאת ואח"כ יחזירנה הא יחזירנה:

יבמות פח. צב: לה. צ. גיטין פ:

[יבמות י: וש"נ]

[תוספתא פ"ב ע"ש]

וּבוֹעֵל אֶחָד; ת"ק סָבַר: "תּוֹרַת" – אלְרַבּוּיֵי כּוּלְּהִי, "זֹאת" – לְמַעוּטֵי אִישׁ אֶחָד וּבוֹעֵל אֶחָד. וְרַבָּנַן בַּתְרָאֵי סָבְרִי: "זֹאת" – לְמַעוּטֵי כּוּלְּהִי, "תּוֹרַת" לְרַבּוּיֵי שְׁנֵי אֲנָשִׁים וּשְׁנֵי בוֹעֲלִין. וְר' יְהוּדָה: "זֹאת" – לְמַעוּטֵי תַּרְתֵּי, "תּוֹרַת" – לְרַבּוֹת תַּרְתֵּי; "זֹאת" לְמַעוּטֵי תַּרְתֵּי – אִישׁ אֶחָד וּבוֹעֵל אֶחָד, אִישׁ אֶחָד וּשְׁנֵי בוֹעֲלִין. "תּוֹרַת" לְרַבּוּיֵי תַּרְתֵּי – שְׁנֵי אֲנָשִׁים וּבוֹעֵל אֶחָד, שְׁנֵי אֲנָשִׁים וּשְׁנֵי בוֹעֲלִין.§

דִּכְתִיב: "זֹאת". בִּשְׁנֵי אֲנָשִׁים וּשְׁנֵי בוֹעֲלִין דְּכוּלֵּי עָלְמָא לָא פְּלִיגֵי דְּהָאִשָּׁה שׁוֹתָה וְשׁוֹנָה, דִּכְתִיב: "תּוֹרַת". כִּי פְּלִיגֵי – בְּאִישׁ אֶחָד וּשְׁנֵי בוֹעֲלִין, בִּשְׁנֵי אֲנָשִׁים

הדרן עלך היה מביא

הָיָה בנוֹטֵל אֶת מִנְחָתָהּ מִתּוֹךְ כְּפִיפָה מִצְרִית וְנוֹתְנָהּ לְתוֹךְ כְּלִי שָׁרֵת, גוְנוֹתְנָהּ עַל יָדָהּ, וְכֹהֵן מֵנִיחַ (א*) יָדוֹ מִתַּחְתֶּיהָ וּמֵנִיפָהּ. הֵנִיף וְהִגִּישׁ, קָמַץ *וְהִקְטִיר, וְהַשְּׁאָר נֶאֱכָל לַכֹּהֲנִים. דהָיָה *מַשְׁקֶה וְאַחַר כָּךְ מַקְרִיב אֶת מִנְחָתָהּ, רַבִּי שִׁמְעוֹן אוֹמֵר: *מַקְרִיב אֶת מִנְחָתָהּ וְאח"כ הָיָה מַשְׁקָה, שֶׁנֶּאֱמַר: °"וְאַחַר יַשְׁקֶה אֶת הָאִשָּׁה אֶת הַמָּיִם". אִם הִשְׁקָה וְאַחַר כָּךְ הִקְרִיב אֶת מִנְחָתָהּ – הכְּשֵׁרָה.§ **גמ'** *אֲמַר לֵיהּ רַבִּי אֶלְעָזָר לְרַבִּי יֹאשִׁיָּה דְּדָרֵיהּ: לָא *תֵּיתִיב אַכַּרְעָךְ עַד דִּמְפָרַשְׁתְּ לָהּ לְהָא מִילְּתָא: מִנַּיִן לְמִנְחַת סוֹטָה שֶׁטְּעוּנָה תְּנוּפָה? מְנָא לָן?! "וְהֵנִיף" כְּתִיב בָּהּ! בִּבְעָלִים מְנָלַן? *אָתְיָא "יָד" "יָד" מִשְּׁלָמִים; כְּתִיב הָכָא: °"וְלָקַח הַכֹּהֵן מִיַּד הָאִשָּׁה", וּכְתִיב הָתָם: °"יָדָיו תְּבִיאֶנָּה", מַה כָּאן כֹּהֵן – אַף לְהַלָּן כֹּהֵן, וּמַה לְהַלָּן בְּעָלִים – אַף כָּאן בְּעָלִים. הָא כֵּיצַד? מֵנִיחַ יָדוֹ תַּחַת יְדֵי הַבְּעָלִים וּמֵנִיף.§ "הֵנִיף וְהִגִּישׁ קָמַץ וכו'. הָיָה מַשְׁקָהּ וְאַחַר כָּךְ מַקְרִיב אֶת מִנְחָתָהּ".§ הָא אַקְרְבָהּ! הָכִי קָאָמַר: סֵדֶר מְנָחוֹת כֵּיצַד? הֵנִיף וְהִגִּישׁ, קָמַץ וְהִקְטִיר, וְהַשְּׁאָר נֶאֱכָל לַכֹּהֲנִים. וּבְהַשְׁקָאָה גּוּפָהּ פְּלִיגִי רַבִּי שִׁמְעוֹן וְרַבָּנַן, דְּרַבָּנַן סָבְרִי: מַשְׁקָהּ וְאח"כ מַקְרִיב אֶת מִנְחָתָהּ, וְרַבִּי שִׁמְעוֹן סָבַר: מַקְרִיב אֶת מִנְחָתָהּ וְאַחַר כָּךְ מַשְׁקָהּ, שֶׁנֶּאֱמַר: °"וְאַחַר יַשְׁקֶה".§ "וְאִם הִשְׁקָהּ וְאַחַר כָּךְ הִקְרִיב אֶת מִנְחָתָהּ כְּשֵׁרָה".§ ת"ר

דְּרַבִּי יְהוּדָה דָּרֵישׁ "זֹאת" – לְמַעוּטֵי שֶׁחָיְתָה שׁוֹתָה וְשׁוֹנָה עַל יְדֵי בַּעַל א' אִם חָזַר וְקִינֵּא לָהּ, וְדָרֵישׁ "תּוֹרַת" – לְרַבּוֹת שֶׁשּׁוֹתָה פַּעַם שְׁנִיָּה עַל יְדֵי בַּעַל שֵׁנִי. וּמִדְּקָאָמַר ר' יְהוּדָה דְּע"י בַּעַל שֵׁנִי חוֹזֶרֶת וְשׁוֹתָה – מִכְּלָל דִּלְתַנָּא קַמָּא אֲפִילּוּ בַּעַל א' מַשְׁקֶה שְׁנֵי פְּעָמִים. וְהַיְינוּ דְּפָרְכִינַן: וְתַנָּא קַמָּא הָא כְּתִיב "זֹאת", וּמַאי קָא מְמַעֵט מִינֵּיהּ? דִּכְתִיב זֹאת. וּמִסְתַּבְּרָא דְּהָא מִיהַת קָמְמַעֵט שֶׁלֹּא יְקַנֵּא לָהּ בַּעַל זֶה פַּעַם אַחֶרֶת. שְׁנֵי אֲנָשִׁים וּשְׁנֵי בוֹעֲלִים. לְאַחַר שֶׁהִשְׁקָה זֶה – מֵת, וְנִישֵּׂאת לְאַחֵר, וְקִינֵּא לָהּ מִבּוֹעֵל אַחֵר. דִּכְתִיב תּוֹרַת. וְהָא מִיהַת אַתָּא לְרַבּוּיֵי. וְר' יְהוּדָה. סְבִירָא לֵיהּ וכו'. דְּאַחַר שֶׁרִיבָּה הַכָּתוּב וּמִיעֵט, וְלֹא פֵּירֵשׁ מָה רִיבָּה וּמַה מִּיעֵט, עַל כָּרְחָךְ לֹא מְסָרָן הַכָּתוּב אֶלָּא לַחֲכָמִים, לְפָרֵשׁ לָךְ לְפִי חָכְמָתָם מָה רִיבָּה וּמַה מִּיעֵט. וּמִסְתַּבְּרָא דְּרִיבּוּיָא – אַשְּׁנֵי אֲנָשִׁים קָאֵי וַאֲפִילּוּ בְּבוֹעֵל אֶחָד, וְלֹא אַשְּׁנֵי בוֹעֲלִים וּבַעַל אֶחָד. כֵּיוָן דְּקִינֵּא לָהּ כְּבָר וְנִמְצֵאת נְקִיָּה, נִרְאֶה הַדָּבָר שֶׁאָדָם קַנְטְרָן הוּא וּמִתְכַּוֵּין לְהַקְנִיטָהּ, הִילְכָּךְ לָא שְׁנָא מֵחֲשַׁד רִאשׁוֹן וְלֹא שְׁנָא מֵאַחֵר.

הדרן עלך היה מביא

הָיָה נוֹטֵל אֶת מִנְחָתָהּ. הַבַּעַל. דְּהָא אָמְרִינַן דְּאֵין מִצְוַת כְּהוּנָּה בִּמְנָחוֹת אֶלָּא מִקְּמִיצָה וְאֵילָךְ, וְהַגָּשָׁה נַמִי תְּחִילַּת קְמִיצָה הִיא, שֶׁאֵין זָר קָרֵב לַמִּזְבֵּחַ. אֲבָל קִידּוּשׁ כְּלִי וִיצִיקָה וּבְלִילָה שֶׁטְּעוּנוֹת שֶׁמֶן – כָּשֵׁר בְּזָר. וְנוֹתְנָהּ עַל יָדָהּ. לְהָנִיף. וְכֹהֵן מֵנִיחַ יָדוֹ מִתַּחְתֶּיהָ. וּבַגְּמָרָא יָלֵיף דִּתְנוּפָה צְרִיכֵי יַד בְּעָלִים וְיַד כֹּהֵן. וּבְעָלִים דְּמִנְחַת סוֹטָה הִיא הָאִשָּׁה. וְהִגִּישׁ. לְקֶרֶן מַעֲרָבִית דְּרוֹמִית, (ב) כִּדְתַנְיָא בְּפֶרֶק ג' בְּסֵדֶר מְנָחוֹת (דף יט:). וְכוּלְּהוּ הָנָךְ כְּתִיבִי בְּמִנְחַת סוֹטָה: תְּנוּפָה וְהַקְרָבָה, קְמִיצָה וְהַקְטָרָה. וְהַשְּׁאָר נֶאֱכָל. שֶׁכָּל הַנִּקְמָצוֹת שְׁיָרֵיהֶן נֶאֱכָלִין, דִּכְתִיב "תּוֹרַת" בִּסְתָם מִנְחָה (ויקרא ו): "וְזֹאת תּוֹרַת הַמִּנְחָה" כו' עַד "וְהַנּוֹתֶרֶת מִמֶּנָּה" וגו'. וְאח"כ מַקְרִיב. בַּגְּמָרָא פָּרֵיךְ: הָא תָּנָא לֵיהּ "וְהִקְטִיר", וּמַה יַּקְרִיב עוֹד לְאַחַר הַקְטָרָה?. פְּלוּגְתָּא דְּרַבָּנַן וְר' שִׁמְעוֹן. בַּגְּמָרָא יָלְפִינַן לָהּ מִקְּרָאֵי. **גמ'** לְר' יֹאשִׁיָּה דְּדָרֵיהּ. אָמוֹרָא הוּא, וּבְדוֹרוֹ שֶׁל ר"א בֶּן פְּדָת. (ג) וְעוֹד הָיָה ר' יֹאשִׁיָּה שֶׁהָיָה תַּנָּא בַּר פְּלוּגְתָּא דְּר' יוֹנָתָן בְּכוּלֵּיהּ גְּמָרָא. וְהַיְינוּ דְּקָאָמַר: לְר' יֹאשִׁיָּה דְּדָרֵיהּ, דְּלָא תֵּימָא לְרַבִּי יֹאשִׁיָּה הַזָּקֵן – דְּלָאו אוֹרַח אַרְעָא לְמֵימְרָא לֵיהּ הָכִי, שֶׁגָּדוֹל וְזָקֵן מִמֶּנּוּ הָיָה. בִּבְעָלִים מְנָא לָן. שֶׁתְּהֵא הָאִשָּׁה מְנִיפָה עִם הַכֹּהֵן? דְּהָא קְרָא בְּכֹהֵן לְחוּדֵיהּ כְּתִיב: "וְלָקַח הַכֹּהֵן מִיַּד הָאִשָּׁה" וגו'. מִשְּׁלָמִים. מִתְּנוּפַת חָזֶה וָשׁוֹק וְאֵימוּרִין דִּשְׁלָמִים. יָדָיו תְּבִיאֶנָּה. בִּבְעָלִים כְּתִיב, וְגַבֵּי תְּנוּפָה כְּתִיב. מַה כָּאן כֹּהֵן. בְּסוֹטָה כְּתִיב כֹּהֵן בִּתְנוּפַת מִנְחָתָהּ. הָא אַקְרְבָהּ. קוֹדֶם הַשְׁקָאָה, דְּקָתָנֵי: קָמַץ וְהִקְטִיר, וַהֲדַר תָּנֵי: הָיָה מַשְׁקֶה. הָכִי קָאָמַר כו'. הָא דְּתְנָא רֵישָׁא: הֵנִיף וְהִגִּישׁ קָמַץ וְהִקְטִיר – לָאו דַּוְקָא קוֹדֶם הַשְׁקָאָה נָקַט, וְלָא אַיְירֵי בְּהַשְׁקָאָה כְּלָל. אֶלָּא אַיְירֵי בְּסֵדֶר הַקְרָבַת מִנְחַת סוֹטָה, שֶׁכֵּן הוּא: תְּנוּפָה וְהַגָּשָׁה קְמִיצָה וְהַקְטָרָה, וְהָכִי קָאָמַר: כְּשֶׁבָּא לְהַקְרִיבָהּ הָיָה נוֹטְלָהּ מִתּוֹךְ כְּפִיפָה כו', וַהֲדַר אַיְירֵי מִי קוֹדֵם, (ד) אוֹ הַשְׁקָאָה קוֹדֶם כָּל אֵלֶּה, אוֹ אִם כָּל אֵלֶּה קוֹדְמִין לְהַשְׁקָאָה, וּפְלִיגֵי בָּהּ רַבִּי שִׁמְעוֹן וְרַבָּנַן.

היה נוטל. בירושלמי: כתיב "ולקח הכהן מיד האשה את מנחת הקנאות", וכי על ידו הוא מניף ולא על ידה הוא מניף? אלא מכאן שהוא נוטלה מתוך כלי חול ונותנה בכלי שרת. היינו משמע דלא כפירוש רש"י, דפירש דבעל היה נוטל. ומצינו למימר דקידוש המנחה כשירה *בזר, מיהו מצוה בכהן ליטול המנחה מידה, ואחר שהיה נוטלה היה נותנה כמו כן לתוך כלי שרת.

וכהן מניח את ידו תחתיה. הא דאיצטריך תו למיתני: וכהן מניח את ידו תחתיה, ולא קתני בסתם: *ומכניס את ידו – לאשמועינן דתנופה בכהן. ירושלמי: וכהן מניח את ידו תחתיה – ואין הדבר כיעור? מניח מפה. ואינו חוצץ? מביא כהן זקן. ואפילו תימא כהן ילד, שאין יצר הרע מצויה לשעה. תני ר' חייא: סוטה גידמת – שני כהנים מניפין על ידיה. אבל בגמרא דידן אמרינן בסוף פרק "ארוסה" (לקמן דף כז.) דגידמת לא היתה שותה. וי"ל דפליגי אי בעינן קרא כדכתיב.

הניף והגיש. בירושלמי יליף הא *דאמר בפרק "כל המנחות" (דף ס:): "והבאת" – לרבות מנחת העומר להגשה, "והקריבה" – לרבות מנחת סוטה להגשה. וכתיב בתריה "והרים", והיכן הוא תנופה? כבר קדמה. ומהתם יליף דשיריה נאכלין, דכתיב בתריה: "והנותרת מן המנחה לאהרן" וגו'. ***ואחר** ישקה מבעי ליה לשרישומו ניכר. פירוש: ואע"פ שהקריב מנחתה כבר. והוא הדין אי שלא כדין עבוד כהנים, דלא מחקו למגילה כלל עד לאחר הקרבה – דמוחק לה בתר הכי. ונראה דלאו דוקא נקט דקרא אתי לרישומו ניכר, דכיון דכתיב "ומחה" – ממילא שמעינן אי רישומו ניכר – דלאו מחוי הוא, דהא ממעטינהו התם דאין מטילין קנקנתוס לתוך הדיו משום דרישומו ניכר, והוי כתב שאינו יכול למחוק. אלא עיקר קרא לאם הקריב מנחתה ואחר כך השקה כשירה, כדדריש רבי שמעון "והשקה" קמא, והכי אמרינן בירושלמי דלרבנן הקריב מנחתה ואח"כ השקה – כשירה, והתם דריש אלידייהו דרבנן: "ואחר ישקה" למערערין. וה"ג התם: "ואחר ישקה" – על כרחה, שלא בטובתה. מודה ר"ש לחכמים שאם השקה ואחר כך הקריב מנחתה שהיא כשירה, ומודים חכמים לר' שמעון שאם הקריב את מנחתה ואח"כ השקה שהיא כשירה. מה ביניהון – מלוה. רבנן אמרי: מנחת קנאות היא שהיא בודקתה, ור"ש אומר: המים הן בודקין אותה. מאי טעמא דרבנן – "מנחת זכרון מזכרת עון". מאי טעמא דרבי שמעון – "ובאו בה". רבנן אמרי: כותב ומוחק ומשקה ומקריב, ר"ש אומר: כותב ומקריב ומוחק ומשקה. כולי עלמא מודו שמחיקה סמוך להשקאה. ותו גרסינן התם: קרבה מנחתה ואמרה "איני שותה" – מערערין אותה ומשקה אותה בעל כרחה – כרבי שמעון. כרס כרבנן – כבר שתת. השתא אית לך למימרא: אף על גב דלרבנן דרשינן "והשקה" בתרא לאונס – קא סברי דאונס במחיקת מגילה תליא מילתא, וקרא יתירא קא דרשי לאונס.

ורבי

ה"ג

תוספות שאנץ

ור' יהודה סבר תורת לרבויי תרתי פ"ה דאחר שריבה הכתוב ומיעט ולא פירש מה ריבה ומה מיעט ומסתברא טפי דריבויא אשני אנשים קאי ואפי' בבועל אחד ולא בשני בועלין ובעל אחד דכיון דקינא לה כבר ונמצאה נקייה נראה הדבר שאדם קנטרן הוא ומתכוין להקניטה הילכך לא שנא מחשד ראשון ולא שנא מאחר א) הבעל דהא אמרינן דאין מצות כהונה במנחות אלא מקמיצה ואילך והגשה נמי תחלת קמיצה היא ואין זר קרב לגבי מזבח אבל קידוש כלי ויציקה ובלילה כשר בזר. ונותנה על ידה ומניף וכהן מניח ידו תחתיה ובגמ' יליף דתנופה צריכה יד בעלים ויד כהן ובעלים דמנחת סוטה היא האשה ל"ה. ובירושלמי פרי' אמאי לא חיישי' לה להרהורא ומוקי' לה בכהן זקן. אבל ק' דהיכי אמרי' דכהן מניח ידו מתחת יד הבעלים ומניף והא כי האי גונא הויא חציצה דהכי נמי אמרי' במנחות דאין תנופה בחוברין פי' בשותפין וקאמר היכי ליעבוד אי לינפו והדר לינפו כלומר דהשותפין יניפו זה אחר זה תנופה אחת אמר רחמנא ולא שתי תנופות ואי מנח דידיה תחת יד חבריה הויא חציצה. וי"ל דלא דמי דהכא כיון דבעי כהן ובעלים לא הויא חציצה דגזירת הכתוב היא דבעי שניהם אבל התם גבי שני שותפין אם אחד מהם היה מניח ידו תחת יד חבירו הויא חציצה לפי שאינו גזירת הכתוב שיהו שניהן שותפין ועוד י"ל דהכא ה"פ דלא מיירי שהכהן מניח ידו תחת ידה ממש דהוי חציצה אלא ר"ל שכהן תופס אויר הכלי למטה והבעלים אוחזים למעלה וליכא חציצה כלל וה"נ מניח גבי ביכורים שהכהן היה אוחז בשפתיו כלומר בשפת הכלי והבעלים למטה וכמו כן גבי מנחת סוטה דאמרי' איפכא שיד בעלים יהיה למעלה ויד כהן למטה וכמו כן פי' פ"ק דקידושין גבי הסמיכות והתנופות: הניף והגיש קמץ והקטיר אבל מלח לא קתני דהא פשיטא דכתיב על כל קרבנך תקריב מלח. וכן במנחות לא קתני מלח אבל לעי' ר"פ היה מביא קתני לה לפי ששונה שם סדר מנחות באריכות. והניף וקמץ קתני הכא לפי שיש מנחות שאינן טעונות תנופה כדאמרי' בפ' כל המנחות באות מצה. וכן יש הרבה מנחות שאינן טעונות קמיצה כגון מנחת כהן ומנחת נסכים: ב) ומנחתה מתפזרת אבית הדשן. וק' דעל כרח' סבירא ליה להאי תנא דמקריב מנחתה ואחר כך משקה דאז קידשה בכלי שרת דאי סבירא ליה דמשקה ואח"כ מקריב מנחתה א"כ לא קדשה עדיין בכלי שרת וא"כ תיפוק לחולין ג) וא"כ למה הכי ומ"ק המגלה ואחר כך אמרה טמאה אני נשפכין ומנחתה מתפזרת אבית הדשן דמשמע קרא הקטרה היו משקין אותה דהא מאחרין המחיקה בשביל שמא תודה ולא מחקי לה עד לצורך. וי"ל דמיירי דנמחקה שלא כדין דסבור דמחקוה קודם הקטרה ולעולם ההשקאה הוי אחר הקטרה: **גמ'** אמר ר' אלעזר לר' יאשיה דדריה אמורא היה ובדורו של ר' אלעזר ועוד היה בימי ר' אלעזר בן פדת ר' יאשיה תנא בר פלוגתא דר' יונתן בכולי תלמודא והיינו דקאמר לר' יאשיה דדריה דלא תימא לר' יאשיה הזקן דלאו אורח ארעא למימרא ליה הכי שגדול וזקן ממנו היה. ל"ה: לא תיתיב אכרעיך. פי' אל תשב

אלא

א) נ"ל הדרן עלך היה מביא: פרק היה נוטל פי' הבעל. ב) שייך למשנה לקמן דף כ' ע"א. ג) נראה דנ"ל ואח"כ היכי קאמר נמחקה המגילה ואח"כ אמרה טמאה אני דהמים נשפכין ומנחתה וכו' דמשמע דקודם הקטרה היו משקין אותה ועוד דהא מאחרין וכו'.

נב א מיי' פ"ה מהל' סוטה הלכ' ב:
א ב מיי' פ"ג מהל' סוטה הלכה יג סמג עשין נו:
ב ג ד מיי' שם הלכ' יז: ס"א כזר
ג ה מיי' פ"ד מהל' סוטה הלכה יז:

ומניח. גירסת רש"א

הא דאמרינן בכל המנחות שטעונות תנופה שתנופה קודמת להגשה והבאת לרבות כו'. רש"ל

[לקמן כ:]

[ע' תוספות סנהדרין פב: ד"ה המולות וכו' ותוספות מנחות יח. ד"ה לא וכו' מוכח דגרסתם היה קמיץ ומלח והקטיר]

[קדושין לו: וש"נ]

[ועיין מה שפירשו על זה תוס' נזיר כה: בד"ה אמר שמואל וכו']
קדושין לו: מכות יח: מנחות סא. סוכה מז:

במדבר ה
ויקרא ז
שם
במדבר ה
[לקמן כ:]

הגהות הב"ח

(א) במשנה מניח את ידו מתחתיה ומניף. הניף: (ב) רש"י ד"ה והגיש וכו' כדתניא: (ג) ד"ה לר' יאשיה וכו' בן פדת הוה ועוד: (ד) ד"ה הכי קאמר וכו' מי קודם זה או זה או השקאה:

ד א מיי' פ"ד מהל' סוטה הל' יח:
ה ב מיי' שם הל"ו ופ"ג שם הלכה ט:

ת"ר: "והשקה". מה ת"ל? והלא כבר נאמר "והשקה"! שאם נמחקה מגילה ואומרת "איני שותה" – [א]מערערין אותה ומשקין אותה בעל כרחה, דברי רבי עקיבא. ר"ש אומר: "ואחר ישקה". מה ת"ל? והלא כבר נאמר "והשקה"! אלא, לאחר כל מעשים כולן האמורין למעלה. מגיד, ג' דברים מעכבין בה: עד שלא קרב הקומץ, ועד שלא נמחקה מגילה, ועד שלא תקבל עליה שבועה. עד שלא קרב הקומץ – ר"ש לטעמיה, דאמר: מקריב את מנחתה ואח"כ משקה. עד שלא נמחקה מגילה – אלא מאי משקה לה? אמר רב אשי: [ב]לא נצרכה לשרישומו ניכר. עד שלא תקבל עליה שבועה. מישתא הוא דלא שתיא, הא מיכתב – כתבי לה? והאמר רבא: *מגילת סוטה שכתבה קודם שתקבל עליה שבועה – לא עשה ולא כלום! *כדי נסבה. במאי קמיפלגי? תלתא קראי כתיבי: "והשקה" קמא, "ואחר ישקה", "והשקה" בתרא. רבנן סברי: "והשקה" קמא – לגופו, שמשקה ואח"כ מקריב את מנחתה. "ואחר ישקה" – מיבעי ליה לשרישומו ניכר. "והשקה" בתרא – שאם *נמחקה מגילה ואומרת "איני שותה" – מערערין אותה ומשקה אותה בעל כרחה. ור"ש סבר: "ואחר ישקה" – לגופו, שמקריב את מנחתה ואח"כ משקה, "והשקה" קמא – שאם השקה ואח"כ הקריב את מנחתה כשרה, "והשקה" בתרא – שאם נמחקה מגילה ואמרה "איני שותה" – מערערין אותה, ומשקין אותה בעל כרחה. ורבנן: בדיעבד לא פתח קרא. וסבר ר"ע משקין אותה בעל כרחה? והתניא, *רבי יהודה אומר: כלבום של ברזל מטילין לתוך פיה, שאם נמחקה מגילה ואמרה "איני שותה" – מערערין אותה ומשקין אותה בע"כ. אמר רבי עקיבא: כלום אנו צריכין אלא לבודקה – והלא בדוקה ועומדת! אלא, עד שלא קרב הקומץ – יכולה לחזור בה, *משקרב הקומץ – אינה יכולה לחזור בה! וליטעמיך תיקשי לך היא גופה: משקרב הקומץ אינה יכולה לחזור בה? והלא בדוקה ועומדת! לא קשיא; הא – דקהדרא בה מחמת רתיתא, והא – דקהדרא בה מחמת בריותא. והכי קאמר: כל מחמת בריותא – כלל כלל לא שתיא. מחמת רתיתא; עד שלא קרב הקומץ, דאכתי לא אמחוק מגילה, אי נמי אמחוק מגילה, דשלא כדין עביד כהנים דמחקי – מצי הדרא בה, משקרב הקומץ, דבדין עביד כהנים דמחקי – לא מצי הדרא בה.

קשיא

רש"י

ה"ג ת"ר והשקה מה ת"ל והלא כבר נאמר והשקה שאם נמחקה כו' ולא גרסינן בתרא ברישא וקמא בסיפא *[שאין זה לשון ברייתא], ופי' משובש הוא, וטעה ב"והלא כבר נאמר" דמשמע שזה נאמר מתחלה. והכי פירוש סדר המקראות כך הוא: "וכתב", "ומחה", "והשקה" "והניף (א) המנחה", "והקריב" דהיינו הגשה, "וקמץ", "והקטיר", "ואחר ישקה את האשה את המים" והדר תו כתיב השקאה שלישית: "והשקה את המים והיתה אם נטמאה" וגו'. וקא"ר עקיבא: "והשקה את האשה" דכתיב קודם הקטרת המנחה מה ת"ל? והלא כבר נאמר אחר הקטרת המנחה "והשקה את המים"! והההוא דוקא הוא, ואין הראשון דוקא, דמדכתיב "ואחר ישקה את האשה" – ש"מ השקאה אחר הקטרה היא. ומה ת"ל "והשקה את האשה" אחר המחיקה – ללמדך שאם נמחקה המגילה ואמרה "איני שותה", ולא הודית לומר "טמאה אני" – מערערין אותה, כלומר פותחין פיה שלא בטובתה ושופכין את המים לתוך גרונה. ואפי' נמחקה מגילה קודם הקטרה, דשלא כדין עשו הכהנים, דכיון דאינה שותה עד לאחר הקטרה לא היה להם למחוק, דכל מה שיש שהות לאחר את המחיקה מאחרין, שמא תודה. אפילו הכי, הואיל ונמחקה, ואפילו שלא כדין – אין שומעין לה לאמר "איני שותה", אלא או תשתה או תודה. ולכך נאמר "והשקה" אחר המחיקה. *ולא תשתה מיד עד לאחר הקטרה, אלא הא קמשמע לן שהמחיקה גורמת לה לשתות. ר"ש אומר ואחר ישקה מה ת"ל והלא כבר נאמר והשקה. לא פליג אדרבי עקיבא, אלא מר דריש האי קרא ומר דריש האי קרא. והכי אמר לקמן בשמעתין, דתרוייהו ס"ל מקריב מנחתה ואחר כך משקה. והלא כבר נאמר. פסוק שלישי: "והשקה את המים" לאחר הקטרה, מה ת"ל "ואחר ישקה"? אחר כל המעשים כולן האמורים למעלה. ומה אמור למעלה – השבעה וקבלה וכתיבה ומחיקה (ב) והקטרת המנחה. מגיד ששלשה דברים. הללו מעכבין: ההקטרה והשבעה ומחיקה. ולקמיה פריך: פשיטא, קודם המחיקה מה תשתה? לשרישומו ניכר. שאם היה רישומו ניכר – צריך לחזור ולמחוק עד שלא יהא רישומו ניכר. הא מיכתב כתבי לה. כהן למגילה קודם קבלת שבועה? בתמיה. לא עשה כלום. דהכי כתיב "וכתב את האלות" – אחר קבלת שבועה כתיב. כדי נסבה. שלא לצורך, דהא אפילו מיכתב לא כתבינן. במאי קמיפלגי. אמתני' קאי. וברייתא נקט ברישא – לאשמועינן מהיכא יליף ר"ש טעמיה. וקבעי: רבנן השתא היכי דרשי להו לקראי, ור"ש היכי דריש להו לכולהו? רבנן סברי והשקה קמא. דקודם הקטרה – דוקא הוא. ואע"ג דכתיב "ואחר ישקה" דמשמע: דוקא – על כרחך מקרא האמור ראשון אינו נדרש אלא לגופו, ומקראות יתירות האמורים אחריו ניתנו לדרוש. הילכך, קמא דוקא, לומר שמשקה ואח"כ מקריב את מנחתה. וע"כ "ואחר ישקה", אע"פ שנכתב אחר הקטרה – אקודם הקטרה קאי, ו"אחר" דקאמר – אמחיקה קאי, הכתובה למעלה, (ג) וקאמרי רבנן דאם לא נמחקה יפה לא ישקנה. "והשקה" בתרא נמי אקודם הקטרה קאי, ולדרשה אתא ע"כ. ור"ש סבר ואחר ישקה. משמע דדוקא הוא, ודוקא כתיבה לאחר הקטרה, לומר שכולן מעכבין בה: הקטרת המנחה, ורושם הניכר. וכולהו מהכא נפקי דקודמין להשקאה. "והשקה" קמא – לאכשורי דאי עביד איפכא. והשקה בתרא שאם נמחקה מגילה. ודוקא אחר הקטרה, דבדין אימחיק – משקין אותה בעל כרחה. והיינו דאיכא בין (ד) לר"ע בין לר"ש, דר"ע לית ליה אם השקה ואח"כ הקריב מנחתה כשרה, הילכך "והשקה" קמא דריש לבעל כרחה, ואע"ג דשלא כדין אימחיק קודם הקטרה. "ואחר ישקה" – לרישומו ניכר, "והשקה" בתרא – לגופיה, לומר שמקריב מנחתה ואח"כ משקה. בדיעבד לא פתח קרא. אין דרך הכתוב לומר בתחלת דבריו שלא כדרך מצותו. אלא בתחילה סדר משפט דבריו, ולבסוף מרבה מקראות לדרוש. כלבום. שני שיניים יש לו, ונותן לתוך פיה זקוף. אלא לבודקה. אם טהורה אם טמאה. והלא בדוקה ועומדת. דכיון דאמרה "איני שותה" – מודה שהיא טמאה. יכולה לחזור בה. ולומר "איני שותה", ואין אונסין אותה, דהא מודה דטמאה היא. משקרב הקומץ וכו'. ולקמיה פריך: היא גופא קשיא, אמאי אינה יכולה לחזור? והלא בדוקה ועומדת היא. דקא הדרא מחמת בריותא. הא דקתני "בדוקה ועומדת" דקא הדרא בה מחמת בריותא הוא, שאינה רותחת, וקאמרה "איני שותה" – ודאי טמאה היא. ולכך אינה רותחת – דסמכה מעיקרא, ואמרה: כי מטינא למשתי – לא שתינא. ולא שנא קרב קומץ, ולא שנא לא קרב – לא שתיא, כדמפרש ואזיל: כל מחמת בריותא כלל כלל לא שתיא, ואפי' קריב הקומץ. והא דמפליג בין קרב ללא קרב – דקא הדרא בה מחמת רתיתא, שאנו רואין אותה רותחת. דאיכא למימר דאינה מאמנת שלא יבדקוה המים ואפילו היא טהורה, ורוצה היתה לסמוך על טהרתה ולשתות, ולפיכך היא רותחת, וכשמגעת לשתות – חוזרת בה. הילכך, עד שלא קרב כו'. וברייתא קמייתא דלעיל דקתני "מערערין אותה" – במחמת ריתותא קאמר.

קשיא

תוספות

ורבי יהודה אומר כלבום של ברזל מטילין לה לתוך פיה. בפרק "ד' מיתות" (סנהדרין דף נב.) פליגי ר"י ורבנן במצות הנשרפין, דתנן: נותנין סודר קשה לתוך הרכה וכורך על צוארו, זה מושך אילך וזה מושך אילך, עד שפותח את פיו, וזורק את הפתילה לתוך פיו. ר"י אומר: אם מת בידם – לא היו מקיימין בו מצות שריפה, אלא פותח פיו בצבת וכו'. ותימה לר"י: מאי שנא הכא דלרבי יהודה בכלבום, והתם בצבת? ופי' ר"י: דהכא נמי היו פותחין פיה בצבת, אלא לאחר שפותחין פיה בצבת היו מטילין לתוכה כלבום שלא תוכל לחזור ולקפוץ פיה. ורבנן מודו נמי [הכא] דאין פותחין פיה על ידי סודרין. דהתם טעם דרבנן משום דשריפה חמורה מחנק, והיו מקרבין מיתתו ע"י חנק וגמר מיתתו בשריפה, משום "ואהבת לרעך כמוך". אבל הכא – אין לקרב מיתתה. *בפי' ר"ח פי' לפי גי' הספרים. וכן פירש: "והשקה" בתרא – מערערין, *"והשקה" קמייתא – לגופו, מה ת"ל – לא שבברייתא נשנית "בתרא" ו"קמא", אלא פירוש של בעל הגמרא הוא ש"והשקה" בתרא בא ללמד שמערערין, "והשקה" קמא לגופיה. ורבי עקיבא סבר ליה כרבנן, שמשקה ואח"כ מקריב מנחתה. ומקשה: היכי אמר רבי עקיבא מערערין? והא בדוקה ועומדת סבירא ליה! ותו מקשה: ר' עקיבא, בהא מתניתין דפליג עליה רבי שמעון, תני: מחיקה מעכבא, אלמא סבירא ליה שמחיקה והשקאה קודם הקרבת המנחה, כרבנן, וכל זמן שלא נמחקה המגילה מצי הדרא. והכא דפליג בהדי דרבי יהודה תני: קומץ מעכבה – דאלמא הקרבה קודם השקאה, כר' שמעון? ושנינן: תרי תנאי ואליבא דרבי עקיבא. ירושלמי: ולית ליה לרבי עקיבא מערערין? אית ליה בשהתחילה לשתות. וצריך לפרש: דאם נמחקה מגילה קודם שקרב הקומץ, דשלא כדין עבוד כהנים, כיון שהתחילה לשתות – מערערין אותה.

מגילתה

נ"ל קודם ד"ה ור"י. מהרש"א

והשקה קמייתא לגופו וא"ל שבברייתא כו' בעל הגמ' הוא והשקה בתרא כו'. מהרש"א

תוספות שאנץ

אלא תעמוד. ה"ג ת"ר והשקה מה ת"ל ול"נ בתרא ברישא וקמא בסיפא שאין זה לשון ברייתא. ועוד בספרי תני לה להך ברייתא. ומפיק להאי דרשא מוהשקה קמא ל"ה. וה"פ והשקה מה ת"ל סדר המקראות כך הוא ומחה והשקה והניף את המנחה והקריב דהיינו הגשה וקמץ והקטיר ואחר ישקה את המים ואח"כ כתיב השקאה שלישית והשקה את המים והיתה אם נטמאה וה"פ והשקה את האשה דכתי' קודם הקטרת מנחה מה תלמוד לומר והלא כבר נאמר אחר הקטרת מנחה והשקה את המים וההוא ודאי דוקא הוא ואין הראשון דוקא דמדכתי' ואחר ישקה את האשה ש"מ השקאה אחר הקטרה ומה ת"ל והשקה אחר המחיקה ללמדך שאם נמחקה המגילה ואמרה איני שותה ולא הודת לומר דטמאה היא מערערין אותה כלומר פותחין את פיה שלא בטובתה ושופכין לתוכה מים ואפי' נמחקה המגלה קודם הקטרה דשלא כדין עשו הכהנים דכיון שאינה שותה עד לאחר הקטרה דכל מה שיש להם לאחר המחיקה מאחרין שמא תודה ואפי' הכי כי נמחקה שלא כדין אין שומעין לה לומר איני שותה אלא או שותה או תודה ולכך כתיב והשקה לאחר המחיקה לומר שהמחיקה גורמת לה שתשתה ר' שמעון אומר ואחר ישקה מה ת"ל והלא כבר נאמר והשקה לא פליג אדר' עקיבא אלא מר דריש האי קרא ומר דריש האי קרא והכי אמרי' לקמן בשמעתין דתרוייהו סבירא להו מקריב את המנחה ואחר כך משקה אבל איכא בינייהו דר' עקיבא לית ליה אם השקה ואחר כך הקריב את המנחה כשרה ור' שמעון אית ליה דכשרה ע"כ ל"ה. וק' לפ"ה חדא שמגיה הספרים דבכל הספרים כתיב בתרא וקמא ועוד ק' אמאי קאמר והלא כבר נאמר והשקה הוה ליה למימר הלא כבר נאמר ואחר כך ישקה דהיינו קרא דלאחר הקטרה. וע"ק למה דאיכא בין ר' עקיבא לר' [שמעון] (ישמעאל) דר' עקיבא לית ליה השקה ואח"כ הקריב המנחה כשרה הילכך והשקה קמא דריש לעיל למשקה בעל כרחה ואע"ג דלא כדין אימחוק ואחר כך ישקה לרישומו ניכר והשקה בתרא לגופו. וא"כ ק' [כיון] דר' עקיבא לא דריש ליה להאי קרא דר' (ישמעאל) [שמעון] אמאי לא מפרש תלמודא היכי דריש ליה ר' עקיבא לקרא. לכ"נ לר"ת שאין למחות ג"ה והשקה בתרא מה ת"ל והלא כבר נאמר והשקה קמא ומהשקה בתרא דריש אם נמחקה מגלה ומן והשקה קמא דריש דמשקה ואחר כך מקריב מנחה ואחר ישקה דריש לרישומו ניכר. ור' עקיבא פליג אדר' (ישמעאל) [שמעון] וקאמר דמשקה ואח"כ מקריב ולכך לא הוצרך כלל לפרש קראי אליבא דר' עקיבא דלגמרי סבירא ליה כרבנן דמשמע הכי לקמן דוהשקה קמא לגופיה לומר דמשקה ואח"כ מקריב מנחתה והא דאמרי' לקמן דר' עקיבא סבירא ליה דמקריב ואח"כ משקה נ"ל דתרי תנאי ואליבא דר' עקיבא כדאמרי' לקמן דפרי' דר' עקיבא אדר' עקיבא. ג' דברים מעכבין עד שלא קרב הקומץ לאו דוקא נקט עיכובא דעד שלא קרב את הקומץ דהא ר' (ישמעאל) [שמעון] גופיה אית ליה דמשקה ואח"כ מקריב כשרה אלא אגב אחרים נקטיה. לא נצרכה לשרישומו ניכר. פי' לא נצרכה לומר אלא שרישומן ניכר. א"ת מקרא דכתיב ומחה נפקא לן דמשמע דבעי' שאין רישומן ניכר. וי"ל דמקרא דומחה לא ידעי' אלא דצריך שיהא הדיו יכול למחות ומ"מ א) שלא ימחהו כיון דראוי למחות קמ"ל האי קרא שצריך למחות לגמרי. במאי קמיפלגי אמתני' קאי וברייתא נקט ברישא לאשמועי' מהיכא יליף ר' שמעון טעמיה וקבעי השתא דרבנן היכי דרשי' להו להאי קרא ור"ש היכי דריש להו לכולהו. ל"ה. והלא בדוקה ועומדת דכיון דאמרה איני שותה מודה

שהיא

א) ומ"מ ליט כלפי צריך למחות כ"כ שלא יהא רישומו ניכר קמ"ל.

גי' רש"א

לעיל ו:

[ר"ס ה. וש"נ]

לא שתשתה מיד אחר המחיקה אלא הא כו'. מהרש"א

[תוספתא פ"ב]

[לקמן כ:]

הגהות הב"ח

(א) רש"י ד"ה ה"ג וכו' והניף את המנחה: (ב) ד"ה אחר כל וכו' וכתיבה ומחיקה וקמיצה והקטרה מגיד כצ"ל: (ג) ד"ה רבנן סברי וכו' למעלה וקאמר דאם לא כצ"ל ותיבת רבנן נמחק: (ד) ד"ה והשקה בתרא וכו' דאיכא בין ר"ע לר"ש כצ"ל:

גליון הש"ס

רש"י ד"ה ר"ש אומר וכו' והכי אמר לקמן בשמעתין. ד' כ ע"ב:

קַשְׁיָא דְּר' עֲקִיבָא אַדְּרַבִּי עֲקִיבָא: הָתָם אָמַר מְחִיקָה מְעַכְּבָא, וְהָכָא אָמַר קוֹמֶץ מְעַכֵּב! תְּרֵי תַנָּאֵי וְאַלִּיבָּא דְּר"ע. אִיבַּעְיָא לְהוּ: אָמְרָה "אֵינִי שׁוֹתָה" מֵחֲמַת בְּרִיוּתָא, וְחָזְרָה וְאָמְרָה "שׁוֹתָה אֲנִי", מַהוּ? כֵּיוָן דְּאָמְרָה "אֵינִי שׁוֹתָה" – "טְמֵאָה אֲנִי" קָאָמְרָה, וְכֵיוָן דְּאַחֲזִיק נַפְשָׁהּ בְּטוּמְאָה [א]לָא מָצְיָא הָדְרָה בָּהּ. אוֹ דִילְמָא, כֵּיוָן דְּאָמְרָה "שׁוֹתָה אֲנִי" – גַּלְיָא דַּעְתָּהּ דְּמֵחֲמַת בִּיעֲתוּתָא הוּא דְּאָמְרָה? תֵּיקוּ. אָמַר אֲבוּהּ דִּשְׁמוּאֵל: [ב]צָרִיךְ שֶׁיִּתֵּן מַר לְתוֹךְ הַמַּיִם. מ"ט – דְּאָמַר קְרָא "מֵי הַמָּרִים" – שֶׁמָּרִים כְּבָר.§ **מתני'** [ג]עַד שֶׁלֹּא נִמְחֲקָה הַמְּגִילָּה אָמְרָה "אֵינִי שׁוֹתָה" – מְגִילָּתָהּ נִגְנֶזֶת, וּמִנְחָתָהּ מִתְפַּזֶּרֶת עַל הַדֶּשֶׁן, וְאֵין מְגִילָּתָהּ כְּשֵׁרָה לְהַשְׁקוֹת בָּהּ סוֹטָה אַחֶרֶת. [ד]נִמְחֲקָה הַמְּגִילָּה וְאָמְרָה "טְמֵאָה אֲנִי" – הַמַּיִם נִשְׁפָּכִין, וּמִנְחָתָהּ מִתְפַּזֶּרֶת עַל בֵּית הַדֶּשֶׁן. *[ה]נִמְחֲקָה הַמְּגִילָּה וְאָמְרָה "אֵינִי שׁוֹתָה" – [ו]מְעַרְעֲרִין אוֹתָהּ, וּמַשְׁקִין אוֹתָהּ בְּעַל כָּרְחָהּ. [ז]אֵינָהּ מַסְפֶּקֶת לִשְׁתּוֹת עַד שֶׁפָּנֶיהָ מוֹרִיקוֹת וְעֵינֶיהָ בּוֹלְטוֹת, וְהִיא מִתְמַלֵּאת גִּידִין. וְהֵם אוֹמְרִים: *הוֹצִיאוּהָ, שֶׁלֹּא תְּטַמֵּא הָעֲזָרָה. [ח]אִם יֵשׁ לָהּ זְכוּת – הָיְתָה תּוֹלָה לָהּ. יֵשׁ זְכוּת תּוֹלָה שָׁנָה אַחַת, יֵשׁ זְכוּת תּוֹלָה ב' שָׁנִים, יֵשׁ זְכוּת תּוֹלָה ג' שָׁנִים. [ט]מִכָּאן אוֹמֵר בֶּן עַזַּאי: *חַיָּיב אָדָם לְלַמֵּד אֶת בִּתּוֹ תּוֹרָה, שֶׁאִם תִּשְׁתֶּה – תֵּדַע שֶׁהַזְּכוּת תּוֹלָה לָהּ. ר"א אוֹמֵר: [ח]כָּל הַמְלַמֵּד בִּתּוֹ תּוֹרָה *(כְּאִילּוּ) לוֹמְדָהּ תִּפְלוּת. ר' יְהוֹשֻׁעַ אוֹמֵר: *רוֹצָה אִשָּׁה בְּקַב וְתִפְלוּת מִט' קַבִּין וּפְרִישׁוּת. הוּא הָיָה אוֹמֵר: [ט]חָסִיד שׁוֹטֶה, וְרָשָׁע עָרוּם, וְאִשָּׁה פְּרוּשָׁה, וּמַכּוֹת פְּרוּשִׁין – הֲרֵי אֵלּוּ מְבַלֵּי עוֹלָם.§ **גמ'** *א"ר יְהוּדָה אָמַר שְׁמוּאֵל מִשּׁוּם ר"מ: כְּשֶׁהָיִיתִי לָמֵד תּוֹרָה אֵצֶל ר"ע הָיִיתִי מַטִּיל קַנְקַנְתּוֹם לְתוֹךְ הַדְּיוֹ, וְלֹא אָמַר לִי דָּבָר. כְּשֶׁבָּאתִי אֵצֶל ר' יִשְׁמָעֵאל, א"ל: בְּנִי, מַה מְּלַאכְתְּךָ? אָמַרְתִּי לוֹ: לַבְלָר אֲנִי. אָמַר לִי: בְּנִי, הֱוֵי זָהִיר, שֶׁמְּלַאכְתְּךָ מְלֶאכֶת שָׁמַיִם הִיא. שֶׁמָּא תַּחְסִיר אוֹת אַחַת אוֹ (א) תַּתִּיר אוֹת אַחַת – נִמְצֵאתָ אַתָּה מַחֲרִיב אֶת כָּל הָעוֹלָם כּוּלּוֹ. אָמַרְתִּי לוֹ: דָּבָר אֶחָד יֵשׁ לִי שֶׁאֲנִי מַטִּיל לְתוֹךְ הַדְּיוֹ, וְקַנְקַנְתּוֹם שְׁמוֹ. אָמַר לִי: וְכִי מַטִּילִין קַנְקַנְתּוֹם לְתוֹךְ הַדְּיוֹ? הַתּוֹרָה אָמְרָה "וּמָחָה" – כְּתָב שֶׁיָּכוֹל לִמָּחוֹת! מַאי קָא"ל וּמַאי קָא מַהְדַּר לֵיהּ? הָכִי קָא"ל: לָא מִבַּעְיָא בַּחֲסֵירוֹת וִיתֵירוֹת – דְּבָקִי אֲנָא, אֶלָּא אֲפִילּוּ לְמֵיחַשׁ לִזְבוּב דְּדִילְמָא אָתֵי וְיָתֵיב אַתָּגֵיהּ דְּדָלֵי"ת, וּמָחֵיק לֵיהּ וּמְשַׁוֵּי לֵיהּ רֵי"ש – דָּבָר אֶחָד יֵשׁ לִי שֶׁאֲנִי מַטִּיל לְתוֹךְ הַדְּיוֹ וְקַנְקַנְתּוֹם שְׁמוֹ. אִינִי?! וְהָא *תַּנְיָא, אָמַר רַבִּי מֵאִיר: כְּשֶׁהָיִיתִי לָמֵד תּוֹרָה אֵצֶל ר' יִשְׁמָעֵאל הָיִיתִי מַטִּיל קַנְקַנְתּוֹם לְתוֹךְ הַדְּיוֹ, וְלֹא אָמַר לִי דָּבָר. כְּשֶׁבָּאתִי אֵצֶל ר"ע אֲסָרָהּ עָלַי. קַשְׁיָא שִׁמּוּשׁ אַשִּׁמּוּשׁ, קַשְׁיָא אֲסָרָהּ אַאֲסָרָהּ! בִּשְׁלָמָא שִׁמּוּשׁ אַשִּׁמּוּשׁ לָא קַשְׁיָא; מֵעִיקָּרָא אֲתָא לְקַמֵּיהּ דְּר' עֲקִיבָא, כֵּיוָן דְּלָא מָצֵי קָם אַלִּיבֵּיהּ – אֲתָא לְקַמֵּיהּ דְּר"י וּגְמַר גְּמָרָא, הֲדַר אֲתָא לְקַמֵּיהּ דְּר"ע סְבַר סְבָרָא. אֶלָּא אֲסָרָהּ אַאֲסָרָהּ קַשְׁיָא! קַשְׁיָא. תַּנְיָא, רַבִּי יְהוּדָה אוֹמֵר: הָיָה ר"מ אוֹמֵר: [י]לַכֹּל מַטִּילִין קַנְקַנְתּוֹם לְתוֹךְ הַדְּיוֹ חוּץ

רש"י

קַשְׁיָא דְּר"ע אַדְּר"ע הָתָם קָאָמַר מְחִיקָה מְעַכְּבָא. אֶת הָאוֹנֶס. דְּכָל זְמַן שֶׁלֹּא נִמְחֲקָה, אִם אָמְרָה "אֵינִי שׁוֹתָה" – יְכוֹלָה לַחֲזוֹר בָּהּ. וְלָא מְנַסִּינַן לָהּ לְהַשְׁקוֹתָהּ. אֲבָל אִם נִמְחֲקָה הַמְּגִילָּה – מְעַרְעֲרִין אוֹתָהּ עַל כָּרְחָהּ וַאֲפִי' לֹא קָרֵיב הַקּוֹמֶץ, דְּהָא "וְהִשְׁקָה" קַמָּא דְּקוֹדֶם הַקְטָרָה לְהָכִי דָּרְשִׁינַן. וְהָכָא קָאָמַר קוֹמֶץ מְעַכֵּב אֶת הָאוֹנֶס, דְּכָל כַּמָּה דְּלָא קָרַב קוֹמֶץ, אִי אָמְרָה "אֵינִי שׁוֹתָה" – לָא מְנַסִּינַן לָהּ לְהַשְׁקוֹתָהּ. וְחָזְרָה וְאָמְרָה שׁוֹתָה אֲנִי. לר"ע, מַהוּ לְהַשְׁקוֹתָהּ מֵרְצוֹנָהּ? שֶׁיִּתֵּן מַר. דָּבָר מַר. שֶׁמָּרִים כְּבָר. קוֹדֶם מְחִיקָה. אַלְמָא מֵחֲמַת דָּבָר אַחֵר הֵם מָרִים. וְאֵין מְרִירָה עַל שֵׁם קְלָלַת בְּדִיקָתָם נִקְרָא, דְּהָא מִקַּמֵּי מְחִיקָה לָאו בְּנֵי מִיבְדַּק נִינְהוּ.

מתני' מְגִילָּתָהּ נִגְנֶזֶת. *בְּצִדֵּי הַהֵיכָל. דְּכָל כִּתְבֵי הַקֹּדֶשׁ שֶׁאֵינָן רְאוּיִין לִקְרוֹת בָּהֶן – נִגְנָזִין, שֶׁלֹּא יִתְבַּזּוּ. עַל בֵּית הַדֶּשֶׁן. שֶׁהִיא בָּעֲזָרָה, שֶׁשּׂוֹרְפִין שָׁם פְּסוּלֵי קָדְשֵׁי קָדָשִׁים וּפְסוּלֵי אֵימוּרִים שֶׁמְּחִילָּתָן לִפְנִים מִן הַקְּלָעִים, כִּדְאָמְרִינַן בִּשְׁחִיטַת קָדָשִׁים (דף קד:): שְׁלֹשָׁה בֵּית הַדֶּשֶׁן הֵם. דְּהוֹאִיל וְקִדְּשָׁהּ בִּכְלִי נִשְׂרֶפֶת בָּעֲזָרָה. וְהַאי מִתְפַּזֶּרֶת – הַיְינוּ נִשְׂרֶפֶת, כִּדְאָמַר לְקַמָּן (ד' כג.): וְאֵלּוּ שֶׁמִּנְחוֹתֵיהֶם נִשְׂרָפוֹת, וְקָא חָשֵׁיב לְהָא: הָאוֹמֶרֶת "אֵינִי שׁוֹתָה". וְאֵין מְגִילָּתָהּ כְּשֵׁירָה לְהַשְׁקוֹת בָּהּ סוֹטָה אַחֶרֶת. דְּבָעֵינַן כְּתִיבָה לִשְׁמָהּ, דִּכְתִיב: "וְעָשָׂה לָהּ הַכֹּהֵן" – לָהּ לִשְׁמָהּ. הַמַּיִם נִשְׁפָּכִין. כֵּיוָן דְּאָמְרָה "טְמֵאָה אֲנִי" – בְּדוּקָה וְעוֹמֶדֶת הִיא, וּמַיִם הַמָּרִים לֹא נִיתְּנוּ אֶלָּא לְבָרֵר אֶת הַסָּפֵק. מְעַרְעֲרִין אוֹתָהּ. דְּדִלְמָא טְהוֹרָה הִיא, וּמֵחֲמַת רְתִיתוּתָהּ קָאָמְרָה. מִתְמַלֵּאת גִּידִין. הַגִּידִין שֶׁבִּלְחָיֶיהָ נוֹפְחִין, וְנִרְאוֹת כִּמְלֵאָה גִּידִין, וְגַם בְּשָׂרָהּ נַעֲשֵׂית שִׁיטָּה שִׁיטָּה שֶׁל נְפִיחָה. וְהָכִי תַּנְיָא בְּסִפְרֵי: כְּמִין שַׂרְבִיטִין מְזוֹרָקִין בָּהּ. שֶׁלֹּא תְּטַמֵּא הָעֲזָרָה. שַׁעֲרֵי נִקָּנוֹר, אוֹ עֶזְרַת נָשִׁים שֶׁתֵּלֵא דֶּרֶךְ שָׁם. וּלְקַמֵּיהּ פָּרֵיךְ: וְהָא אָמְרִינַן בְּעָלְמָא דְּשַׁעֲרֵי נִקָּנוֹר לֹא נִתְקַדְּשׁוּ, וְכ"ש עֶזְרַת נָשִׁים, וּמֵת מוּתָּר לִיכָּנֵס לְמַחֲנֵה לְוִיָּה. תֵּדַע שֶׁזְּכוּת תּוֹלָה לָהּ. תִּרְאֶה וְתִלְמַד בְּפָרָשַׁת סוֹטָה שֶׁהַזְּכוּת תּוֹלָה. דְּיָלְפִינַן מִ"וְנִקְּתָה וְנִזְרְעָה זָרַע" – וְנִקְּתָה ע"י זְכִיּוֹת כְּדֵי זְרִיעַת זֶרַע ט' חֳדָשִׁים, וְי"א יוֹתֵר, כִּדְמְפָרֵשׁ בַּגְּמָ'. מְלַמְּדָהּ תִּיפְלוּת. מְפָרֵשׁ בַּגְּמָ'. רַבִּי יְהוֹשֻׁעַ אוֹמֵר רוֹצָה אִשָּׁה בְּקַב וְתִיפְלוּת. גָּרְסִינַן. וּבַגְּמָרָא מְפָרֵשׁ מַאי קָאָמַר. מַכּוֹת פְּרוּשִׁין. מְפָרֵשׁ בַּגְּמָ': שֶׁמַּכֶּה אֶת עַצְמוֹ בַּכְּתָלִים, לְהַרְאוֹת שֶׁהוּא עָנָיו וְצָנוּעַ. **גמ'** לַבְלָר. סוֹפֵר. אִם תְּחַסֵּר אוֹת אַחַת. כְּגוֹן א' "וַה' אֱלֹהִים אֱמֶת" (ירמיה י). אוֹ תְּיַיתֵּר אוֹת אַחַת, כְּגוֹן "בְּרֵאשִׁית בָּרְאוּ אֱלֹהִים". דָּבָר אֶחָד יֵשׁ לִי. לְקַמָּן מְפָרֵשׁ מַאי תְּשׁוּבָה הִיא זוֹ. כְּתָב שֶׁיּוּכַל לִמָּחוֹת. וְרַבִּי יִשְׁמָעֵאל סָבַר מוֹחֲקִין לָהּ מִן הַתּוֹרָה, וְלָא בָּעֵי כְּתִיבָה לִשְׁמָהּ. וְאַפָּרָשַׁת סוֹטָה לְחוּדָהּ קָא קָפֵיד. מַאי קָאָמַר לֵיהּ וּמַאי מַהְדַּר לֵיהּ. מַאי קָאָמַר לֵיהּ ר' יִשְׁמָעֵאל דְּקָא מַהְדַּר לֵיהּ ר"מ: דָּבָר אֶחָד יֵשׁ לִי שֶׁעוֹשֶׂה רוֹשֶׁם וְאֵינוֹ נִמְחָק. מָה עִנְיַן קַנְקַנְתּוֹם אֵצֶל חִיסּוּר וְיִתּוּר? וּמְשַׁוֵּי לֵיהּ רֵי"ש. כְּגוֹן דָּלֵי"ת דְּ"אֶחָד". דָּבָר אֶחָד יֵשׁ כוּ'. וְאֵינוֹ נִמְחָק לְגַמְרֵי. קַשְׁיָא שִׁימּוּשׁ אַשִּׁימּוּשׁ. דְּקָאָמַר לְעֵיל שִׁימּוּשׁ דְּר"ע קוֹדֶם, (ג) וְאָמַר הָכָא דְּר"י קוֹדֶם. לָא מָצֵי לְמֵיקַם אַלִּיבֵּיהּ. עַל עִיקְּרֵי טַעֲמֵיהּ. שֶׁהָיָה אוֹמֵר עַל טָמֵא טָהוֹר וּמַרְאֶה לוֹ פָּנִים, וְעַל טָהוֹר טָמֵא וּמַרְאֶה לוֹ פָּנִים. אֲתָא לְקַמֵּיהּ דְּר"י וּגְמַר גְּמָרָא. הַמִּשְׁנָיוֹת סְתוּמוֹת כְּמוֹ שֶׁהֵן, כִּדְגָמֵיר לְהוּ מֵרַבּוֹ, וְרַבּוֹ מֵרַבּוֹ. וַהֲדַר אֲתָא לְקַמֵּיהּ דְּר"ע לְמִיסְבַּר סְבָרָא. לַעֲמוֹד עַל עִיקַּר טַעֲמֵי הַמִּשְׁנָה, מִפְּנֵי מָה זֶה טָמֵא וְזֶה טָהוֹר, זֶה אָסוּר וְזֶה מוּתָּר, וְעַל מַה כָּל דָּבָר נִסְמָךְ, וְעַל אֵיזֶה מִקְרָא. וְזֶה תַּלְמוּד שֶׁהָיָה בִּימֵי הַתַּנָּאִים. וּלְהָבִין דָּבָר מִתּוֹךְ דָּבָר; כְּשֶׁהָיָה דָּבָר חָדָשׁ נִשְׁאָל בְּבֵית הַמִּדְרָשׁ, מֵהֵיכָן יִלְמְדוּהוּ וּלְאֵיזֶה מִשְׁנָה יְדַמּוּהוּ.

תוספות

מגילתה נגנזת. ירושלמי: תני, נגנזת תחת לירו של היכל, למה – בשביל לשחקה. לול קטן היה שם, ושם המים נשפכים! תני: אין בהן משום קדושה. מהו לגבל בהן את הטיט? מה בכך, המים נשפכים! תני: יש בהם משום קדושה. נמחקה המגילה ואמרה "איני שותה" מערערין אותה. למה – שגרמה לשם שימחק. כמה ימחק? תני רבי חנין, ב"ש אומרים: אחת, וב"ה אומרים: שתים. א"ר אילעאי: טעמא דב"ה כדי לכתוב י"ה. *אמר ר' ירמיה למחוק לה מה"ת איכא בינייהו. תימה לרבי: והא בימי ר"מ נפסקו כבר המים המרים כדאמרי' בפ' בתרא (לקמן דף מז.) דר' יוחנן בן זכאי הפסיקן! ועוד, האמר רבא (לעיל ד' יז:): מגילת סוטה שכתבה קודם שתקבל עליה שבועה – לא עשה ולא כלום. א"כ מ"ט דמ"ד מוחקין לה מן התורה? וליכא למימר: מ"ד מוחקין לה מן התורה לית ליה דרבא. א"כ אמאי אמר לר"ש לעיל (ד' יט:) כדי נסבה? לימא: לית ליה דרבא! אלא הכי משמע: דהא דרבא – כ"ע מודו. ואיכא למימר מ"ד מוחקין לה מה"ת – כגון אם נכתבה אותה פרשה בתורה לאחר שקבלה עליה שבועה, אע"פ שהסופר לא נתכוין לשם סוטה אלא לשם ס"ת. ומה שאין מטילין קנקנתום לתוך הדיו לפרשת סוטה אפי' בזמן הזה – משום דכתיב בה "ומחה", דבעינן כתב שיכול למחות. וכיון דס"ל מוחקין לה מן התורה – ש"מ דקסבר דאותה פרשה, אפילו כתובה בתורה, קפיד קרא דבעינן שיכול למחוק.

אבל תורה דסתמא כתיב הכי נמי דמחקינן. לפום האי דיחוי ה"מ למיפרך: וכי לית ליה לת"ק הא דתנן: *כל גט שנכתב שלא לשם אשה פסול. כיצד, היה עובר בשוק ושמע קול סופרים מקרין וכו'? וה"מ לתרוצי: דילמא עד כאן לא אמר גבי גט דסתמא פסול – משום דאשה לאו לגירושין עומדת, אבל סוטה אחר שקינא לה ונסתרה – סתמא להשקות עומדת, כדאמרינן בריש מסכת זבחים (דף ב:). א"נ, עד כאן לא פסלינן גבי גט אלא משום דהתם "וכתב לה" אמר רחמנא וכו'. מיהו, היכא דאינתיק לשם רחל – לא הדרא מנתקא ע"י מחיקה לשם לאה. ולרבי אחי בר יאשיה נמי, אע"ג דעשייה דידה מחיקה היא, מיהו מהני קלא דכתב בסתמא "ועשה לה" ולא כתב "ומחה לה" – דרשינן ליה נמי אכתיבה, דבעינן דלכתוב לשם אלות בעולם. מיהו אהני נמי האי דלא כתב

עין משפט נר מצוה

ו א מיי' פ"ד מהל' סוטה הל"ג סמג עשין נו:

ז ב מיי' פ"ג שם הל"י סמג עשין נו:

ח ג מיי' שם פ"ד הלכה ד:

ט ד מיי' שם הל"ו:

י ה מיי' שם הל"ד:

יא ו מיי' שם פ"ג הלכה טז:

יב ז מיי' שם הל"כ:

יג ח מיי' פ"א מהל' ת"ת הל"ג סמג עשין יב טוש"ע יו"ד סי' רמו סעי' ו:

יד ט מיי' פ"ח מהל' ערכין הל"ג:

טו י מיי' פ"א מהל' תפלין הל"ד סמג עשין כב טוש"ע יו"ד סימן רעא סעי' ו:

מסורת הש"ס

ס"א בצירי

[לעיל יט:]

[ע' תוספות פסחים לב. ד"ה טבול יבמות ז: ד"ה ולהא ותוס' זבחים לב. ד"ה ובטמאים]

[ע' תוספות לקמן כא: ד"ה בן עזאי]

ס"א אינו [וכ"ה בפיסקא בגמ' לקמן רא: והוכח שם דלא גרסינן הכי במשנה וכ"כ בתוי"ט]

*[כתובות סב: וע' תוספות לקמן כא: ד"ה רוצה]

עירובין יג.

[גיטין כד.]

[לעיל יז:]

עירובין יג.

הגהות הב"ח

(א) גמ' או תייתר אות א': (ב) רש"י ד"ה קשיא וכו' קודם והכא אמר דר"י:

גליון הש"ס

מתני' מערערין אותה. עיין פרש"י אוב לט כט: **שם** מכאן אומר בן עזאי וכו'. ע' חגיגה ד' ג ע"א תד"ה נשים לשמוע:

תוספות שאנץ

שהיא טמאה: דאמר קרא מי המרים שמרים כבר קודם מחיקה אלמא מחמת דבר אחר הם מרים ואין מרירותן נקרא על שם בדיקותן דהא מקמי מחיקה לאו בני בדיקה נינהו. ל"ה: **מתני'** מגילתה נגנזת בצדי ההיכל דכל כתבי הקדש שאינן ראוין לקרות בהן נגנזין שלא יתבזו: ומנחתה מתפזרת אבית הדשן דהואיל וקידשה בכלי נשרפת בעזרה והאי מתפזרת בעזרה היינו נשרפת כדא' לקמן ואלו שמנחותיהן נשרפות וקא חשיב לה להא האומרת איני שותה. ל"ה. והיא מתמלאה גידין פ"ה הגידין שבלחייה נופחין ונראית מלאה גידין וגם בבשרה נעשית שיטה שיטה של נפיחה והכי תניא בספרי כמין שרביטין מזורקין בה: שאם תחסר אות אחת כגון אלף וה' אלהים אמת או תתיר אות אחת בראשית בראו אלהים וה"ר מאיר פי' כגון הוה על הוה א) אחרון יו"ד מברך את השם:

א) נראה דל"ל אם יוסיף יו"ד על הוה אחרון נמצא מברך את השם.

טז א מיי' פ"ג מהל' סוטה הל"ח ופ"ד הלכה טו:
יז ב מיי' שם פ"ג הל"ח ופ"ד הל"ד והל' יא סמג עשין נו:
יח ג מיי' פ"ג שם ופ"ד הל"י:
יט ד מיי' פ"ג מהל' גירושין הל"ח סמג עשין נ טוש"ע אה"ע סי' קלא סעי' ב:
כ ה ו מיי' פ"ג מהל' בית הבחירה הלט"ו ופ"ג מהל' ביאת מקדש הלכה ד סמג לאוין רמ ועשין קעד:
כא ז מיי' פ"ג מהל' סוטה הלט"ז:

גיטין כד. ערכין יג.
[גיטין כ. וש"נ]
[לעיל יט.]
[לעיל ו. לקמן כב:]
[לעיל יט:]
תוספתא דכלים פ"א ע"ש פסחים סז. נזיר מה.
מגילה טו.
נדה לט. עא.
[ע' סנהדרין קי:]
כ"כ ד.

חוּץ מִפָּרָשַׁת סוֹטָה בִּלְבַד. רַבִּי יַעֲקֹב אוֹמֵר מִשְּׁמוֹ: אחוּץ מִפָּרָשַׁת סוֹטָה שֶׁל מִקְדָּשׁ. מַאי בֵּינַיְיהוּ? א"ר יִרְמְיָה: אלִמְחוֹק לָהּ מִן הַתּוֹרָה אִיכָּא בֵּינַיְיהוּ. וְהָנֵי תַנָּאֵי כִּי הָנֵי תַנָּאֵי; דְּתַנְיָא: באֵין מְגִילָּתָהּ כְּשֵׁירָה לְהַשְׁקוֹת בָּהּ סוֹטָה אַחֶרֶת, רַבִּי אַחַי בַּר יֹאשִׁיָּה אוֹמֵר: מְגִילָּתָהּ כְּשֵׁירָה לְהַשְׁקוֹת בָּהּ סוֹטָה אַחֶרֶת. אָמַר רַב פַּפָּא: דִּילְמָא לָא הִיא; עַד כָּאן לָא קָאָמַר ת"ק הָתָם, אֶלָּא כֵּיוָן דְּאִינְתִּיק לְשׁוּם רָחֵל — לָא הָדְרָא מִינַּתְקָא לְשׁוּם לֵאָה, אֲבָל תּוֹרָה דִּסְתָמָא כְּתִיבָה — הָכִי נַמִי דִּמְחַקִינַן. אָמַר רַב נַחְמָן בַּר יִצְחָק: דִּילְמָא לָא הִיא; עַד כָּאן לָא קָאָמַר רַבִּי אַחַי בַּר יֹאשִׁיָּה הָתָם — אֶלָּא בִּמְגִילָּה, דְּאִיכְתּוּב לְשׁוּם אָלוֹת בָּעוֹלָם, אֲבָל תּוֹרָה דִּלְהִתְלַמֵּד כְּתִיבָה — הָכִי נַמִי גדְּלָא מְחַקִינַן, וְרַבִּי אַחַי בַּר יֹאשִׁיָּה, לֵית לֵיהּ *דכָּתַב לְגָרֵשׁ אֶת אִשְׁתּוֹ וְנִמְלַךְ, מְצָאוֹ בֶּן עִירוֹ וְאָמַר לוֹ: שְׁמִי כְּשִׁמְךָ וְשֵׁם אִשְׁתִּי כְּשֵׁם אִשְׁתְּךָ — פָּסוּל לְגָרֵשׁ בּוֹ? אָמְרִי: הָתָם — °"וְכָתַב לָהּ" אָמַר רַחֲמָנָא, בָּעֵינַן כְּתִיבָה *לִשְׁמָהּ. הָכָא נַמִי °"וְעָשָׂה לָהּ"! מַאי עֲשִׂיָּה — מְחִיקָה.§ "אֵינָהּ מַסְפֶּקֶת לִשְׁתּוֹת עַד שֶׁפָּנֶיהָ" [כו'].§ מַנִּי — ר"ש הִיא, *דְּאָמַר: מַקְרִיב אֶת מִנְחָתָהּ וְאח"כ מַשְׁקָהּ, דְּכַמָּה דְּלָא קָרְבָה מִנְחָתָהּ לָא בָּדְקִי לָהּ מַיָּא, דִּכְתִיב: °"מִנְחַת זִכָּרוֹן מַזְכֶּרֶת עָוֹן". אֵימָא סֵיפָא: יֵשׁ לָהּ זְכוּת — הָיְתָה תּוֹלָה לָהּ, אֲתָאן לְרַבָּנַן. דְּאִי ר"ש — הָאָמַר *אֵין זְכוּת תּוֹלָה בַּמַּיִם הַמָּרִים! אָמַר רַב חִסְדָּא: הָא מַנִּי — ר"ע הִיא, דְּאָמַר: *מַקְרִיב אֶת מִנְחָתָהּ וְאח"כ מַשְׁקָהּ, וּבִזְכוּת — סָבַר לָהּ כְּרַבָּנַן.§ "וְהֵם אוֹמְרִים הוֹצִיאוּהָ" וכו'.§ מ"ט — דְּדִילְמָא מֵתָה. לְמֵימְרָא דְּמֵת אָסוּר בְּמַחֲנֵה לְוִיָּה? *°וְהַתַנְיָא: הטְמֵא מֵת מוּתָּר לִיכָּנֵס לְמַחֲנֵה לְוִיָּה. וְלֹא טְמֵא מֵת בִּלְבַד אָמְרוּ, אֶלָּא ואֲפִילּוּ מֵת עַצְמוֹ, שֶׁנֶּאֱמַר: °"וַיִּקַּח מֹשֶׁה אֶת עַצְמוֹת יוֹסֵף עִמּוֹ", עִמּוֹ בִּמְחִיצָתוֹ! אָמַר אַבַּיֵי: זשֶׁמָּא תִּפְרוֹס נִדָּה. לְמֵימְרָא דִּבְעִיתוּתָא מְרַפְיָא? אִין, דִּכְתִיב: °"וַתִּתְחַלְחַל הַמַּלְכָּה מְאֹד", *וְאָמַר רַב: שֶׁפֵּירְסָה נִדָּה. וְהָא אֲנַן *תְּנַן: חֲרָדָה מְסַלֶּקֶת דָּמִים! פַּחֲדָא צָמֵית, בִּיעֲתוּתָא מְרַפְיָא.§ "יֵשׁ לָהּ זְכוּת הָיְתָה" וכו'.§ מַנִּי מַתְנִי'? לָא אַבָּא יוֹסֵי בֶּן חָנָן, וְלָא ר"א בֶּן יִצְחָק אִישׁ כְּפַר דָּרוֹם, וְלָא רַבִּי יִשְׁמָעֵאל. דְּתַנְיָא: אִם יֵשׁ לָהּ זְכוּת — תּוֹלָה לָהּ שְׁלֹשָׁה חֳדָשִׁים, כְּדֵי הַכָּרַת הָעוּבָּר, דִּבְרֵי אַבָּא יוֹסֵי בֶּן חָנָן. ר"א בֶּן יִצְחָק אִישׁ כְּפַר דָּרוֹם אוֹמֵר: ט' חֳדָשִׁים, שֶׁנֶּאֱמַר: °"וְנִקְּתָה וְנִזְרְעָה זָרַע", וּלְהַלָּן הוּא אוֹמֵר: °"זֶרַע יַעַבְדֶנּוּ יְסוּפַּר" — זֶרַע *הָרָאוּי לְסַפֵּר. רַבִּי יִשְׁמָעֵאל אוֹמֵר: שְׁנֵים עָשָׂר חֹדֶשׁ, וְאע"פ שֶׁאֵין רְאָיָה לַדָּבָר — זֵכֶר לַדָּבָר, *דִּכְתִיב: °"לָהֵן מַלְכָּא מִלְכִּי יִשְׁפַּר עֲלָךְ וַחֲטָיָךְ בְּצִדְקָה פְרוּק וַעֲוָיָתָךְ בְּמִחַן עֲנָיִן

הֵן

דברים כד; במדבר ה; סס; שמות יג; אסתר ד; במדבר ה; תהלים כב; דניאל ד

רש"י

חוּץ מִפָּרָשַׁת סוֹטָה. וַאֲפִי' בְּס"ת. מִשְּׁמוֹ. שֶׁל ר"מ. שֶׁבְּמִקְדָּשׁ. שֶׁל כָּל סוֹטָה וְסוֹטָה. מַאי בֵּינַיְיהוּ. כְּלוֹמַר, בְּמַאי קָמִיפַּלְגִי, בְּאֵיזֶה טַעֲמָא? לִמְחוֹק לָהּ. מִפָּרָשַׁת סוֹטָה שֶׁבְּסֵפֶר תּוֹרָה; לְת"ק — מָחֲקִינַן, לְר' יַעֲקֹב — לָא מָחֲקִינַן. כִּי הָנֵי תַנָּאֵי. דְּאִיפְלְגוּ נַמִי בִּכְתִיבָה לִשְׁמָהּ. תורה אור דְּאִינְתִּיק. מִכָּל נָשִׁים לִשְׁמָהּ שֶׁל זוֹ. אָמַר רַב נַחְמָן וכו'. אִיהוּ נַמִי פָּרֵיךְ דְּהָנֵי תַנָּאֵי לָאו כִּי הָנֵי תַנָּאֵי, וּפָרֵיךְ לְאִידָךְ גִּיסָא, וְאִית לֵיהּ נַמִי דְּרַב פַּפָּא. וְה"ק: אִיכָּא לְמִיפְרַךְ לְהַאי גִּיסָא, וְאִיכָּא לְמִיפְרַךְ לְהַאי גִּיסָא. כָּתַב. לָהּ גֵּט לְגָרֵשׁ אֶת אִשְׁתּוֹ, וְנִמְלַךְ מִלְּגָרְשָׁהּ. בֶּן עִירוֹ. שֶׁשְּׁמוֹ כִּשְׁמוֹ, וְהוּא מֵאוֹתָהּ הָעִיר. שְׁמִי כְּשִׁמְךָ וכו'. וּבְנֵי עִיר אַחַת אֲנַחְנוּ, וְגֵט זֶה רָאוּי לִי. תְּנֵיהוּ לִי וַאֲגָרֵשׁ בּוֹ אֶת אִשְׁתִּי. פָּסוּל לָזֶה לְגָרֵשׁ בּוֹ. דְּדָרְשִׁינַן "לָהּ" — לִשְׁמָהּ, דִּכְתִיב: "וְכָתַב לָהּ סֵפֶר כְּרִיתוּת". וְהָכָא נַמִי כְּתִיב: "וְעָשָׂה לָהּ הַכֹּהֵן". מַנִּי. הָא דְּקָתָנֵי דְּכֵיוָן שֶׁשָּׁתְתָה נִבְדֶּקֶת — ר"ש הִיא, דְּאָמַר מַקְרִיב מִנְחָתָהּ וְאח"כ מַשְׁקֶה. דְּאִי לָא מַקְרָבָהּ בְּרֵישָׁא — לָא הֲוָה מִיבַּדְקָהּ עַד שֶׁתִּקְרַב מִנְחָתָהּ, דִּכְתִיב "מַזְכֶּרֶת עָוֹן". הָא אָמַר אֵין זְכוּת תּוֹלָה. בְּמַתְנִי' (לקמן ד' כב:). ר"ע הִיא. דְּאָמַר לְעֵיל (ד' יט:): מִשֶּׁקָּרַב הַקּוֹמֶץ אֵינָהּ יְכוֹלָה לַחֲזוֹר בָּהּ. אַלְמָא מְקָרְבֵי לָהּ קוֹדֶם שֶׁתִּשְׁתֶּה. בְּמַחֲנֵה לְוִיָּה. בְּהַר הַבַּיִת. דְּהָא עֶזְרַת נָשִׁים וְגַם שַׁעַר נִקָּנוֹר לֹא נִתְקַדְּשׁוּ בִּקְדוּשַּׁת עֲזָרָה, וַהֲרֵי הֵן כִּשְׁאָר הַר הַבַּיִת. עִמּוֹ בִּמְחִיצָתוֹ. וּבַמִּדְבָּר נַמִי הָיוּ ג' מַחֲנוֹת; לִפְנִים מִן הַקְּלָעִים — מַחֲנֵה שְׁכִינָה, "וְהַלְוִיִּם יַחֲנוּ סָבִיב לְמִשְׁכַּן הָעֵדוּת" (במדבר א) — זֶה מַחֲנֵה לְוִיָּה, וְהַדְּגָלִים ג' פַּרְסָאוֹת — זֶה מַחֲנֵה יִשְׂרָאֵל. וּמֹשֶׁה הָיָה לֵוִי וְקָאָמַר "עִמּוֹ". שֶׁמָּא תִּפְרוֹס נִדָּה. אַגַּב בִּיעֲתוּתָא דְּמַיִם הַמָּרִים. וְהַנִּדָּה וְהַזָּב וְהַזָּבָה וּבַעַל קֶרִי אֲסוּרִים בְּמַחֲנֵה לְוִיָּה, כִּדְיָלְפִינַן בִּפְסָחִים בְּפֶרֶק "אֵלּוּ דְּבָרִים" (ד' סז.). פַּחֲדָא צָמֵית. דְּאָגָה שֶׁאֵינָהּ בָּאָה פִּתְאוֹם, אֶלָּא דּוֹאֶגֶת שֶׁמָּא יָבוֹאוּ אוֹיְבִים לְהוֹרְגָהּ — לוֹמֶת אֶת הַמָּקוֹר מִלְּהוֹצִיא דָּם, וַאֲפִי' בִּשְׁעַת וֶסְתָּהּ. וְהַהִיא דְּנִדָּה — אַדְּאָגָה אִיתְּמַר, דְּקָתָנֵי: הִגִּיעַ שְׁעַת וֶסְתָּהּ וְלֹא בָּדְקָה — טְמֵאָה, מִפְּנֵי שֶׁאוֹרַח בִּזְמַנּוֹ בָּא. ר"מ אוֹמֵר: אִם הָיְתָה בְּמַחְבֵּא וְהִגִּיעַ שְׁעַת וֶסְתָּהּ וְלֹא בָּדְקָה — טְהוֹרָה אִם בָּדְקָה אַחֲרֵי כֵן וּמְצָאַתָּהּ טְהוֹרָה, וְלֹא "אָמַר אוֹרַח בִּזְמַנּוֹ בָּא", שֶׁחֲרָדָה מְסַלֶּקֶת אֶת הַדָּמִים. בִּיעֲתוּתָא. הַבָּאָה פִּתְאוֹם, כְּגוֹן זוֹ שֶׁלֹּא הָיְתָה חֲרֵידָה עַד עַכְשָׁיו, וּפִתְאוֹם הִיא מַרְגֶּשֶׁת בְּלִבָּהּ. וְכֵן בְּאֶסְתֵּר, שֶׁבָּאת לָהּ שְׁמוּעַת מָרְדֳּכַי פִּתְאוֹם. מְרַפְיָא. הַדָּמִים, פּוֹתֵחַ אֶת הַמָּקוֹר. מַנִּי מַתְנִי'. דְּקָתָנֵי: יֵשׁ זְכוּת תּוֹלָה ג' שָׁנִים? כְּדֵי הַכָּרַת הָעוּבָּר. דְּדָרֵישׁ: "וְנִקְּתָה" ע"י זְכוּת — כְּדֵי "וְנִזְרְעָה זָרַע" — כְּשִׁיעוּר שֶׁהָעוּבָּר נִיכָּר בִּמְעוּבֶּרֶת. הָרָאוּי לְסַפֵּר. לִחְיוֹת וְלָבֹא לִידֵי סִיפּוּר שִׁבְחוֹ שֶׁל מָקוֹם. וְאע"פ שֶׁאֵין רְאָיָה. גְּמוּרָה לַדָּבָר דִּזְכוּת תּוֹלָה י"ב חוֹדֶשׁ, זֵכֶר לַדָּבָר. וּלְקַמָּן מְפָרֵשׁ אַמַּאי אֵינָהּ רְאָיָה. לָהֵן מַלְכָּא מִלְכִּי יִשְׁפַּר עֲלָךְ וגו'. דָּנִיֵּאל אָמַר לִנְבוּכַדְנֶצַּר, כְּשֶׁפָּתַר לוֹ הַחֲלוֹם שֶׁיְּהֵא נִטְרָד מִן הָאֲנָשִׁים וְלִהְיוֹת עִם בְּהֵמָה וְחַיָּה: "לָהֵן מַלְכָּא" — אָמְנָם הַמֶּלֶךְ מַלְכִּי, "יִשְׁפַּר עֲלָךְ" — עֲצָתִי תִּיטַב בְּעֵינֶיךָ, לְהַאֲמִין לַעֲצָתִי. וַחֲטָיָךְ בְּצִדְקָה פְרוּק. חַטָּאֶךָ ע"י צְדָקָה פְּדֵה. וַעֲוָיָתָךְ בְּמִחַן. וַעֲוֹנוֹתֶיךָ בַּחֲנִינַת הָעֲנִיִּים.

הֵן

תוספות

כתב "וכתב לה", אע"ג דנכתבה לשום אשה אחרת – דכשר. לפוס דיהוי דרב נחמן בר יצחק, א"כ הא דקאמר הכא: התם "וכתב לה" אמר רחמנא, אבל הכא לא כתיב אלא "וכתב", "לה" כתיב גבי עשייה – והא בפרק "כל הגט" (גיטין דף כד:) מפרש מ"ט פסלינן לכל הני גיטין, אי כתיב "ונתן ספר כריתות" – ה"א למעוטי האיך קמא שנכתב שלא לשום אשה, כתב רחמנא "וכתב". ואי לא כתיב אלא "וכתב" – ה"א למעוטי האי, דלא איהו כתב לה, אבל יש לו ב' נשים דאיהו קא כתב לה, כשר – כתב רחמנא "וכתב לה", דממעטינן היו לו שתי נשים וכו'. אלמא דממעטי התם מ"וכתב" גרידא היכא דנכתב לשם אשה אחרת! וי"ל: דשאני התם, דלא הוה צריך למיכתב אלא "ונתן לה ספר כריתות", הילכך הוי "וכתב" קרא יתירא, למעוטי נכתב לשם אשה אחרת. אבל הכא לאו יתירא הוא האי "וכתב", הילכך לא ממעטינהו מיניה אלא היכא דלא אכתיב לשם אלות בעולם, כדכתיב: "וכתב את האלות". **הא** מני ר"ע היא ובזכות סבר לה כרבנן. פירש ר"י: דאשכחן הכי בספרי ובירושלמי בהדיא דסבר ר' עקיבא זכות תולה. דגרס בירושלמי: תני, ר' טרפון אומר: כל זכרונות שנאמרו בתורה – לטובה, חוץ מזו שהיא של פורענות. אמר לו ר"ע: אילו נאמר "מזכרת עון" ושתק – הייתי אומר כדבריך, הא אינו אומר "מנחת זכרון" אלא לטובה. אבל אי לא הוי אמר ר"ע בהדיא דזכות תולה – הוה מוקי לה כרבי דמתני' (לקמן ד' כב:) וסבר לה כרבי שמעון. ונראה דלא הוה מצי לאוקמא כרבי, דמדסיפא רבי – רישא לאו רבי. ועוד איכא למאן דאמר בפ"ק (לעיל דף ו.) דבמתנונה פליגי רבי ורבנן. **לא** טמא מת אלא אפי' מת עצמו. קשיא לר': דהכא משמע דמכניס מת חמור מטמא מת הנכנס. ובפרק בתרא דעירובין בסופו (דף קד:), אמר רב טובי בר קיסנא אמר שמואל: המכניס טמא שרץ במקדש – חייב, שרץ עצמו – פטור, שנאמר: "מזכר ועד נקבה תשלחו" – מי שיש לו טהרה במקוה. ומת נמי אין לו טהרה במקוה! א) ויש לתרץ: דהתם איירי במכניס שרץ שלא נגע בו, ושרץ לא מטמא במשא. ולהכי נקט נמי שרץ ולא נבילה, דאם נטמא המכניס – תיפוק ליה משום גופו שהיה נכנס טמא שרץ במקדש. והכא ה"פ: ולא טמא מת בלבד אמרו, לאחר שפירש מן הטומאה, אלא אפי' מת עצמו, דהויא טומאה בחיבורין במכניסו, דחמירי טפי מטומאה שלא בחיבורין, כדאיתא בפ' שני דמסכת ע"ז (דף לז:). **ביעתותא** מרפיא. תימה לר"י: והא בפרק בתרא דנדה (דף עא.) בגמרא, ב"ש אומרים: כל הנשים מתות נדות, מ"ט דב"ש – אגב ביעתותא [דמלאכא] דמותא חזיא, וב"ה פליגי עליה. וקא מקשה התם: אלא הא דתניא, ב"ש אומרים: כל הנשים מתים זבין, קרי כאן "מבשרו" ולא מחמת אונסו! אלא טעמא דב"ש וכו'. אלמא דלא אמרי' ביעתותא מרפיא! וי"ל: ביעתותא דמלאך לא מרפיא, דלא חזי אלא בשעת הוצאת הנפש. **יש** זכות תולה שנה אחת. ירושלמי: יש זכות תולה שנה אחת – מנבוכדנצר, "לקצת ירחין תרין עשר". יש זכות תולה שתי שנים – מאמנון, "ויהי לשנתים ימים" (שמואל ב יג). יש זכות תולה שלש שנים – מאחאב, "וישבו שלש שנים אין מלחמה" (מלכים א כב). אמר ר' יוסי: כל *אותן שלש שנים היה עסוק במצות, וכל אותן שתי שנים היה עוסק בתורה. מנחת זכרון – כלל, "מזכרת עון" – פרט. כמדומה הכי פירוש: אימא דמ"מנחת זכרון" ליכא למילף זכרון זכות אלא זכרון עון, ואין בכלל אלא מה שבפרט! אם אומר אתה כן – לא נמצאת מדת הדין מקופחת? מה אם מדת הפורענות מעוטה – הרי מזכרת, מידת הטובה מרובה על אחת כמה וכמה! אלא "מנחת זכרון" – יש לה זכות, "מזכרת עון" – אין לה זכות.

מלוה

א) [ועי' תוספות מנחות לה: ד"ה אין]

תוספות שאנץ

למחוק לה מן התורה פרשת סוטה שבספר תורה לת"ק מחקי' לר' עקיבא לא מחקינן: אבל תורה דסתם כתיבא הכי נמי דמחקינן וא"ת מאי שנא מהא דאמרי' בגיטין ההוא גברא דעל לבי כנישתא ויהב ספר תורה לדביתהו אמר רב יוסף למאי ניחוש לה אי משום כריתות הא בעי' וכתב לה לשמה אלמא אמרי' דאע"ג דסתם כתיבא לא אמרי' [דהוי] לשמה ודוחק הוא לומר דרב יוסף פליג ארב פפא דהכא ואומר דשאני גט דאפי' כתב הסופר שם אשה ושם האיש לא מהני אם לא אמר ליה הבעל שיכתוב הגט אבל הכא גבי סוטה מגלת סוטה שכתבה בלא אמירת האשה כשרה ומשו"ה אמרינן דכיון דסתמא כתיבא ה"נ דמחקי. אבל ק' דהכא משמע דלהתלמד עדיף יותר ופי' בריש פ' כל הגט. אבל ק' מאי האי דקאמר בתר הכי דר' אחא לית ליה כתב לגרש את אשתו ונמלך כו'. והא לא דמי גט לסוטה כדפרי'. וי"ל דמ"מ פריך הכי דכיון דלית ליה לשמה א"כ לא לדרוש נמי גבי גט וכתב לה לשמה כי היכי דלא דריש ליה גבי סוטה: למימ' דמת אסור ליכנס למחנה לויה. בהר הבית דהא עזרת נשים ושער נקנור לא נתקדשו בקדושת העזרה והרי הן כשאר הבית. ל"ה: וא"ת מאי מקשי' מדרבנן מיהא אסור דהכי אמרי' התם חצר חדשה שחדשו בה דברים הרבה שאין טבול יום וטמא מת נכנס במחנה לויה וגם תנן במס' כלים מקודש ממנו החיל שאין גוים וטמאי מתים נכנסין לשם. וי"ל דיש חלוק בין היכא דאירע לו טומאה קודם שנכנס לשם אז אמרי' דאסור ליכנס במחנה לויה אבל היכא דאירע לו תוך המחנה אז מותר להיות שם דה"נ אמרי' במס' תמיד אירע קרי באחד מהם היה הולך במסיבה לבית הטבילה וכשחוזר בא לו אצל אחיו הכהנים: אלא אפי' מת עצמו וק' מאי אפי' אדרבה מת קיל טפי כדאמר (בעירובין ק"ד) טמא שרץ שנכנס לעזרה חייב והמכניס שרץ למקדש פטור משום דכתיב מזכר עד נקבה תשלחו מי שיש לו טהרה במקוה מת נמי אין לו טהרה במקוה וי"ל דפלוגתא דתנאי היא התם. (א"ת יש במינו טהרה במקוה דשרץ כדאמר בפ' דר' עקיבא דיש במינו טהרה במקוה בעי גבי מפץ דהתם איצטריך קרא במפץ לומר דבעי במינו ה"נ כתיב מזכר לד' דבעי במינו). עמו במחיצתו ובמדבר נמי היו ג' מחנות לפנים מן הקלעים מחנה שכינה והלוים יחנו סביב למשכן העדות זה מחנה לויה ומשה לוי היה וקאמר (עמי) [עמו] ל"ה: ואשכח קרא דאמר ותני פי' בהארכת זמן כלומר דקרא כתיב כשהב"ה מאריך זמן עד ג' פעמים הלכך הו"ל ג' שנים:

דלמא

גליון הש"ס

גמ' והתניא טמא מת. ע' זבחים ד' לב ע"א תד"ה ובטמאות: תוס' ד"ה בעיתותא כו' הנשים נ"ל האנשים:

בס"י ובירושלמי איתא כל אותן י"ב חודש:

"הֵן תֶּהֱוֵי אַרְכָּא לִשְׁלֵוְתָךְ", וּכְתִיב: °"כֹּלָּא מְטָא עַל נְבוּכַדְנֶצַּר מַלְכָּא", וּכְתִיב: °"לִקְצָת יַרְחִין תְּרֵי עֲשַׂר"! לְעוֹלָם רַבִּי יִשְׁמָעֵאל, וְאַשְׁכַּח קְרָא דְּאָמַר וְתָנֵי, דִּכְתִיב: °"כֹּה אָמַר ה' עַל שְׁלֹשָׁה פִּשְׁעֵי אֱדוֹם". וּמַאי אע"פ שֶׁאֵין רְאָיָה לַדָּבָר זֵכֶר לַדָּבָר? דִּלְמָא שָׁאנֵי גּוֹיִם דְּלָא מְפַקִּיד דִּינָא עֲלַיְיהוּ. § "וְיֵשׁ זְכוּת תּוֹלָה ג' שָׁנִים" כו'. § זְכוּת דְּמַאי? אִילֵימָא זְכוּת דְּתוֹרָה – הָא [א]אֵינָהּ מְצוּוָּה וְעוֹשָׂה הִיא! אֶלָּא זְכוּת דְּמִצְוָה – זְכוּת דְּמִצְוָה מִי מַגְנָא כּוּלֵּי הַאי? וְהָתַנְיָא: אֶת זוֹ דָּרַשׁ רַבִּי מְנַחֵם בַּר יוֹסֵי: °"כִּי נֵר מִצְוָה וְתוֹרָה אוֹר", תָּלָה הַכָּתוּב אֶת הַמִּצְוָה בְּנֵר, וְאֶת הַתּוֹרָה בְּאוֹר; אֶת הַמִּצְוָה בְּנֵר – לוֹמַר לְךָ: מַה נֵּר אֵינָהּ *מְגִינָּה אֶלָּא לְפִי שָׁעָה – אַף מִצְוָה אֵינָהּ מְגִינָּה אֶלָּא לְפִי שָׁעָה. וְאֶת הַתּוֹרָה בְּאוֹר, לוֹמַר לְךָ: מָה אוֹר *מֵגֵין לְעוֹלָם – אַף תּוֹרָה מְגִינָּה לְעוֹלָם, וְאוֹמֵר: °"בְּהִתְהַלֶּכְךָ תַּנְחֶה אוֹתָךְ" וגו'; "בְּהִתְהַלֶּכְךָ תַּנְחֶה אוֹתָךְ" – זֶה הָעוֹה"ז, "בְּשָׁכְבְּךָ תִּשְׁמוֹר עָלֶיךָ" – זוֹ מִיתָה, "וַהֲקִיצוֹתָ הִיא תְשִׂיחֶךָ" – לֶעָתִיד לָבֹא. מָשָׁל לְאָדָם שֶׁהָיָה מְהַלֵּךְ בְּאִישׁוֹן לַיְלָה וַאֲפֵילָה, וּמִתְיָירֵא מִן הַקּוֹצִים וּמִן הַפְּחָתִים וּמִן הַבַּרְקָנִים, וּמֵחַיָּה רָעָה וּמִן (א) הַלִּיסְטִין, וְאֵינוֹ יוֹדֵעַ בְּאֵיזֶה דֶּרֶךְ מְהַלֵּךְ. נִזְדַּמְּנָה לוֹ אֲבוּקָה שֶׁל אוֹר – נִיצַּל מִן הַקּוֹצִים וּמִן הַפְּחָתִים וּמִן הַבַּרְקָנִים, וַעֲדַיִין מִתְיָירֵא מֵחַיָּה רָעָה וּמִן הַלִּיסְטִין, וְאֵינוֹ יוֹדֵעַ בְּאֵיזֶה דֶּרֶךְ מְהַלֵּךְ. •כֵּיוָן שֶׁעָלָה עַמּוּד הַשַּׁחַר – נִיצַּל מֵחַיָּה רָעָה וּמִן הַלִּיסְטִין, וַעֲדַיִין אֵינוֹ יוֹדֵעַ בְּאֵיזֶה דֶּרֶךְ מְהַלֵּךְ. הִגִּיעַ לְפָרָשַׁת דְּרָכִים – נִיצַּל מִכּוּלָּם. ד"א: עֲבֵירָה מְכַבָּה מִצְוָה, וְאֵין עֲבֵירָה מְכַבָּה תּוֹרָה, שֶׁנֶּאֱמַר: °"מַיִם רַבִּים לֹא יוּכְלוּ לְכַבּוֹת אֶת הָאַהֲבָה"! א"ר יוֹסֵף: מִצְוָה, בְּעִידָּנָא דְּעָסֵיק בָּהּ – מַגְנָא וּמַצְלָא, בְּעִידָּנָא דְּלָא עָסֵיק בָּהּ – אַגּוֹנֵי מַגְנָא, אַצּוֹלֵי לָא מַצְלָא. תּוֹרָה, בֵּין בְּעִידָּנָא דְּעָסֵיק בָּהּ וּבֵין בְּעִידָּנָא דְּלָא עָסֵיק בָּהּ – מַגְנָא וּמַצְלָא. מַתְקִיף לָהּ *רַבָּה: אֶלָּא מֵעַתָּה, דּוֹאֵג וַאֲחִיתוֹפֶל מִי לָא עָסְקִי בַּתּוֹרָה? אַמַּאי לָא הֲגִינָּה עֲלַיְיהוּ? אֶלָּא אָמַר רָבָא: תּוֹרָה, בְּעִידָּנָא דְּעָסֵיק בָּהּ – מַגְנָא וּמַצְלָא, בְּעִידָּנָא דְּלָא עָסֵיק בָּהּ – אַגּוֹנֵי מַגְנָא, אַצּוֹלֵי לָא מַצְלָא. מִצְוָה, בֵּין בְּעִידָּנָא דְּעָסֵיק בָּהּ בֵּין בְּעִידָּנָא דְּלָא עָסֵיק בָּהּ – אַגּוֹנֵי מַגְנָא, אַצּוֹלֵי לָא מַצְלָא. רָבִינָא אָמַר: לְעוֹלָם זְכוּת תּוֹרָה. וּדְקָאָמְרַתְּ אֵינָהּ מְצוּוָּה וְעוֹשָׂה, נְהִי [ב]דְּפִקּוּדֵי לָא מִפַּקְּדָא – בְּאַגְרָא *דְּמַקְרָיָן וּמַתְנְיָין בְּנַיְיהוּ, וְנָטְרָן לְהוּ לְגַבְרַיְיהוּ עַד דְּאָתוּ מִבֵּי מִדְרְשָׁא – מִי לָא פַּלְגָאן בַּהֲדַיְיהוּ? מַאי פָּרָשַׁת דְּרָכִים? א"ר חִסְדָּא: זֶה ת"ח וְיוֹם מִיתָה. רַב נַחְמָן בַּר יִצְחָק אָמַר: זֶה ת"ח וְיִרְאַת חֵטְא. מָר זוּטְרָא אָמַר: זֶה ת"ח דְּסַלְקָא לֵיהּ שְׁמַעְתְּתָא אַלִּיבָּא דְּהִלְכְתָא. "ד"א עֲבֵירָה מְכַבָּה מִצְוָה וְאֵין עֲבֵירָה מְכַבָּה תּוֹרָה". א"ר יוֹסֵף: דַּרְשֵׁיהּ רַבִּי מְנַחֵם בַּר יוֹסֵי לְהַאי קְרָא כִּי סִינַי, *וְאִילְמָלֵא דַּרְשׁוּהּ דּוֹאֵג וַאֲחִיתוֹפֶל הָכִי לָא רָדְפוּ בָּתַר דָּוִד, דִּכְתִיב: °"לֵאמֹר אֱלֹהִים עֲזָבוֹ" וגו'. מַאי דְּרוּשׁ – °"וְלֹא יִרְאֶה בְךָ עֶרְוַת דָּבָר" וגו', וְהֵן אֵינָן יוֹדְעִין שֶׁעֲבֵירָה מְכַבָּה מִצְוָה וְאֵין עֲבֵירָה מְכַבָּה תּוֹרָה. מַאי °"בּוֹז יָבוּזוּ לוֹ"? אָמַר עוּלָּא: לֹא כְּשִׁמְעוֹן אֲחִי עֲזַרְיָה, וְלֹא כְּר' יוֹחָנָן דְּבֵי נְשִׂיאָה, אֶלָּא כְּהִלֵּל וְשֶׁבְנָא. דְּכִי אֲתָא רַב דִּימִי אֲמַר: הִלֵּל וְשֶׁבְנָא אַחֵי הֲווּ, הִלֵּל עָסַק בַּתּוֹרָה, שֶׁבְנָא עֲבַד עִיסְקָא. לְסוֹף א"ל: תָּא נֶעֱרוֹב וְלִיפְלוֹג! יָצְתָה בַּת קוֹל וְאָמְרָה: °"אִם יִתֵּן אִישׁ אֶת כָּל הוֹן בֵּיתוֹ" וגו'. §

אומר

דניאל ד | שם | תהלים עח | עמוס א | משלי ו | שם | שיר ח | תהלים עח | דברים כג | שיר ח | שם

הֵן תֶּהֱוֵי אַרְכָּא לִשְׁלֵוְתָךְ. וְאָז תְּהֵא אוֹרֶךְ זְמַן לִשְׁלוֹמְךָ, שֶׁלֹּא יָבֹאוּ עָלֶיךָ הַפּוּרְעָנוּת. וְכֵן עָשָׂה נְבוּכַדְנֶצַּר, הָיָה מְקַבֵּץ בְּכָל יוֹם עֲנִיֵּי יִשְׂרָאֵל שֶׁהֵבִיא בַּגּוֹלָה וְהָיוּ צְרִיכִין מְזוֹנוֹת, וּמְפַרְנְסָם. וְאַף דָּנִיֵּאל כְּשֶׁהִשִּׂיאוֹ עֵצָה זוֹ – לְכָךְ נִתְכַּוֵּין, שֶׁרָאָה אֶת יִשְׂרָאֵל בַּגּוֹלָה מְחַזְּרִין עַל הַפְּתָחִים. וּכְתִיב כּוֹלָּא מְטָא. כָּל הַפּוּרְעָנוּת הִגִּיעַ עַל נְבוּכַדְנֶצַּר. לִקְצָת יַרְחִין תְּרֵי עֲשַׂר. אַלְמָא תָּלָה לוֹ הַזְּכוּת י"ב חֹדֶשׁ. לְעוֹלָם. מַתְנִי' דְּקָתָנֵי ג' שָׁנִים – ר' יִשְׁמָעֵאל הִיא. וְאַשְׁכַּח קְרָא דְּאָמַר וְתָנֵי. שׁוֹנֶה בְּהַאֲרָכַת זְמַן. כְּלוֹמַר, מִקְרָא כָּתוּב שֶׁהקב"ה מַאֲרִיךְ זְמַן עַד ג' פְּעָמִים, הִלְכָּךְ הָווּ לְהוּ ג' שָׁנִים. דְּלָא מְפַקֵּיד דִּינָא עֲלַיְיהוּ. אֵין מְמַהֲרִין מִן הַשָּׁמַיִם לִפְקוֹד עֲוֹנוֹתָם עֲלֵיהֶם בָּעוֹלָם הַזֶּה. אֲבָל מִיִּשְׂרָאֵל מְמַהֲרִין לִיפָּרַע בָּעוה"ז וּמְדַקְדְּקִין אַחֲרֵיהֶם. זְכוּת דְּמַאי. מְגִינָּה כָּל כָּךְ. זְכוּת דְּתוֹרָה. שֶׁהָיְתָה עוֹסֶקֶת בַּתּוֹרָה. הָא לָא מִפַּקְדָא. דִּכְתִיב: "וְלִמַּדְתֶּם אוֹתָם אֶת בְּנֵיכֶם" (דברים יא) – וְלֹא אֶת בְּנוֹתֵיכֶם. וְכֵיוָן דְּאֵינָהּ מְצוּוָּה – אֵין שְׂכָרָהּ גָּדוֹל כִּמְצוּוֶּה וְעוֹשֶׂה. הִיא תְשִׂיחֶךָ. תָּלִין בַּעַדְךָ אֶת זְכוּתְךָ. פְּחָתִים. גּוּמוֹת. נִזְדַּמְּנָה לוֹ אֲבוּקָה שֶׁל אוֹר. כָּךְ, זָכָה לְקַיֵּים מִצְוָה – נִיצַּל מִמִּקְצָת פּוּרְעָנִיּוֹת. וַעֲדַיִין מִתְיָירֵא מֵחַיָּה רָעָה וּמִן הַלִּיסְטִין. שֶׁדַּרְכָּן לֵילֵךְ בַּלַּיְלָה, פֶּן יִפְגְּעוּ בּוֹ, דִּכְתִיב: "תָּשֶׁת חוֹשֶׁךְ וִיהִי לָיְלָה בּוֹ תִרְמוֹשׂ כָּל חַיְתוֹ יָעַר" (תהלים קד). הִגִּיעַ עַמּוּד הַשַּׁחַר. וְאַף כָּאן, זָכָה לַתּוֹרָה – נִיצַּל מִן הַחֵטְא וּמִן הַיִּסּוּרִין. וַעֲדַיִין אֵינוֹ יוֹדֵעַ כו'. שֶׁמָּא יִכְפֵּנוּ יִצְרוֹ לִיבָּטֵל, וְיָשִׁיב עָלָיו יצה"ר וּפוּרְעָנוּת. הִגִּיעַ לְפָרָשַׁת דְּרָכִים. וְשָׁם הִכִּיר אֶת דַּרְכּוֹ. וְאַף כָּאן, הִגִּיעַ לְיוֹם הַמִּיתָה וְלֹא פֵּירַשׁ מִן הַתּוֹרָה עַד יוֹם מוֹתוֹ נִיצַּל מִכּוּלָּן. וְהָכִי מְפָרֵשׁ לָהּ לְקַמֵּיהּ. עֲבֵירָה מְכַבָּה. שְׂכַר מִצְוָה. וְאֵין עֲבֵירָה מְכַבָּה. שְׂכַר מִי שֶׁעָסַק בַּתּוֹרָה קוֹדֶם לָכֵן. אַלְמָא, מִצְוָה לָא מַגְנָא כּוּלֵּי הַאי. לְכַבּוֹת אֶת הָאַהֲבָה. זוֹ תּוֹרָה, דִּכְתִיב (שיר ב): "הֱבִיאַנִי אֶל בֵּית הַיַּיִן וְדִגְלוֹ עָלַי אַהֲבָה". יַיִן – סוֹד. אָמַר רַב יוֹסֵף. לְעוֹלָם מְגִינָּה עַל הַיִּסּוּרִין הַרְבֵּה, וּמַאי "אֵינָהּ מְגִינָּה" דְּקָאָמַר (ב) ת"ק – מִן הַחֵטְא, שֶׁלֹּא יִתְקְפֶנּוּ יצה"ר קָאָמַר. מִצְוָה בְּעִידָּנָא דְּעָסֵיק בָּהּ. וְהַיְינוּ "לְפִי שָׁעָה" דְּאָמַר – מַגְנָא מִן הַיִּסּוּרִין, וּמַצְּלָא מִיצה"ר, שֶׁלֹּא יַכְשִׁילֶנּוּ לַחֲטוֹא. בְּעִידָּנָא דְּלָא עָסֵיק בָּהּ. מִשֶּׁנִּגְמַר הַמִּצְוָה וְאֵינוֹ עָסוּק בָּהּ – אַגּוֹנֵי אַגְנָא מִן הַפּוּרְעָנוּת, אַצּוֹלֵי לָא מַצְלָא. וּדְקָתָנֵי בַּבָּרַיְיתָא: עֲבֵירָה מְכַבָּה מִצְוָה – לָאו מִלְּהָגֵן מִן הַיִּסּוּרִין קָאָמַר, אֶלָּא מִלִּיטּוֹל שָׂכָר לֶעָתִיד. אַמַּאי לָא תָּגֵין עֲלֵיהֶן. מִיֵּצֶר הָרַע, שֶׁהֶחֱטִיאָם וַעֲשָׂאָם רְשָׁעִים גְּמוּרִים. כְּלוֹמַר, אַמַּאי לֹא תַּצִּילֵהוּ מִן הָעֲבֵירוֹת? לְעוֹלָם זְכוּת דְּתוֹרָה. וְלֹא שֶׁעוֹסֶקֶת בַּתּוֹרָה, אֶלָּא שֶׁטּוֹרַחַת בִּבְנָהּ וּבְבַעְלָהּ שֶׁיַּעַסְקוּ. דְּמַקְרְיָאן וּמַתְנְיָאן. שֶׁטּוֹרְחוֹת עַל בְּנֵיהֶן לַהֲבִיאָן לְבֵית הַסֵּפֶר לִקְרוֹא מִקְרָא וְלִשְׁנוֹת מִשְׁנָה. וְנָטְרָן לְגַבְרַיְיהוּ. וּמַמְתִּינוֹת לְבַעֲלֵיהֶן שֶׁהוֹלְכִין לְעִיר אַחֶרֶת לִלְמוֹד תּוֹרָה. מַאי פָּרָשַׁת דְּרָכִים. מַהוּ מְדַמֶּה לְ"הִגִּיעַ לְפָרָשַׁת דְּרָכִים"? דְּהָא, אֲבוּקָה – הַיְינוּ מִצְוָה, עַמּוּד הַשַּׁחַר – הַיְינוּ תּוֹרָה, אֶלָּא פָּרָשַׁת דְּרָכִים מַאי הִיא?. וְיוֹם הַמִּיתָה. וְהוּא תַּלְמִיד חָכָם בְּיוֹם מוֹתוֹ, וְיָדַע שֶׁלֹּא פֵּירַשׁ לִפְרוֹק מֵעָלָיו עוֹל תּוֹרָה. וְיִרְאַת חֵטְא. זָכָה לְיִרְאַת חֵטְא אַחַר שֶׁזָּכָה לַתּוֹרָה – נִיצַּל מִכּוּלָּן. שֶׁהַתּוֹרָה מְלַמַּדְתּוֹ דִּבְרֵי מִצְוָה וְדִבְרֵי אִיסּוּר, וּמִמַּה שֶּׁהוּא צָרִיךְ לִפְרוֹשׁ, וְיִרְאַת חֵטְא מוֹנַעְתּוֹ מִלִּמְרוֹד אַחֲרֵי יִצְרוֹ. דְּסַלְקָא לֵיהּ שְׁמַעְתְּתָא אַלִּיבָּא דְּהִלְכְתָא. וְה"ק: עָלָה עַמּוּד הַשַּׁחַר נִיצּוֹל מִן הַחַיָּה כו', זָכָה לַתּוֹרָה – נִיצּוֹל מִיצה"ר וּמִן הַחֵטְא. וַעֲדַיִין אֵינוֹ יוֹדֵעַ בְּאֵיזוֹ דֶּרֶךְ מְהַלֵּךְ – אִם יִזְכֶּה שֶׁיְּסַיְּיעוּהוּ מִן הַשָּׁמַיִם לְהִתְקַבֵּל דְּבָרָיו בֵּין חֲבֵירָיו, לְהוֹרוֹת כַּהֲלָכָה וְכַמִּשְׁפָּט. הִגִּיעַ לְפָרָשַׁת דְּרָכִים – כְּלוֹמַר, זָכָה לְכָךְ – נִיצּוֹל מִכּוּלָּם. לֵאמֹר אֱלֹהִים עֲזָבוֹ. כָּךְ הָיוּ אוֹמְרִים עָלָיו: אֱלֹהִים עֲזָבוֹ שֶׁבָּא עַל אֵשֶׁת אִישׁ, וְאֵין אָנוּ נֶעֱנָשִׁין עָלָיו. "רִדְפוּ וְתִפְשׂוּהוּ כִּי אֵין מַצִּיל" – אֵין לוֹ זְכוּת שֶׁיַּצִּילֶנּוּ, שֶׁהָעֲבֵירָה כִּבְּתָה זְכֻיּוֹתָיו. לֹא יִרְאֶה בְךָ. עֲבֵירָה, וְאִם יִרְאֶה – וְשָׁב מֵאַחֲרֶיךָ. שִׁמְעוֹן אֲחִי עֲזַרְיָה. תַּנָּא הוּא, בְּמִשְׁנָה קַמַּיְיתָא דִּזְבָחִים, וְלָמַד תּוֹרָה עַל יְדֵי אָחִיו שֶׁהָיָה עוֹסֵק בִּפְרַקְמַטְיָא, כְּדֵי שֶׁיַּחֲלוֹק בִּזְכוּת לִמּוּדוֹ שֶׁל שִׁמְעוֹן – לְכָךְ הוּא נִקְרָא עַל שֵׁם עֲזַרְיָה אָחִיו. וְכֵן ר' יוֹחָנָן לָמַד ע"י הַנָּשִׂיא שֶׁהָיָה מְפַרְנְסוֹ. הִלֵּל עָסַק בַּתּוֹרָה. מִתּוֹךְ עוֹנִי רַב, כִּדְמְפָרֵשׁ בְּמַסֶּ' יוֹמָא (דף לה:). לימדה

מצוה בין בעידנא דעסיק בה בין בעידנא דלא עסיק בה **אגוני מגנא אצולי לא מצלא.** ותימה: מאי האי דקתני בברייתא: תלה את המצוה בנר, מה נר אינה מגינה אלא לפי שעה – אף מצוה אינה מגינה אלא לפי שעה? אי מיצר הרע – אינה מגינה כלל, אי מן הפורענות – מגינה לעולם! ותורה נמי, למה תלאה הכתוב באור משום דמגינה לעולם? אי מן הפורענות – מצוה נמי מגנא לעולם, ואי (ג) מיצר הרע דמצלא – הא לא מצלא אלא לפי שעה!

זה תלמיד חכם דסלקא ליה שמעתתא אליבא דהלכתא. תימה: והיאך ניצול מכולן? והלא לא ניצול מיצר הרע בעידנא דלא עסיק בתורה! וי"ל: סתם תלמיד חכם תורתו אומנתו, ועוסק בה ומהרהר כל שעה, ואינו הולך ד' אמות בלא תורה.

והן אינן יודעין שעבירה מכבה מצוה. תימה: והא אמר לעיל, בין לרב יוסף בין לרבא: מצוה אגוני מגנא מן הפורענות אפילו בעידנא דלא עסיק בה, ועבירה מכבה מצוה – לאו מלהגין מן היסורין קאמר, אלא מליטול שכר לעתיד לבא, כמו שפרש"י!

תוספות שאנץ

דלא מפקד דינא עליהו ואין ממהרין מן השמים לפקוד עונותיהם עליהם בעולם הזה אבל בישראל ממהרין ליפרע בעולם הזה ומדקדקין אחריהם. אלא מעתה דואג ואחיתופל כו' אמאי לא מגין עלייהו מגין לאו דוקא אלא ר"ל אמאי לא מציל עליהו: אלמלי דרשו דואג ואחיתופל הכי לא רדפו בתר דוד מאי דרוש וכו'. נראה דל"ג דואג שהרי על מעשה בת שבע קיימין הכא ודואג מת כבר ועברו ימים רבים כדאמר בחלק דואג ואחיתופל לא ראו זה את זה שדואג היה בימי שאול ואחיתופל בימי דוד ובת שבע היתה בת אליעם והוא היה בן אחיתופל כדכתיב בפסוק וכן מוכח (כרי' בן מומי) ולא מצינו שעשה דוד רק בדבר אוריה החתי וקרא דלא יהיה בך ערות דבר איירי בערוה ממש. והיינו במעשה בת שבע לפי' ל"ג דואג ואע"ג שכתוב בכל הספרים אלא (ב) אחיתופל לבד. לא כשמעון אחי עזריה תנא הוא ולמד תורה על ידי אחיו שהיה עוסק בפרקמטיא ומפרנסו כדי שיחלוק בזכות למודו של שמעון לכך נקרא על שם עזריה אחיו. וכן ר' יוחנן למד על ידי נשיא שהיה מפרנסו: הלל עסק בתורה מתוך עוני כדאטר ביומא (א) בשמיהו שנאמר ושם רשעים ירקב ואומר פי' ר"ג שפי' ושבנא דתרי שבנא הוו שבנא הסופר צדיק היה כדכתיב לך בא אל הסוכן הזה ואל שבנא אשר על הבית. וכתיב ויצא אל אליקים אשר על הבית ושבנא הסופר כשיצאו אל רבשקא. אלמא אחר היה שבימי שבנא הראשון לא היה אליקים על הבית. ומיהו אומר הר' אלחנן דשבנא הראשון ושבנא אשר על הבית אחד הוה והא דכתיב אליקים אשר על הבית היינו שסופו היה על הבית.

א) נ"ל ושבנא ול"ת והא שבנא רשע היה ולא מסקינן בשמיה וכו' ואומר ר"י דתרי שבנא הוו וכו'.

כב א מיי' פ"א מהל' ת"ת הלכ' א ופ"ג מהל' סוטה הלכה כ סמג עשין יב טוש"ע י"ד סימן רמו סעיף ו:

כג ב מיי' פ"ג מהל' סוטה הלכה כ:

[נ"ל מאירה כך גירסת הילקוט]

[נ"ל מאיר כ"א בע"י]

[נ"ל רבא]

[ברכות יז.]

[נ"ל ואילמלי ע' תוספות מגילה כח.]

הגהות הב"ח

(א) גמ' הליסטים כל"ל וכן בכל העמוד: (ב) רש"י ד"ה אמר רב יוסף וכו' דקאמר בלישנא קמא: (ג) תוס' ד"ה מצוה וכו' ואי דמצלא מיצר הרע לא מצלא:

גליון הש"ס

גמ' כיון שעלה עמוד השחר. עיין פסחים ב ע"א ברש"י ד"ה בכי טוב:

"אומר בן עזאי חייב אדם ללמד את וכו'. ר' אליעזר אומר כל המלמד את בתו תורה מלמדה תיפלות". § תיפלות ס"ד?! אלא אימא: כאילו למדה תיפלות. א"ר אבהו: מ"ט דר"א – דכתיב: °"אני חכמה שכנתי ערמה", כיון שנכנסה חכמה באדם – נכנסה עמו ערמומית. ורבנן, האי "אני חכמה" מאי עבדי ליה? מיבעי ליה לכדרבי יוסי בר' חנינא. דא"ר יוסי בר' חנינא: אין דברי תורה מתקיימין אלא במי שמעמיד עצמו ערום עליהן, שנאמר: "אני חכמה שכנתי ערמה". א"ר יוחנן: אין דברי תורה מתקיימין אלא במי שמשים עצמו כמי שאינו, שנאמר: °"והחכמה מאין תמצא". § "רבי יהושע אומר: רוצה אשה" וכו'. § מאי קאמר? הכי קאמר: *רוצה אשה בקב ותיפלות עמו, מתשעת קבין ופרישות. § "הוא היה אומר: חסיד שוטה" כו'. § היכי דמי חסיד שוטה? כגון דקא טבעה איתתא בנהרא, ואמר: לאו אורח ארעא לאיסתכולי בה ואצולה. היכי דמי רשע ערום? אמר רבי *יוחנן: אזה המטעים דבריו לדיין קודם שיבא בעל דין חבירו. ר' אבהו אומר: זה הנותן דינר לעני להשלים לו מאתים זוז. דתנן: *במי שיש לו מאתים זוז – לא יטול לקט שכחה ופאה ומעשר עני. היה לו מאתים חסר דינר, אפילו אלף נותנין לו כאחת – הרי זה יטול. רבי אסי אמר רבי יוחנן: זה המשיא עצה למכור בנכסים מועטין. דאמר רבי אסי א"ר יוחנן: *גיתומים שקדמו ומכרו בנכסים מועטין, מה שמכרו – מכרו. אביי אמר: *דזה המשיא עצה למכור בנכסים כרבן שמעון בן גמליאל. דתניא: "נכסי לך ואחריך לפלוני", וירד הראשון ומכר ואכל – השני מוציא מיד הלקוחות, דברי רבי. רשב"ג אומר: האין לשני אלא מה ששייר ראשון. רב יוסף בר חמא אמר רב ששת: זה המכריע אחרים באורחותיו. רבי זריקא אמר רב הונא: זה המיקל לעצמו ומחמיר לאחרים. עולא אמר: זה שקרא

משלי ח | איוב כח | תורה אור

רש"י

לימדה תיפלות ס"ד. וכי תורה תיפלות קרא לה?!. כאילו. שמתוכה היא מבינה ערמומית, ועושה דבריה בהצנע. חכמה. תורה. שמעמיד עצמו ערום עליה. שפירש מכל עסקים ונעשה עליה עני וחסר כל. [ל"א: שמשים עצמו ערום עליה גרסי'], שמעברים שיתקיים תורתו, לקבוץ על יד וללמוד מכל אדם. מאין תמצא. מן העשוי כאין. רוצה אשה בקב ותיפלות. חפילה ליזון במזונות מועטין ויהא תיפלותה מצוי לה בתשמיש, מט' קבין ופרישות – לפרוש מן התיפלות. לפיכך אין טוב שתלמוד תורה. שמטעים דבריו לדיין. דמשנקבעו בלב הדיין שערי זכיותיו לדבריו של זה – קשין לסלקן, והרי ערמותו. ורשע הוא, שעובר על "לא תשא שמע שוא" (שמות כג). להשלים מאתים זוז. ומעתה לא יטול לקט, ויש לו קרובים שיטלוס. בנכסים מועטין. דתנן (ב"ב דף קלט:): מי שמת והניח בנים ובנות, בזמן שהנכסים מרובין – הבנים ירשו והבנות יזונו, נכסים מועטין – הבנות יזונו והבנים ישאלו על הפתחים. שקדמו ומכרו. קודם שבאו הבנות לב"ד והעמידום ב"ד לנכסים בחזקת בנות. המכריע אחרים באורחותיו. "ראו ועשו כמוני ולכו בדרכי". לא נתכוון זה אלא להראות עצמו כחסיד בעיני הבריות, ואין תוכו כברו, אלא שלא ידקדקו אחריו לבדוק בתועבותיו. שקרא

תוספות

*בן עזאי אומר חייב אדם וכו'. ירושלמי: דבן עזאי דלא כר"א בן עזריה, דדריש (חגיגה דף ג.): "הקהל את העם האנשים והנשים והטף", אנשים באו ללמוד, נשים לשמוע. ונראה דפי' דמצוה לשמוע הנשים כדי שידעו לקיים מצוה, ולא משום שידעו שזכות תולה[א]. מטרונה שאלה את ר' אלעזר: מפני מה [ב] חטא אחת במעשה העגל והן מתין בה ג' מיתות? אמר לה: אין אשה חכמה אלא בפלך. אמר לי הורקנוס בנו: בשביל שלא להשיבה דבר אחד מן התורה אבדת ממני ג' מאות כור מעשר בכל שנה! [ג] א"ל: ישרפו ד"ת ולא ימסרו דברי תורה לנשים.

*רוצה אשה בקב ותיפלות. פר"ח: רוצה אשה שיהא בעלה חמר ויהא מצוי אצלה בכל שבת לתת לה עונתה, ולא יביא לה אלא קב חטים בלבד. ולא יהא גמל שהולך בדרך רחוקה, ואינו נותן לה עונה אלא אחת לשלשים יום. ואע"פ שמביא לה לשכרו ט' קבין – חביבה עליה העונה בכל שבת וקב אחד, מט' קבין ופרישות ל' יום. ורבי פירש בשם רב האי: המשרה אשתו ע"י שליש לא יפחות לה מקביים חיטין מן שבת לשבת, כדמוכח בגמרא בפרק "אע"פ" (כתובות דף סד:), ועונתה מצוי לה. ואילו המורד על אשתו (שם סג.) מוסיפין על כתובתה ג' דינרים בשבת, ושער בינוני הוא ד' סאין בסלע, *וסלע ד' דינרים, נמצאת סאה בדינר, וג' סאין בג' דינרים שהן י"ח קבין. הרי שחכמים עמדו על סוף דעתה שהיא רוצה בתיפלות ועמו שני קביים, מי"ח קביים שיפרוש ממנה, דקביים אחד מט' בי"ח קבין. **היכי** דמי חסיד שוטה. ירושלמי: ראה תינוק מטבע בנהר, אמר: לכשאחלוץ תפילין אצילנו, עד כשהוא חולץ תפילין – הוציא זה את נפשו. **זה** הנותן דינר לעני להשלים לו מאתים זוז. הא דרבי אבהו, והא דרבי יוחנן, ומבריח מזונות מן האלמנה, קרי ירושלמי מכות פרושים. ותו גרס התם: חד תלמיד מדר' בון הוו לו מאתים זוז חסר דינר, והוה רבי יליף למזכי עמיה חד לתלת שנים מעשר מסכני. חד זמן עבדין ביה תלמידיו עין בישא ומלוון ליה. אתא בעי מזכי עמיה היך דהוה יליף. א"ל: רבי, אית לי שיעורא. אמר: זה – מכת פרושים נגעו ביה. רמז לתלמידיו ואעלוניה לקפילין ותסרוניה חד קרט, וזכה עמיה היך דהוה יליף. שנינו בפרק בתרא דמסכת פאה (מ"ט): מי שיש לו חמשים זוז והוא נושא ונותן בהן – ה"ז לא יטול. ובגמרא, *הדא אמר: חמשין דעבדין טבין מן מאתן דלא עבדין. **יתומים** שקדמו ומכרו בנכסים מועטין. ונראה דוקא לענין מזון הבנות אמרינן מה שמכרו מכרו. אבל לענין מזון האשה, כיון דמשועבד לה בעל למזונות בחייו – הנכסים בחזקתם, שאינם יכולין למכור, כדאמרי' בפ' "הנושא" (כתובות קג.): יתומים שמכרו מדור אלמנה – לא עשו ולא כלום. ומ"ש מדר' אסי א"ר יוחנן: יתומים שקדמו ומכרו בנכסים מועטים וכו'? התם לא משתעבדי לה מחיים. אי נמי: בית זה עצמו דרה בו בחיי הבעל, אבל מזונות – בכל יום צריכה למזונות, ולא דמו מזונות אשה למדור. והוא הדין אם מכרו בנכסים מרובין – מה שמכרו מכרו, דמטלטלי לא משתעבדי למזונות. ואמרי' בפ' "מציאת האשה" (שם סט.): בין מכרו בין משכנו – אין מוציאין למזונות. והאי דנקט נכסים מועטין – אורחא דמילתא נקט, דלא מזבין איניש נכסים משום הפסד מזונות היכא דאיכא נכסים מרובים. רבי פי' בתוספותיו דר' יוחנן פליג אההיא דמסקינן בפרק "ב' דייני גזירות" (שם דף קט.), אמר רבי יצחק בן אילעאי משמיה דחזקיה: כל מקום שאמר ר"ג "רואה אני את דברי אדמון" – הלכה כמותו. וגבי נכסים מועטין תנינא התם (דף קח:) ובפרק "מי שמת" (ב"ב קלט:), אמר אדמון וכי בשביל שאני זכר הפסדתי? ואמר ר"ג: רואה אני את דברי אדמון. לא ידענא מאי דוחקיה לפרש כך *אליבא דאדמון טפי מאליבא דרבנן. **אביי** אמר זה המשיא עצה למכור בנכסים כרשב"ג. רשב"ם פי' ב"יש נוחלין" (ב"ב דף קלז.): משום דגרס לעבור על דברי הנותן, וערום – דאהנו מעשיו, והרי הוא חוטא ולא לו. ומיהו, המוכר עצמו, דהיינו ראשון, לא מיקרי רשע, ואף על גב דלכתחילה אסור לעשות כך – דלא חמיר איסוריה, שהרי השליטו הנותן בגוף ופירות לעשות כרצונו. וקשיא לפירושו: בסוף פרק "מי שהיה נשוי" (כתובות דף נה:) דאמר אביי: "נכסי לך ואחריך לפלוני", ועמדה וניסת, בעל לוקח הוי ואין "לאחריך" במקום בעל כלום. ומי אמר אביי הכי? והאמר אביי: איזהו רשע ערום – זה המשיא כו'. מי קאמר תינשא? ניסת קאמר. אלמא דמדמי מוכר עצמו למשיא! ומיהו, יש לפרש: כיון דמשיא נקרא רשע – מכלל דלמוכר אסור לעשות לכתחילה, אע"ג דלא נקרא רשע, כדקתני התם: אין לו לראשון אלא אכילת פירות בלבד. ואי קשיא: מדקאמר אביי: זה המשיא עצה וכו' כרשב"ג – מכלל דאביי ס"ל כרשב"ג, והכי אמר אביי נמי בהדיא בפרק "מי שהיה נשוי" (ג"ש שם): בעל לוקח הוי, ואין "לאחריך" במקום לוקח כלום, וב"יש נוחלין" (ב"ב דף קלז.) מפרש טעמא משום דקסבר קנין פירות כקנין הגוף דמי. ובסוף פרק "השולח" (גיטין דף מח.) אמר אביי: נקטינן, בעל בנכסי אשתו – צריך הרשאה, אע"ג דפירות דידיה הוי – הגוף צריך הרשאה. דמשמע דס"ל דלאו כקנין הגוף דמי! יש לתרץ: דוקא גבי "אחריך" ס"ל לאביי דכקנין הגוף דמי, דאפי' ר"ל דאמר לאו כקנין הגוף דמי – מתרצינן אליביה: "אחריך" שאני, ופי' רשב"ם ד"אחריך" משמע גוף ופירות נתן לראשון, דהא בהדיא פי': אחריך ירש פלוני. ואף הוא פסק שם כרשב"ג, וז"ל: בעלמא סבירא לן דלאו כקנין הגוף דמי, כדפסקי' בפרק "החולץ" (יבמות דף לו:), הכא – "אחריך" שאני. וכן עיקר, דלא תקשי הלכתא אהלכתא, דפסקינן כר"ל פרק "החולץ", ובהא ד"אחריך" קיימא לן כרשב"ג דפסקי' הלכתא לקמיה, ולא פליג ר"ל. ומדאביי נמי איכא למשמע דהכי קיימא לן, כדאמר אביי: איזהו רשע וכו'. ולקמן נמי, ההיא אתתא דהוה לה דיקלא בארעא דרב ביבי כו', אזל איהו אקנייה לבנו קטן כרשב"ג, עד "אפילו רשב"ג לא קאמר" – מהתם שמעינן דהלכה כרשב"ג, הלכך בעינן לפרושי דרשב"ג ס"ל כר"ל, דלאו כקנין הגוף דמי, והכא היינו טעמא ד"אחריך" שאני, ולא תקשה הלכתא אהלכתא. תימה לר': אמאי לא קא חשיב נמי ההיא ד"אלו הן הנשרפין" (סנהדרין דף עו:), אמר רב כהנא משום ר"ע: איזו עני ורשע ערום – זה המשהה בתו בוגרת? ויש לומר: דעני ורשע לא קא חשיב.

רבי

עין משפט נר מצוה

[שייך במשנה לעיל כ.]

כד א מיי' פכ"א מהל' סנהדרין הלכה ז סמג לאוין רח טוש"ע ח"מ סימן יז סעיף ה:

כה ב מיי' פ"ט מהל' מתנות עניים הלכה יג סמג עשין קסה טוש"ע י"ד סי' רנג סעיף א:

כו ג מיי' פי"ט מהלכות אישות הלכה יט סמג עשין מח נו טוש"ע אה"ע סימן קיב סעיף יד:

[ג"ז שייך שם]

כז ד ה מיי' פי"ב מהל' זכייה ומתנה הלכה ט טוש"ע אה"ע סי' נא סעיף ב וטוש"ע ח"מ סי' רמח סעיף א וסעיף ג:

[כדאיתא פ"ח דפאה מ"ז]

תוספות שאנץ

מתני' רוצה אשה בקב ותפלות מט' קבין ופרישות חולק היה אבן עזאי דאמר חייב אדם ללמד בתו תורה. ואומר ר' יהושע חפיצה היא בקב במזונות מועטין ויהא תפלותיה מצוי לה שתהא עם בעלה מט' קבין ופרישות לפרוש מן התפלות לפי' אין טוב שתלמוד תורה (ותפלות) פי' הערוך דזה החשבון מצינו במורד על אשתו מתשמיש המטה דמוסיף לה ג' דינרין בשבוע והיינו י"ח קבין דשער בינוני ד' סאין בסלע וסלע ד' דינרין והסאה ששת קבין א"כ הוה להו כ"ד קבין בד' דינרין וי"ח קבין בג' דינרין והמשרה אשתו על ידי שליש שאינו מורד בתשמיש אינו נותן לה אלא ב' קבין והוו קב לתשעה: **גמ'** למכור בנכסים מועטין. דתנן מי שמת והניח בנים ובנות בזמן שהנכסים מועטים הבנות יזונו והבנים ישאלו על הפתחים. וכשקדמו ומכרו קודם שיבואו הבנות לב"ד מה שמכרו מכרו. וא"כ הוי רשע במשיא עצה לבנים שימכרו בנכסים מועטין ל"ה: זה המכריע אחרים באורחותיו פ"ה שאומ' להם ראו עשו כמוני באורחותי ולא נתכוון זה אלא להראות עצמו כחסיד בעיני הבריות ואין תוכו כברו אלא שלא ידקדקו אחריו לבדוק תועבותיו. ל"ה: זה שקרא ושנה שקרא ושנה משנה ולא שמש תלמידי חכמים ללמוד תלמוד וסברת טעמי המשנה מה הם ורשע הוא שאין תורתו על בורייה ואין למידין הימנו שעל ידי הטעמים יש חילוק באיסור והיתר ובדיני ממונות לזכות ולחייב לטמא ולטהר כדאמר בבמה דוכתין מ"ט אמר מר הכי ומ"ט אמר מר הכי ואמרי מאי בינייהו איכא בינייהו כך וכך ולפי' הוה רשע וערום שהשומע קולו כששונה משניותיו כסבור שבקי בטעמיהם ונוהגין בו כבוד כתלמידי חכמים ל"ה. וי"מ ולא שמש תלמידי חכמים שמוש ממש

הרי

מסורת הש"ס

ס"א

שמות כג

כתובות סב:

[ברב אלפס איתא רבי חנינא וכן איתא בתנחומא פ' משפטים]

פאה פ"ח מ"ח

כתובות קג. יבמות סז: ב"ב קמ.

כתובות נה: ב"ב קלז. קעד: ערכין כג.

[ר"ל ירושלמי]

אליבא דרבנן טפי מאליבא דאדמון. מהרש"ל.

הגהות מהר"ב רנשבורג

א] תום' ד"ה בן עזאי אומר חייב אדם וכו' ולא משום שידעו שזכות תולה. נ"ב בירושלמי דפרקין בהלכה ד: ב] בא"ד מפני מה חטא אחת במעשה העגל. נ"ב ר"ל החטא היה שוה באופן אחד לכולן והן מתים בסייף ובמגפה ובמיתת הדרוקן: ג] בא"ד אבדת ממני ג' מאות כור מעשר בכל שנה. נ"ב שהאשה תשובה הזאת נתנה מעשרותיה שהיה ג' מאות כור בכל שנה להורקנוס בנו של ר"א ועתה אחרי שלאשה ר"א פסקה מליתן לו:

תורה אור

שֶׁקָּרָא וְשָׁנָה וְלֹא שִׁימֵּשׁ תַּלְמִידֵי חֲכָמִים.§ אִתְּמַר, קָרָא וְשָׁנָה וְלֹא שִׁימֵּשׁ ת"ח, ר' אֶלְעָזָר אוֹמֵר: הֲרֵי זֶה עַם הָאָרֶץ, ר' שְׁמוּאֵל בַּר נַחְמָנִי אָמַר: הֲרֵי זֶה בּוּר, ר' יַנַּאי אוֹמֵר: ה"ז כּוּתִי, רַב אַחָא בַּר יַעֲקֹב אוֹמֵר: הֲרֵי זֶה מָגוֹשׁ. אֲמַר רַב נַחְמָן בַּר יִצְחָק: מִסְתַּבְּרָא כְּרַב אַחָא בַּר יַעֲקֹב, דְּאָמְרִי אֱינָשֵׁי: רָטֵין מָגוֹשָׁא וְלָא יָדַע מַאי אָמַר, תָּנֵי תַּנָּא וְלָא יָדַע מַאי אָמַר. ת"ר: *אֵיזֶהוּ ע"ה? כָּל שֶׁאֵינוֹ קוֹרֵא ק"ש שַׁחֲרִית וְעַרְבִית בְּבִרְכוֹתֶיהָ, דִּבְרֵי ר' מֵאִיר. וַחכ"א: כָּל שֶׁאֵינוֹ מַנִּיחַ תְּפִילִּין. בֶּן עַזַּאי אוֹמֵר: כָּל שֶׁאֵין לוֹ צִיצִית בְּבִגְדוֹ. ר' יוֹנָתָן בֶּן יוֹסֵף אָמַר: כָּל שֶׁיֵּשׁ לוֹ בָּנִים וְאֵינוֹ מְגַדְּלָן לְלִמּוּד תּוֹרָה. *אֲחֵרִים אוֹמְרִים: אֲפִילּוּ קוֹרֵא וְשׁוֹנֶה וְלֹא שִׁימֵּשׁ ת"ח — זֶהוּ ע"ה. קָרָא וְלֹא שָׁנָה — הֲרֵי זֶה בּוּר, לֹא קָרָא וְלֹא שָׁנָה — עָלָיו הַכָּתוּב אוֹמֵר: °"וְזָרַעְתִּי אֶת בֵּית יִשְׂרָאֵל וְאֶת בֵּית יְהוּדָה זֶרַע אָדָם וְזֶרַע בְּהֵמָה".§ °"יְרָא אֶת ה' בְּנִי וָמֶלֶךְ וְעִם שׁוֹנִים אַל תִּתְעָרָב" אָמַר רַבִּי יִצְחָק: אֵלּוּ שֶׁשּׁוֹנִים הֲלָכוֹת. פְּשִׁיטָא! מַהוּ דְּתֵימָא שׁוֹנִין בְּחֵטְא, וְכִדְרַב הוּנָא. *דְּאָמַר רַב הוּנָא: כֵּיוָן שֶׁעָבַר אָדָם עֲבֵירָה וְשָׁנָה בָּהּ — הוּתְּרָה לוֹ, קמ"ל. תָּנָא: הַתַּנָּאִים מְבַלֵּי עוֹלָם. מְבַלֵּי עוֹלָם ס"ד?! אָמַר רָבִינָא: שֶׁמּוֹרִין הֲלָכָה מִתּוֹךְ מִשְׁנָתָן. תַּנְיָא נַמִי הָכִי, א"ר יְהוֹשֻׁעַ: וְכִי מְבַלֵּי עוֹלָם הֵן? וַהֲלֹא מְיַישְּׁבֵי עוֹלָם הֵן, שֶׁנֶּאֱמַר: °"הֲלִיכוֹת עוֹלָם לוֹ"! אֶלָּא שֶׁמּוֹרִין הֲלָכָה מִתּוֹךְ מִשְׁנָתָן.§ "אִשָּׁה פְּרוּשָׁה" וכו'.§ ת"ר: בְּתוּלָה צַלְיָינִית, וְאַלְמָנָה שׁוֹבָבִית, וְקָטָן שֶׁלֹּא כָּלוּ לוֹ חֳדָשָׁיו — הֲרֵי אֵלּוּ מְבַלֵּי עוֹלָם. אִינִי? וְהָאָמַר רַבִּי יוֹחָנָן: לָמַדְנוּ יִרְאַת חֵטְא מִבְּתוּלָה, וְקִיבּוּל שָׂכָר מֵאַלְמָנָה. יִרְאַת חֵטְא מִבְּתוּלָה, דְּר' יוֹחָנָן שְׁמַעָהּ לְהַהִיא בְּתוּלָה דְּנָפְלָה אַאַפַּהּ, וְקָאָמְרָה: רבש"ע, בָּרָאתָ גַּן עֵדֶן וּבָרָאתָ גֵּיהִנָּם, בָּרָאתָ צַדִּיקִים וּבָרָאתָ רְשָׁעִים, יְהִי רָצוֹן מִלְּפָנֶיךָ שֶׁלֹּא יִכָּשְׁלוּ בִּי בְּנֵי אָדָם. קִיבּוּל שָׂכָר מֵאַלְמָנָה — דְּהַהִיא אַלְמָנָה דַּהֲוַאי בֵּי כְנִישְׁתָּא בְּשִׁיבָבוּתָהּ, כָּל יוֹמָא הֲוַת אָתְיָא וּמְצַלָּה בֵּי מִדְרְשֵׁיהּ דְּר' יוֹחָנָן. אָמַר לָהּ: בִּתִּי, לֹא בֵּית הַכְּנֶסֶת בְּשִׁיבָבוּתֵךְ? אָמְרָה לֵיהּ: רַבִּי, וְלֹא *שְׂכַר פְּסִיעוֹת יֵשׁ לִי? כִּי קָאָמַר — כְּגוֹן יוֹחָנִי בַּת רְטִיבִי. מַאי "קָטָן שֶׁלֹּא כָּלוּ לוֹ חֳדָשָׁיו"? הָכָא תַּרְגִּימוּ: זֶה ת"ח הַמְבַעֵט בְּרַבּוֹתָיו, רַבִּי אַבָּא אָמַר: זֶה תַּלְמִיד שֶׁלֹּא הִגִּיעַ לְהוֹרָאָה וּמוֹרֶה. *דא"ר אַבָּהוּ אָמַר רַב הוּנָא אָמַר רַב: מַאי דִּכְתִיב °"כִּי רַבִּים חֲלָלִים הִפִּילָה וַעֲצוּמִים כָּל הֲרוּגֶיהָ"; "כִּי רַבִּים חֲלָלִים הִפִּילָה" — אזֶה ת"ח שֶׁלֹּא הִגִּיעַ לְהוֹרָאָה וּמוֹרֶה, "וַעֲצוּמִים כָּל הֲרוּגֶיהָ" — בזֶה ת"ח שֶׁהִגִּיעַ לְהוֹרָאָה וְאֵינוֹ מוֹרֶה. וְעַד

ירמיה לא | משלי כד | חבקוק ג | משלי ז

רש"י

שֶׁקָּרָא. מִקְרָא. וְשָׁנָה. מִשְׁנָה. וְלֹא שִׁימֵּשׁ תַּלְמִידֵי חֲכָמִים. לִלְמוֹד סְבָרַת הַגְּמָרָא בְּטַעֲמֵי הַמִּשְׁנָה מַה הֵם רָשָׁע הוּא, שֶׁאֵין תּוֹרָתוֹ עַל בּוּרְיָיהּ, וְאֵין לִלְמוֹד הֵימֶנּוּ. שֶׁע"י הַטְּעָמִים יֵשׁ חִילּוּק בְּאִיסּוּר וְהֶיתֵּר, וּבְדִינֵי מָמוֹנוֹת לְזַכּוֹת וּלְחַיֵּיב, וּבִטְהָרוֹת לְטַמֵּא וּלְטַהֵר, כִּדְאָמַר בְּכַמָּה דּוּכְתֵּי: מ"ט אָמַר מָר הָכִי וּמָר הָכִי, וְאָמַר: מַאי בֵּינַיְיהוּ? אִיכָּא בֵּינַיְיהוּ כָּךְ וְכָךְ. וְעָרוּם הוּא — שֶׁהַשּׁוֹמֵעַ אֶת קוֹלוֹ שׁוֹנֶה מִשְׁנִיּוֹתָיו כְּסָבוּר הוּא שֶׁבָּקִי בְּטַעֲמֵיהֶם, וְנוֹהֲגִין בּוֹ כָּבוֹד כְּתַלְמִידֵי חֲכָמִים: אִתְּמַר גְּרַס. ה"ז ע"ה. שֶׁחָשׁוּד עַל הַמַּעַשְׂרוֹת וְעַל הַטָּהֳרוֹת. בּוּר. גָּרוּעַ מֵעַם הָאָרֶץ. כּוּתִי. וְאָסוּר לֶאֱכוֹל פִּיתּוֹ וְיֵינוֹ. דְּכֵיוָן שֶׁלֹּא שִׁימֵּשׁ חֲכָמִים אֵינוֹ מַקְפִּיד עַל דִּבְרֵי חֲכָמִים לְדַעְתָּם, וְלֹא שָׁנָה אֶלָּא לְהַרְאוֹת עַצְמוֹ כְּת"ח. מָגוֹשׁ. מְכַשֵּׁף הָאוֹחֵז אֶת הָעֵינַיִם וְגוֹנֵב אֶת הַלְּבָבוֹת, וְאַף זֶה כֵּן. רָטֵין. תַּרְגּוּם "חוֹבֵר חָבֶר" (דברים יח) הוּא — מָגוּשׁ. לוֹחֵשׁ הַמְכַשֵּׁף אֶת לְחָשָׁיו וְאֵינוֹ מֵבִין מָה הֵם וּמַה פֵּירוּשָׁם, אֶלָּא כָּךְ מַעֲשֵׂיהֶם — שֶׁהַמְּכַשֵּׁפוּת בָּא ע"י אוֹתָם הַלְּחָשִׁים. תָּנֵי תַּנָּא. וְאַף זֶה תַּנָּא שֶׁלֹּא שִׁימֵּשׁ בַּתַּלְמוּד — שׁוֹנֶה מִשְׁנָתוֹ וְאֵינוֹ יוֹדֵעַ מַה הִיא. אֵיזֶהוּ עַם הָאָרֶץ. שֶׁנֶּחְשָׁד עַל הַטָּהֳרוֹת וְעַל הַמַּעַשְׂרוֹת, וּמוּחְזָק מַגָּעוֹ טָמֵא. כָּל שֶׁאֵינוֹ קוֹרֵא ק"ש. דְּהָא וַדַּאי אֵינוֹ יוֹדֵעַ כְּלוּם. אֲבָל יוֹדֵעַ לִקְרוֹת וְקוֹרֵא — לָא ע"ה הוּא. שֶׁשּׁוֹנִין הֲלָכוֹת. שֶׁלֹּא שִׁימְּשׁוּ לְתַלְמִידֵי חֲכָמִים, וְלֹא הִקְפִּידוּ עַל טַעֲמֵי הַמִּשְׁנָיוֹת. הֲלָכוֹת. מִשְׁנָיוֹת. פְּשִׁיטָא. דְּהָכִי הוּא, אֶלָּא בְּמַאי נִדְרְשֵׁיהּ אִי לָאו בְּהָכִי? הוּתְּרָה לוֹ. דּוֹמֶה בְּעֵינָיו הֶיתֵּר. מְבַלֵּי עוֹלָם ס"ד. וּמָה הֵם גּוֹרְמִין לַאֲחֵרִים? שֶׁמּוֹרִין הֲלָכָה מִתּוֹךְ מִשְׁנָתָן. קָאָמַר, שֶׁמְּבַלִּין עוֹלָם בְּהוֹרָאוֹת טָעוּת. דְּכֵיוָן דְּאֵין יוֹדְעִין טַעֲמֵי הַמִּשְׁנָה — פְּעָמִים גּוֹרְמִין שֶׁמְּדַמִּין לָהּ דָּבָר שֶׁאֵינוֹ דּוֹמֶה. וְעוֹד, יֵשׁ מִשְׁנָיוֹת הַרְבֵּה (בְּמִשְׁנָיוֹת) דְּאָמְרִינַן: הָא מַנִּי פְּלוֹנִי הוּא, וִיחִידָאָה הִיא, וְלֵית הִלְכְתָא כְּוָותֵיהּ. וְעוֹד, שֶׁאֵינָן יוֹדְעִים בְּמַחֲלוֹקֶת תַּנָּאִים הָרִאשׁוֹנִים הֲלָכָה כְּדִבְרֵי מִי. הִלְכָּךְ מוֹרִין הוֹרָאוֹת טָעוּת. הֲלִיכוֹת עוֹלָם לוֹ. הַשּׁוֹנֶה הֲלָכוֹת — עוֹלָם שֶׁלּוֹ בִּזְכוּתוֹ. צַלְיָינִית. בַּעֲלַת תְּפִלָּה. וְאַלְמָנָה שׁוֹבָבִית. בַּעֲלַת שְׁכֵינוּת, הוֹלֶכֶת וּמְבַקֶּרֶת שְׁכֵנוֹתֶיהָ תָּמִיד. הֲרֵי אֵלּוּ מְבַלֵּי עוֹלָם. שֶׁאֵינָן אֶלָּא נוֹאֲפוֹת וּמְכַשְּׁפוֹת, וּמַרְאוֹת עַצְמָן כִּלְדַקָנִיּוֹת שֶׁלֹּא יִבְדְּקוּ אַחֲרֵיהֶן. קָטָן שֶׁלֹּא כָּלוּ לוֹ חֳדָשָׁיו. לְקַמָּן מְפָרֵשׁ. וְקִיבּוּל שָׂכָר מֵאַלְמָנָה. שֶׁהָיְתָה טוֹרַחַת עַצְמָהּ יוֹתֵר מִן הַצּוֹרֶךְ כְּדֵי לְקַבֵּל שָׂכָר, כְּדִמְפָרֵשׁ וְאָזֵיל — לָמַדְנוּ שֶׁיַּטְרִיחַ אָדָם עַצְמוֹ בַּמִּצְוָה לְקַבֵּל שָׂכָר יוֹתֵר. בָּרָאתָ צַדִּיקִים. לִנְחוֹל ג"ע. בָּרָאתָ רְשָׁעִים. לִירַשׁ גֵּיהִנָּם. שֶׁלֹּא יִכָּשְׁלוּ בִּי בְּנֵי אָדָם. לְהַפְסִיד חֶלְקָם עַל יְדֵי מִגַּן עֵדֶן, וְלִירַשׁ גֵּיהִנָּם. כִּי קָאָמַר. מְבַלֵּי עוֹלָם. כְּגוֹן יוֹחָנִי בַּת רְטִיבִי. אַלְמָנָה מְכַשֵּׁפָה הָיְתָה, וּכְשֶׁמַּגִּיעַ עֵת לֵידַת אִשָּׁה הָיְתָה עוֹצֶרֶת רַחְמָהּ בִּמְכַשְּׁפוּת, וּלְאַחַר שֶׁמִּצְטַעֶרֶת הַרְבֵּה הָיְתָה אוֹמֶרֶת: אֵלֵךְ וַאֲבַקֵּשׁ רַחֲמִים, אוּלַי תִּשָּׁמַע תְּפִלָּתִי, וְהוֹלֶכֶת וְסוֹתֶרֶת כְּשָׁפֶיהָ, וְהַוָּלָד יוֹצֵא. פַּעַם אַחַת הָיָה לָהּ שָׂכִיר יוֹם בְּבֵיתָהּ, וְהִיא הָלְכָה לְבֵית הָאִשָּׁה הַיּוֹלֶדֶת, וְשָׁמַע הַשָּׂכִיר קוֹל הַכְּשָׁפִים מִתְקַשְׁקְשִׁין בַּכְּלִי כְּמוֹ שֶׁהַוָּלָד מְקַשְׁקֵשׁ בִּמְעֵי הָאֵם, וּבָא וּפָתַח אֶת מְגוּפַת הַכְּלִי וְהַכְּשָׁפִים יָצְאוּ, וְהַוָּלָד נוֹלַד, וְיָדְעוּ כִּי בַּעֲלַת כְּשָׁפִים הִיא. הַמְבַעֵט בְּרַבּוֹתָיו. וְקָרֵי לֵיהּ קָטָן שֶׁלֹּא כָּלוּ לוֹ חֳדָשָׁיו עַל יְדֵי שֶׁיָּמָיו מִתְקַצְּרִין, כִּדְאָמְרִינַן בְּפֶרֶק קַמָּא דַּחֲגִיגָה (דף ה.). כִּי רַבִּים חֲלָלִים הִפִּילָה. בְּאִשָּׁה זָרָה מִשְׁתָּעֵי. וְתַלְמִיד שֶׁאֵינוֹ נוֹהֵג עַצְמוֹ כַּשּׁוּרָה קָרֵי לֵיהּ נַמִי הָכִי. זֶה תַּלְמִיד שֶׁלֹּא הִגִּיעַ כו'. "הִפִּילָה" לְשׁוֹן נֵפֶל, שֶׁלֹּא כָּלוּ לוֹ חֳדָשָׁיו. וַעֲצוּמִים. לְשׁוֹן "עוֹצֵם עֵינָיו" (ישעיה לג) — שֶׁסּוֹגְרִים פִּיהֶם וְאֵינָם מוֹרִים לְצוֹרְכֵי הוֹרָאָה.

תוספות

רבי שמואל בר נחמני אמר ה"ז בור. תימה: כמאן ס"ל לא כאחרים ולא כר' יהודה דאחרים לא קרו בור *אלא לשנה ולא קרא, ור' יהודה אפי' עם הארץ לא משוי ליה, דאמר בסוף פרק "אלו מציאות" (ב"מ דף לג:) דדרש ר' יהודה בר אילעאי: "שמעו דבר ה' החרדים אל דברו" וגו', "החרדים אל דברו" — אלו תלמידי חכמים, "אחיכם" — אלו בעלי מקרא, "שנאיכם" — אלו בעלי משנה, "מנדיכם" — אלו עם הארץ. אלמא דבעלי משנה או בעלי מקרא לאו בכלל ע"ה נינהו! **כל** שאינו קורא ק"ש שחרית וערבית דברי ר"מ. תימה לר"י: דאמר בפ' "הניזקין" (גיטין דף סא.) ובפ' "ג' שאכלו" (ברכות דף מז:): איזהו עם הארץ — כל שאינו אוכל חולין בטהרה, דברי ר"מ! ופירש: דהרבה ענייני עם הארץ הן; ויש שאין מקבלין ממנו עדות, כדאמרינן בפ' "אלו עוברין" (פסחים דף מט:): ששה דברים נאמרו בעם הארץ: אין מקבלין מהן עדות וכו', ובפ' "חומר בקודש" (חגיגה דף כב.): כמאן מקבלין סהדותא מעם הארץ — כר' יוסי. ויש כשר לענין עדות ונחשד על הטהרות ועל המעשרות, או לענין זימון, או לענין שביעית, א"נ לענין דברים שאינן נקחין אלא מן המומחה, כדאיתא בפ' שני דמסכת ע"ז (דף לט:). בירושלמי: אשה פרושה — זו היא שיושבת ומלעבת בדברי תורה, "ותאמר אלי תבא וישכב עמה בלילה הוא", א"ר אבהו: כביכול היה במחשבה, הוא לבדו יודע שלא עלתה על דעתה אלא בשביל להעמיד שבטים. הוסיפו עליהם בתולתא ליימנית* ואלמנה שובבית, [*מי חגלה נסבת שם ביש], ותינוק שהוא עולה לחדשיו. (בתולה ליימנית — מליימה, אובדת בתוליה. ותינוק שהוא עולה לחדשיו) — ר' חלקיה בשם ר' סימון: זה שהוא גדול בתורה שלא בפירקו, ומבזה את הגדולים ממנו. א"ר יוסי: זהו שבן תשע ואבריו נראה כבן י"ב, והוא בא על אחת מכל העריות האמורות בתורה, והן מתות על ידו והוא פטור. רבי פירש: מליימה אובדת בתוליה — מחמת לומות בתוליה נושרות. אבל מורי אחי הרב ר"מ פי': עושה חסידה ומתפללת, כדגרסינן בגמ' דידן: צליינית, וכאילו צמה ועושה תעניות שתהא נענת בתפלתה — ואינה עושה אלא לגנב את העין, שלא יבדקו אחריה, ומזנה ואובדת בתוליה. ועד

תוספות שאנץ

הרי זה בור. בור גרוע מעם הארץ: רטין מגושא לוחש המכשף את לוחשיו ואינו יודע מה הם ומה פירושם אלא כך מעשיהם שמכשפות בא על ידי לחשים: תני תנא אף תנא זה שלא שמש תלמידי חכמים בתלמוד שונה משנתו ואינו יודע מה הוא. ל"ה: איזהו עם הארץ פ"ה שנחשד על הטהרות ועל המעשרות ומוחזק מגעו טמא: כל שאינו קורא ק"ש דהא ודאי לא ידע מידי אבל ידע לקרות וקורא לאו עם הארץ הוא דברי ר' מאיר. וי"מ דהך ברייתא מתניא לענין זימון שאין מזמנין על עם הארץ. עוד מצי למימר דמיתניא לענין דאמרי' פרק ואלו עוברין שעם הארץ פסול לעדות ואין מכריזין על אבדתו אבל ק' מההיא דפ' הנזקין [דף ס"א] דקאמר איזהו עם הארץ כל שאינו אוכל חוליו בטהרה דברי ר' מאיר וחכמים אומרים כל שאינו מעשר פירותיו ולענין מאי מיתניא אי לענין זימון ליתא דאמרי' בפרק שלשה שאכלו דעם הארץ שאינו מעשר פירותיו דהיינו עם הארץ דרבנן. ואי לענין דמאי ליתא דהא מי שחשוד על טהרות אינו חשוד על הדמאי כדמוכח בפ"ק דיבמות ועוד ק' דר"מ אדר' מאיר דהכא קאמר דהוי עם הארץ כל שאינו אוכל חוליו בטהרה ויש לומר דההיא דהתם לענין דההיא אלו עוברין מיתניא. ואור"י דההיא דהניזקין א) דההיא דנותנין לעם הארץ בנות חברים גדולות ופוסקין להם על מנת שלא תעשה על גביו טהרות ר'ש'ב'ג'א' אין צריך לפסוק שאפי' לא פסק עמו כן הדין שלא תעשה על גביו טהרות אלא בפרישות אחר תינהוג גם כשהיא תחתיו. ואחר כך שונה רשב"ג איזהו עם הארץ כל שאינו אוכל חוליו בטהרה דברי ר' מאיר וחכמים אומרים כל שאינו מעשר פירותיו וה"ק איזהו עם הארץ שישאנו לו חבר בתו בזה הענין שתנהוג טהרה תחתיו כל שאינו אוכל כו'. וחכמים אומרים אפי' למי שאינו מעשר פירותיו משיאין לו בת חבר: אחרים אומרים אפי' קרא ושנה משמע מהכא דאחרים לא הוי ר' מאיר ואע"ג דבכוליה תלמודא אמרי' מאן אחרים ר' מאיר נ"ל דברוב מקומות הוו אחרים ר' מאיר כדאמרינן מאן יש אומרים ר' נתן ובפ"ק דגיטין גר' ב) יש אומרים לא היינו ר' מאיר אלא ר' נתן דברוב המקומות יש אומרים היינו ר' נתן: המורים הלכה מתוך משנתם שמבלים עולם בהוראת טעות דכיון דאינם יודעים טעם המשנה מדמים להם דבר שאינו דומה. ויש אומר' משניות הרבה דאמר הא מני פלוני היא ויחידא היא ולית הלכתא כותיה ומורים בטעות ל"ה: בתולה צליינית בעלת תפלות ואלמנה שבבית בעלת שכנית הולכת ומבקרת שכנותיה תמיד שאינן אלא מנאפות ומכשפות ומראות עצמן כצדקניות שלא יבדקו אחריהן ל"ה. כגון יוחני בת רטבי פ"ה אלמנה מכשפנית היתה וכשמגיע עת לדת האשה עוצרת האשה במכשפות ולאחר שמצטערת האשה הרבה היתה אומרת יוחני אלך ואבקש אולי תשמע תפלתי והולכת ופותחת הכלי שהיו הכשפים בתוכו וסותרת הכשפים ואז הולד יוצא. פעם אחת היה לה שכיר יום בביתה והיא הלכה לבית האשה היולדת ושמע השכיר קול הכשפים מקשקש' בתוך הכלי כמו שהולד מקשקש במעי האם ובא השכיר וסתר את מגופת הכלי והכשפים יצאו והולד נולד וידעו כל העולם כי בעלת כשפים היא ל"ה: המבעט ברבותיו וקרי ליה קטן שלא כלו חדשיו על ידי שימיו מתקצרין כדאמ' פ"ק דחגיגה בשוין

א) נ"ל דההיא דהניזקין מתניא לענין שנותנין לע"ה בנות חברים וכו' והוא בתוספתא דע"ז פ"ג ועי' בתוס' גיטין שם ד"ה איזה. ב) נ"ל יש אומרים אחר דברי ר' נתן וע"כ די"א אלו איתו ר"נ אלא דברוב המקומות וכו'.

עין משפט נר מצוה

אלא לקרות ולא שנה כו' מהרש"א

כח א מיי' פ"ה מהלכות ת"ת הלכה ד טוש"ע י"ד סימן רמב סעיף יג:

כט ב מיי' שם טוש"ע שם סעיף יד:

[לפמ"ש תוס' לעיל יב. ד"ה אחרים וע"ש מ"ש על הגליון יתיישב גם הכא]

[מליימה אובדת בתוליה]

כ"ה בירושלמי

מסורת הש"ס

ברכות מז: [וע"ש דזהו דעת ר' אליעזר אבל ר' מאיר ס"ל שם דכל שאינו אוכל חולין בטהרה וכן איתא בגיטין סא. וכן תמצא שאר שיטויים ועי' בתוס' ד"ה כל וכתוס' גיטין סא.]

קדושין כ. מ. ע"ש יומא פו. פו. ערכין ל: מ"ק כז:

[מגלה כח: ושם איתא אל תקרי הליכות אלא הלכות]

[ב"מ קז.]

ע"ז יט: [ע"ש]

גליון הש"ס

גמ' דאמר ר' אבהו. נ"ל אבה:

וְעַד כַּמָּה — עַד אַרְבְּעִין שְׁנִין. אִינִי?! וְהָא *רַבָּה אוֹרֵי! בְּשָׁוִין.§ "וּמַכּוֹת פְּרוּשִׁין" וכו'.§ ת"ר: שִׁבְעָה פְּרוּשִׁין הֵן: פָּרוּשׁ שִׁיכְמִי, פָּרוּשׁ נִקְפִּי, פָּרוּשׁ קִיזָאִי, פָּרוּשׁ מָדוֹכְיָא, פָּרוּשׁ "מֶה חוֹבָתִי וְאֶעֱשֶׂנָּה", פָּרוּשׁ מֵאַהֲבָה, פָּרוּשׁ מִיִּרְאָה. פָּרוּשׁ שִׁיכְמִי — זֶה הָעוֹשֶׂה מַעֲשֵׂה שְׁכֶם, פָּרוּשׁ נִקְפִּי — זֶה הַמְנַקֵּיף אֶת רַגְלָיו. פָּרוּשׁ קִיזָאִי — א"ר נַחְמָן בַּר יִצְחָק: זֶה הַמַּקִּיז דָּם לַכְּתָלִים. פָּרוּשׁ מָדוֹכְיָא — אָמַר רַבָּה בַּר שֵׁילָא: דִּמְשַׁפַּע כִּי מָדוֹכְיָא. פָּרוּשׁ "מֶה חוֹבָתִי וְאֶעֱשֶׂנָּה". הָא מַעַלְיוּתָא הִיא! אֶלָּא דְּאָמַר "מֶה חוֹבָתִי תוּ וְאֶעֱשֶׂנָּה". פָּרוּשׁ מֵאַהֲבָה פָּרוּשׁ מִיִּרְאָה. אֲמַרוּ לֵיהּ אַבַּיֵי וְרָבָא לְתַנָּא: לָא תִּיתְנֵי פָּרוּשׁ מֵאַהֲבָה פָּרוּשׁ מִיִּרְאָה. *דְּאָמַר רַב יְהוּדָה אָמַר רַב: [א]לְעוֹלָם יַעֲסוֹק אָדָם בַּתּוֹרָה וּבְמִצְוֹת אֲפִי' שֶׁלֹּא לִשְׁמָהּ, שֶׁמִּתּוֹךְ שֶׁלֹּא לִשְׁמָהּ בָּא לִשְׁמָהּ. אָמַר רַב נַחְמָן בַּר יִצְחָק: דְּמִטַּמְרָא מִטַּמְרָא, וּדְמִגַּלְיָא מִגַּלְיָא, בֵּי דִּינָא רַבָּה לִיתְפָּרַע מֵהָנֵי דְּחָפוּ גּוּנְדֵי. אֲמַר לָהּ יַנַּאי מַלְכָּא לִדְבֵיתְהוּ: אַל תִּתְיָרְאִי מִן הַפְּרוּשִׁין, וְלֹא מִמִּי שֶׁאֵינָן פְּרוּשִׁין, אֶלָּא מִן הַצְּבוּעִין שֶׁדּוֹמִין לִפְרוּשִׁין, שֶׁמַּעֲשֵׂיהֶן כְּמַעֲשֵׂה זִמְרִי, וּמְבַקְּשִׁין שָׂכָר כְּפִנְחָס.§ **מתני'** *ר"ש אוֹמֵר: אֵין זְכוּת תּוֹלָה בַּמַּיִם הַמָּרִים, וְאִם אַתָּה אוֹמֵר הַזְּכוּת תּוֹלָה בַּמַּיִם הַמְאָרְרִין — *מְדַהֶה אַתָּה אֶת הַמַּיִם בִּפְנֵי כָּל הַנָּשִׁים הַשּׁוֹתוֹת, וּמוֹצִיא אַתָּה שֵׁם רַע עַל הַטְּהוֹרוֹת שֶׁשָּׁתוּ, שֶׁאוֹמְרִים: טְמֵאוֹת הֵן, אֶלָּא שֶׁתָּלְתָה לָהֶן זְכוּת. *רַבִּי אוֹמֵר: הַזְּכוּת תּוֹלָה בַּמַּיִם הַמְאָרְרִים, וְאֵינָהּ יוֹלֶדֶת וְאֵינָהּ מִשְׁבַּחַת, [ב]אֶלָּא מִתְנַוְּונָה וְהוֹלֶכֶת, לְסוֹף הִיא מֵתָה בְּאוֹתָהּ מִיתָה. *[ג]נִטְמֵאת מִנְחָתָהּ עַד שֶׁלֹּא קָדְשָׁה בִּכְלִי — הֲרֵי הִיא כְּכָל הַמְּנָחוֹת, וְתִפָּדֶה. [ד]וְאִם מִשֶּׁקָּדְשָׁה בִּכְלִי — הֲרֵי הִיא כְּכָל הַמְּנָחוֹת, וְתִשָּׂרֵף. *[ה]וְאֵלּוּ שֶׁמִּנְחוֹתֵיהֶן נִשְׂרָפוֹת: הָאוֹמֶרֶת

וְעַד כַּמָּה. הָוֵי רָאוּי לְהוֹרָאָה?. וְהָא רַבָּה אוֹרֵי. וְכָל שְׁנוֹתָיו אֵינָן אֶלָּא מ', כִּדְאָמְרִי' בְּר"ה (דף יח.): רַבָּה וְאַבַּיֵי מִדְּבֵית עֵלִי קָאָתוּ כו'. בְּשָׁוִין. אִם שָׁוֶה לְגָדוֹל הָעִיר בְּחָכְמָה — מוּתָּר לְהוֹרוֹת. אוֹ שֶׁאֵין זָקֵן מִמֶּנּוּ בָּעִיר. פָּרוּשׁ שִׁיכְמִי פָּרוּשׁ נִקְפִּי פָּרוּשׁ קִיזָאִי פָּרוּשׁ מָדוֹכְיָא. כּוּלְּהוּ מְפָרֵשׁ לְהוּ. מַעֲשֵׂה שְׁכֶם. שֶׁמָּלוּ שֶׁלֹּא לְשֵׁם שָׁמַיִם. אַף זֶה — מַעֲשָׂיו לַהֲנָאָתוֹ, שֶׁיְּכַבְּדוּהוּ בְּנֵי אָדָם, וְלֹא לְשֵׁם שָׁמַיִם. הַמְנַקֵּיף רַגְלָיו. מְהַלֵּךְ בִּשְׁפְלוּת, עָקֵב בְּצַד גּוּדָל וְאֵינוֹ מֵרִים רַגְלָיו מִן הָאָרֶץ, וּמִתּוֹךְ כָּךְ מְנַקֵּף אֶצְבְּעוֹתָיו בָּאֲבָנִים. מַקִּיז דָּם לַכְּתָלִים. עוֹשֶׂה עַצְמוֹ כְּעוֹצֵם עֵינָיו שֶׁלֹּא יִסְתַּכֵּל בַּנָּשִׁים, וּמִתּוֹךְ כָּךְ מַכֶּה רֹאשׁוֹ בַּכּוֹתֶל וְהַדָּם יוֹצֵא. דִּמְשַׁפַּע. הוֹלֵךְ כָּפוּף. כִּי מָדוֹכְיָא. בּוּכְנָא, עָשׂוּי כְּמַקֶּבֶת וְרֹאשׁוֹ כָּפוּף. פָּרוּשׁ מַה חוֹבָתִי וְאֶעֱשֶׂנָּה. לַמְּדוּנִי מֶה עָלַי לַעֲשׂוֹת וְאֶעֱשֶׂה. הָא מַעַלְיוּתָא הִיא. אִם אֵינוֹ בָּקִי בְּאִיסּוּרִין וְדִקְדּוּקֵי מִצְוֹת וּבָא לִלְמוֹד. מַה חוֹבָתִי תוּ וְאֶעֱשֶׂנָּה. מַה לַּעֲשׂוֹת עוֹד וְלֹא עָשִׂיתִי. וּמַרְאֶה עַצְמוֹ כְּאִילּוּ קִיֵּים אֶת הַכֹּל. פָּרוּשׁ מֵאַהֲבָה. מֵאַהֲבַת שְׂכַר הַמִּצְוֹת, (א) וְלֹא לְאַהֲבַת מִצְוֹת הַבּוֹרֵא. מִיִּרְאָה. שֶׁל עוֹנָשִׁין. אֶלָּא מָה עַל הָאָדָם לַעֲשׂוֹת — מֵאַהֲבַת הַשֵּׁ"י, כַּאֲשֶׁר צִוָּנוּ ה' אֱלֹהֵינוּ, וְסוֹף הַשָּׂכָר לָבֹא. דְּמִטַּמְרָא מִטַּמְרָא כו'. הַנִּסְתָּרוֹת נִסְתָּרוֹת מִבְּנֵי אָדָם וְהַגְּלוּיוֹת גְּלוּיוֹת, וּמ"מ לְבֵ"ד הַגָּדוֹל כּוּלָּם גְּלוּיוֹת, וְהוּא יִפָּרַע מִן הַמִּתְכַּסִּים בְּטַלִּיתוֹת וּמַרְאִין עַצְמָן כִּפְרוּשִׁין, וְאֵינָן פְּרוּשִׁין. אַל תִּתְיָרְאִי מִן הַפְּרוּשִׁין. שֶׁהַפְּרוּשִׁין הָיוּ שׂוֹנְאִין אוֹתוֹ, לְפִי שֶׁהָרַג מִן הַחֲכָמִים הַרְבֵּה, וְנֶהְפַּךְ לִהְיוֹת צְדוֹקִי, כִּדְאָמַר בְּקִידּוּשִׁין (דף סו.). וּכְשֶׁמֵּת הָיְתָה אִשְׁתּוֹ יְרֵאָה מֵהֶן שֶׁלֹּא יַעֲבִירוּ הַמְּלוּכָה מִבָּנֶיהָ, וְהָיְתָה אוֹמֶרֶת לוֹ לְבַקֵּשׁ מִלִּפְנֵיהֶם עָלֶיהָ. וְאָמַר לָהּ: אַל תִּתְיָרְאִי מִן הַפְּרוּשִׁין, שֶׁצַּדִּיקִים הֵן וְלֹא יִגְמְלוּךְ רָעָה, וְלֹא לְבָנַיִךְ שֶׁלֹּא חָטְאוּ לָהֶם. וְלֹא מִמִּי שֶׁאֵינָן פְּרוּשִׁין. שֶׁהֵם אוֹהֲבַיי. אֶלָּא מִן הַצְּבוּעִים. כְּלוֹמַר, שֶׁאֵין מַרְאִיתָם כְּתוֹלְדוֹתָם, אֶלָּא צְבוּעִין מִבַּחוּץ וְאֵין תּוֹכָן כְּבָרָם. שֶׁמַּעֲשֵׂיהֶם כְּמַעֲשֵׂה זִמְרִי. שֶׁהֵן רְשָׁעִים, וּמְבַקְּשִׁים שָׂכָר כְּפִנְחָס — אוֹמְרִים לַבְּרִיּוֹת לְכַבְּדָן כְּפִנְחָס. וְאִיכָּא דִּמְפָרֵשׁ לָהּ לְעִנְיַן צְנִיעוּתָא. **מתני'** הֲרֵי הִיא כְּכָל הַמְּנָחוֹת. שֶׁנִּטְמְאוּ עַד שֶׁלֹּא קָדְשָׁה בִּכְלִי. וְתִפָּדֶה. וְתֵצֵא לְחוּלִּין, וּמֵהַמָּעוֹת יִקְנֶה אַחֶרֶת. וְתִשָּׂרֵף. שֶׁקְּדֻשָּׁה קְדוּשַּׁת הַגּוּף, וְאֵינָהּ יוֹצְאָה עוֹד לְחוּלִּין. וְכָל

ועד כמה עד ארבעין שנין. פי': משנה שהתחיל ללמוד עד ארבעים שנה, ולא משנה שנולד. כדאמרינן בפ"ק דמסכת ע"ז (דף ה:): "ולא נתן ה' לכם לב לדעת עד היום הזה" — ש"מ לא קאים איניש אדעתיה דרביה עד ארבעין שנין. וזה היה ממתן תורה עד מ' שנה, שאז התחילו ללמוד. **בשוין** · רש"י פי': אם שוה לגדול העיר בחכמה מותר להורות. קשה לר"י מפרק "הרואה" (ברכות דף סג.) דאמר אביי: באתרא דאית גבר — תמן לא תיהוי גבר. פשיטא! לא צריכא דשוין. אלמא היכא דשוין אין לו לקפוץ להוראה! להכי מסתברא הכא לפרש: והא רבה דאורי והוא לא הגיע להוראה, שכל ימיו לא היה אלא מ' שנה! בשוין; הא דאמר שאין לו להורות עד ארבעין שנין — היינו כששוה לגדול העיר בחכמה, וגדול העיר הגיע להוראה, הלכך כיון שיש שם חכם כמותו הגיע להוראה בשנים והוא לא הגיע לשני הוראה — אין לו להורות לפניו. אבל אם גדול העיר הוא בחכמה, אע"ג שלא הגיע לכלל שנים — מורה. ורבה — גדול העיר בחכמה היה. אבל ר"י פי' ההוא דפרק "הרואה", דמיירי באדם שנכנס לעיר שיש שם חכם מורה — תמן לא תהוי גבר, אפי' בשוין. אבל אם הוא קבוע בעיר כמותו, ושוה לו בחכמה — מותר לו להורות, כמו שפי' רש"י. ור"ת פי' התם: באתר דאית גבר — ממונה, משתדל בצרכי ציבור — לא תקפוץ לתוך שררות אפי' בשוין. ולפי' לא מיירי בהוראה.

פרוש מאהבה פרוש מיראה. בירושל' פרק "הרואה": עשה מאהבה ועשה מיראה; עשה מאהבה, שאם באת לשנוא — דע שאתה אוהבו, ואין אוהב שונא. עשה מיראה, שאם באת לבעוט — דע שאתה ירא, ואין ירא מבעט. שבעה פרושין הן: פרוש שכמי וכו' פרוש מן הנכייה כו'. פרוש שכמי — טעון מצותיה על כתפיה, פרוש נקפי — אקיף לי ואני עבד מצוה. פרוש קיזאי — עבד חדא חובה וחדא מצוה, ומקיז חדא בחדא. פרוש מן הנכייה — מאי דאית לי אנא מנכה ועבד מצות. פרוש "אדע חובתי ואעשנה" — הי דא חובתי עבדית דאעביד מצות דכותה. פרוש יראה — כאיוב, פרוש אהבה — כאברהם, דכתיב (ישעיה מא): "זרע אברהם אוהבי". אין לך חביב מכולם אלא פרוש אהבה כאברהם. **לעולם** יעסוק אדם בתורה ובמצות אע"פ שלא לשמה. ואי קשיא: הא אמרינן בפ"ק דתענית (דף ז.): כל העוסק בתורה שלא לשמה נעשית לו סם המות, ובשלהי פרק "היה קורא" במסכת ברכות (דף יז.): כל העוסק בתורה שלא לשמה נוח לו שלא נברא! נראה לתרץ: עוסק שלא לשמה — כגון מיראת היסורין כי הכא, ומאהבת קיבול פרס, שאינו מתכוין להשלים רצון יוצרו שציוהו על כך, אלא להנאתו, כדאמרינן בפ"ק דמסכת ע"ז (דף יט.): "במצותיו חפץ מאד" — ולא בשכר מצותיו. והיינו דתנן (אבות פ"א מ"ג): אל תהיו כעבדים המשמשין את הרב ע"מ לקבל פרס, וכי הא דאמר בפ' "עגלה ערופה" (לקמן מז.), ואיתא בנזיר פרק "מי שאמר הריני נזיר" (דף כג:), ובפרק בתרא דהוריות (דף י:): לעולם יעסוק אדם וכו' — שבשכר מ"ב קרבנות שהקריב בלק זכה ויצאה ממנו רות. גם הוא נתכוין להנאתו, שהעלה קרבן לשם להשלים חפציו בשכרו ולא לשם שמים. וכדאמרי' פ"ק דר"ה (דף ד.): האומר "סלע זו לצדקה ע"מ שיחיה בני" — ה"ז צדיק גמור. אבל ההיא שלא לשמה דתענית ומס' ברכות — אינו עוסק בתורה כדי לקיים, לא מאהבה ולא מיראה, אלא להוסיף על חטאתו פשע, שעתה שגגות נעשו לו זדונות, שאע"פ שידע שעובר — לא מנע מכל תאות לבו, כדמפרש התם (ברכות יז.): תכלית חכמה תשובה ומעשים טובים, שלא יהא אדם קורא ושונה ומשמש תלמידי חכמים ובועט באביו ובאמו וברבו או במי שגדול הימנו, שנאמר: "ראשית חכמה יראת ה' שכל טוב לכל עושיהם", ללומדיהם לא נאמר, אלא לעושיהם — לעושים לשמה*. **אלו** שמנחותיהם נשרפות. תימה: אמאי לא חשיב נמי מת הוא או שמתה היא, דאמרי' בפ"ק (לעיל דף ו:) דנשרפת! וליכא למימר דוקא היינו לאחר שקידש הקומץ, כדתני' לעיל, אבל הכא לא חשיב אלא הנשרפת משקדשה בכלי. דה"ה אם משקדשה בכלי דנשרפת, ואיידי דקתני סיפא קירב הקומץ דנאכלת — נקט רישא קידש הקומץ. ורבותא נקט: אע"פ דכבר קדוש וקרוב להקרבה טפי מקידשה בכלי — אפ"ה נשרפת. *ושבעלה בא עליה בדרך. תימה לר"י: אמאי נשרפת? כיון דבדרך בא עליה — היינו קודם שתקדוש, וכיון דאין המים בודקין אותה, כדאמר: *"ונקה האיש מעון" בזמן שהאיש מנוקה מעון וכו' — תיגלי מילתא למפרע דכי קדוש — בטעות קדוש. כדאמרינן גבי "ושבאו לה עדים שהיא טמאה", דהואיל ולא לבדוק עומדת, ולא ראויה למנחה — לא היתה ראויה לכלי, ואין כלי שרת מקדשין אלא בראוי להן! ונראה, דדוקא לגבי שבאו לה עדים שייך למימר הכי, משום דמנחה לברר עון, וכשיש שם עדים — הרי העון מבורר וא"צ בירור. אבל הכא, שבא עליה בדרך, שצריך לברר, אע"ג דאין המים בודקין, כי קדוש מעיקרא — שפיר קדוש, מאחר שלא נתברר העון, ולא הוי אלא כמו שנשאו ונתנו בה מוזרות בלבנה קודם לכן, דאין המים בודקין, ואפ"ה מנחה שפיר קדוש. והאי דלא חשיב במתני' מנחת ארוסה ושומרת יבם אלמנה לכ"ג — מפני שידוע פסול שלהן, שאינן נבדקות ואין מביאין אותם לשתות.
האומרת

ל א מיי' פ"ג מהל' ת"ת הלכה ה ופ"י מהל' תשובה הלכה ה סמג עשין יב טוש"ע י"ד סימן רמו סעיף כ:
לא ב מיי' פ"ג מהל' סוטה הלכה כ:
לב ג ד ה מיי' שם פ"ד הלכה יד:

תוספות שאנ"ץ

בשוין אם שוה לגדול שבעיר בחכמה מותר לו להורות אע"ג דאינו בר מ' שנה או שאין בעיר זקן הימנו ל"ה. מעשה שכם שמלו שלא לשום שמים אף זה עושה מעשיו להנאתו כדי שיכבדוהו בני אדם ולא לשום שמים ל"ה: המנקף את רגליו מהלך בשפלות עקב בצד גודל ואינו מניף רגליו מן הארץ ומתוך כך מנקף אצבעותיו באבנים. דמשפע כי מדוכיא בוכנא שהיא עשויה כמקבת וראשו כפוף: פרוש מה חובתי ואעשנה. למדיני מה לעשות ואעשה. פרוש מאהבה פרוש מיראה וקשה דמשמע דלא הוי למעליותא. ולקמן בס"פ כשם משמע דהוי מעליותא דאמר הנהו תרי תלמידי דהוי יתבי קמיה דרבא חד אמר אקריון בחלמי וישמחו בך אוהבי שמך וחד אמר אקריון בחלמי מה רב טובך אשר צפנת ליראיך. אמר להו רבא תרוייכו רבנן אתן אלא מר מאהבה ומר מיראה אלמא משמע דמעליותא הוא. וצ"ל דתרי עניני מאהבה ומיראה הוי והכא ה"פ פרוש מאהבת שכר שמתחרט אם לא תתמלא תאותו ופרוש מיראה כאדם שירא מרבו ודואג לכבודו שלא יקפיד עליו אבל פרוש מאהבת יוצרו כאשר צוהו ה' אלהיו וסוף השכר לבא וכן מיראת יוצרו הוי מעליותא ביותר עוד יש פרוש מאהבה ומיראה דהוי מעליא כגון נותן צדקה בשביל שיחיו בניו ובנותיו ואינו מתחרט כשלא באו תאותו והיינו פרוש מאהבה ופרוש מיראת עונשין שלא יהיו בניו ובנותיו וג"כ הוי מעליותא כיון שאינו מתחרט ופירושא דהכא מאהבה ומיראה מיירי כשמתחרטין אם לא תמלא תאותן דהשתא הוי תרתי גוונא דמאהבה ומיראה למעליותא זה למעלה מזה כדפי' והשלישי דהכא אינו טוב אבל מכל מקום יעסוק כו'. והא דאמר בירושלמי פירושא פרוש מאהבה כאברהם פרוש מיראה כאיוב צ"ל דחולק על תלמוד שלנו אך ק' מההיא דאמר בפ' החולץ מפני מה גרים מעונים בזמן הזה ר' יוסי אומר לפי שאינן עושין מאהבת המקום אלא מיראת עונשין ולא היו חוששין לעשות אם לא (דוהגים) [דואגים] מן העונשין כי ביותר קשה להם להכנס בעול המצות א) ולפי' הוי גריעותא כיון דאין מקבלין עליהן עול מלכות שמים מאהבה ועל ידי יסורין באין עליהן. לעולם יעסוק אדם בתורה שלא לשמה פי' כדפי' בפ' מקום שנהגו: א"ל ינאי מלכא לדביתהו אל תתיראי מן הפרושין פ"ה שהיתה אשתו יראה מן הפרושין ב) שלא יגמלו עליך רעה ולא לבניך שלא חטאו להם ולא ממי שאינן פרושין לפי שהן אוהבי אלא מן הצבועין כלומר שאין מראיתם כתולדותם אלא צבועין מבחוץ ואית דפרשי לענין צניעותא

א) אולי צ"ל וי"ל דמ"מ הוי גריעותא. ב) וא"ל שאל תתיראי מהם שלא יגמלוך רעה.

[בע"ז יט: איתא רבא ע"ש פרש"י]
סנהדרין קה: פסחים נ: ערכין טז. לקמן מז. הוריות יוד: נזיר כג:
לעיל ו. כ:
פי' מחשיך גווני
[לעיל ו.]
שם:
[לעיל ו.]

הגהות הב"ח

(א) רש"י ד"ה פרוש וכו' שכר המצות. נ"ב עיין ס"פ כשם דף לא:

גליון הש"ס

גמ' ת"ר שבעה פרושים הן. עיין בירושלמי פ"ט דברכות עלה דמתני' חייב אדם לברך על הרעה:

[ועי' תוספות ברכות יז. ד"ה העוסק וכו' ומה שנ"ע בלידו]
[שייך לדף שאח"ז]
[לקמן כח.]

האומרת "טמאה אני לך", ושבאו לה עדים שהיא טמאה, והאומרת "איני שותה", *ושבעלה אינו רוצה להשקותה, ושבעלה בא עליה בדרך. וכל הנשואות לכהנים – מנחותיהן נשרפות. בת ישראל שנשאת לכהן – מנחתה נשרפת, וכהנת שנשאת לישראל – מנחתה נאכלת. מה בין כהן לכהנת: *מנחת כהנת נאכלת, ומנחת כהן אינה נאכלת, כהנת מתחללת וכהן אין מתחלל, כהנת מטמאה למתים ואין כהן מטמא למתים, כהן אוכל בקדשי קדשים ואין כהנת אוכלת בקדשי קדשים. מה בין איש לאשה: האיש פורע ופורם ואין האשה פורעת ופורמת, *האיש מדיר את בנו בנזיר ואין האשה מדרת בנה בנזיר, *האיש מגלח על נזירות אביו ואין האשה מגלחת על נזירות אביה, האיש מקדש את בתו ואין האשה מקדשת את בתה, האיש מוכר את בתו ואין האשה מוכרת את בתה, *האיש נסקל ערום ואין האשה נסקלת ערומה, האיש נתלה ואין האשה נתלית, האיש נמכר בגניבתו ואין האשה נמכרת בגניבתה. §

גמ' ת"ר: *כל הנשואות לכהונה מנחותיהן נשרפות. כיצד? כהנת לויה וישראלית שנשאת לכהן – אין מנחתה נאכלת, מפני שיש לו חלק בה. ואינה עולה כליל – מפני שיש לה חלק בה. אלא, הקומץ קרב בעצמו והשירים קריבין בעצמן. איקרי כאן *כל שהוא ממנו לאישים הרי הוא בבל תקטירו! אמר יהודה בריה דר"ש בן פזי: דמסיק להו לשום עצים, כר"א. *דתניא, ר"א אומר: לריח ניחוח אי אתה מעלה, אבל אתה מעליהו לשום עצים. הניחא לר"א, דאית ליה האי סברא, אלא לרבנן דלית להו האי סברא, מא"ל? דעבדי להו כר"א בר"ש. *דתניא, רבי אלעזר בר"ש אומר: הקומץ קרב בעצמו, והשירים מתפזרים על בית הדשן.

ואפילו

רש"י

וכל הנשואות [לכהנים] מנחותיהן נשרפות. ואפילו קרב הקומץ כהלכתו ולא נטמאו – נשרפין שיריים בבית הדשן, כדמפרש בגמרא. כהנת. בת כהן. מנחתה נאכלת. ד"כל מנחת כהן כליל תהיה לא תאכל" כתיב (ויקרא ו). אבל (א) כהנת הנשואה לישראל – נאכלת, וכן כהנת אלמנה וגרושה שהביאה מנחתה – נאכלת. כהנת מתחללת. מן התרומה ומן הכהונה אם נבעלה לפסול. וכהן אין מתחלל. אם נשא גרושה זונה וחללה. וטעם דכולה מתני' מפרש בגמ'. בקדשי קדשים. חטאת ואשם ומנחה, בכולם כתיב: "כל זכר בכהנים [יאכלנו]". מה בין איש לאשה. בישראל נמי קמיירי. איש פורע ופורם. כשהוא מנוגע, פורע ראשו ופורם בגדיו. האיש מדיר את בנו. קטן בנזיר. וחלה הנזירות עליו אפילו לכשיגדל. מגלח על נזירות אביו. אם נדר אביו בנזירות, והפריש קרבנותיו ומת, והיה בנו נזיר – הבן מגלח ביום מלאת, ומביא קרבנות שהפריש אביו. מקדש את בתו. מקבל קידושי בתו קטנה שלא מדעתה. מוכר את בתו. לאמה כשהיא קטנה. גמ' מנחותיהן נשרפות. אחת מנחת סוטה ואחת מנחת נדבה. מפני שיש לו חלק בה. שהוא מקריבה משלו, וכתיב "כל מנחת כהן" וגו'. ואינה עולה כליל (ב) שיש לה חלק בה. שלכפרתה היא באה, ואין מנחת זר ובת כהן קריבין כליל בלא קמיצה. השירים קריבין לעצמן. לאחר שקרב הקומץ. קרי כאן כל שממנו כו'. "כי כל שאור וכל דבש לא *תקטירו לה'" (ויקרא ב) הוה ליה למכתב. למה ליה למכתב "ממנו"? אלא למדרשיה נמי באנפי נפשיה; לא תקטירו כל שממנו עולה כבר אשה לה'. ויש בכלל לאו זה בשר כל קרבנות חוץ מעולה, ויש בכלל זה שירי מנחות. והכא נמי, דלמא בתר חלק שלה אית לן למיזל, והויא הקטרת קומץ כהלכתו, ואלו שיריים גמורין הם, וישנן ב"בל תקטירו". דמסיק להו לשם עצים. דנימא הכי: אם ראויים הן להקטיר ולא היתה ראויה ליקמץ, כדין מנחת כהן – הרי זו הקטרה לשמה, וקמיצה לא מעלה ולא מורדת. ואם ראויה היתה ליקמץ ואלו שיריה – הרי הן כשאר עצי המערכה. כר"א. פלוגתייהו בזבחים:* אברי חטאת שנתערבו באברי עולה, ר"א אומר: יתנם למעלה, ורואה אני את בשר חטאת על המזבח כאילו הן עצים. וחכ"א: תעובר צורתן ויצאו לבית השריפה, שאסור להקטיר אברי חטאת, משום לאו ד"כל שממנו לאישים". ור"א סבר: בתריה דההוא קרא כתיב: "קרבן ראשית תקריבו אותם לה'" – שאור ודבש בכורים אתה מביא מן התמרים, ומנחת שתי הלחם שהוא ראשית מן השאור. "ואל המזבח לא יעלו לריח ניחוח" קאי נמי א"ממנו אשה לה'" דאוקמיה ב"בל תקטירו", ואשמעינן דלא אסר הקטרתו אלא כשמתכוין לריח ניחוח. כר"א בר"ש. במנחות בפ' "אלו מנחות" (דף עג:) גבי מנחת חוטא כהן, שמביא על שמיעת קול, או על ביטוי שפתים, או על טומאת מקדש וקדשיו בדלי דלות. ופליגי רבנן עליה דרבי שמעון ואמרי: "והיתה לכהן כמנחה" – מנחת חובתו של כהן כליל כמנחת נדבתו, ואינה נקמצת. (ג) [ור"ש דריש ליה לקרא התם הכי: וכי נאמר והיתה לכהן כמנחתו? לא נאמר אלא] כמנחת חוטא של ישראל, מה של ישראל נקמצת – אף מנחת חוטא של כהן נקמצת. אי מה מנחת ישראל שיריה נאכלין, אף זו שיריה נאכלין – ת"ל: "והיתה לכהן כמנחה"; לכהן כמנחה לענין עבודת כהן שטעונה קמיצה, ולא לאישים כמנחה. הא כיצד? הקומץ קרב לעצמו והשיריים קריבין לעצמם. ולית ליה "כל שממנו לאישים" כלל. ר"א בר"ש פליג עליה, ואמר: קומץ קרב לעצמו ושירים מתפזרין לאיבוד.

ה"ג

תוספות

האומרת טמאה אני. ירושלמי: האומרת "טמאה אני" לא כחטאת שמתה בעליה היא? וחטאת שמתה בעליה ילכו המעות ליס המלח! דמיא לאשם תלוי. אם לאשם תלוי – אפי' משקדשה בכלי! א"ר: מתני' דמיא לאשם תלוי שנשחט, דתנינן תמן: אם משנשחט נודע לו – הדם ישפך והבשר יצא לבית השריפה.

כל הנשואות לכהנים מנחותיהן נשרפות. פרש"י: אחד מנחת סוטה ואחד מנחת נדבה. ותימה: מנחת נדבה מה חלק יש לו בה? והא אפילו רבי יהודה דאומר בפ' "אין בין המודר" (נדרים דף לה:): אדם מביא על אשתו כל קרבנות שהיא חייבת – דווקא שהיא חייבת, כדמפרש בספרי, כגון אם [הקיפה] נזירות בראשה וחיללה את השבת, דומיא דמנחת סוטה שהיא חובה, דיליף לה מ"והביא את קרבנה עליה" – כל קרבן שעליה. אבל מנחת נדבה – מודה רבי יהודה שאינו מביא! וי"ל: משום הכי יש לו חלק, משום דקי"ל: מה שקנתה אשה קנה בעלה. כדתנן בפ"ד דנזיר (דף כד.): אם שלה היתה בהמה – החטאת תמות, וקא דייק בגמ': מנא לה? מה שקנתה אשה קנה בעלה! הלכך יש לו חלק בה, אפילו לרבנן, דפליגי אדר' יהודה ואמרי דווקא קרבן שמכשירה לו מביא עליה, דמה שקנת' קנה בעלה. מיהו, בירושלמי דפרק "היה מביא" משמע דבמנחת סוטה איירי. והכי איתא התם: "מנחתה" – מלמד שהיא קדשה לשמה. כשם שהיא קדשה לשמה – כך היא קדשה לשמו. ותני רבי חייא ופליג; ליקרב כליל אינה יכולה מפני שותפתה של אשה, לאכול אינה יכולה – מפני שותפתו של איש, [אלא] הקומץ* לעצמו והשירים קריבין לעצמן. ואת אומר "מנחתה"? אלא מה דאישתעי קרא אישתעי מתני'. ותו התם: "והביא את קרבנה עליה" – בעלה מהו שיפריש עליה חוץ מדעתה? מכיון שיש לו שותפות במנחה – מפריש עליה חוץ מדעתה. וא"ת: מאחר שיש לו חלק בה, א"כ הויא לה מנחת שותפות, ואומר בפ"ק דזבחים (דף ה:): הניח מנחה לשני בניו ומת – קריבה, ואין בה משום שותפות. הא יש בה משום שותפות – אינה קריבה, משום דכתיב בה "נפש", והכי קתני בסיפרי בהדיא! וי"ל: כיון דעיקר כפרה משום דידה – "נפש" קרינן בה, דהא הניח מנחתו לשני בניו, דמסיק התם (דף ו.) דקניא להו – אלמא משום דמכפרי קרינא ביה "נפש".

הקומץ קרב בעצמו. וא"ת: אמאי לא שדינן לכולה מנחה בתר דידה, ויהו שיריה נאכלין, כדאמר בפ' "אין בין המודר" (נדרים דף לו:), ואיתא בפ"ק דזבחים (דף ו.) ובפ"ק דתמורה (דף ב:): מתכפר עושה תמורה, והכא היא מתכפרת במנחה זו! י"ל: התם מיקני למתכפר כולי זבח, ואין לו למקדיש חלק בו. אבל הכא – יש לו לבעל חלק במנחה.

דמסיק להו לשום עצים. רש"י פי', דנימא הכי: אם ראוין הן להקטיר ולא היתה ראויה לקמוץ וכו'. ותימה: מאי תנאי שייך? הא ודאי כאילו מעורבין שיריים, והוי כאברי עולה ואברי חטאת שנתערבו דפליגי בה ר"א ורבנן (זבחים עז.), דלא שייך בה תנאי, דליכא שום ספק, אלא ודאי מקצתן ראויה להקטיר *ומקצתן לאכול ולהקטיר, ואותן מה שבתוכן אין ראוי להקטיר לשם עצים בכל מקום שהוא, ולא שייך שום תנאי! וכמדומה דרש"י נקט לי' אגב שטפיה דההיא דפרק "נושאין על האנוסה" (יבמות ק.), דתנן: כהנת שנתערב ולדה בולד שפחתה – נותנין עליהם חומרי ישראל וחומרי כהנים. ומפרש בגמרא דמנחתם נקמצת כמנחת ישראל ואינה נאכלת כמנחת כהנים, וכולה סוגיא כי הכא. והתם ודאי שייך תנאי, כשהאחד מקריב מנחה אינו יודע אם כהן הוא או ישראל וצריך להתנות כמו שפירש רש"י כאן. והא דתנן ב"הקומץ רבה" (מנחות דף כג.): נתערב קומצה בשיריה או בשירים של חבירתה, לא יקטיר – אית לן למימר דסתמא כרבנן דפליגי אדרבי אליעזר.

הקומץ קרב לעצמו והשיריים לעצמן. בירושל' בעי אליביה דר"ש: אלין שיריים משום מה הם באים, משום קומץ או משום שיריים? אי תימר משום קומץ – אינו נותנו בלילה, ואינו נותנו לאחר מיתה, ואינו מחשב להן. ואי תימר משום שיריים – נותנו בלילה, ונותנו לאחר מיתה. מהו שיחשב להן? ופשיט לה מדר"א בר"ש, דאמר דמתפזרין על גבי הדשן שלמטה, כדמפרש בפ' "ואלו הן מנחות". הדא אמרו: נותנו בלילה, ונותנו לאחר מיתה, ומחשב להן. א"ר יוסי בר בון: אינו מחשב להו, שלא הוכשרו לא לאכילת אדם ולא לאכילת מזבח.

כהן

עין משפט נר מצוה

לג א מיי' פי"ב מהל' מעשה הקרבנות הלכה יב:
לד ב מיי' שם הלכה י:
לה ג מיי' שם הלכ' ט:
לו ד מיי' פי"ט מהל' איסורי ביאה הלכה א סמג לאוין קכב טוש"ע אה"ע סימן ז סעיף יב:
לז ה מיי' שם טוש"ע שם סעיף יג:
לח ו מיי' פי"ב מהלכות אבל הלכ' ו ופ"ג הלכה יא סמג לאוין רלה טוש"ע י"ד סימן שעג סעיף ב:
לט ז מיי' שם סמג שם טוש"ע י"ד סימן שסט סעיף א:
מ ח ט מיי' פי"י מהל' מעשה הקרבנות הלכ' ג סמג עשין קפד קפה:
מא מיי' פ"י מהל' טומאת צרעת הלכ' ו סמג עשין רלה:
מב כ מיי' שם הלכ' ח:
מג ל מיי' פי"ב מהלכות נזירות הלכה יג:
מד נ ס מיי' שם פ"ח הלכה טו:
מה ע מיי' פ"ג מהל' אישות הלכ' יא סמג עשין מח טוש"ע אה"ע סימן לז סעיף א:
מו פ מיי' פי"א מהל' גירושין הלכה ז סמג עשין נ טוש"ע אה"ע סימן קנה סעיף א:
מז צ מיי' פ"ד מהל' עבדים הלכה א ב:
מח ק מיי' פט"ו מהל' סנהדרין הלכה א סמג עשין קב:
מט ר מיי' שם הלכה ו:

נ"ל קרב לעצמו

נ ש מיי' פ"ג מהלכות גניבה הלכה יב סמג עשין פח:
נא ת מיי' פי"ב מהל' מעשה קרבנות הלכ' יב ופ"ד מהל' סוטה הלכה טו:
נב א מיי' פ"ה מהל' איסורי מזבח הלכ' ה סמג עשין שיח שיט:
נג ב מיי' שם הלכה ג סמג שם:
נד ג ד מיי' פי"ב מהל' מעשה הקרבנות הלכ' יב ופ"ד מהל' סוטה הלכה טו:

ומקלתן לאכול ואותן כו' להקטיר אלא דמסיק לשם עלים כו' מהרש"ל ועי' רש"א

מסורת הש"ס

[חולין קלא:]
[נזיר כח:]
[שם ל.]
סנהדרין מד:
[תוספתא פ"ב]
[נ"ל תקטירו]
יומא מז: יבמות ק. זבחים עו: מנחות נח.
יבמות ק: זבחים עו: [מנחות קו: יומא מז:]
מנחות עד. יבמות ק. [תוספתא פ"ב שם וע"ע]
[דף עז.]
רש"א

הגהות הב"ח

(א) רש"י ד"ה מנחתה וכו' אבל דכהנת: (ב) ד"ה ואינה עולה כליל מפני שיש: (ג) ד"ה כר"א בר"ש וכו' ואינה נקמצת ואומר ר"ש כמנחה של ישראל וכו' אף מנחת חובה של כהן וכו' לאישים כלל ור"א בר"ש פליג עליה ואמר:

גליון הש"ס

מתני' ושבעלה אינו רוצה להשקותה עי' יבמות דף לה ע"א תד"ה אילימא:

תוספות שאנץ

צניעותא ל"ה: כהנת מתחללת מן התרומה ומן הכהונה אם נבעלה לפסול לה ולאו דוקא נקט כהנת דה"ה דאלמנת בת ישראל שנשאת לכהן גדול אלא רבותא נקט דאפילו כהנת מתחללת מכהונה: מגלח על נזירות אביו אם נדר בנזירות והפריש קרבנותיו ומת והיה בנו נזיר הבן מגלח ביום מלאת ימי נזרו ומביא קרבנות שהפריש אביו: איקרי כאן כל שממנו לאישים הרי הוא בבל תקטירו פ"ה דהוה ליה למכתב כי כל שאור וכל דבש לא תקטירו לה' ולמה כתב ממנו אלא למדרשי' באפי נפשיה לא תקטירו כל שממנו עולה כבר אשה לה' ויש בכלל לאו זה בשר כל הקרבנות חוץ מעולה ויש בכלל זה שירי מנחות והכא נמי אמרי' דלמא בתר חלק שלה אית לן למיזל והויא ליה הקטרה דקומץ כהלכתה ואלו שירים גמורין הן והרי הן בבל תקטירו. דמסיק להו לשם עצים וכר' אליעזר ופלוגתיהו בזבחים אברי חטאת שנתערבו באברים של עולה רבי אליעזר אומר יתנם למעלה ורואין בשר החטאת כאילו הן עצים וחכמים אומרים תעובר צורתו ויצאו לבית השריפה שאסור להקטיר אברי חטאת משום לאו דכל שממנו לאישים ור' אליעזר סבר בתריה דההוא קרא כתיב קרבן ראשית תקריבו אותם לה' ואל המזבח לא יעלו לריח ניחוח וקאי נמי אממנו לה' דאוקמה בבל תקטירו ואשמעינן דלא אסרה הקטרה אלא כשמכוין להם לריח ניחוח ל"ה: דתניא ר' אליעזר אומר הקומץ קרב בעצמו והשירים מתפזרין גבי מנחת כהן חוטא שהביא מנחה על שמיעת קול או על ביטוי שפתים או על טומאת מקדש וקדשיו בדלי דלות ופליגי רבנן עליה ואמרי מנחת חובתו של כהן כליל כמנחת נדבתו ואינה נקמצת ור' שמעון דריש לקרא התם וכי נאמר והיתה לכהן כמנחתו והלא לא נאמר אלא כמנחה והאי קרא במנחת חוטא כתיב ודריש לה הכי ואם כהן הוא תהיה לו כמנחת חוטא של ישראל מה מנחת חוטא של ישראל נקמצת אף מנחת כהן חוטא נקמצת אי מה מנחת חוטא ישראל שיריה נאכלין אף זו שיריה נאכלין ת"ל והיתה לכהן כמנחה לענין עבודת כהן שטעונה קמיצה ולא לאישים כמנחה הא כיצד הקומץ קרב בעצמו והשירים קרבין לעצמן. ור' אליעזר סבר ליה כאבוה דבעי קמיצה ומיהו שירים קרבין לעצמן לית ליה דכל שממנו לאישים כו' אלא קומץ קרב לעצמו והשירים מתפזרין לאיבוד ל"ה:

ה"ג

נה א מיי' פ"ה מהל' טומאת לרעת הלכה א:
נו ב מיי' פ"ב מהל' נזירות הלכה יג:
נז ג מיי' שם פ"ח הלכה טו:
א ד מיי' פ"ב מהלכות סוטה הלכה ב:
ב ה מיי' שם הלכה ח והלכה ט:

תורה אור

וַאֲפִי' רַבָּנַן לָא פְּלִיגִי עֲלֵיהּ דְּר' אֶלְעָזָר בְּר' שִׁמְעוֹן אֶלָּא בְּמִנְחַת חוֹטֵא שֶׁל כֹּהֲנִים, דְּבַת הַקְרָבָה הִיא, אֲבָל בְּהָא – אֲפִי' רַבָּנַן מוֹדוּ.§ "בַּת יִשְׂרָאֵל הַנְּשׂוּאָה" וכו'.§ מ"ט? דְּאָמַר קְרָא °"וְכָל מִנְחַת כֹּהֵן כָּלִיל תִּהְיֶה לֹא תֵאָכֵל" (ויקרא ו) – כֹּהֵן וְלֹא כֹּהֶנֶת.§ "כֹּהֶנֶת מִתְחַלֶּלֶת כֹּהֵן אֵין מִתְחַלֵּל".§ מְנָלַן? דְּאָמַר קְרָא: °"וְלֹא יְחַלֵּל זַרְעוֹ בְּעַמָּיו" (שם כא) – זַרְעוֹ מִתְחַלֵּל, וְהוּא אֵינוֹ מִתְחַלֵּל.§ "כֹּהֶנֶת מִטַּמְּאָה" כו'.§ מ"ט? אָמַר קְרָא: °"אֱמֹר אֶל הַכֹּהֲנִים בְּנֵי אַהֲרֹן" (שם) – *בְּנֵי אַהֲרֹן וְלֹא בְּנוֹת אַהֲרֹן.§ "כֹּהֵן אוֹכֵל בְּקָדְשֵׁי קָדָשִׁים"§ דִּכְתִיב: °"כָּל זָכָר בִּבְנֵי אַהֲרֹן יֹאכְלֶנָּה".§ (שם ו) "וּמָה בֵּין אִישׁ" כו'.§ ת"ר: "אִישׁ", אֵין לִי *אֶלָּא אִישׁ, אִשָּׁה מִנַּיִן? כְּשֶׁהוּא אוֹמֵר: °"וְהַצָּרוּעַ אֲשֶׁר בּוֹ" (שם יג) – אהֲרֵי כָּאן שְׁנַיִם, א"כ מַה ת"ל "אִישׁ" – לְעִנְיָן שֶׁלְּמַטָּה, אִישׁ פּוֹרֵעַ וכו'.§ "הָאִישׁ מַדִּיר אֶת בְּנוֹ בְּנָזִיר וְאֵין הָאִשָּׁה מַדֶּרֶת בְּנָהּ בְּנָזִיר".§ *אָמַר ר' יוֹחָנָן: בהֲלָכָה הִיא בְּנָזִיר.§ "הָאִישׁ מְגַלֵּחַ עַל נְזִירוּת אָבִיו וְאֵין הָאִשָּׁה מְגַלַּחַת עַל נְזִירוּת אָבִיהָ".§ *אָמַר ר' יוֹחָנָן: גהֲלָכָה הִיא בְּנָזִיר.§ "הָאִישׁ מְקַדֵּשׁ אֶת בִּתּוֹ וְאֵין הָאִשָּׁה מְקַדֶּשֶׁת אֶת בִּתָּהּ"§ דִּכְתִיב: °"אֶת בִּתִּי נָתַתִּי לָאִישׁ הַזֶּה".§ (דברים כב) "הָאִישׁ מוֹכֵר אֶת בִּתּוֹ וְאֵין הָאִשָּׁה מוֹכֶרֶת אֶת בִּתָּהּ".§ דִּכְתִיב °"וְכִי יִמְכֹּר אִישׁ אֶת בִּתּוֹ".§ (שמות כא) "הָאִישׁ נִסְקָל עָרוֹם" כו'.§ *מ"ט? °"וְרָגְמוּ אוֹתוֹ", (ויקרא כד) מַאי אוֹתוֹ? אִילֵימָא אוֹתוֹ וְלֹא אוֹתָהּ – וְהָכְתִיב: °"וְהוֹצֵאתָ אֶת הָאִישׁ הַהוּא אוֹ אֶת הָאִשָּׁה הַהִיא"! (דברים יז) אֶלָּא: אוֹתוֹ בְּלֹא כְּסוּתוֹ, וְלֹא אוֹתָהּ בְּלֹא כְּסוּתָהּ.§ "הָאִישׁ נִתְלֶה וְאֵין" כו'.§ *מ"ט? אָמַר קְרָא: °"וְתָלִיתָ אוֹתוֹ עַל עֵץ" (שם כא) – אוֹתוֹ וְלֹא אוֹתָהּ.§ "הָאִישׁ נִמְכָּר בִּגְנֵיבָתוֹ וְאֵין הָאִשָּׁה נִמְכֶּרֶת בִּגְנֵיבָתָהּ".§ מ"ט? אָמַר קְרָא: °"וְנִמְכַּר בִּגְנֵיבָתוֹ" (שמות כב) – בִּגְנֵיבָתוֹ וְלֹא בִּגְנֵיבָתָהּ.§

הדרן עלך היה נוטל

אֲרוּסָה *וְשׁוֹמֶרֶת יָבָם – דלֹא שׁוֹתוֹת וְלֹא נוֹטְלוֹת כְּתוּבָּה, שֶׁנֶּאֱמַר: °"אֲשֶׁר תִּשְׂטֶה אִשָּׁה תַּחַת אִישָׁהּ" (במדבר ה) – פְּרָט לַאֲרוּסָה וְשׁוֹמֶרֶת יָבָם. האַלְמָנָה לְכֹהֵן גָּדוֹל, גְּרוּשָׁה וַחֲלוּצָה לְכֹהֵן הֶדְיוֹט, מַמְזֶרֶת וּנְתִינָה

ה"ג וַאֲפִי' רַבָּנַן לָא פְּלִיגִי עֲלֵיהּ אֶלָּא בְּמִנְחַת חוֹטֵא שֶׁל כֹּהֲנִים דְּבַת הַקְרָבָה הִיא. דְּמַקְשֵׁי חוֹבָתוֹ לְנִדְבָתוֹ, דְּלָא בָּעֵי קְמִיצָה. אֲבָל הָא – דְּלָאו בַּת הַקְרָבָה הִיא, דִּדְלְמָא בַּתְרָהּ דִּידָהּ אָזְלִינַן, וְשִׁירַיִם גְּמוּרִים נִינְהוּ, וַאֲפִילּוּ רַבָּנַן מוֹדוּ דְּמִתְפַּזְּרִין. מַאי טַעְמָא. קָאָמַר מַתְנִי' מִנְחַת כֹּהֶנֶת נֶאֱכֶלֶת כְּשֶׁאֵינָהּ נְשׂוּאָה לַכֹּהֵן, וּכְשֶׁהִיא נְשׂוּאָה לַכֹּהֵן – אֵינָהּ נֶאֱכֶלֶת, כָּלִיל מִיהָא לָא הָוְיָא. לֹא יְחַלֵּל זַרְעוֹ. בְּכֹהֵן הַנּוֹשֵׂא פְּסוּלָה לִכְהוּנָּה כְּתִיב, וְדָרְשִׁינַן בְּקִידּוּשִׁין (דף עז.): "לֹא יְחַלֵּל" שְׁנֵי חִילּוּלִין; אֶחָד לָהּ וְאֶחָד לְזַרְעוֹ, שֶׁהַכֹּהֵן מְחַלֵּל אֶת שְׁתֵּיהֶן. אֲבָל הוּא אֵין מִתְחַלֵּל. בְּנֵי אַהֲרֹן. "לְנֶפֶשׁ לֹא יִטַּמָּא", וְלֹא בְּנוֹת אַהֲרֹן בְּאַזְהָרָה זוֹ. כָּל זָכָר בִּבְנֵי אַהֲרֹן יֹאכְלֶנָּה. בְּמִנְחָה כְּתִיב. אִישׁ. צָרוּעַ הוּא. אֵין לִי. שֶׁנֶּחְלָט בְּטוּמְאַת נְתָקִים אֶלָּא אִישׁ, אִשָּׁה מִנַּיִן? כְּשֶׁהוּא אוֹמֵר סָמוּךְ לוֹ: "וְהַצָּרוּעַ אֲשֶׁר בּוֹ הַנֶּגַע", וְלָא אִיבָּעֵי לֵיהּ לְמִכְתַּב אֶלָּא "בְּגָדָיו יִהְיוּ פְרוּמִים וְרֹאשׁוֹ יִהְיֶה פָרוּעַ", דְּהָא כְּתִיב לְעֵיל, דִּבִמְצוֹרָע קָמַיְירֵי. אֶלָּא לְרַבּוֹת צָרוּעַ שֵׁנִי, כְּגוֹן אִשָּׁה. ה"ג: א"כ מַה ת"ל אִישׁ לְעִנְיָן שֶׁלְּמַטָּה אִישׁ פּוֹרֵעַ וּפוֹרֵם וכו' (א). מַה ת"ל אִישׁ, מֵאַחַר שֶׁסּוֹפֵינוּ לְרַבּוֹת אֶת הָאִשָּׁה? לְעִנְיָן שֶׁלְּמַטָּה. לָאו לְמַעוּטֵי מִטּוּמְאָה הָאֲמוּרָה בְּפָסוּק זֶה בָּא לְמַעוּטֵי, אֶלָּא מֵעִנְיָן הָאָמוּר בַּפָּסוּק שֶׁלְּאַחֲרָיו, דִּכְתִיב בֵּיהּ פְּרִיעָה וּפְרִימָה, לוֹמַר לְךָ: אִישׁ פּוֹרֵעַ וּפוֹרֵם וְלֹא אִשָּׁה. הֲלָכָה הִיא בְּנָזִיר. הֲלָכָה לְמֹשֶׁה מִסִּינַי הוּא בְּהִלְכוֹת נָזִיר. נָתַתִּי לָאִישׁ. בְּאָבִיהָ תָּלֵי נְתִינָתָהּ. וְרָגְמוּ אוֹתוֹ. (ב) אִי נֵימָא אוֹתוֹ וְלֹא אוֹתָהּ – וְהָכְתִיב גַּבֵּי נַעֲרָה הַמְאוֹרָסָה "וְהוֹצֵאתֶם אֶת שְׁנֵיהֶם וּסְקַלְתֶּם אוֹתָם"! אֶלָּא הָא דְּמַמְעֵט אִשָּׁה – לְעִנְיַן עָרוֹם. דְּנָפֵיק מֵהַאי קְרָא מִיעוּטָא, דְּ"אוֹתוֹ" מַשְׁמַע וְלֹא כְּסוּתוֹ, וּלְהָכִי נְקַט לֵיהּ לְהַאי מַשְׁמָעוּתָא דְּעָרוֹם בִּלְשׁוֹן זָכָר גַּבֵּי אִישׁ, לְמֵימְרָא: הָא אוֹתָהּ – בִּכְסוּתָהּ. נִמְכָּר בִּגְנֵיבָתוֹ. אִם אֵין לוֹ מַה לְּשַׁלֵּם.

הדרן עלך היה נוטל

אֲרוּסָה. שֶׁקִּינֵּא לָהּ אָרוּס. וְשׁוֹמֶרֶת יָבָם. שֶׁקִּינֵּא לָהּ יָבָם. לֹא שׁוֹתוֹת. דְּמַעֲטִינְהוּ קְרָא. וְלֹא נוֹטְלוֹת כְּתוּבָּה. שֶׁהִיא גָּרְמָה לֶאֱסוֹר עַצְמָהּ עָלָיו, שֶׁנִּסְתְּרָה אַחַר קִינּוּי. דְּמִקִּינּוּי וְאִיסּוּר לָא אִימְעִיט, כִּדְמְפָרֵשׁ בַּגְּמָרָא. וַאֲפִילּוּ לֵית לָן דְּרַב הַמְנוּנָא* (ג) דְּשׁוֹמֶרֶת יָבָם שֶׁזִּינְּתָה מוּתֶּרֶת לִיבָמָהּ, נְהִי דְּמוּתֶּרֶת – מִיהוּ לָא בָּעֵי לְמִינְסַב אִשָּׁה זוֹנָה, וְהִיא הִפְסִידָה. בְּיוֹשֶׁבֶת תַּחְתָּיו הַכָּתוּב מְדַבֵּר. כְּתוּבָּתָהּ. תַּחַת אִישָׁהּ. נְתִינָה

[קדושין לה:] [כריתות ח: ערכין ג.] נזיר כח: [שם ל.] סנהדרין מה. שם מו. יבמות נח. קדושין כז: [לעיל יח:] [קדושין טו.]

כהן ולא כהנת. ירושלמי: ר' אבהו בעי קמיה ר"ל: והכתיב (ויקרא כב): "וכהן כי יקנה נפש קנין כספו", מעתה כהן ולא כהנת! א"ל: "והכהן המשיח תחתיו מבניו" – את שבנו עומד תחתיו, יצתה זו שאין בנה עומד תחתיה. ה"ה דבפרק "הזרוע" (חולין דף קלב.) הוה מצי לשנויי נמי הכי: "ונתן לכהן הזרוע", דלא אמר לכהן ולא לכהנת, אלא אפילו לכהנת – דהכא טעמא משום דכתיב: "והכהן המשיח תחתיו מבניו". אבל התם דחי ליה משום ד"אהרן ובניו" כתיב בפרשת מנחה. אי נמי, משום דהתם הוי מיעוט אחר מיעוט. *מה בין **איש** לאשה. [שייך לעמוד א' במשנה] בתוספתא (פ"ב) קא חשיב: עובר על מלות עשה שהזמן גרמא, מה שאין כן באשה. האיש עובר על "בל תקיף" ועל "בל תשחית" ועל "בל תטמא למתים", מה שאין כן באשה. האיש נדון בבן סורר ומורה, ונעטף ומספר, ואין האשה נעטפת ומספרת. האיש נמכר ונשנה ואין האשה נמכרת ונשנית. האיש נרלע ונמכר לעבד עברי, וקונה לעבד עברי, ואין האשה נרלעת ונמכרת וקונה. ולא קתני התם כל הני דמתני' אלא דזכאי בבתו, משום דמפרש התם בכסף ובשטר ובביאה. ותימה: אמאי לא חשיב נמי סמיכות תנופות הגשות וקמילות דבין כהן לכהנת, וכל הני דתנן בפ"ק דקידושין (דף לו.), ולא קתני נמי שהעברי יולא בשנים וביובל ובמיתת האדון משא"כ בעבריה, הזב מטמא בראיות ולא הזבה, מלורע אסור בתשמיש המטה ולא מלורעת, כדמפרש בריש פרק "מחוסרי כפרה" (כריתות דף ח:): "מחוץ לאהלו" ולא מחוץ לאהלה.

*[ג"ז שייך לע"א במשנה] **האיש** מגלח על נזירות. בפ"ד דנזיר (דף ל.) ובפרק בתרא דכריתות (דף כז:) מפ' דדוקא על מעות סתומין, ולא על מעות מפורשין. **שנאמר** את בתי. מרישא דקרא יליף ליה: "ואמר אבי הנערה אל הזקנים" – משמע: למעט אמה, דאינה זכאה בבתה לתת.

ותלית אותו ולא אותה. בפרק "נגמר הדין" (סנהדרין דף מו.) נפקא לן מ"וכי יהיה באיש" – ולא באשה. **בגניבתו** ולא בגניבתה. תימה: כיון דאי גנבה אינה נמכרת בגניבתה, א"כ אין ב"ד רשאין למוכרה, דבית דין אין מוכרין אלא בגניבתו. ובפ"ק דקידושין (דף יד:) ממעטי רבנן מ"ורלע את אזנו" – אזנו שלו ולא אזן של מוכר עלמו, דדוקא מכרוהו בית דין נרלע. ואשה, הואיל ואין בית דין מוכרין אותה – אנא ידענא דאינה נרלעת, ואמאי איצטריך לרבנן *למילף מ"העבד" ולא אמה העבריה דאינה נרלעת? וי"ל: כיון דאינה נמכרת אלא ע"י אביה, סד"א תיהוי מכירה דאב במקום מכירת בית דין, ותרלע – להכי איצטריך קרא.

הדרן עלך היה נוטל

נ"ל למספק **ושומרת** יבם לא שותות ולא נוטלות כתובה. ירושלמי: יודעת היתה שאין ארוסה שותה, ולמה הכניסה עלמה *למספר הזה המרובה – בשביל לפוסלה מכתובתה. פר"ח: ארוסה אע"פ שאין לה כתובה יש לה מנה ומאתים, ועל מנה ומאתים קתני הכא: לא נוטלת כתובתה. רש"י פי': דליכא למיפשט ממתני' הא דאמר רב המנונא *שומרת יבם שזנתה אסורה ליבמה, דאפילו אי לית לן דרב המנונא, מיהו אי לא בעי יבם למינסב אשה זונה – אינה נוטלת כתובתה. מיהו, תימה: אי לית לן דרב המנונא, קרא מאי איצטריך למעוטי? והא תנן בפרק "היה מביא" (לעיל דף יח:): כל שתיבעל ולא תהא אסורה לו – לא היה מתנה, דמה קינוי שייך היכא דלא מיתסרא בסתירותיה? אלא מדאיצטריך למעוטי – ש"מ דמיתסרא! מיהו, ליכא למיפשט מהכא, משום דמוקי לה בגמרא כגון שבא עליה יבם בבית אחיו, דקנאה לפוטרה בגט בלא חליצה אפילו אליבא דשמואל, הלכך שייכא נמי אשתו ליאסר עליו בזנות כדברי הכל. **אלמנה** לכ"ג וכו'. האי דלא עריב ותני להו: אלו לא שותות ולא נוטלות כתובתן, ולתני ארוסה ושומרת יבם אלמנה לכ"ג וכו' מעוברת חבירו ומניקת חבירו ואיילונית זקינה וכו' – י"ל: משום הכי פלגינהו – משום דחלוקין בטעמם. מיהו, תימה: אמאי לא תנא מעוברת בתר בבא דאלמנה לכ"ג, דדמי בטעמא? וה"ל למיתני בתחלת הפרק: אלו לא שותות, ובתר ליחשב וליזל כולהו כל הני דדמיין להדדי כל חד. וטפי הוה שייך למיתני אלו בראש כולן, ממאי דתני קצת דלא שותות, והדר תני אלו! שאינה

[לעיל יח:]

תוספות שאנץ

ה"ג ואפי' רבנן לא פליגי עליה אלא במנחת חוטא דבת הקרבה היא דמקשינן חובתו לנדבתו דלא בעיא קמיצה אבל הא דלאו בת הקרבה היא דלמא בתר דידה אזלי' ושירים גמורין נינהו אפי' רבנן מודו דמתפזרין אבית הדשן ל"ה. ה"ג א"כ מה ת"ל איש לענין שלמטה לא למעוטי מטומאה האמורה בפסוק זה בא למעוטי אלא מענין האמור בפסוק של אחריו דכתיב ביה פריעה ופרימה דליכא למימר דלענין שלמעלה קאמר דדוקא האיש נחלט ואין האשה נחלטת א) דהא אינה פורעת ופורמת. אותו בלא כסותו ולא אותה בלא כסותה. וא"ת לרבנן דר' יהודה דלעיל דאמרי אין האשה נסקלת ערומה משום דחיישינן להרהור ובעי נמי ברור לה מיתה יפה ב) ותיפוק לי מהאי קרא. וי"ל דאי מההיא אשה בין בכסותה בין שלא בכסותה קמ"ל רב נחמן דאמר קרא ואהבת לרעך כמוך. אבל ר' יהודה דאמר לעיל דאין מכסין אותה אלא שני פרקים משום דצערא דגופה עדיף טפי (ולית ליה) [וא"ת אטו לית ליה] הך דרשא דהכא הא אותה בכסותה. וי"ל דאה"נ דלית ליה א"נ אית ליה וסבירא ליה דקרא לא אתא אלא שיכסו אותה שני פרקים אבל יותר לא משום צערא דגופה עדיף טפי ורוצה לומר הא אותה בכסותה בשני פרקים שמכסין אותה: בגנבתו ולא בגנבתה כו'. ואע"ג דדרשי' מהאי קרא בגנבתו ולא בכפלו בגנבתו ולא בזוממו (שאם הודה לא ישלם פי' שנים ממה שהוזם) בגנבתו גנבה אחת ולא ב' גנבות י"ל דכולהו הני דרשות ש"מ: **סליק פירקא**

פרק שלישי ארוסה ושומרת יבם לא שותות ולא נוטלות כתובה שהיא גרמה לאסור עצמה שנסתרה אחר קנוי פרשב"ם. ואפי' למאן דלית ליה דרב המנונא דאמר שומרת יבם שזינתה אסורה ליבמה מ"מ נהי דהוי מותרת לו. אי לא בעי לאינסובי משום שהיא זונה תפסיד כתובתה כיון שזינתה. מיהו אומר ר"י דהלכה ג) דארוסה זו שזינתה דנאסרה בביאה זו על בעלה והך כר' עקיבא דמשוי חייבי לאוין כערוה. אלמנה לכהן גדול לא שותות ולא נוטלות כתובה ואע"ג דשאר אלמנה לכהן גדול לא קנסוה רבנן ואית לה כתובה כדאיתא בפ' אלמנה ניזונת זו אין לה כתובה שסתירתה גרמה לה ליאסר עליו ואפי' ראויה לו הלכך לאו בת כתובה היא דלא עדיפא מכשרה ל"ה ולא שותות דלא נאמרו בפרשה אלא בראויה לקיימה והכי תני בספרי כי תשטה אשתו בראויה לאישות הכתוב מדבר פרט לאלמנה לכהן גדול וא"ת אמאי לא תאני כולהו בחד בבא וי"ל דארוסה ושומרת יבם נפקא לן [מקרא אחרינא דכתיב] תחת אישה ביושבת תחתיו הכתוב מדבר וא"ת תיפוק לי שאינה שותה משום דכתיב ונקה האיש מעון וזה אינו מנוקה מעון כיון שנשא אשה שאינה ראויה לו. וי"ל דחשבי' ליה מנוקה מעון כיון דאין העון בא אחר הקינוי והוו המים בודקן אשתו אי לאו טעמא דלעיל וא"ת אמאי לא פליגי ב"ש וב"ה גבי ארוסה ושומרת יבם כמו דפליגי בסמוך גבי מתו בעליהן עד שלא שתו והוו להו לב"ש לומר דנוטלות כתובה וי"ל שאני ארוסה ושומרת יבם דכ"ע מודו דאין להם כתובה דהיא יודעת שאין בעלה יכול לבודקה משנסתרה ולא תיזהר מליסתור והיא נתנה אצבעה בין שיניה ולכך אין לה כתובה אבל מתו בעליהן אין יודעות שלא יהיו בעליהן לבודקן משנסתרו ולא סמכי אדעתיהו שימותו בעליהן והן נזהרות ביותר מליסתר לפי' קאמר ב"ש דנוטלות כתובה ועוד י"ל דשאני התם גבי מתו בעליהן שאינן חשובות עוברות על דת כיון שיכולין בעליהן לבדקן אבל ארוסה

הגהות הב"ח

(א) רש"י ד"ה ה"ג וכו' ופורס כו' פי' מה ת"ל: (ב) ד"ה ורגמו אותו מאי אותו אלימא וכו' ולא בכסות: (ג) רש"י ד"ה ולא נוטלות וכו' ושומרת יבם:

א) לשון זה צ"ע דהא בהדיא אמרינן לעיל דף מקרא לאשה נמי נחלטת ואולי צ"ל דהא והגלוה כתיב. ב) ר"ל כו נמי לאותה בסנהדרין דף מה וע"ש ברש"י ד"ה להרהורא ובתוס' שם ד"ה הא. ג) נראה דצ"ל דהלכה כשומרת יבם שזינתה נאסרת על היבם והך כר"ע וכו'.

ונתינה לישראל, ובת ישראל לממזר ולנתין — לא שותות ולא נוטלות כתובה. ואלו לא שותות ולא נוטלות כתובה: אהאומרת "טמאה אני", בושבאו לה עדים שהיא טמאה, גוהאומרת "איני שותה". אמר בעלה "איני משקה", ושבעלה בא עליה בדרך — נוטלות כתובה ולא שותות. *מתו בעליהן עד שלא שתו, *בש"א: נוטלות כתובה ולא שותות, *ובה"א: דאו שותות או לא נוטלות כתובתן. מעוברת חבירו ומניקת חבירו — לא שותות ולא נוטלות כתובה, דברי ר"מ. וחכ"א: היכול הוא *להפרישה ולהחזירה לאחר זמן. ואיילונית, וזקינה, ושאינה ראויה לילד — לא נוטלות כתובה ולא שותות, ר"א אומר: יכול הוא לישא אשה אחרת ולפרות ולרבות הימנה. ושאר כל הנשים — או שותות או לא נוטלות כתובה. זאשת כהן — שותה ומותרת לבעלה. חאשת סרים — שותה. טע"י כל עריות מקנין, יחוץ מן הקטן וממי שאינו איש. כואלו שב"ד מקנין להן: מי שנתחרש בעלה, או נשתטה, או שהיה חבוש בבית האסורין. ללא להשקותה אמרו, אלא לפוסלה מכתובתה. ר' יוסי אומר: אף להשקותה, לכשיצא בעלה מבית האסורין — ישקנה.§ **גמ'** *מישתא הוא דלא שתיא, הא קנוי — מקני לה, מה"מ? דת"ר: "דבר אל בני ישראל ואמרת" (א) — לרבות ארוסה ושומרת יבם לקינוי. ומתני' מני — רבי יונתן היא, דתניא: "תחת אישך" — פרט לארוסה, יכול שאני מוציא אף שומרת יבם — ת"ל: "איש איש", דברי רבי יאשיה. ר' יונתן אומר: "תחת אישך" — פרט לשומרת יבם, אוציא שומרת יבם ולא אוציא את ארוסה — תלמוד לומר: "אשר תשטה אשה תחת אישה" — פרט לארוסה. מר אלימא ליה ארוסה, דקידושי דידיה, וסוקלין על ידו, ומר אלימא ליה שומרת יבם, דלא מיחסרא מסירה לחופה. ורבי יונתן, האי "איש איש" מאי עביד ליה? מיבעי ליה *לרבות אשת חרש, ואשת שוטה, ואשת שעמום

רש"י

נתינה. מן הגבעונים, ואסורין לבא בישראל, כדאמרינן ביבמות (דף עח:): דוד גזר עליהן. לא שותות. דלא נאמרה פרשה אלא בראויה לקיימה. והכי תניא בספרי: "כי תשטה אשתו" — בראויה לאישות הכתוב מדבר, פרט לאלמנה לכ"ג וכו'. ולא נוטלת כתובתה. ואע"ג דשאר אלמנה לכ"ג לא קנסוה רבנן כתובה, כדאמרינן בכתובות בפרק "אלמנה ניזונית" (דף ק:) — זו אין לה, דסתירתה גרמה לה ליאסר עליו ואפי' היא ראויה לו, הלכך — לאו בת כתובה היא, דלא עדיפא מזינה. אמר בעלה איני משקה ושבעלה בא עליה בדרך. שהוא גרם לה שלא תשתה — נוטלת כתובתה. מתו בעליהן. של כל סוטות הנסתרות וראויות לשתות, ולא הספיקו להשקותן כו'. ולא שותות. דבעינן: "והביא האיש את אשתו" וגו'. וב"ה אומרים או שותות או לא נוטלות כתובה. כלומר, מתוך שלא שותות — לא נוטלות כתובה. ובגמ' מפרש פלוגתייהו. מעוברת חבירו. שמת, והניחה מעוברת ומניקה, או שגירשה והיא מעוברת או מניקה. ואסרוה חכמים לינשא עד שיהא הולד בן ב' שנים, שכך זמן יניקתו. והלך זה ונשאה, וקינא לה — לא שותה, שהרי אינה ראויה לו לקיימה. יכול הוא להפרישה. עד כ"ד חדש, ולהחזירה. הלכך ראויה לאישות קרינא ביה. איילונית. דוכרניתא, דלא ילדה. שממעי אמה נבראת כך, ואין לה סימני אשה, לא דדים ולא שערות וקולה עבה. ושאינה ראויה לילד. ששתת כוס עיקרין. ואסורות לקיימה למי שאין לו בנים, שהרי נצטוו ישראל על פריה ורביה. אשת כהן שותה ומותרת לבעלה. אם נמצאת נקיה. ובגמ' פריך: פשיטא! אשת סרים. כגון *שנסתרס לאחר שנשאה, דקדמה שכיבת בעל לבועל. שותה. ובגמ' פריך: פשיטא! ע"י כל העריות מקנין. אם קינא לה מאביה ומאחיה ומאחד מכל העריות שבתורה, ונסתרה — הוי קינויו קנוי, ונאסרת עליו, ושותה. ובגמ' פריך: פשיטא! חוץ מן הקטן. דכתיב: "ושכב איש אותה". וממי שאינו איש. ובגמ' מפרש לה. ואלו שב"ד מקנין להן. אם רואין אותם מתנהגות בפריצות. לא להשקותה אמרו. הם לא ישקוה, דבעינן "והביא האיש את אשתו". ובעלה נמי לא ישקנה בקינוי זה *לכשיגלה, דבעינן "וקינא והביא". ורבי יוסי לא בעי "וקינא והביא". **גמ'** הא קנוי מקני לה. ליאסר עליו, מדקתני: לא נוטלות כתובה: ה"ג דבר אל בני ישראל ואמרת אליהם לרבות ארוסה ושומרת יבם לקינוי ולא גרס "איש איש", דלדרשא אחרינא דרשינן ליה לקמן (דף כז.). אלא ריבויא מ"ואמרת אליהם". וה"נ אמר לקמן בפירקין:* "ואמרת" רבויא הוא. יכול שאני מוציא כו'. דמשמעות קרא משמע לן ארוסה למעוטי, דלא קרינן בה "תחת אישך". אבל שומרת יבם קרינן בה "תחת אישך" כדמפרש לקמי' דלא מיחסרא מסירה לחופה. ורבי יונתן. משמע ליה מיעוטא קמא לשומרת יבם. אבל ארוסה — קרינא בה אישות, אי לאו דהדר מעטיה קרא אחרינא, כדמפרש לקמן: משום דהוא קידשה, ואינה באה לו מכח קדושי אחרים, ועוד שנסקלת על ידו, מה שאין כן בשומרת יבם. מר אלימא ליה ארוסה. רבי יונתן חשיבה ליה ארוסה אשה גמורה טפי משומרת יבם. דקידושי דידיה. שע"י קידושי עצמו באה לו. וסוקלין על ידו. אם זינתה נסקלת בשבילו. דלא מחסרא מסירה לחופה. דנקנית ליבם בביאה גרידתא, ואפי' בזנות, להיות כאשתו לכל דבר, כדתנן ביבמות (דף נג:) ומייתי' לה לקמן בפירקא. לרבות אשת חרש (ב) שוטה. שב"ד מקנין להן. וברייתא היא בשילהי פירקין.

תוספות

שאינה ראויה לילד. רש"י פי': שתת כוס עיקרין. אבל בפ' "אע"פ" (כתובות דף ס:) לא משמע הכי, דמייתי התם ברייתא ותני בה: או שהיתה היא עקרה זקינה ואיילונית ושאינה ראויה לילד, אלמא דשאינה ראויה לילד לאו עקרה. ולפרש"י שתת כוס עיקרין היינו עקרה! וזה לשון ר"ח התם: איכא למישאל: היינו איילונית היינו עקרה היינו שאינה ראויה לילד! ותשובה: שאמרנו בפרק "יש נוחלין" (ב"ב דף קיט:): ניסת לכ' — יולדת עד מ', ניסת למ' — שוב אינה יולדת. וה"ה שנוכל לפרש שאינה ראויה לילד — ששהתה אחר בעלה עשר שנים ולא היה דעתה לינשא. דאמר בסוף פרק "ד' אחים" (יבמות דף לד:): אמר רב נחמן אמר שמואל: כל ששהתה אחר בעלה י' שנים — שוב אינה מתעברת. כי אתא רבין אר"י: ל"ש אלא שאין דעתה לינשא. ואע"ג דאמר בגמ' בעקרה וזקינה, ולפי' ר"ח לא הזכיר עקרה במשנה — י"ל דלא דק בלישנא. מיהו, תימה: אמאי לא תנא נמי במתני' עקרה? **ושאר** כל הנשים או שותות. תימה: הא משנה יתירא מאי קמ"ל? הא שמעינן ליה מרישא: והאומרת איני שותה — אינה נוטלת כתובתה! ואומר רבי: דווקא מעוברת אינה שותה, משום דאיכא סכנת נפשות, כדאמר בפרק "החולץ" (יבמות דף מב:). אבל ניסת בתוך ג' חדשים — מאי דהוה הוה, ותו לא קנסינן ליה להוציא, וקרינן בה אשתו הראויה לו. וכהן אפילו לרבנן אינה שותה, דמסקינן בפ' "החולץ" (שם לז.): אפילו לרבנן יוציא בגט. **ורבי** יונתן האי איש איש מאי עביד ליה מיבעי ליה וכו'. תימה: והא איהו דאמר בפ' "אלו הנחנקין" (סנהדרין דף פה:) גבי "איש איש" ד"כי יקלל את אביו ואת אמו" קאמר: דברה תורה כלשון בנ"א, ולא דריש ליה לדרשה אחריתי! וכ"ת: היכא דאיכא למדרש, אפי' מאן דאית ליה ד"ת מודה הוא דדרשינן — א"כ מאי פריך בריש פרק "השואל" (ב"מ דף לד:) אהא דקא בעי אבידה מנלן דשומר שכר חייב — דתני': "אם גנוב יגנב". אין לי אלא גניבה, אבידה מנין — ת"ל "גנוב יגנב" מ"מ. הניחא למ"ד לא ד"ת, אלא למ"ד אמרי', מא"ל? והא התם איכא למדרש, ולא דרשינן, אלא אמר ד"ת, והכא אמאי דריש להו? ואמרי' בפ' "השוחט והמעלה" (זבחים קח:) נמי: ורבי יוסי, מדהוא "איש איש" דברה — האי "איש איש" נמי דברה, אלא השוחט להדיוט דחייב מנא ליה? ולא אמרת: כיון דמצי למדרש, מודה הוא דלא אמר דברה! וקשה ליישב שמועות דד"ת, דקשי' דר"מ אדר"מ, ודר' יהודה אדר' יהודה, ודרבי יוסי אדר' יוסי, ודר"ש אדר"ש. דר"מ — דאמר בפ' "ד' מיתות" (סנהדרין דף נו.), לרבנן גבי "איש איש" דכתיב גבי ברכת השם: ד"ת, ור"מ דריש ליה: לרבות כינויים. ובפ"ב דמסכת ע"ז (דף כז.) נמי פליג ר' יהודה ור' יוסי. דא"ר יהודה: כותי לא ימול ישראל מפני שהוא מל לשם הר גריזים. אמר לו ר' יוסי: וכי היכן מצינו מילה בתורה לשמה? ומפרש טעמא דר' יהודה משום דכתיב "לה' המול". ורבי יוסי — "המול ימול" כתיב. ואידך נמי, הכתיב "המול ימול" — ד"ת כלשון בני אדם. [אלמא דרבי יוסי לית ליה דברה תורה כו']. והתם בההוא שמעתא גופיה פלוגתא ר"מ ור' יהודה, ואמרינן: ימול כותי ולא ימול ארמאי, דברי ר"מ. והיינו כר' יוסי, דאמר: כותי שפיר דמי, דלא אמר ד"ת. ובפ' "ד' מחוסרי כפרה" (כריתות דף יא.) אמרינן לאחרים: בשלמא "והפדה לא נפדתה" — דקסבר ד"ת, ואחרים היינו ר"מ, כדאיתא בסוף מס' הוריות (דף יג:). דר' יהודה — מהא ד"המול ימול" דקא אמר ד"ת, ובפ' "מציאת האשה" (כתובות דף סז:) מייתי ברייתא: "העבט תעביטנו" — זה שאין לו ואין רוצה להתפרנס נותנין לו לשם מתנה וכו', דברי רבי יהודה, וחכ"א: יש לו ואינו רוצה להתפרנס — אין נזקקין לו. אלא מה אני מקיים "תעביטנו" — ד"ת. אבל ר' יהודה דריש ליה. וכן בפ' "בנות כותים" (נדה לב:) ובפ' "יוצא דופן" (שם דף מד:): "איש איש", מה ת"ל "איש איש" — לרבות תינוק בן יום א' שמטמא בזיבה, דברי רבי יהודה, ר' ישמעאל בנו של ר' יוחנן בן ברוקה אומר: א"צ, הרי הוא אומר "והזב את זובו וגו'". א"כ מה ת"ל "איש איש" — ד"ת. דר' יוסי — מההיא ד"השוחט והמעלה" (זבחים דף קח:) דאייתינן לעיל, דקאמר "איש איש" — ד"ת, וההיא ד"המול ימול" דאיהו דדריש לה ופליג אדר' יהודה דאמר ד"ת. דר"ש — ההוא "איש איש" דקא"ר יוסי בפ' "השוחט" (גם זה שם) ד"ת, פליג עליה ר"ש ואמר ודריש: לרבות שנים שאחזו באבר והעלו, שחייבין. ובפ' "אלו מציאות" (ב"מ לא:) אמר: יש לו ואינו רוצה להתפרנס — אין נזקקין לו. א"כ מה ת"ל "תעביטנו" — ד"ת! ונראה: דמאן דס"ל דאמר ד"ת — מודה כל היכא דאיכא למדרש דרשינן לי'. וכל הני תנאי סברי להו ד"ת

[עי' תוס' לקמן כה. ד"ה כ"ש]

מסורת הש"ס

יבמות לח. כתובות פא.
[ועי' תוספות לקמן כה: ד"ה ב"ה]
[ועי' תוס' יבמות לו: ד"ה ולא קתני]
[לקמן כה.]
במדבר ה
[ועי' היטב ברש"י לקמן כו. ד"ה קמ"ל וכו']
[לקמן כז.]
[ס"א לכשיזנה]
[דף כו.]

עין משפט נר מצוה

ג א מיי' פ"ב מהל' סוטה הלכה א סמג עשין כד:
ד ב מיי' שם פ"א הלכה יד:
ה ג מיי' שם פ"ב הלכה א סמג שם:
ו ד מיי' שם הלכה ז:
ז ה מיי' שם הלכה ט:
ח ו מיי' שם הלכה י:
ט ז מיי' שם פ"ב הל' ח:
י ח מיי' פ"ב הלכ' ו:
יא ט מיי' שם פ"א הלכה א סמג עשין ט טוש"ע אה"ע סימן קעח סעיף ב:
יב כ מיי' שם הלכה י טוש"ע שם סעיף יג:
יג ל מיי' שם הלכה יח:

הגהות הב"ח

(א) גמ' ואמרת אליהם לרבות: (ב) רש"י ד"ה לרבות אשת חרש ואשת שוטה:

גליון הש"ס

גמ' ואמרת לרבות ארוסה. עיין לקמן דף כו ע"א תד"ה ואמרת:

תוספות שאנץ

ארוסה ושומרת יבם כיון שאין בעליהן יכולין לבדקן חשובות כעוברות על דת ואפי' בלא קינוי אמרי' בגמ' דעוברת על דת יש לה להפסיד כתובתה אפי' בלא התראה: מתו בעליהן כו' ובה"א או שותות או לא נוטלות כתובה ובכתובות פ' האשה שנפלו פריך או שותות והביא האיש את אשתו אמר רחמנא וליכא אלא מתוך שלא שותות לא נוטלות כתובה: מעוברת חברו ומינקת חבירו פ"ה אם מת והניח מעוברת או מינקת או שגרשה בעלה והיא מעוברת ומניקה ואסרוה חכמים לינשא עד שיהא הולד בן ב' שנים שכך זמן יניקתו והלך זה ונשאה וקנא לה לא שותה שהרי אינה ראויה לקיימה משמע מתוך פ"ה דאפי' מגורשת צריכה להמתין כ"ד חדש ודלא כפי' ה"ר שמשון מפלאירא בפרק אע"פ דדוקא באלמנה אמרי' דצריכה להמתין כ"ד חדש משום דמשעבדא ליה להניק בנו אבל בגרושה שאינה משעבדא להניקו אינה צריכה להמתין והכ' משמע דצריכה גרושה להמתין וכן פר"ת דבין גרושה ובין אלמנ' צריכה להמתין כ"ד חדש ומביא ראיה לדבריו דאף לב"ש דאמרי שומטת דד מפיו ולא משעבדא ליה אפי' הכי קאמרי שלא תנשא עד לאחר כ"ד חדש וכן משמע דאין חילוק בין גרושה לאלמנה מהני טעמי דמייתי ביבמות וכן פי' פ' אע"פ והא דלא תני להו בהדי אלמנה לכהן גדול משום דליכא בהני כי אם איסור דרבנן אבל בהני דלעיל איכא איסורא דאורייתא. ואע"ג דתני לעיל חלוצה דאין בה אלא איסורא דרבנן משום דאגב דנקט גרושה נקט חלוצה ומחד קרא מסמיך להו ביבמות. יכול הוא להפרישה עד כ"ד חדש ולהחזירה הלכך ראויה לאישות קרי' ביה: וק' דמשמע דלהפרישה ר"ל בלא גט וה"נ דייקא תלמודא בפ' החולץ דיקא נמי דקתני יוציא ולא קתני יפריש משמע דאי הוה קתני יפריש הוה ר"ל בלא גט והכא נמי להפריש ר"ל בלא גט. וק' דאמרי' בפ' החולץ לא ישא אדם מעוברת חברו ומניקת חברו ואם נשא יוציא ולא יחזיר עולמית דבר' ר' מאיר וחכ"א יוציא וכשיגיע זמנו לכנוס יכנוס וקאמר רבא לדברי חכמים יוציא בגט והכא אמר דאין צריכה גט והאי דקאמר התם דיקא נמי דקתני יוציא ולא קתני יפריש ה"פ דיקא נמי דקתני יוציא דמשמע בגט ולא קתני יפריש דמשמע בין בגט בין בלא גט ולהפרישה דהכא ר"ל בגט. עוד אומר רב יוסף דאין לפרש בכאן שור דלעולם ר"ל להפרישה בלא גט ולא ק' דהתם אמרי' דצריכה גט לפי דליכא אלא חד איסורא דרבנן וחכמים עשו חיזוק לדבריהם כשל תורה ולכך צריכה גט אבל הכא חמיר עליה משום דאיכא תרי איסורי משום דהיא מעוברת חברו ועוד דקינא לה ונסתרה לכך אינה צריכה גט וכן עשה במעשה שאירע בנו מאדם אחד שקידש

יד א מיי' פ"ב מהל' סוטה הלכה ה:
טו ב מיי' פ"ח מהל' תרומות הלכה ו טוש"ע אה"ע סימן קסו סעיף ט:

שִׁעֲמוּם. וְרַבִּי יֹאשִׁיָּה: הַאי "תַּחַת אִישָׁהּ" מַאי עָבֵיד לֵיהּ? מִיבָּעֵי לֵיהּ *לְהַקִּישׁ אִישׁ לְאִשָּׁה וְאִשָּׁה לְאִישׁ. אֶלָּא טַעְמָא דִּכְתִיבִי הָנֵי קְרָאֵי, הָא לָאו הָכִי – הֲוָה אָמִינָא אֲרוּסָה שָׁתְיָא? *וְהָא כִּי אֲתָא רַבִּי אַחָא בַּר חֲנִינָא מִדָּרוֹמָא, אֲתָא וְאַיְיתֵי מַתְנִיתָא בִּידֵיהּ: °"מִבַּלְעֲדֵי אִישֵׁךְ" – *אמִשֶּׁקָּדְמָה שְׁכִיבַת בַּעַל לְבוֹעֵל, וְלֹא שֶׁקָּדְמָה שְׁכִיבַת בּוֹעֵל לְבַעַל! אָמַר רָמִי בַּר חָמָא: מַשְׁכַּחַתְּ לַהּ כְּגוֹן שֶׁבָּא עָלֶיהָ אָרוּס בְּבֵית אָבִיהָ. דִּכְוָותָהּ גַּבֵּי שׁוֹמֶרֶת יָבָם – כְּגוֹן שֶׁבָּא עָלֶיהָ יָבָם בְּבֵית חָמִיהָ, הָא שׁוֹמֶרֶת יָבָם קָרֵית לָהּ?! אִשְׁתּוֹ מַעַלְיְיתָא הִיא! *דְּהָאָמַר רַב: קָנָה לַכֹּל! כִּשְׁמוּאֵל, דְּאָמַר: בלֹא קָנָה אֶלָּא לַדְּבָרִים הָאֲמוּרִים בַּפָּרָשָׁה. אִי הָכִי, לֵימָא רַב דְּאָמַר כְּרַבִּי יֹאשִׁיָּה וּשְׁמוּאֵל דְּאָמַר כְּרַבִּי יוֹנָתָן? אָמַר לָךְ רַב: אֲנָא דַּאֲמַרִי אֲפִילּוּ לְרַבִּי יוֹנָתָן, מִדְּאִיצְטְרִיךְ קְרָא לְמַעוּטָהּ – מִכְּלָל דְּאִשְׁתּוֹ מַעַלְיְיתָא הִיא.
וּשְׁמוּאֵל

תורה אור – במדבר ה

שִׁעֲמוּם. לָקוּי בְּתִמְהוֹן לֵב. הַאי תַּחַת אִישָׁהּ. בַּתְרָאָה הָאָמוּר בְּסוֹף הַפָּרָשָׁה: "זֹאת תּוֹרַת הַקְּנָאוֹת" וגו'. לְהַקִּישׁ אִשָּׁה לְאִישׁ. בָּרַיְיתָא הִיא בְּשִׁילְהֵי פִּרְקִין. וְהָתָם מְפָרֵשׁ לְמַאי הִלְכְתָא. הָנֵי קְרָאֵי. דִּמְמַעֲטִי אֲרוּסָה. מִבַּלְעֲדֵי אִישֵׁךְ. מַשְׁמַע שֶׁבַּעְלָהּ נָתַן בָּהּ אֶת שְׁכָבְתּוֹ קוֹדֶם לִסְתִירָה זוֹ. מַשְׁכַּחַתְּ לַהּ. דְּאִיצְטְרִיךְ לְמַעוּטֵי אֲרוּסָה מִקְּרָא אַחֲרִינָא, וְלָא מִמַּעֲטָא מֵהָתָם. כְּגוֹן שֶׁבָּא עָלֶיהָ אָרוּס בְּבֵית אָבִיהָ. בִּזְנוּת. בְּבֵית חָמִיהָ. לְאַחַר שֶׁמֵּת אָחִיו. שׁוֹמֶרֶת יָבָם קָרֵית לָהּ. דְּקָאָמְרַתְּ דְּלֹא תִּשְׁתֶּה? הָא אִשְׁתּוֹ מַעַלְיְיתָא הִיא בְּבִיאַת זְנוּת! דְּהָא אָמַר רַב. בִּיבָמוֹת: קָנָה לַכֹּל. דִּתְנַן: הַבָּא עַל יְבִמְתּוֹ בֵּין בְּשׁוֹגֵג בֵּין בְּמֵזִיד, דְּהַיְינוּ בִּזְנוּת – קָנָה. וְאָמַר רַב: "קָנָה" דְּקָתָנֵי מַתְנִי' – קָנָה לַכֹּל; אִם כֹּהֵן הוּא – מַאֲכִילָהּ בִּתְרוּמָה, וְיוֹרְשָׁהּ, וּמִיטַּמֵּא לָהּ, וּמַשְׁקָהּ, וּפוֹטְרָהּ בְּגֵט בְּלֹא חֲלִיצָה. כִּשְׁמוּאֵל. הָא דַּאֲתָא קְרָא לְמַעוּטֵי – כִּשְׁמוּאֵל, דְּאָמַר: לֹא קָנָה אֶלָּא לִדְבָרִים הָאֲמוּרִים בְּפָרָשַׁת יְבָמָה: לָקוּם עַל שֵׁם אָחִיו בְּנַחֲלָתוֹ, וּלְפוֹטְרָהּ בְּגֵט. דְּהָא דְּקָנֵי לָהּ יָבָם בְּבִיאָה כָּל דְּהוּ מִ"יְּבָמָהּ יָבֹא עָלֶיהָ" נָפְקָא לָן, דְּלָא כְּתִיב: יְבָמָהּ יִקָּחֶנָּה לוֹ לְאִשָּׁה, אֶלָּא "יָבֹא עָלֶיהָ וּלְקָחָהּ לוֹ לְאִשָּׁה", וְאַשְׁמְעִינַן דְּבִיאָתוֹ עָלֶיהָ הֵן הֵן לִיקּוּחֵי הָאִישׁוּת שֶׁלּוֹ. הִלְכָּךְ, לְמִידֵי דְּאִיתְּמַר בְּהַךְ פָּרָשָׁתָא – רַבִּינְהוּ קְרָא נִישּׂוּאִין הַלָּלוּ, אֲבָל לְמִידֵי אַחֲרִינָא – לָאו נִישּׂוּאִין נִינְהוּ. וּמָה אָמוּר בַּפָּרָשָׁה – פְּטוּר חֲלִיצָה ע"י יִבּוּם, וְ"יָקוּם עַל שֵׁם אָחִיו" – שֶׁיּוֹרֵשׁ אֶת נִכְסֵי אָחִיו וְאֵין אֶחָיו חוֹלְקִין עִמּוֹ. לֵימָא רַב. דְּאָמַר קָנָה לַכֹּל – כְּרַבִּי יֹאשִׁיָּה, דְּאָמַר שׁוֹמֶרֶת יָבָם שׁוֹתָה, וְאוֹקִימְנָא דְּבָא עָלֶיהָ. אֲנָא דַּאֲמַרִי אֲפִילּוּ כְּרַבִּי יוֹנָתָן כו'. וְכָל שֶׁכֵּן כְּרַבִּי יֹאשִׁיָּה. וְהָא דְּאִיצְטְרִיךְ לְרַבִּי יֹאשִׁיָּה לְרַבּוּיֵי מֵ"אִישׁ אִישׁ" – לָאו דַּוְקָא, אֶלָּא אַסְמַכְתָּא בְּעָלְמָא, וְעִיקַּר קְרָא לְאֵשֶׁת חֵרֵשׁ וְשׁוֹטָה.
וּשְׁמוּאֵל

[לקמן כז.] | יבמות נח. | [מי שקדמה] | יבמות נו. נח.

ד"ת. מיהו, היכא דמצי למידרשיה להעמיד קבלתא או סברתא – דרשינן ליה. ובהא פליגי, מאן דאית ליה דאמר דברה ומאן דלית ליה דברה: מאן דאית ליה דברה – אין לו כח להוציא יתור הלשון ממשמעות ואם אינו ענין לגופו, אלא כיון דמצינו למימר דברה תורה – אמר: ד"ת, ולא נוציאנו ממשמעותו, דלאו קרא יתירא הוא. להכי פריך בפ' "השואל" (ב"מ דף לד:): הניחא למ"ד לא ד"ת – אם כן "יגנב" קרא יתירא הוא, ואם אינו ענין לגניבה – תנהו ענין לאבידה, ד"יגנב" גניבה משמע ולא אבידה. אלא למ"ד דברה תורה – א"כ לאו קרא יתירא הוא, מאי איכא למימר? ובפרק "השוחט והמעלה" (זבחים דף קח:) אע"ג דאמרינן: מדא"ר יוסי האי "איש איש" דברה תורה, ההוא "איש איש" נמי דברה תורה – הוה מצי למידרשיה שפיר, חדא לדברה תורה ואידך לרבויא, ד"איש איש" משמע שפיר כל ריבויי, כרבי יונתן דהכא דדריש האי "איש איש" ד"כי תשטה" לרבויא, ו"איש איש כי יקלל" לדברה תורה – הוה *רבי יוסי מצי למידרשיה "איש איש" דשחוטי חוץ – לרבות שוחט. אלא משום דכתיב "איש איש" דשחוטי חוץ ו"איש איש" דמעלה בחוץ בחד עניינא – מהדר למדרשינהו בחד עניינא. וסוגיא דריש נדרים (דף ג.) צריך לפרושי הכי: דמרבינן מ"נזיר להזיר" לעשות כינויי נזירות כנזירות, וידות נדרים כנדרים. ומקיש נדרים לנזירות, דכתיב "לנדור נדר נזיר להזיר". וקא דייק: מ"ש גבי נזירות דכתיב "נזיר להזיר" – נדרים נמי "לנדור נדר", היקשא למה לי? אי כתב "נדר לנדור" כדכתיב "נזיר להזיר" – כדקאמרת, ולא צריך היקשא, השתא דכתיב "לנדור נדר" – ד"ת. ופי': כיון דלא שינה קרא בדיבוריה – א"כ דברה כלשון בני אדם, ולאו קרא יתירא הוא למדרש מיניה לרבות כינוין וידות. דמשמעות דקרא לא נפקא אלא מריבוי דקרא, ובלא קרא יתירא לא מסתבר לרבויינהו, ולמימר דליחייב "קונם" ו"קונס" כמו שיאמר "קרבן", וכן אם יאמר "הריני" או "אהא" כמו שיאמר "הריני נזיר", הלכך צריך קרא יתירא. ולא דמי לכינוי השם דמרבינן "איש איש" אפילו למ"ד ד"ת, דאותן כינויין אשכחן דכתיבי בקרא, כמו: אל, צבאות, אהיה, שדי, כל הני דקתני בשבועות (דף לה.). ועוד, דכינוי כתיב בההוא קרא דמברך השם "איש איש כי יקלל אלהיו" (ויקרא כד). והיינו דאמרי' התם בריש נדרים: הניחא למ"ד ד"ת – דאליביה לא צריך למידרשיה וכו'. והכי אמר בפ' "ד' מחוסרי כפרה" (כריתות דף יא.) דאמר ליה ר"א ב"ע לרבי ישמעאל: בעלמא כוותיך סבירא לי' דדברה תורה, והכא שאני; מכדי כתיב ליה קרא: "כי לא חופשה", "והפדה לא נפדתה" למה לי? ש"מ לחציה שפחה וחציה בת חורין. אלמא, אפילו למאן דאית ליה ד"ת – דרשינן ליה משום עניינא דקרא, הואיל וניתן לידרש. ה"ה דדרשינן ליה נמי להעמיד קבלתן או סברתן היכא דלא עקר ליה ממשמעותיה, כגון "יגנב" דכתיב בהדיא גניבה ודרשינן מיניה אבידה משום כפל הלשון. הלכך, כל הני דפרק "אלו מציאות" (ב"מ דף לא.) ד"השב תשיבם" "שלח תשלח" "הוכח תוכיח" "עזוב תעזוב" "הקים תקים" "מות יומת" "השב תשיב" "חבל תחבול" "פתח תפתח" "נתון תתן" – כולי עלמא מודו בהו, דדרשא דידהו לא עקר להו ממשמעותיה. והא דאמרינן: הניחא למ"ד לא אמרי' ד"ת – היינו ר"ע, דלא אשכחיניה דקאמר ד"ת, דדריש בפ' "ד' מחוסרי כפרה" (כריתות דף יא.): "והפדה לא נפדתה" – לפדויה ואינה פדויה. ובפרק "הערל" (יבמות דף ע.) בשמעתא קמייתא דא"ר אליעזר "איש איש" ד"ת, ודריש ליה רבי עקיבא לרבות הערל. וכן בריש "חלק" (סנהדרין דף צ:) ובפ' "ד' מיתות" (שם דף סד:), "הכרת תכרת", דא"ר עקיבא: "הכרת" – בעוה"ז, "תכרת" – לעוה"ב. והכי משמע נמי סוגיין בפ' "אין עומדין" (ברכות דף לא*:) "אם ראה תראה", דלרבי ישמעאל דאמר ד"ת, ולרבי עקיבא: "אם ראה" – מוטב, ואם לאו – "תראה". אבל ר' ישמעאל אומר בכל דוכתי ד"ת, כגון הני דפליג אדר"ע, ובפ' "ד' מחוסרי כפרה" (כריתות דף יא.) נמי. וכן ר' אלעזר ב"ע בפרק קמא דקידושין (דף יז:) ובפרק "אלו מציאות" (ב"מ דף לא:) גבי "העניק תעניק". לבד מההיא דכריתות, כדמפרש התם טעמא, ור' אלעזר בר' יוסי בריש "חלק" (סנהדרין דף צ:). והא דאמר בפ' "אלו הן הגולין" (מכות דף יב.) בקרא "אם יצא יצא": הא כמ"ד ד"ת, הא כמ"ד לא דברה – מ"ד התם דברה מסברא קאמר לה, כדמפרש אביי התם: מסתברא כמאן דאמר דברה וכו'*. **ורבי** יונתן האי איש איש מאי עביד ליה וכו'. תימה: האי ריבוי לרבי יאשיה מנליה, והיקשא דאיש לאשה לר' יונתן מנא ליה? וכי אית לן למימר דפליגי בהא נמי, דר' יאשיה לית ליה דאשת חרש שותה ור' יונתן לית ליה דסומא אינה שותה! **דהאמר** רב קנה לכל. הני לישני דפליגי ב"הבא על יבמתו" (יבמות דף נח.) בשומרת יבם שנפלה מן הנשואין או מן האירוסין – לא שייכא דוקא אלא לענין תרומה, משום דכבר אכלה, אבל לענין להשקותה וליורשה ולטמא לה – לא*. **בספרים** גרס: אי הכי לימא רב דאמר כרבי יאשיה, ולא א"ש "אי הכי". ובפרש"י לא גרס. והוא לא שבש הגירסא, אלא בספרו לא היה כתוב "אי הכי". ושמא בספרם פי': לימא רב דאמר וכו'. **כשמואל** דאמר לא קנה אלא לדברים כו'. תימה: כיון דקנה מיהא לדברים האמורים בפרשה לפוטרה בגט, דכיון שבא עליה – הרי היא כאשתו לאותן דברים, א"כ מ"ט דרבי יונתן דאלימא ליה ארוסה משומרת יבם? אי משום דארוסה קידושין דידיה – שומרת יבם נמי ביאה דידיה היא, ונחנקה על ידו. וכ"ש דתקשה לרב, דאמר: אנא דאמינא אפילו לרבי יונתן! ותו: מאי דוחקיה למימר כשמואל? והא מסיק דאפילו רב הוה אתי מלתייהו אליביה, ולענין השקאה קפיד רחמנא דבעינן ביאה לשם אישות! וביבמות בפרק "הבא על יבמתו" (דף נח.) מוקי לה נמי הא דתנן: [אמן שלא שטיתי ארוסה ונשואה] שומרת יבם וכנוסה – כגון דבא עליה יבם בבית אחיו וכו', כי הכא. ומקשה: מידי הוא טעמא אלא לרב – האמר רב: קנה לכל. ולא מתרץ: גבי השקאה – גזירת הכתוב דבעינן ביאה לשם אישות! **אמר** לך אנא דאמרי אפי' לרבי יונתן. נראה דהכי פירושו: לא מיבעיא לרבי יאשיה דמרבה שומרת יבם, דאמינא כוותיה. והאי דאיצטריך לרבויי משום דכתיב הכא "תחת אישך", דמשמע שבא עליה לשם אישות וכו' – לא צריכא למימר, דקרא אסמכתא בעלמא הוא, כמו שפירש רש"י. ואף מה שפירש לשמואל ההיא דאיצטריך רבי יונתן למעוטי שומרת יבם – אסמכתא בעלמא הוא, תימה: נהי דלאו אשתו היא, אי לאו מעטיה קרא – מהיכא תיתי דבעינן אשתו טפי לענין השקאה מלענין קינוי? אי משום דכתיב: "והביא האיש את אשתו" – (אלא) ה"נ גבי קינוי כתיב: "וקינא את אשתו"! ירושלמי: ארוסה לא שותה. וישקנה! גזירת הכתוב הוא: "והביא האיש את אשתו". ולא יקנא לה! התורה אמרה "וקינא את אשתו" "וקינא את אשתו" – אפי' מקנת אשתו. ר' יודן בעי: כמה דתימר תמן "וקינא את אשתו" "וקינא את אשתו" – אפילו מקנת אשתו, דכוותה "תחת אישך" "תחת אישך" – אפי' מקנת אישך. היך עבידה? קינא לה ועודה ארוסה, וכנסה ונסתרה – משקה אותה על קינויו. קינא לה עודה שומרת יבם, וכנסה ונסתרה – משקה אותה על קינויו. קינא לה ועודה ארוסה, וכנסה ונסתרה וידע בה – תצא בכתובתה, ואם לאו – תצא שלא בכתובתה. *(קינא לה ועודה שומרת יבם, וכנסה ונסתרה וידע בה – תצא בכתובתה, ואם לאו – תצא שלא בכתובתה). לא קינא לה בעלה ומת, ונפלה לפני היבם וקינא לה, ולא הספיק לכונסה עד שמת, ונפלה לפני אחיו – אינו משקה אותה, שלא נפלה לו אלא מחמת אחיו הראשון. אבל אם קינא לה היבם, וכנסה ומת, ונפלה לפני היבם, וכנסה ונסתרה – משקה אותה על קינויו. *) **שאני** התם דלית לה **אימתא דבעל**. וא"ת: הני דבעי למפטר מארוסה ושומרת יבם לית להו נמי אימתא דבעלה, דהא בעלייהו לאו גבייהו נינהו! י"ל: אפ"ה אית ליה אימתא, פן ירגישו בעליהן בפריצותן.
שמע

*) שייך לדף כה ע"א

גי' רש"ל ר' יונתן נמי מצי

[עמש"ש על הגליון]

[וע"ע אריכות תוס' במנחות יז: ד"ה מאי האכל וכו']

[ועי' היטב תוס' יבמות נו. ד"ה מן הנישואין]

ל"ג בס"א ובירושלמי שלפנינו איתא קינא לה בעלה ומת ונפלה לפני היבם וכנסה ונסתרה משקה אותה על קינויו

תוספות שאנץ

שקידש מעוברת דברו ולא נשאה והורה דיכול הוא להפרישה בלא גט משום דחמור עליה דאיכא תרי איסורי חדא דמעוברת חברו ועוד דכלה בלא ברכה אסורה לבעלה כנדה ה"נ כיון דאיכא תרי איסורי חמיר עליה ויכול להפרישה בלא גט אבל גם מההיא דאמר בפ' החולץ קידש תוך ג' חדשים וברח פליגי בה רב אחא ורפרם חד אמר שמותי משמתי' ליה וחד אמר עירוק מסתיה משמע דוקא משום דברח הא אם לא ברח תרווייהו מודי דמשמתי' ליה ואמאי והא אמרינן הכא דיכול להפרישה בלא גט. וי"ל דשאני התם משום דשמא יבוא הדבר לידי קלקולא כדמפ' ביבמו' גזירה שמא יקח אחותו מאביו ויבם אשת אביו מאמו ויוציא את אמו לשוק ויפטור את יבמתו לשוק אבל הכא דליכא למיחש דאיירי שנשאה לאחר ג' חדשים להכי אמרי' יכול להפרישה בלא גט: האילונית פ"ה זוכרנית שמעני אמה נכרת שלא הוה לה סימני אשה לא דדין ולא שערות וקולה עבה: ושאינה ראויה לילד פ"ה כגון ששתת כוס עיקרין. ור"ח פי' שנישאת לאיש בת מ' שנה ושוב אינה יולדת לעולם כדאיתא [בב"ב דף קיט:] לא שותות לפי שאסור לקיימה למי שאין לו בנים לפי שהרי נצטוו ישראל על פריה ורביה ל"ה ואשת סרים שותה פ"ה דמיירי בשנתסרס לאחר שנשאה דאי מקודם שנשאה א"כ קדמה שכיבת בועל לבעל ואנן בעי' שקדמה שכיבת בעל לבועל ובגמ' פריך פשיטא דשותה: על ידי כל העריות מקנין אם קינא לה מאביה ומאחיה ומאחד מכל העריות ונסתרה הוי קינוי קינוי: ואלו שב"ד מקנין להם אם רואן אותם שמתנהגות בפריצות להשקותן אמרו דהם לא ישקוה והביא האיש את אשתו כתיב ובעלה נמי לכשיצא לא ישקנה בקינוי זה דבעי' וקינא את אשתו והביא ור' יוסי לית ליה וקינא את אשתו והביא: **גמ'** דבר אל בני ישראל ואמרת אליהם לרבות ארוסה ושומרת יבם לקינוי ויש ספרים דגרסי איש איש ול"ג ליה דלדרשא אחריני דרשי' ליה לקמן אלא ריבויא הוי מואמרת וה"נ אמרי' לקמן בפ' ואמרת ריבויא הוא ל"ה: למר אלימא ליה שומרת יבם דלא מחסרא מסירה לחופה דנקנית ליבם בביאה גרידתא ואפי' בזנות להיות כאשתו לכל דבר כדתניא ביבמות ומייתי לה לק' בפרקי' א) ואפי' למאן דאמר ביבמות דביאה אירוסין עושה ואינה עושה נישואין היינו היכא דלא נתכוון לקנות בביאה זו אפי' הוי ביאה זנות הויא כאשתו לכל דבר ואפי' לשמואל דאמר דלא קנה אלא לדברים האמורים בפרשת יבם מ"מ קונה בביאה זו לדברים האמורים בפרשה ב) שאינו כשאר נישואין. וא"ת והיכי אוקימנא למתני' כר' יונתן והא מתני' מפיק ארוסה ושומרת יבם שאינן שותות ולא נוטלות כתובה ג) אתיא כר' יונתן ולא כר' יאשיה. ועוד שמא מתני' לא היתה חוששת להביא תרי קראי אלא מסמיך אתרווייהו מחד קרא. [ע"כ שייך לע"א] ואשת שעמום פ"ה לקוי בתמהון לבב והאמר רב קנה לכל דהבא על יבמתו בין בשוגג בין במזיד דהינו בזנות קנה לכל דאם הוא כהן מאכילה בתרומה ויורשה ומטמא [לה] ומשקה ופוטרה בגט בלא חליצה ל"ה. כשמואל דאמר לא קנה אלא לדברים האמורים בפרשה פי' בפרשת יבמה לקום על שם אחיו ולפוטרה בגט דהא דקני להיבם בביאה כל דהו מיבמה יבא עליה נפקא דלא כתב יבמה יקח לה לאשה אלא כתיב יבמה יבא עליה ולקחה לו לאשה אשמועי' דביאתו עליה הן הן ליקוחין ואישות שלו הלכך למידי דאתמר בפרשה רבינהו ומה אמור בפרשה פטור חליצה על ידי יבום ויקום על שם אחיו שיורש נכסי אביו ואין
שאר

א) נראה דצ"ל משא"כ בארוסה דלאפי' למ"ד וכו' דביאה שאחר קדושין נשואין עושה היינו היכא דנתכוון לקנות בביאה זו אבל בשומרת יבם אפי' הוי ביאת וכו'. ב) אולי צ"ל משא"כ בשאר נשואין. ג) לכאורה נראה דצ"ל ולא אתיא לא כר' יונתן ולא כר' יאשיה וכו' וחסר בהעתקה התירוץ ע"ז.

ושמואל אמר: אנא דאמרי אפילו לרבי יאשיה, מדאיצטריך קרא לרבויה — מכלל דלאו אשתו היא כלל. איבעיא להו: עוברת על דת, צריכה התראה להפסידה כתובתה או אינה צריכה? מי אמרינן: כיון דעוברת על דת היא — לא בעיא התראה, או דלמא תיבעי התראה, דאי הדרה בה — תיהדר בה? ת"ש: *ארוסה ושומרת יבם — לא שותות ולא נוטלות כתובה. *מישתא הוא דלא שתיא — הא קנויי מקני לה. למאי — לאו להפסידה כתובתה? אמר אביי: לא, לאוסרה עליו. רב פפא אמר: להשקותה כשהיא נשואה. *כדתניא: אין מקנין לארוסה להשקותה כשהיא ארוסה, אאבל מקנין לארוסה להשקותה כשהיא נשואה. אמר רבא, ת"ש: אלמנה לכהן גדול, גרושה וחלוצה לכהן הדיוט, ממזרת ונתינה לישראל, בת ישראל לממזר ולנתין — לא שותות ולא נוטלות כתובה. מישתא הוא דלא שתיא, הא קנויי — מקני להו. ולמאי? אי לאוסרן עליו — הא אסירן וקיימן, אלא לאו להפסידן כתובתן? אמר רב יהודה מדיסקרתא: לא, לאוסרה (א) לבועל כבעל. דתנן: *כשם שאסורה לבעל כך אסורה לבועל. א"ר חנינא מסורא, ת"ש: ואלו שבית דין מקנין להן: מי שנתחרש בעלה, או נשתטה, או שהיה חבוש בבית האסורין. ולא להשקותה אמרו, אלא לפוסלה מכתובתה. ש"מ: בבעי התראה, ש"מ. וכולהו מאי טעמא לא אמרי מהא? דלמא שאני התם, דלית לה אימתא דבעל כלל. איבעיא להו: עוברת על דת ורצה בעל לקיימה, גמקיימה או אינו מקיימה? מי אמרינן בקפידא דבעל תלא רחמנא — והא לא קפיד, או דלמא כיון דקפיד — קפיד? ת"ש: ואלו שבית דין מקנין להן: מי שנתחרש בעלה, או נשתטה, או שהיה חבוש בבית האסורין. ואי אמרת רצה בעל לקיימה מקיימה — עבדי ב"ד מידי דדלמא לא ניחא ליה לבעל? סתמא דמילתא, כיון דעוברת על דת היא — מינח ניחא ליה. איבעיא להו: בעל שמחל על קינויו, קינויו מחול או אינו מחול? מי אמרינן בקינוי דבעל תלא רחמנא — ובעל הא מחיל ליה לקינויו, או דלמא כיון דקני ליה מעיקרא — לא מצי מחיל ליה? ת"ש: ואלו שב"ד מקנין להן: מי שנתחרש בעלה, או נשתטה, או שהיה חבוש בבית האסורין. ואי אמרת בעל שמחל על קינויו, קינויו מחול — עבדינן מידי דאתי בעל מחיל ליה? סתמא דמילתא אדם מסכים על דעת ב"ד. ת"ש: *ומוסרין לו שני ת"ח שמא יבא עליה בדרך. ואי אמרת בעל שמחל על קינויו קינויו מחול — לחליה לקינויה, ולבעול! מ"ש תלמידי חכמים — דגמירי, דאי בעי למיבעל אמרי ליה: אחליה לקינוייך ובעלה. ת"ש, *דאמר ר' יאשיה: שלשה דברים סח לי זעירא מאנשי ירושלים: דבעל שמחל על קינויו — קינויו מחול, וזקן ממרא שרצו בית דין למחול לו — מוחלין לו, הובן סורר ומורה שרצו אביו ואמו למחול לו — מוחלין לו. וכשבאתי אצל חבירי שבדרום, על שנים הודו לי, ועל זקן ממרא ולא הודו לי, שלא ירבו מחלוקת בישראל. ש"מ: בעל שמחל על קינויו קינויו מחול, ש"מ. פליגי בה רב אחא ורבינא; חד אמר: זקודם סתירה — מחול, לאחר סתירה — אינו מחול. וחד אמר: לאחר סתירה נמי מחול. ומסתברא כמאן דאמר אינו מחול, ממאי — מדקא מהדרי רבנן לרבי יוסי. דתניא, *רבי יוסי אומר: בעלה נאמן עליה מקל וחומר; ומה נדה שהיא בכרת — בעלה נאמן עליה, סוטה שהיא בלאו — לא כל שכן? אמרו לו: לא, אם אמרת בנדה — שכן יש לה היתר, תאמר בסוטה — שאין לה היתר. ואי אמרת לאחר סתירה מחול לה — משכחת לה דיש לה היתר, דאי בעי — מחיל ליה לקינויה ובעיל. אלא ש"מ לאחר סתירה אינו מחול, שמע מינה.§ "מתו בעליהן עד שלא שתו ב"ש כו'.§ במאי קמיפלגי? בית שמאי סברי: *שטר העומד לגבות — כגבוי דמי, וב"ה

ושמואל דאמר אנא דאמרי אפי' לרבי יאשיה. דאמר: שוטה. דמדאצטריך לרבויי לשתיה — ש"מ לאו אשתו היא ליורשה וליטמא לה ולהאכילה תרומה. וכ"ש לרבי יונתן דאמר אינה שותה — משום דלאו אשתו היא. והא דאיצטריך למעוטי — אסמכתא בעלמא היא, ולאו דקרא להכי אתא, אלא להקיש אשה לאיש, כדשני לעיל. עוברת על דת. יהודית, שאינה צנועה; יוצאה וראשה פרועה, וטווה בשוק, ומדברת עם כל אדם. דאמר בכתובות בפרק "המדיר" (דף עב.) דיוצאה שלא בכתובה. צריכה התראה. שמא תחזור, ואם תחזור — לא תפסיד כתובתה. או אינה צריכה התראה, דבלאו התראה מפסדא.
למאי. כיון דלא שתיא, קינוי למאי אהני? לאפסודי כתובתה. ואי לאו דקני — לא מפסדא. אלמא צריכה התראה. וזו עוברת על דת היא, שנסתרה עם אנשים. להשקותה כשהיא נשואה. (ב) ואם תסתר לאחר נישואין שותה על ידי קינוי של אירוסין. שאינו יכול להשקותה כשהיא ארוסה, דבעינן "תחת אישה". לאוסרה אבועל. קינוי לא מהני אלא לאוסרה על בועלה, אם ימות זה או יגרשנה, ולא שתת (ג). אלא לפוסלה מכתובתה. מכלל דאי לא אתרו בה — לא מפסדא. דתנן. לקמן בפרק "כשם שהמים בודקין" (דף כז:). שאני התם. הא דבעי התראה. דלית לה אימתא דבעל. ואי לאו דאתרו בה בי דינא, לא הויה לן למקנסה. דכיון דלית לה אימתא אין תימה בדבר אם עוברת על דת, ואין זה פריצותא יתירתא. אבל מי שבעלה אצלה, ואינה יראה ממנו ועוברת על דת — פריצותא יתירתא אית בה, ואיכא למימר דבלאו התראה נמי מפסדא כתובתה. תלא רחמנא. דכתיב: "וקנא את אשתו". או דלמא כיון דקפיד קפיד. כלומר, כיון דאורחיה דבעל למיקפד בהכי — על כרחיה דהאי נמי הויא קפידא לגביה. עבדינן מילתא דדלמא לא ניחא ליה. והילך אנו נעשים שלוחים לו בדבר שהוא חוב לו, שאינו חפץ בו, וקיימא לן (כתובות דף יא.): דאין חבין לאדם שלא בפניו. שמחל על קנויו. והשתא ס"ד דקבעי בין שמחל קודם סתירה בין שמחל לאחר הסתירה: ואם תימצי לומר עוברת על דת שרצה לקיימה מקיימה — הני מילי בלא קינוי, אבל היכא דאיכא קינוי וסתירה ורצה למחול, מהו? מי עקר קינוי ושריא ליה, או לאו? עבדינן מידי דאתי בעל ומחיל. ואיכא זילותא דבי דינא. סתמא דמילתא אדם מסכים כו'. וסמכינן אסתם דעתיה דאינשי, ומקנינן לה, ואי אתי ומחיל — מחיל. מאי שנא תלמידי חכמים. תירוצא הוא, והכי קאמר: לעולם מחיל. ודיקא ליה מתני'; מאי שנא דבעינן תלמידי חכמים — משום דגמירי דאסורה ליה בדלא מחיל קינוי, ואי אתי למיבעל — אמרין ליה: אחלי לקינויך. סח לי זעירא. שהיה מאנשי ירושלים. זקן ממרא. שהמרה על ב"ד של לשכת הגזית, ומיתתו בחנק. שהיא בלאו. "אחרי אשר הוטמאה" לרבות סוטה שנסתרה, בפ"ק דיבמות (דף יא:). במאי קמיפלגי. איזה טעם נותנין לדבריהם. ב"ש סברי שטר העומד לגבות כגבוי דמי. מי שיש לו שטר חוב על חבירו ושיעבד לו בו נכסיו — מוחזק בעל השטר בנכסים יותר מן הלוה. והלכך, כיון דנכסי ברשותיה קיימי — הוו להו יורשי הבעל תובעין, והמוציא מחבירו עליו הראיה, ועליהן להביא ראיה שזינתה בסתירה זו, ואבדה כתובתה. וב"ת

שמע מינה בעל שמחל על קינויו קינויו מחול. ותפסוט נמי עוברת על דת: אם רצה בעלה לקיימה — מקיימה, אפילו התרה בה (ד).
*בית שמאי אומרים נוטלת כתובתה. ואם תאמר: מ"ש דאמרי ב"ש נוטלת כתובתה, ובפרק "מי שמת" (ב"ב דף קנח.) גבי נפל הבית עליו ועל אשתו, *נפל הבית עליו ועל אביו, והיתה עליו כתובת אשה וכו', דאמרי ב"ש: יחלוקו, הואיל וספק הוא מי מת ראשון. וכן בפרק "החולץ" (יבמות דף לח:) ובכתובות בפרק "האשה שנפלו לה נכסים" (דף פ:) גבי שומרת יבם שמתה: מה יעשו בנכסים הנכנסין והיוצאין עמה, בית שמאי אומרים: יחלוקו, ומפרש בגמרא בפ' "החולץ" (יבמות דף לח:) משום

תוספות שאנ"ץ

שאר אחיו חולקין עמו ל"ה: אמר לך רב אנא דאמרי אפי' לר' יונתן וכ"ש לר' יאשיה וא"ת כיון דאשתו מעלייתא היא אמאי איצטריך ליה לר' יאשיה איש איש לרבות. וי"ל דלאו דוקא הוא אלא אסמכתא בעלמא הוא ועיקר קראי לאשת חרש ושוטה ושמואל אמר אנא דאמרי אפי' לר' יאשיה פי' וכ"ש לר' יונתן דאינה שותה משום דלאו אשתו היא. וא"ת כיון דלאו אשתו היא אמאי איצטריך לר' יונתן קרא למעוטי וי"ל דאינו אלא אסמכתא בעלמ' וקרא לאו להכי אתי אלא לאקושי אשה לאיש כדשני' לעיל ל"ה: אמר אביי לא לאוסרה עליו. וא"ת למ"ד דאוסרין על הייחוד למה לי למתני' למימר דמהני קנוי לאסרה עליו פשיטא וי"ל דאצטריך מתני' אפי' היכא דאינה אסורה משום ייחוד כגון בפתח פתוח לרשו' הרבים דאין שם משום ייחוד ואפי הכי לענין סוטה הוי רשות היחיד וה"נ אמרי' חצר שרבים נכנסין לה בזו ויוצאין לה בזו רשות היחיד לשבת ורשות הרבים לטומאה. משמע דוקא היכא דאיכא תרתי פתחא אבל היכא דליכא אלא פתח אחד הוי רשות היחיד לטומאה אי נמי כגון שבעלה בעיר דאמר בשלהי קידושין בעלה בעיר אין חוששין לה משום ייחוד ואפי' הכי לענין תורת סוטה אשמעינן

מתני' דחשבי' ליה לסתירה ואפי' בעלה בעיר כיון דלא משתמיט תנא בשום מקום לומר שלא תחשב סתירה לענין סוטה כשבעלה בעיר: ש"מ בעי התראה ש"מ ובפתח פתוח לרשות הרבים ליכא לאוקמיה ואינה עוברת על דת דהא מסתמא כיון דאינה עוברת על דת לא היו ב"ד מקנין אותה כדי להפקיע כתובתה בכדי אבל ק' דאיתא בתוספ' דכתובות בהדיא נשים שאמרו שעוברות על דת צריכות התראה ויוצאות בלא כתובה לא התרו בהן יוציא ויתן כתובה ולמה לא הביאה כאן התלמוד ושמא דלא הוה ידע לה: זקן ממרא שהמרה על ב"ד של לשכת הגזית ומיתתו בחנק: ב"ש סברי שטר העומד לגבות כגבוי דמי מי שיש לו שטר חוב על חברו ושעבד לו כל נכסיו מוחזק בעל השטר יותר מן הלוה והלכך כיון דנכסי ברשותיה קיימי הוו להו יורשי הבעל תובעין והמוציא מחבירו עליו הראיה ועליהן להביא ראיה שזינתה ואבדה כתובתה וב"ה

הגהות הב"ח
(א) גמ' אבועל כבעל: (ב) רש"י ד"ה להשקותה וכו' לאם תסתר: (ג) ד"ה לאוסרה וכו' ולא שתת הס"ד ואח"כ מ"ה דתנן לקמן בפ' כשם הס"ד ואח"כ מ"ה אלא לפוסלה מכתובתה: (ד) תוס' ד"ה שמע וכו' התרה בה. נ"ב עיין פירושו בשו"ת שלי סי' קמ"ג:

מסורת הש"ס: יבמות נח. | [לעיל כד.] | [יבמות נח:] | לקמן כז: | לעיל ז. | סנהדרין פח. | [לעיל ז.] | יבמות לח: כתובות פא. גיטין לז. שבועות מח: [ב"ב קנ.]

עין משפט נר מצוה:
טז א מיי' פ"ב מהל' סוטה הל' ה:
יז ב ג מיי' פכ"ד מהל' אישות הל' יד טו סמג עשין מח טוש"ע אה"ע סימן קטו סעיף ד:
יח ד מיי' פ"א מהל' סוטה הלכה ז טוש"ע אה"ע סי' קעח סעי' יב:
[שייך לעיל כד. במשנה]
יט ה מיי' פ"ז מהל' ממרים הלכ' ח סמג לאוין רכ:
[שם קנז.]
כ ו מיי' שם פ"ג הלכה ד סמג לאוין ג:
כא ז מיי' פ"א מהל' סוטה הלכה ז סמג עשין נו טוש"ע אה"ע סימן קעח סעיף יב:

כב א מיי' פ"ב מהל' סוטה הלכה ב:

משום דזיקת נשואה עושה ספק נשואה. אלמא דמספיקא אמרי ב"ש יחלוקו, ולא מוקמי לכולהו נכסי בחזקת יורשי האשה מטעם שטר העומד לגבות כגבוי דמי! י"ל: גבי נפל הבית עליו ועל אביו לא היו לבן נכסים, אלא שהיא אומרת: האב ראשון מת, וירש הבן, וישתעבדו לכתובתה. התם ודאי נכסי האב לא עמדו מעולם בכח האשה, ואעפ"כ, כיון דאמר כגבוי דמי – הרי הוא ספק אם האב מת ראשון דעמדו הנכסים בחזקתה, או הבן מת ראשון ואין לה באותם נכסים כלום ובחזקת היורשין הן. הלכך ספק הוא אם עמד שטר שלה לגבות מאותן נכסים כלל, הלכך חולקין. וכן נפל הבית עליו ועל אשתו, ספק אם היא מתה ראשונה וירשה הבעל, שלא ניתנה לגבות מחיים, אי נמי איפכא, ויורשיה באין מכחה. וכן גבי שומרת יבם שמתה, אמר: הואיל והללו באין לירש והללו באין לירש – יחלוקו. אבל הכא, שהיא בחיים והכתובה ניתן לגבות לאחר מיתת הבעל, דכיון דדמיא כגבויה – על היורשין להביא ראיה שזינתה. וכה"ג אומר בפרק "החולץ" (יבמות דף לח:): רישא דאיתא לדידה – הויא לה איהי ודאי ואינהו ספק, ואין ספק מוציא מידי ודאי סיפא מתה – הללו באין לירש והללו באין לירש. *בית הלל אומרים או שותות או לא נוטלות כתובתן. [שייך לעיל במשנה] בפ' "החולץ" (גז"ש) נפרש: מתוך שלא שותות לא נוטלות כתובתן. ולא ידענא בנכסי צאן ברזל מאי קא סבר ב"ה. דבפ' "מי שמת" (ב"ב דף קנח.), גבי נפל הבית עליו ועל אשתו, אמרי ב"ה: הנכסים בחזקתן עומדות. ופי': נכסי צאן ברזל. ופליגי אמוראי בגמרא בחזקת מי, בחזקת יורשי הבעל או בחזקת יורשי האשה, ובר קפרא תני: הללו באין לירש והללו באין לירש – יחלוקו. אבל הכא שהיא בחיים – בחזקתה הן עומדים. או דלמא כיון דאחריותם היו על הבעל – היו בחזקתו, ול"ש, ושייכא בפלוגתא דהתם. ובנכסי מלוג לא פליג ב"ה, דאפי' גבי ספק מוקי להו בחזקת יורשי האשה, וכ"ש הכא דאפי' ודאי זינתה לא הפסידתה, כדאמר בפרק "אלמנה ניזונית" (כתובות דף קא.): היוצאת משום שם רע – נוטלת מה שבפניה ויוצאה. ופי': נכסי מלוג. ואם תאמר: מ"ש מתניתין מפלוגתא דרב הונא ורב יהודה ורב נחמן ור' יוחנן, דפליגי בפ"ק דכתובות (דף יב:): "מנה לי בידך", והלה אמר "איני יודע", רב הונא ורב יהודה אמרי: חייב, רב נחמן ורבי יוחנן אמרי: פטור. ה"נ; היא טוענת ברי, אבל הוא אינו יכול לטעון טענת ברי, ותהוי תיובתא דרב הונא! י"ל: מאחר שהתורה עשאה ספק עד שתשתה – אינה יכולה לטעון טענת ברי. ופלוגתא דמתני' התם "הנושא את האשה ולא מצא לה בתולים" – לא שייכא להכא, דהתם אפילו ב"ש מודו, דשמא אותו שטר מעולם לא עמד לגבות, שהרי הבעל טוען מקחו מקח טעות. והכא לא שייך למימר אליבא דב"ה: העמד אשה על חזקתה ואימור לא זינתה – שהרי רגלים [לדבר], שקינא לה ונסתרה, והכתוב הוציאה מאותה חזקה ועשאה ספק.

וב"ה סָבְרִי: שְׁטָר הָעוֹמֵד לִגְבּוֹת – לָאו כִּגְבוּי דָּמֵי.§ "מְעוּבֶּרֶת חֲבֵירוֹ" כו'.§ אָמַר רַב נַחְמָן אָמַר רַבָּה בַּר אֲבוּהּ: מַחֲלוֹקֶת בַּעֲקָרָה וּזְקֵינָה, אֲבָל אַיְילוֹנִית – דִּבְרֵי הַכֹּל לֹא שׁוֹתָה וְלֹא נוֹטֶלֶת כְּתוּבָּתָהּ, שֶׁנֶּאֱמַר: °"וְנִקְּתָה וְנִזְרְעָה זָרַע" – מִי שֶׁדַּרְכָּהּ לְהַזְרִיעַ, יָצְאָה זוֹ שֶׁאֵין דַּרְכָּהּ לְהַזְרִיעַ. מֵיתִיבֵי: *אהַמְקַנֵּא לַאֲרוּסָתוֹ וְלְשׁוֹמֶרֶת יָבָם שֶׁלּוֹ, אִם עַד שֶׁלֹּא כְּנָסָהּ נִסְתְּרָה – לֹא שׁוֹתָה וְלֹא נוֹטֶלֶת כְּתוּבָּתָהּ. מְעוּבֶּרֶת

במדבר ה

וּבֵית הִלֵּל סָבְרִי לָאו כִּגְבוּי דָּמֵי. וְהָוְיָא לָהּ הִיא תּוֹבַעַת מִסָּפֵק, דִּלְמָא זַנַּאי. הִלְכָּךְ אִינְהוּ וַדַּאי וְהִיא סָפֵק, וְאֵין סָפֵק מוֹצִיא מִידֵי וַדַּאי, וְעָלֶיהָ לְהָבִיא רְאָיָה שֶׁלֹּא זִינְּתָה. מַחֲלוֹקֶת. דְּפָלֵיג ר"א וְאָמַר: יָכוֹל לִישָּׂא אַחֶרֶת כו'. בַּעֲקָרָה וּזְקֵינָה. דְּלֵיכָּא לְמֵימַר אֵינָהּ שׁוֹתָה. אֶלָּא טַעְמָא מִשּׁוּם דְּלָא חֲזְיָא לְקַיְּימָא – עֲלָהּ פָּלֵיג ר"א וְאָמַר: רְאוּיָה לְקַיְּימָא הִיא, דְּיָכוֹל לִישָּׂא אִשָּׁה אַחֶרֶת. אֲבָל אַיְילוֹנִית. נְהִי נַמִי דִּרְאוּיָה לְקַיְּימָא, מִיהוּ לָא שָׁתְיָא מֵהַאי טַעְמָא דִּרְאוּיָה לְהֶרָיוֹן בָּעֵינַן. וַעֲקָרָה – עַל יְדֵי מַכָּה, וּזְקֵינָה – מִינָּא דְּבַת הֶרָיוֹן הִיא קוֹדֶם לָכֵן, אֲבָל אַיְילוֹנִית מִבֶּטֶן אִמָּהּ לְקוּיָה הִיא וְלָא חֲזְיָא. לא

[תוספ' פ"ה]

בית הלל סברי שטר העומד לגבות לאו כגבוי דמי. אי קשיא מהא דאמר בפ' "המקבל" (ב"מ דף קי.): יתומים אמרו "אנו השבחנו", וב"ח אומר "אביכם השביח", על מי להביא ראיה? סבר רב הונא למימר: ארעא בחזקת יתמי קיימא, ועל ב"ח להביא ראיה. אמר ליה ההוא סבא, הכי אמר ר' יוחנן: על היתומים להביא ראיה. מאי טעמא? ארעא, כיון דלגודיינא קיימא – כמאן דגבי דמי, ויתמי נייתי ראיה ונשקול. וכי ר' יוחנן שבק בית הלל ועביד כב"ש? יש לתרץ: הכא, דהשיעבוד עצמו של כתובה עומד בספק – לא קיימא ארעא לגודיינא, אמרי ב"ה דלאו כגבוי דמי. אבל התם – היתומים מודו לב"ח בקרקע עצמו שהוא משועבד לו, ואינס מעכבין לפניו הקרקע. הלכך, אפילו בית הלל מודו דכה"ג כגבוי דמי, ולא קיימא ארעא בחזקת יתמי. וכיון דלא קיימא בחזקת יתמי – על היתומים להביא ראיה מן השבח. דומיא דעיר ואילן דמייתי עלה: ספק זה קודם ספק זה קודם – קוצץ ונותן דמים. אלמא, כיון דלמיקץ קאי, דבין אם קדם האילן בין אם קדם העיר – קוצץ, אלא שאם קדם האילן קוצץ ונותן דמים, אמרי ליה: זיל קוץ, ודמי – אייתי ראיה ושקול. גבי הא ארעא נמי, אמרי ליתמי: הבו ליה ארעא לב"ח, דהא לגודיינא קיימא, ושבח אייתו ראיה ושקילו. מפי מורי"ה. לאו כגבוי דמי. הכא לא שייכא כל הני פלוגתא דרבי מאיר ורבנן דפליגי בפרק "השואל" (ב"מ דף ק:) דכל העומד לבצור (א) כבצור דמי, ופלוגתא דר' שמעון בן גמליאל ורבי פרק קמא דסנהדרין (דף טו.), ובפרק "השולח" (גיטין דף לט.) בכל העומד לגזוז, ופלוגתא דרבי שמעון ורבנן בפרק "המנחות והנסכים" (מנחות דף קב:): כל העומד לזרוק כזרוק דמי, וכן לפדות ולשרוף. דלאו בחדא מחיתא נחות להו, דהכא כ"ע מודו דאמרי' לאו כגבוי דמי, והעמד ממון בחזקת בעליו, שהרי צריך דיינין, ולאו בידו הוא, כדאמר *גבי גר: מי יימר דמזדקקין ליה בי דינא. וטעמא דר' מאיר כבצורות דמיין – משום דבידו, ואין צריכין לגופן, הלכך לא חשיב להו כקרקע. והכי אמר בפרק "בהמה המקשה" (חולין דף עג.) גבי ידות הכלים דאין מטבילין אלא עד מקום מדה – משום דעומדין ליקצץ. וגבי שערו העומד לגזוז אמר בפרק קמא דסנהדרין (דף טו.) דמודה רבי מאיר דלאו כגזוז דמי, משום דאשבוחי אשבח כל מה דקאי. ומיהו רבן שמעון בן גמליאל פליג ואמר כגזוז דמי, דלא עביד איניש דשביק ליה. והני דרבי שמעון – טעמא אחרינא אית בהו, ולא אמר אלא במקום מצוה, כגון זריקת דם ופדיית פרה כשמצא אחרת נאה ממנה, ושריפתה. אבל בהני דרבי מאיר ורשב"ג – לא שייך האי טעמא. והא דאמר גבי שופר של עבודה זרה בפרק "ראוהו בית דין" (ר"ה דף כח.), וגבי לולב של אשירה (סוכה דף לא:), ומנעל בפרק "מצות חליצה" (יבמות דף קג.): כתותי מכתת שיעוריה – אפי' רבנן מודו, משום דאיסור הנאה הוא ולא הוי אלא כעפרא דארעא בעלמא, וליכא שיעורא. ופרה – חיבת הקדש מהני. וצריך עיון: כלאי הכרם אמאי מטמאין טומאת אוכלים ולא אמר כתותי מכתת שיעוריה? הלכך ליכא לדמויי להדדי. והא דאמר בפרק "נערה" (כתובות דף נא.): כל העומד לקצור כקצור דמי – התם טעמא דלא תקנו לב"ח לגבות אלא דבר הצריך לקרקע קצת, וכן פירש רש"י (ב"מ טו:): שבח המגיע לכתפים – שעומד בקרוב לקצור וצריך עדיין קצת לקרקע*. מיתיבי המקנא לארוסתו. כך ברייתא זו שנויה בתוספתא (פ"ה): המקנא לארוסתו ולשומרת יבם שלו, אם משכנסה נסתרה – או שותה או לא נוטלת כתובה. הרוצה שנשא עקרה או זקינה, ויש לו אשה ובנים – או שותה או לא נוטלת כתובתה. [מעוברת עצמו או מניקת עצמו – או שותה או לא נוטלת כתובתה]. כהנת לויה וישראלית שנשאו לכהן ללוי וישראל, ממזרת לממזר, נתינה לנתין, ואשת גר לגר ועבד משוחרר, והאיילונית – או שותה או לא נוטלת כתובתה. רבי שמעון בן אלעזר אמר: איילונית לא שותה ולא נוטלת כתובתה, שנא': "ונקתה ונזרעה זרע" – שראוי ליזרע, פרט לאיילונית שאינה ראויה להזרע. אבל המקנא לארוסתו ולשומרת יבמתו שלו, עד שלא כנסה נסתרה – לא שותות ולא נוטלות כתובתה. הרוצה [שנשא עקרה וזקינה ואין לו אשה ובנים – לא שותות ולא נוטלת כתובה. מעוברת חבירו ומניקת חבירו – לא שותות ולא נוטלות כתובה]. רבי אליעזר אומר: יכול הוא להפרישה ולהחזירה לאחר זמן. שנשא

[קדושין סב:]

[ועי' היטב תוס' ב"ק לה: ד"ה שבח ותוס' ב"ב מב: ד"ה שבח]

רש"ל

תוספות שאנץ

וב"ה סברי לאו כגבוי דמי והויא לה היא תובעת כתובתה מספק דדילמא זנאי הלכך אינהו ודאי והיא ספק ואין ספק מוציא מידי ודאי ועליה להביא ראיה שלא זינתה ל"ה. מחלוקת בעקרה וזקנה פ"ה מחלוקת דפליג רבי אליעזר ואמר א) ראויה לקימה היא דיכול לישא אשה אחרת אבל אילונית כי נמי ראויה לקימה היא מיהו לא שתיא מהאי טעמא דראויה להריון בעינן ועקרה ע"י מכה ב)

א) נ"ל ואמר דיכול לישא אשה אחרת כו' בעקרה וזקינה דליכא למימר אינה שותה אלא טעמא משום דלא חזיא לקיימה עלה פליג ר"א ואמר וכו'.

ב) וזקינה מינא דבת הריון היא קודם לכן אבל איילונית מבטן אמה לקוייה היא ולא חזיא.

הגהות הב"ח

(א) תום' ד"ה לאו וכו' דכבצורות דמיין:

מְעוּבֶּרֶת חֲבֵירוֹ וּמֵינֶקֶת חֲבֵירוֹ — לֹא שׁוֹתוֹת וְלֹא נוֹטְלוֹת כְּתוּבָּה, דִּבְרֵי ר' מֵאִיר. שֶׁהָיָה רַבִּי מֵאִיר אוֹמֵר: *אלֹא יִשָּׂא אָדָם מְעוּבֶּרֶת חֲבֵירוֹ וּמֵינֶקֶת חֲבֵירוֹ, וְאִם נָשָׂא — יוֹצִיא וְלֹא יַחֲזִיר עוֹלָמִית. וַחֲכָמִים אוֹמְרִים: ביוֹצִיא, וּכְשֶׁיַּגִּיעַ זְמַנּוֹ לִכְנוֹס — יִכְנוֹס. גוְהָרוֹבֶא שֶׁנָּשָׂא עֲקָרָה וּזְקֵינָה, וְאֵין לוֹ אִשָּׁה וּבָנִים מֵעִיקָּרָא — לֹא שׁוֹתָה וְלֹא נוֹטֶלֶת כְּתוּבָּה. ר' אֶלְעָזָר אוֹמֵר: יָכוֹל הוּא לִישָּׂא אַחֶרֶת וְלִפְרוֹת וְלִרְבּוֹת הֵימֶנָּה. דאֲבָל *הַמְקַנֵּא לַאֲרוּסָתוֹ וְלְשׁוֹמֶרֶת יָבָם שֶׁלּוֹ, וּמִשֶּׁכְּנָסָהּ נִסְתְּרָה — אוֹ שׁוֹתָה אוֹ לֹא נוֹטֶלֶת כְּתוּבָּה. המְעוּבֶּרֶת וּמֵינֶקֶת עַצְמוֹ — אוֹ שׁוֹתָה אוֹ לֹא נוֹטֶלֶת כְּתוּבָּתָהּ. והָרוֹבֶא שֶׁנָּשָׂא עֲקָרָה וּזְקֵינָה וְיֵשׁ לוֹ אִשָּׁה וּבָנִים — אוֹ שׁוֹתָה אוֹ לֹא נוֹטֶלֶת כְּתוּבָּה. זאֵשֶׁת מַמְזֵר לְמַמְזֵר, וְאֵשֶׁת נָתִין לְנָתִין, וְאֵשֶׁת גֵּר וְעֶבֶד מְשׁוּחְרָר, וְאַיְילוֹנִית — אוֹ שׁוֹתָה אוֹ לֹא נוֹטֶלֶת כְּתוּבָּה. קָתָנֵי מִיהָא אַיְילוֹנִית, תְּיוּבְתֵּיהּ דְּרַב נַחְמָן! אָמַר לָךְ רַב נַחְמָן: תַּנָּאֵי הִיא, וַאֲנָא דַּאֲמַרִי כִּי הַאי תַּנָּא. דְּתַנְיָא, *ר' שִׁמְעוֹן בֶּן אֶלְעָזָר אוֹמֵר: אַיְילוֹנִית לֹא שׁוֹתָה וְלֹא נוֹטֶלֶת כְּתוּבָּה, שֶׁנֶּאֱמַר: (במדבר ה) "וְנִקְּתָה וְנִזְרְעָה זָרַע" — מִי שֶׁדַּרְכָּהּ לְהַזְרִיעַ, יָצְאתָה זוֹ שֶׁאֵין דַּרְכָּהּ לְהַזְרִיעַ. וְרַבָּנַן, הַאי "וְנִקְּתָה וְנִזְרְעָה זָרַע" מַאי עָבְדִי לֵיהּ? מִיבְּעֵי לְהוּ לְכִדְתַנְיָא: "וְנִקְּתָה וְנִזְרְעָה [זָרַע]" שֶׁאִם הָיְתָה עֲקָרָה — נִפְקֶדֶת, דִּבְרֵי ר' עֲקִיבָא. אָמַר לוֹ ר' יִשְׁמָעֵאל: אִם כֵּן יִסָּתְרוּ כׇּל הָעֲקָרוֹת וְיִפָּקְדוּ, וְזוֹ הוֹאִיל וְלֹא נִסְתְּרָה — הִפְסִידָה?! אִם כֵּן מַה תַּלְמוּד לוֹמַר "וְנִקְּתָה וְנִזְרְעָה זָרַע"? חשֶׁאִם הָיְתָה יוֹלֶדֶת בְּצַעַר — יוֹלֶדֶת בְּרֶיוַח, נְקֵבוֹת — יוֹלֶדֶת זְכָרִים, קְצָרִים — יוֹלֶדֶת אֲרוּכִּים, שְׁחוֹרִים — יוֹלֶדֶת לְבָנִים. § "אֵשֶׁת מַמְזֵר לְמַמְזֵר". § פְּשִׁיטָא! מַהוּ דְּתֵימָא: אַפּוּשֵׁי פְּסוּלִין לָא לֵיפּוּשׁ, קָא מַשְׁמַע לָן. § "אֵשֶׁת גֵּר וְעֶבֶד מְשׁוּחְרָר (א) וְאַיְילוֹנִית". § פְּשִׁיטָא! מַהוּ דְּתֵימָא: (שם) "דַּבֵּר אֶל בְּנֵי יִשְׂרָאֵל" — וְלֹא גֵּרִים, קמ"ל. וְאֵימָא הָכִי נַמִי! "וְאָמְרָה" רִבּוּיָא הוּא. § "אֵשֶׁת כֹּהֵן שׁוֹתָה" כו'. § (אֵשֶׁת כֹּהֵן שׁוֹתָה,) פְּשִׁיטָא! מַהוּ דְּתֵימָא: (שם) "וְהִיא לֹא נִתְפָּשָׂה" — אֲסוּרָה, הָא נִתְפְּשָׂה — מוּתֶּרֶת, וְזוֹ הוֹאִיל וְנִתְפְּשָׂה אֲסוּרָה אֵימָא לֹא תִּשְׁתֶּה, קָא מַשְׁמַע לָן. § "וּמוּתֶּרֶת לְבַעְלָהּ". § פְּשִׁיטָא! אָמַר רַב הוּנָא: בְּמִתְנַוְּונָה. מִתְנַוְּונָה — הָא בְּדָקוּהָ מַיָּא! טבְּמִתְנַוְּונָה דֶּרֶךְ אֵבָרִים. מַהוּ דְּתֵימָא: הָא זַנּוּיֵי זַנַּאי, וְהָא דְּלָא בְּדָקוּהָ מַיָּא כִּי אוֹרְחֵיהּ — מִשּׁוּם דְּבְאוֹנֶס זַנַּאי, וּלְגַבֵּי כֹּהֵן אֲסִירָא, קָא מַשְׁמַע לָן. § "אֵשֶׁת סָרִיס שׁוֹתָה". § פְּשִׁיטָא! מַהוּ דְּתֵימָא: "מִבַּלְעֲדֵי אִישֵׁךְ" אָמַר רַחֲמָנָא, וְהַאי לָאו בַּר הָכִי הוּא, קָא מַשְׁמַע לָן. § "עַל יְדֵי כׇּל עֲרָיוֹת מְקַנִּין". § פְּשִׁיטָא! מַהוּ

רש"י

לֹא שׁוֹתוֹת. דִּכְתִיב: "תַּחַת אִישֵׁךְ". וְלֹא יַחֲזִיר עוֹלָמִית. קְנָסָא קְנָסוּהוּ רַבָּנַן. לִכְשֶׁיַּגִּיעַ זְמַנּוֹ. לְאַחַר כ"ד חֹדֶשׁ לְלֵידַת הַוָּלָד. וְהָרוֹבֶא. בָּחוּר כְּמוֹ "יֶלֶד" (בראשית כא) – רַבְיָא. מְעוּבֶּרֶת עַצְמוֹ. שֶׁהָיְתָה אִשְׁתּוֹ מְעוּבֶּרֶת וְקִינֵּא לָהּ. אוֹ שׁוֹתוֹת. וְלָא אָמְרִינַן: לָא לִיקְטְלֵיהּ לַוָּלָד. אֵשֶׁת מַמְזֵר לְמַמְזֵר. כְּלוֹמַר, אִשָּׁה הָרְאוּיָה לְמַמְזֵר וְנִישֵּׂאת לְמַמְזֵר, וְקִינֵּא לָהּ וְנִסְתְּרָה. אוֹ שׁוֹתָה כו'. וּלְקַמָּן פָּרֵיךְ: פְּשִׁיטָא!. אֲנָא דַּאֲמַרִי כִּי הַאי תַּנָּא. דְּאִית לֵיהּ עֲקָרָה וּזְקֵנָה שׁוֹתוֹת. מִדְּלָא נָקַט אֶלָּא אַיְילוֹנִית, וְנָסֵיב תַּלְמוּדָא מִ"וְנִקְּתָה וְנִזְרְעָה זָרַע" וְלָא מִשּׁוּם דְּאֵינָהּ רְאוּיָה לְקַיְּימָהּ – אַלְמָא כְּרַבִּי אֶלְעָזָר ס"ל, דְּיָכוֹל לִישָּׂא אַחֶרֶת וְלִפְרוֹת וְלִרְבּוֹת, וְאפ"ה אַיְילוֹנִית לָא. וְזוֹ. כׇּל אִשָּׁה נְגוּעָה עֲקָרָה, מִשּׁוּם דְּלָא נִסְתְּרָה הִפְסִידָה?. לָא לֵיפּוּשׁ פְּסוּלִין. לָא נַעֲשֶׂה שָׁלוֹם בֵּינֵיהֶם, הַלְוַאי לֹא יִפְרֶה וְלֹא יִרְבֶּה, הוֹאִיל וְכׇל דּוֹרוֹתָיו מַמְזֵרִין. וְהִיא לֹא נִתְפָּשָׂה כו'. כְּלוֹמַר, מַהוּ דְּתֵימָא: פָּרָשַׁת סוֹטָה עַל כׇּרְחָךְ בְּאֵשֶׁת יִשְׂרָאֵל קַיְימָא, מִדִּכְתִיב "וְהִיא" מִיעוּטָא, מַשְׁמַע: זוֹ הִיא דְּכִי לֹא נִתְפָּשָׂה אֲסוּרָה הָא נִתְפָּשָׂה כו', וַעֲלָהּ קָאֵי קְרָא דְּבַתְרֵיהּ: "וְעָבַר עָלָיו רוּחַ" וגו'. דְּהֵיכָא דְּמְסַפְּקָא לָן בְּהָךְ אִם נִטְמְאָה וְאִם לֹא נִטְמְאָה – שׁוֹתָה, אֲבָל אֵשֶׁת כֹּהֵן, דְּלֵיתָהּ בִּכְלַל "וְהִיא לֹא נִתְפָּשָׂה" – לֵיתָהּ נַמִי בִּכְלַל הַשְׁקָאָה, קמ"ל. בְּמִתְנַוְּונָה. לְאַחַר שֶׁשָּׁתְתָה אִיצְטְרִיךְ לַאֲשְׁמוּעִינַן דְּמוּתֶּרֶת לְבַעְלָהּ. דְּלָא תֵּימָא: זוֹנָה הִיא, שֶׁהֲרֵי בְּדָקוּהָ הַמַּיִם. מִתְנַוְּונָה. הָא וַדַּאי בְּדָקוּהָ הַמַּיִם, וְזוֹנָה הִיא, אֶלָּא שֶׁתָּלָה לָהּ זְכוּת. וְאַמַּאי מוּתֶּרֶת לְבַעְלָהּ?. בְּמִתְנַוְּונָה דֶּרֶךְ אֵבָרִים. שֶׁאֵינָהּ מִתְנַוְּונָה בַּמֵּעַיִם וּבַיְּרֵכַיִם, אֶלָּא רֹאשָׁהּ וּשְׁאָר אֵבָרֶיהָ כְּבֵדִים עָלֶיהָ. מַהוּ דְּתֵימָא: הָא לָאו זְכוּת תָּלָה לָהּ, דְּאִם כֵּן – הֲוָה לָהּ לְהִתְנַוְּונָה דֶּרֶךְ בְּדִיקַת הַמַּיִם, אֶלָּא בְּאוֹנֶס זִינְּתָה, לְפִיכָךְ מִתְנַוְּונָה שֶׁלֹּא כְּדַרְכָּהּ, וּלְכֹהֵן מִיהָא תִּיתְּסַר. מִבַּלְעֲדֵי אִישֵׁךְ. מַשְׁמַע דְּאִישָׁהּ בַּר הָכִי הוּא. קָא מַשְׁמַע לָן. דְּלְמִיקְדַּם שְׁכִיבַת בַּעַל לַבּוֹעֵל הוּא דְּאָתָא, וְסָרִיס בַּר שְׁכִיבָה הוּא, וְאַף עַל גַּב דְּלָאו בַּר זְרִיעָה הוּא. *וּבִסְרִיס חַמָּה קָאָמַר דְּמוּתָּר לְקַיְּימָהּ, וְלָא בִּסְרִיס אָדָם, שֶׁאָסוּר לְקַיְּימָהּ מִשּׁוּם "לֹא יָבֹא פְּצוּעַ דַּכָּא" (דברים כג). מַהוּ

תוספות

[*שנשא עקרה וזקינה וכו']. ותימה: אמאי לא תנא איילונית בהדי עקרה וזקינה? **לא** ישא אדם מעוברת חבירו. בירושלמי: עליו הכתוב אומר (משלי כג): "אל תסיג גבול עולם ובשדה יתומים אל תבא". *ומודים חכמים לרבי אלעזר שאם היו לו בנים ואשה [שהיא שותה או לא נוטלת כתובה. היו לו אשה ובנים] ומתו בין קינוי לסתירה – כבר נראית לשתות. **מעוברת** עצמו או שותה וכו'. רש"י פי': ולא אמרינן דלא לקטליה לולד. ותימה: אמאי אית לן למקטליה? מה איכפת לן נמתין עד שתלד. הא תנן בפ"ק דערכין (דף ז.): האשה היוצאה ליהרג – אין ממתינין לה עד שתלד, והתם גזירת הכתוב הוא: "ומתו גם שניהם" – לרבות את הולד. והתם משמע טעמא דרבי קרא, הא לא רבי קרא – לא קטלינן ליה, משום דממונא דבעל הוא, כדכתיב (שמות כא): "כאשר ישית עליו בעל האשה"! והכא הכי פירושא: מעוברת עצמו, אע"ג דקינא לה כשהיא מעוברת – שותה לאחר שתלד, ולא אמרינן כמו גבי מעוברת חבירו, דאי קינא לה כשהיא מעוברת וילדה, ומת הולד או הפילה – אפ"ה אינה שותה, דלאו בת קינוי היתה, דממעט לה בספרי מ"כי תשטה אשתו", וכדאמרינן בירושלמי: לא היו [לו] אשה ובנים וכו' כבר [נראית] שלא לשתות. **אמר** לו רבי ישמעאל א"כ יסתרו כל עקרות ויפקדו. תימה: ור' ישמעאל לימא ליה לנפשיה: יסתרו כל יולדות בצער, וילדו בריות, וזו הואיל ולא נסתרה הפסידה! **ואמרת** ריבויא הוא. תימה: והא אפיקתיה לעיל (דף כד.): לרבות הארוסה ושומרת יבם לקינוי! **וזו** הואיל ונתפשה אסורה אימא לא תשתה בכלל קמ"ל. תימה לר"י: אמאי לא פריך הכא: ואימא הכי נמי, כדפריך לעיל? ונראה: כל היכא דקרא דמסיק אדעתיה מתוכו למדרש הכי ומדריש לדרשא אחריתי – לא פריך: ואימא ה"נ, דקמ"ל דכך ניתן למדרש למשה בסיני ולא בע"א. כגון "והיא נתפשה" – לאסור אשת כהן, "מבלעדי אישך" – מי שקדמה שכיבת בעל. אבל לעיל, "בני ישראל" משמע בהדיא למעוטי גרים. וכן בפרק שני דיבמות (דף כב.) בגמרא דמי שיש לו אח מ"מ זוקק את אשת אחיו ליבום, דקא פריך: פשיטא, אחיו הוא! מהו דתימא לילף אחוה אחוה מבני יעקב, קמ"ל – התם פריך: ואימא הכי נמי, משום דאין גזרה שוה למחצה, וצריך טעמא להוציא מאותה סברא או קרא. וכן לענין ליורשו (שם:) וליטמא לו, פשיטא אחיו הוא! סד"א: "לא יטמא בעל בעמיו", יש בעל שמטמא ויש שאינו מטמא, הא כיצד? מטמא לאשתו כשרה ואינו מטמא לאשתו פסולה – ה"נ, קמ"ל. ואימא הכי נמי – דהא קרא ממעט פסולין, והאי פסול הוא. וכן בפ"ק דערכין (דף ז.) גבי האשה שיוצאת ליהרג אין ממתינים לה עד שתלד, פשיטא, גופה היא! מהו דתימא (כי) "כאשר ישית עליו בעל האשה" כתיב, והאי ממונא דבעל הוא – קמ"ל. ואימא ה"נ – *דמאי נפקא לן מהתם דממונא דבעל הוא. אבל הכא, כיון דאשמועינן דעיקר קרא לדרשא אחריתי – תו לא סלקי דעתא למעוטי מיניה מידי. וכן פר"י. **אשת** סרים. רש"י פי': בסריס חמה, ולא בסריס אדם, שאסור לקיימה. ולא ידעינן מנלן דסריס אדם, כגון ששתה כוס עיקרין, דאסור לקיימה? אי משום האי ברייתא דמייתי בפרק שני דיבמות (דף כ:) ובפרק "הערל" (שם דף פט:): פלוע דכא וכרות שפכה, סריס אדם והזקן וכו' עד אסור לקיימה – הא קתני נמי זקן, וכי זקן אסור לקיים? אלא על כרחיך אפלוע דכא וכרות שפכה קאי, כדקתני טעמא: משום שנאמר "לא יבא פלוע דכא וכרות שפכה", אבל אסריס דקתני בברייתא – לא ידענא מנלניה דקאי נמי עלה. אבל

עין משפט נר מצוה

כג א מיי' פ"א מהל' גירושין הלכה כה סמג עשין נ טוש"ע אה"ע סימן יג סעיף יא:
כד ב מיי' שם הלכה כח טוש"ע שם סעיף יב:
כה ג מיי' פ"ב מהל' סוטה הלכה ו:
כו ד מיי' שם הלכה ה:
כז ה מיי' שם הלכה ז:
כח ו מיי' שם הלכה ה:
כט ז מיי' שם הלכה ו:
ל ח מיי' שם הלכה י ופ"ג שם הלכה כב סמג עשין נז:
לא ט מיי' שם פ"ג הלכה כא:

כן גירסת רש"א אבל גירסת רש"ל הד"א עם דיבור דלעיל

עי' בירושלמי דקאי אאיילונית רש"ל

תוספות שאנץ

ואיילונית במעי אמה לקייה ולא חזיא ל"ה: ואשת ממזר לממזר כלומר אשה הראויה לממזר ונשאת לממזר וקינא לה ונסתרה ל"ה אילונית או שותה או לא נוטלת כתובה ומיירי בשיש לו אשה ובנים דומיא דעקרה וזקנה: ולא ליפוש בפסולין פ"ה לא נעשה שלום ביניהם לא יפרה ולא ירבה הואיל וכל דורותיו ממזרים: מ"ד והיא לא נתפשה כו' כלומר מהו דתימא פרשה סוטה על כרחך באשת ישראל קיימא מדכתיב והיא משמע זו היא דכי לא נתפשה אסורה הא נתפשה כו' ועלה קאי קרא דבתריה ועבר עליו דהיכ' דמספקא לן בהך אם נטמאה אי לא [נטמאה] שותה אבל אשת כהן דליתא בכלל והיא לא נתפשה ליתא נמי בכלל השקאה קמ"ל ל"ה. במתנונה דרך אברים שאין מתנוונה במעים אלא ראשה ושאר אברים כבדים עליה מ"ד א). מ"ד מבלעדי אישך כו' משמע דראשה בר הכי הוא קא משמע לן דלמי שקדמה שכיבתו לבועל הוא דאתא וסריס בר הכי הוא ואע"ג דלאו בר איזורוי הוא ובסריס חמה קאמר דמותר לקיימה ולא בסריס אדם שאסור לקיימה משום לא יבא פצוע דכה ל"ה. שחוף

מסורת הש"ס

יבמות לו:
[תוספתא ריש פ"ה ע"ש]
[שם בתוספתא]
ברכות לא: [ושם מוחלפת השיטה ועי' תוס' לעיל כד. ד"ה ר' יונתן וכו' ועי' תוס' מנחות ז: ד"ה מאי האכל וכו' וצ"ע]
[ועי' היטב ברש"י דמשנה לעיל כד. ד"ה אשת סריס ועי' רש"א]
רש"ל מ"ז
צ"ל דהא

הגהות הב"ח

(א) גמ' משוחרר פשיטא כצ"ל ותיבת ואיילונית נמחק:

א) נראה דצ"ל מ"ד הא לאו זכות תלה לה וכו' ולכהן מיהא ליתסר ועי' ברש"י.

לב א מיי' פ"א מהל' סוטה הלכה א סמג עשין נו טוש"ע אה"ע סי' קעח סעיף ב:
לג ב מיי' פ"א מהל' איסורי ביאה הלכה יא סמג לאוין כ טור אה"ע סימן כ:
לד ג מיי' פ"א מהל' סוטה הלכה א סמג עשין ע טוש"ע אה"ע סימן קעח סעיף ב:
לה ד ה מיי' פי"ח מהל' איסורי ביאה הלכה ב ופ"ז מהל' תרומות הלכה ז סמג לאוין רנו טוש"ע אה"ע סימן ו סעיף ח:
לו ו מיי' פ"א מהל' סוטה הלכה ו טוש"ע אה"ע סימן קעח סעיף ב:
[תוספתא דבכורות פ"ה]
לז ז מיי' פי"ח מהלכות איסורי ביאה הלכה א סמג לאוין קפא טוש"ע אה"ע סי' ו סעיף ח:
לח ח מיי' פ"ד מהל' איסורי מזבח הלכ' יח:
לט ט מיי' פ"ג מהל' סוטה הלכה כד:
מ י מיי' פ"א מהלכות איסורי ביאה הלכ' י סמג לאוין כ טוש"ע אה"ע סימן כ סעיף א בהג"ה:

תורה אור

מהו דתימא: °"נטמאה" "נטמאה" שני פעמים, *אחד לבעל ואחד לבועל – היכא דקא מיתסרא בהא זנות, אבל הא, הואיל ואסורה וקיימא אימא לא, קא משמע לן. § "חוץ מן הקטן" [וכו']. § "איש" אמר רחמנא ולא קטן. "ושאינו איש" למעוטי מאי? אילימא למעוטי שחוף – והאמר שמואל: שחוף אמקנין על ידו, בופוסל בתרומה. מקנין על ידו, פשיטא! מהו דתימא: °"ושכב איש אותה שכבת זרע" אמר רחמנא, והא לאו בר הכי הוא, קמ"ל. "ופוסל בתרומה" פשיטא! מהו דתימא: °"לא יחלל זרעו" אמר רחמנא, דאית ליה זרע – ליחלל, דלית ליה זרע – לא ליחלל, קמ"ל! ואלא למעוטי גוי – והאמר רב המנונא: גגוי מקנין על ידו, דופוסל בתרומה. "מקנין על ידו" פשיטא! מהו דתימא "נטמאה" "נטמאה" שתי פעמים, אחד לבעל ואחד לבועל – היכא דקמיתסרא בהא זנות, אבל הא – הואיל ואסורה וקיימא אימא לא, קמשמע לן. "ופוסל בתרומה" פשיטא! מהו דתימא: °"ובת כהן כי תהיה לאיש זר" אמר רחמנא, דבר הויה – אין, דלאו בר הויה – לא, קמשמע לן דפסיל מדרבי יוחנן. *דאמר רבי יוחנן משום רבי ישמעאל: המנין לגוי ועבד שבאו על הכהנת ועל הלויה ועל בת ישראל שפסלוה – שנאמר: °"ובת כהן כי תהיה אלמנה וגרושה" – מי שיש לו אלמנות וגירושין בה, יצאו גוי ועבד שאין לו אלמנות וגירושין בה! ואלא למעוטי מאי? א"ר פפא: ולמעוטי בהמה, דאין זנות בבהמה. *אמר ליה רבא מפרזקיא לרב אשי: מנא הא מילתא דאמור רבנן: זאין זנות בבהמה – דכתיב: °"לא תביא אתנן זונה ומחיר כלב" וגו', *ותניא: חאתנן כלב ומחיר זונה מותרין, שנאמר: "גם שניהם" שנים ולא ארבעה. ואלא "שכבת זרע" ל"ל? מיבעי ליה *לכדתניא: "ש"ז" – פרט לדבר אחר. מאי דבר אחר? אמר רב ששת: פרט לשקינא לה שלא כדרכה. אמר ליה רבא: שלא כדרכה – °"משכבי אשה" כתיב! אלא אמר רבא: טפרט לשקינא לה דרך אברים. א"ל אביי: פריצותא בעלמא היא, ופריצותא מי אסר רחמנא?! אלא אמר אביי: פרט לשקינא לה בנשיקה. הניחא למ"ד *העראה יזו הכנסת עטרה, אבל נשיקה ולא כלום היא – היינו דאתי קרא למעוטי נשיקה. אלא למאן דאמר העראה זו נשיקה, מאי איכא למימר? לעולם לשקינא לה דרך אברים. ומהו דתימא: בקפידא דבעל תליא רחמנא, ובעל הא קא קפיד, קמשמע לן. אמר שמואל: ישא אדם דומה

במדבר ה / שם / ויקרא כב / שם כב / שם / דברים כג / ויקרא יח

מהו דתימא נטמאה נטמאה שני פעמים. אמורים בפרשה, ודרשינן ליה לקמן (דף כח.): אחד לבעל ואחד לבועל. היכא דמיתסרא אבועל בהא סתירה – משתעי קרא דנוהג בה דין סוטה, אבל הא דאסורה כו'. קמ"ל. דכי אתא קרא – לגופיה אתא, דהיכא דאינו קרוב לה – נאסר עליה על ידי קינוי זה, ולאו למעוטי קרובים אתא. איש אמר רחמנא. "ושכב איש אותה". שחוף. שבשרו נשחף וכלה ויבש, ואין בו כח. ובתורת כהנים בקללות שנינו דוגמתו: יש לך אדם שהוא חולה ומוטל במטה אבל בשרו שמור עליו – תלמוד לומר "את השחפת", מלמד שבשרו נשחף. מקנין על ידו כו'. כמו: והוינן בה: מקנין על ידו, פשיטא!. ופוסל בתרומה פשיטא. אם הוא אחד מן הפסולים המחללין את האשה, כגון נכרי עבד חלל נתין וממזר, דקיימא לן בקדושין* וביבמות* (א) דפסולין האשה בביאתן מ"ובת כהן כי תהיה לאיש זר", כיון שנבעלה למי שזר אצלה – פסלה. לא יחלל זרעו. מדלא כתיב "לא יחל" – דרשינן שני חילולין, אחד לה ואחד לזרעה. דאית ליה זרע מחלל. את האשה בביאתו, דלית ליה זרע – לא יחלל. קא משמע לן. שמואל, דפוסל. שמעינן ליה מהא, דקאמר מקנין על ידי שחוף!. ובת כהן כי תהיה לאיש זר וגו'. ומיניה נפקא לן דפסולין פסלי לאשה בביאתן. ומדאפקיה בלשון הויה נדרוש: דאית ליה הויה – מי שקידושין תופסין בה. כגון ממזר נתין וחלל – פסלי. אבל נכרי ועבד – הרי הן כבהמה, וכיון דלית להו הויה – לא נפסלו. נכרי אין לו קידושין בישראל, דכתיב (ויקרא כ): "איש אשר ינאף את אשת רעהו" ותניא בסנהדרין (דף נב:): פרט לאשת (ב) אחרים. אלמא לית להו אישות. עבד – "עם החמור" כתיב ביה, עם הדומה לחמור. מי שיש לו אלמנות וגירושין בה. הוא דכי אין לה זרע ממנו "ושבה אל בית אביה מלחם אביה תאכל", דלא פסלה בביאתו. יצא נכרי ועבד שאין לו אלמנות וגירושין בה, שלא תפסו לו בה קידושין, וכשמת, אין שם אלמנות עליה, וביבמות פריך: אימא לקולא, דמי שיש לו אלמנות וגירושין הוא דכי אית לה זרע לא תיכול, אבל נכרי ועבד, אפי' אית לה זרע מיניה – תיכול! והתם מסקי לה *ב"הבא על יבמתו". ומיהו, שמעינן [ליה מהא] דמקנין ע"י נכרי!. ואלא. "מי שאינו איש" דמתני' – למעוטי (ג) בהמה. דאין זנות לבהמה. אינה נעשית זונה בבעילת בהמה, ואינה נאסרת על בעלה. אתנן זונה. נתן טלה באתננה. מחיר כלב. החליף כלב בטלה. אתנן כלב. שאם אדם אומר לזונה: "הילך טלה והבעלי לכלבי". מחיר זונה. היתה לו שפחה זונה, והחליפה בטלה. ומדקאמר אתנן כלב מותר – מכלל דלאו זנות הוא. דאי זנות הוא – הוה חייל עלה שם אתנן. ואלא שכבת זרע למה לי. כיון דאמרת מקנין ע"י שחוף. לשקינא לה שלא כדרכה. "אל תסתרי עמו להבעל שלא כדרכה". משכבי אשה כתיב. הוקשו שני משכבותיה לכל דברים. וכיון דנאסרת עליו – אמאי לא הוי קינוי?. דרך אברים פריצותא בעלמא הוא. שוכב עמה בקירוב בשר. פריצותא מי קאסר רחמנא. אשה על בעלה בהכי? וכיון דלא מתסרא עליה בהכי – פשיטא דלאו קינוי הוא!. בנשיקה. משיק השמש באותו מקום. היינו דאתא קרא למעוטיה. דלא תימא העראה היא. אלא למאן דאמר. ביבמות (דף נה:): העראה האמורה בתורה שהיא כגמר ביאה בכל העריות, כדכתיב (ויקרא כ): "את מקורה הערה" "את שארו הערה" – זו נשיקה, מאי איכא למימר – היכי מצית למימר דאתא קרא למעוטה? הלא כגמר ביאה היא לכל דבר חוץ משפחה חרופה!. בקפידא דבעל תליא. דכתיב: "וקינא". ובעל – הא חזינן ליה דקפיד, שהרי קינא לה על כך. דומה

אבל הא הואיל ואסורה וקיימא אימא לא קא משמע לן. תימה: הא שמעינן לה מאלמנה לכהן גדול דאסורה וקיימא לבעל, ואפי' הכי איצטריך קרא ד"כי תשטה אשתו" למעוטי, הא לאו הכי – הוה שותה! וכן על מי שאמר: "איש" אמר רחמנא ולא קטן, נראה דדוקא משתיה ממעט לה קרא, אבל נאסרה על ידי בן תשע שנים ויום אחד אע"פ שאינו איש, שהרי ביאתו פוסלת בתרומה, כדאיתא בפרק "אלמנה" (יבמות דף סח.), ונסקלת הערוה על ידו, כדאיתא בפ' "ד' מיתות" (סנהדרין דף נה:), ומקומו בפרק "יוצא דופן" (נדה דף מה.). דומיא דכל עריות מקנא על ידן, דלא איצטריך לאשמועינן אלא דשותות, אבל דנאסרו – פשיטא, וכי משום דעריות ניניהו גריעי?

שחוף. פירש רבינו חננאל: שאינו בועל כדרכו ואינו מזריע. דתניא:* איזהו מרוח אשך – זה הקליטיס שנכנס רוח באשכיו, דברי ר"ע. רבי ישמעאל אומר: זה השחוף. תימה: אמאי נקט שמואל שחוף ולא נקט סריס? ושמא שחוף הוי רבותא טפי.

אבל הא הואיל ואסירא וקיימא. תימא: מאי קמ"ל רב הונא? והא מתני' היא: ע"י כל עריות מקנין! וי"ל דהכי פירושו: מי שנאסר בכל בת ישראל ע"י בעילת זנות, אפילו אינה קרובתו. יצא גוי, דבלאו הכי כל בת ישראל מתסרא וקיימא לגביה.

יצא גוי שאין לו אלמנות וגירושין בה. פירש רש"י: דנפקא לן מדכתיב: "אשר ינאף את אשת רעהו" – פרט לאשת אחרים. תימה: והא נפקא לן בקידושין בפרק "האומר" *מ"לא תתחתן בם"! וכמדומה דלא אתי קרא פרט לאשת אחרים אלא למעוטי ישראל הבא על הגויה אשת גוי, וקמ"ל אע"ג דבעולת בעל יש להן – ישראל בגויה פטור*.

למעוטי בהמה. תימה: דהכא משמע דבזנות תליא מילתא. אם כן רבא דאמר בפ' "הבא על יבמתו" (יבמות דף נד.) דיש זנות לבהמה – מתני' למעוטי מאי? וכי אית לן למימר דל"ל דשמואל או דרב *הונא?!:

מנא הא מילתא דאמרי רבנן אין זנות לבהמה. ה"ג בפ' "כל האסורין" (תמורה ל:): מנא הא מילתא *דאין זנות לבהמה? אמר ליה: לא נישתמיט קרא ונכתוב אתנן זונה וכלב, א"נ הכי: אתנן כלב וכו'. **אלא** למאן דאמר העראה זו נשיקה מאי איכא למימר. והיינו שמואל בפ' "הבא על יבמתו" (יבמות דף נה:), והכא אליביה דשמואל נמי מסקינן. ותימה: אדרבה, איפכא מסתברא; למאן דאמר העראה זו נשיקה, וחשיבה ביאה גבי שאר עריות, היינו דאיצטריך קרא הכא למעוטי. אלא למ"ד העראה זו הכנסת עטרה ולא חשיבה נשיקה גבי שאר עריות, הכא מאי איצטריך למעוטה? דומה

תוספות שאנץ

שחוף שבשרו נשחף ובלה ויבש ואין בו כח ובת"כ בקללות שנינו דוגמתו יש לך אדם שהוא חולה ומוטל במטה אבל בשרו שמור עליו ת"ל את השחפת מלמד שבשרו נשחף ל"ה. מקנין על ידו פשיטא הוי כמו והוינן בה מקנין על ידו [פשיטא]. ופוסל בתרומה אם הוא אחד מן הפסולין המחללין את האשה כגון גוי ועבד וחלל ונתין וממזר דקיימא לן בקידושין וביבמות דפסלי: מקנין על ידי גוי מכאן מביא ר"ת ראיה באשה שנשתמדה לעבודה זרה ונשאה גוי ונתגיירו היא ובעלה ואומר ר"ת דאסורה ליה כשם שאסורה לבעל כך אסורה לבועל ויש ר"ל דאין אסורה ליה דרחמנא אפקריה לזרעי דגוי דכתיב וזרמת סוסים זרמתם ומביאן ראיה מדאמרי' והא אסתר פרהסיא הואי ואמאי לא פריך אסתר ערוה היא אם איתא דגוי עושה ערוה ופוסלה בביאתו אלא ש"מ מדלא כתיב הכי דאין גוי עושה ערוה ואינו פוסל בביאתו ועוד מביאן ראיה מדפריך פ"ק דכתובות ולדרוש להו דאונס שרי משמע שאין גוי פוסל בביאתו ומיהו אומר ר"ת דליתא דהא אמרי' הכא מקנין על ידי גוי ואמרי' נמי כאשר אבדתי אבדתי מבית אבי כך אבדתי ממך [אלמא] דגוי פוסל בביאתו והא דפריך התם ולידרוש להו דאונס שרי התם משום דקרקע עולם היא ואינה עושה שום דבר ואז שרי והשתא ניחא ומיהא דלא פרי' והא אסתר ערוה הואי משום דידע דלענין זה מהני מה שהיתה קרקע עולם אבל פריך והא פרהסיא הואי דלענין חלול השם אינו סבור דמהני ולכך מתרץ אהא נמי קרקע עולם היתה ואינה חייבת למסור עצמה דהיכא דהויא קרקע עולם יעבור ואל יהרג וכן נמי לענין שפיכת דמים אם יאמרו לישראל נשליך אותך על תינוק זה או נהרוג אותך יעבור ואל יהרג דהוי כמו קרקע עולם דהם זורקין אותו על התינוק ואינו עושה שום דבר ומהאי טעמא ניחא הא דאמר ביבמות אין אונס בערוה לפי שאין קישוי אלא לדעת פי' אין אונס כלומר דיהרג ואל יעבור למה לי טעמא לפי שאין קישוי אלא לדעת בלא האי טעמא אין אונס דאמרי' בכל [התורה כולה] יעבור ואל יהרג חוץ מע"ז וג"ע וש"ד אלא לפי מה דפרישית ניחא דהיכא דהוי קרקע עולם שרי להכי איצטריך האי טעמא לפי שאין קישוי אלא לדעת ואסור: מנין לגוי ועבד שבאו על כהנת ועל הישראלית שפסלוה. וא"ת מאי קבעי מנין והא אית ליה לר' יוחנן דגוי ועבד הבא על בת ישראל הולד ממזר כדאמר בפרק עשרה יוחסין והשתא ממזר הוי מיפסל בביאתו מיבעיא דה"נ פריך תלמודא התם וצ"ל הא דידיה הא דרביה אי נמי אמוראי נינהו ואליבא דרבי יוחנן.
דומה

[לקמן כח.]
(דף עה:)
(דף סח:)
יבמות מה. ע"ש סח: קדושין עה:
[ועי' היטב תוס' סנהדרין נב: ד"ה פרט לאשת אחרים ותוס' קדושין כח: ד"ה אשת]
(דף סח:)
[ג"ל המנונא]
[וכ"ה שלפנינו וכן בתוס' שם בתמורה איתא דאמרי רבנן]
יבמות נט: תמורה ל.
שם [וביבמות איתא ותנן ע"ש וג"ע]
יבמות נה:
[נ"ל באלמנה לכ"ג דף סט.]
ג"ז שם

הגהות הב"ח

(א) רש"י ד"ה ופוסל וכו' וביבמות דפסלי האשה: (ב) ד"ה ובת כהן וכו' פרט לאשת נכרי אלמא: (ג) ד"ה ואלא מי וכו' למעוטי מאי למעוטי בהמה:

דּוֹמָה, וְאַל יִשָּׂא בַּת דּוֹמָה, שֶׁזּוֹ בָּאָה מִטִּיפָּה כְּשֵׁרָה, וְזוֹ בָּאָה מִטִּיפָּה פְּסוּלָה. וְר' יוֹחָנָן אָמַר: יִשָּׂא אָדָם בַּת דּוֹמָה וְאַל יִשָּׂא דּוֹמָה, שֶׁזּוֹ עוֹמֶדֶת בְּחֶזְקַת כַּשְׁרוּת, וְזוֹ אֵינָהּ עוֹמֶדֶת בְּחֶזְקַת כַּשְׁרוּת. מֵיתִיבֵי: נוֹשֵׂא אָדָם דּוֹמָה? אָמַר רָבָא: וְתִסְבְּרָא נוֹשֵׂא לְכַתְחִלָּה?! אֶלָּא, אִם נָשָׂא. תְּנֵי נַמִּי: בַּת דּוֹמָה. [א]וְהִלְכְתָא: יִשָּׂא אָדָם בַּת דּוֹמָה, וְאַל יִשָּׂא דּוֹמָה. דְּתָנֵי רַב תַּחְלִיפָא בַּר מַעַרְבָא קַמֵּיהּ דְּר' אַבָּהוּ: *[ב]אִשָּׁה מְזַנָּה – בָּנֶיהָ כְּשֵׁרִין, [ג]רוֹב בְּעִילוֹת אַחַר הַבַּעַל. בָּעֵי רַב עַמְרָם: הָיְתָה פְּרוּצָה בְּיוֹתֵר מַהוּ? אַלִּיבָּא דְּמ"ד *אֵין אִשָּׁה מִתְעַבֶּרֶת אֶלָּא סָמוּךְ לְוִוסְתָּהּ – לָא תִּיבְּעֵי לָךְ, דְּלָא יָדַע בָּהּ וְלָא מְנַטַּר לָהּ. כִּי תִּיבָּעֵי לָךְ – אַלִּיבָּא דְּמ"ד אֵין אִשָּׁה מִתְעַבֶּרֶת אֶלָּא סָמוּךְ לִטְבִילָתָהּ, מַאי? כֵּיוָן דְּיָדַע בָּהּ – נָטוֹרֵי מְנַטַּר לָהּ, אוֹ דִּלְמָא [ג]כֵּיוָן דִּפְרוּצָה בְּיוֹתֵר – לָא? תֵּיקוּ. § "וְאֵלּוּ שֶׁב"ד" כו'. § ת"ר: "אִישׁ", מַה ת"ל "אִישׁ אִישׁ" – לְרַבּוֹת *אֵשֶׁת חֵרֵשׁ, וְאֵשֶׁת שׁוֹטֶה, וְאֵשֶׁת שַׁעֲמוּם, וְשֶׁהָלַךְ בַּעְלָהּ לִמְדִינַת הַיָּם, וְשֶׁהָיָה חָבוּשׁ בְּבֵית הָאֲסוּרִין, שֶׁב"ד מְקַנִּין לָהֶן לְפוֹסְלָן מִכְּתוּבָּתָן. יָכוֹל אַף לְהַשְׁקוֹתָן – ת"ל: °"וְהֵבִיא הָאִישׁ אֶת אִשְׁתּוֹ". ר' יוֹסֵי אוֹמֵר: אַף לְהַשְׁקוֹתָהּ, וְלִכְשֶׁיֵּצֵא בַּעְלָהּ מִבֵּית הָאֲסוּרִין יַשְׁקֶנָּה. בְּמַאי קָא מִיפַּלְגִי? רַבָּנַן סָבְרִי: בָּעֵינַן "וְקִינֵּא וְהֵבִיא", וְר' יוֹסֵי סָבַר: לָא בָּעֵינַן "וְקִינֵּא וְהֵבִיא". ת"ר: °"אֲשֶׁר תִּשְׂטֶה אִשָּׁה תַּחַת אִישָׁהּ" – *[ד]לְהַקִּישׁ אִישׁ לְאִשָּׁה וְאִשָּׁה לְאִישׁ. לְמַאי הִלְכְתָא? אָמַר רַב שֵׁשֶׁת: כְּשֵׁם [ה]שֶׁאִם הוּא סוּמָא לֹא הָיָה מַשְׁקֶה, דִּכְתִיב: °"וְנֶעְלַם מֵעֵינֵי אִישָׁהּ" – כָּךְ הִיא, אִם הָיְתָה סוּמָא לֹא הָיְתָה שׁוֹתָה. רַב אַשִׁי אָמַר: [ו]כְּשֵׁם שֶׁחִיגֶּרֶת וְגִידֶּמֶת לֹא הָיְתָה שׁוֹתָה, דִּכְתִיב: וְהֶעֱמִיד

תורה אור: במדבר ה | שם | שם

רש"י

דּוֹמָה. נִטְעֶנֶת וְנִדְבֶּרֶת בְּפִי כֹּל עַל נִיאוּפֶיהָ. דּוֹמָה – לְשׁוֹן קַלְסָה וְדִיבּוּר, כִּדְאָמְרִי' בְּנִדָּה (דף סו.): דּוּמַת עִירֵךְ עָלְתָה בֵּיךְ. וְהַהוּא לָאו חֲשָׁד הוּא, אֶלָּא דִּיבּוּר יָתֵר שֶׁהָיוּ נִדְבָּרִים בָּהּ עַל חֲבִיבוּתָהּ שֶׁל בַּעְלָהּ. וְאַף קַלְסָה לְשׁוֹן דִּיבּוּר יָתֵר הוּא, לְפִיכָךְ הוּא נֶהְפָּךְ לִלְשׁוֹן שֶׁבַח וְלִלְשׁוֹן גְּנַאי, כִּדְאָמַר: (שֶׁמְּקַלְּסִין אוֹתוֹ). וְזוֹ בָּאָה מִבִּיאָה פְּסוּלָה. שֶׁמָּא מִנָּכְרִי אוֹ מַמְזֵר: [שֶׁזּוֹ]. הַבַּת עוֹמֶדֶת בְּחֶזְקַת כַּשְׁרוּת וּמוּתֶּרֶת לְבַעְלָהּ, וּלְטִיפָּה פְּסוּלָה לָא חָיְישִׁינַן, דְּרוֹב בְּעִילוֹת אַחַר הַבַּעַל וּמִבַּעְלָהּ נִתְעַבְּרָה. וְזוֹ אֵינָהּ עוֹמֶדֶת בְּחֶזְקַת כַּשְׁרוּת. שֶׁמְּזַנָּה תַּחְתָּיו וְנֶאֱסֶרֶת עָלָיו, וְהוּא אֵינוֹ רוֹאֶה וְאֵינוֹ מְגָרְשָׁהּ, וּבָא עָלֶיהָ בְּאִיסּוּר. וְתִסְבְּרָא נוֹשֵׂא לְכַתְחִילָּה. הָא וַדַּאי מְקַלְקְלָה לֵיהּ! אֶלָּא עַל כָּרְחָךְ מִשַּׁבַּשְׁתָּא הִיא, וּבָעֵית לְתָרוּצָהּ וּלְמִתְנֵי: אִם נָשָׂא אָדָם דּוֹמָה – מוּתָּר. וְכֵיוָן דְּבָעֵית לְתָרוּצָהּ – אַלְמָא תַּנָּא לָאו דַּוְקָא, וְלָא מוֹתְבִינַן מִינָּהּ, דְּאִיכָּא לְמֵימַר בְּהָא נַמִּי טָעָה, וְתָנֵי נַמִּי: בַּת דּוֹמָה. וְאָנַן נַמִּי כִּי אָמְרִינַן יִשָּׂא אָדָם זוֹ וְלֹא יִשָּׂא זוֹ – לָאו לְכַתְחִילָּה אִם יִמְנָא אַחֶרֶת, (א) אֲבָל מִי שֶׁאֵינוֹ מוֹצֵא אֶלָּא שְׁתַּיִם אֵלּוּ – יִשָּׂא זוֹ וְאַל יִשָּׂא זוֹ. דְּתָנֵי רַב תַּחְלִיפָא כו'. הִלְכָּךְ בַּת דּוֹמָה, כֵּיוָן דִּכְשֵׁרָה הִיא – טוֹב לוֹ שֶׁיִּשָּׂאֶנָּה, שֶׁתְּהֵא תַּחְתָּיו בְּחֶזְקַת הֵיתֵּר, וְאַל יִשָּׂא דּוֹמָה שֶׁמְּקַלְקַלְתּוֹ לְשַׁמֵּשׁ עִמָּהּ מִשֶּׁנֶּאֶסְרָה לוֹ. הָיְתָה פְּרוּצָה בְּיוֹתֵר. דְּאִיכָּא לְמֵיחַשׁ דְּרוֹב בְּעִילוֹתֶיהָ מִשֶּׁל אֲחֵרִים. מַהוּ. שֶׁיִּהְיוּ בָּנֶיהָ כְּשֵׁרִים. אֵין אִשָּׁה מִתְעַבֶּרֶת אֶלָּא סָמוּךְ לְוִוסְתָּהּ. לִפְנֵי וֶוסֶת נִדּוּתָהּ יוֹם אֶחָד. דְּלֹא יָדַע הַבַּעַל אֶת וֶוסֶת נִדָּתָהּ, דְּלִנַטְרָהּ אוֹתוֹ הַיּוֹם מִלִּזְנוֹת, שֶׁלֹּא תִּתְעַבֵּר בִּזְנוּת. כִּי תִּיבָּעֵי לָךְ כו'. פְּלוּגְתָּא בְּמַסֶּ' נִדָּה (דף לא:). סָמוּךְ לִטְבִילָתָהּ. לְאַחַר שֶׁטָּבְלָה, בְּיוֹם טְבִילָתָהּ אוֹ לְיוֹם מָחָר. אוֹ דִּלְמָא כֵּיוָן דִּפְרוּצָה הִיא בְּיוֹתֵר. לָא מָצֵי מִינַטַּר לָהּ, שֶׁנִּשְׁמֶטֶת מֵאֶצְלוֹ פִּתְאוֹם. וְקִינֵּא וְהֵבִיא. הַמְקַנֵּא לָהּ יַשְׁקֶנָּה. וְאִי קַשְׁיָא: בְּקִינּוּי נַמִּי הָא כְּתִיב "אֶת אִשְׁתּוֹ", דְּמַשְׁמַע דְּבַעְלָהּ מְקַנֵּא לָהּ וְלֹא אַחֵר! הָא מִתְרַבֵּי מֵ"אִישׁ אִישׁ". אֲשֶׁר תִּשְׂטֶה אִשָּׁה תַּחַת אִישָׁהּ. קְרָא יְתֵירָא הוּא לִדְרָשָׁה בְּסוֹף הַפָּרָשָׁה: "זֹאת תּוֹרַת הַקְּנָאוֹת" וגו'. לְהַקִּישׁ אִישׁ לְאִשָּׁה. כִּדְמְפָרֵשׁ וְאָזֵיל לְמַאי הִלְכְתָא. רַב אַשִׁי אָמַר כו'. מָר מְפָרֵשׁ הֶיקֵּישָׁא דְּאִישׁ לְאִשָּׁה, וּמָר מְפָרֵשׁ הֶיקֵּישָׁא דְּאִשָּׁה לְאִישׁ, וְלָא פְּלִיגִי.

תוספות

דומה. פירש ר"ח: שמלעיזין עליה בני אדם שהיא מזנה, כדגרסינן (ביבמות דף כה.) [אמר אביי, אמרה לי אם]: דומי דמתא יומא ופלגא, והוא *עד שיסאו ויתנו בה מוזרות בלבנה. פי' מוזרות – נשים שטוות פשתן משזר, כך מפרש בגמרת א"י. מה שהביא רבינו חננאל דומי דמתא יומא ופלגא – לא הביא אלא לראיה דלשון "דומה" – לזות שפתים הוא. ומיהו, הכא לא איירי בדומה כה"ג, דא"כ – אפי' כנס יוציא, דהא פסקינן התם בפ"ב דיבמות (דף כה.) כרבי בקלא דלא פסיק היכא דדומי מתא יומא ופלגא, דקאמר: הואיל ומכוער הדבר – תצא. ואפילו רבי יוחנן מודי הכא אם כנס דלא יוציא*. **רוב** בעילות אחר הבעל. לא איירי אלא בקלא דפסק, דפסקינן כרב (יבמות כה.) דלא תצא, דרוב בעילות אחר הבעל. ואע"ג דרב דאמר בסוף פרק "אלמנה" ביבמות (דף סט:): הבא על ארוסתו בבית חמיו – הולד ממזר, ומוקי בגמרא בדדיימא מיניה ומעלמא, ולא שדינן לה בתר דידיה – דוקא ארוס, שאין מצוי אצלה, אבל בבעל שכנסה – מודי. ולשמואל ל"ש, דלעולם הולד שתוקי. וכגון דליתא לדומה גופא קמן דלישיילה, אבל איתא קמן, ואמרה: לכשר נבעלתי – נאמנת. דאמרינן בפרק "עשרה יוחסין" (קדושין דף עה.) גבי ארוסה שעיברה, אע"ג דמוקמינן לה בפרק "אלמנה לכ"ג" (יבמות סט:) כגון דדיימא מעלמא: מאי שתוקי דאמר שמואל – בדוקי, שבודקין את אמו ואומרת: לכשר נבעלתי, דאמר רב יהודה אמר שמואל: הלכה כרבן גמליאל דאמר היא נאמנת, דאפילו ברוב פסולין אצלה. והוא הדין האי דקאמר הכא: אל ישא בת דומה – כגון דליתא לדומה קמן דנישיילה. אבל איכא למתמה, ללישנא בתרא דאמר בפרק "אלמנה": בבא עליה, דכ"ע לא פליגי דבתר דידיה שדינן. והא הכא דבעלה קבוע אצלה כל שעה לא שדי ליה שמואל בתריה דבעל, בתר ארוס לא כל שכן! ואפי' אם תמצא לומר דשאני התם, דידעינן בברור דבא עליה ארוס, אבל הכא גבי בעל לא ידעינן ביאה ודאית דבא עליה, מ"מ לרבא תקשה, דאמר: אפי' בארוסה שעיברה אמר מסתברא דלא דיימא מיניה – בהא קאמר רב הולד ממזר ושמואל אמר הולד שתוקי, אבל דיימא מיניה – בתר דידיה שדינן ליה ואפי' לרב וכ"ש לשמואל. והא הכא אע"ג דאית לה בעל קבוע, והוה לן למימר רוב בעילות אחר הבעל ולא שדי ליה בדידיה, כ"ש התם! **אליבא** דמ"ד אין אשה מתעברת אלא סמוך לווסתה וכו'. י"ל כגון שלא קבעה ווסת. וה"ה דהמ"ל: וכגון דלא קבעה ווסת לא תבעי לך, כי תבעי לך – היכא דקבעה ווסת. אלא מילתא דפסיקא נקט. תימה לרבי: והא אמרי' התם בפ' "המפלת" (נדה דף כה:): ההוא שפירא דאתא לקמיה דמר שמואל, אמר: האי בר מ"א יומא הוא, וחשיב מיום דאזלה לטבילה עד ההוא יומא ולא הוה אלא מ' יומא, אמר: האי בנדותה בעל, וכפתיה ואודי. ותקשה למ"ד סמוך לווסתה! ונראה דמ"ד סמוך לווסתה – רוב עיבורין קאמר, מיהו מודי דזימנין מיקרי דמיעברה נמי סמוך לטבילתה, או באחד מאותן הימים שבין טבילתה לווסתה. וכן למ"ד סמוך לטבילתה. **איש** איש לרבות אשת חרש וכו'. נראה דעיקר קרא לא איצטריך אלא לאוסרה לבעל ולבועל ע"י קינוי זה, אבל משום לפוסלה מכתובתה – לא צריך קרא, דהא אפילו רבן שמעון בן גמליאל דאמר בפרק בתרא דכתובות (דף קי:): כתובת אשה דאורייתא – לאו ממש דאורייתא, אלא אית ליה סמך מדאורייתא, כדאמרינן התם בפ"ק (דף י.): מכאן סמכו חכמים לכתובת אשה מן התורה. אלא תנא דנקט כתובה – מילתא אגב אורחיה קמ"ל, דעוברת על דת צריכה התראה להפסיד כתובתה. **רב** אשי אמר כשם שחיגרת וגידמת אינה שותה דכתיב והעמיד הכהן את האשה. תימה לר"י: מאי שנא הכא דממעט מ"והעמיד" חיגרת, וגבי ערכין דכתיב "והעמיד והעריך" לא ממעט אלא גוסס, בפ"ק דערכין (דף ד.). וכן העמדה דכתיב בקדשים בעלי מומין, דאמרי' בפרק "השוחט" (חולין ל.): שחטה ועדיין מפרכסת, דבת העמדה והערכה היא. וגבי יבם כתיב (דברים כה): "ועמד ואמר", ואפ"ה חליץ נחתכו רגליו [למטה] מן הארכובה! מיהו, מחלילה לא תקשי, דהתם *מפרש טעמא משום דכתיב בה "מעל רגלו", ועיקר קרא ד"ועמד ואמר" – כדדריש ליה בספרי: מלמד שאינו אומר דבריו אלא בעמידה. ותירץ: מדרבי רחמנא בן חדש לערכין – ש"מ דלהעמדה ממש לא קפיד רחמנא. וכן בהמה בעלת מום – עיקרה לפדיון עומדת, ולא חילק בה הכתוב בין בעלת מום אפי' נשברו או נחתכו רגליה, דלא עדיפא מאדם דלא קפיד קרא אעמידתו*. **דכתיב** והעמיד הכהן את האשה ונתן על כפיה. אי קשיא: דהכא משמע דרב אשי בעי קרא כדכתיב ובפרק "נגמר הדין" (סנהדרין מה:) אמרי': אמר ליה מר קשישא בריה דרב חסדא לרב אשי: ומי לא בעינן קרא כדכתיב? והתנן: היה אחד מהם גידם או חיגר וכו', מאי טעמא, לאו משום דבעינן קרא כדכתיב? לא, משום דכוליה קרא יתירא הוא. דמשמע: אי לאו דהוי יתירא דלא בעינן קרא כדכתיב! בשלמא דרב ששת דממעט סומא מ"עיני" – איכא למימר קרא יתירא, דהוה מצי למימר "ונעלם מאישה" וכן "והעמיד" דאמר רב אשי – איכא למימר קרא יתירא הוא, דהא כתיב "והעמידה לפני

עין משפט נר מצוה

[עי' לעיל ו:]

מא א ב ג מיי' פט"ו מהל' איסורי ביאה הלכה כ טוש"ע אה"ע סימן ד סעיף טו:

מב ד ה ו מיי' פ"ב מהל' סוטה הלכה ב והלכה ג:

דלאיירי בקלא דפסיק דפסקינן כרב דלא תצא הס"ד ואח"כ מה"ד דרוב בעילות אחר הבעל ואע"ג דרב כו'. רש"א

תוספות שאנץ

דומה לשון קלסה ולשון חשד הוא כדאמרינן בנדה דומת עירך עלתה ביך וכן מידם הוה דיימא חמותיה מיניה: שזו עומדת בחזקת כשרות. הבת עומדת בחזקת כשרות ולטיפה פסולה לא חיישינן דרוב בעילות אחר הבעל ומבעלה נתעברה: וקינא והביא אמר רחמנא המקנא לה ישקנה. ואי קשיא בקינוי נמי כתיב וקנא (והביא) את אשתו דמשמע בעלה יקנא לה ולא אחר. הא איתרבי מאיש איש (אשר תשטה אשה תחת אישה) ל"ה: רב אשי אמר כו'. מר מפרש היקשא דאיש לאשה ומר מפרש הקישא דאשה לאיש ולא פליגי:

הדרן עלך ארוסה

גליון הש"ס

תום' ד"ה אליבא דמ"ד וכו' ונראה דמ"ד וכו'. עי' נדה דף י ע"ב תד"ה להויא: **ד"ה** רב אשי אמר וכו' ותירץ מדרבי רחמנא בן חדש. וי"ל כנ"ל. וכ"ה בתי"ט פ"א דערכין מ"ג:

[ועיין היטב תוס' ערכין ד: ד"ה ולא אוליא]

מסורת הש"ס

רש"ל מ"ז

[תוספתא יבמות פי"ב]

[נדה לח:]

[לעיל כז.]

[לעיל כז:]

[ביבמות קג.]

הגהות הב"ח

(א) רש"י ד"ה ותסברא וכו' אחרת אלא דמי שאינו:

״וְהֶעֱמִיד הַכֹּהֵן אֶת הָאִשָּׁה לִפְנֵי ה׳ וְנָתַן עַל כַּפֶּיהָ״ — כָּךְ הוּא, אִם הָיָה חִיגֵּר אוֹ גִידֵּם לֹא הָיָה מַשְׁקֶה. מָר בַּר רַב אַשִׁי אָמַר: כְּשֵׁם שֶׁאִילֶּמֶת לֹא הָיְתָה שׁוֹתָה, דִּכְתִיב: ״וְאָמְרָה הָאִשָּׁה אָמֵן אָמֵן״ — כָּךְ הוּא, אִם הָיָה אִילֵּם לֹא הָיָה מַשְׁקֶה.§

הדרן עלך ארוסה

כְּשֵׁם שֶׁהַמַּיִם בּוֹדְקִין אוֹתָהּ — כָּךְ הַמַּיִם בּוֹדְקִין אוֹתוֹ, שֶׁנֶּאֱמַר: ״וּבָאוּ״ ״וּבָאוּ״. כְּשֵׁם *שֶׁאֲסוּרָה לַבַּעַל — כָּךְ אֲסוּרָה לַבּוֹעֵל, שֶׁנֶּאֱמַר: ״נִטְמָאָה״ ״וְנִטְמָאָה״, דִּבְרֵי ר׳ עֲקִיבָא. א״ר יְהוֹשֻׁעַ: כָּךְ הָיָה דּוֹרֵשׁ זְכַרְיָה בֶּן הַקַּצָּב. רַבִּי אוֹמֵר: שְׁנֵי פְּעָמִים הָאֲמוּרִים בַּפָּרָשָׁה ״נִטְמָאָה״ ״וְנִטְמָאָה״ — אֶחָד לַבַּעַל וְאֶחָד לַבּוֹעֵל.§ *בּוֹ בַּיּוֹם דָּרַשׁ ר׳ עֲקִיבָא:* ״וְכָל כְּלִי חֶרֶשׂ אֲשֶׁר יִפֹּל מֵהֶם אֶל תּוֹכוֹ כֹּל אֲשֶׁר בְּתוֹכוֹ יִטְמָא״. אֵינוֹ אוֹמֵר ״טָמֵא״ אֶלָּא ״יִטְמָא״ — לְטַמֵּא אֲחֵרִים, לִמֵּד עַל כִּכָּר שֵׁנִי שֶׁמְּטַמֵּא אֶת הַשְּׁלִישִׁי. א״ר יְהוֹשֻׁעַ: מִי יְגַלֶּה עָפָר מֵעֵינֶיךָ רַבָּן יוֹחָנָן בֶּן זַכַּאי, שֶׁהָיִיתָ אוֹמֵר: עָתִיד דּוֹר אַחֵר לְטַהֵר כִּכָּר שְׁלִישִׁי, שֶׁאֵין לוֹ מִקְרָא מִן הַתּוֹרָה שֶׁהוּא טָמֵא. וַהֲלֹא ר׳ עֲקִיבָא תַּלְמִידְךָ מֵבִיא לוֹ מִקְרָא מִן הַתּוֹרָה שֶׁהוּא טָמֵא, שֶׁנֶּאֱמַר: ״כֹּל אֲשֶׁר בְּתוֹכוֹ יִטְמָא״.§ בּוֹ בַּיּוֹם דָּרַשׁ ר׳ עֲקִיבָא: ״וּמַדֹּתֶם מִחוּץ לָעִיר אֶת פְּאַת קֵדְמָה אַלְפַּיִם בָּאַמָּה״ וגו׳, וּמִקְרָא אַחֵר אָמַר: ״מִקִּיר הָעִיר וָחוּצָה אֶלֶף אַמָּה סָבִיב״. אִי אֶפְשָׁר לוֹמַר אֶלֶף אַמָּה — שֶׁכְּבָר נֶאֱמַר אַלְפַּיִם אַמָּה, וְאִי אֶפְשָׁר לוֹמַר אַלְפַּיִם אַמָּה — שֶׁכְּבָר נֶאֱמַר אֶלֶף אַמָּה, הָא כֵּיצַד? אֶלֶף אַמָּה מִגְרָשׁ, וְאַלְפַּיִם אַמָּה *תְּחוּם הַשַּׁבָּת. ר׳ אֱלִיעֶזֶר בְּנוֹ שֶׁל ר׳ יוֹסֵי הַגְּלִילִי אוֹמֵר: *אֶלֶף אַמָּה מִגְרָשׁ, וְאַלְפַּיִם אַמָּה שָׂדוֹת וּכְרָמִים.§ בּוֹ בַּיּוֹם דָּרַשׁ רַבִּי עֲקִיבָא: ״אָז יָשִׁיר מֹשֶׁה וּבְנֵי יִשְׂרָאֵל אֶת הַשִּׁירָה הַזֹּאת לַה׳ וַיֹּאמְרוּ לֵאמֹר״. שֶׁאֵין ת״ל ״לֵאמֹר״, וּמַה ת״ל ״לֵאמֹר״ — מְלַמֵּד שֶׁהָיוּ יִשְׂרָאֵל עוֹנִין שִׁירָה אַחֲרָיו שֶׁל מֹשֶׁה עַל כָּל דָּבָר וְדָבָר כְּקוֹרְאִין אֶת הַלֵּל. (״אָשִׁירָה לַה׳ כִּי גָאֹה גָּאָה״), לְכָךְ נֶאֱמַר ״לֵאמֹר״. רַבִּי נְחֶמְיָה אוֹמֵר: כְּקוֹרִין אֶת שְׁמַע, וְלֹא כְּקוֹרִין אֶת הַלֵּל.§ בּוֹ בַּיּוֹם דָּרַשׁ ר׳ יְהוֹשֻׁעַ בֶּן הוּרְקָנוֹס: לֹא עָבַד אִיּוֹב אֶת הקב״ה אֶלָּא מֵאַהֲבָה, שֶׁנֶּאֱ׳: ״הֵן יִקְטְלֵנִי לוֹ אֲיַחֵל״. וַעֲדַיִין הַדָּבָר שָׁקוּל, לוֹ אֲנִי מְצַפֶּה אוֹ אֵינִי מְצַפֶּה? ת״ל: ״עַד אֶגְוָע לֹא אָסִיר תֻּמָּתִי מִמֶּנִּי״ — מְלַמֵּד שֶׁמֵּאַהֲבָה עָשָׂה. אָמַר רַבִּי יְהוֹשֻׁעַ: מִי יְגַלֶּה עָפָר מֵעֵינֶיךָ רַבָּן יוֹחָנָן בֶּן זַכַּאי, שֶׁהָיִיתָ דּוֹרֵשׁ כָּל יָמֶיךָ שֶׁלֹּא עָבַד אִיּוֹב אֶת הַמָּקוֹם אֶלָּא מִיִּרְאָה, שֶׁנֶּאֱמַר ״אִישׁ תָּם וְיָשָׁר יְרֵא אֱלֹהִים וְסָר מֵרָע״, וַהֲלֹא יְהוֹשֻׁעַ תַּלְמִיד תַּלְמִידְךָ לִמֵּד שֶׁמֵּאַהֲבָה עָשָׂה.§ **גמ׳** ״אוֹתוֹ״ — לְמַאן? אִילֵימָא לַבַּעַל, בַּעַל מַאי עָבֵיד? וְכִי תֵּימָא, דְּאִי

רש"י:

וְהֶעֱמִיד. וְלֹא חִגֶּרֶת. וְנָתַן עַל כַּפֶּיהָ. וְלֹא גִּידֶּמֶת קְטוּעַת יָדַיִם.

הדרן עלך ארוסה

כְּשֵׁם. כָּךְ בּוֹדְקִין אוֹתוֹ. בַּגְּמָ׳ מְפָרֵשׁ לָהּ. שֶׁנֶּאֱמַר וּבָאוּ וּבָאוּ. בַּגְּמָ׳ מְפָרֵשׁ אִי וָי״ו יְתֵירָא דָּרֵישׁ, אוֹ ״וּבָאוּ״ ״וּבָאוּ״ יְתֵירֵי דִּכְתִיבִי בְּעִנְיָינָא. נִטְמָאָה וְנִטְמָאָה. וָי״ו יְתֵירָא דָּרֵישׁ: ״אֲשֶׁר תִּשְׂטֶה אִשָּׁה תַּחַת אִישָׁהּ וְנִטְמָאָה״. וְכָךְ הָיָה ר׳ זְכַרְיָה דּוֹרֵשׁ. וָי״ו יְתֵירָא. שְׁתֵּי פְּעָמִים. ״וְנִסְתְּרָה וְהִיא נִטְמָאָה״ לָא מִמִּנְיָינָא הוּא, דְּאוֹקִימְנָא לְטוּמְאָה וַדָּאִית בְּעֵד אֶחָד בְּפ״ק (לעיל ג:). אֶלָּא ״וְקִנֵּא אֶת אִשְׁתּוֹ וְהִיא נִטְמָאָה״, ״וְהָיְתָה אִם נִטְמְאָה״. וְעוֹד כְּתִיב: ״אֲשֶׁר תִּשְׂטֶה אִשָּׁה תַּחַת אִישָׁהּ וְנִטְמָאָה״, *וּבַגְּמָרָא דָּרֵישׁ לָהּ ר״ע לִתְרוּמָה, וְרַבִּי נַמִי מוֹדֵי. וְהַאי דְּנָקַט הָכָא תְּרֵי מִינַּיְיהוּ וְתוּ לָא — מִשּׁוּם (א) דְּשָׁמְעִינַן לְר״ע דְּדָרֵישׁ בַּעַל וּבוֹעֵל מֵרִיבּוּיָא דְּוָי״ו יְתֵירָא, וְקָא״ל רַבִּי: בַּעַל וּבוֹעֵל מִ״נִּטְמָאָה״ ״וְנִטְמָאָה״ נָפְקִי, וְלָא דָּרְשִׁי וָוֵי״. בּוֹ בַּיּוֹם דָּרַשׁ. בְּמַסֶּ׳ בְּרָכוֹת (דף כח.) אָמְרִינַן דְּכָל הֵיכָא דְּתָנֵי ״בּוֹ בַּיּוֹם״ — הוּא יוֹם שֶׁהוֹשִׁיבוּ אֶת ר״א בֶּן עֲזַרְיָה לִנְשִׂיאוּת, שֶׁנִּתְרַבּוּ תַּלְמִידִים, שֶׁנָּתְנוּ רְשׁוּת לִיכָּנֵס לַכֹּל. שֶׁהָיָה רַבָּן גַּמְלִיאֵל אוֹמֵר: כָּל ת״ח שֶׁאֵין תּוֹכוֹ כְּבָרוֹ אַל יִכָּנֵס לְבֵהמ״ד. וְרָבְתָה תּוֹרָה בּוֹ בַּיּוֹם, וְלֹא הָיְתָה הֲלָכָה תְּלוּיָה בְּבֵית הַמִּדְרָשׁ שֶׁלֹּא פֵּירְשׁוּהָ. וְהָא דְּקָתָנֵי לָהּ הָכָא — נִרְאֶה בְּעֵינַי דְּהַךְ דְּרָשָׁה דְּ״נִטְמָאָה״ ״וְנִטְמָאָה״ דִּלְעֵיל, נַמִי בּוֹ בַּיּוֹם הֲוַאי: כְּלִי חֶרֶשׂ הוּא רִאשׁוֹן, שֶׁנִּטְמָא מִן הַשֶּׁרֶץ. וְהָאוֹכֶל שֶׁבְּתוֹכוֹ שֵׁנִי, שֶׁנִּטְמָא בִּכְלִי. **אֵינוֹ אוֹמֵר טָמֵא.** ״כָּל אֲשֶׁר בְּתוֹכוֹ טָמֵא״, אֶלָּא ״יִטְמָא״, לְמִדְרַשׁ נַמִי: ״יְטַמֵּא״ — שֶׁמְּטַמֵּא אֲחֵרִים. לִימֵּד עַל כִּכָּר שֵׁנִי. לְהָכִי נָקַט כִּכָּר, לְפִי שֶׁהוּא מָצוּי בְּתַנּוּר שֶׁהוּא כְּלִי חֶרֶשׂ. **שֶׁמְּטַמֵּא אֶת הַשְּׁלִישִׁי.** בִּתְרוּמָה. וַאֲפִי׳ בְּחוּלִּין, דִּקְרָא סְתָמָא כְּתִיב. עָתִיד דּוֹר אַחֵר. מִן הָעֲתִידִין לָבֹא, שֶׁיְּטַהֵר אֶת הַשְּׁלִישִׁי אַף בִּתְרוּמָה. שֶׁאֵין לוֹ מִקְרָא מִן הַתּוֹרָה, וַאֲנַן הוּא דִּמְטַמְּאִינַן לֵיהּ בִּתְרוּמָה מִק״ו, כִּדְמְפָרֵשׁ בַּגְּמָרָא. וְדוֹר אַחֵר פָּרֵיךְ לֵיהּ לְק״ו, כִּדִלְקַמָּן בַּגְּמָרָא. וְר״ע **תַּלְמִידְךָ מֵבִיא מִקְרָא שֶׁהוּא טָמֵא.** אַף בְּחוּלִּין. מִגְרָשׁ. רְחָבָה פְּנוּיָה מִזְּרִיעָה וּמִבָּתִּים וּמֵאִילָנוֹת לְנוֹי הָעִיר, לִהְיוֹת לָהּ לַאֲוִיר. וְאַלְפַּיִם לֹא הוּזְכְּרוּ לִתֵּן לַלְוִיִּם, וְלֹא נֶאֶמְרוּ אֶלָּא לִיצִיאַת תְּחוּם שַׁבָּת. שָׂדוֹת וּכְרָמִים. וְאַלְפַּיִם סָבִיב נִתְּנוּ לַלְוִיִּם, מֵהֶם הִנִּיחוּ אֶלֶף סָבִיב הָעִיר לְמִגְרָשׁ, וְהַשְּׁאָר שָׂדוֹת וּכְרָמִים. שֶׁאֵין ת״ל לֵאמֹר. שֶׁאֵינוֹ דּוֹמֶה לִשְׁאָר ״לֵאמֹר״ שֶׁבַּתּוֹרָה, שֶׁהַשְּׁכִינָה מְדַבֵּר הַדִּבּוּר לְמֹשֶׁה לַחֲזוֹר הוּא וְלֵאמְרוֹ לְיִשְׂרָאֵל, אֲבָל כָּאן אֵין לוֹמַר כֵּן. **כְּקוֹרֵא אֶת הַהַלֵּל.** בַּגְּמָ׳ מְפָרֵשׁ. כְּקוֹרִין **אֶת** שְׁמַע. בַּגְּמָרָא מְפָרֵשׁ. **מֵאַהֲבָה.** שֶׁאוֹהֵב אֶת הַמָּקוֹם. שָׁקוּל. מִשְׁקָלוֹ שָׁוֶה, מַכְרִיעַ לְכָאן וּלְכָאן. לוֹ אֲנִי מְיַיחֵל **אוֹ** אֵינִי מְיַיחֵל. וְה״ק: ״הֵן יִקְטְלֵנִי״ — הֲלֹא הוּא הוֹרְגֵנִי — לֹא אֲיַיחֵל לוֹ עוֹד. דְּיֵשׁ ״לֹא״ שֶׁהוּא נִדְרָשׁ כְּמוֹ ״לוֹ״ בְּלָמֶ״ד וָי״ו, כִּדְמְפָרֵשׁ בַּגְּמָרָא. מִיִּרְאָה. מִדַּאֲגַת הַפּוּרְעָנוּת שֶׁלֹּא תָּבֹא עָלָיו. **יְרֵא אֱלֹהִים.** וְלֹא אוֹהֵב אֱלֹהִים. תַּלְמִיד תַּלְמִידְךָ. תַּלְמִידוֹ שֶׁל ר״ע הָיָה. **גמ׳** דְּאִי

תוספות:

לפני ה'". וכן הא דאמר מר בר רב אשי דאילמת אינה שותה משום דכתיב "ואמרה". ואפי' למ"ד (סנהדרין דף מה:): לא בעינן קרא כדכתיב – מודה דאילמת אינה שותה, משום דלא מיא לקבולי שבועה. ואפי' גבי חליצה, דקרייה לא מעכבא – אילם ואילמת שחלצו חליצתן פסולה משום דר' זירא כל הראוי לבילה. אלא "ונתן על כפיה", אע"ג דלאו קרא יתירא הוא – בעי קרא כדכתיב. והכי משמע בפרק "שלשה מינין בנזיר" (דף מו:) דמאן דבעי קרא כדכתיב, דנזיר ממורט או אין לו כפים אין לו תקנה משום דכתיב "ונתן על כפי הנזיר", וכן אין לו בהן יד משום דכתיב "על בהן ידו" – תריץ דרב אשי מהדר למר קשישא לפום סברתו, דבעי למידק ממתני' דבעינן קרא כדכתיב, וא"ל רב אשי: מהכא ליכא למידק מידי, דהתם קרא יתירא. מיהו רב אשי ס"ל דבעינן קרא כדכתיב.

הדרן עלך ארוסה

כשם שהמים בודקין אותה כך בודקין אותו. ירושלמי: "המאררים", אמר רבי תנחומא: מנין "המאררים" נגד רמ"ח אברים שיש בה ונגד רמ"ח אברים שיש בו. כשם שהמים בודקין אותה על כל ביאה וביאה שהיא מקבלת מבעלה לאחר הבועל – כך הן בודקין אותו. וכשם שהיא אסורה לאחיו של בעל – כך היא אסורה לאחיו של בועל. היא, על ידי שדרכה ליאסר – בין לו בין לאחר היא נבדקת, אבל הוא – לכשתשתה הוא נבדק. בדקו אותו ולא אותה – אני אומר הזכות תולה. ניחא כמאן דאמר הזכות תולה לה ואינו ניכרת, ברם כמאן דאמר הזכות תולה וניכרת – הרי לא הוכרה אלא אני אומר: מים מגולים שתה ונלבה! הכין לא הוון בעייא מבדקוניה אלא כדין?! אלא אני אומר: °עם אחרים נסתרה. ולא כן סברינן מימר: לכשתשתה הוא נבדק? תיפתר שהיה הוא מזיד והיא שוגגת, ובדקו אותו ולא בדקו אותה. בדקו אותה ולא בדקו אותו – אני אומר הזכות תלה ליה. ניחא כמ"ד הזכות תולה ואינו ניכרת, ברם כמ"ד הזכות תולה וניכרת – הרי הוא לא הוכר, אלא אני אומר מים מגולים שתת ונלבת! הכין לא הוה בעי מבדקונה אלא כדין?! אלא אני אומר: עם אחרים נסתרה. מעתה גרש יהא מותר בה! תיפתר שהיה הוא שוגג והיא מזידה, ובדקו אותה ולא אותו. הוא מזיד והיא שוגגת פשיטא שהיא מותרת לביתה. גירש מהו שיהא מותר בה? °אפשר לומר מזיד בה ואת אמרת הכין? הוא שוגג והיא מזידה פשיטא שהיא אסורה לביתה. גירש מהו שיהא מותר בה? אפשר לומר יצאה מתחת ידו ואת אמר הכין? ומנין שהדבר תלוי בהם? שמעון ב"ר אבא בשם ר' יוחנן אמר: "ואל אשת עמיתך לא תתן שכבתך לזרע לטמאה בה" – בה הדבר תלוי, אם היתה מזידה – אסורה, שוגגת – מותרת. ההוא

תוספות שאנץ

כשם שהמים בודקין אותה כך בודקין אותו בגמרא מפרש לה. שנאמר ובאו ובאו הא נמי מפרש בגמ' אי וא"ו יתירה [דריש] או ובאו יתירה דריש. כך היה ר' זכריה בן הקצב דורש וא"ו יתירה. ונטמאה ב' פעמים פ"ה אבל ונסתרה והיא נטמאה לאו ממניינא הוא דהא אוקימנא לעיל בפ"ק לטומאה ודאית בעד אחד. ולא נהירא דהא כבר שמעינן בריש מכילתין טומאה דעד אחד מוהיא לא נתפשה. וכי תימא דאיצטריך לומר דבעי' סתירה כעין טומאה דאמר התם דאיתקש סתירה לטומאה ומשום [דכתיב] ונסתרה והיא נטמאה. הא ממילא שמעי' ליה. ולכן צ"ל דגמ' דקאמר (לקמן כח) ומה תלמוד לומר והיא נטמאה דטומאה יתירה קדריש ודלא כפ"ה בגמ' דלא קרא יתירא קדריש דמשמע שהוא סובר שאין כאן אלא ב' ונטמאה וקנא את אשתו והיא נטמאה ועוד כתיב אשר תשטה אשה תחת אישה ונטמאה א) ובגמ' צ"ל דכדי' ונסתרה והיא נטמאה יתירה כדפרי'. בו ביום דרש ר' עקיבא פ"ה דאמר בברכות דכל היכא דתני בו ביום הוי ביום שהשיבו את רבי אלעזר בן עזריה בנשיאות [שנתרבו] תלמידים שנתנו רשות לכל ליכנס שהיה ר"ג אומר כל תלמיד שאין תוכו כברו אל יכנס לבית המדרש ורבתה תורה בו ביום ולא היתה הלכה תלויה בבית המדרש שלא פירשוה והא דתני לה הכא נראה בעיני דהך דרשא דונטמאה ונטמאה דלעיל נמי בו ביום הואי ל"ה: וכל כלי חרש שהוא ראשון שנטמא מן השרץ והאוכל שבתוכו שני שנטמא מן הכלי אינו אומר טמא אלא יטמא כל אשר בתוכו יטמא למדרשיה ביה נמי יטמא לאחרים לימד על ככר שני להכי נקט ככר לפי שמצוי בתנור שהוא כלי חרס: שמטמא את השלישי ואפי' בחולין דקרא סתמא כתיב ל"ה. וליכא למימר דליהוי אויר התנור כמאן דמלי טומאה וליהוי האוכל ראשון דא"כ אף כלים שבאוירו יטמא וליתא דאמרי' בפ"ק דפסחים מכל האוכל אשר יאכל אוכלין ומשקין מטמאין מאויר כלי חרס ואין כל הכלים מטמאין מאויר כלי חרס: **גמ'** חד

א) אולי צ"ל אבל באמת נראה דקדריש ונסתרה וכו'.

עין משפט נר מצוה:

מג א מיי' פ"ב מהל' סוטה הלכה ב והלכה ג:

א ב מיי' פ"ג מהל' סוטה הלכה יז סמג עשין נו:

ב ג מיי' שם פ"ב הלכ' יב טוש"ע אה"ע סי' יא סעיף א וסימן קעח סעיף יז:

ג ד מיי' פ"ג מהל' שמיטה ויובל הלכה ב וע"ש בכ"מ סמג עשין קנה:

תורה אור: במדבר ה; שם; שם; ויקרא יא; במדבר לה; שם; שמות טו; רש"ל מ"ז; איוב יג; שם כז; שם א.

מסורת הש"ס: לעיל כה. [נ"ל וכל כלי] [ועוד כתיב והיתה אם נטמאה ובגמ' דריש לה ר"ע חד לתרומה כו' רש"ל] פסחים יח. חולין לג: [שבת סט. ע: עג: קנג: עירובין עט: קג: סנהדרין סו:]

הגהות הב"ח

(א) רש"י ד"ה שתי וכו' דשמעינן לר"ע:

גליון הש"ס

תום' ד"ה כשם כו' אלא אני אומר עם אחרים נסתרה. נ"ל עם אחרות נסתר: **בא"ד** אפשר לומר מזיד בה. עי' יבמות דף לה ע"א תד"ה אע"פ:

דְּאִי אִית בֵּיהּ עָוֹן בָּדְקִי לֵיהּ מַיָּא. כִּי אִית בֵּיהּ עָוֹן בְּדִידֵיהּ מִי בָּדְקִי לָהּ מַיָּא לְדִידָהּ?! וְהָא *תַּנְיָא: °"וְנִקָּה הָאִישׁ מֵעָוֹן וְהָאִשָּׁה הַהִיא תִּשָּׂא אֶת עֲוֹנָהּ"; אבִּזְמַן שֶׁהָאִישׁ מְנוּקֶּה מֵעָוֹן — הַמַּיִם בּוֹדְקִין אֶת אִשְׁתּוֹ, אֵין הָאִישׁ מְנוּקֶּה מֵעָוֹן — אֵין הַמַּיִם בּוֹדְקִין אֶת אִשְׁתּוֹ! וְאֶלָּא לַבּוֹעֵל — לִיתְנֵי כִּדְקָתָנֵי סֵיפָא: כְּשֵׁם שֶׁאֲסוּרָה לַבַּעַל, כָּךְ אֲסוּרָה לַבּוֹעֵל! לְעוֹלָם לַבּוֹעֵל. וְרֵישָׁא, אַיְּידֵי דִּתְנָא "אוֹתָהּ" — תָּנֵי "אוֹתוֹ", סֵיפָא, אַיְּידֵי דִּתְנָא "בַּעַל" — תָּנָא "בּוֹעֵל". § "שֶׁנֶּאֱמַר וּבָאוּ וּבָאוּ". § אִיבַּעְיָא לְהוּ: "בָּאוּ" "וּבָאוּ" קָאָמַר, אוֹ "וּבָאוּ" "וּבָאוּ" קָאָמַר? ת"ש: כְּשֵׁם שֶׁאֲסוּרָה לַבַּעַל — כָּךְ אֲסוּרָה לַבּוֹעֵל, שֶׁנֶּאֱמַר: "נִטְמָאָה" "וְנִטְמָאָה". וַעֲדַיִין תִּיבָּעֵי: "נִטְמָאָה" (א) "נִטְמְאָה" קָאָמַר אוֹ "נִטְמָאָה" "וְנִטְמָאָה" קָאָמַר? ת"ש, מִדְּקָתָנֵי סֵיפָא, רַבִּי אוֹמֵר: שְׁנֵי פְעָמִים הָאֲמוּרִין בַּפָּרָשָׁה "וְנִטְמָאָה" "וְנִטְמְאָה" — אֶחָד לַבַּעַל וְאֶחָד לַבּוֹעֵל, מִכְּלָל דְּרַבִּי עֲקִיבָא *וָוֵי קָדָרֵישׁ. הִלְכָּךְ, לְרַבִּי עֲקִיבָא שִׁיתָּא קְרָאֵי כְּתִיבִי: חַד לְצַוָּאָה דִּידָהּ, וְחַד לְצַוָּאָה דִּידֵיהּ, חַד לַעֲשִׂיָּיה דִּידָהּ, וְחַד לַעֲשִׂיָּיה דִּידֵיהּ, חַד לִידִיעָה דִּידָהּ, וְחַד לִידִיעָה דִּידֵיהּ. וְרַבִּי: תְּלָתָא קְרָאֵי כְּתִיבִי; חַד לְצַוָּאָה, וְחַד לַעֲשִׂיָּיה, וְחַד לִידִיעָה. וְרַבִּי, כְּשֵׁם שֶׁהַמַּיִם בּוֹדְקִין אוֹתָהּ — כָּךְ בּוֹדְקִין אוֹתוֹ מְנָא לֵיהּ? נָפְקָא לֵיהּ מִדְּתַנְיָא: °"לַצְבּוֹת בֶּטֶן וְלַנְפִּיל יָרֵךְ" — בִּטְנוֹ וִירֵיכוֹ שֶׁל בּוֹעֵל. אַתָּה אוֹמֵר בִּטְנוֹ וִירֵיכוֹ שֶׁל בּוֹעֵל, אוֹ אֵינוֹ אֶלָּא בִּטְנָהּ וִירֵיכָהּ שֶׁל נִבְעֶלֶת? כְּשֶׁהוּא אוֹמֵר "וְצָבְתָה בִטְנָהּ וְנָפְלָה יְרֵיכָהּ" — הֲרֵי בִּטְנָהּ וִירֵיכָהּ שֶׁל נִבְעֶלֶת אָמוּר, וּמָה אֲנִי מְקַיֵּים "לַצְבּוֹת בֶּטֶן וְלַנְפִּיל יָרֵךְ" — בִּטְנוֹ וִירֵיכוֹ שֶׁל בּוֹעֵל. וְאִידָּךְ: הַהוּא, * בּדְּמוֹדַע לָהּ כֹּהֵן דְּבֶטֶן בְּרֵישָׁא וַהֲדַר יָרֵךְ, שֶׁלֹּא לְהוֹצִיא לַעַז עַל הַמַּיִם הַמָּרִים. וְאִידָּךְ: א"כ לִכְתּוֹב קְרָא בִּטְנָהּ וִירֵיכָהּ, מַאי בֶּטֶן וְיָרֵךְ — ש"מ לַבּוֹעֵל. וְאֵימָא כּוּלֵּיהּ לְהָכִי הוּא דַּאֲתָא! אִם כֵּן לִכְתּוֹב בִּטְנוֹ וִירֵיכוֹ, מַאי בֶּטֶן וְיָרֵךְ — ש"מ תַּרְתֵּי. § "א"ר יְהוֹשֻׁעַ: כָּךְ הָיָה דּוֹרֵשׁ זְכַרְיָה" כו'. § ת"ר: שָׁלֹשׁ פְּעָמִים הָאֲמוּרִין בַּפָּרָשָׁה "אִם נִטְמָאָה" "נִטְמָאָה" "וְנִטְמָאָה" לָמָּה? *אֶחָד לַבַּעַל, וְאֶחָד לַבּוֹעֵל, וְאֶחָד לִתְרוּמָה, דִּבְרֵי רַבִּי עֲקִיבָא. אָמַר רַבִּי יִשְׁמָעֵאל: קַל וָחוֹמֶר; וּמַה גְּרוּשָׁה שֶׁמּוּתֶּרֶת לִתְרוּמָה — אֲסוּרָה לִכְהוּנָּה, זוֹ שֶׁאֲסוּרָה בִּתְרוּמָה — אֵינוֹ דִּין שֶׁאֲסוּרָה לִכְהוּנָּה? מַה ת"ל "וְהִיא נִטְמָאָה" "וְהִיא לֹא נִטְמָאָה", אִם נִטְמְאָה — לָמָּה שׁוֹתָה, אִם לֹא נִטְמָאָה — לָמָּה מַשְׁקָהּ? גמַגִּיד לְךָ הַכָּתוּב שֶׁהַסָּפֵק אֲסוּרָה. דמִכָּאן אַתָּה דָּן לַשֶּׁרֶץ; וּמַה סוֹטָה השֶׁלֹּא עָשָׂה בָּהּ שׁוֹגֵג כְּמֵזִיד וְאוֹנֶס כְּרָצוֹן — עָשָׂה בָּהּ סָפֵק כְּוַדַּאי, שֶׁרֶץ שֶׁעָשָׂה בּוֹ שׁוֹגֵג כְּמֵזִיד וְאוֹנֶס כְּרָצוֹן — אֵינוֹ דִּין שֶׁיֵּעָשֶׂה בּוֹ סָפֵק כְּוַדַּאי

וּמִמָּקוֹם

רש"י

דְּאִי אִית בֵּיהּ עָוֹן. שֶׁבָּא עָלֶיהָ לְאַחַר שֶׁנִּסְתְּרָה. בִּזְמַן שֶׁהָאִישׁ מְנוּקֶּה מֵעָוֹן. שֶׁלֹּא בָּא עָלֶיהָ מִשֶּׁנֶּאֶסְרָה עָלָיו — "הָאִשָּׁה הַהִיא תִּשָּׂא עֲוֹנָהּ" שֶׁיִּבְדְּקוּהָ הַמַּיִם. אֶלָּא לַבּוֹעֵל לִיתְנֵי. "כָּךְ בּוֹדְקִין אֶת הַבּוֹעֵל" בְּהֶדְיָא, כִּדְתָנֵי סֵיפָא בְּהֶדְיָא "כָּךְ אֲסוּרָה לַבּוֹעֵל", וְלָא תָנָא "כָּךְ אֲסוּרָה לוֹ". בָּאוּ וּבָאוּ קָאָמַר. מֵרִבּוּיָא דְּוָי"ו, אוֹ "וּבָאוּ" "וּבָאוּ" הַכְּפוּלִים בַּפָּרָשָׁה דָּרֵישׁ?. שֶׁנֶּאֱמַר נִטְמָאָה וְנִטְמָאָה. ש"מ רַבִּי עֲקִיבָא וָוֵי"ו דָּרֵישׁ. וַעֲדַיִין. בְּהָא גּוּפָא מִיבַּעְיָא לִי: "נִטְמְאָה וְנִטְמָאָה" דָּרֵישׁ, מֵרִבּוּיָא וָוֵי"ו, אוֹ חַד "נִטְמָאָה" וְחַד "וְנִטְמָאָה" קָדָרֵישׁ?. שִׁיתָּא קְרָאֵי. שְׁלֹשָׁה "וּבָאוּ" כְּתוּבִים שָׁם: "וּבָאוּ הַמַּיִם הַמְאָרְרִים הָאֵלֶּה בְּמֵעַיִךְ לַצְבּוֹת בֶּטֶן" — לְהוֹדִיעַ לָנוּ דְּבֶטֶן וַהֲדַר יָרֵךְ, שֶׁלֹּא לְהוֹצִיא לַעַז, כִּדְאָמְרִי' בְּפ"ק (לעיל ט:). וְחַד "וְהִשְׁקָה אֶת הָאִשָּׁה אֶת מֵי הַמָּרִים הַמְאָרְרִים וּבָאוּ בָהּ הַמַּיִם" וגו' — לְצַוָּאָה, שֶׁהַקב"ה גּוֹזֵר שֶׁיָּבוֹאוּ בָהּ הַמַּיִם לְמָרִים. וְחַד (ב) לַעֲשִׂיָּיה — "וְהִשְׁקָהּ אֶת הַמַּיִם וְהָיְתָה אִם נִטְמְאָה" וגו' — לַעֲשִׂיָּיה, כָּאן הוֹדִיעַ הַכָּתוּב אֶת יִשְׂרָאֵל דְּמַבְטִיחַ לָהֶן שֶׁיִּבְדְּקוּהָ הַמַּיִם. וּבְכוּלָּם כְּתִיב וָוֵי"ו יְתֵירֵי, הֲרֵי שִׁית. דִּידֵיהּ. דְּבוֹעֵל. דִּידָהּ. דְּאִשָּׁה, יְדִיעָה וְצַוָּואָה וַעֲשִׂיָּיה, כִּדְפָרֵישִׁית. וְרַבִּי. דְּלָא דָּרֵישׁ וָוֵי"ו, תְּלָתָא קְרָאֵי הוּא דִּכְתִיבִי, וְכוּלְּהוּ לְדִידָהּ — יְדִיעָה וַעֲשִׂיָּיה וְצַוָּואָה. שֶׁלֹּא לְהוֹצִיא לַעַז. מִשּׁוּם דְּהוּא אָמַר לָהּ בִּקְלָלָה בְּרֵישָׁא: "אֶת יְרֵיכֵךְ נוֹפֶלֶת" וגו', וְסוֹף הַמַּיִם לִבְדּוֹק כְּדֶרֶךְ כְּנִיסָתָן, דִּכְתִיב: "וְצָבְתָה בִטְנָהּ" וַהֲדַר "וְנָפְלָה יְרֵיכָהּ". לְכָךְ הוּצְרַךְ לְהוֹדִיעַ תְּחִלָּה שֶׁהַמַּיִם כְּדֶרֶךְ כְּנִיסָתָן יִבְדְּקוּהָ. וְאֵימָא כּוּלֵּיהּ לְהָכִי הוּא דַּאֲתָא. לַבּוֹעֵל, לְהוֹדִיעַ דְּבֶטֶן לָקָה בְּרֵישָׁא מְנָלַן?. מַאי בֶּטֶן וְיָרֵךְ. סְתָם? הָכָא וְהָכָא דָּרֵישׁ לֵיהּ. שְׁלֹשָׁה פְּעָמִים. "וְקִינֵּא אֶת אִשְׁתּוֹ וְהִיא נִטְמָאָה", "וְהָיְתָה אִם נִטְמְאָה", "תַּחַת אִישָׁהּ וְנִטְמָאָה". וְאֶחָד לִתְרוּמָה. שֶׁאֲפִילּוּ הִיא בַּת כֹּהֵן, וּבַעְלָהּ כֹּהֵן — נִפְסְלָה מִן הַתְּרוּמָה. קַל וָחוֹמֶר. אֵינוֹ צָרִיךְ לְהָבִיא מִן הַמִּקְרָא לְפוֹסְלָהּ מִן הַכְּהוּנָּה מִלִּינָּשֵׂא לְכֹהֵן, דְּמִקַּל וָחוֹמֶר אָתֵי. מַה גְּרוּשָׁה. בַּת כֹּהֵן שֶׁנִּתְגָּרְשָׁה מִיִּשְׂרָאֵל וְזֶרַע אֵין לָהּ, שֶׁמּוּתֶּרֶת בִּתְרוּמָה, כִּדְכְתִיב: "מִלֶּחֶם אָבִיהָ תֹּאכֵל" (ויקרא כב) — פְּסוּלָה לִכְהוּנָּה. זוֹ שֶׁפְּסוּלָה מִתְּרוּמָה. מֵרִבּוּיָא דְּ"נִטְמָאָה" כִּדְקָאָמַרְתְּ, אֵינוֹ דִּין שֶׁפְּסוּלָה לִכְהוּנָּה? וּלְקַמָּן פָּרֵיךְ: וְהָא לָא אַיְירֵי רַבִּי עֲקִיבָא בִּפְסוּל כְּהוּנָּה כְּלָל, דְּלָא אִצְטְרִיכָא קְרָא, וּמַאי קָאָמַר לֵיהּ רַבִּי יִשְׁמָעֵאל?. מַה ת"ל וְהִיא נִטְמָאָה כו'. גָּרְסִינַן, וְלָא גָּרַס: א"כ. דְּמִילְּתָא בְּאַנְפֵּי נַפְשָׁהּ הִיא, וְלָא "נִטְמָאָה" יְתֵירָא קָמִיבַּעְיָא לֵיהּ, דְּהָא דָּרְשִׁינַן. וְלָאו רַבִּי יִשְׁמָעֵאל לְחוּדֵיהּ קָאָמַר לָהּ, אֶלָּא סְתָמָא הִיא, וּקְרָאֵי דְּעִנְיָינָא קָדָרֵישׁ וְאָזֵיל. מַה תַּלְמוּד לוֹמַר וְקִנֵּא אֶת אִשְׁתּוֹ וְהִיא נִטְמָאָה. דְּמַשְׁמַע דְּוַדַּאי נִטְמְאָה, וּמַה תַּלְמוּד לוֹמַר "אוֹ עָבַר עָלָיו וגו' וְהִיא לֹא נִטְמָאָה". אִי פְּשִׁיטָא לֵיהּ דְּנִטְמְאָה — לָמָּה שׁוֹתָה, וְאִי פְּשִׁיטָא דְּלֹא נִטְמְאָה — לָמָּה מַשְׁקָהּ?. מַגִּיד לְךָ הַכָּתוּב שֶׁעַל הַסָּפֵק אֲסוּרָה. וְהָכִי קָאָמַר קְרָא: אִשָּׁה זוֹ, שֶׁמָּא נִטְמְאָה וְשֶׁמָּא לֹא נִטְמְאָה, וְקָאָמַר לָךְ דְּיַשְׁקֶנָּה לְבָרֵר הַסְּפֵיקָא, וְאִי לֹא מַשְׁקֶה לָהּ — אֲסוּרָה. וּמִכָּאן אַתָּה. לָמֵד ק"ו לַשֶּׁרֶץ, סְפֵק נָגַע בְּטָהֳרוֹת סָפֵק לֹא נָגַע, דְּמַחְזְקִינַן לָהּ בְּטוּמְאָה מִסָּפֵק. סוֹטָה לֹא עָשָׂה בָּהּ כו'. דִּכְתִיב: "וְהִיא לֹא נִתְפָּשָׂה" — אֲסוּרָה, הָא נִתְפְּשָׂה — מוּתֶּרֶת. וְהוּא הַדִּין לְשׁוֹגֵג; אִשְׁתּוֹ וְאֵשֶׁת אִישׁ עִמּוֹ בַּבַּיִת, וְנִתְכַּוֵּין לְאִשְׁתּוֹ וְנִזְדַּמְּנָה לוֹ זוֹ, וְאַף הִיא שָׁגְגָה, כִּסְבוּרָה שֶׁהוּא בַּעְלָהּ.

תוספות

ההוא דמודע לה כהן. פירוש: הכהן צריך להודיע שלא להוציא *לעז. וכיון דגלי לן קרא דהוא נבדק כמותה, וכתיב בה לואה ידיעה ועשייה — לא צריך למכתב תו ביה. זו שאסורה בתרומה אינה דין שאסורה לכהונה. וליכא למימר: בת ישראל יוכיח, שאסורה בתרומה ומותרת לכהונה. דה"פ: ומה גרושה שמותרת לתרומה אסורה לכהונה ע"י מעשה שנעשה בה, דהיינו גירושין, זו וכו' אינו דין שאסורה לכהונה ע"י זנות שנעשה בה? אבל בת ישראל מה שפסולה בתרומה אינו ע"י מעשה. ועוד, אם תנשא בת ישראל לכהן תהא מותרת לתרומה, מה שאין כן באלו שאין להם היתר לעולם. בספרי מתני הכי: ומה גרושה קלה שמותרת לחזור למגרשה בישראל — פסולה מן הכהונה, סוטה חמורה דין הוא שפסולה מן הכהונה.

מה ת"ל היא נטמאה וכו'. כגירסת רש"י. וכך סיומא: ללמדך שלעולם אין משקין אלא על הספק. וא"ת: וכי איצטריך קרא למיסר ספיקא? יש לומר: הכתוב אוסרה קודם שתיה כאילו היא ודאי. ואע"ג דליכא מלקות, כדמוכח בפ"ק דיבמות (דף יא:*), מיהו לאו הבא מכלל עשה איכא, ואפי' אם היא טהורה — נענש בב"ד של מעלה אם בא עליה, כמו על חייבי עשה. ולא כשאר ספיקות כגון ספק חלב ספק שומן ואכלו, ונודע שהוא שומן, אע"ג דצריך כפרה וסליחה — מיהו לא חמיר כחייבי עשה.

אינו דין שעשה בו ספק כודאי. ליכא למיפרך: נזיר ועושה פסח יוכיחו, שעשה בהן אונס כרצון, דנפקא לן מ"כי ימות מת עליו בפתע פתאום" בספרי, ובפרק ב' דכריתות (דף ט.), ואפ"ה לא עשה בהן ספק טומאת התהום כודאי! לפי שטומאת התהום הלכה הוא, *ולא סתרינן ק"ו מהלכה. וה"ה דאין להוכיח משם, דהכי אמר בהוכחה: אף אני אביא זה, והלא אין ללמוד הימנו. אבל הא איכא למתמה: אמאי לא פרכינן: מה לסוטה שכן רגלים לדבר שהרי קינא לה ונסתרה, כדפרכינן לעיל בריש פ"ק (דף ב:)! ואין לומר: משום דלעיל איירי בטומאה דבתר קינוי וסתירה, דמהימן עד א' — התם ודאי איכא רגלים, אבל הכא ילפינן מסתירה דבתר קנויא גרידא, דליכא למיפרך שכן קינא לה — דקנויא לא חשיב רגלים בלא סתירה, דהא בריש מסכת נדה (דף ב:) דמייתי התם: מקוה שנמדד ונמצא חסר — כל הטהרות שנעשו על גביו, בין ברה"ר בין ברה"י — טמא. ר"ש אומר: ברה"ר טהור, ברה"י תולין. ושניהם לא למדוה אלא מסוטה; רבנן סברי: כסוטה, מה סוטה ספק הוא ועשאוה כודאי — אף כו'. ופריך: אי מסוטה, נימא: מה סוטה ברה"י טמא ודאי, הכא נמי טמא ודאי! הכי השתא?! התם יש רגלים לדבר, שהרי קנא לה ונסתרה, הכא מאי רגלים לדבר איכא? אלמא: אע"ג דמסתירה דבתר קנויא יליף כי הכא, פריך. והכא אמאי לא פריך הכי? ויש לומר: דסתירה על ידי קנויא בסוטה הוי כספק מגע שרץ, שהרי בלא קנויא לא היה שום ספק בסתירה גרידא — דלא נחשדו על העריות, הלכך הקנויא גורם הספק. וה"פ במס' נדה: התם גבי סוטה וספק שרץ הרי ריעותא, דהיינו השרץ והבועל קמן אצל הטהרות והאשה. אבל גבי מקוה — קודם טבילה לא ראינו שום ריעותא דאיכא לספוקי על ידה. ולעיל בפ"ק, קודם העדאת עדים — לא הואי שום ריעותא.

מכאן

תוספות שאנץ

חד לצואה דידה שהקדוש ברוך הוא גוזר שיבואו בה המים וחד לידיעה דידה להודיעה דבטן ואחר כך ירך שלא להוציא לעז כדאמר פ"ק. וחד לעשייה והשקה את המים והיתה אם נטמאה ותמעול מעל באישה. ובאו בה המים המאררים למרים ל"ה. וגר' דידה בריש תחלה לפי שעיקר המעשה באשה הוא. א"ר ישמעאל ק"ו אינו צריך להביא מקרא לפסלה מלהנשא לכהן דמק"ו אתיא ומה גרושה בת כהן שנתגרשה מישראל וזרע אין לה שמותרת בתרומה כדכתיב מלחם אביה תאכל פסלה מן הכהונה זו שפסולה לתרומה מריבויא (בעלמא) [דונטמאה] כדקאמרת אינו דין שפסולה לכהן ל"ה. מה ת"ל והיא נטמאה ה"ג ול"ג אם כן מה ת"ל ונסתרה והיא נטמאה א) והיא נטמאה יתירה לא דרי' דהא דרשי' לעיל בפ"ק ול"נ כמש"כ במתני'. ועוד פ"ה דלאו ר' ישמעאל לחודיה קאמר לה אלא סתמא היא וקראי דענייגא קא דריש ואזיל ל"ה: ומכאן אתה דן לשרץ פ"ה מכאן אתה למד בק"ו דשרץ ספק נגע ספק לא נגע בטהרות דמחזק' ליה בטומאה מספק. ומה סוטה שלא עשה בה שוגג כמזיד פ"ה סוטה שלא עשה בה כו' דכתיב והיא לא נתפשה אסורה הא נתפשה מותרת וה"ה לשוגג אשתו ואשת איש עמו ונתכוין לאשתו ונזדמנה לו זאת ואף היא שוגגת כסבורה שהוא בעלה עשה בה ספק כודאי ל"ה. ונראה דאין ק"ו גמור אלא גלוי מלתא בעלמא הוא דאי ק"ו גמור הוא א"כ נילף כל איסורין שעשה בה שוגג כמזיד שיעשה בהם ספק כודאי מהאי ק"ו (עם) [וגם] נחלוק בין רשות היחיד לרשות הרבים כמו בטומאה: ועוד דאיכא למיפרך מה לסוטה שכן נסתרה ויש רגלים לדבר תאמר בשרץ שאין בו כן אלא ש"מ דאין זה ק"ו גמור אלא גלוי מלתא בעלמא הוא ובכולי תלמודא גמרי' ספק טומאה ברה"י מסוטה כדאמר הלכתא גמירי לה מסוטה והוי כמו הלכה למשה מסיני. א"נ מדכתיב ונסתרה והיא נטמאה בסוטה ילפינן טומאה והלכתא גמירי לה מסוטה לאו דוקא אלא כלומר דמסוטה גמרינן לה והא דילפינן מסוטה היינו ספק טומאה ברה"י דכל ספק טומאה ברה"ר דספקו טהור לא גמרי מינה.

תרומה

(א) צ"ל דלא נטמאה יתירה קדריש דהא דרשינן לעיל וכו'.

עין משפט נר מצוה

ד א מיי' פ"ב מהלכות סוטה הלכה ח ופ"ג הלכה יז יח:
ה ב מיי' שם פ"ט הלכ' ז:
ו ג ד מיי' פט"ו מהל' אבות הטומאות הלכה א ב:
ז ה מיי' פ"ג מהלכות סוטה הלכה כד:

[לעז] ולומר לה הס"ד ואח"כ מה"ד ש"מ תרתי וכיון דגלי לן כו'. רש"א]

[ועי' תוס' שם ד"ה מאין]

ואין דנין ק"ו כו' רש"א

מסורת הש"ס

[לקמן מז: שבועות ה. יבמות נח. קידושין כז:]

[יומא מה. וש"נ]

לעיל ט:

[לעיל כו:]

הגהות הב"ח

(א) גמ' ועדיין תיבעי נטמאה ונטמאה קאמר או נטמאה ונטמאה: (ב) רש"י ד"ה שיתא וכו' וחד והשקה כצ"ל ותיבת לעשייה נמחק:

ח א מיי' פט"ו מהל' אבות הטומאה הלכה ח ופט"ז הלכה ב:
ט ב מיי' שם פט"ז הלכה ב:
י ג מיי' שם ופט"ו הלכה ח:

כְּוַדַּאי. וּמִמָּקוֹם שֶׁבָּאתָ: [א]מַה סוֹטָה רְשׁוּת הַיָּחִיד — אַף שֶׁרֶץ רְשׁוּת הַיָּחִיד, וּמַה סוֹטָה [ב]דָּבָר שֶׁיֵּשׁ בּוֹ דַּעַת לִישָּׁאֵל — אַף שֶׁרֶץ דָּבָר שֶׁיֵּשׁ בּוֹ דַּעַת לִישָּׁאֵל. [ג]וּמִכָּאן אָמְרוּ: [ג]דָּבָר שֶׁיֵּשׁ בּוֹ דַּעַת לִישָּׁאֵל, בִּרְשׁוּת הַיָּחִיד — סְפֵיקוֹ טָמֵא, בִּרה"ר — סְפֵיקוֹ טָהוֹר. *וְשֶׁאֵין בּוֹ דַּעַת לִישָּׁאֵל, בֵּין בִּרה"י בֵּין בִּרה"ר — סְפֵיקוֹ טָהוֹר. וְרַבִּי יִשְׁמָעֵאל, א"ר עֲקִיבָא תְּרוּמָה וּמְהַדֵּר לֵיהּ אִיהוּ כְּהוּנָּה? וְתוּ: לְרַבִּי עֲקִיבָא כְּהוּנָּה מְנָא לֵיהּ? וְכִי תֵּימָא: כְּהוּנָּה לָא צְרִיכָא קְרָא, שֶׁהֲרֵי

וּמִמָּקוֹם שֶׁבָּאתָ. הוֹאִיל וְלֹא לָמַדְתָּ דִּמְטַמְּאִינַן מִסָּפֵק אֶלָּא מִסּוֹטָה, חֲזוֹר וְדוּן: דְּמַה סוֹטָה הָא דִּטְמֵאָה מִסָּפֵק, בִּרה"י הוּא, מָקוֹם הָרָאוּי לִיסָּתֵר — אַף טוּמְאָה בִּרְשׁוּת הַיָּחִיד סְפֵיקוֹ טָמֵא, אֲבָל בִּרה"ר טָהוֹר. וּמַה סוֹטָה דָּבָר שֶׁיֵּשׁ בּוֹ דַּעַת לִישָּׁאֵל הִיא. אִם נִטְמֵאת אִם לָאו. אַף סְפֵק טוּמְאָה — דָּבָר שֶׁיֵּשׁ בּוֹ בְּנוֹגֵעַ זֶה דַּעַת לִישָּׁאֵל אִם נָגַע אִם לָאו, וְהוּא אוֹמֵר "אֵינִי יוֹדֵעַ". כְּגוֹן אָדָם, אוֹ טָהֳרוֹת שֶׁהָיָה אָדָם עָסוּק בָּהֶם בְּשָׁעָה שֶׁנּוֹלַד הַסָּפֵק: וּפָרְכִינַן לְרַבִּי יִשְׁמָעֵאל א"ר עֲקִיבָא. "וְאֶחָד לִתְרוּמָה", וְקָמְהַדַּר לֵיהּ אִיהוּ: א"כ מִקְרָא לְהָבִיא בִּכְהוּנָּה?. וְתוּ. מִבָּעֲיָא לָן: לְרַבִּי עֲקִיבָא דְּלָא אַיְירֵי בִּכְהוּנָּה. מְנָא לֵיהּ. דַּאֲסוּרָה לִכְהוּנָּה אִם מֵת זֶה? וְהָא לֵיכָּא לְמֵימַר דְּשַׁרְיָא, דְּהַשְׁתָּא לִתְרוּמָה אָסַר לָהּ — לִכְהוּנָּה מִבָּעֲיָא? וּמִק"ו הוּא לָא יָלֵיף, דְּא"כ הַיְינוּ ר' יִשְׁמָעֵאל. וְכ"ת כְּהוּנָּה לֹא צְרִיךְ קְרָא. דְּמִמֵּילָא אֲסוּרָה, שֶׁהֲרֵי עָשָׂה הַכָּתוּב בְּסוֹטָה סְפֵק זוֹנָה כְּוַדַּאי זוֹנָה לְאוֹסְרָהּ עַל בַּעְלָהּ, הִלְכָּךְ לְגַבֵּי כְּהוּנָּה נַמִי אֲסִירָא, דִּכְתִיב: "זוֹנָה לֹא יִקָּחוּ", וְזוֹ בְּחֶזְקַת זוֹנָה הִיא.
אי

מכאן אמרו וכו' ברשות הרבים ספיקו טהור. בפ"ק דשחיטת חולין (דף ט:) ובפרק "אין מעמידין" (ע"ז דף לז:) אמר דספק טומאה ברשות הרבים הלכתא גמירי לה מסוטה, דמשמע דדוקא במקום סתירה טמא, אבל שלא במקום סתירה גמירי דטהור ודאי הוא. ותימה: למאי איצטריך הלכתא? לימא העמד טהור על חזקתו, ואימור לא נטמא? והכי אמר בהדיא נמי בריש מסכת נדה (דף ג.) דרבי שמעון גמר לה מספק טומאה ברה"ר. ואמר, ורבנן — הכי השתא?! התם גברא בחזקת טהרה קאי, מספיקא לא מחתינא ליה טומאה! וי"ל: אי לאו הלכתא דגמרינן דברה"ר טהור — הוה אמינא: סתירה דנקט קרא — לא דבר הכתוב אלא בהווה, וה"ה לכל ספק טומאה בכל מקום שנולדה, דמסברא אין לטהר זו יותר מזו, וסד"א דגזירת מלך כך היא בכל ספק טומאה. הלכך איצטריך הלכתא להעמיד ספק טומאה ברשות הרבים אחזקתה, דלא מחתינן ליה טומאה מספק. ירושלמי דפירקין קמא: מ"מ יש רגלים לדבר לפלטיא בלילה, לחורבה ביום, למבואות אפילות ביום. שאלו את בן זומא: מפני מה ספק רה"י טמא? אמר לון: סוטה מה היא לבעלה, ודאי או ספק? אמרו ליה: ספק. אמר להו: מצינו שהיא אסורה לבעלה, ומכאן אתה דן לשרץ: מה כאן רשות היחיד — אף להלן, ומה כאן דבר שיש בו דעת לישאל — אף וכו'. מכאן אמרו: דבר שיש בו דעת לישאל וכו'. מיליהון דרבנן פליגין, דמר רבי זעירא ור' יוסי בשם ר' יוחנן: (א) קטנה שזינתה — אין לה רצון להאסר על בעלה, והא תנינן: כל דבר שיש בו דעת לישאל ספיקו טמא, ברם הכא אע"פ שיש בו דעת לישאל ספיקו טהור. ומפני מה ספק רה"ר טהור? אמר להו: מצינו שהציבור עושין את הפסח בטומאה בזמן שרובו של ציבור טמאים. אם טומאה ודאית הותרה לצבור — ק"ו לספק טומאה. וסיום הברייתא בתוספתא דמסכת טהרות פרק "הגבילות השחוטות":* רשב"ג אומר: מפני מה ספק רה"י טמא וספק רה"ר טהור — מפני שאפשר לישאל ליחיד, ואי אפשר לישאל לרבים.

ברשות הרבים ספיקו טהור. מקשי' מפרק "שני נזירין" (נזיר דף נז.), דתנן: שני נזירין שאמר להן אחד: ראיתי אחד מכם שנטמא, ואיני יודע איזה מכם הוא — שניהן מביאין קרבן טומאה. וקדייק בגמרא: ואמאי? כל ספק טומאה מהיכא גמירי — מסוטה, מה סוטה בועל ונבעלת — אף כל ספק טומאה ברה"י כגון דאיכא בי תרי. אבל הכא שני נזירין והאי דקאים גביהון — הא תלתא, הוי ליה ספק טומאה ברה"ר! אלמא כל היכא דאיכא תלת חשיב ליה כרה"ר, א"כ הא דתנן בפרק "האשה שהיא עושה צרכיה" (נדה ס:): שלש נשים שהיו ישינות במטה אחת, ונמצא דם תחת אחת מהן — כולן טמאות, אמאי? כיון דאיכא שלש הוה ליה כרה"ר! מיהו, מהתם לא קשיא מידי, דלא דמי לשרץ. דשרץ אפשר שלא נגע וטהור, אבל התם — אחת מהן ודאי טמאה, שיצא הדם מגופה, והיאך נטהר כולם. ולא דמי אלא לשני שבילין (טהרות פ"ה מ"ה). אבל מפרק קמא דנדה (דף ג.) מקשינן, דתנן: כיצד דיה שעתה? היתה יושבת במטה ועסוקה בטהרות, ופירשה וראתה — היא טמאה, וכולן טהורות. ודייק בגמרא (דף ה:): טעמא דדיה שעתה, הא מעת לעת — מטה נמי מטמא. מכדי דבר שאין בו דעת לישאל ספיקו טהור! תרגמא כשחברותיה נושאות אותה במטה, דהויא לה יד חברותיה. סוף סוף חברותיה והיא הויא שלש, והוה ליה ספק טומאה ברה"ר, ואמאי מטמינן לה? ונראה דלא חשבינן טומאה ברה"ר אלא היכא דספיקא היתה יכולה להיות גלויה לכל, כגון ההיא דנזיר, ותשעה צפרדעים ושרץ אחד ביניהם (כתובות דף טו.). אבל ההיא דנדה — המגע ודאי הוא, שנגעה במטה, ואין שום ספק אלא אם ראתה או לאו. ומקום המקור מקום סתר הוא ולא שייך למימר ביה רה"ר, אפילו אם נולד ספק ראייתה ברשות הרבים. אבל בהא איכא לתמוה: אמאי משוינן מטה כספק טומאה ברשות היחיד? והא לא דמיא לסוטה, דסוטה — ודאי שרץ וספק מגע, כגון בועל הוא השרץ וספק אם בעל, אבל התם — ודאי מגע וספק מעת לעת הוא שרץ, דשמא לא ראתה. ואנן לא ילפינן מסוטה אלא דדמי לסוטה, דהא דבר שאין בו דעת לישאל ממעטינן הואיל ולא דמי לסוטה! ועוד, תניא בהדיא בתוספתא דטהרות פרק [הגבילות] השחוטות (פ"ו): נגע באחד בלילה, ואינו יודע אם חי אם מת, למחר עומד ונמצא מת, רבי מאיר מטהר, שספק רשות הרבים טהור. אלמא דמסוטה גמירי, אע"ג דהוי ודאי מגע וספק שרץ, ותימה: מאי שנא דמטהרינן דבר שאין בו דעת לישאל, הואיל ולא דמי לסוטה, ובכי האי גוונא *לא מטהרינן? וי"ל: דהכי הלכתא גמירי לה. א"נ: עיקר הדבר שאין בו דעת לישאל נפקא לן מ"והבשר אשר יגע בכל טמא לא יאכל" כדלקמן בשמעתין. וכיון דגלי לן קרא דאיכא לפלוגי בין דבר שיש בו דעת לישאל לשאין בו דעת. לדבר שיש בו דעת ספיקו טמא, ולא פירש טומאתו היכן — נלמוד סתום מן המפורש מסוטה, דמפרש בו: דוקא מקום סתירה. ואע"ג דמסיק: אי מסוטה הוה אמינא דעת נוגע ומגיע — אגב שיטפיה נקט ליה. אי נמי, הכי פירושו: ואי הוה גלי לן קרא בסוטה דבעינן דבר שיש בו דעת לישאל — הוה אמינא דעת נוגע ומגיע. סיום הברייתא דנגע באחד בלילה: וחכמים מטמאין, שכל הטומאות כשעת מציאתן. ומודים חכמים לרבי מאיר שאם ראוהו חי מבערב, אע"פ שבא שחרית ומצאו מת — טהור, מפני שזה ספק רה"ר. אלמא דבין לרבנן בין לרבי מאיר אפילו בלילה חשבינן ליה רשות הרבים. וקשיא מהא דתנן במסכת טהרות פרק שמיני (מ"ג): המאבד ביום ומצא ביום — טהור, ביום ומצא בלילה, בלילה ומצא ביום של אחריו — ספיקו טמא. זה הכלל: כל שעבר עליו הלילה או מקצתו — ספיקו טמא. אלמא דלילה חשיב לעולם כרשות היחיד. ולעיל אייתינן נמי מירושלמי: מ"מ, יש רגלים לדבר לפלטיא בלילה, לחורבה ביום, למבואות אפילים ביום. אלמא דפלטיא בלילה חשיב רה"י! בתוספתא דטהרות פרק ז': יש דברים ברה"ר ועשאום כרה"י: קופה *ברה"י גבוה י' טפחים והטומאה בתוכו, ספק נגע ספק לא נגע — ספיקו טהור. הכניס ידו לתוכה, ספק נגע ספק לא נגע — ספיקו טמא. היתה כפושה על כתיפו וככר תרומה כרוך בסיב או בנייר ונתן בתוכו, ספק נגע ספק לא נגע — טהור. הכניס ידו לתוכה, ספק נגע ספק לא נגע — ספיקו טמא. חמור ברה"ר גבוה י' טפחים וטומאה נתונה על גביו, ספק נגע ספק לא נגע — ספיקו טהור. פשט ידו על גביו, ספק נגע ספק לא נגע — ספיקו טמא. סלע ברה"ר גבוה י' טפחים וטומאה עליו, ספק נגע ספק לא נגע — ספיקו טהור. עלה לראשו, ספק נגע ספק לא נגע — ספיקו טמא. היה זה רוכב על חמורו וזה רוכב על חמורו, אחד טמא ואחד טהור, ספק נגעו זה בזה ספק לא נגעו, ר' יעקב מטמא ורבי יוסי מטהר. בנו של זה רוכב על כתיפיו ובנו של זה רוכב על *כתף, אחד טהור ואחד טמא, ספק נגעו זה בזה ספק לא נגעו — ר' יעקב מטמא ורבי יוסי מטהר. היתה חבילה על כתיפיו והרוק מדובק בכותל למעלה מי' טפחים, ספק הסיט ספק לא הסיט, ר' יעקב מטמא ורבי יוסי מטהר. שהיה ר' יעקב אומר: כל שהוא למעלה מעשרה טפחים ברה"ר — הרי הוא כרה"י. ורבי יוסי אומר: כל שדרך הילוכו ברה"ר טהור. ועוד מפרש התם דין בקעה בימות החמה ובימות הגשמים: אלו הן ימות החמה — משתעקר תבואה, ואלו הן ימות הגשמים — משתרד רביעה שניה. ובפרק "מי שמת" (ב"ב דף קנג:) מפרש: הא דאמרינן בימות החמה רה"ר לטומאה — לא שנו אלא שלא עברו עליו ימות הגשמים, אבל עברו עליו ימות הגשמים — רשות היחיד לכאן ולכאן.

ותו לרבי עקיבא כהונה מנא ליה. רש"י פי': דמקל וחומר לא יליף, דאם כן היינו רבי ישמעאל. ותימה: אי לית ליה קל וחומר דרבי ישמעאל, א"כ כיון שנבעלה לפסול לה בעילה ודאית מנא ליה דפסולה לכהונה? והא ביבמות בפרק "אלמנה" (דף סח:) ילפינן ליה מהאי קל וחומר! ועוד: הא ליכא למיפרך עליה מידי! יש לומר: הכא לית ליה קל וחומר, משום דאי לא הוו כתיבי אלא תלתא קראי, הוה אמינא: חד לבועל וחד לבעל וחד לכהונה, דחמיר טפי, כדפריך לרבי ישמעאל. אבל גבי בעילת פסולין — כתיבה תרומה בהדיא.

שכן

הגהות הב"ח

(א) תוס' ד"ה מכאן וכו' בשם ר"י קטנה. נ"ב עי' ביבמות סוף דף לג:

[פסחים יט: נדה ז: ה.]

[פרק ו]

לא מדמינן לסוטה וי"ל כו' רש"ל

נ"ל כתפיו

תורה אור

שהרי עשה בה ספק זונה כזונה. תרומה נמי לא תיבעי קרא, שהרי עשה בה ספק זונה כזונה! אלא, לר' עקיבא ארבעה קראי כתיבי: חד לבעל, וחד לבועל, וחד לכהונה, וחד לתרומה. ורבי ישמעאל: תלתא קראי כתיבי; חד לבעל, וחד לבועל, וחד לתרומה, וכהונה אתיא בקל וחומר. ורבי ישמעאל, ממאי דאיצטריך קרא לתרומה, וכהונה אתיא בקל וחומר? דילמא כי אצטריך — לכהונה, ותרומה שריא! אמר לך: מסתברא, דומיא דבעל ובועל, מה בעל ובועל — מחיים, אף תרומה נמי — מחיים, לאפוקי כהונה דלאחר מיתה. ור"ע: דומיא דבעל ובועל לית ליה. ואי נמי אית ליה — *מילתא דאתיא בקל וחומר טרח וכתב לה קרא. אמר רב גידל אמר רב: דבר שיש בו דעת לישאל ואין בו דעת לישאל מהאי קרא נפקא: "והבשר אשר יגע בכל טמא לא יאכל", ודאי טמא הוא דלא יאכל, הא ספק טמא וספק טהור — יאכל. אימא סיפא: "והבשר כל טהור יאכל בשר", ודאי טהור הוא דיאכל בשר, הא ספק טמא וספק טהור — לא יאכל. אלא לאו שמע מינה: כאן — שיש בו דעת לישאל, כאן — שאין בו דעת לישאל. ואיצטריך דרב גידל אמר רב, ואיצטריך למיגמר מסוטה; דאי מדרב — הוה אמינא בין ברשות היחיד ובין ברשות הרבים — איצטריך למיגמר מסוטה, ואי מסוטה — הוה אמינא עד דאיכא דעת נוגע ומגיע, צריכא. § "בו ביום דרש רבי עקיבא וכל כלי חרש" כו'. § ומאחר דאין לו למה טמא? אמר רב יהודה אמר רב: מן התורה אין לו, מדין קל וחומר יש לו: ומה טבול יום שמותר בחולין — פוסל בתרומה, ככר שני שפסול בחולין — אינו דין שיעשה שלישי בתרומה? איכא למיפרך: מה לטבול יום שכן אב הטומאה! תיתי מטבול

[פסחים יח: וש"נ] (ויקרא ז) (שם)

אי הכי לתרומה נמי לא תיבעי קרא. ונילף מהאי טעמא גופיה — שהרי עשה הכתוב בסוטה ספק זונה כודאי זונה, ובתרומה הא ידעינן דזונה אסורה, דכתיב (ויקרא כב): "כי תהיה לאיש זר" — כי תבעל לזר אללה, "היא בתרומת הקדשים לא תאכל" ואין לך פסול גדול מזה כשהיא אשת איש ונבעלה לאחר. ולר' עקיבא מהאי קרא נפקא לן ביבמות (ד' סח.) כל הפסולים דפסלי, והנך נמי דלא תפסי בהו קידושין, דכיון דלר' עקיבא אין קידושין תופסין בשום פסול — לא משמע ליה "כי תהיה" לשון הויה, אלא כי תבעל. אלא לרבי עקיבא ארבעה קראי כתיבי. יתירי, ב' "נטמאה", וחד "ונטמאה", ורבי עקיבא דריש וי"ו — הרי ארבעה. וכהונה אתיא מקל וחומר. ולא דריש וי"ו. ופרכינן: לר' ישמעאל, כיון דלא דריש וי"ו, ממאי דקרא לתרומה מדריש, וכהונה אתיא בקל וחומר, ואתו כולהו? דילמא קרא לכהונה אתא, דכיון דלא כתיב תרומה בהדיא — הנא אמינא: תרומה לא אתרבאי לאיסורא, אלא כהונה הוא דאתרבאי, דחמירא מיניה, ותרומה שריא. אמר לך מסתברא. דקרא — תרומה רבי, דומיא דתרין "נטמאה" דרבי בהן בעל ובועל, דמחיים דבעל קמיתסרא להו, כגון, אם יגרשנה אסורה לבועל. הילכך, מקרא שלישי נמי — למידי דמיתסר ביה מחיים (א) לבעל אתי, והיינו תרומה, א) ולמעוטי כהונה. שאין פסוק זה בא לאוסרה אלא לאחר מיתה, דמחיים — הא אסירא וקיימא, דהא מגרש לה, והויא לה גרושה, ואסורה לכהונה. ורבי עקיבא. דמרבי קרא לכהונה — דומיא דבעל ובועל לית ליה. ואי לא כתיב קרא יתירא — לא הוה מרבינן אלא כהונה דחמירא. דכל חד וחד קרא באנפי נפשיה הוא, ולא אמרינן הא לא מרבי אלא דומיא דהנך. ואי נמי אית ליה. ומיתוקם קרא לתרומה, אפילו הכי אתא וי"ו יתירא לכהונה. ואע"ג דאיכא למילפה בקל וחומר — טרח וכתב לה קרא. אלא לאו שמע מינה. "הבשר אשר יגע", דדבר שאין בו דעת לישאל הוא, דבשר הוי נוגע — הילכך ספקו טהור. "וכל טהור יאכל בשר", דאיירי בטומאת הגוף, דיש בו דעת לישאל — בההוא קאמר לך: ספיקו טמא. דעת נוגע ומגיע. במטמא ונטמא, כי סוטה דיש בה דעת ויש דעת בבועל המטמאה, קמשמע לן דרב גידל דנפקא מ"כל טהור" — הא ספק לא יאכל, כיון דיש בו דעת בזה שנטמא. אבל במטמא לא בעינן דעת. ומאחר דאין לו. מקרא מן התורה, למה הוא טמא בתרומה לרבי יוחנן, (ב) דקאמר: עתיד דור אחר לטהרו, אבל הוא היה מטמאו?. ומה טבול יום. שלא העריב שמשו. שמותר בחולין. כדאמרינן ביבמות ב"הערל" (דף עד:): תלתא קראי כתיבי, טבל ועלה — (ג) מותר לחולין ולמעשר, העריב שמשו — אוכל בתרומה, הביא כפרתו בטומאה שהיא בת קרבן — מותר בקדשים. ככר שני שפסול בחולין. דכתיב (ויקרא יא): "כל אשר בתוכו יטמא", חולין ותרומה וקדשים במשמע — דין הוא שיעשה שלישי בתרומה — ו"דיו" ליכא למימר, דאם כן בטל ליה קל וחומר, דהא שני בתרומה מקרא משתמע כי חולין, וקיימא לן (בב"ק דף כה.): דהיכא דמיפרך קל וחומר — לא אמרינן "דיו". שכן אב הטומאה. כגון טמא מת, או זב או מצורע, שהן בטומאתן אבות. מטבול

א) ולא למעוטי כהונה שאין פסוק זה כו'. רש"ל

שכן עשה בה ספק זונה כזונה. תימה: אמאי לא אמר: כיון דטמאה הכתוב מספק — מהיכא תיתי דמותרת בתרומה ולכהונה? ויש לומר: אי לאו קראי — איכא למימר דלא טמאה אלא לענין בעלה, דאיכא ספק חייבי מיתות בית דין על ידו. אבל לענין תרומה וכהונה — הוה אמינא: אוקי איתתא אחזקה. אבל בירושלמי דפרק קמא, מתוך קושיא זו דריש חד מהני תלתא קראי ליבם. והכי איתא התם: תני, ר' מאיר אומר: שלש טומאות אמורות בפרשה, אחד לבעל ואחד לבועל ואחד לתרומה. מלינו אשה שהיא אסורה לביתה ומותרת לאכול בתרומה? למה לא, אילו בת כהן שנישאת לישראל ונאנסה, שמא אינה מותרת לביתה ואסורה לאכול בתרומה, לא מלינו אשה שהיא אסורה לביתה ומותרת לאכול בתרומה? אמר ר' אבין, הכין איתאמרת: אחת לבעל ואחת לבועל ואחת ליבם. אמר ר' יוסי, מתניתא אמרה כן: ואם מת חולצת ולא מתייבמת. חד לתרומה וחד לכהונה. אין להקשות: וכי ספק חמור מן ודאי? דאילו ודאי זינתה — מותרת בתרומה ולכהונה, דהא בפ' "אלמנה" ביבמות (דף סח.) מרבינן מ"ובת כהן כי תהיה לאיש זר" כיון שנבעלה לפסול לה, שזר אללה — פסלה, ומרבינן גר עמוני ומואבי וכו'. וקא פריך התם: אימא חייבי כריתות נמי. פירוש: אינהו נמי הוו בכלל נבעלה לפסול לה, ומאי שנא דלא תני להו לעיל? ומשני: "כי תהיה" כתיב, דוקא בני הויה, לאפוקי חייבי כריתות דלאו בני הויה נינהו. אלמא דחייבי כריתות לא מפסלי בביאתן. ואשת איש איהי נמי מחייבי כריתות, ואם כן מספקא אמאי מיפסלי? ורש"י שיבש שם אותה הגירסא, וזה לשונו: אימר נבעלה לפסול לה חייבי כריתות. אבל חייבי לאוין כיון דתפסי להו בה קידושין — לא פסלי לה, וכותי ונתין וממזר דפסלי מנלן? הנך דאית בהו הויה. מדאפקה להך ביאה בלשון הויה — שמע מינה בהנך דתפסי בה קדושין משתעי קרא, ואפ"ה פסלי. ולאפוקי חייבי כריתות לא גרסינן. אי הכי כותי ועבד וכו'. והוא הדין דהוה מצי למימר חייבי כריתות לא מפסלי, אלא משום דאיירי בהו לעיל, דקתני כותי והיינו גוי, ובמתניתין תנן: העבד פוסל משום ביאה. ומשני: פסלי מדרבי יוחנן כו'. ואית דמפרשי: ואימא נבעלה לפסול לה חייבי כריתות נמי וכו'. וקשיא לי בגוה טובא; חדא, דתנן בפרק "ארבעה אחין" (שם דף לג:): אם היו כהנות — נפסלו מן התרומה בבעילת אשת איש. ועוד, קל וחומר: חייבי לאוין פסלי, חייבי כריתות לא פסלי? ועוד: הא אמר ב"עשרה יוחסין" (קדושין דף עז:): כהן הבא על אחותו — זונה משוי לה, וכיון דזונה משוי לה — בעילתה פוסלתה. דתניא: לויה שנשבית או שנבעלה בעילת זנות — נותנין לה מעשר ואוכלת. לויה — אין, אבל תרומה לכהנת — לא*)!

*) ועי' ברש"י שהאריך עוד בזה]

יא א מיי' פי"א מהל' אבות הטומאה הל"ג:

תוספות שאנץ

תרומה נמי לא תיבעי לך שהרי עשה בה ספק זונה כזונה. משמע מהכ' דזונה אסורה בתרומה וה"נ משמע ביבמות פ' ד' אחין גבי שני אחין שקידשו ב' נשים ובשעת כניסה לחופה החליפו נשותיהן זה לזה וקאמר בגמ' אם היו כהנות נשואות לישראל נפסלות בתרומ' דבי נשא אלמא משמע דזונה אסורה לאכול בתרומה וכן משמע בפ' החולץ גבי הכל מודים הבא על חייבי כריתות שבנה פגום וקאמר בסמוך וכי תימא איכא למפרך מה לאלמנה שכן היא עצמה מתחללת ה"נ (לימא) [כלומר] גבי בא על חייבי כריתות דמתחללת דכיון דנבעלה עשאה זונה משמע דהויא דומיא דאלמנה שמתחללת ואסורה לכהונה ה"נ זונה אסורה בתרומה וה"נ משמע בפ' האשה רבה דאמר התם לויה שנשבית או שנבעלה בעילת זנות נותנין לה מעשר ואוכלת משמע הא לתרומה לא. וא"ת ומהיכא נפקא לן דזונה אסורה בתרומה דלא אשכחן (בתרומ') [בקרא] אלא איסור כהונה. וי"ל דנפקא לן מדכתיב ובת כהן כי תהיה לאיש זר ודרשי' פ' אלמנה לכהן גדול כיון שנבעלה לפסול בה פסולה מן התרומה כיון שנבעלה לזר אצלה ואין לך פסול גדול מזה כשהיא אשת [illegible]

דה"ג אבל בכל הספרים כתיב הצד השוה שבהן שמותרין בחולין ופוסלין בתרומה ולהאי לישנא אין אדם יכול לפ' איזהו כלי חרס שמותר בחולין ופוסל בתרומה. ובדוחק גדול י"ל כלי חרס המוקף צמיד פתיל שמציל על החולין שבתוכו ואינו מציל בתרומה. והרבה געגועין ותשובות ובטול שיטת התלמוד יש בדבר. חדא דלא אשכחן דכלי חרס המוקף צמיד פתיל דאינו מציל בתרומה דבמסכת חגיגה אמרי' אין חטאת ניצלת בצמיד פתיל אבל תרומה לא תני בה. ועוד אפי' אמרי' דאינו מציל אין זה פסול בתרומה דהא לא פסיל מידי אלא דאינו מגין ומאליה היא נטמאת מאהל המת ומאי קאמר ופוסלין בתרומה. ועוד כל הצד השוה שבתלמוד שבא ללמוד חומר צריך שיהא הצד השוה חמור וזה הוי קל דקאמר הצד השוה שבהן שמותרין בחולין ואין שיטה זו בכל התלמוד לכ"נ דגרסי' הצד השוה שבהן שטמאין. וללשון שפי' דגרם שמטמאין אל תשיבנו מהא דאמרי' כלי חרס יוכיח שאין זה הוכחה דכלי חרס אינו טהור בחולין והיה לו להביא הוכחה מדבר הדומה לטבול יום שאע"פ שטהור בחולין פסול בתרומה שאין זו [illegible]

[illegible]

הגהות הב"ח (א) רש"י ד"ה אמר לך וכו' מחיים דבעל קאתי: (ב) ד"ה ומאחר וכו' לר' יוחנן פליג דקאמר: (ג) ד"ה שמותר בחולין וכו' ועולה אוכל בחולין ובמעשר:

יב א ב מיי' פי"א מהל' אבות הטומאות הל"ד:
יג ג מיי' שם פ"י הל"ג סמג עשין רמז:

תורה אור

מטבול יום דשרין. מה לטבול יום דשרין — שכן במינו אב הטומאה! כלי חרש יוכיח. מה לכלי חרש — שכן מטמא מאוירו! טבול יום יוכיח. וחוזר הדין; לא ראי זה כראי זה, ולא ראי זה כראי זה, הצד השוה שבהן — שמותרין בחולין ופוסלין בתרומה, כל שכן ככר שני שפוסל בחולין דפוסל בתרומה. ודור אחר פריך: מה להצד השוה שבהן (א) — שכן *יש בהן צד חמור! ורבן יוחנן בן זכאי: צד חמור לא פריך. תניא, אמר רבי יוסי: *מנין לרביעי בקודש שפסול? ודין הוא: מה מחוסר כיפורים, שמותר בתרומה — פסול בקודש, שלישי שפסול בתרומה — אינו דין הוא שיעשה רביעי בקודש? ולמדנו שלישי לקודש אמן התורה, ורביעי במקל וחומר. שלישי לקודש מן התורה מנלן? דכתיב: °"והבשר אשר יגע בכל טמא לא יאכל" (ויקרא ז), מי לא עסקינן דנגע בשני, ואמר רחמנא "לא יאכל". רביעי מקל וחומר — כדאמרן. אמר ר' יוחנן: טעם בריבי איני יודע מה הוא, שהרי תשובתו בצדו: אוכל הבא מחמת טבול יום יוכיח, שפסול בתרומה ואינו עושה רביעי בקודש. *דתניא, אבא שאול אומר: טבול יום תחילה לקודש לטמא שנים ולפסול אחד, ר' מאיר אומר: מטמא אחד ופוסל אחד, וחכמים אומרים: גכשם שפוסל אוכלי תרומה ומשקי תרומה — כך פוסל אוכלי קודש ומשקי קודש. מתקיף לה רב פפא: ממאי דר' יוסי כרבנן סבירא ליה? דילמא כאבא שאול ס"ל, דאמר: לטמא שנים ולפסול אחד? אי סלקא דעתך כאבא שאול ס"ל — לייתיה לרביעי בקודש מאוכל שבא מחמת טבול יום: ומה אוכל הבא מחמת טבול יום, דטבול יום גופיה מותר בחולין — אמרת עושה רביעי בקודש, אוכל שלישי

פסחים יח. חגיגה כג. [תוספתא חגיגה פ"ג]

ופסחים עז. כתובות לב. מכות ז: ע' תוס' כתובות לב. ד"ה שכן וכו' שהאריכו בסוגיא דהכא]

מגילה ח. ע"ש [נדה עא:]

מטבול יום דשרין. אדם שנגע בשרץ ראשון לטומאה (ג) היה, ולא אב הטומאה, וכי טבל — הותר לחולין ואסור לתרומה ואפי' לנגיעה. דכתיב נמי הערב שמש בכלים "במים יובא וטמא עד הערב וטהר" (ויקרא יא), והא לנגיעה הוא, להשתמש בו תרומה, ואשמעינן דכלי טבול יום פסל ליה. שכן יש במינו אב הטומאה. אם היה נוגע כלי זה או אדם זה במת, נעשה אב הטומאה לטמא אדם וכלים — תאמר באוכל שאינו נעשה אב הטומאה אפי' ע"י מת. דכתיב (במדבר יט): "וכל אשר יגע בו הטמא יטמא", ומהכא נפקא לן טמא מת דמטמא אדם וכלים. ועל כרחיך בטמא מת שיש לו טהרה במקוה כתיב, דהא כתיב לעיל מיניה: "והזה הטהור על הטמא ורחץ במים" — דבר שיש לו טהרה (ג) נעשה אב הטומאה במגע טמא מת על ידי מגע המת, יצאו אוכלים ומשקין, וכלי חרש שאין לו טהרה. כלי חרש יוכיח. שאין במינו אב הטומאה, ומטמא את התרומה כשהוא ראשון, וכ"ש שפוסלה. אף אתה אל תתמה על ככר שני, שאע"פ שאין במינו אב הטומאה — יפסול. דטעמא לאו באב הטומאה תלי. מה לכלי חרס כו' טבול יום יוכיח. שאין כלי שטף הראוי לטבילה מטמא מאוירו — ופסיל תרומה. לא ראי. טבול יום כראי כלי חרש, לומר שטעם פסול התרומה תלוי משום שמטמא מאוירו — דהא טבול יום אינו מטמא מאוירו ופסיל. ולא ראי כלי חרש להיות אב הטומאה במינו כראי טבול יום, דליכא למימר טעמא דטבול יום דפסיל בתרומה משום דמין אב הטומאה הוא — דהא ליתא להא חומרא בכלי חרש, ופסיל. הצד השוה שבהן. צריך אתה למצוא חומר שוה בשניהם לתלות בו טעם פסול תרומה, ומהו צד השוה שבהן — שמטמאין; טבול יום איקרי טמא, דכתיב (ויקרא כב): "ובא השמש וטהר" מכלל דעד השתא טמא, וכלי חרש כתיב (שם יא): "תנור וכירים יותץ טמאים הם", ופוסלין בתרומה. וכ"ש ככר שני דפסיל טפי מטבול יום, שהוא טמא ואסור בחולין, שיפסול בתרומה: ובכל הספרים כתיב: הצד השוה שבהן שמותר בחולין ופוסל בתרומה. ולהך לישנא אין אדם יכול לפרש איזהו כלי חרש שמותר בחולין (ד) ופסולין בתרומה. ובדוחק גדול יש לפרש: כלי חרש המוקף צמיד פתיל, שמציל על חולין שבתוכו ואין מציל על התרומה שבתוכו. והרבה גמגומין ותשובות וביטול שיטת הגמרא יש בדבר; חדא — דלא אשכחן דאינו מציל בתרומה, דבחגיגה (דף כה.) אמר: אין חטאת ניצלת בצמיד פתיל, אבל תרומה — לא תנן בה. ועוד: אין זה פוסל בתרומה, דהא לא פסיל מידי, אלא אינו מגין, ומאליה היא נטמאת מאהל המת. ועוד: כל "הצד השוה" שבגמרא שבא ללמוד חומר — צריך שיהא חמור, וזה קל, דקאמר: הצד השוה שבהן — שמותרין בחולין, ואין זו שיטה בכל הגמרא. וללשון שפירשתי אל תשיבני: מה שאומר כלי חרש יוכיח — שהיה לו להביא הוכחה בדבר הדומה לטבול יום, שאע"פ שטהור לחולין פסול לתרומה. שאין זו תשובה, דאין צריך הוכחה אלא לסתור תשובתו שתולה טעם החומרא דפסול תרומה מפני שהוא אב הטומאה, וקא מהדר ליה: כלי חרש יוכיח שאין בו חומר זה, ופוסל. וכן שיטת רוב הדינין, כי ההוא ד"כל הבשר" (חולין דף קטו:): מנין לבשר בחלב שאסור בהנאה — קל וחומר: ומה ערלה שלא נעבדה בה עבירה — אסורה בהנאה, בשר בחלב שנעבדה בו עבירה בבישולו — אינו דין שאסור בהנאה? מה לערלה שכן לא היתה לה שעת הכושר — חמץ בפסח יוכיח. מה לחמץ שבו כרת — כלאי הכרם יוכיח. והא כלאי הכרם נעבדה בו עבירה בזריעתו, וחמץ בפסח נמי עבר ב"בל יראה" ולא דמו לערלה בקולא דידה, וקא הויא הוכחה. צד חמור. טבול יום יש במינו אב הטומאה, כלי חרש מטמא מאוירו. ורבי יוחנן צד חמור לא פריך. לא חשיב ליה פירכא, הואיל ואין חומר שבשניהם שוה. מנין לרביעי בקודש שהוא פסול. ולא אמרינן טהור הוא כבתרומה. מחוסר כפורים. בטומאות הצריכות קרבן, כגון זב וזבה ויולדת ומצורע. שמותר בתרומה פסול בקודש. ביבמות ילפינן לה בפרק "הערל" (דף עד:). שלישי שפסול בתרומה. כדילפינן לעיל מטבול יום. דין הוא שיעשה רביעי בקודש. ולא תימא: דיו לבא מן הדין להיות כנדון, ונימא הכי: שלישי שפסול בתרומה דיו הוא שיהא פסול לקודש — דאם כן בטיל ליה האי קל וחומר, דשלישי בקודש לא איצטריך. דלא מיבעיא, דכי היכי דבתרומה אייתיניה בקל וחומר מטבול יום — הכי נמי אתי קודש בההוא קל וחומר, אלא אפילו מן התורה למדנוהו. והיינו דקאמר: למדנו שלישי לקודש מן התורה. הילכך אי אמרינן "דיו" — איפרך ליה ק"ו כו'. מי לא עסקינן. מי לא מצינן למישמע מינה דאפי' נגע בשני נמי קאמר "לא יאכל". דהא "בכל טמא" כתיב, ושני איקרי טמא, דכתיב: "כל אשר בתוכו יטמא" והאי בבשר שלמים כתיב, דקדש נינהו. טעם בריבי. טעמו של ר' יוסי, שהוא חכם וגדול הדור, איני יודע מהו, שלמד רביעי בקודש. שהרי מקל וחומר זה תשובתו בצדו. אוכל הבא מחמת טבול יום. שנגע בטבול יום, והוא של קדש או של תרומה — יוכיח, שפסול בתרומה מן התורה, כדפרישית לעיל, דבכלים נמי כתיב "הערב שמש" לגבי תרומה, ואינו אלא לנגיעה. ואינו עושה רביעי בקודש, לרבנן דפליגי עליה דאבא שאול, ואמרו: טבול יום פוסל בקודש ואינו מטמא לפסול את מי שיחזור ויגע בו. וקא סלקא דעתא דר' יוסי כרבנן סבירא ליה. הילכך תשובתו בצדו: דא"כ הכי נמי נדרש להאי ק"ו שיפסול אוכל הבא מחמת טבול יום את הקודש: ומה מחוסר כפורים שמותר בתרומה פסול בקודש, אוכל הנוגע בטבול יום, שפסול בתרומה — (ה) דין הוא שיעשה רביעי בקודש. טבול יום תחילה לקודש. מעלה עשו בקודש להיות טבול יום אצלו כראשון לטומאה, ויטמא שני בקודש זה מזה, שאוכל שנוגע בטבול יום נעשה שני, ועושה את חבירו שלישי, ושניהם קרויין טמאין — שמקלקלין את אחרים. והשלישי פוסל את הרביעי להיות הוא עצמו פסול, אבל לא יפסול את אחרים במגעו. רבי מאיר אומר מטמא אחד ופוסל אחד. הרי הוא כשאר שני שפוסל את התרומה והנוגע בו פוסל את הקודש. כך טבול יום הפוסל את התרומה — הנוגע בו טמא לקודש, ולפסול עוד אחד. כך פוסל כו'. ואין הנוגע בטבול יום פוסל את הקודש, אלא הוא עצמו פסול. ממאי דרבי יוסי כרבנן סבירא ליה. דתהוי תשובה בצדו, דילמא כאבא שאול סבירא ליה? והוא הדין דהוה מצי רב פפא למימר: דילמא כר' מאיר סבירא ליה, ואין כאן עוד תשובה, דהא עביד רביעי. אלא רבותא נקט, כלומר: מאן לימא לן דלא מחמיר כאבא שאול? דילמא כוותיה סבירא ליה, דאוכל הבא מחמת טבול יום, אם של קודש הוא — מטמא אחד ופוסל אחד, דההוא דנגע ביה פסיל ליה דאורייתא. ואפילו הוי קמא תרומה — פסול לקודש מקל וחומר ממחוסר כפורים, כדדריש רבי יוסי לעיל, ודריש ליה נמי הכא: ומה מחוסר כפורים שמותר בתרומה פסול לקודש, אוכל תרומה הבא מחמת טבול יום שפסול בתרומה — אינו דין הוא שיעשה רביעי בקדש. (ו) והיכא דהוה ליה דקודש עבוד רבנן מעלה שיטמא אחד ויפסול אחד. דאי סלקא דעתך כאבא שאול סבירא ליה. (ז) מקל וחומר דמחוסר כפורים פסיל לקמא, וממעלה דרבנן מטמא ליה. כיון דמדאורייתא פסיל ליה להוא דנגע ביה — לייתיה לרביעי בקודש מאוכל הבא מחמת טבול יום. ומה אוכל הבא מחמת טבול יום דטבול יום. שבא מכחו שרי בחולין — עושה רביעי בקודש, כלומר: פוסל את הקודש מקל וחומר ממחוסר כפורים. שלישי

תוספות שאנץ

הנוגע בשרץ הקל אינו דין שלא יטמא טבול יום שבירה ת"ל אותו א"כ למה נאמר ואותו תשברו מלמד שאין לו טהרה במקוה אלא שבורו. ד"א אותו תשברו ואי אתה שובר לטהרתו [וכו']. ואל תתמה על זה דדרשי' ואינו טעון שבירה מק"ו אע"ג דאיכא מיעוט חוזר ודורש ק"ו ומוקי למיעוט בדרשא אחריתא וגם בכמה מקומות בתלמוד מצינו כמו כן דצא ולמד מברייתא שבצדה בתו"כ תנור וכירים יותץ יכול יתצם בודאי ת"ל ושמאים יהיו לכם דמקיימין אותן בטומאה: מה להצד השוה שבהן שכן יש בהן צד חמור. טבול יום יש במינו אב הטומאה. כלי חרס שמטמא מאוירו. וק' ומה פירכא היא זו הלא אין לך דין שבתלמוד שלא נוכל להקשות כך שיש בו צד חמור. וכי האי גונא אמר' באלו נערות אלמא אמר קסבר עולא כל היכא דאיכא ממון ומלקות ממונא משלם מילקא לא לקי וקאמר דגמר' מחובל בחברו ומעדים זוממים דעושה שם הצד השוה ופריך מה להצד השוה שבהן שכן יש בהן צד חמור וכן במכות [ד:] ומאי פירכא היא זו. ואו' ר"י דלא פר' ליה אלא במקום שהצד [חמור] הן משונין (א). כמו הכא שהוא הוי במינו אב הטומאה וכן כלי חרס לא לך שום דבר שמטמא מאוירו אלא כלי חרס. ובן בכתובות בעדים זוממים דאינם צריכין [התראה] מה שאין כן בשאר [דברים] וכן בחובל בחבירו דחייב בד' דברים מה שאין כן בשאר מזיקין וכן במכות וכי האי גונא בשילהי פ' ד' מיתות דפרי' מה להצד השוה שבהן שכן משונין: מנין לרביעי בקדש שהוא פסול. ולא אמרי' טהור [הוא] כבתרומה. ומה מחוסר כפורים בטומאות הצריכות קרבן כגון זב וזבה ויולדת ומצורע שמותר בתרומה ופסול בקדשים. פ' הערל. ג' שפסול בתרומה כדילפי' לעיל מק"ו דטבול יום דין הוא שיעשה רביעי בקדש וליכא למימר דיו לבא מן הדין להיות כנדון ולימא הכי ג' דפסול בתרומה דיו הוא שיהא פסול בקדש דא"כ בטל ק"ו דלג' בקדש לא איצטריך ק"ו דלא מיבעיא דכי היכי דאייתניה בתרומה בק"ו דטבול יום אתי נמי קדש בההיא ק"ו אלא אפי' מן התורה למדנוהו והיינו דקאמר למדנו ג' לקדש מן התורה הילכך אי אמרי' דיו מפרי' הק"ו. ל"ה. ומקשי התוספות תיפוק ליה רביעי לקדש מק"ו דטבול יום ומה טבול יום שמותר בחולין פוסל בקדש שני שפוסל בחולין אינו דין שיעשה רביעי בקדש וכי תימא דדייקי' מן הק"ו (הג') [דשני] לג' אם אינו ענין לג' דהא ידעינן ליה

תוספות שאנץ

מקרא דוהבשר אשר יגע בכל טמא מי לא עסקי' (דרביעי) [דנגע] בשני תנהו ענין לרביעי בקדש. ונראה דאין זה קושיא דלעולם הוה מוקמי' הק"ו אג'. וכי תימא הא ידעי' ליה מקרא דוהבשר [ל"ל] דמילתא דאתיא בק"ו טרח וכתב לה קרא. ומנאי טעמא ניחא דליכא להקשות [ל"ל] קרא דוהבשר ונילף ג' בקדש מק"ו דטבול יום ומה טבול יום שמותר בחולין פוסל בקדש שני שפסול בחולין דין הוא שיעשה ג' בקדש ומק"ו דמחוסר כפורים דבאמר ולאו מילתא היא כדפרי' דמלתא דאתי בק"ו טרח וכתב לה קרא. וג' דלפ"ה ניחא הכל: מי לא עסקי' דנגע בשני. פ"ה דנפקא לן מדכתיב בכל טמא ושני איקרי טמא דכתיב כל אשר בתוכו יטמא: טעם בריבי. טעמו של ר' יוסי שהיה חכם וגדול הדור. איני יודע מה הוא שלמד רביעי בקדש מק"ו זה שהרי אוכל הבא מחמת טבול יום והוא הקדש או דתרומה יוכיחו שפסול בתרומה מן התורה כדפי' לעיל דבכלים נמי בעי הערב השמש ואינה אלא לנגיעה ואינו עושה רביעי בקדש לרבנן דפליגי עליה דאבא שאול ואמרו טבול יום פוסל את הקדש ואינו מטמאו לפסול את מי שיחזור ויגע בו. וס"ד דר' יוסי כרבנן סבירא ליה הילכך תשובתו בצדו דא"כ הוה נדרש להאי ק"ו שיפסול אוכל הבא מחמת טבול יום את הקדש ומה מחוסר כפורים שמותר בתרומה פוסל הקדש אוכל הנוגע בטבול יום שפסול שיעשה רביעי בקדש. כל"ה. טבול יום תחלה לקדש מעלה עשו בקדש להיות טבול יום אצלו כראשון שנים בקדש זה מזה האוכל שנגע בטבול יום יטמא חברו הנוגע בו ושניהם קרויין טמאים שמקלקלים את אחרים והג' פוסל את הד' להיות הוא עצמו פסול אבל לא יפסול אחרים במגעו. ר' מאיר אומר מטמא אחד ופוסל אחד הרי הוא כשאר שני שפוסל התרומה והנוגע בו פוסל הקדש כך טבול יום הפוסל בתרומה לקדש לפסול עוד אחד: כך פוסל. ואין הנוגע בטבול יום פוסל הקדש אלא הוא עצמו פסול. ממאי דר' יוסי כרבנן סבירא ליה דתהוי תשובתו בצדו דילמא כאבא שאול סבירא ליה וה"ה דהוה מצי לרב פפא למימר דילמא כר' מאיר סבירא ליה ואין כאן עוד תשובה דהא עביד רביעי אלא רבותא נקט כלומר מאן לימ' לן דלא מחמיר כאבא שאול דילמא כותיה סבירא ליה דאוכל הבא מחמת טבול יום אם של קדש הוא מטמא אחד ופוסל אחד דההוא דנגע ביה הוה פסיל ליה דאורייתא ואפי' הוי קמא תרומה פסול לקדש מק"ו ממחוסר

(א) וכ"כ התוס' כתובות לב. ד"ה שכן כסס ר"י.

הגהות הב"ח (א) גמ' שכן יש בהם לב. נ"ב עיין בתוספות פרק אלו נערות דף לב ד"ה שכן יש: (ב) רש"י ד"ה מטבול וכו' לטומאה הוא ולא אב: (ג) ד"ה שכן וכו' טהרה במקוה נעשה אב וכו' שאין להן טהרה במקוה הס"ד: (ד) ד"ה ובכל הספרים וכו' ופסול בתרומה ובדוחק וכו' מה לחמץ בפסח שיש בו כרת: (ה) ד"ה אוכל הבא וכו' בתרומה אינו דין הוא: (ו) ד"ה ממאי וכו' בקדש דסיכא דסוה: (ז) ד"ה דאי סלקא וכו' דמק"ו דמחוסר:

יד א מיי' פ"ח מהל' אבות הטומאות הלכה כ:
טו ב מיי' שם פט"ז הל' ב ופ"ח הל' ג ופ"י הל' ג ועיין בכ"מ ופ"א הל' ב ג ד:
טז ג מיי' פט"ז מהל' טומאת אוכלין הל' ח:
יז ד מיי' פ"ח מהל' שאר אבות הטומאות הלכה ב:
יח ה ו ז מיי' שם פי"א הלכה יב:
יט ח מיי' פ"ה מהל' בכורים הל' יד ופ"ו שם הל' יב ועי' בכ"מ טוש"ע י"ד סימן שכג:

שְׁלִישִׁי הַבָּא מֵחֲמַת שֵׁנִי, דְּשֵׁנִי גּוּפֵיהּ אָסוּר בְּחוּלִּין – אֵינוֹ דִּין שֶׁעוֹשֶׂה רְבִיעִי בַּקּוֹדֶשׁ? וְכִי תֵּימָא, מִשּׁוּם דְּאִיכָּא לְמִיפְרַךְ: מָה לִטְבוּל יוֹם שֶׁכֵּן אַב הַטּוּמְאָה – הָא אַיְיתִינָהּ מִמְּחוּסַּר כִּיפּוּרִים, וְלָא פַּרְכֵיהּ. אָמַר רַב אַסִּי אָמַר רַב, וְאָמְרִי לַהּ אָמַר רַבָּה בֶּן אִיסִי אָמַר רַב: ר"מ וְר' יוֹסֵי וְר' יְהוֹשֻׁעַ וְר' אֶלְעָזָר וְר' אֱלִיעֶזֶר כּוּלְּהוּ סְבִירָא לְהוּ [א]דְּאֵין שֵׁנִי עוֹשֶׂה שְׁלִישִׁי בְּחוּלִּין. ר"מ – *דִּתְנַן: [ב]כָּל הַטָּעוּן בִּיאַת מַיִם מִדִּבְרֵי סוֹפְרִים – מְטַמֵּא אֶת הַקּוֹדֶשׁ, וּפוֹסֵל אֶת הַתְּרוּמָה, וּמוּתָּר בְּחוּלִּין וּבְמַעֲשֵׂר, דִּבְרֵי ר"מ, וַחֲכָמִים [ג]אוֹסְרִין בְּמַעֲשֵׂר. ר' יוֹסֵי – הָא דַּאֲמַרַן, דְּאִם אִיתֵיהּ – לַיְיתֵיהּ לִרְבִיעִי בִּתְרוּמָה וַחֲמִישִׁי בַּקּוֹדֶשׁ. רַבִּי יְהוֹשֻׁעַ – דִּתְנַן, *ר"א אוֹמֵר: הָאוֹכֵל אוֹכֶל רִאשׁוֹן – רִאשׁוֹן, שֵׁנִי – שֵׁנִי, שְׁלִישִׁי – שְׁלִישִׁי. רַבִּי יְהוֹשֻׁעַ אוֹמֵר: [ד]הָאוֹכֵל אוֹכֶל רִאשׁוֹן וְאוֹכֶל שֵׁנִי – שֵׁנִי, [ה]שְׁלִישִׁי – שֵׁנִי בַּקּוֹדֶשׁ וְאֵין שֵׁנִי בִּתְרוּמָה, [ו]בְּחוּלִּין שֶׁנַּעֲשׂוּ עַל טָהֳרַת תְּרוּמָה. עַל טָהֳרַת הַתְּרוּמָה – אִין, עַל טָהֳרַת הַקּוֹדֶשׁ – [ז]לָא. אַלְמָא קָסָבַר: אֵין שֵׁנִי עוֹשֶׂה שְׁלִישִׁי בְּחוּלִּין. ר"א (א) – דְּתַנְיָא, ר' אֶלְעָזָר אוֹמֵר: שְׁלָשְׁתָּן שָׁוִין, הָרִאשׁוֹן שֶׁבַּקּוֹדֶשׁ וְשֶׁבַּחוּלִּין וְשֶׁבַּתְּרוּמָה – מְטַמֵּא שְׁנַיִם וּפוֹסֵל אֶחָד בַּקּוֹדֶשׁ, מְטַמֵּא אֶחָד וּפוֹסֵל אֶחָד בִּתְרוּמָה, וּפוֹסֵל אֶחָד בְּחוּלִּין. ר' אֱלִיעֶזֶר – דִּתְנַן, *ר"א אוֹמֵר: חַלָּה נִיטֶּלֶת מִן הַטְּהוֹרָה עַל הַטְּמֵאָה. [ח]כֵּיצַד? שְׁתֵּי עִיסּוֹת אַחַת טְהוֹרָה וְאַחַת טְמֵאָה, נוֹטֵל כְּדֵי חַלָּה מֵעִיסָּה שֶׁלֹּא הוּרְמָה חַלָּתָהּ, וְנוֹתֵן פָּחוֹת מִכַּבֵּיצָה בָּאֶמְצַע, כְּדֵי לִיטּוֹל מִן הַמּוּקָּף. וַחֲכָמִים

רש"י

שְׁלִישִׁי הַבָּא מֵחֲמַת שֵׁנִי כו'. דִּשְׁמְעִינַן מִינֵּיהּ תַּרְתֵּי; ש"מ: אוֹכֶל הַבָּא מֵחֲמַת טְבוּל יוֹם דִּסְבִירָא לֵיהּ כְּאַבָּא שָׁאוּל, וש"מ: שְׁלִישִׁי הַבָּא מֵחֲמַת שֵׁנִי נְהִי דַּחֲמִישִׁי בַּקֹּדֶשׁ לָא אָמַר דְּנַיְיתֵי מִינָּהּ, כִּדְקָעָבֵיד בִּטְבוּל יוֹם, דְּהָתָם מַעֲלָה דְּרַבָּנַן הִיא, וּבְקוֹדֶשׁ מִקּוֹדֶשׁ מַיְירֵי, וְרַבִּי יוֹסֵי מִדְּאוֹרַיְיתָא קָאָמַר, אֲבָל רְבִיעִי מִיהָא מַיְיתֵי מִינָּהּ. וְכ"ת כו' הָא אַיְיתִינָהּ. ר' יוֹסֵי מִק"ו מִמְּחוּסַּר כִּיפּוּרִים, דְּאִיכָּא לְמִיפְרַךְ נַמִי: מַה לִּמְחוּסַּר כִּיפּוּרִים – שֶׁכֵּן אַב הַטּוּמְאָה, וְלָא פָּרֵיךְ. דְּלָא חֲשִׁיב לֵיהּ ר' יוֹסֵי פִּירְכָא, דְּהַשְׁתָּא דְּטָבַל לָהּ אָזְלָה לָהּ הַהִיא טוּמְאָה. כָּל הַטָּעוּן בִּיאַת מַיִם מִדִּבְרֵי סוֹפְרִים. כָּל שֶׁהוּא טָהוֹר מִן הַתּוֹרָה, וַחֲכָמִים הִזְקִיקוּהוּ לָבֹא בַּמַּיִם וְלִיטָּהֵר, כְּגוֹן הַבָּא רֹאשׁוֹ וְרוּבּוֹ בַּמַּיִם שְׁאוּבִין, וְהָאוֹכֵל חֲצִי פְּרָס אוֹכָלִין טְמֵאִין, וְהַיָּדַיִם שֶׁהִצְרִיכוּם טְבִילָה – כּוּלָּם בְּתוֹרַת שְׁנַיִם הַטְעִינוּם. מְטַמְּאִין אֶת הַקֹּדֶשׁ. לִהְיוֹת שְׁלִישִׁי וְיַעֲשֶׂה רְבִיעִי, וּפוֹסְלִין אֶת הַתְּרוּמָה. וַחֲכָמִים אוֹסְרִין בְּמַעֲשֵׂר. בַּאֲכִילָה, אֲבָל נְגִיעָה שָׁרֵי. וְחוּלִּין אַף לֶאֱכוֹל. וְהָכִי אָמַר בַּחֲגִיגָה (דף יח:). וְהוּא הַדִּין נַמִי דְּלְרַבָּנַן אֵין שֵׁנִי עוֹשֶׂה שְׁלִישִׁי בְּחוּלִּין, וְהַאי דְּלָא חֲשִׁיב לְהוּ – לְפִי שֶׁלֹּא נִתְפָּרְשׁוּ שְׁמוֹתָן, ור"מ וּמַחֲלוֹקְתּוֹ קָאָמַר. דְּאִם אִיתָא. דִּשְׁלִישִׁי בְּחוּלִּין מִן הַתּוֹרָה – לַיְיתֵיהּ רְבִיעִי בִּתְרוּמָה מִק"ו מִטְּבוּל יוֹם, כִּדְאַיְיתֵי לִשְׁלִישִׁי לְעֵיל מִשֵּׁנִי בְּחוּלִּין. וַחֲמִישִׁי בַּקֹּדֶשׁ. מֵרְבִיעִי בִּתְרוּמָה, מִק"ו מִמְּחוּסַּר כִּיפּוּרִים, כִּדְאַיְיתֵי לְרְבִיעִי לְעֵיל מִשְּׁלִישִׁי בִּתְרוּמָה. הָאוֹכֵל אוֹכֶל רִאשׁוֹן. חֲצִי פְּרָס מֵאוֹכֶל רִאשׁוֹן – נַעֲשָׂה גּוּפוֹ רִאשׁוֹן לְטוּמְאָה מִדְּרַבָּנַן, וְהָאוֹכֵל אוֹכֶל שֵׁנִי – נַעֲשָׂה גּוּפוֹ שֵׁנִי. וּבִשְׁחִיטַת חוּלִּין מְפָרֵשׁ טַעְמָא שֶׁעוֹשֶׂה אֶת הָאוֹכֵל חָמוּר כַּמַּאֲכָל, בְּ"הַשּׁוֹחֵט" (חולין ד' לד.). רַבִּי יְהוֹשֻׁעַ אוֹמֵר הָאוֹכֵל אוֹכֶל רִאשׁוֹן אוֹ אוֹכֵל אוֹכֶל שֵׁנִי שֵׁנִי. מַאֲכַל רִאשׁוֹן לָא עָבֵיד לֵיהּ רִאשׁוֹן אֶלָּא שֵׁנִי, שֶׁאֵין הָאוֹכֵל חָמוּר כַּמַּאֲכָל. אֲבָל מַאֲכַל שֵׁנִי עוֹשֶׂה אוֹתוֹ שֵׁנִי. וְהָתָם מְפָרֵשׁ טַעְמָא: חֲלָיו שֶׁהַשֵּׁנִי עוֹשֶׂה שֵׁנִי עַל יְדֵי מַשְׁקִין. שְׁלִישִׁי שֵׁנִי לַקֹּדֶשׁ. הָאוֹכֵל אוֹכֶל שְׁלִישִׁי נַעֲשָׂה גּוּפוֹ שֵׁנִי לַקֹּדֶשׁ, שֶׁאִם יִגַּע בַּקֹּדֶשׁ – יְטַמְּאֶנּוּ לִפְסוֹל עוֹד אֶחָד. וְהָתָם מְפָרֵשׁ טַעְמָא. וְכָל הָנָךְ טוּמְאוֹת מִדְּרַבָּנַן נִינְהוּ. בְּחוּלִּין שֶׁנַּעֲשׂוּ עַל טָהֳרַת תְּרוּמָה. בְּאֵיזוֹ חוּלִּין אָמְרוּ שֶׁהָאוֹכֵל שְׁלִישִׁי שֶׁלָּהֶן נַעֲשָׂה שֵׁנִי לַקֹּדֶשׁ – בְּחוּלִּין שֶׁנַּעֲשׂוּ עַל טָהֳרַת תְּרוּמָה. שֶׁבַּעֲלֵיהֶם כֹּהֵן וְרָגִיל בִּתְרוּמָה, וְקִיבֵּל עָלָיו לֶאֱכוֹל חוּלִּין שֶׁלּוֹ בְּטָהֳרַת תְּרוּמָה. כְּדֵי שֶׁיְּהֵא רָגִיל לִתְרוּמוֹתָיו בְּטָהֳרָה (ב) הַזְּקוּקָה לָהֶן. הִילְכָּךְ מַשְׁכַּחַתְּ בְּהוּ שְׁלִישִׁי, דִּבְחוּלִּין אֲחֵרִים לָא מַשְׁכַּחַתְּ שְׁלִישִׁי: ה"ג עַל טָהֳרַת תְּרוּמָה אִין חוּלִּין גְּרֵידֵי לָא. וּמַאן דְּגָרֵים "עַל טָהֳרַת הַקֹּדֶשׁ לָא", הָכִי מְפָרֵשׁ לָהּ: עַל טָהֳרַת הַקֹּדֶשׁ – לָא, דַּהֲווּ לְהוּ חוּלִּין גְּרֵידֵי. שֶׁהַמְּתַפִּים חוּלִּין לְטָהֳרַת הַקֹּדֶשׁ – בָּטְלָה דַּעְתּוֹ, וְאֵין בִּדְבָרָיו כְּלוּם: שְׁלָשְׁתָּן שָׁוִין. הָנָךְ דִּמְפָרֵשׁ לְהוּ רִאשׁוֹן שֶׁל חוּלִּין וְרִאשׁוֹן שֶׁל תְּרוּמָה וְרִאשׁוֹן שֶׁל קוֹדֶשׁ. מְטַמֵּא שְׁנַיִם וּפוֹסֵל אֶחָד בַּקֹּדֶשׁ. דְּהַיְינוּ רְבִיעִי. מְטַמֵּא אֶחָד וּפוֹסֵל אֶחָד בִּתְרוּמָה. דַּהֲוָה לֵיהּ שְׁלִישִׁי. וּפוֹסֵל אֶחָד בְּחוּלִּין. דַּהֲוָה לֵיהּ שֵׁנִי. וְתַנָּא דִּפְלִיג עֲלֵיהּ סָבַר: רִאשׁוֹן שֶׁל חוּלִּין לָא אָזֵיל בַּקֹּדֶשׁ עַד רְבִיעִי, שֶׁאֵין קֹדֶשׁ בָּא לִידֵי רְבִיעִי אֶלָּא אִם כֵּן הָיָה רִאשׁוֹן שֶׁל קוֹדֶשׁ. וּמִיהוּ, שָׁמְעִינַן מִינֵּיהּ דְּאֵין שְׁלִישִׁי בְּחוּלִּין. ר"א אוֹמֵר חַלָּה נִיטֶּלֶת מִן הַטְּהוֹרָה עַל הַטְּמֵאָה. רֵישָׁא דְּמַתְנִי' בְּמַסֶּכֶת חַלָּה (פ"ב מ"ז) הָכִי: שִׁיעוּר חַלָּה אֶחָד מִכ"ד. נִטְמְאָה עִיסָּתָהּ, שׁוֹגֶגֶת אוֹ אֲנוּסָה – אֶחָד מִמ"ח, נִטְמֵאת בְּמֵזִיד – אֶחָד מִכ"ד, שֶׁלֹּא יְהֵא חוֹטֵא נִשְׂכָּר. ר"א אוֹמֵר: הֵיכָא דְּנִטְמֵאת מְזִידָה – תָּלוּשׁ אַחֶרֶת בְּטָהֳרָה, וְתִטּוֹל מִן הַטְּהוֹרָה עַל הַטְּמֵאָה. מִשּׁוּם דְּמִצְוָה לִתְרוֹם מִן הַמּוּקָּף, כֵּיצַד תַּעֲשֶׂה שֶׁיְּהֵא מִן הַמּוּקָּף וּטְהוֹרָה? נוֹטֶלֶת כְּדֵי חַלַּת הַטְּמֵאָה מֵעִיסָּה הַטְּהוֹרָה עַד שֶׁלֹּא הוּרְמָה חַלָּתָהּ. דְּאִי הוּרְמָה חַלָּתָהּ דִּטְהוֹרָה – תּוּ לָא מָצֵי לְאַפְרוֹשֵׁי מִן הַפָּטוּר עַל הַחִיּוּב, וְלָא חָיֵיל עֲלֵיהּ תּוּ שֵׁם חַלָּה. וְנוֹתֶנֶת פָּחוֹת מִכַּבֵּיצָה בָּאֶמְצַע כְּדֵי לִתְרוֹם מִן הַמּוּקָּף. מוּקָּף לְשׁוֹן מְחוּבָּר וּמְקוֹרָב, כְּמוֹ "אֵין מַקִּיפִין שְׁתֵּי חָבִיּוֹת" בְּמַסֶּכֶת בֵּיצָה (דף לג:). וּמִקְרָא נָפְקָא לָן: "וַהֲרֵמוֹתֶם מִמֶּנּוּ" – מִן הַמּוּקָּף לוֹ, בְּסִפְרֵי. הִילְכָּךְ צְרִיכָה לְהַקִּיף

תוספות

שלישי הבא מחמת שני וכו'. פירש רש"י: דשמעינן מיניה תרתי; שמעינן מיניה אוכל הבא מחמת טבול יום דסבירא ליה כאבא שאול, ושמעינן מיניה דשלישי הבא מחמת שני וכו'. תימה: כיון דיליף ק"ו לשלישי ממחוסר כיפורים – לאו ממילא שמעינן מיניה דאית ליה כאבא שאול? דבהאי קל וחומר גופיה דמחוסר כיפורים נפקא לן אוכל הבא מחמת טבול יום דעביד רביעי. א"כ אמאי הוי ליה למיתניה לרביעי בקודש מאוכל הבא מחמת טבול יום? וכי לא מייתי ליה שפיר טפי ממחוסר כיפורים גופיה מדהוי מייתי ליה מאוכל הבא מחמת טבול יום דאוכל הבא מחמת טבול יום גופיה לא שמעינן ליה אלא מק"ו דמחוסר כיפורים! ונראה: דאפי' הכי הוי ניחא ליה טפי לעשות שלישי מק"ו ראשון, כגון שלישי הבא מחמת שני, דאלים טפי למיעד רביעי – ממאי דמייתי ליה ממחוסר כיפורים, שצריך למייתי שלישי גופיה (למייתי) מק"ו דטבול יום דפסול בתרומה. אע"ג דבין כך ובין כך הוי ק"ו בן ק"ו – מיהו לאלומי כח שלישי עדיף ליה טפי. **הא** אייתינה ממחוסר כיפורים ולא פרכינן. רש"י פי': משום דכיון דטבל אזלה ליה ההיא טומאה. ולא ידענא אמאי פי' הכי, הא ע"כ אית לן למימר דר' יוסי סבירא ליה כרבן יוחנן בן זכאי, דמייתי שלישי בתרומה ב"מה הלד". דאי לא תימא הכי – שלישי מנא ליה? ובאותו "מה הלד" גופיה מייתי רבי יוסי רביעי ממחוסר כיפורים ומכלי חרס, ומשום הכי לא פריך. ספר הישר: מסיק בפ"ק דשבת (דף יד.): זימנין דאכיל אוכלין טמאין וכו'. הקשה ריב"א הלוי ז"ל: אלמא דאוכלין טמאין פוסלין את הגויה בכבילה, דאפי' כבילה מטמאין למשקין דתרומה דשדי לפומיה. והתנן בפרק "כיצד משתתפין" (עירובין דף פב:): אליה לבית המנוגע, ואלי אליה לפסול את הגויה – דהיינו שני בילים! ותירץ מורי: אין דרך בני אדם לשתות אלא לאחר אכילת שני בילים, וקודם לכן מילתא דלא שכיחא היא. ואין נראה לר"י תירוץ זה; חדא – שאפילו בלשון לא דקדק, שבכאן הוא אמר "לפסול את הגויה", ולשם הוא אומר "אלו פוסלין בתרומה", משמע אפילו במגע, ובכאן לא גזרו אלא טומאת פנים אטו טומאת חוץ. ועוד: היאך אנו אומרים ביומא פרק אחרון (דף פ:), אמר רב פפא: הנח לטומאת גויה דלאו דאורייתא. ומותיב: מי אמר רב פפא הכי? והכתיב: "לא תטמאו בהם" ואמר רב פפא: מכאן לטומאת גויה דאורייתא! ומתרץ: מדרבנן, וקרא אסמכתא בעלמא. ואם היה מגזרת י"ח דבר, וכי בזה היה טועה בעל הגמרא שהם דאורייתא? והלא פשט איסורם בכל העולם! אלא ודאי נראה דתרי גזירות הוו, חדא גזירת טומאת פנים אטו טומאת חוץ, דהיינו פסול גויה. דהרואה סבר דמותר להגיע טומאה למשקין, דהא זה כשאכל תרומה ואח"כ שותה משקין טמאים, נוגעין זה בזה בתוך מעיו ולא חיישינן – להכי נמי לא נחוש אפי' בחוץ – להכי גזרו. ודוקא בשני בילים, אבל בכבילה – לא. שהרי האוכל כבילה מתעכל בתוך מעיו ונשאר בין שיניו, ולכשיהיה בבני מעיו יפחת הרבה מכבילה. ואין אדם טועה, שאפילו אוכל אוכלין טמאין בכבילה ושותה משקין דתרומה לא יאמר: א"כ, טהורין הן בכבילה אפי' בחוץ – דהא בפנים לא היה כבילה, שהרי נתעכל האוכל ולא היה כשיעור לטמא. ודוקא באוכלין מצריך יותר מכשיעור משום דמתעכל, אבל משקין פסלי גויה בכדי רביעית, דאין דרך משקה להתעכל בתוך מעיו. וא"ת: היה להן להוסיף יותר מעט! מ"מ, כיון דנחית לשיעוריה – העמיד אותה על שני בילים שהוא שיעור ידוע. וגזירה אחרת אותה של שבת, שגזרו בכבילה אף על מגע. ואותה של שחיטת חולין (דף לד.) דאמר עולא: האוכל אוכל שלישי של חולין שנעשו על טהרת תרומה נפסל גופו מלאכול בתרומה, איני יודע לפרש אם היה מאותה גזירה ראשונה – מ"מ למה גזרו? אי משום טומאת חוץ – הלא אפילו אם היה נוגע בשלישי שבתרומה לא היה נפסל, שאין שלישי עושה רביעי בתרומה, כדמוכח התם.* דתניא: חולין שנעשו על טהרת הקדש – הרי הוא כחולין, רבי אלעזר ברבי צדוק אומר: הרי הן כטומאה לתרומה, לטמא שנים ולפסול אחד. א"כ אינו רביעי! וא"ת מגזרה שניה, ומשום משקין, דאכיל אוכלין טמאין ושתה משקין דתרומה – אם כן למה נפסל גופו? יהי' טמא אפי' במגע! וא"ת גזרה שלישית היא – מ"מ הטעם לא נודע, אלא א"כ נאמר רבו בגזרות וגזרו גזירה לגזרה. ולפי פירוש הקונטרס שפירש בשחיטת חולין – אינו נראה ואינו מיושב יפה, שמפרש: האוכל אוכל ראשון – זהו חצי פרס. שהרי אנו אומרים: מאי טעמא? דילמא אכיל אוכלין טמאין ושתי משקין דתרומה – וזהו אפילו בכבילה. ע"כ לשון ספר הישר.

מר

תוספות שאנ"ץ

יוסי לעיל דריש ליה נמי הכא הכי ל"ה. אמר רב ר' מאיר ור' יוסי כו'. כל הטעון ביאת מים כו'. וחכמים אוסרים במעשר באכילה אבל בנגיעה שרי וחולין אף לאכילה והכי קאמר בחגיגה וה"ה דלרבנן אין שני עושה שלישי בחולין והא דלא חשיב להו (לעיל) עם האחרים לפי שלא נתפרשו [שמותן] ור' מאיר ומחלוקתו קאמר ל"ה. ותימה דמשמע דרבנן דפליגי עליה דר' עקיבא דאמרי אין שני עושה ג' בחולין מיירי (אפי') [בטומאה] בדרבנן ור' עקיבא אמר למילתיה אפי' בדרבנן. וק' דאמרי' בפ' השוחט גבי השוחט חיה ועוף ולוקמ' כר' עקיבא דאמר ידים תחלות נינהו גבי מכנים ידיו לבית המנוגע ומשני דלמ' ה"מ בדאורייתא אבל בטומאה דרבנן לא פי' דבטומאה דרבנן לא הי' אומר ר' עקיבא דשני עושה ג' בחולין. ואומר ה"ר אלחנן דההיא דהכא לא תיקשי דאיכא למימר דהכא לא מיתי [אלא דאיכא] תנאין שסוברים דאין שני עושה ג' בחולין ובאין בזה להוציא מדר' עקיבא והא דמייתי הכא ר' מאיר איכא למימר דמייתי ראיה מדשקל ר' מאיר במלתיה ומותר בחולין ובמעשר א"כ קיל שני דאוריי' להתירו בחולין ובמעשר יש מי שאומר בשם רב האיי גאון ז"ל דכל היכא דאיכא פלוני ופלוני ופלוני כולהו סבירא להו דאין הלכה כמותן תנאים דכולהו שיטה אחת אמור ורבנן דידהו פליגי עלייהו. והשתא ק' מהכא דק"ל דאין שני עושה ג' בחולין וכן פוסק הר' אלחנן מירושל' וגם לא אשכחן רבנן דפליגי על אלו תנאים דהא רבנן דר' מאיר מודי דאין ב' [עושה ג'] כשפ"ה וגם על ר' יהושע ליכא מאן דפליג עליה: ר' יהושע אומר האוכל אוכל ראשון ואוכל שני שני בפ' השוחט מפ' טעמא שני שני למה לפי שמצינו ששני עושה שני על ידי משקין וכל הנך טומאות דרבנן נינהו. ה"ג על טהרת תרומה אבל חולין גרידי לא ומאן דגרי' על טהרת הקדש לא ה"פ על טהרת הקדש לא דהוה ליה חולין גרידי שהמתפים חולין על טהרת הקדש בטלה דעתו אצל כל אדם ואין בדבריו כלום ל"ה. ר' אליעזר אומר ניטלת מן הטהורה על הטמאה פ"ה רישא דמתני' במס' חלה הכי איתא [שיעור] חלה אחד מכ"ד נטמאת עיסתה שוגגת או אנוסה אחד ממ"ח נטמאת במזיד אחד מכ"ד שלא יהא חוטא נשכר. ר' אליעזר אומר נטמאת מזידה תלוש אחרת בטהרה ותטול מן הטהורה על הטמאה וכיצד יעשה שיהא מן המוקף ובטהרה נוטלת כדי חלת הטמאה מעיסה הטהורה עד שלא הורמה חלתה דאי הורמה חלתה דטהורה תו לא מצי לאפרושי מן הפטור על החיוב דלא חייל עליה תו שם חלה: כדי לתרום מן המוקף. מקרא נפקא לן בספרי והרמותם ממנו מן המוקף לו הלכך צריך להקיף את העיסה קודם שתקרא לה שם והכי מקיפה לה נותנת בעריבה לצד אחד ונותנת מן העיסה הטהורה פחות מכביצה בין הטמאה לטהורה והאמצעית נוגעת בשתיהן ומצרפתן וקורא שם על החלה ומסלקה עם קריאת שם ופחות מכביצה אינו מטמא אחרים אע"פ שהוא עצמו מקבל טומאה כדתניא בת"כ מכל האוכל מלמד שהוא מטמא בכל שהוא יכול יטמא אחרים בכל שהוא ת"ל אשר יאכל ודרשי' אוכל הנאכל בבת אחת ושיערו חכמים זהו כביצת תרנגולת. ומה שפ"ה קורא לה שם לחלה ומסלקה עם קריאת שם למה הוצרך לפר' כן נר' משום דקשי' ליה אפי' אין שני עושה ג' בחולין מ"מ כיון שקרא לה שם הויא לה העיסה תרומה ושני עושה ג' בתרומה לכך הוצרך לפ' שמסלק תחלה ועם הסלוק קורא לה שם. והק' הר' אלחנן והלא אין זה מוקף ובעי' מוקף ממש ויש רוצים לומר דקרינן כי האי גונא מוקף. ול"נ דאמרי' פ"ק דנדה אשה והיא טבולת יום לשה את העיסה וקוצה הימנה חלתה

חגיגה יח: חולין לג: פרה פי"א מ"ה

טהרות פ"ב מ"ב שבת יד. חולין לג:

חלה פ"ב מ"ח

הגהות הב"ח

(א) גמ' דתניא ר' אליעזר. נ"ב עיין פ"ב דטהרות משנה ז': (ב) רש"י ד"ה בחולין וכו' בטהרה (הזקוקה). תא"מ ונ"ב ס"ח שהזקוקה:

[חגיגה דף כ. וחולין דף לה:]

וַחֲכָמִים אוֹסְרִין. אוְתַנְיָא: כַּבֵּיצָה. סַבְרוּהָ, אִידִי וְאִידִי בְּעִיסָּה רִאשׁוֹנָה, *וְחוּלִּין הַטְּבוּלִין לְחַלָּה לָא כְּחַלָּה דָּמוּ. מַאי לָאו בְּהָא קָמִיפַּלְגִי; דְּמָר סָבַר: אֵין שֵׁנִי עוֹשֶׂה שְׁלִישִׁי בְּחוּלִּין, וּמָר סָבַר: שֵׁנִי עוֹשֶׂה שְׁלִישִׁי בְּחוּלִּין? אָמַר רַב מָרִי בְּרֵיהּ דְּרַב כָּהֲנָא: דְּכוּלֵּי עָלְמָא אֵין שֵׁנִי עוֹשֶׂה שְׁלִישִׁי בְּחוּלִּין, וְהָכָא — בְּחוּלִּין הַטְּבוּלִין לְחַלָּה קָמִיפַּלְגִי; מָר סָבַר: כְּחַלָּה דָּמוּ, וּמָר סָבַר: לָא כְּחַלָּה דָּמוּ. וְאִיבָּעֵית אֵימָא: דְּכוּלֵּי עָלְמָא בחוּלִּין הַטְּבוּלִין לְחַלָּה לָא כְּחַלָּה דָּמוּ, וְאֵין שֵׁנִי עוֹשֶׂה שְׁלִישִׁי בְּחוּלִּין, וְהָכָא — בְּמוּתָּר לִגְרוֹם טוּמְאָה לְחוּלִּין שֶׁבְּאֶרֶץ יִשְׂרָאֵל קָמִיפַּלְגִי; מ"ס: *גמוּתָּר לִגְרוֹם טוּמְאָה לְחוּלִּין שֶׁבְּאֶרֶץ יִשְׂרָאֵל, וּמָר סָבַר: *אָסוּר לִגְרוֹם טוּמְאָה לְחוּלִּין שֶׁבְּאֶרֶץ יִשְׂרָאֵל.§ "בּוֹ בַּיּוֹם דָּרַשׁ רַבִּי עֲקִיבָא" וכו'.§ בְּמַאי קָא מִיפַּלְגִי? מָר סָבַר: *תְּחוּמִין דְּאוֹרַיְיתָא, וּמָר סָבַר: *דדְּרַבָּנַן.§ ת"ר: *בּוֹ בַּיּוֹם דָּרַשׁ רַבִּי עֲקִיבָא: בְּשָׁעָה שֶׁעָלוּ יִשְׂרָאֵל מִן הַיָּם נָתְנוּ עֵינֵיהֶם לוֹמַר שִׁירָה, וְכֵיצַד אָמְרוּ שִׁירָה — כְּגָדוֹל הַמַּקְרֵא אֶת הַלֵּל, וְהֵן עוֹנִין אַחֲרָיו רָאשֵׁי פְּרָקִים; מֹשֶׁה אָמַר °"אָשִׁירָה לַה'" וְהֵן אוֹמְרִים "אָשִׁירָה לַה'", מֹשֶׁה אָמַר "כִּי גָאֹה גָּאָה" וְהֵן אוֹמְרִים "אָשִׁירָה לַה'". (שמות טו) רַבִּי אֱלִיעֶזֶר בְּנוֹ שֶׁל רַבִּי יוֹסֵי הַגְּלִילִי אוֹמֵר: כְּקָטָן הַמַּקְרֵא אֶת הַלֵּל, וְהֵן עוֹנִין אַחֲרָיו כָּל מַה שֶּׁהוּא אוֹמֵר; מֹשֶׁה אָמַר "אָשִׁירָה לַה'" וְהֵן אוֹמְרִים "אָשִׁירָה לַה'", מֹשֶׁה אָמַר "כִּי גָאֹה גָּאָה" וְהֵן אוֹמְרִים "כִּי גָאֹה גָּאָה". רַבִּי נְחֶמְיָה אוֹמֵר: כְּסוֹפֵר הַפּוֹרֵס עַל שְׁמַע בְּבֵית הַכְּנֶסֶת, שֶׁהוּא פּוֹתֵחַ תְּחִילָּה וְהֵן עוֹנִין אַחֲרָיו. בְּמַאי קָמִיפַּלְגִי? רַבִּי עֲקִיבָא סָבַר: "לֵאמֹר" — אַמִּילְּתָא קַמַּיְיתָא, וְרַבִּי אֱלִיעֶזֶר בְּנוֹ שֶׁל ר"י הַגְּלִילִי סָבַר: "לֵאמֹר" — אַכָּל מִילְּתָא וּמִילְּתָא, וְר' נְחֶמְיָה סָבַר: "וַיֹּאמְרוּ" — דְּאָמוּר כּוּלְּהוּ בַּהֲדֵי הֲדָדֵי, "לֵאמֹר" — דְּפָתַח מֹשֶׁה בְּרֵישָׁא. תָּנוּ רַבָּנַן, דָּרַשׁ רַבִּי יוֹסֵי הַגְּלִילִי: בְּשָׁעָה שֶׁעָלוּ יִשְׂרָאֵל מִן הַיָּם נָתְנוּ עֵינֵיהֶם לוֹמַר שִׁירָה, וְכֵיצַד אָמְרוּ שִׁירָה? עוֹלָל מוּטָּל עַל בִּרְכֵּי אִמּוֹ, וְתִינוֹק יוֹנֵק מִשְּׁדֵי אִמּוֹ, כֵּיוָן שֶׁרָאוּ אֶת הַשְּׁכִינָה — עוֹלָל הִגְבִּיהַּ צַוָּארוֹ, וְתִינוֹק שָׁמַט דַּד מִפִּיו, וְאָמְרוּ "זֶה אֵלִי וְאַנְוֵהוּ", שֶׁנֶּאֱמַר: °"מִפִּי עוֹלְלִים וְיוֹנְקִים יִסַּדְתָּ עוֹז". (תהלים ח) הָיָה רַבִּי מֵאִיר אוֹמֵר: מִנַּיִן *שֶׁאֲפִי' עוּבָּרִים שֶׁבִּמְעֵי אִמָּן אָמְרוּ שִׁירָה — שֶׁנֶּאֱמַר: בְּמַקְהֵלוֹת

תורה אור

לְהַקִּיף הַחַלָּה אֶל הָעִיסָּה קוֹדֶם שֶׁתִּקְרָא לָהּ שֵׁם. וְהָכִי מַקִּיפָהּ לָהּ: נוֹתֶנֶת בַּעֲרֵיבָה לְצַד אֶחָד, (א) וְנוֹתֶנֶת מִן הָעִיסָּה הַטְּהוֹרָה פָּחוֹת מִכַּבֵּיצָה בֵּין הַחַלָּה הַטְּהוֹרָה וּבֵין הָעִיסָּה הַטְּמֵאָה, וְהָאֶמְצָעִית נוֹגַעַת בִּשְׁתֵּיהֶן, וּמְצָרְפָתָן, וְקוֹרֵא שֵׁם עַל הַחַלָּה, וּמְסַלֶּקֶת עִם קְרִיאַת הַשֵּׁם. וּפָחוֹת מִכַּבֵּיצָה אֵינוֹ מְטַמֵּא אֶת הַחַלָּה, וְאַע"פ שֶׁהוּא עַצְמוֹ מְקַבֵּל טוּמְאָה. כִּדְתַנְיָא בְּתוֹרַת כֹּהֲנִים: "מִכָּל הָאוֹכֶל אֲשֶׁר יֵאָכֵל" — מְלַמֵּד שֶׁהוּא מִיטַּמֵּא בְּכָל שֶׁהוּא, יָכוֹל יְטַמֵּא לַאֲחֵרִים בְּכָל שֶׁהוּא — ת"ל: "אֲשֶׁר יֵאָכֵל" וְדָרְשִׁינַן לֵיהּ בְּפֶרֶק בַּתְרָא דְּיוֹמָא (דף פ.): אוֹכֶל הַנֶּאֱכָל בְּבַת אַחַת, וְשִׁיעֲרוּ חֲכָמִים: אֵין בֵּית הַבְּלִיעָה מַחֲזִיק יוֹתֵר מִבֵּיצַת תַּרְנְגוֹלֶת. וַחֲכָמִים אוֹסְרִין. כִּדְבָעֵינַן לְפָרוּשֵׁי טַעְמָא. וְתַנְיָא כַּבֵּיצָה. וְתַנְיָא בְּבָרַיְיתָא דַּאֲלִיבָּא דְּר' אֱלִיעֶזֶר: וְנוֹתֶנֶת אַף כַּבֵּיצָה בָּאֶמְצַע. וְאַפ"ה לָא מְטַמֵּא לָהּ לַחַלָּה עַד שֶׁלֹּא נִקְרָא עָלֶיהָ שֵׁם. סַבְרוּהָ רַבָּנַן. הָנֵי דְּבֵי מִדְרָשָׁא דְּבָעוּ לְמִשְׁמַע מִינָּהּ דְּר' אֱלִיעֶזֶר *אֵין שֵׁנִי עוֹשֶׂה שְׁלִישִׁי בְּחוּלִּין, ס"ל: אִידִי וְאִידִי, הַךְ בָּרַיְיתָא נַמִּי אַלִּיבָּא דְּרַבִּי אֱלִיעֶזֶר דְּשָׁרֵי כַּבֵּיצָה, וּמַתְנִי' דְּאָמַר פָּחוֹת — תַּרְוַויְיהוּ בְּעִיסָּה רִאשׁוֹנָה, הָעִיסָּה הַטְּמֵאָה — רִאשׁוֹנָה לְטוּמְאָה הִיא, וְאַפ"ה קָאָמַר ר' אֱלִיעֶזֶר בְּבָרַיְיתָא כַּבֵּיצָה. וְאַע"ג דְּמִיטַּמְּאָה אֶמְצָעִית מֵחֲמַת רִאשׁוֹנָה, וְהָוְיָא לָהּ שְׁנִיָּה — לָא הָדְרָא וְעָבְדָא לָהּ לַחַלָּה, עַד שֶׁלֹּא קָרָא עָלֶיהָ שֵׁם, שְׁלִישִׁי. וְאַע"ג דְּמֵעִיסַּת חוּלִּין הַטְּבוּלִין לַחַלָּה הוּא, דְּכ"ע, בֵּין לְר' אֱלִיעֶזֶר בֵּין לְרַבָּנַן — לָאו כְּחַלָּה דָּמְיָא, לְמֶיהֱוֵי עֲלָהּ תּוֹרַת תְּרוּמָה. מַאי לָאו בְּהָא קָמִיפַּלְגִי. רַבִּי אֱלִיעֶזֶר וְרַבָּנַן. דְּר' אֱלִיעֶזֶר דְּשָׁרֵי, סָבַר: אֵין שֵׁנִי עוֹשֶׂה שְׁלִישִׁי בְּחוּלִּין, וְרַבָּנַן דְּאָסְרִי סָבְרִי: שֵׁנִי עוֹשֶׂה שְׁלִישִׁי בְּחוּלִּין, וְאִיטַּמְּאָה לָהּ חַלָּה לִפְנֵי קְרִיאַת הַשֵּׁם, וְאַע"ג דְּחוּלִּין הוּא, וְאִשְׁתַּכַּח דְּסַפִּינַן לַכֹּהֵן חַלָּה טְמֵאָה בְּחֶזְקַת שֶׁהִיא טְהוֹרָה. וְתַנָּא דְּמַתְנִי' דְּאָמַר לְר' אֱלִיעֶזֶר פָּחוֹת מִכַּבֵּיצָה — לָאו מִשּׁוּם דְּאִית לֵיהּ שֵׁנִי עוֹשֶׂה שְׁלִישִׁי, אֶלָּא מִשּׁוּם דְּכַמָּה דְּאֶפְשָׁר לְמַעוּטֵי טוּמְאָה דְּאֶמְצָעִית מְמַעֲטִינַן, דְּאָסוּר לִגְרוֹם טוּמְאָה לְחוּלִּין, אֶלָּא מִשּׁוּם תַּקָּנַת תְּרוּמָה הוּא דְּשָׁרֵי, וְהָא אֶפְשָׁר בְּהָכִי. אִי נַמִּי, מִשּׁוּם דִּילְמָא לָא מִיזְדַּהַר בָּהּ שֶׁלֹּא תִּגַּע חַלָּה בְּאֶמְצָעִית זוֹ אַחַר קְרִיאַת הַשֵּׁם. וַחֲכָמִים אוֹסְרִין, דִּילְמָא אָתֵי לְמֶיעְבַּד כַּבֵּיצָה וּמְטַמֵּא אֶמְצָעִית, וְהָדְרָא וּמְטַמְּיָא לַחַלָּה. לֹא דְּכ"ע. וַאֲפִילּוּ לְרַבָּנַן אֵין שֵׁנִי עוֹשֶׂה שְׁלִישִׁי בְּחוּלִּין. וְהַאי דְּקָאָסְרִי רַבָּנַן — מִשּׁוּם דְּקָסָבְרִי: חוּלִּין הַטְּבוּלִין לְחַלָּה כְּחַלָּה דָּמוּ, וּמִיפַּסְלִי מִשּׁוּם שֵׁם שְׁלִישִׁי. וְאִיבָּעֵית אֵימָא דְּכ"ע לָאו כְּחַלָּה דָּמֵי וּדְכ"ע אֵין שֵׁנִי עוֹשֶׂה שְׁלִישִׁי בְּחוּלִּין וְהָכָא בְּמוּתָּר לִגְרוֹם טוּמְאָה לְחוּלִּין כו'. טַעְמָא דְּרַבָּנַן דְּאָסְרִי — מִשּׁוּם אֶמְצָעִית הוּא, דְּמִיטַּמְאָה מֵחֲמַת הָעִיסָּה שֶׁהִיא רִאשׁוֹנָה, וְקָסָבְרִי: אָסוּר לִגְרוֹם טוּמְאָה לְחוּלִּין, מִשּׁוּם תַּקָּנַת תְּרוּמָה. וְר' אֱלִיעֶזֶר סָבַר: מוּתָּר לִגְרוֹם טוּמְאָה לָאֶמְצָעִית כְּדֵי לְתַקֵּן חַלָּה בְּטָהֳרָה. וְתַנָּא דְּמַתְנִיתִין וְתַנָּא דְּבָרַיְיתָא אַלִּיבָּא דְּר' אֱלִיעֶזֶר נַמִּי בְּהָא פְּלִיגִי, דְּתַנָּא דְּמַתְנִיתִין סָבַר: אע"ג דְּמוּתָּר לִגְרוֹם לָהּ טוּמְאָה, מִיהוּ כָּל כַּמָּה דְּאֶפְשָׁר לְמַעוּטֵי — לָא מַפְּשִׁינַן לְהוּ, לִגְרוֹס לָהֶן טוּמְאָה בְּחִנָּם, וְהָא אֶפְשָׁר בְּהָכִי, הִלְכָּךְ, כַּבֵּיצָה — לָא, דַּחֲשִׁיב. וְתַנָּא דְּבָרַיְיתָא סָבַר: כֵּיוָן דְּמוּתָּר לִגְרוֹס — לָא שְׁנָא שִׁיעוּרָא רַבָּא וְלָא שְׁנָא שִׁיעוּרָא זוּטְרָא, דַּאֲפִילּוּ בִּכְדֵי בֵּיצָה נַמִּי מוּתָּר לִגְרוֹס. אִי נַמִּי, תַּנָּא דְּמַתְנִי' סָבַר דִּילְמָא נָגַע חַלָּה בָּאֶמְצָעִית אַחַר קְרִיאַת הַשֵּׁם, וְתַנָּא בְּרָא לָא חָיֵישׁ. בְּמַאי קָמִיפַּלְגִי. ר"ע וְר' אֱלִיעֶזֶר בְּנוֹ שֶׁל ר' יוֹסֵי הַגְּלִילִי. כְּגָדוֹל הַמַּקְרֵא אֶת הַהַלֵּל. מַקְרֵהוּ לַצִּיבּוּר לְהוֹצִיאָן יְדֵי חוֹבָתָן. וְהֵן עוֹנִין אַחֲרָיו רָאשֵׁי פְּרָקִים הַלְלוּיָהּ. שֶׁהוּא רֹאשׁ הַפָּרָשָׁה; עַל כָּל דָּבָר שֶׁהוּא אוֹמֵר עוֹנִין אַחֲרָיו הַלְלוּיָהּ. דִּתְנַן בְּמַסֶּכֶת סוּכָּה (דף לח.): מִי שֶׁהָיָה עֶבֶד אוֹ אִשָּׁה אוֹ קָטָן מַקְרִין אוֹתוֹ — הוּא עוֹנֶה אַחֲרֵיהֶן מַה שֶּׁהֵם אוֹמְרִים, וְאִם הָיָה גָּדוֹל מַקְרֵא אוֹתוֹ — עוֹנֶה אַחֲרָיו הַלְלוּיָהּ. כְּסוֹפֵר. מְלַמֵּד תִּינוֹקוֹת. וְהוּא תָּדִיר בְּבֵית הַכְּנֶסֶת וּפוֹרֵס עַל שְׁמַע לַעֲשָׂרָה הַנּוֹעָדִים. פּוֹרֵס — לְשׁוֹן פְּרוֹס הֶחָג, לִפְנֵי הֶחָג (שקלים דף ה); מַתְחִיל בַּבְּרָכוֹת שֶׁלִּפְנֵי קְרִיאַת שְׁמַע, וְהֵן עוֹנִין אַחֲרָיו וְקוֹרִין כּוּלָּן יַחַד. וְכָךְ שָׁרְתָה רוּחַ הַקּוֹדֶשׁ עַל כּוּלָּם, וְכִוְּונוּ יַחַד אֶת הַשִּׁירָה כִּכְתָבָהּ. לֵאמֹר אַמִּילְּתָא קַמַּיְיתָא קָאֵי. שֶׁעוֹנִין תָּמִיד "אָשִׁירָה לַה'". וְרַבִּי נְחֶמְיָה סָבַר וַיֹּאמְרוּ. אַמֹּשֶׁה וּבְנֵי יִשְׂרָאֵל קָאֵי, וּמַשְׁמַע דְּאָמוּר כּוּלְּהוּ בַּהֲדֵי הֲדָדֵי. לֵאמֹר דְּפָתַח מֹשֶׁה בְּרֵישָׁא. הָכִי קָאָמַר: "וַיֹּאמְרוּ" כּוּלָּם, אַחַר שֶׁגָּרְשׁוּ "לֵאמֹר", דְּהַיְינוּ אַחַר שֶׁפָּתַח מֹשֶׁה. עוֹלָל. גָּדוֹל מִיּוֹנֵק, כִּדְכְתִיב (שמואל א טו): "מֵעוֹלֵל וְעַד יוֹנֵק". וְדֶרֶךְ הַמִּקְרָא לוֹמַר כֵּן, כְּלוֹמַר: כַּלֵּה הַכֹּל מִן הֶחָשׁוּב עַד הַגָּרוּעַ, כְּמוֹ "מִשּׁוֹר וְעַד שֶׂה" (שם). בְּמַקְהֵלוֹת

מר סבר תחומין דאורייתא ומר סבר תחומין דרבנן. תימה: דהכא משמע דאי הוה משתעי קרא דאלפים אמה בלויס — דהוה סבר דתחומין דרבנן, אלא טעמא משום דמשתעי בשבת. והא יליף לתחומין בפרק "מי שהוציאוהו" (עירובין דף נא.) מג"ש מקום ממקום ומקום מניסה וכו', א"כ אפי' הוה משתעי בשדות וכרמים הוי מצי למילף בהו ג"ש, דמקום דכתיב גבי שבת היינו אלפים. דהא פריך התם: ונילף "מקיר העיר וחוצה", אע"ג דההוא קרא משתעי לדברי הכל בלויס! ובספ"ק דעירובין (דף יז:) משמע: מאן דסבר דתחומין דאורייתא נפקא לן מ"אל יצא איש ממקומו". **רבי** נחמיה אומר כסופר הפורס על שמע בבית הכנסת. בתוספתא (פ"ו), ר' נחמיה אומר: כבני אדם שקורין את שמע, שנאמר "ויאמרו לאמר" — מלמד שהיה משה פותח תחילה, וישראל עונין אחריו וגומרין. משה אמר "אז ישיר משה" וישראל אומרים "אשירה לה'", משה אמר "עזי וזמרת יה" וישראל אומרים "זה אלי ואנוהו", משה אמר "ה' איש מלחמה" וישראל אומרים "ה' שמו". **רבי** מאיר אומר מנין שאפי' עוברין שבמעי אמן. אין לומר דרבי יוסי הגלילי ורבי מאיר פליגי, דרבי יוסי אית ליה דוקא עוללים ויונקים ולא עוברים. אלא מקרא ד"מפי עוללים ויונקים" נפקא ליה דתינוק שמט דד מפיו, דמשמע: יונקים — בשעה שהוא יונק, ולכך איצטריך קרא ד"מפי עוללים". דאי לאו הכי, כיון דנפקא לן מקרא (ב) "ממקור ישראל במקהלות ברכו אלקים" אפילו עוברים — לא הוה צריך למימר תו עוללים ויונקים. דבפ' "שלשה שאכלו" (ברכות דף מט:) תנינן: בעשרה אומרים "נברך אלהינו" וכו'. רבי יוסי הגלילי אומר: לפי רוב הקהל מברכין, שנאמר: "במקהלות ברכו אלקים". א"ר עקיבא: מה מצינו בבית הכנסת אחד מרובין ואחד מועטין אומר "ברכו את ה'". וקדייק עליה בגמ' (שם דף נ.): ורבי עקיבא, האי קרא דר"י הגלילי מאי עביד ליה — מבעי ליה לכדר' מאיר וכו'. ואידך

תוספות שאנץ

חלתה ומניחתה בכפיפה או באנחותא [ומקפת] וקורא לה שם אלמא משמע דבעי' מן המוקף ממש. (ואומר ר"י דשאני התם הילכך תקנו בכפיפה או באנחותא שאם אתה אומר שתקרא לה שם בעודה בידה א"כ תטמא החלה שהיא טבולת יום לכך תקנו להניחה בכפיפה להבחין שהיא טבולת יום ודכוותיה קאמר בהניזקין שתקנו בכפיפה ואנחותא א) משו' היכירא) ג) וא"ת המטמא העיסה טמאו אותו כביצה שבנתים ומאי אהני קריאת השם ואומר הר' אלחנן שמפרי' החלה מן העיסה ומקיפו לצד העיסה הטהורה והשתא הוי ליה רביעי דתרומ' א"נ שאוחז בידו תחלה אמצעית. אידי ואידי בעיסה ראשונה ה"ג רש"י. וקאי אעיסה הטמאה ראשונה [ואע"ג דמיטמאה אמצעית מחמת ראשונה] והויא לה שניה לא [הדרא] ועבדא לה לחלה עד שלא קרא שם שלישי ואית דגרסי אידי ואידי בעיסה שניה וקאי (אביצה) [אאמצעית] ואפחות מכביצה. ג) וכר' יונתן דגר' ראשונה מאי לאו בהא קמיפלגי פ"ה ר' אליעזר ורבנן דר' אליעזר דשרי סבר אין שני עושה ג' בחולין ורבנן סברי [שני] עושה שלישי בחולין. ואיטמי לה לחלה לפני קריאת השם ואע"ג דחולין הוא ואשתכח דספי' לכהן חלה טמאה בחזקת טהורה. ותנא דמתני' דאמר לר' אליעזר פחות מכביצה לאו משום דאית ליה ב' עושה ג' אלא משום דכמה דאפשר למעוטי טומאה דאמצעי' ממעטי' דאסור לגרום טומאה לחולין אלא משום תקנת תרומה הוא דשרי' והא אפשר בהכי א"נ משום דילמא לא מיזדהר שלא תגע חל' באמצעית [זו] לאחר קריאת שם וחכמים אוסר' דלמא אתי למעבד [כביצה] ומטמיא אמצעי' והדרא ומטמיא לחלה כל"ה. מר סבר מותר לגרום טומאה לחולין פ"ה היינו דר' אליעזר סבר דמותר לגרום טומאה לאמצעית כדי לתקן חלה בטהרה ותנא דמתני' ותנא דבריי' אליבא דר' אליעזר נמי בהא פליגי דתנא דמתני' סבר דמותר לגרום טומאה משום תקנת חלה מיהו כל כמה דאפשר למעוטי טומאה לא מפשי' לגרום להם טומאה בחנם והא אפשר בהכי הלכך כביצה לא (דריש) [דחשיב] בו ותנא דבריי' סבר כיון דמותר לגרום לא שנא שיעורא רבה ולא שנא שיעורא זוטא דאפי' לכביצה נמי מותר לגרום. א"נ תנא דמתני' סבר דלמא נגע חלה לאמצעי' אחר קריאת שם ותנא ברא לא חייש כל"ה. ומר סבר תחומין דרבנן דאמר בירו' דאפי' מאן דאית ליה דתחום אלפים לא הוי אלא מדרבנן מ"מ תחום דג' פרסאות הוי דאורייתא. מתני' שאין ת"ל לאמר פ"ה דלא הוי כמו שאר לאמר שבתורה דהתם השכינה מדברת עם משה דיבורו וחוזר הוא ואומרו לישראל אבל כאן אין שייך לאמר כן: **גמ'** מפי עוללים ויונקים עולל גדול מיונק כדכתיב מעולל ועד

א) וכ"כ רש"י בנדה דף ו' ע"ש. ב) נראה לנ"ל ולכן פירש ר' אלחנן דקורא לה שם בעודה מחוברת לעיסה וא"ת הא העיסה הטמאה מטמאת את החלה ע"י אותו כבילה וכו'. ג) אולי צ"ל ויותר נראה דגרסי' ראשונה כפ"ה.

כ א מיי' פ"ז מהל' ביכורים הל' יב:
כא ב מיי' שם ופי"א מהל' אבות הטומאות הלכה טו:
כב ג מיי' פ"ז מהל' ביכורים הל' יב ופט"ז מהל' טומאת אוכלין הל' ט:
כג ד מיי' פכ"ז מה' שבת הלכה א סמג לאוין סה [טור או"ח סי' שצ"ז]:

[נדה ו:]
[עירובין לו. נט.]
[נ"ל עזי וזמרת יה והן כו'. כך איתא בתוספתא]

[נדה ו:]
עי' רש"א
[גיטין נג. נדה שם]
[עירובין לה: ביצה לו:]
[תוספתא פ"ו]
[נ"ל עזי וזמרת יה והן אומרים עזי וזמרת יה רבי נחמיה וכו' כך איתא בתוספתא]
ברכות נ. כתובות ז:

הגהות הב"ח

(א) רש"י ד"ה (בע"א) ונותנת וכו' ונותנת מן העיסה הטהורה. נ"ב לאו דוקא אלא אף מן הטהורה ולמ"ד מותר לגרום טומאה אפי' היכא דאפשר אבל אי נותנת מן הטמאה כ"ש דניחא טפי וכ"כ הרמב"ם: (ב) תוספות ד"ה ר' מאיר וכו' מקרא במקהלות ברכו אלקים ממקור ישראל אפילו כל"ל:

עין משפט נר מצוה

כד א מיי' פ"י מהל' תשובה הלכה ב ג:
א ב מיי' פ"א מהל' סוטה הלכה ח סמג עשין נ טוש"ע אה"ע סימן קעח סעיף יח:
ב ג מיי' שם הלכה טו טוש"ע שם סעיף יד:
ג ד מיי' שם וטוש"ע שם סעיף טו:

[נ"ל מנסיא]

[עמ"ש תוס' בחולין סה. ד"ה אע"פ כו' מוכח דגירסתם הכא כך הוא דפריך וכל היכא דכתיב לא באל"ף ממש הוא והא כתיב בכל צרתם לא צר ומלאך פניו הושיעם הכי נמי דלא הוא וכ"ת ה"נ והכתיב עמו אנכי בצרה תהלים נ"א]

גמרא

תורה אור

תהלים סח "בְּמַקְהֵלוֹת בָּרְכוּ אֱלֹהִים ה' מִמְּקוֹר יִשְׂרָאֵל". (*וְהָא לָא חָזוּ! אָמַר רַבִּי תַּנְחוּם: כֶּרֶס נַעֲשָׂה לָהֶן כְּאַסְפַּקְלַרְיָא הַמְּאִירָה, וְרָאוּ.) § "בּוֹ בַּיּוֹם דָּרַשׁ רַבִּי יְהוֹשֻׁעַ בֶּן הוּרְקָנוֹס שֶׁלֹּא עָבַד אִיּוֹב" כו'. § וְלֶיחֱזֵי הַאי "לֹא" אִי בְּלָמֶ"ד אָלֶ"ף כְּתִיב — לֹא הוּא, אִי בְּלָמֶ"ד וָי"ו כְּתִיב — לוֹ הוּא! *וְכָל הֵיכָא דִּכְתִיב בְּלָמֶ"ד אָלֶ"ף "לֹא" הוּא? *אֶלָּא מֵעַתָּה ישעיה סג °"בְּכָל צָרָתָם לֹא צָר" דִּכְתִיב בְּלָמֶ"ד אָלֶ"ף, הָכִי נַמִי דְּלָא הוּא?! וְכ"ת ה"נ — וְהָכְתִיב "וּמַלְאַךְ פָּנָיו הוֹשִׁיעָם"! אֶלָּא *(לָאו,) מַשְׁמַע הָכִי וּמַשְׁמַע הָכִי. תַּנְיָא, רַבִּי מֵאִיר אוֹמֵר: נֶאֱמַר "יְרֵא אֱלֹהִים" בְּאִיּוֹב וְנֶאֱמַר "יְרֵא אֱלֹהִים" בְּאַבְרָהָם, מַה יְּרֵא אֱלֹהִים הָאָמוּר בְּאַבְרָהָם — מֵאַהֲבָה, אַף יְרֵא אֱלֹהִים הָאָמוּר בְּאִיּוֹב — מֵאַהֲבָה. וְאַבְרָהָם גּוּפֵיהּ מְנָלַן — שם מא דִּכְתִיב: °"זֶרַע אַבְרָהָם אוֹהֲבִי". מַאי אִיכָּא בֵּין עוֹשֶׂה מֵאַהֲבָה לְעוֹשֶׂה מִיִּרְאָה? אִיכָּא הָא דְּתַנְיָא, רַבִּי שִׁמְעוֹן בֶּן אֶלְעָזָר אוֹמֵר: אגָּדוֹל הָעוֹשֶׂה מֵאַהֲבָה יוֹתֵר מִן הָעוֹשֶׂה מִיִּרְאָה, שֶׁזֶּה תָּלוּי לְאֶלֶף דּוֹר, וְזֶה תָּלוּי לְאַלְפַּיִם דּוֹר; שמות כ הָכָא כְּתִיב: °"לַאֲלָפִים לְאֹהֲבַי וּלְשֹׁמְרֵי מִצְוֹתָי", דברים ז וְהָתָם כְּתִיב: °"וּלְשֹׁמְרֵי מִצְוֹתָיו לְאֶלֶף דּוֹר". הָתָם נַמִי כְּתִיב: "לְאֹהֲבָיו וּלְשֹׁמְרֵי מִצְוֹתָיו לְאֶלֶף דּוֹר"! הַאי לְדִסְמִיךְ לֵיהּ, וְהַאי לְדִסְמִיךְ לֵיהּ. הָנְהוּ תְּרֵי תַּלְמִידֵי דַּהֲווּ יָתְבֵי קַמֵּיהּ דְּרָבָא, תהלים לא חַד אֲמַר לֵיהּ: אַקְרְיוּן בְּחֶלְמַאי °"מָה רַב טוּבְךָ אֲשֶׁר צָפַנְתָּ לִּירֵאֶיךָ", וְחַד אֲמַר לֵיהּ: אַקְרְיוּן שם ה בְּחֶלְמַאי °"וְיִשְׂמְחוּ כָל חוֹסֵי בָךְ לְעוֹלָם יְרַנֵּנוּ וְיַעְלְצוּ בְךָ אֹהֲבֵי שְׁמֶךָ". אֲמַר לְהוּ: תַּרְוַיְיכוּ רַבָּנַן צַדִּיקֵי גְּמוּרֵי אַתּוּן, מָר — מֵאַהֲבָה, וּמָר — מִיִּרְאָה. §

הדרן עלך כשם שהמים

ל"ב.

מתני' מִי שֶׁקִּינֵּא לְאִשְׁתּוֹ וְנִסְתְּרָה, אֲפִילּוּ שָׁמַע מֵעוֹף הַפּוֹרֵחַ — יוֹצִיא וְיִתֵּן כְּתוּבָּה, דִּבְרֵי רַבִּי אֱלִיעֶזֶר. רַבִּי יְהוֹשֻׁעַ אוֹמֵר: בעַד שֶׁיִּשְׂאוּ וְיִתְּנוּ בָּהּ מוֹזְרוֹת בַּלְּבָנָה. אָמַר *עֵד אֶחָד "אֲנִי רְאִיתִיהָ שֶׁנִּטְמֵאת" — לֹא הָיְתָה שׁוֹתָה. וְלֹא עוֹד, אֶלָּא גאֲפִילּוּ עֶבֶד אֲפִילּוּ שִׁפְחָה — הֲרֵי אֵלּוּ נֶאֱמָנִין, אַף לְפוֹסְלָהּ מִכְּתוּבָּתָהּ. דחֲמוֹתָהּ, וּבַת חֲמוֹתָהּ, וְצָרָתָהּ, וִיבִמְתָּהּ, וּבַת בַּעְלָהּ — הֲרֵי אֵלּוּ נֶאֱמָנוֹת. וְלֹא לְפוֹסְלָהּ מִכְּתוּבָּתָהּ, אֶלָּא שֶׁלֹּא תִּשְׁתֶּה. *שֶׁהָיָה בַּדִּין: וּמָה אִם עֵדוּת רִאשׁוֹנָה שֶׁאֵין אוֹסַרְתָּהּ אִיסּוּר עוֹלָם — אֵינָהּ מִתְקַיֶּימֶת בְּפָחוֹת מִשְּׁנַיִם, עֵדוּת אַחֲרוֹנָה שֶׁאוֹסַרְתָּהּ אִיסּוּר עוֹלָם — אֵינוֹ דִּין שֶׁלֹּא תִּתְקַיֵּים "בְּפָחוֹת מִשְּׁנַיִם"? תַּלְמוּד לוֹמַר במדבר ה °"וְעֵד אֵין בָּהּ" — *כָּל עֵדוּת שֶׁיֵּשׁ בָּהּ. קַל וָחוֹמֶר לְעֵדוּת הָרִאשׁוֹנָה מֵעַתָּה: וּמָה אִם עֵדוּת

רש"י

בְּמַקְהֵלוֹת. כְּשֶׁנִּקְהֲלוּ עַל הַיָּם. מִמְּקוֹר. אַף אוֹתָם שֶׁבַּמָּקוֹר. וְלֶיחֱזֵי הַאי לָא כו'. וְאַמַּאי אָמַר: הַדָּבָר עֲדַיִין שָׁקוּל?. ה"נ דְּלָא הוּא. וְה"ק קְרָא: אֵינוֹ חוֹשֵׁשׁ לְצָרָתָם וְלֹא צָר בָּהּ?!. בְּאַבְרָהָם. "כִּי יְרֵא אֱלֹהִים אַתָּה" (בראשית כב). תָּלוּי. זְכוּתוֹ לְדוֹרוֹתָיו לְהָגֵן עֲלֵיהֶם עַד אַלְפַּיִם דּוֹר. לַאֲלָפִים לְאוֹהֲבַי. סָמַךְ אוֹהֲבָיו לַאֲלָפִים, וְאִידָךְ קְרָא סָמַךְ לְאֶלֶף דּוֹר אֶל שׁוֹמְרֵי מִצְוֹתָיו, דְּהַיְינוּ מִיִּרְאָה. וְאֵין אֵלּוּ דּוֹמִין (א) לְפָרוּשׁ מֵאַהֲבָה לְפָרוּשׁ מִיִּרְאָה (לעיל דף כב:), דְּהָנְהוּ מֵאַהֲבַת שָׂכָר וּמִיִּרְאַת פּוּרְעָנוּת הַקְּלָלוֹת וְהָעוֹנָשִׁין, (ב) וְהָכָא מֵאַהֲבַת הַמָּקוֹם וּמִיִּרְאָתוֹ, שֶׁמּוֹרָאוֹ גָּדוֹל וּמוּטָּל עַל הַבְּרִיּוֹת. וְיִשְׂמְחוּ כָּל חוֹסֵי בָךְ וגו'. סֵיפֵיהּ דִּקְרָא: "וְיַעְלְצוּ בְךָ אוֹהֲבֵי שְׁמֶךָ".

הדרן עלך כשם שהמים

מִי שֶׁקִּינֵּא לָהּ וְנִסְתְּרָה. אִם לְאַחַר שֶׁקִּינֵּא לָהּ נִסְתְּרָה. אֲפִי' שָׁמַע מֵעוֹף הַפּוֹרֵחַ. שֶׁנִּסְתְּרָה, יוֹצִיא וְיִתֵּן כְּתוּבָּה. וְרַבִּי אֱלִיעֶזֶר לְטַעְמֵיהּ, דְּאָמַר בְּפ"ק (לעיל דף ב:): סְתִירָה לָא בָּעְיָא עֵדוּת, וַאֲפִילּוּ עֶבֶד וַאֲפִילּוּ שִׁפְחָה נֶאֱמָנִין — דְּהַיְינוּ נַמִי כְּעוֹף הַפּוֹרֵחַ. דְּאִיתַּקַּשׁ לְטוּמְאָה, דְּכוּלְּהוּ מְהֵימְנֵי בָּהּ. הִילְכָּךְ נֶאֶסְרָה עָלָיו, וְאִם אֵינוֹ רוֹצֶה לְהַשְׁקוֹתָהּ — יוֹצִיא וְיִתֵּן כְּתוּבָּה. רַבִּי יְהוֹשֻׁעַ אוֹמֵר עַד שֶׁיִּשְׂאוּ וְיִתְּנוּ בָּהּ מוֹזְרוֹת בַּלְּבָנָה. כְּלוֹמַר, מִשּׁוּם סְתִירָה שֶׁאֵין בָּהּ ב' עֵדִים — אֵינָהּ נֶאֱסֶרֶת עָלָיו. וְר' יְהוֹשֻׁעַ לְטַעְמֵיהּ, דְּאָמַר: מַשְׁקֶה עַל פִּי שְׁנַיִם. מִיהוּ, כְּשֶׁיִּשְׂאוּ וְיִתְּנוּ מוֹזְרוֹת בַּלְּבָנָה בִּפְרִיצוּתָהּ — מְכוֹעָר הַדָּבָר, וְתֵצֵא, דְּהָא אֲפִילּוּ מַיָּא תּוּ לָא בָּדְקֵי לָהּ, כְּדְתַנְיָא בְּפ"ק (לעיל דף ו:): "וְטְהוֹרָה הִיא" — וְלֹא שֶׁיִּשְׂאוּ וְיִתְּנוּ בָּהּ מוֹזְרוֹת בַּלְּבָנָה. אֲנִי רְאִיתִיהָ שֶׁנִּטְמֵאת. בְּאוֹתָהּ סְתִירָה, שֶׁהָיְתָה עַל פִּי שְׁנַיִם עֵדִים לְרַבִּי יְהוֹשֻׁעַ, וּלְרַבִּי אֱלִיעֶזֶר ע"פ עוֹף הַפּוֹרֵחַ. לֹא הָיְתָה שׁוֹתָה. דְּעֵד אֶחָד נֶאֱמָן בָּהּ אַף לְהַפְסִידָהּ כְּתוּבָּתָהּ, שֶׁרַגְלַיִם לַדָּבָר. וּמִקְּרָאֵי יָלְפִינַן לָהּ לְקַמָּן בְּמַתְנִי'. הֲרֵי אֵלּוּ נֶאֱמָנִים אַף לְפוֹסְלָהּ מִכְּתוּבָּתָהּ. שֶׁלֹּא תִּשְׁתֶּה וְלֹא תִּטּוֹל כְּתוּבָּתָהּ. חֲמוֹתָהּ וּבַת חֲמוֹתָהּ וְצָרָתָהּ וִיבִמְתָּהּ. אֵשֶׁת אֲחִי בַעְלָהּ, אַף הִיא כְּצָרָתָהּ וְשׂוֹנַאתָּהּ, שֶׁדּוֹאֶגֶת הֵימֶנָּה שֶׁסּוֹפָהּ לִהְיוֹת צָרָתָהּ; אִם יָמוּת בַּעְלָהּ בְּלֹא בָנִים — תִּתְיַיבֵּם לְבַעְלִי. וּבַת בַּעְלָהּ — מֵאִשָּׁה אַחֶרֶת. אֵלּוּ חָמֵשׁ נָשִׁים שׂוֹנְאוֹת אוֹתָהּ. וּבִיבָמוֹת (דף קיז:) מְפָרֵשׁ טַעְמָא אַמַּאי סָנוּ לָהּ, וְאֵינָן נֶאֱמָנוֹת לָהּ לְשׁוּם עֵדוּת שֶׁהִיא לְרָעָתָהּ. הֲרֵי אֵלּוּ נֶאֱמָנוֹת. לָהּ לְעֵדוּת זוֹ, שֶׁהַתּוֹרָה הֶאֱמִינָה כָּל עֵדוּת שֶׁיֵּשׁ בָּהּ. וּמִיהוּ, לֹא לְפוֹסְלָהּ מִכְּתוּבָּתָהּ, הוֹאִיל וְשׂוֹנְאוֹת אוֹתָהּ, אֶלָּא שֶׁלֹּא תִּשְׁתֶּה. שֶׁהָיָה בַּדִּין. שֶׁלֹּא יְהֵא נֶאֱמָן בָּהּ עֵד אֶחָד, אִם לֹא מִגְּזֵירַת הַכָּתוּב. הָרִאשׁוֹנָה. סְתִירָה, שֶׁאֵין אוֹסַרְתָּהּ אִיסּוּר עוֹלָם אֶלָּא עַד שֶׁתִּשְׁתֶּה. אֵינָהּ מִתְקַיֶּימֶת בְּפָחוֹת מִשְּׁנַיִם. כִּדְבָעֵינַן לְמֵימַר מִגְּזֵרָה שָׁוָה, וְרַבִּי יְהוֹשֻׁעַ הִיא. עֵדוּת הָאַחֲרוֹנָה. טוּמְאָה. כָּל עֵדוּת שֶׁיֵּשׁ בָּהּ. נֶאֱמָן בָּהּ. וּבַגְּמָרָא יָלְפִינַן לָהּ דְּהָכִי קָאָמַר: תְּרֵי לֵית בָּהּ אֶלָּא אֶחָד, וְקָאָמַר "וְהִיא לֹא נִתְפָּשָׂה" לְמֵיסְרָהּ, אַלְמָא מְהֵימַן. שֶׁאוֹסַרְתָּהּ

תוספות

ואידך, דהיינו רבי יוסי הגלילי – מ"מקור ישראל" נפקא. אלמא דלר' יוסי הגלילי נמי עוברים אומרים שירה. ובפ"ק דכתובות (דף ז:) דריש לה דברכת חתנים בעשרה, מדהוי מצי למיכתב "מבטן ישראל", וכתיב "ממקור" – על עיסקי מקור. בתוספתא מסיים הכי: ואותן המלאכים שאמרו "מה אנוש כי תזכרנו" אמר להן הקב"ה: באו וראו את השירה. כיון שראו את ישראל פתחו אף הן ואמרו שירה, שנאמר: "ה' אדונינו מה אדיר שמך בכל הארץ" וגו'. ור"ש בן *אלעזר אומר: לא נאמרה פרשה זו אלא לענין עקידה. **גדול** העושה מאהבה. בירושלמי (ברכות פ"ט): ר"ע הוה מתדין קמיה טורנוסרופוס הרשע, אתת עונתא דקרית שמע, שרי קרי וגחך. א"ל: סבא סבא! או חרש אתה או מבעט ביסורין את? א"ל: תיפח רוחיה דההוא רשיעא, לא חרש אנא ולא מבעט ביסורין אנא, אלא כל ימי הייתי קורא הפסוק הזה: "ואהבת את ה' אלהיך בכל לבבך ובכל נפשך ובכל מאודך", רחמתיה בכל לבי, רחמתיה בכל נפשי, רחמתיה בכל ממוני. לא הות (ג) בדיק ליה. וכיון דמטי ליה בכל נפשיה, ואתיא עונתיה דקרית שמע ולא איפליג עליה – בגין כן אנא קרי וגחיך.

הדרן עלך כשם שהמים

מי שקינא לה. פרק זה היה הגון שיהא שנוי ומעורב בפרק ראשון לאחר אותה בבא ד"אלו אסורות לאכול בתרומה", ואח"כ היה לו לשנות כילד עושה לה וכל הסדר. אבל תימה דלאחר ששנה שבדקוה המים הוא חוזר לקינוי. ה"ג בסדר המשנה: משקינא לה, אפילו שמע מעוף הפורח. והכי מסתברא. ונראה דה"פ: מאחר שקינא לה, אפילו קודם סתירה שמע פריצותא, שהרי עכשיו קצת רגלים לדבר – מכוער הדבר, ומוציאה בכתובתה, מאחר שלא נסתרה ולא נאסרה עליו. ובענין זה מצוה לגרשה. דאפילו לב"ה ל"ב *[דאמר אפילו אם] הקדיחה תבשילו – היינו רשות, מיהו מצוה ליכא אלא בכה"ג, ואם מקיימה – דומה לאדם שנפל זבוב לתוך תמחוי, שמוצצו ואוכלו. ולבית שמאי חובה, הואיל וקינא לה – רגלים לדבר. מיהו, כתובתה גובה, הואיל ולא נסתרה. והשתא אתי שפיר דרבי יהושע. אבל לפירוש רבינו שלמה דפירש משקינא לה – אפי' שמע מעוף הפורח שנסתרה, דעוף פורח היינו עבד ושפחה שנאמנין בעידי סתירה, ואם אינו רוצה להשקותה, יוציא ויתן כתובתה – וכי היה רבי יהושע מחייב כתובה לאחר שישאו ויתנו בה מוזרות בלבנה? והלא אין המים בודקין אותה, כדאמרינן בפרק קמא (לעיל דף ו:). ומאחר שהיא גרמה שתיאסר עליו, ואין יכולה לשתות – הויא כארוסה ושומרת יבם, שלא שותות ולא נוטלות כתובה! מיהו, מצי למימר: הא דאמרינן אין המים בודקין אותה לאחר שישאו ויתנו בה מוזרות בלבנה – דוקא לאחר קינוי ועידי סתירה לרבי יהושע, אבל כאן אין עידי סתירה, אלא שמוזרות בלבנה נושאות ונותנות בפריצותה. כאן

הגהות הב"ח

(א) רש"י ד"ה לאלפים וכו' לפרוש מאהבה. נ"ב כדף כב ע"ב: (ב) בא"ד והעונשים והכא מאהבת: (ג) תוספות ד"ה גדול וכו' לא הות כדין לי וכיון דמטית לי בכל נפשי ואתית עניתה:

תוספות שאנץ

ועד יונק ודרך המקרא לומר כן כולל הכל מן החשוב עד הגרוע כמו משור ועד שה. ל"ה: אלא מעתה בכל צרתם (לו) [לא] צר ה"נ. תימה אמאי לא בעי ה"נ מכמה פסוקים כמו אשר (לו) [לא] כרעים כדדרשי' אע"פ שאין לו עכשיו ועתיד לגדל אחר זמן וכן אשר (לו) [לא] חומה אע"פ שאין לו עכשיו. וי"ל דלהו בעי משום דפשי' ליה דלא בעי' למימר אשר (לו) [לא] כרעים ממש שהרי ארבה וסלעם וחרגול ידועים הם בסימניהון וא"כ פשיטא ליה שלא היו כשרים וכן אשר (לו) [לא] חומה פשיטא ליה דאינו ר"ל לא ממש דהא בעיר שיש לו חומה משתעי קרא ולהכי משתעי הכי אבל בכל צרתם (לו) [לא] צר אינו פשוט לו כל כך כמו שהבאתי שיש לתלות ולפרש כמו ולא היתה צרתם צרה כי אם להם. פרעה לקה ואבד. סיסרא לקה ואבד. סנחריב לקה ואבד. וכן נבוכדנצר לקה ואחר כן יאבדו כל אויביך ה' במהרה בימינו אמן:

סליק פירקא

מי שקינא לאשתו ונסתרה ר' אליעזר אומר אפי' שמע מעוף הפורח כו'. פ"ה אפי' עד אחד היינו כמו עוף הפורח ואפי' עבד ואפי' שפחה נאמנין ונאסרה עליו. ואם אינו רוצה להשקותה יוציא ויתן כתובה ור"א לטעמי' (דאמר דלא בעי עדות) דאמר לעיל בפ"ק דמשקה לה על פי עד אחד [דסתירה לא בעי עדות]. ור' יהושע אומר עד שישאו ויתנו בה מוזרות בלבנה. פי' נשים הטוות בלבנה (והוי) פריצותה ומכוער הדבר ותצא דאפי' מיא תו לא בדקי לה כלומר דסבירא ליה דבעי ב' עדים. וק' חדא דהא אמרינן יוציא ויתן כתובה. א) וי"ל אם [אינו] רוצה להשקותה דהוה ליה למתני ישקנה כיון דסבי' ליה דמשקה על פי עד אחד. ועוד ק' מאי דאמר דעוף הפורח ר"ל עד אחד דאטו מי סניא ליה למתני' אפי' שמע מעד אחד כדקתני בסמוך בתר הכי. לכך פרשב"ם אפי' שמע מעוף הפורח ר"ל על ידי קול בעלמא שמע שנסתרה יוציא ויתן כתובה דנהי דלא משקה על ידי קול מ"מ רבנן אסרוה לו וצריך שיוציא ויתן כתובה דהרי נמצא רגלים לדבר שהרי קינא לה (ונסתרה מקודם לכן. ויוציא ויתן כתובה) הואיל והחמיר בה הכתוב לאוסרה בעד אחד או על פי עצמו. (וה"נ לר') [אבל ר'] יהושע דסבירא ליה דמשקה על פי שנים הואיל והקל בה הכתוב שלא אסרה בעד אחד אלא על פי שנים אף חכמים לא חייבוהו להוציא וליתן כתובה עד שישאו ויתנו בה מוזרות בלבנה. ולא דמי להני דאמרינן לעיל מתו בעליהן עד שלא שתו דאמרי' מתוך שלא שתו לא נוטלות כתובה והכא אמרי' דיוציא ויתן כתובה דשאני התם לפי שראויות היו לשתות קודם שמתו וכשמתו בעליהן דין הוא דכיון דנדחות מלשתות שאין להם כתובה אבל הכא דוזאת האשה [לא הייתה] ראויה מעולם [לשתות] אין לה להפסיד כתובה בחנם. ור"ח ז"ל פי' אפי' שמע מעוף הפורח שנטמאת יוציא ויתן כתובה כיון שיש לה קול על טומאה. ר' יהושע אומר עד שישאו ויתנו. אך קשה דהוה ליה למתני בפי' שמע מעוף הפורח שנטמאת כמו דאמר בסמוך עד אחד אומר אני ראיתיה שנטמאת וע"ק דאמר בירוש' בסוף פירקין בעי ר' יוסי שמע מעוף הפורח באויר שאמר אני ראיתיה שנטמאת על זה בא להעיד אם להשקותה כבר נדחית שלא לשתות אלא בא כדי להפסידה כתובתה הרי אין מפסידין ממון על פי עד אחד וא"כ מאי קא מיבעיא ליה התם בזה הא מתני' מיירי בכי

א) נראה דצ"ל והוה ליה למתני ישקנה וכו' עד אחד [ומיהו י"ל דס"ל אם אינו רוצה להשקותה]. ועוד קשה וכו'.

ד א מיי' פ"א מהל' סוטה הלכה טז והל' יז ופי"ב מהל' גירושין הל' יח סמג עשין נ טוש"ע אה"ע סימן יז סעיף לז:
ה ב מיי' פ"א מהל' סוטה הל' טז והל' יז:
ו ג מיי' שם הלכה יח ופי"ב מהל' גרושין הלכה כ ופ"ע מהל' רוצח ושמירת נפש הל' טו טז יז סמג עשין נ טוש"ע אה"ע סי' יז סעי' לז:

תורה אור

עֵדוּת אַחֲרוֹנָה שֶׁאוֹסַרְתָּהּ אִיסּוּר עוֹלָם — הֲרֵי הִיא מִתְקַיֶּמֶת בְּעֵד אֶחָד, עֵדוּת הָרִאשׁוֹנָה שֶׁאֵין אוֹסַרְתָּהּ אִיסּוּר עוֹלָם — אֵינוֹ דִּין שֶׁתִּתְקַיֵּים בְּעֵד אֶחָד? תַּלְמוּד לוֹמַר: °"כִּי מָצָא בָהּ עֶרְוַת דָּבָר" (דברים כד) וּלְהַלָּן הוּא אוֹמֵר °"עַל פִּי שְׁנַיִם עֵדִים יָקוּם דָּבָר" (שם יט), מַה לְּהַלָּן עַל פִּי שְׁנַיִם — אַף כָּאן (א) פִּי שְׁנַיִם. *עֵד אוֹמֵר "נִטְמֵאת" וְעֵד אוֹמֵר "לֹא נִטְמֵאת", אִשָּׁה אוֹמֶרֶת "נִטְמֵאת" וְאִשָּׁה אוֹמֶרֶת "לֹא נִטְמֵאת" — הָיְתָה שׁוֹתָה. אֶחָד אוֹמֵר "נִטְמֵאת" וּשְׁנַיִם אוֹמְרִים "לֹא נִטְמֵאת" — הָיְתָה שׁוֹתָה. שְׁנַיִם אוֹמְרִים "נִטְמֵאת" וְאֶחָד אוֹמֵר "לֹא נִטְמֵאת" — לֹא הָיְתָה שׁוֹתָה.§

גמ' הַאי תַּלְמוּד לוֹמַר "כִּי מָצָא בָהּ עֶרְוַת דָּבָר", *ת"ל "בָּהּ" — בָּהּ וְלֹא בְקִינּוּי, "בָּהּ" וְלֹא בִּסְתִירָה, מִיבָּעֵי לֵיהּ! הָכִי נַמִּי קָאָמַר: תַּלְמוּד לוֹמַר "בָּהּ" — "בָּהּ" וְלֹא בְקִינּוּי, בָּהּ וְלֹא בִּסְתִירָה. וְטוּמְאָה בְּעָלְמָא, בְּלֹא קִינּוּי וּבְלֹא סְתִירָה, דְּלָא מְהֵימַן עֵד אֶחָד מְנָלַן? נֶאֱמַר כָּאן "דָּבָר" וְנֶאֱמַר לְהַלָּן "דָּבָר", מַה לְּהַלָּן בִּשְׁנֵי עֵדִים — אַף כָּאן בִּשְׁנֵי עֵדִים.§ "עֵד אוֹמֵר נִטְמֵאת".§ טַעְמָא — דְּקָא מַכְחִישׁ לֵיהּ, הָא לָא קָא מַכְחִישׁ לֵיהּ — עֵד אֶחָד מְהֵימַן, מְנָהָנֵי מִילֵּי? דְּתָנוּ *רַבָּנַן: °"וְעֵד אֵין בָּהּ" (במדבר ה) — בִּשְׁנַיִם הַכָּתוּב מְדַבֵּר. אַתָּה אוֹמֵר בִּשְׁנַיִם אוֹ אֵינוֹ אֶלָּא בְּאֶחָד? תַּלְמוּד לוֹמַר: °"לֹא יָקוּם עֵד אֶחָד בְּאִישׁ" (דברים יט) וגו'; מִמַּשְׁמַע שֶׁנֶּאֱמַר "לֹא יָקוּם עֵד" אֵינִי יוֹדֵעַ שֶׁהוּא אֶחָד? מַה תַּלְמוּד לוֹמַר "אֶחָד" — זֶה בָּנָה אָב: *כָּל מָקוֹם שֶׁנֶּאֱמַר "עֵד" — הֲרֵי כָּאן שְׁנַיִם, עַד שֶׁיִּפְרוֹט לְךָ הַכָּתוּב "אֶחָד". וְאָמַר רַחֲמָנָא: תְּרֵי לֵית בָּהּ, אֶלָּא חַד, "וְהִיא לֹא נִתְפָּשָׂה" — אֲסוּרָה. וְכֵיוָן דְּמִדְּאוֹרַיְיתָא עֵד אֶחָד מְהֵימַן — אִידָךְ הֵיכִי מָצֵי מַכְחִישׁ לֵיהּ? וְהָא אָמַר עוּלָּא: *א כָּל מָקוֹם שֶׁהֶאֱמִינָה תּוֹרָה עֵד אֶחָד — הֲרֵי כָּאן שְׁנַיִם, וְאֵין דְּבָרָיו שֶׁל אֶחָד בִּמְקוֹם שְׁנַיִם! אֶלָּא אָמַר עוּלָּא: תְּנֵי: לֹא הָיְתָה שׁוֹתָה. וְכֵן אָמַר רַבִּי יִצְחָק: לֹא הָיְתָה שׁוֹתָה. וְרַבִּי חִיָּיא אָמַר: הָיְתָה שׁוֹתָה. לְרַבִּי חִיָּיא קַשְׁיָא דְּעוּלָּא! לָא קַשְׁיָא; ב כָּאן — בְּבַת אַחַת, כָּאן — בְּזֶה אַחַר זֶה. תְּנַן: עֵד אוֹמֵר "נִטְמֵאת" וּשְׁנַיִם אוֹמְרִים "לֹא נִטְמֵאת" — הָיְתָה שׁוֹתָה. הָא חַד וְחַד — לֹא הָיְתָה שׁוֹתָה, תְּיוּבְתָּא דְּרַבִּי חִיָּיא! אָמַר לָךְ רַבִּי חִיָּיא: וְלִיטַעֲמִיךְ, אֵימָא סֵיפָא: שְׁנַיִם אוֹמְרִים "נִטְמֵאת" וְאֶחָד אוֹמֵר "לֹא נִטְמֵאת" — לֹא הָיְתָה שׁוֹתָה. הָא חַד וְחַד הָיְתָה שׁוֹתָה! אֶלָּא, כּוּלָּהּ בִּפְסוּלֵי עֵדוּת, וְר' נְחֶמְיָה הִיא. *דְּתַנְיָא, רַבִּי נְחֶמְיָה אוֹמֵר: כָּל מָקוֹם שֶׁהֶאֱמִינָה תּוֹרָה עֵד אֶחָד — הַלֵּךְ אַחַר רוֹב דֵּעוֹת, וְעָשׂוּ שְׁתֵּי נָשִׁים בְּאִישׁ אֶחָד, כִּשְׁנֵי אֲנָשִׁים בְּאִישׁ אֶחָד. ג וְאִיכָּא דְּאָמְרִי: כָּל הֵיכָא דַּאֲתָא עֵד אֶחָד כָּשֵׁר מֵעִיקָּרָא — אֲפִי' *מֵאָה נָשִׁים נַמִּי כְּעֵד אֶחָד דָּמְיָין. וְהָכָא

רש"י

שֶׁאוֹסַרְתָּהּ אִיסּוּר עוֹלָם. כִּדְאָמַר (לעיל דף כח.) בְּסוֹטָה סָפֵק מִ"נִּטְמָאָה" "וְנִטְמָאָה", וְכ"שׁ וַדָּאִית. עֵד אוֹמֵר נִטְמֵאת וְעֵד אוֹמֵר לֹא נִטְמֵאת. אוֹקֵי חַד בַּהֲדֵי חַד, וַהֲרֵי הִיא כִּסְפֵיקָא, וְשׁוֹתָה. וּשְׁנַיִם אוֹמְרִים לֹא נִטְמֵאת. כְּלוֹמַר: לֹא נִטְמֵאת בְּפָנֶיךָ. שֶׁכְּשֶׁבָּאתָ וּמָצָאתָ שֶׁנִּסְתְּרוּ יַחַד — גַּם אָנוּ הָיִינוּ עִמְּךָ, וּבְפָנֵינוּ לֹא נִטְמֵאת. הֲרֵי נִסְתַּלֵּק הָעֵד הַזֶּה וּבָטְלוּ דְּבָרָיו מִפְּנֵי הַשְּׁנַיִם, וַהֲרֵי הִיא בִּסְפֵיקָא אִם נִטְמֵאת קוֹדֶם שֶׁבָּאוּ אֵלּוּ וּמְצָאוּם, וְהָיְתָה שׁוֹתָה. וּבַגְּמָ' מְפָרֵשׁ לְמַאי אִיצְטְרִיכוּ כָּל הָנָךְ בָּבֵי. **גמ'** בָּהּ וְלֹא בְקִינּוּי כו'. לְמַאי אִיצְטְרִיךְ גְּזֵירָה שָׁוָה? הָא כְּתִיב גַּבֵּי טוּמְאָה: "וְעֵד אֵין בָּהּ", וּמִיעוּטָא הוּא. בָּהּ עֵד אֶחָד נֶאֱמָן, וְלֹא בְּעֵדוּת אַחֶרֶת. וְהָוְיָא לָהּ עֵדוּת סְתִירָה כִּשְׁאָר כָּל עֵדִיּוֹת שֶׁבַּתּוֹרָה! וְטוּמְאָה בְּעָלְמָא. עֵד א' שֶׁהֵעִיד עַל אִשָּׁה שֶׁלֹּא קִינֵּא לָהּ בַּעְלָהּ, וְאָמַר "נִטְמֵאת", מִנַּיִין דְּלָא מְהֵימַן, וְלָא אָמְרִינַן הַטּוּמְאַת אִשָּׁה הֵימְנֵיהּ רַחֲמָנָא, לֹא שְׁנָא לְאַחַר קִינּוּי וְלֹא שְׁנָא בְּלֹא קִינּוּי, תַּלְמוּד לוֹמַר כו'. וְכִי הֵימְנֵיהּ רַחֲמָנָא בְּטוּמְאָה שֶׁאַחַר קִינּוּי וְיֵשׁ עֵדֵי סְתִירָה שְׁנַיִם, וְעֵד מֵעִיד שֶׁנִּטְמֵאת, שֶׁרַגְלַיִם לַדָּבָר. וּבְפֶרֶק קַמָּא (לעיל דף ג.) פָּרְכִינַן: וְהָא כִּי כְּתִיב קִינּוּי בָּתַר הָכִי כְּתִיב! וּמְשַׁנֵּינַן: "וְעָבַר" כְּתִיב — שֶׁכְּבָר עָבַר. הָא לָא מַכְחִישׁ לֵיהּ כו'. הוּא הַדִּין דַּהֲוָה לֵיהּ לְמִבְּעֵי אַרֵישָׁא, דְּקָתָנֵי בְּהֶדְיָא: אֶחָד אוֹמֵר "אֲנִי רְאִיתִיהָ שֶׁנִּטְמֵאת" לֹא הָיְתָה שׁוֹתָה, אַלְמָא מְהֵימַן. אֶלָּא מִשּׁוּם דְּבָעֵי לְאַקְשׁוּיֵי עֲלָהּ: כִּי מַכְחִישׁ לֵיהּ מַאי הָוֵי? הָא הֵימְנֵיהּ רַחֲמָנָא לְהַאי דְּאָמַר "נִטְמֵאת" כְּבֵי תְּרֵי, וְהָוֵי לֵיהּ הַאי דְּמַכְחִישׁ לֵיהּ חַד, וְאֵין דְּבָרָיו שֶׁל אֶחָד בִּמְקוֹם שְׁנַיִם. הֲרֵי כָּאן שְׁנַיִם. הֲרֵי הוּא כִּשְׁנַיִם. קַשְׁיָא דְּעוּלָּא. דְּכֵיוָן דְּהֶאֱמִינָהּ תּוֹרָה — הֲרֵי הֶעֱמִידָתוֹ בִּמְקוֹם שְׁנַיִם. כָּאן בְּבַת אַחַת. מַתְנִי' — כְּשֶׁהֵעִידוּ שְׁנֵיהֶם בְּתוֹךְ כְּדֵי דִּיבּוּר, דְּבָטְלוּ דְּבָרָיו מִיָּד, דְּלֹא נִתְקַיְּימָה עֵדוּתָן בְּבֵ"ד. וְהֵיכָא הֶאֱמִינְהוּ תּוֹרָה כִּשְׁנַיִם — כְּגוֹן אִם הֵעִיד עֵדוּתוֹ וְיָצָא, דְּתוּ לָא מָצֵי חַד לְאַכְחוּשֵׁיהּ. הָא חַד וְחַד. עַל כָּרְחָךְ "לֹא הָיְתָה שׁוֹתָה" תְּנָא בְּרֵישָׁא, דְּאִי "הָיְתָה שׁוֹתָה" קָתָנֵי — הָא תּוּ לָמָּה לִי? הַשְׁתָּא בְּחַד הָוֵי הַכְחָשָׁה, תְּרֵי מִבַּעְיָא?! פְּשִׁיטָא דְּאֵין אֶחָד בִּמְקוֹם שְׁנַיִם! וּמַתְנִי' לְדִיוּקָא דִּידֵיהּ תְּנָא לֵיהּ, דְּאִי לְאַשְׁמוּעִינַן הִיא גּוּפָהּ — פְּשִׁיטָא, דְּלָא אִיצְטְרִיךְ. אָמַר לָךְ ר' חִיָּיא וּלְטַעֲמִיךְ. דִּסְבִירָא לָךְ דְּמַתְנִי' לְגוּפֵיהּ לָא אִיצְטְרִיךְ, דְּהָא פְּשִׁיטָא דְּאֵין א' בִּמְקוֹם שְׁנַיִם, וּלְדִיוּקָא אָתָא, סֵיפָא — מַאי תֵּידוּק מִינָּהּ? אֶלָּא מַתְנִי' לָא לְדִיוּקָא אָתָא, אֶלָּא לְאַשְׁמוּעִינַן הִיא גּוּפָהּ אִיצְטְרִיךְ, דִּשְׁנַיִם דְּקָא תָּנָא — בִּפְסוּלֵי עֵדוּת קָאָמַר, כְּגוֹן נָשִׁים אוֹ עֲבָדִים, וְאַשְׁמוּעִינַן דִּשְׁתֵּי נָשִׁים מְבַטְּלוֹת דִּבְרֵי עֵד א', בֵּין בְּרֵישָׁא בֵּין בְּסֵיפָא. וּלְקַמָּן פָּרֵיךְ: תַּרְתֵּי לָמָּה לִי? וְהַאי דְּלָא שָׁנֵי ר' חִיָּיא מְלִיעְתָּא בְּזֶה אַחַר זֶה (ב) — מִשּׁוּם דְּקָא דָּיֵיק מַתְנִי' בְּבַת אַחַת, דְּקָתָנֵי: וּשְׁנַיִם אוֹמְרִים לֹא (א) *רְאִינוּהָ — אַלְמָא בַּהֲדֵי הֲדָדֵי קָאָתוּ, דִּלְעוֹלָם בִּמְקוֹם שְׁנַיִם לֹא הֶאֱמִינָהּ תּוֹרָה עֵד אֶחָד. כָּל מָקוֹם שֶׁהֶאֱמִינָה תּוֹרָה כו'. הוֹלִיכֵהוּ לְעֵדוּת זֶה מִכְּלָל כָּל עֵדִיּוֹת שֶׁבַּתּוֹרָה, לְפִיכָךְ פְּסוּלִין וּכְשֵׁרִין שָׁוִין בָּהּ, וְהַלֵּךְ אַחַר רוֹב דֵּעוֹת הַמְעִידִין בַּדָּבָר. וְאִיכָּא דְּאָמְרִי כָּל הֵיכָא דַּאֲתָא עֵד כָּשֵׁר מֵעִיקָּרָא. וְאָמַר "נִטְמֵאת", וְנִתְקַבְּלָה עֵדוּתוֹ, וְאַחַר כָּךְ בָּאוּ מֵאָה נָשִׁים — כְּעֵד א' דָּמְיָין, וַהֲוָה לֵיהּ קַמָּא שְׁנַיִם, וְאֵין דְּבָרָיו שֶׁל אֶחָד בִּמְקוֹם שְׁנַיִם, וְאֵינָהּ שׁוֹתָה. וְהָכָא

א) נ"ל ראית ועי' רש"א

תוספות

כאן בבת אחת כאן בזה אחר זה. קשיא: דהכא משמע כיון שנתקבל עדותו של ראשון, ואע"פ שלא עשו ע"י עדותו שום מעשה ולא שום הוראה, רק שלא העיד השני בתוך כדי דיבורו של ראשון — הוי דבריו של שני במקום ראשון כדבריו של אחד במקום שנים, הכי משמע לפירוש רש"י. והא בפרק "האשה שהלכה" (יבמות דף קיז:) תנן: עד אומר מת, וניסת, ובא אחר ואמר לא מת — לא תצא. וקא דייק בגמ': טעמא — דניסת, הא לכתחילה — לא תנשא, והאמר עולא וכו'! ומשני, הכי קאמר: עד אומר מת והתירוה לינשא, ובא אחר ואמר לא מת — לא תצא מהתירה הראשון. והא התם, דבזה אחר זה מיירי, דהא ניסת בנתיים — ואפ"ה, בכה"ג בזה אחר זה, אם לא ניסת — לא תנשא אא"כ התירוה לינשא, דאמר: "לא תצא מהתירה הראשון". ופירש נמי רש"י התם: דדוקא שהתירוה קודם שיבא עד השני המכחישו, אבל אם קודם שהתירוה — מודה עולא דלא סמכינן אקמא, דהכתי לא אחשביניה כתרי! להכי נראה לפרש הכא: בזה אחר זה — שקיבלו עדות הראשון, והורו ע"פ עדותו. מיהו, תימה: עולא גופיה, דאמר הכי אליביה: תני לא היתה שותה — מה דוחקיה למימר הכי? והא מתניתין לא משמע שהיה השני אחר הראשון עד שהורו ואסרוה עליו, ואמרו: אינה שותה! וי"ל: דמתניתין בסתם קתני. אי נמי: רבי יצחק ועולא הוה מתרלי להדיא ד"האשה זוטא" כדמתרלי אליבא דר' יוחנן בפ' שני דכתובות (דף כב:): משום לזות שפתים. והסיא ד"האשה רבה" (יבמות דף פח:) לא דמיא לתרוייהו, משום דגברא אתי וקאי. **הא** חד וחד לא היתה שותה תיובתא דרבי חייא. נראה: האי דלא דחי ליה בזה אחר זה — משום דסוף סוף תיקשי דיוקא דסיפא, דשנים אומרים נטמאת וא' אומר לא נטמאת לא היתה שותה, הא חד וחד — היתה שותה, במאי מוקמת לה? ע"כ בבת אחת, מאי קמ"ל — היינו רישא! הילכך צריך לתרולי כר' נחמיה, בין לר' יצחק בין לר' חייא, הני תרתי בבי דסיפא. תימה: היכי הוה מתרץ ר' יצחק מתני' דפרק "אמרו לו" (כריתות דף יא:) דתנן: עד אמר אכל ועד אמר לא אכל, אשה אומרת אכל ואשה אומרת לא אכל — מביא אשם תלוי. כיון דהאמינה תורה עד אחד, דנפקא לן מ"או הודע אליו חטאתו" (ויקרא ד) — חטאת הוי ליה לאיתויי! בשלמא רבי חייא הוה מוקי לה בבת אחת. ירושלמי: גידל בר בנימן בשם רב אמר: בכל מקום *) שהכשירו עד אחד — עדות האשה כאיש, האיש מכחיש את האשה והאשה מכחשת את האיש. דתנן: עד א' אמר נטמאת ואשה אומרת לא נטמאת, אשה אומרת נטמאת ועד א' אמר לא נטמאת. תנא דבי רבי אומר כן. ותו בירושלמי: עד אחד אמר נטמאת ועד אחד אמר לא נטמאת, שמעון ב"ר אבא בשם ר' יוחנן: כאן לא היתה שותה, ובעגלה ערופה היו עורפין. וטעמא — מפני שכאן רגלים לדבר. ומסיק נמי התם דבעידי טומאה לא אמרינן עדות שבטלה מקצתה בטלה כולה, מפני שרגלים לדבר.

*) שהכשירו עדות האשה כאיש כו' את האיש ניתני עד אחד כו'. רש"ל

תוספות שאנץ

בבי האי גונא לכ"נ כפרשב"ם דקאי אסתירה ולא קאי אטומאה: **גמ'** טעמא דקא מכחיש ליה הא לא מכחיש ליה עד אחד נאמן וה"ה דהוה ליה למבעי ארישא מה"מ דעד אחד נאמן דקתני בהדיא עד אחד אומר אני ראיתיה שנטמאת לא היתה שותה אלמא נאמן. אלא משום הכי מייתי מסיפא משום דבעי אקשויי עלה כי מכחיש ליה מאי הוי הא הימניה רחמנא להאי דאמר נטמאת כבי תרי והוי ליה האי דמכחיש חד ואין דבריו של אחד במקום שנים ל"ה. לא קשיא כאן בבת אחת הא דאמרינן דשותה מיירי כשבאו בבת אחת והעידו שנים ביחד ולא נתקיימה עדותן בב"ד והיכא התורה האמינתו כשנים בהעידו זה אחר זה: א) ועולא מי לא מפליג כי בבת אחת בין בזה אחר זה דשני תני רבה שותה דלא משני כמו ר' חייא והא אמרינן בפרק האשה שלום על הא דתנן עד אחד אומר מת ונשאת ובא עד ואמר לא מת הרי זו לא תצא ודייק בגמ' טעמא דנשאת הא לא נשאת לא תנשא והאמר עולא כו'. ומשני ה"ק התירוה להנשא אע"ג דלא נשאת אלמא משמע דמפליג עולא בין בת אחת לזה אחר זה. וי"ל דאין הכי נמי הוה מצי מפליג עולא הכא אלא שינויי דר' חייא לא סבירא ליה משום דמקשי תלמודא על מילתיה. א"נ י"ל דגבי אשה בעלמא שהיא ג) דרבנן מפליג בין בבת אחת בין בזה אחר זה דיש להקל עליה אבל גבי סוטה שהיא דאורייתא בין בבת אחת לזה אחר זה: הא חד וחד לא היתה שותה ותיובתא דר' חייא ופ"ה דה"ה דהוה מצי לשנויי מתני' בזה אחר זה המציעתא ולא ק' ליה לר' חייא אלא לא בעי לאוקומי רישא בחד טעמא וסיפא בחד טעמא ועוד דסוף סוף מדיוקא ג) דמציעתא הלך מוכח רישא בבת אחת ומציעתא וסיפא בין בבת אחת בין בזה אחר זה דלעולם במקום שנים לא האמינה תורה עד אחד בפ"ה. ורשב"ם פי' דלא מצי לשנויי

[תוספתא פ"ה] · לעיל ג: · שם ב. · גם זה שם: סנהדרין ל. · יבמות פח: קיז: כתובות כב: לקמן מז: · לקמן מז: יבמות פח: קיז: [תוספתא יבמות פי"ד ע"ש] · [לקמן מז: יבמות פח: קטו: קיז:] · [נ"ל נטמאת]

דמיירי בזה אחר זה ודיוקא דמתני' בבת אחת משום דקתני ושנים אומרים שנטמאת משמע דבהדי הדדי אתו: ד) ואיכא דאמרי כל היכא דאתא עד אחד כשר מעיקרא והכא במ"ע דקתני עד אחד אומר נטמאת ושנים אומרים לא נטמאת היתה שותה ואוקמ' בפסולי עדות ובין בבת אחת בין בזה אחר זה. (וע"כ) ר' נחמיה וע"כ בזה אחר זה איצטריך עיקר לאשמועי' דאי לבת אחת מאי רוב דעות איכא בחד וחד והב"ע

א) אולי צ"ל וקשה דמשמע דעולא לא מפליג בין בבת אחת וכו' … ב) אולי צ"ל דבגבי אשה … ג) אולי צ"ל …

הגהות הב"ח (א) במשנה אף כאן על פי: (ב) רש"י ד"ה אמר לך וכו' רבי חייא מליעתא בזה אחר זה לדעולם במקום שנים לא האמינה תורה עד אחד …

וְהָכָא בְּמַאי עָסְקִינַן — כְּגוֹן דַּאֲתַאי אִשָּׁה מֵעִיקָּרָא. וְתַרְצָהּ לְדְרַבִּי נְחֶמְיָה הָכִי: ר' נְחֶמְיָה אוֹמֵר: כָּל מָקוֹם שֶׁהֶאֱמִינָה תּוֹרָה עֵד אֶחָד — הַלֵּךְ אַחַר רוֹב דֵּיעוֹת, וְעָשׂוּ שְׁתֵּי נָשִׁים בְּאִשָּׁה אַחַת כִּשְׁנֵי אֲנָשִׁים בְּאִישׁ אֶחָד, אֲבָל שְׁתֵּי נָשִׁים בְּאִישׁ אֶחָד — כִּי פַּלְגָא וּפַלְגָא דָּמֵי. וְתַרְתֵּי בִּפְסוּלֵי עֵדוּת לָמָּה לִי? מַהוּ דְּתֵימָא: כִּי אָזְלִינַן בָּתַר רוֹב דֵּיעוֹת — לְחוּמְרָא, אֲבָל לְקוּלָּא — לָא אָזְלִינַן, קמ"ל.§

הדרן עלך מי שקינא

אֵלּוּ *נֶאֱמָרִין בְּכָל לָשׁוֹן: אפָּרָשַׁת סוֹטָה, בוִּידּוּי מַעֲשֵׂר, גקְרִיַּת שְׁמַע, דוּתְפִלָּה, הוּבִרְכַּת הַמָּזוֹן, ווּשְׁבוּעַת הָעֵדוּת, זוּשְׁבוּעַת הַפִּקָּדוֹן. וְאֵלּוּ נֶאֱמָרִין בִּלְשׁוֹן הַקּוֹדֶשׁ: חמִקְרָא בִּיכּוּרִים, טוַחֲלִיצָה, בְּרָכוֹת וּקְלָלוֹת, יבִּרְכַּת כֹּהֲנִים, וּבִרְכַּת כֹּהֵן גָּדוֹל, כוּפָרָשַׁת הַמֶּלֶךְ, לוּפָרָשַׁת עֶגְלָה עֲרוּפָה, מוּמְשׁוּחַ מִלְחָמָה בְּשָׁעָה שֶׁמְּדַבֵּר אֶל הָעָם. מִקְרָא בִּיכּוּרִים כֵּיצַד? "וְעָנִיתָ וְאָמַרְתָּ לִפְנֵי ה' אֱלֹהֶיךָ", וּלְהַלָּן הוּא אוֹמֵר "וְעָנוּ הַלְוִיִּם וְאָמְרוּ", מַה לְּהַלָּן בִּלְשׁוֹן הַקּוֹדֶשׁ — אַף כָּאן בִּלְשׁוֹן הַקּוֹדֶשׁ. חֲלִיצָה כֵּיצַד? "וְעָנְתָה וְאָמְרָה", וּלְהַלָּן הוּא אוֹמֵר "וְעָנוּ הַלְוִיִּם וְאָמְרוּ", מַה לְּהַלָּן בִּלְשׁוֹן הַקּוֹדֶשׁ — אַף כָּאן בִּלְשׁוֹן הַקּוֹדֶשׁ. ר' יְהוּדָה אוֹמֵר: "וְעָנְתָה וְאָמְרָה כָּכָה" — עַד שֶׁתֹּאמַר בַּלָּשׁוֹן הַזֶּה. בְּרָכוֹת וּקְלָלוֹת כֵּיצַד? כֵּיוָן שֶׁעָבְרוּ יִשְׂרָאֵל אֶת הַיַּרְדֵּן וּבָאוּ אֶל הַר גְּרִיזִים וְאֶל הַר עֵיבָל שֶׁבְּשׁוֹמְרוֹן, שֶׁבְּצַד שְׁכֶם, שֶׁבְּאֵצֶל אֵלוֹנֵי מוֹרֶה, שֶׁנֶּאֱמַר: "הֲלֹא הֵמָּה בְּעֵבֶר הַיַּרְדֵּן" וגו', וּלְהַלָּן הוּא אוֹמֵר: "וַיַּעֲבֹר אַבְרָם בָּאָרֶץ עַד מְקוֹם שְׁכֶם עַד אֵלוֹן מוֹרֶה", מָה אֵלוֹן מוֹרֶה הָאָמוּר לְהַלָּן — שְׁכֶם, אַף אֵלוֹן מוֹרֶה הָאָמוּר כָּאן — שְׁכֶם. שִׁשָּׁה שְׁבָטִים עָלוּ לְרֹאשׁ הַר גְּרִיזִים וְשִׁשָּׁה שְׁבָטִים עָלוּ לְרֹאשׁ הַר עֵיבָל, וְהַכֹּהֲנִים וְהַלְוִיִּם וְהָאָרוֹן עוֹמְדִים לְמַטָּה בָּאֶמְצַע. הַכֹּהֲנִים מַקִּיפִין אֶת הָאָרוֹן, וְהַלְוִיִּם אֶת הַכֹּהֲנִים, וְכָל יִשְׂרָאֵל מִכָּאן וּמִכָּאן, שֶׁנֶּאֱמַר: "וְכָל יִשְׂרָאֵל וּזְקֵנָיו וְשׁוֹטְרָיו וְשׁוֹפְטָיו עוֹמְדִים מִזֶּה וּמִזֶּה לָאָרוֹן" וגו'. הָפְכוּ פְּנֵיהֶם כְּלַפֵּי הַר גְּרִיזִים וּפָתְחוּ בִּבְרָכָה: "בָּרוּךְ הָאִישׁ אֲשֶׁר לֹא יַעֲשֶׂה פֶסֶל וּמַסֵּכָה", וְאֵלּוּ וָאֵלּוּ עוֹנִין אָמֵן. הָפְכוּ פְּנֵיהֶם כְּלַפֵּי הַר עֵיבָל וּפָתְחוּ בִּקְלָלָה: "אָרוּר הָאִישׁ אֲשֶׁר יַעֲשֶׂה פֶסֶל וּמַסֵּכָה", וְאֵלּוּ וָאֵלּוּ עוֹנִין אָמֵן, עַד שֶׁגּוֹמְרִין בְּרָכוֹת וּקְלָלוֹת. וְאַחַר כָּךְ הֵבִיאוּ אֶת הָאֲבָנִים, וּבָנוּ אֶת הַמִּזְבֵּחַ, וְסָדוּהוּ בְּסִיד, וְכָתְבוּ עָלָיו אֶת כָּל דִּבְרֵי הַתּוֹרָה בְּשִׁבְעִים לָשׁוֹן, שֶׁנֶּאֱמַר: "בַּאֵר הֵיטֵב". וְנָטְלוּ אֶת הָאֲבָנִים וּבָאוּ וְלָנוּ

רש"י

וְהָכָא בְּמַאי עָסְקִינַן. דְּקָתָנֵי: עֵד אֶחָד אוֹמֵר "נִטְמֵאת" וּשְׁנַיִם אוֹמְרִים "לֹא נִטְמֵאת" הָיְתָה שׁוֹתָה, וְאוֹקִימְנָא בִּפְסוּלֵי עֵדוּת וּבֵין בְּבַת אַחַת בֵּין בָּזֶה אַחַר זֶה, כְּר' נְחֶמְיָה. וְעַל כָּרְחֵךְ דְּבָזֶה אַחַר זֶה אִיצְטְרִיךְ עִיקָּר לְאַשְׁמוֹעִינַן, דְּאִי בְּבַת אַחַת — מַאי הַלֵּךְ אַחַר רוֹב דֵּיעוֹת אִיכָּא? כְּחַד וְחַד נָמֵי הָיְתָה שׁוֹתָה! [אֶלָּא] בְּהָכִי עָסְקִינַן; דְּהַהוּא דַּאֲתָא מֵעִיקָּרָא וְאָמַר "נִטְמֵאת" — אִשָּׁה הָוְיָא. הִילְכָּךְ אֲפִי' בָּזֶה אַחַר זֶה — אָתוּ תַּרְתֵּי וּמְבַטְּלֵי לָהּ. **וְתַרְצָהּ לְדְרַבִּי נְחֶמְיָה הָכִי כו'.** דְּהָא דַּאֲמַרַן לְעֵיל: וְעָשׂוּ שְׁתֵּי נָשִׁים בְּאִישׁ אֶחָד כו' — לָאו סֵיפָא דְּמִילְּתֵיהּ דְּרַבִּי נְחֶמְיָה הוּא, אֶלָּא פֵּירוּשָׁא דְּמִילְּתֵיהּ הוּא, דְּאָנוּ פָּרְשִׁין לָהּ הָכִי. **כִּי פַּלְגָא וּפַלְגָא דָּמֵי.** כְּלוֹמַר, כִּי חַד וְחַד. וְאִי בְּבַת אַחַת אָתוּ — אוֹקֵי תְּרֵי לְגַבֵּי חַד, וְאוֹקְמֵיהּ אַסְּפֵיקָא. וְאִי בָּזֶה אַחַר זֶה, וְהַהוּא דְּהֶאֱמִינָהּ תּוֹרָה קָדַם וַאֲתָא בְּרֵישָׁא — הֲוֵה לֵיהּ כִּשְׁנַיִם, וְהָנָךְ כְּחַד, וְאֵין דִּבְרֵיהֶם בִּמְקוֹמוֹ. וְהֵיכָא דִּשְׁתַּיִם אוֹמְרוֹת "נִטְמֵאת" וְעֵד אֶחָד כָּשֵׁר אוֹמֵר "לֹא נִטְמֵאת" — הָיְתָה שׁוֹתָה, דְּכִי חַד וְחַד נִינְהוּ. וּמַתְנִיתִין דְּקָתָנֵי: לֹא הָיְתָה שׁוֹתָה — כְּגוֹן דְּהַהוּא חַד הֲוָה פָּסוּל. **וְתַרְתֵּי בִּפְסוּלֵי עֵדוּת לָמָּה לִי.** לְמִתְנֵי מַתְנִי' הַלֵּךְ אַחַר רוֹב דֵּיעוֹת?. **לְחוּמְרָא.** שֶׁתִּשְׁתֶּה. **לְקוּלָּא.** לְהָקֵל מֵעָלֶיהָ, שֶׁלֹּא תִּשְׁתֶּה. **לָא אָזְלִינַן.** בָּתַר רוֹב דֵּיעוֹת בִּפְסוּלֵי עֵדוּת, וְהֵיכָא דִּשְׁתַּיִם אוֹמְרוֹת "נִטְמֵאת" וְאֶחָד אוֹמֵר "לֹא נִטְמֵאת", כֵּיוָן דְּאִיכָּא הַכְחָשָׁה כָּל דְּהוּ — נֵימָא: אוֹקֵי הַאי לְגַבֵּי הָנָךְ, וְאוֹקֵי מִילְּתָא אַסְּפֵיקָא וְתִשְׁתֶּה, קָא מַשְׁמַע לָן.

הדרן עלך מי שקינא

אֵלּוּ נֶאֱמָרִין *(בְּכָל לָשׁוֹן) גָּרְסִינַן. **פָּרָשַׁת סוֹטָה.** מַה שֶּׁהַכֹּהֵן אוֹמֵר לָהּ, וְלָא אָמְרִי' צָרִיךְ לְאוֹמְרָהּ בִּלְשׁוֹן הַקּוֹדֶשׁ כְּדֶרֶךְ שֶׁנִּכְתַּב. וּבְסִפְרִי אָמְרִי' דְּאִי לָא כְּתִיב קְרָא לְהַתִּיר בְּכָל לָשׁוֹן כִּדְלְקַמָּן — הֲוָה נִיגְמַר מִיְּבָמָה בְּקַל וָחוֹמֶר; וּמַה יְּבָמָה קַלָּה לֹא עָשָׂה בָּהּ כָּל הַלְּשׁוֹנוֹת כִּלְשׁוֹן הַקּוֹדֶשׁ — סוֹטָה חֲמוּרָה לֹא כָּל שֶׁכֵּן. **וִידּוּי מַעֲשֵׂר.** בַּשָּׁנָה הַשְּׁלִישִׁית: "בִּעַרְתִּי הַקּוֹדֶשׁ מִן הַבַּיִת" (דברים כו). שֶׁהוּא מוֹצִיא כָּל מַעַשְׂרוֹתָיו וּמְבַעֲרָן מִבֵּיתוֹ, וְאֵין יָכוֹל עוֹד לְהַשְׁהוֹתָם, וְנוֹתֵן מַעֲשֵׂר רִאשׁוֹן לַלֵּוִי, וּמַעֲשַׂר עָנִי לָעֲנִיִּים, וּמַעֲשֵׂר שֵׁנִי שֶׁל שְׁתֵּי שָׁנִים שֶׁעָבְרוּ — מַעֲלֵיהוּ לִירוּשָׁלַיִם עַכְשָׁיו אִם לֹא הֶעֱלָהוּ, וּמִתְוַדֶּה: "בִּעַרְתִּי הַקֹּדֶשׁ" — זֶה מַעֲשֵׂר שֵׁנִי, "וְגַם נְתַתִּיו לַלֵּוִי" — זֶה מַעֲשֵׂר רִאשׁוֹן, "לַגֵּר לַיָּתוֹם וְלָאַלְמָנָה" — זֶה מַעֲשַׂר עָנִי. וְאוֹמְרוֹ בְּכָל לָשׁוֹן, כִּדְיָלֵיף לְקַמָּן, וְלָא אָמְרִינַן: בַּלָּשׁוֹן זֶה הִזְקִיקוֹ הַכָּתוּב לְאוֹמְרָהּ בלה"ק. **וּשְׁבוּעַת הָעֵדוּת וּשְׁבוּעַת הַפִּקָּדוֹן.** בְּכָל לָשׁוֹן שֶׁהִשְׁבִּיעוּהוּ וְכָפַר וְלֹא הוֹדָה — חַיָּיב קָרְבָּן עוֹלֶה וְיוֹרֵד הָאָמוּר בִּשְׁבוּעַת הָעֵדוּת, וְאָשָׁם גְּזֵילוֹת בִּשְׁבוּעַת הַפִּקָּדוֹן. **וְאֵלּוּ נֶאֱמָרִין בלה"ק.** וְלָא אָמְרִינַן: נִגְמַר מֵהָנָךְ דִּלְעֵיל שֶׁנִּכְתַּב וְנִסְדַּר עֲלֵיהֶן כָּל מִצְוַת דִּיבּוּרָם וְאֵין צָרִיךְ לְאוֹמְרָן בלה"ק, כְּדִכְתִיב בְּכוּלְּהוּ. מִשּׁוּם דִּבְהָנֵי כְּתִיב עִיכּוּבָא. **מִקְרָא בִּיכּוּרִים.** שֶׁהָיָה קוֹרֵא מֵ"אֲרַמִּי אוֹבֵד אָבִי" עַד סוֹף כָּל הַפָּרָשָׁה. **וַחֲלִיצַת יְבָמָה.** הִיא אוֹמֶרֶת "מֵאֵן יְבָמִי" וגו', וְהוּא אוֹמֵר "לֹא חָפַצְתִּי לְקַחְתָּהּ", וְאַחַר הַחֲלִיצָה הִיא אוֹמֶרֶת "כָּכָה יֵעָשֶׂה לָאִישׁ" וגו'. **בְּרָכוֹת וּקְלָלוֹת.** שֶׁאָמְרוּ יְהוֹשֻׁעַ וְיִשְׂרָאֵל בְּהַר גְּרִיזִים וְהַר עֵיבָל. **בִּרְכַּת כֹּהֲנִים.** נְשִׂיאוּת כַּפַּיִם. **בִּרְכַּת כֹּהֵן גָּדוֹל.** בְּיוֹם הַכִּפּוּרִים, אַחַר עֲבוֹדַת הַיּוֹם, שֶׁלִּפְנַי וְלִפְנִים הָיָה קוֹרֵא בַּתּוֹרָה אֶת הַפָּרָשָׁה, וּמְבָרֵךְ שְׁמוֹנֶה בְּרָכוֹת, כִּדְמְפָרֵשׁ בְּמַתְנִיתִין. **וּפָרָשַׁת הַמֶּלֶךְ.** מְפָרֵשׁ בְּסוֹף פִּירְקָא, וְהִיא פָּרָשַׁת הַקָּהֵל*. **וּפָרָשַׁת עֶגְלָה עֲרוּפָה.** "יָדֵינוּ לֹא שָׁפְכוּ" וגו', "כַּפֵּר לְעַמְּךָ יִשְׂרָאֵל" וגו' (דברים כא). **פָּרָשַׁת מְשׁוּחַ מִלְחָמָה.** (שם כ) "וְהָיָה כְּקָרָבְכֶם אֶל" וגו', "שְׁמַע יִשְׂרָאֵל אַתֶּם קְרֵבִים הַיּוֹם" וגו', "כִּי ה' אֱלֹהֵיכֶם" וגו'. **כֵּיצַד.** כְּמוֹ מִנַּיִן. **וּלְהַלָּן הוּא אוֹמֵר.** בִּבְרָכוֹת וּקְלָלוֹת שֶׁל הַר גְּרִיזִים. וּלְקַמָּן *מְפָרֵשׁ הָתָם גּוּפֵיהּ מְנָא לָן (א). *) **אֵינוֹ צָרִיךְ.** לְלַמְּדָהּ בִּגְזֵרָה שָׁוָה, שֶׁמַּשְׁמָעוּתָהּ הִיא לְמֵידָה. **וְעָנְתָה וְאָמְרָה כָּכָה.** *דְּמַשְׁמַע: כַּלָּשׁוֹן זֶה תֹּאמַר. **שֶׁבְּשׁוֹמְרוֹן.** אֵצֶל שׁוֹמְרוֹן. **לְמַטָּה בָּאֶמְצַע.** בֵּין שְׁנֵי הֶהָרִים. **מִכָּאן וּמִכָּאן.** עַל הֶהָרִים. **הָפְכוּ.** הַלְוִיִּם פְּנֵיהֶם כְּלַפֵּי הַר גְּרִיזִים, וּפָתְחוּ בִּבְרָכָה; כָּל הָאֲרוּרִים הָיוּ אוֹמְרִים תְּחִלָּה בִּלְשׁוֹן בְּרָכָה. **אֵלּוּ וָאֵלּוּ.** שֶׁבְּהַר גְּרִיזִים וְשֶׁבְּהַר עֵיבָל. וְהָא דִּכְתִיב: "וְאֵלֶּה יַעַמְדוּ לְבָרֵךְ" — לֹא שֶׁהָיוּ הַשְּׁבָטִים מְבָרְכִין וּמְקַלְּלִין, אֶלָּא הַלְוִיִּם הָעוֹמְדִים בֵּין שְׁנֵי הֶהָרִים, הוֹפְכִין פְּנֵיהֶם לְהַר גְּרִיזִים בִּבְרָכָה וּלְהַר עֵיבָל בִּקְלָלָה. **הֵבִיאוּ אֶת הָאֲבָנִים.** כְּדִכְתִיב: "וּבָנִיתָ שָּׁם מִזְבֵּחַ וגו' וְכָתַבְתָּ עֲלֵיהֶן אֶת כָּל דִּבְרֵי הַתּוֹרָה הַזֹּאת בַּאֵר הֵיטֵב". **וְנָטְלוּ אֶת הָאֲבָנִים.** סָתְרוּ אֶת הַמִּזְבֵּחַ לְאַחַר שֶׁהֶעֱלוּ הָעוֹלוֹת וְהַשְּׁלָמִים, כְּדִכְתִיב: "וְהַעֲלִיתָ עָלָיו עוֹלוֹת" (שם כז).

*) עיין רש"ל

תוספות

מהו דתימא כי אזלינן בתר רוב דיעות לחומרא אבל לקולא לא קמ"ל. ואם תאמר: הא ממתני' בפרק "האשה שהלכה" (יבמות ד' קיז:) וממתני' דפרק "עגלה ערופה" (לקמן דף מז.) שמעינן לה! י"ל: דהכא איצטריך, דאפילו לקולא, אע"ג דרגלים לדבר. ועוד: דלא תנא פסולי העדות בהדיא במתני', להכי תנא גבי כל חד וחד.

הדרן עלך מי שקנא

ה"ג בסדר המשנה

אלו נאמרין בלשונם. ופירוש: כל אדם בלשונו שהוא שומע. לאפוקי למדי שאינו אומר בלשון פרסי, אם אינו שומעו. אבל בכל לשון — משמע בין שומע בין אינו שומע. ובגמרא לא משמע הכי. **קרית** שמע ותפלה. תימה: אמאי שייר הלל, וקידוש של שבת, וברכת הפירות, וברכת המצות? וליכא למימר דלא נקט אלא דאורייתא, דהא בפרק "מי שמתו" (ברכות דף כא.) משמע דתפלה וקרית שמע דרבנן! ועוד: דהתם (דף כ:) משמע דקידוש דאורייתא, והכי משמע נמי ברים מסכת נזיר (דף ג:) בשלמא מקרא מגילה איכא למימר: להכי שייר, דתנא בפ"ב דמגילה (דף יז.): הלועז שמשע אשורית — יצא. אלא הני אמאי שייר? וגראה דהני נאמרים בכל לשון אפי' אינו שומע, הלכך לא דמו להני דמתני', דנאמרין דוקא בלשונם*. איהו

תוספות שאנץ

והב"ע כגון דההיא דאתא מעיקרא אשה הואי. הילכך בזה אחר זה אתו תרתי ומבטלי ליה: ותרצה לדר' נחמיה. דאמר עשו שתי נשים כאיש אחד לאו סיפיה דמלתיה דר' נחמיה הוא אלא פירוש דמלתא היא דאנן פרשי לה הכי: כי פלגא ופלגא כחד וחד ואי בבת אחת אתו אוקי חד להדי חד ואוקמי' אספיקא ואי בזה אחר זה וההוא דהאמינה תורה קדם ברישא הוה ליה איהו כשנים והנך כחד ואין דבריהם במקומו. והיכא דשנים אומרים שנטמאת ועד אחד כשר אומר שלא נטמאת היתה שותה דכי חד וחד נינהו ומתני' דקתני לא היתה שותה כגון דההוא חד הוי פסול:

סליק פירקא

אלו נאמרין בכל לשון פרשת סוטה מה שהכהן אומר לה. ולא אמרינן שצריך לאומרם בלשון הקדש כדרך שנכתב נצטווה לאומרו ובספרי אמרי' דאי לא כתב קרא להתיר בכל לשון ה"א דנגמר מיבמה מק"ו ומה יבמה קלה לא עשה בה כל הלשונות כלשון הקדש סוטה שהיא חמורה לא כל שכן ל"ה. וא"ת אמאי לא חשיב שבועת הדיינין דאמר בפ' שבועת הדיינין דאף היא בכל לשון נאמרה. וי"ל דתנא ושייר ומה שייר דהא שייר שבועת הביטוי דאף היא בכל לשון [...]

Koren Talmud Bavli
THE NOÉ EDITION

SOTA

Steinsaltz
Center

KOREN

תלמוד בבלי

KOREN TALMUD BAVLI

THE NOÉ EDITION

סוטה

SOTA

Daf 14a through Daf 32a

COMMENTARY BY

Rabbi Adin Even-Israel Steinsaltz

EDITOR-IN-CHIEF

Rabbi Dr Tzvi Hersh Weinreb

SENIOR CONTENT EDITOR

Rabbi Dr Shalom Z Berger

EXECUTIVE EDITOR

Rabbi Joshua Schreier

STEINSALTZ CENTER

KOREN PUBLISHERS JERUSALEM

Supported by the Matanel Foundation

Koren Talmud Bavli, The Noe Edition
Vol. 18b: Tractate Sota, Daf 14a through Daf 32a
Paperback, ISBN, 978-965-7765-84-5

First Hebrew/English paperback edition, 2021

Koren Publishers Jerusalem Ltd.
PO Box 4044, Jerusalem 91040, ISRAEL
PO Box 8531, New Milford, CT 06776, USA
www.korenpub.com

Steinsaltz Center

Steinsaltz Center is the parent organization of institutions established by Rabbi Adin Even-Israel Steinsaltz

PO Box 45187, Jerusalem 91450 ISRAEL
Telephone: +972 2 646 0900, Fax +972 2 624 9454
www.steinsaltz-center.org

This book was published in cooperation with the Israel Institute for Talmudic Publications.

הִנֵּה יָמִים בָּאִים, נְאֻם אֲדֹנָי יֱהֹוִה, וְהִשְׁלַחְתִּי רָעָב בָּאָרֶץ,
לֹא־רָעָב לַלֶּחֶם וְלֹא־צָמָא לַמַּיִם, כִּי אִם־לִשְׁמֹעַ אֵת דִּבְרֵי יהוה.

Behold, days are coming – says the Lord God – I will send a hunger to the land, not a hunger for bread nor a thirst for water, but to hear the words of the Lord. (AMOS 8:11)

The Noé edition of the Koren Talmud Bavli
with the commentary of Rabbi Adin Even-Israel Steinsaltz
is dedicated to all those who open its covers
to quench their thirst for Jewish Knowledge,
in our generation of Torah renaissance.

This beautiful edition is for the young, the aged,
the novice and the savant alike,
as it unites the depth of Torah knowledge
with the best of academic scholarship.

Within its exquisite and vibrant pages,
words become worlds.

It will claim its place in the library of classics,
in the bookcases of the Beit Midrash,
the classrooms of our schools,
and in the offices of professionals and business people
who carve out precious time to grapple with its timeless wisdom.

For the Student and the Scholar

DEDICATED BY LEO AND SUE NOÉ

Steinsaltz Center

Executive Director, Steinsaltz Center

Rabbi Meni Even-Israel

Managing Editor

Rabbi Jason Rappoport

Senior Content Editor

Rabbi Dr. Shalom Z. Berger

Editors

Rabbi Dr. Joshua Amaru, *Coordinating Editor*
Rabbi Avishai Magence, *Content Curator*
Menucha Chwat
Rabbi Yehoshua Duker
Betzalel Philip Edwards
Rabbi Yonatan Shai Freedman
Rabbi Ayal Geffon
Nechama Greenberg
Rabbi Yonatan Kohn
Rabbi Jason Leib
Elie Leshem
Elisha Loewenstern
Yedidya Naveh
Jay Shapiro
Ami Silver
Ami Vick
Rabbi Binyamin Zimmerman

Copy Editors

Aliza Israel, *Coordinator*
Bracha Hermon
Ita Olesker
Debbie Ismailoff
Shira Finson
Ilana Sobel
Deena Nataf
Eliana Kurlantzick Yorav
Erica Hirsch Edvi
Nava Wieder

Language Consultants

Dr. Stephanie E. Binder, *Greek & Latin*
Rabbi Yaakov Hoffman, *Arabic*
Dr. Shai Secunda, *Persian*
Shira Shmidman, *Aramaic*

KOREN

Design & Typesetting

Dena Landowne Bailey, *Typesetting*
Tani Bayer, *Jacket Design*
Raphaël Freeman, *Design & Typography*

Images

Eliahu Misgav, *Illustration & Image Acquisition*
Daniel Gdalevich, *Illustration & Image Acquisition*

Introduction by the Publisher

The Talmud has sustained and inspired Jews for thousands of years. Throughout Jewish history, an elite cadre of scholars has absorbed its learning and passed it on to succeeding generations. The Talmud has been the fundamental text of our people.

Beginning in the 1960s, Rabbi Adin Even-Israel Steinsaltz שליט״א created a revolution in the history of Talmud study. His translation of the Talmud, first into modern Hebrew and then into other languages, as well the practical learning aids he added to the text, have enabled millions of people around the world to access and master the complexity and context of the world of Talmud.

It is thus a privilege to present the *Koren Talmud Bavli*, an English translation of the talmudic text with the brilliant elucidation of Rabbi Steinsaltz. The depth and breadth of his knowledge are unique in our time. His rootedness in the tradition and his reach into the world beyond it are inspirational.

Working with Rabbi Steinsaltz on this remarkable project has been not only an honor, but a great pleasure. Never shy to express an opinion, with wisdom and humor, Rabbi Steinsaltz sparkles in conversation, demonstrating his knowledge (both sacred and worldly), sharing his wide-ranging interests, and, above all, radiating his passion. I am grateful for the unique opportunity to work closely with him, and I wish him many more years of writing and teaching.

Our intentions in publishing this new edition of the Talmud are threefold. First, we seek to fully clarify the talmudic page to the reader – textually, intellectually, and graphically. Second, we seek to utilize today's most sophisticated technologies, both in print and electronic formats, to provide the reader with a comprehensive set of study tools. And third, we seek to help readers advance in their process of Talmud study.

To achieve these goals, the *Koren Talmud Bavli* is unique in a number of ways:

- The classic *tzurat hadaf* of Vilna, used by scholars since the 1800s, has been reset for great clarity, and opens from the Hebrew "front" of the book. Full *nikkud* has been added to both the talmudic text and Rashi's commentary, allowing for a more fluent reading with the correct pronunciation; the commentaries of *Tosafot* have been punctuated. Upon the advice of many English-speaking teachers of Talmud, we have separated these core pages from the translation, thereby enabling the advanced student to approach the text without the distraction of the translation. This also reduces the number of volumes in the set. At the bottom of each *daf*, there is a reference to the corresponding English pages. In addition, the Vilna edition was read against other manuscripts and older print editions, so that texts which had been removed by non-Jewish censors have been restored to their rightful place.
- The English translation, which starts on the English "front" of the book, reproduces the *menukad* Talmud text alongside the English translation (in bold) and commentary and explanation (in a lighter font). The Hebrew and Aramaic text is presented in logical paragraphs. This allows for a fluent reading of the text for the non-Hebrew or non-Aramaic reader. It also allows for the Hebrew reader to refer easily to the text alongside. Where the original text features dialogue or poetry, the English text is laid out in a manner appropriate to the genre. Each page refers to the relevant *daf*.

- Critical contextual tools surround the text and translation: personality notes, providing short biographies of the Sages; language notes, explaining foreign terms borrowed from Greek, Latin, Persian, or Arabic; and background notes, giving information essential to the understanding of the text, including history, geography, botany, archaeology, zoology, astronomy, and aspects of daily life in the talmudic era.
- Halakhic summaries provide references to the authoritative legal decisions made over the centuries by the rabbis. They explain the reasons behind each halakhic decision as well as the ruling's close connection to the Talmud and its various interpreters.
- Photographs, drawings, and other illustrations have been added throughout the text – in full color in the Standard and Electronic editions, and in black and white in the Daf Yomi edition – to visually elucidate the text.

This is not an exhaustive list of features of this edition, it merely presents an overview for the English-speaking reader who may not be familiar with the "total approach" to Talmud pioneered by Rabbi Steinsaltz.

Several professionals have helped bring this vast collaborative project to fruition. My many colleagues are noted on the Acknowledgments page, and the leadership of this project has been exceptional.

RABBI MENACHEM EVEN-ISRAEL, DIRECTOR OF THE STEINSALTZ CENTER, was the driving force behind this enterprise. With enthusiasm and energy, he formed the happy alliance with Koren and established close relationships among all involved in the work.

RABBI DR. TZVI HERSH WEINREB שליט״א, EDITOR-IN-CHIEF, brought to this project his profound knowledge of Torah, intellectual literacy of Talmud, and erudition of Western literature. It is to him that the text owes its very high standard, both in form and content, and the logical manner in which the beauty of the Talmud is presented.

RABBI JOSHUA SCHREIER, EXECUTIVE EDITOR, assembled an outstanding group of scholars, translators, editors, and proofreaders, whose standards and discipline enabled this project to proceed in a timely and highly professional manner.

RABBI MEIR HANEGBI, EDITOR OF THE HEBREW EDITION OF THE STEINSALTZ TALMUD, lent his invaluable assistance throughout the work process, supervising the reproduction of the Vilna pages.

RAPHAËL FREEMAN, EXECUTIVE EDITOR OF KOREN, created this Talmud's unique typographic design which, true to the Koren approach, is both elegant and user friendly.

It has been an enriching experience for all of us at Koren Publishers Jerusalem to work with the Steinsaltz Center to develop and produce the *Koren Talmud Bavli*. We pray that this publication will be a source of great learning and, ultimately, greater *avodat Hashem* for all Jews.

Matthew Miller, Publisher
Koren Publishers Jerusalem
Jerusalem 5772

Contents

For the vocalized Vilna Shas layout, please open as a Hebrew book.

Introduction to **Perek II**

And the priest shall bring her near, and set her before the Lord.

And the priest shall take holy water in an earthen vessel; and of the dust that is on the floor of the Tabernacle the priest shall take, and put it into the water.

And the priest shall set the woman before the Lord, and let the hair of the woman's head go loose, and put the meal-offering of memorial in her hands, which is the meal-offering of jealousy; and the priest shall have in his hand the water of bitterness that causes the curse.

And the priest shall cause her to swear, and shall say to the woman: If no man has lain with you, and if you have not gone astray to defilement while under your husband, you shall be free from this water of bitterness that causes the curse;

But if you have gone astray while under your husband, and if you are defiled, and some man has lain with you besides your husband;

Then the priest shall cause the woman to swear with the oath of cursing, and the priest shall say to the woman: The Lord shall make you a curse and an oath among your people, when the Lord will cause your thigh to fall away, and your belly to swell;

And this water that causes the curse shall go into your bowels, and cause your belly to swell, and your thigh to fall away; and the woman shall say: Amen, amen.

And the priest shall write these curses in a scroll, and he shall blot them out into the water of bitterness.

(Numbers 5:16–23)

This chapter clarifies many of the *halakhot* recorded in these verses. It enumerates the sacrifice of the meal-offering of the *sota*, the drinking of the bitter water of a *sota*, and the oath administered to the *sota*, and describes the acts of the priest administering the ritual. Furthermore, it discusses the source of the water to be drunk and the proper amount of water to use, as well as the source of the dust described in the verses and the amount that must be placed in the water. The Gemara also elaborates on the order in which the water and dust are applied and the type of drinking utensil used.

Also addressed are various questions concerning the scroll of the *sota*: Which curses must be written in the scroll? Must the entire passage of the Torah be written? What ink should be used, and on what surface are the words to be written?

Finally, the chapter addresses the range of cases that are to be included in the oath of the *sota*.

מתני׳ הָיָה מֵבִיא אֶת מִנְחָתָהּ בְּתוֹךְ כְּפִיפָה מִצְרִית, וְנוֹתְנָהּ עַל יָדֶיהָ כְּדֵי לְיַגְּעָהּ.

MISHNA The husband of the *sota* **would bring**[N] his wife's **meal-offering** to the priest **in an Egyptian wicker basket**[HB] made of palm branches, **and he would place**[N] the meal-offering **in her hands** for her to hold throughout the ritual **in order to fatigue her.** This might lead her to confess her guilt and not drink the water of a *sota* unnecessarily.

כָּל הַמְּנָחוֹת תְּחִילָּתָן וְסוֹפָן בִּכְלִי שָׁרֵת, וְזוֹ תְּחִלָּתָהּ בִּכְפִיפָה מִצְרִית וְסוֹפָהּ בִּכְלִי שָׁרֵת.

The mishna lists differences between this meal-offering and other meal-offerings. Generally, **all meal-offerings,** from **their beginnings,** i.e., the moment they are consecrated, **and until their ends,** i.e., the moment they are sacrificed, must be **in a service vessel. But** in the case of **this one, its beginning is in a wicker basket and** only at **its end,** immediately before it is offered, is it placed **in a service vessel.**

כָּל הַמְּנָחוֹת טְעוּנוֹת שֶׁמֶן וּלְבוֹנָה, וְזוֹ אֵינָהּ טְעוּנָה לֹא שֶׁמֶן וְלֹא לְבוֹנָה. כָּל הַמְּנָחוֹת בָּאוֹת מִן הַחִטִּין, וְזוֹ בָּאָה מִן הַשְּׂעוֹרִין. מִנְחַת הָעוֹמֶר אַף עַל פִּי שֶׁבָּאָה מִן הַשְּׂעוֹרִין, הִיא הָיְתָה בָּאָה גֶּרֶשׂ, וְזוֹ בָּאָה קֶמַח. רַבָּן גַּמְלִיאֵל אוֹמֵר: כְּשֵׁם שֶׁמַּעֲשֶׂיהָ מַעֲשֵׂה בְהֵמָה, כָּךְ קָרְבָּנָהּ מַאֲכַל בְּהֵמָה.

All other **meal-offerings require oil**[H] **and frankincense, and this one requires neither oil nor frankincense.** Furthermore, **all** other **meal-offerings are brought from wheat,**[H] **and this one is brought from barley. Although** in fact **the *omer* meal-offering**[HB] is also **brought from barley,** it is still different in that **it was brought as groats,** i.e., high-quality meal. The meal-offering of the *sota,* however, **is brought as** unsifted barley **flour. Rabban Gamliel says:** This hints that **just as her actions** of seclusion with another man **were the actions of an animal, so too her offering is animal food,** i.e., barley and not wheat.

גמ׳ תַּנְיָא, אַבָּא חָנִין אוֹמֵר מִשּׁוּם רַבִּי אֱלִיעֶזֶר: [וְכָל כָּךְ לָמָּה?] כְּדֵי לְיַגְּעָהּ, כְּדֵי שֶׁתַּחֲזוֹר בָּהּ. אִם כָּכָה חָסָה תּוֹרָה עַל עוֹבְרֵי רְצוֹנוֹ, קַל וָחוֹמֶר עַל עוֹשֵׂי רְצוֹנוֹ.

GEMARA It is taught in a *baraita* that **Abba Ḥanin says in the name of Rabbi Eliezer: And why is so much** done to her? It is **in order to fatigue her, so that she will retract** and confess her guilt and be spared death. **And if the Torah is so protective of those who transgress His will,** i.e., the *sota,* who secluded herself with the man she was warned against, then by ***a fortiori*** inference He is protective **of those who do His will.**

וּמִמַּאי מִשּׁוּם דְּחָסָה הוּא? דִּילְמָא כִּי הֵיכִי דְּלָא תִּימָּחֵק מְגִילָּה! קָסָבַר

The Gemara asks: **And from where** is it derived that they attempt to induce her to confess **because** the Torah **is protective** of the *sota*? **Perhaps** it is **in order that the scroll** of the *sota,* containing the name of God, **will not be erased.** The Gemara responds: Rabbi Eliezer **holds**

NOTES

The husband would bring – הָיָה מֵבִיא: The Jerusalem Talmud states explicitly that the husband must bring this meal-offering from his own funds. The reason is that the husband has a personal need for this offering, as he must clarify for himself the innocence or guilt of his wife (*Kerem Nata*).

Would bring…and he would place – הָיָה מֵבִיא...וְנוֹתְנָהּ: *Tosafot* point out that the order of the *sota* procedure recorded in the mishna does not match the order as recorded in the Torah (see Numbers 5:11–31). In a comment on 17b, *Tosafot* conclude that the order in the Torah is authoritative, rather than the order in the mishna. However, the Rambam in the *Mishne Torah* appears to present a different order than the one presented by *Tosafot*.

HALAKHA

In an Egyptian wicker basket – בְּתוֹךְ כְּפִיפָה מִצְרִית: The priest brings a tenth of an ephah of barley flour belonging to the husband, puts it in a basket made of palm branches, and then puts this basket in the hands of the *sota* in order to exhaust her (Rambam *Sefer Nashim, Hilkhot Sota* 3:12).

All meal-offerings require oil, etc. – כָּל הַמְּנָחוֹת טְעוּנוֹת שֶׁמֶן וכו׳: All meal-offerings placed on the altar require oil and frankincense: A *log* of oil for each tenth of an ephah of flour and a handful of frankincense for every meal-offering. The exceptions are the meal-offerings of a sinner and a *sota* (Rambam *Sefer Nashim, Hilkhot Sota* 3:13 and *Sefer Avoda, Hilkhot Ma'aseh HaKorbanot* 12:7).

All meal-offerings are brought from wheat – כָּל הַמְּנָחוֹת בָּאוֹת מִן הַחִטִּין: All meal-offerings are brought from fine wheat flour except for the *omer* meal-offering and the meal-offering of the *sota*, which are brought from barley (Rambam *Sefer Avoda, Hilkhot Ma'aseh HaKorbanot* 12:2).

The *omer* meal-offering – מִנְחַת הָעוֹמֶר: The *omer* meal-offering brought from the choicest barley flour, sifted thirteen times, while the meal-offering of the *sota* is brought from ordinary barley flour (Rambam *Sefer Nashim, Hilkhot Sota* 3:13 and *Sefer Avoda, Hilkhot Temidin UMusafin* 7:11–12).

BACKGROUND

Egyptian wicker basket – כְּפִיפָה מִצְרִית: These baskets are made by bending thin willow branches into a bowl shape.

The *omer* meal-offering – מִנְחַת הָעוֹמֶר: The *omer* meal-offering, which consisted of one tenth of an ephah of barley flour, was sacrificed in the Temple on the sixteenth of Nisan, the second day of the festival of Passover. The *omer* was harvested from newly ripe barley on the second night of Passover and was prepared as roasted flour. A handful was burned on the altar, while the rest was eaten by the priests. In addition to the *omer* offering, a male sheep was sacrificed as a burnt-offering, together with a wine libation and two-tenths of an ephah of wheat flour as a meal-offering. Once the *omer* offering was sacrificed, the general populace was permitted to eat grain from the new harvest. It is a mitzva by Torah law to count the days from the sixteenth of Nisan, the day the *omer* meal-offering was brought, until the festival of *Shavuot*. This mitzva is known as *sefirat haomer*, the counting of the *omer*.

משקה ואחר כך מקריב את מנחתה, דאי משום מגילה, הא אימחיקא לה.

that the priest would first **give** her the water of the *sota* **to drink, and** only **afterward** would he **sacrifice her meal-offering.** Therefore, **if** the concern were **due to the scroll,** it would no longer be applicable, as **it was** already **erased**[N] in the water of the *sota* before the meal-offering was brought. The efforts to fatigue her by making her hold the meal-offering must indicate that the Torah is protective of her.

״כל המנחות״ וכו׳. ורמינהו: סדר מנחות כיצד? אדם מביא מנחה מתוך ביתו בקלתות של כסף ושל זהב, ונותנה לתוך כלי שרת ומקדשה בכלי שרת, ונותן עליה שמנה ולבונתה ומוליכה אצל כהן, וכהן מוליכה אצל מזבח ומגישה בקרן דרומית מערבית כנגד חודה של קרן ודיו.

It was taught in the mishna: **All meal-offerings,** from their beginning until their end, are placed in service vessels and remain there. The Gemara **raises a contradiction** from the *Tosefta* (*Menaḥot* 1:16): **What is the procedure for meal-offerings?**[H] **A person brings his meal-offering from his property in baskets** [*kelatot*][L] **of silver and of gold, and** when he reaches the Temple **he places it in a service vessel and sanctifies it in** the **service vessel, and he puts its oil and frankincense on it, and he carries it to the priest. And the priest** then **carries it to the altar and brings it near to the southwest horn** of the altar, **opposite the corner of the horn** of the altar. **And** this **is sufficient.**

ומסלק את הלבונה לצד אחד, וקומץ ממקום שנתרבה שמנה, ונותנו לתוך כלי שרת ומקדשו בכלי שרת. ומלקט את לבונתה ונותנה על גביו ומעלה אותו לגבי מזבח, ומעלהו ומקטירו בכלי שרת, ומולחו ונותנו על גבי האישים.

The *baraita* continues: **And** the priest then **removes the frankincense to one side, and he removes a handful from the place where its oil has accumulated** and mixed with the flour, **and he puts** the handful **into a service vessel and consecrates it in** the **service vessel. And he** then **gathers its frankincense and puts it on top of** the handful **and brings it up onto the altar. And he brings it up and burns it in** the **service vessel; and he salts it and places it upon the fires.**

קרב הקומץ – שיריה נאכלין, ורשאין הכהנים ליתן לתוכה יין ושמן ודבש, ואין אסורין אלא מלחמץ.

The *baraita* continues: After **the handful is sacrificed,**[H] **the remainders of** the meal-offering **are eaten. And the priests are permitted**[H] **to put wine and oil and honey in it,** even though it is prohibited to offer honey on the altar. **And they are prohibited only from** allowing the meal-offering **to become leavened.**

קתני מיהא: בקלתות של כסף ובקלתות של זהב! אמר רב פפא, אימא: בכלים הראויין לכלי שרת.

The Gemara asks: **In any event,** the *baraita* **teaches** that the meal-offering is first placed **in baskets of silver and baskets of gold** brought from one's home. This seems to contradict the mishna's statement that all other meal-offerings are initially in service vessels. **Rav Pappa said:** The mishna means to **say** that meal-offerings are placed **in vessels** of silver and gold, as **these are suitable to be service vessels** if consecrated.

מכלל דכפיפה מצרית לא חזיא, כמאן? דלא כרבי יוסי ברבי יהודה! דתניא: כלי שרת שעשאן של עץ – רבי פוסל, ורבי יוסי ברבי יהודה מכשיר!

The Gemara notes: Since the mishna distinguishes in this regard between the meal-offering of the *sota* and all other meal-offerings, one may learn **by inference that an Egyptian wicker basket is not suitable** to be a service vessel even if it is consecrated. **In accordance with whose** opinion is this the case? It is **not in accordance with** the opinion of **Rabbi Yosei, son of Rabbi Yehuda, as it is taught** in a *baraita*: With regard to **service vessels that were made of wood,**[H] **Rabbi** Yehuda HaNasi **deems them unfit, and Rabbi Yosei, son of Rabbi Yehuda, deems them fit.**

אפילו תימא רבי יוסי ברבי יהודה, אימר דאמר רבי יוסי ברבי יהודה – בחשובין, בפחותין מי אמר? לית ליה לרבי יוסי ברבי יהודה ״הקריבהו נא לפחתך״?!

The Gemara responds: **You can even say that** the mishna is in accordance with the opinion of **Rabbi Yosei, son of Rabbi Yehuda. Say that Rabbi Yosei, son of Rabbi Yehuda, says** that wooden vessels are deemed fit **with regard to** those of **superior** quality; but **does he say** likewise **with regard to** vessels of **lesser** quality, e.g., a basket made of palm branches? **Doesn't Rabbi Yosei, son of Rabbi Yehuda, hold** to the principle articulated in the verse: "And when you offer the blind for a sacrifice, is it not evil! …If you would **present it now unto your governor,** will he be pleased with you or show you favor?" (Malachi 1:8)? Nothing that is unfit for presentation to a ruler may be brought to the Temple. Therefore, even Rabbi Yosei, son of Rabbi Yehuda, must agree that a basket made of palm branches cannot be a service vessel.

NOTES

It was already erased – הא אימחיקא לה: *Tosafot* note that the Gemara previously stated (7a) that after the scroll is erased the *sota* is encouraged to drink the water of the *sota* . However, according to the Gemara here she is encouraged to confess even after the scroll has been erased. The *Sefat Emet* explains that prior to the erasing of the scroll, the woman is discouraged from drinking even if she is innocent, so that the scroll with the name of God need not be erased. After the scroll has been erased, she is encouraged to drink if she is innocent, but if she is guilty she should confess her guilt instead (see *Minḥat Kenaot*).

HALAKHA

What is the procedure for meal-offerings – סדר מנחות כיצד: The procedure for the sacrifice of meal-offerings is as follows: One who brings a meal-offering brings fine flour from his home in a vessel of silver or gold, suitable to be a service vessel. If it is a meal-offering of fine flour, he places it in a service vessel and sanctifies it in the Temple. Baked meal-offerings are baked in the Temple and broken into pieces. Oil and frankincense are placed upon the flour, and it is brought to the priest, who carries it to the altar. The priest brings it opposite the corner of the horn of the altar. He removes the frankincense to one side, removes a handful of the meal-offering from the place where the oil has accumulated, puts it into a service vessel, and sanctifies it there. He then gathers all the frankincense and places it on top of the handful in the vessel, brings the handful up to the altar, salts it, and places it on the fire (Rambam *Sefer Avoda, Hilkhot Ma'aseh HaKorbanot* 13:12).

After the handful is sacrificed – קרב הקומץ: After the priest places the handful on the fire of the altar and most of it has ignited, the remainder of the meal-offering may be eaten by the priests. However, the meal-offering brought by a priest is not eaten at all (Rambam *Sefer Avoda, Hilkhot Ma'aseh HaKorbanot* 12:9, 13).

The priests are permitted, etc. – רשאין הכהנים וכו׳: The priests are permitted to eat meal-offerings together with other foods and are even permitted to place honey on them. However, they are prohibited by Torah law from eating them in leavened form (Rambam *Sefer Avoda, Hilkhot Ma'aseh HaKorbanot* 12:14).

Service vessels that were made of wood – כלי שרת שעשאן של עץ: Service vessels may be fashioned only of metallic substances; if they are made of wood or glass they are invalid. This ruling is in accordance with Rabbi Yehuda HaNasi's opinion, as the *halakha* is generally ruled in his favor in disputes with his colleagues (Rambam *Sefer Avoda, Hilkhot Beit HaBeḥira* 1:18).

LANGUAGE

Baskets [*kelatot*] – קלתות: From the Greek κάλαθος, *kalathos*, a basket with a narrow base used primarily by women for holding wool and work utensils.

"ונותנה לכלי שרת ומקדשה בכלי שרת". שמעת מינה: כלי שרת אין מקדשין אלא מדעת! אימא: נותנה בכלי שרת לקדשה בכלי שרת.

§ The *baraita* states: **He places it in a service vessel and sanctifies it in the service vessel.** The Gemara asks: Can one **learn from** the unnecessary repetition of the term service vessel, that **service vessels can sanctify** their contents **only with intention?**[NH] Must one place the meal-offering in the service vessel with express intent to sanctify it? The Gemara answers: **Say:** He simply **places it in the service vessel** in order **to sanctify it in the service vessel.** He need not to intend to sanctify it.

"ונותן עליה שמנה ולבונתה", שנאמר: "ויצק עליה שמן ונתן עליה לבנה".

§ The *baraita* teaches: The owner of the meal-offering **puts its oil and frankincense on it.** The Gemara cites the source of this *halakha*: **As it is stated:** "And when anyone brings a meal-offering unto the Lord, his offering shall be of fine flour; **and he shall pour oil upon it, and put frankincense thereon**" (Leviticus 2:1).

"ומוליכה אצל כהן", דכתיב: "והביאה אל בני אהרן" וגו'.

The *baraita* states: **And he carries it to the priest.** The Gemara cites the source: **As it is written: "And he shall bring it to Aaron's sons,** the priests" (Leviticus 2:2).

"וכהן מוליכה אצל מזבח", דכתיב: "והגישה אצל המזבח".

The *baraita* states: **And the priest** then **carries it to the altar.** The Gemara cites the source: **As it is written:** "And you shall bring the meal-offering that is made of these things unto the Lord; and it shall be presented unto the priest, **and he shall bring it unto the altar**" (Leviticus 2:8).

"מגישה בקרן דרומית מערבית כנגד חודה של קרן ודיו". מנלן?

The *baraita* states: The priest **brings it near to the southwest horn** of the altar, **opposite the corner of the horn. And** this **is sufficient.** The Gemara asks: **From where do we** derive this?

דכתיב: "וזאת תורת המנחה הקרב אותה בני אהרן לפני ה' אל פני המזבח". ותניא: "לפני ה'", יכול במערב? תלמוד לומר: "אל פני המזבח", אי "אל פני המזבח" יכול בדרום? תלמוד לומר: "לפני ה'". הא כיצד? מגישה בקרן דרומית מערבית כנגד חודה של קרן ודיו.

The Gemara responds: **As it is written: "And this is the law of the meal-offering: The sons of Aaron shall offer it before the Lord in front of the altar"** (Leviticus 6:7). **And it is taught** in a *baraita*: When the verse states: **"Before the Lord,"** one **might** have understood this to mean **on the western side** of the altar, opposite the Holy of Holies. Therefore, **the verse states: "In front of the altar."** This must be the south of the altar, where the ramp is located. **If** the verse had stated only: **In front of the altar,** one **might** have understood it to mean specifically **on the southern side.** Therefore, **the verse states: "Before the Lord,"** indicating the western side. **How** can **these** texts be reconciled? The priest **brings it near to the southwest corner** of the altar, **opposite the corner of the horn. And** this **is sufficient.**

רבי אלעזר אומר: יכול יגישנה במערבה של קרן או לדרומה של קרן? אמרת: כל מקום שאתה מוצא שני מקראות, אחד מקיים עצמו ומקיים דברי חבירו, ואחד מקיים עצמו ומבטל דברי חבירו, מניחין את שמקיים עצמו ומבטל חבירו ותופסין את שמקיים עצמו ומקיים חבירו. כשאתה אומר "לפני ה'" במערב – בטלתה "אל פני המזבח" בדרום, וכשאתה אומר "אל פני המזבח" בדרום – קיימתה "לפני ה'" במערב. הא כיצד? מגישה לדרומה של קרן.

Rabbi Elazar says another interpretation: One **might** have thought that **he offers it up on the western side of the corner or on the southern side of the corner. Say: Anywhere you find two verses, one of** which **fulfills itself and fulfills the statement of the other, and one of** which **fulfills itself and nullifies the statement of the other, leave** the verse **that fulfills itself and nullifies the other, and seize the one that fulfills itself and fulfills the other.** The principle is applied as follows: **When you say: "Before the Lord," on the western side, you have nullified** the other part of the verse: **"In front of the altar," on the southern side. But when you say: "In front of the altar," on the southern side, you have** also **fulfilled: "Before the Lord," on the western side. How so? He brings it near to the southern side of the corner.**

והיכן קיימתה? אמר רב אשי, קסבר האי תנא: כוליה מזבח בצפון קאי.

The Gemara asks: **But where have you fulfilled** the phrase "before the Lord"? **Rav Ashi said: This *tanna* holds** that **the entire altar stands in the north** of the Temple courtyard. Therefore, the entire southern side of the altar stood opposite the Holy of Holies in the west, and it can therefore be called: Before the Lord.

מאי "ודיו"? אמר רב אשי: איצטריך, סלקא דעתך אמינא תיבעי הגשת מנחה גופה. קמשמע לן.

The Gemara asks: **What** is taught by the phrase: **And** this **is sufficient? Rav Ashi said:** This phrase **was necessary,** as otherwise it might **enter your mind to say: Require** the priest **to bring the meal-offering itself near** to the corner of the altar without the use of a vessel. The *baraita* **teaches us** that this is not so, and one can bring it to the altar in its service vessel.

NOTES

Service vessels can sanctify only with intention – כלי שרת אין מקדשין אלא מדעת: *Tosefot HaRosh* cites a textual variant entertaining the possibility that placing an item in a service vessel can render it sanctified even without intention. Although the Rambam rules that intention is necessary for a service vessel to sanctify that which is placed in it, the Meiri disagrees.

HALAKHA

Service vessels can sanctify only with intention – אין מקדשין אלא מדעת: Service vessels sanctify items placed in them only if one placed the items there with that intention (Rambam *Sefer Avoda, Hilkhot Pesulei HaMukdashin* 3:20).

וְאֵימָא הָכִי נַמִּי! אָמַר קְרָא: ״וְהִקְרִיבָהּ אֶל הַכֹּהֵן וגו׳ וְהִגִּישָׁהּ אֶל הַמִּזְבֵּחַ״, מָה הַקְרָבָה אֵצֶל כֹּהֵן בִּכְלִי, אַף הַגָּשָׁה אֵצֶל מִזְבֵּחַ בִּכְלִי.

The Gemara asks: **And** why not **say** that this is **indeed** so? The Gemara responds: **The verse states:** "And you shall bring the meal-offering that is made of these things unto the Lord; **and it shall be presented unto the priest, and he shall bring it unto the altar**" (Leviticus 2:8); **just as presentation to the priest is in a vessel, so too bringing** it **to the altar** must be **in a vessel.**

״וּמְסַלֵּק אֶת לְבוֹנָתָהּ לְצַד אֶחָד״, כִּי הֵיכִי דְּלָא תִּקְמוֹץ בַּהֲדֵי מִנְחָה, כִּדְתְנַן: קָמַץ, וְעָלָה בְּיָדוֹ צְרוֹר אוֹ גַּרְגֵּר מֶלַח אוֹ קוֹרֶט לְבוֹנָה – פָּסוּל.

The *baraita* states: **And he removes its frankincense to one side.** The Gemara explains: This is done **in order that** the frankincense **not be removed along with the meal-offering**[N] when the priest removes a handful. **As we learned** in a mishna (*Menaḥot* 6a): If he **removed** the **handful and a pebble, or a grain of salt, or a crumb** [*koret*][L] **of frankincense came out in his hand,**[H] **it is invalid.** The handful must be entirely fine flour.

״וְקוֹמֵץ מִמָּקוֹם שֶׁנִּתְרַבָּה שַׁמְנָהּ״. מְנָלַן? דִּכְתִיב: ״מִסׇּלְתָּהּ וּמִשַּׁמְנָהּ...מִגִּרְשָׂהּ וּמִשַּׁמְנָהּ״.

The *baraita* continues: **And he removes a handful from the place where its oil has accumulated.** The Gemara asks: **From where do we** derive this? **As it is written:** "And he shall take from there his handful **of the fine flour thereof, and of the oil thereof**" (Leviticus 2:2). The Torah also states: "And the priest shall make the memorial part of it smoke, even **of the groats thereof, and of the oil thereof**" (Leviticus 2:16). The handful should be taken from the area where there is an abundance of oil.

״וְנוֹתְנוֹ לְתוֹךְ כְּלִי שָׁרֵת וּמְקַדְּשׁוֹ בִּכְלִי שָׁרֵת״. לָמָּה לִי? הָא קַדְּשָׁהּ חֲדָא זִימְנָא! מִידֵּי דַּהֲוָה אַדָּם, דָּם אַף עַל גַּב דְּקַדְּישְׁתֵּיהּ סַכִּין בְּצַוַּאר בְּהֵמָה, הֲדַר מְקַדֵּישׁ לֵיהּ בִּכְלִי שָׁרֵת, הָכָא נַמִּי לָא שְׁנָא.

The *baraita* continues: **And he puts** the handful **into a service vessel and sanctifies it in the service vessel.** The Gemara asks: **Why do I** need this sanctification? **He has** already **sanctified it once,** when he initially brought it to the Temple. The Gemara responds: The sanctification here is **just as with** the **blood** of the offerings. **Although the knife sanctifies blood**[N] by contact with **the neck of the animal,** since the knife itself is a service vessel, the priest **sanctifies it again** when he collects it **in the service vessel. Here too, it is not different;**[N] the meal-offering must be sanctified twice.

״וּמְלַקֵּט אֶת לְבוֹנָתָהּ וְנוֹתְנָהּ עַל גַּבָּיו״, דִּכְתִיב: ״וְאֵת כׇּל הַלְּבוֹנָה אֲשֶׁר עַל הַמִּנְחָה״.

The *baraita* continues: **And he gathers its frankincense and puts it on top of** the handful. The Gemara cites the source: **As it is written:** "And he shall take up from his handful, of the fine flour of the meal-offering, and of the oil thereof, **and all the frankincense which is upon the meal-offering**" (Leviticus 6:8).

״וּמַעֲלֵהוּ

The *baraita* continues: **And he** then **brings it up**

NOTES

In order that it not be removed along with the meal-offering – דְּלָא תִּקְמוֹץ בַּהֲדֵי מִנְחָה: The verse states: "He shall take from there his handful" (Leviticus 2:2). If anything else is in his hand when he removes the handful, the handful will not be whole (Rashi; *Tosefot HaRash*).

Although the knife sanctifies blood – אַף עַל גַּב דְּקַדְּישְׁתֵּיהּ סַכִּין: The Gemara apparently indicates that the slaughtering knives in the Temple must be consecrated as service vessels. According to Rabbeinu Efrayim, however, other statements in the Gemara prove that the knife need not be a service vessel. The *Tosefot HaRash* and the *Tosefot HaRosh* discuss this issue, and both note that there is no conclusive proof for either opinion. It is possible that the knife must be consecrated as a service vessel *ab initio*, but if one slaughtered with an unconsecrated knife the offering would be valid after the fact.

Here too it is not different – הָכָא נַמִּי לָא שְׁנָא: Animal offerings and meal-offerings are comparable in many ways. There are four sacrificial rites involved in animal offerings: Slaughter, receiving the blood, carrying it to the altar, and sprinkling it on the altar. There are likewise four sacrificial rites involved in the meal-offering: Removing the handful from the vessel, placing it in a service vessel, carrying it to the altar, and burning it on the altar. The initial placement of the entire meal-offering in a service vessel is not considered a true part of its service. The structure of tractate *Menaḥot*, which deals with meal-offerings, is parallel to that of tractate *Zevaḥim*, which deals with animal offerings.

LANGUAGE

Crumb [*koret*] – קוֹרֶט: This word refers to a small item or fraction, similar to the Greek κεράτιον, *keration*. The word carat, a measurement used for the weight of diamonds, may be derived from this Greek word. However, both may derive originally from older Semitic words. Some sources assert that *koret* is a variation of the word *keretz*, meaning slice or small piece.

HALAKHA

Came out in his hand – עָלָה בְּיָדוֹ: If the priest removed the handful, and a pebble, a grain of salt, or a crumb of frankincense came up with it, it is invalid (Rambam *Sefer Avoda*, *Hilkhot Pesulei HaMukdashin* 11:3).

Perek **II**
Daf **15** Amud **a**

וּמַקְטִירוֹ בִּכְלִי שָׁרֵת״. בִּכְלִי שָׁרֵת מַקְטִיר לֵיהּ? אֶלָּא אֵימָא: מַעֲלֵהוּ בִּכְלִי שָׁרֵת לְהַקְטִירוֹ.

and burns it in the **service vessel.** The Gemara asks: **Does he** really **burn it in a service vessel? Rather, say: He brings it up** to the altar **in a service vessel** in order **to burn it.**

״וּמוֹלְחוֹ וְנוֹתְנוֹ עַל גַּבֵּי הָאִישִּׁים״ – דִּכְתִיב: ״וְכׇל קׇרְבַּן מִנְחָתְךָ בַּמֶּלַח תִּמְלָח״ וגו׳.

The *baraita* continues: **And he salts it and places it on the fires.** The Gemara cites the source: **As it is written: "And every meal-offering of yours you shall season with salt"** (Leviticus 2:13).

״קָרַב הַקּוֹמֶץ – שְׁיָרֶיהָ נֶאֱכָלִין״. מְנָלַן? דִּכְתִיב: ״וְהִקְטִיר הַכֹּהֵן אֶת אַזְכָּרָתָהּ״ וגו׳, וּכְתִיב: ״וְהַנּוֹתֶרֶת מִן הַמִּנְחָה לְאַהֲרֹן וּלְבָנָיו״.

The *baraita* continues: After **the handful is sacrificed, the remainders of** the meal-offering **are eaten.** The Gemara asks: **From where do we** derive this? **As it is written:** "And he shall bring it to Aaron's sons, the priests… **and the priest shall make the memorial part thereof smoke** upon the altar" (Leviticus 2:2). The memorial part is the handful. **And it is written** afterward: **"But that which is left of the meal-offering shall be for Aaron and his sons"** (Leviticus 2:3).

"קָרֵב הַקּוֹמֶץ" – לְמָר כִּדְאִית לֵיהּ וּלְמָר כִּדְאִית לֵיהּ, דְּאִיתְּמַר: הַקּוֹמֶץ מֵאֵימָתַי מַתִּיר שִׁירַיִים בַּאֲכִילָה? רַבִּי חֲנִינָא אָמַר: מִשֶּׁתִּשְׁלוֹט בּוֹ הָאוּר, רַבִּי יוֹחָנָן אָמַר: מִשֶּׁתִּיצַּת הָאוּר בְּרוּבּוֹ.

The *baraita* uses the phrase: After **the handful is sacrificed.** This phrase can be understood **according to one Sage as he holds, and according to** another **Sage as he holds. As it is stated** that there is a dispute between the Sages: **From when does the** sacrifice of the **handful render the remainder** of the meal-offering **permitted**[H] **for consumption** by the priests? **Rabbi Ḥanina says:** It is **when the fire takes hold of it,** i.e., when it ignites. **Rabbi Yoḥanan says:** It is **when the fire consumes most of** the handful. Each of these *amora'im* understands the *baraita* in accordance with his opinion.

"וְרַשָּׁאִין הַכֹּהֲנִים לִיתֵּן לְתוֹכוֹ יַיִן וְשֶׁמֶן וּדְבַשׁ". מַאי טַעֲמָא? אָמַר קְרָא: "לְמָשְׁחָה" – לִגְדוּלָּה, כְּדֶרֶךְ שֶׁהַמְּלָכִים אוֹכְלִין.

The *baraita* continues: **And the priests are permitted**[N] **to put wine and oil and honey in** the remainder of the meal-offering. **What is the reason? The verse states** with regard to the gifts given to the priests: "And I, behold, I have given you the charge of My *terumot*... **for a consecrated portion**" (Numbers 18:8). The phrase "for a consecrated portion" indicates that the gifts are given **as** a mark of **greatness** and should be eaten **in the manner that the kings eat.**

"וְאֵין אֲסוּרִין אֶלָּא מִלְּחַמֵּץ", דִּכְתִיב: "לֹא תֵאָפֶה חָמֵץ חֶלְקָם", אָמַר רַבִּי שִׁמְעוֹן בֶּן לָקִישׁ: אֲפִילּוּ חֶלְקָם לֹא תֵּאָפֶה חָמֵץ.

The *baraita* concludes: **And they are prohibited only from allowing** the meal-offering **to become leavened.** The Gemara cites the source: **As it is written** with regard to meal-offerings: **"It shall not be baked with leaven. Their portion** I have given it of My offerings made by fire" (Leviticus 6:10). **Rabbi Shimon ben Lakish says:** One should read the verse as if the phrase "their portion" is part of the same phrase as the prohibition of baking with leaven. This teaches that **even their portion,**[N] i.e., the portion given to the priests, **shall not be baked with leaven.**[H]

"כָּל הַמְּנָחוֹת" כו׳. וְכָל הַמְּנָחוֹת טְעוּנוֹת שֶׁמֶן וּלְבוֹנָה? וְהָאִיכָּא מִנְחַת חוֹטֵא, דְּרַחֲמָנָא אָמַר: "לֹא יָשִׂים עָלֶיהָ שֶׁמֶן וְלֹא יִתֵּן עָלֶיהָ לְבֹנָה"!

§ The mishna states: All other **meal-offerings** require oil and frankincense. The Gemara asks: **But** do **all** other **meal-offerings** actually **require oil and frankincense? But isn't there the meal-offering of a sinner,**[HN] with regard to **which the Merciful One states: "He shall put no oil upon it, neither shall he put any frankincense thereon;** for it is a sin-offering" (Leviticus 5:11).

הָכִי קָאָמַר: כָּל הַמְּנָחוֹת טְעוּנוֹת שֶׁמֶן וּלְבוֹנָה, וּבָאוֹת מִן הַחִיטִּין, וּבָאוֹת סֹלֶת; מִנְחַת חוֹטֵא, אַף עַל פִּי שֶׁאֵינָהּ טְעוּנָה שֶׁמֶן וּלְבוֹנָה – בָּאָה מִן הַחִטִּין וּבָאָה סֹלֶת; מִנְחַת הָעוֹמֶר אַף עַל פִּי שֶׁהִיא בָּאָה מִן הַשְּׂעוֹרִין – טְעוּנָה שֶׁמֶן וּלְבוֹנָה, וּבָאָה גֶרֶשׂ; וְזוֹ אֵינָהּ טְעוּנָה לֹא שֶׁמֶן וְלֹא לְבוֹנָה, וּבָאָה מִן הַשְּׂעוֹרִין, וּבָאָה קֶמַח.

The Gemara responds: **This is what** the mishna **is saying: All meal-offerings** other than that of the *sota* **require oil and frankincense, and they are brought from wheat; and they are** also **brought from fine flour.** However, **the meal-offering of a sinner, even though it does not require oil and frankincense,** must still be **brought from wheat and brought from fine flour.** Similarly, **the** *omer* **meal-offering, even though it is brought from barley, requires oil and frankincense, and it is brought** as **groats.**[B] **But this one,** the *sota* meal-offering, **requires neither**[N] **oil nor frankincense, and it is brought from barley and brought** as unsifted **flour.** While the meal-offering of a sinner and the *omer* meal-offering are similar to other meal-offerings in one of these respects, the *sota* meal-offering is different in both respects.

תַּנְיָא, אָמַר רַבִּי שִׁמְעוֹן: בְּדִין הוּא שֶׁתְּהֵא מִנְחַת חוֹטֵא טְעוּנָה שֶׁמֶן וּלְבוֹנָה, שֶׁלֹּא יְהֵא חוֹטֵא נִשְׂכָּר. וּמִפְּנֵי מָה אֵינָהּ טְעוּנָה? שֶׁלֹּא יְהֵא קָרְבָּנוֹ מְהוּדָּר.

It is taught in a *baraita* (*Tosefta* 1:10) that **Rabbi Shimon said: By right,** it should have been the *halakha* **that the meal-offering of a sinner requires oil and frankincense, so that a sinner should not** stand to **gain** by not having to pay for them. **For what** reason **does the verse not require** them? It is **so that his offering will not be of superior** quality.

HALAKHA

From when does the sacrifice of the handful render the remainder permitted – הַקּוֹמֶץ מֵאֵימָתַי מַתִּיר שִׁירַיִים: The remainder of the offering is permitted for consumption once the fire has consumed most of the handful. The Rambam rules in accordance with the opinion of Rabbi Yoḥanan and his understanding of tractate *Menaḥot* (Rambam *Sefer Avoda, Hilkhot Ma'aseh HaKorbanot* 12:13 and *Kesef Mishne* there).

Even their portion shall not be baked with leaven – אֲפִילּוּ חֶלְקָם לֹא תֵּאָפֶה חָמֵץ: It is prohibited to allow any part of the meal-offering to become leavened, even the portion eaten by the priests. One who causes the offering to become leavened is liable to be flogged (Rambam *Sefer Avoda, Hilkhot Ma'aseh HaKorbanot* 12:14).

Meal-offering of a sinner – מִנְחַת חוֹטֵא: No oil or frankincense is placed on the meal-offering of a sinner (Rambam *Sefer Avoda, Hilkhot Ma'aseh HaKorbanot* 12:7).

NOTES

The priests are permitted, etc. – וְרַשָּׁאִין הַכֹּהֲנִים וכו׳: The Torah (Leviticus 2:11) prohibits leavening or adding honey to the portion of a meal-offering burned on the altar. As the prohibition against leavening applies the remainder of the offering as well, one might assume that the same is true with regard to honey. Therefore, the *baraita* states that honey may in fact be placed on the remainder (*Minḥa Ḥareva*).

Even their portion – אֲפִילּוּ חֶלְקָם: This interpretation does fit the straightforward meaning of the verse, which states literally: "It shall not be baked with leaven. Their portion I have given it of My offerings made by fire" (Leviticus 6:10). According to Rashi, Reish Lakish places the period after the word "portion," indicating that it is the object of the first sentence. Others explain that according to Reish Lakish, the clear intention of the entire verse is that no part of the meal-offering may be allowed to leaven. His reading of the phrase "their portion" as connected to "not baked with leaven" is meant only as an allusion to the straightforward meaning of the verse.

Meal-offering of a sinner – מִנְחַת חוֹטֵא: The meal-offering of a sinner is a poor man's sin-offering. Generally, those obligated to bring a sliding-scale sin-offering must bring a lamb or a goat or, if they cannot afford one, two birds. One who cannot afford even this brings the meal-offering of a sinner.

This one requires neither, etc. – וְזוֹ אֵינָהּ טְעוּנָה וכו׳: The Ramban notes that the Hebrew word for barley, *seora*, is similar to the word for an angry storm [*se'ara*]. The verse (Numbers 5:25) refers to this meal-offering as a *minḥat kenaot*, a meal-offering of jealousy. For this reason, the *sota* drinks out of an earthenware cup, a symbol of breaking and destruction, and dust is placed in the water of the *sota*, symbolizing death. The *Sefer HaḤinnukh* explains that since oil is used for anointing kings, it is not proper to use oil for offerings related to sin.

BACKGROUND

Groats – גֶּרֶשׂ: Wheat and barley were ground in the following manner: First, one would grind the grains crudely with some becoming finely ground flour and the rest remaining coarse. After the contents were ground, they were sifted to separate the finely ground flour from the coarser meal. The finely ground flour was considered of lower quality, while the coarser meal was considered more desirable. This coarse meal is called *solet* when made from wheat and *geres* when made from barley.

וּבְדִין הוּא שֶׁתְּהֵא חַטַּאת חֵלֶב טְעוּנָה נְסָכִים, שֶׁלֹּא יְהֵא חוֹטֵא נִשְׂכָּר. וּמִפְּנֵי מָה אֵינָהּ טְעוּנָה? שֶׁלֹּא יְהֵא קׇרְבָּנוֹ מְהוּדָּר.

And by right, it should have been the *halakha* **that a sin-offering** brought for transgression of a prohibition punishable by *karet*, e.g., consumption **of** forbidden **fat,**[NH] **requires** fine flour and **libations** of oil, and wine. Just as burnt-offerings and peace-offerings require these, a sin-offering should require them as well **so that a sinner should not** stand to **gain** by not having to pay for them. **For what** reason **does it not require** them? It is **so that his offering will not be** of **superior** quality.

אֲבָל חַטָּאתוֹ שֶׁל מְצוֹרָע וַאֲשָׁמוֹ טְעוּנִין נְסָכִים, לְפִי שֶׁאֵין בָּאִין עַל חֵטְא. אִינִי? וְהָאָמַר רַבִּי שְׁמוּאֵל בַּר נַחְמָנִי אָמַר רַבִּי יוֹנָתָן: עַל שִׁבְעָה דְּבָרִים נְגָעִים בָּאִין וכו'! הָתָם מִנִּגְעֵיהּ הוּא דְּאִיכַּפַּר לֵיהּ, כִּי מַיְיתֵי קׇרְבָּן – לְאִשְׁתְּרוּיֵי בְּקָדָשִׁים הוּא דְּקָא מַיְיתֵי.

But the sin-offering of a leper[B] **and his guilt-offering require libations, as they are not brought on account of a sin.** The Gemara asks: **Is that so? But didn't Rabbi Shmuel bar Naḥmani** say that **Rabbi Yonatan says: Leprosy comes on account of seven matters.**[N] Leprosy develops on account of sin, so by extension the leper's offerings are also brought on account of sin. The Gemara answers: **There, from** the time he contracts **his leprosy** he **gains atonement for** his sin through the plague of leprosy itself. Consequently, **when he brings the offering, he brings it** only **in order to permit him** to eat **sacrificial** food.

אֶלָּא מֵעַתָּה, חַטַּאת נָזִיר תְּהֵא טְעוּנָה נְסָכִים, לְפִי שֶׁאֵינָהּ בָּאָה עַל חֵטְא! סָבַר לָהּ כְּרַבִּי אֶלְעָזָר הַקַּפָּר, דְּאָמַר: נָזִיר נַמִי חוֹטֵא הוּא.

The Gemara asks: **If that is so, then the sin-offering of a nazirite**[B] **should require libations, because it is not brought on account of a sin.** The Gemara answers: Rabbi Shimon **holds in accordance with** the opinion of **Rabbi Elazar HaKappar, who says: The nazirite is also a sinner,** since he denies himself wine unnecessarily.

״רַבָּן גַּמְלִיאֵל אוֹמֵר: כְּשֵׁם״ כו'. תַּנְיָא, אָמַר לָהֶן רַבָּן גַּמְלִיאֵל לַחֲכָמִים: סוֹפְרִים, הַנִּיחוּ לִי וְאֶדְרְשֶׁנָּה כְּמִין חוֹמֶר,

The mishna states that **Rabban Gamliel says: Just as** her actions were the actions of an animal, so too, her offering is animal food. **It is taught** in a *baraita* that **Rabban Gamliel said to the Sages: Scribes, permit me, and I will explain it as a type of decorative wreath** [***ḥomer***],[L] i.e., an allegory.

NOTES

Sin-offering of forbidden fat – חַטַּאת חֵלֶב: Certain sin-offerings are brought for unintentional transgression of prohibitions that are punishable by *karet* when violated intentionally. All such sin-offerings are referred to as a sin-offering of forbidden fat, as distinguished from communal sin-offerings or the sin-offering of a nazirite. Rashi explains that this name is used as a general term because the prohibition: "You shall eat neither fat nor blood" (Leviticus 3:17), immediately precedes the *halakhot* of sin-offerings in the Torah. The Rosh suggests an alternative explanation, that this sin is particularly common. It could easily happen that a butcher would fail to remove all of the forbidden fats from the animal, resulting in the consumer unintentionally violating the prohibition. Furthermore, once the fat has been removed from the animal it is difficult to distinguish between permitted and forbidden fats, and a person is therefore likely to eat the forbidden fat unwittingly, requiring him to bring a sin-offering.

On account of seven matters, etc. – עַל שִׁבְעָה דְּבָרִים וכו': In tractate *Arakhin* these seven matters are enumerated and derived from verses. They are: Evil speech, murder, an oath taken in vain, forbidden sexual relations, arrogance, robbery, and envy.

HALAKHA

Sin-offering of forbidden fat – חַטַּאת חֵלֶב: Libations are not brought to accompany guilt-offerings and sin-offerings, with the exception of the sin-offering and guilt-offering of a leper. The Torah expressly instructs that these be accompanied by libations (Rambam *Sefer Avoda*, *Hilkhot Ma'aseh HaKorbanot* 2:2–3).

LANGUAGE

Decorative wreath [*ḥomer*] – חוֹמֶר: The text here reads: *Ḥomer*, which is understood to mean a ring on which spices are hung. This indicates that the explanation provided is homiletical, adding additional ideas like a spice adds flavor. Some understood the word to be related to the term *ḥumra*, meaning stringency. Rav Se'adya Gaon's text reads: *Homer*, which he explains is derived from Aramaic and denotes a story.

BACKGROUND

The sin-offering of a leper – חַטַּאת מְצוֹרָע: The illness referred to in the Torah as *tzara'at* is traditionally translated as leprosy, although it is not identical medically to that disease. The *halakhot* of leprosy are recorded in the book of Leviticus in the portions of *Tazria* and *Metzora* (see Leviticus chapters 13–14). In the Mishna, tractate *Nega'im* deals exclusively with different types of leprosy. After a leper has been healed, he must follow a procedure established by the Torah (Leviticus 14:1–32), part of which, e.g., shaving his hair and cutting his fingernails, is performed outside the Temple. Afterward, the leper comes to the Temple with a lamb for a guilt-offering and a *log* of oil for waving by the priest. After the sacrifice of the guilt-offering, the priest applies some of the animal's blood to the leper's right earlobe, right thumb, and right big toe. Next, the priest takes some of the oil in his hand and sprinkles it seven times opposite the Holy of Holies. Some of the remaining oil is placed on the earlobe of the leper, his thumb, and his big toe. Finally, some of the remaining oil is placed on the head of the leper. When all this has been done, the leper sacrifices a lamb as a sin-offering and a second lamb as a burnt-offering. If he is poor he sacrifices a bird instead of a lamb for both offerings.

The sin-offering of a nazirite – חַטַּאת נָזִיר: When a nazirite completes his term of naziriteship, he must bring one female lamb as a sin-offering, one male lamb as a burnt-offering, and a ram as a peace-offering (Numbers 6:13–21). He must shave his hair and burn it beneath the pot in which the meat of the peace-offering is cooked. After these offerings have been sacrificed, his period as a nazirite ends, and he is no different from anyone else. The *halakhot* of the nazirite are discussed in the Talmud in tractate *Nazir*.

דִּשְׁמָעֵיהּ לְרַבִּי מֵאִיר דְּקָאָמַר: הִיא הֶאֱכִילָתוֹ מַעֲדַנֵּי עוֹלָם לְפִיכָךְ קׇרְבָּנָהּ מַאֲכַל בְּהֵמָה, אָמַר לוֹ: הָתִינַח עֲשִׁירָה, עֲנִיָּה מַאי אִיכָּא לְמֵימַר? אֶלָּא, כְּשֵׁם שֶׁמַּעֲשֶׂיהָ מַעֲשֵׂה בְהֵמָה, כָּךְ קׇרְבָּנָהּ מַאֲכַל בְּהֵמָה.

And why did Rabban Gamliel speak up? It was **because he heard Rabbi Meir saying** an alternative explanation: **She fed him,** i.e., her paramour, **delicacies from around the world; therefore, her offering is animal food.** Rabban Gamliel **said to him:** Your explanation **works out well** in the case of **a rich** *sota*, but with regard to **a poor** *sota*, who cannot afford such delicacies, **what is there to say? Rather,** the reason she brings an offering of animal food **is: Just as her actions were the actions of an animal, so too her offering is animal food.**

מתני׳ הָיָה מֵבִיא פְּיָלֵי שֶׁל חֶרֶס, וְנוֹתֵן לְתוֹכָהּ חֲצִי לוֹג מַיִם מִן הַכִּיּוֹר; רַבִּי יְהוּדָה אוֹמֵר: רְבִיעִית. כְּשֵׁם שֶׁמְּמַעֵט בִּכְתָב כָּךְ מְמַעֵט בְּמַיִם.

MISHNA The priest **would bring an earthenware** drinking **vessel** [*peyalei*][HL] **and he would pour into it half a** ***log***[N] **of water from the basin** in the Temple. **Rabbi Yehuda says:** The priest would pour only **a quarter**-*log* of water. **Just as** Rabbi Yehuda **minimizes the writing,** as he requires that less be written on the scroll of the *sota* than do the Rabbis, **so too he minimizes the** amount of **water** to be taken from the basin for the erasing of the text.

נִכְנַס לַהֵיכָל וּפָנָה לִימִינוֹ. וּמָקוֹם הָיָה שָׁם אַמָּה עַל אַמָּה, וְטַבְלָא שֶׁל שַׁיִשׁ וְטַבַּעַת הָיְתָה קְבוּעָה בָּהּ, כְּשֶׁהוּא מַגְבִּיהַּ, וְנוֹטֵל עָפָר מִתַּחְתֶּיהָ וְנוֹתֵן כְּדֵי שֶׁיֵּרָאֶה עַל הַמַּיִם, שֶׁנֶּאֱמַר: ״וּמִן הֶעָפָר אֲשֶׁר יִהְיֶה בְּקַרְקַע הַמִּשְׁכָּן יִקַּח הַכֹּהֵן וְנָתַן אֶל הַמָּיִם״.

The priest **would enter the Sanctuary and turn to his right.**[H] **And there was a place there,**[N] on the Sanctuary floor, with an area of **a cubit by a cubit, and a marble tablet** [*tavla*][L] was there, **and a ring was fastened to** the tablet to assist the priest **when he would raise** it. **And** the priest **would take** loose **dust from underneath it and place** the dust into the vessel with the water, **so that** the dust **would be visible upon the water, as it is stated: "And the** priest shall take holy water in an earthen vessel; **and of the dust that is on the floor of the Tabernacle the priest shall take, and put it into the water"** (Numbers 5:17).

גמ׳ תָּנָא: פְּיָלֵי שֶׁל חֶרֶס חֲדָשָׁה, דִּבְרֵי רַבִּי יִשְׁמָעֵאל. מַאי טַעְמָא דְּרַבִּי יִשְׁמָעֵאל? גָּמַר ״כְּלִי״ ״כְּלִי״ מִמְּצוֹרָע, מַה לְּהַלָּן חֶרֶס חֲדָשָׁה, אַף כָּאן חֶרֶס חֲדָשָׁה.

GEMARA The Sages **taught:** It must be **a new earthenware vessel;**[H] this is **the statement of Rabbi Yishmael.** The Gemara asks: **What is the reasoning of Rabbi Yishmael?** The Gemara answers: Rabbi Yishmael **derives** this by means of a verbal analogy between **"vessel"** in the case of the *sota* (Numbers 5:17) and **"vessel" from** the case of **a leper** (Leviticus 14:5). **Just as there,** with regard to the leper, **a new**[H] **earthenware** vessel is required, **so too here, a new earthenware** vessel is required.

וְהָתָם מְנָלַן? דִּכְתִיב: ״וְשָׁחַט אֶת הַצִּפּוֹר הָאֶחָת אֶל כְּלִי חֶרֶשׂ עַל מַיִם חַיִּים״, מַה מַּיִם חַיִּים שֶׁלֹּא נַעֲשְׂתָה בָּהֶן מְלָאכָה, אַף כְּלִי שֶׁלֹּא נַעֲשְׂתָה בּוֹ מְלָאכָה.

And there, with regard to the leper, **from where do we** derive that a new vessel is required? The Gemara answers: **As it is written: "And he shall slaughter one of the birds in an earthen vessel over running water"** (Leviticus 14:5). **Just as running water has not been used** beforehand **for work,** i.e., once used it is no longer considered to be running, **so too the vessel** must **not have been used for work.**

אִי מַה לְּהַלָּן מַיִם חַיִּים, אַף כָּאן מַיִם חַיִּים!

The Gemara asks: **If** this verbal analogy is extended, then **just as there, running water** from a flowing spring is required, **so too here,** with regard the *sota*, **running water** from a spring should be required for the water of a *sota*.

לְרַבִּי יִשְׁמָעֵאל הָכִי נַמִי, דְּאָמַר רַבִּי יוֹחָנָן: מֵי כִּיּוֹר – רַבִּי יִשְׁמָעֵאל אוֹמֵר: מֵי מַעְיָן הֵן, וַחֲכָמִים אוֹמְרִים: מִשְּׁאָר מֵימוֹת הֵן.

The Gemara answers: **According to Rabbi Yishmael** it is **indeed** so, **as Rabbi Yoḥanan says:** With regard to **the water of the basin** in the Temple **Rabbi Yishmael says: It is** collected from **spring water. And the Rabbis say: It** may also be **from** any **other** type **of water**[H] and need not be collected from spring water.

אִיכָּא לְמִיפְרַךְ: מַה לִּמְצוֹרָע שֶׁכֵּן טָעוּן עֵץ אֶרֶז וְאֵזוֹב וּשְׁנִי תוֹלַעַת!

The Gemara asks: The verbal analogy **can be refuted:** One cannot apply *halakhot* stated with regard to a leper to a *sota*, as **what** is unique **about a leper** is **that he requires cedar wood, and the hyssop, and the scarlet** wool for the performance of his purification ritual, and these are not required of the *sota*. Why, then, should a new vessel be required by the *sota*?

HALAKHA

Would bring an earthenware vessel – הָיָה מֵבִיא פְּיָלֵי שֶׁל חֶרֶס: An earthenware vessel is brought and a half a *log* of water is poured into it for the *sota* to drink, in accordance with the opinion of the first *tanna* (Rambam *Sefer Nashim, Hilkhot Sota* 3:9).

He would enter the Sanctuary and turn to his right, etc. – נִכְנַס לַהֵיכָל וּפָנָה לִימִינוֹ וכו׳: The priest would take the vessel and enter the Sanctuary. There was an area of one square cubit to the right of where he entered where there was a tablet and a ring affixed to it. The priest would raise the tablet and take dust from underneath it (Rambam *Sefer Nashim, Hilkhot Sota* 3:9–10).

A new earthenware vessel – פְּיָלֵי שֶׁל חֶרֶס חֲדָשָׁה: The *sota* drinks from an earthenware cup that has never been used, in accordance with the statement of Rabbi Yishmael (Rambam *Sefer Nashim, Hilkhot Sota* 3:9).

New – חֲדָשָׁה: A new vessel must be used for the process of purifying the leper (Rambam *Sefer Tahara, Hilkhot Tumat Tzara'at* 11:1).

From any other type of water – מִשְּׁאָר מֵימוֹת: The water of the basin, which the priests use to purify their hands and feet, need not be spring water. It may be any water fit for use in a ritual bath, in accordance with the opinion of the Rabbis (Rambam *Sefer Avoda, Hilkhot Biat HaMikdash* 5:12).

LANGUAGE

Drinking vessel [*peyalei*] – פְּיָלֵי: This refers to a phiale, from the Greek φιάλη, *fialē*, and the Latin phiala, meaning a vessel used for cooking and drinking. The *peyalei* was made from clay, metal, or other materials, and was apparently shaped like a shallow pan. This is the Aramaic translation of the Hebrew *ke'arot* (Exodus 25:29), which are among the vessels of the Temple.

Phiale

Tablet [*tavla*] – טַבְלָא: From the Latin tabula, probably via the Greek loanword τάβλα, *tabla*, meaning a flat table-like surface.

NOTES

Half a *log* – חֲצִי לוֹג: Rashi on *Menaḥot* 86a explains that this amount is known by oral tradition (see Griz there). However, *Tosefot Yom Tov* asserts that the tradition does not indicate a specific amount of water but rather demands that there be enough water to ensure that the scroll can be erased easily. Since Rabbi Yehuda requires less to be written on the scroll, he infers from the same tradition that less water is necessary (see *Tosafot* on *Menaḥot* 86a).

And there was a place there – וּמָקוֹם הָיָה שָׁם: This spot was noticeably different from the rest of the floor of the Sanctuary (Rabbi Ovadya Bartenura). Although there were other tablets on the floor of the Sanctuary that could be raised, there was still a need for a designated tablet, as the Temple was built on rocky terrain, and not all of its tablets had dust beneath them.

אֲמַר רַבָּה, אָמַר קְרָא: ״בִּכְלִי חָרֶס״, כְּלִי שֶׁאָמַרְתִּי לְךָ כְּבָר.

Rabba said: The verse cited in the mishna **states:** "And the priest shall take holy water **in an earthen vessel**" (Numbers 5:17). The Torah makes no prior mention of the need for the priest to bring with him an earthenware vessel. Therefore, the verse must mean that the water should be placed in **the vessel that I have already told you** about, i.e., the vessel used for the leper.

אָמַר רָבָא: לֹא שָׁנוּ אֶלָּא שֶׁלֹּא נִתְאַכְּמוּ פָּנָיו, אֲבָל נִתְאַכְּמוּ פָּנָיו – פְּסוּלִין. מַאי טַעְמָא? דּוּמְיָא דְּמַיִם, מָה מַיִם שֶׁלֹּא נִשְׁתַּנּוּ, אַף כְּלִי שֶׁלֹּא נִשְׁתַּנָּה.

Rava says: Even according to the opinion that a new vessel is not required, **they taught** that the earthenware vessel is taken **only when its exterior was not blackened** from usage. **But if its exterior was blackened,**[NH] **then it is unfit** for use by the *sota*. **What is the reason** for this? Its requirements are **similar** to those **of water: Just as** the **water** must be clear and **unchanged** in **appearance, so too** the **vessel** must **be unchanged** in appearance.

בָּעֵי רָבָא: נִתְאַכְּמוּ, וְהֶחֱזִירָן לְתוֹךְ כִּבְשַׁן הָאֵשׁ וְנִתְלַבְּנוּ, מַהוּ? מִי אָמְרִינַן כֵּיוָן דְּאִידְּחוּ – אִידְּחוּ, אוֹ דִּילְמָא כֵּיוָן דַּהֲדוּר – הֲדוּר?

Rava raised a dilemma: If the vessel's exterior **was blackened, and it was returned to the furnace**[H] **and became white** again, **what** is the *halakha*? **Do we say** that **once it has been disqualified, it is disqualified** forever and can never be rendered fit for use? **Or perhaps since it has returned** to a white appearance **it has returned** to a state of fitness.

תָּא שְׁמַע, רַבִּי אֶלְעָזָר אוֹמֵר: עֵץ אֶרֶז וְאֵזוֹב וּשְׁנִי תוֹלַעַת שֶׁהִפְשִׁיל בָּהֶן קוּפָּתוֹ לַאֲחוֹרָיו – פְּסוּלִין. וְהָא הָתָם הָדְרִי וּמִפַּשְׁטִי!

Come and **hear** evidence from that which **Rabbi Elazar says: If** the leper **tied** the **cedar wood, and** the **hyssop, and** the **scarlet** wool for his purification **to his basket**[B] **behind him,** so as to carry it on his back, they are **disqualified,** since their form has changed. **But there,** after those items have been tied, they can be **smoothed out again** as if they had never been used, and still they are unfit. Evidently, after being disqualified an item cannot become fit again.

הָתָם דְּאִיקְּלוּף אִיקְּלוּפֵי.

The Gemara answers: **There,** the items are permanently unfit **because they are peeled**[H] due to tying and can never truly return to their original appearance. That case does not provide proof.

״נִכְנַס לַהֵיכָל וּפָנָה לִימִינוֹ״ וכו׳. מַאי טַעְמָא? דְּאָמַר מָר: כָּל פִּינּוֹת שֶׁאַתָּה פּוֹנֶה, לֹא יְהוּ אֶלָּא דֶּרֶךְ יָמִין.

The mishna states: The priest **would enter the Sanctuary and turn to his right.**[N] The Gemara asks: **What is the reason** that he should do so? The Gemara responds: **As the Master said: All turns**[N] that **you turn should be only to the right.**

״מָקוֹם הָיָה שָׁם אַמָּה״ כו׳. תָּנוּ רַבָּנַן: ״וּמִן הֶעָפָר אֲשֶׁר יִהְיֶה״ – יָכוֹל יְתַקֵּן מִבַּחוּץ וְיַכְנִיס,

The mishna continues: **There was a place there,** on the Sanctuary floor, with an area of **a cubit** by a cubit, and a marble tablet was there and a ring was fastened to the tablet so that it could be raised. When the priest would raise the tablet, he would take loose dust from underneath it and place the dust into the vessel with the water, so that the dust would be visible upon the water, as it is stated: "And the priest shall take holy water in an earthen vessel; and of the dust that is on the floor of the Tabernacle the priest shall take, and put it into the water" (Numbers 5:17). **The Sages taught** in a *baraita*: If the verse had stated only: **"And of the dust that is** on the floor," one **might** have thought that the priest could **prepare** the concoction from dust **from outside** the Sanctuary **and bring it in** afterward.

NOTES

Its exterior was blackened, etc. – נִתְאַכְּמוּ פָּנָיו וכו׳: Many commentaries discuss whether this *halakha* is only according to the opinion of Rabbi Yishmael, who requires the water of a *sota* to come from the spring water in the basin, or whether it is true even according to the opinion of the Rabbis (see Jerusalem Talmud). Although the Rambam does not rule in accordance with the opinion of Rabbi Yishmael requiring the water of a *sota* to be taken from the basin, he nevertheless rules that it is necessary to use a new earthenware vessel. Some explain that this is due to a textual variant in the mishna (see *Melekhet Shlomo*). According to others, the Rambam maintains that only *halakhot* concerning the vessel itself can be derived from the *halakhot* of the leper, but not *halakhot* concerning its contents.

The commentaries also discuss whether blackening caused by age, even in the absence of use, is sufficient to disqualify the vessel.

Turn to his right, etc. – פָּנָה לִימִינוֹ וכו׳: Certain commentaries question the import of this requirement, as the tablet was located to the priest's right in any event (*Be'er Sheva*). According to some, the reason that the tablet was deliberately placed in that spot was in order to require the priest to turn to his right (*Yad HaMelekh*; see *Ḥiddushei Batra*).

All turns, etc. – כָּל פִּינּוֹת וכו׳: According to Rashi, the source for this principle is a midrash concerning the twelve oxen under Solomon's Sea in the First Temple, which teaches that they faced right. Others explain that this statement of the Gemara is not a binding *halakha* but a praiseworthy suggestion.

BACKGROUND

Tied…to his basket – הִפְשִׁיל בָּהֶן קוּפָּתוֹ: This type of basket was normally woven from willow or date branches and was formed into various shapes. Often there were handles attached to these baskets to aid in carrying them when heavy. The baskets were sometimes carried on one's back, in which case one could stabilize the basket by tying items to the handles or hanging the basket over a wooden rod.

HALAKHA

Was blackened – נִתְאַכְּמוּ: The *sota* may not drink from an earthenware vessel that appears aged, in accordance with the opinion of Rava (Rambam *Sefer Nashim*, *Hilkhot Sota* 3:9).

Returned to the furnace – הֶחֱזִירָן לְתוֹךְ כִּבְשַׁן הָאֵשׁ: A blackened earthenware vessel is considered new after emerging from a furnace. The *Kesef Mishne* questions why the Rambam rules leniently on this matter, given that the matter is not decided in the Gemara and the principle in cases of uncertainty with regard to Torah law is to be stringent. The *Mishne LaMelekh* suggests that the Rambam agrees with *Tosafot*, who claim that a blackened vessel is prohibited by rabbinic law. Therefore, one may be lenient in cases of uncertainty (Rambam *Sefer Nashim*, *Hilkhot Sota* 3:9).

Are peeled – אִיקְּלוּף אִיקְּלוּפֵי: The cedar, hyssop, and scarlet wool used to purify a leper are disqualified if peeled, in accordance with the Gemara here (Rambam *Sefer Tahara*, *Hilkhot Tumat Tzara'at* 11:1).

תַּלְמוּד לוֹמַר: ״בְּקַרְקַע הַמִּשְׁכָּן״. אִי ״בְּקַרְקַע הַמִּשְׁכָּן״, יָכוֹל יַחְפּוֹר בְּקַרְדּוּמוֹת? תַּלְמוּד לוֹמַר: ״אֲשֶׁר יִהְיֶה״. הָא כֵּיצַד? יֵשׁ שָׁם – הָבֵא; אֵין שָׁם – תֵּן שָׁם.

Therefore, **the verse states:** "The dust that is **on the floor of the Tabernacle,**" indicating that the dust must be from inside the Sanctuary. **If** the verse had stated only: **"On the floor of the Tabernacle,"** one **might** have thought that the priest may **dig with axes**[B] to loosen the dust there. Therefore, **the verse states:** "And of the dust **that is** on the floor of the Tabernacle," indicating that the dust must be lying there loosely. **How so? If there is** already loose earth **there** on the Sanctuary floor, **bring** it; if **there is none there,** then **place** loose dust **there** from elsewhere, and then pick it up and use it.

תַּנְיָא אִידָךְ: ״וּמִן הֶעָפָר אֲשֶׁר יִהְיֶה״ וגו׳ – מְלַמֵּד, שֶׁהָיָה מְתַקֵּן מִבַּחוּץ וּמַכְנִיס. ״בְּקַרְקַע הַמִּשְׁכָּן״ – אִיסִי בֶּן יְהוּדָה אוֹמֵר: לְהָבִיא קַרְקַע

It is taught in **another** *baraita*: The verse states: **"And of the dust that is** on the floor of the Tabernacle"; the fact that the verse does not explicitly state to take the dust from the floor of the Tabernacle **teaches that** the priest **would prepare** dust **from outside**[N] **and bring it into** the Sanctuary. When the verse states: "The dust that is **on the floor of the Tabernacle," Isi ben Yehuda says** that this phrase serves **to include the floor of** the Tabernacle when it stood in

BACKGROUND

Ax [*kardom*] – קַרְדּוֹם: Based on the description here and elsewhere, a *kardom* is the Roman dolabra, a two-sided implement. Its broader end was used for chopping, while its narrower side was used for hoeing or breaking. The narrow end was either bent, as depicted here, or straight.

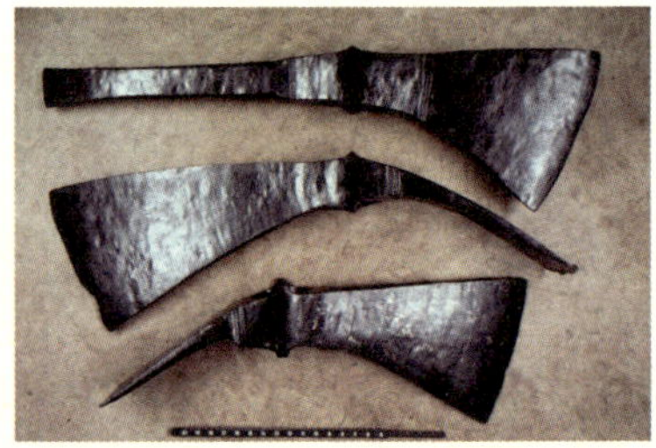

Roman dolabrae

NOTES

That he would prepare dust from outside – שֶׁהָיָה מְתַקֵּן מִבַּחוּץ: Rashi notes that since the verse does not state that the dust is from the floor of the Tabernacle, this teaches that the dust can be from elsewhere. The *Tosefot HaRosh* objects, as the verse clearly refers to the dust of the floor of the Tabernacle. He explains that the dust may originate elsewhere, and need not be taken initially from the floor of the Tabernacle, but it must be placed on the floor there and raised before being mixed with the water.

Perek **II**
Daf **16** Amud **a**

שִׁילֹה, נוֹב וְגִבְעוֹן, וּבֵית עוֹלָמִים.

Shiloh, Nob, and Gibeon,[NB] and also **the Eternal House,** i.e., the Temple in Jerusalem. The dust for the *sota* is still brought from the ground of the Sanctuary wherever it is located, even after the Jewish people are no longer in the wilderness.

אִיסִי בֶּן מְנַחֵם אוֹמֵר: אֵינוֹ צָרִיךְ. וּמָה בְּטוּמְאָה קַלָּה לֹא חָלַק הַכָּתוּב, בְּטוּמְאַת אֵשֶׁת אִישׁ חֲמוּרָה לֹא כָּל שֶׁכֵּן! אִם כֵּן, מַה תַּלְמוּד לוֹמַר ״בְּקַרְקַע הַמִּשְׁכָּן״? שֶׁלֹּא יָבִיא מִתּוֹךְ קוּפָּתוֹ.

Isi ben Menaḥem says: There is no need to derive this *halakha* from the verse. It may be learned by an *a fortiori* inference: **With regard to** the prohibition against entering the Sanctuary in a state of **impurity, a lenient** matter for which there is no court-imposed capital punishment, **the Torah does not differentiate.** It is prohibited for an impure person to enter the Tabernacle no matter where it stands. Therefore, **with regard to the impurity of a married woman,** which is **stringent** and carries the penalty of strangulation, **all the more so** is it **not** clear that the Torah does not differentiate? The dust must be brought from the Sanctuary no matter where it stands. **If so, what** is the meaning when **the verse states:** "And of the dust that is **on the floor of the Tabernacle"?** It teaches **that one should not bring** dust **from his** own **basket** and place it directly into the water; he must first place it on the floor.

אִיבַּעְיָא לְהוּ: אֵין שָׁם עָפָר, מַהוּ שֶׁיִּתֵּן אֵפֶר? אַלִּיבָּא דְּבֵית שַׁמַּאי לָא תִּיבָּעֵי לָךְ, דְּאָמְרִי: לֹא מָצִינוּ אֵפֶר שֶׁקְּרוּי ״עָפָר״.

A dilemma was raised before the Sages: If **there is no dust there, what is** the *halakha*? May one **place ashes** in the vessel instead? The Gemara responds: There is **no** need to **raise the dilemma** if one holds **in accordance with** the opinion of **Beit Shammai, as they say: We never find ashes referred to as dust** in the Torah.

NOTES

Shiloh, Nob, and Gibeon – שִׁילֹה נוֹב וְגִבְעוֹן: Rashi possessed a textual variant that refers only to the Temple in Jerusalem. He explains that Shiloh need not be included, as it was the home of the Tabernacle itself. Nob and Gibeon need not be included because they contained only the great altar, on which primarily communal offerings were brought. Since the meal-offering of a *sota* could not be brought there, they were not used for the *sota* ritual at all. However, according to *Tosafot* Nob and Gibeon should be included, as Isi ben Yehuda might hold that the *sota* ritual could be performed there (see also Meiri). According to *Tosefot HaRosh*, Shiloh should be included as well. Although the Tabernacle there was built on the basis of Tabernacle in the wilderness, there were also stone additions, and it was therefore distinct from the Tabernacle of the wilderness and needed to be included separately.

BACKGROUND

Shiloh, Nob, and Gibeon – שִׁילֹה נוֹב וְגִבְעוֹן: Prior to the establishment of the Temple in Jerusalem, the Jewish people erected the Tabernacle from the wilderness in Shiloh, located in the land of the tribe of Ephraim (see Judges 21:19). Shiloh is located about thirty-five km north of Jerusalem on the ancient mountain ridge road that crosses the country from north to south. The remaining foundations of the Tabernacle have been found, and a modern synagogue has been built commemorating it. After Shiloh was destroyed (see I Samuel, chapter 4), the Tabernacle was moved to Nob and then to Gibeon.

כִּי תִּיבָּעֵי לָךְ – אַלִּיבָּא דְּבֵית הִלֵּל, דְּאָמְרִי: מָצִינוּ אֵפֶר שֶׁקְּרוּי ״עָפָר״, מַאי? אַף עַל גַּב דְּאִיקְּרִי עָפָר – הָכָא ״בְּקַרְקַע הַמִּשְׁכָּן״ כְּתִיב, אוֹ דִילְמָא הַאי ״בְּקַרְקַע הַמִּשְׁכָּן״ – לְכִדְאִיסִי בֶּן יְהוּדָה וּלְכִדְאִיסִי בֶּן מְנַחֵם הוּא דַּאֲתֵי?

When you raise the dilemma, it is **in accordance with** the opinion **of Beit Hillel, who say: We do find ashes referred to as dust**[N] in the context of the red heifer (Numbers 19:17). They likewise hold that ashes may also be used instead of dust to cover the blood of a slaughtered bird or undomesticated animal (see Leviticus 17:13). **What** is the *halakha* here, with regard to the water of a *sota*? May ashes replace dust? **Although** elsewhere ashes may be **referred to as dust, here it is written: "On the floor of the Tabernacle,"** indicating that dust in particular is required, since dust comes from the ground. **Or perhaps** the phrase **"on the floor of the Tabernacle" comes** only to teach that the *halakha* is **in accordance with** the teaching of **Isi ben Yehuda or in accordance with** the teaching of **Isi ben Menaḥem.** If so, perhaps ashes are acceptable as well.

תָּא שְׁמַע: דְּאָמַר רַבִּי יוֹחָנָן מִשּׁוּם רַבִּי יִשְׁמָעֵאל: בִּשְׁלֹשָׁה מְקוֹמוֹת הֲלָכָה עוֹקֶבֶת מִקְרָא.

Come and **hear** evidence from **that** which **Rabbi Yoḥanan says in the name of Rabbi Yishmael: In three instances the *halakha* supersedes the verse,**[N] i.e., the tradition alters the straightforward meaning of the verse.

הַתּוֹרָה אָמְרָה בְּעָפָר, וַהֲלָכָה בְּכָל דָּבָר; הַתּוֹרָה אָמְרָה בְּתַעַר, וַהֲלָכָה בְּכָל דָּבָר; הַתּוֹרָה אָמְרָה סֵפֶר, וַהֲלָכָה בְּכָל דָּבָר;

The Torah states: "And whatsoever man…that takes in hunting any beast or fowl that may be eaten, he shall pour out the blood thereof, and cover it **in dust**" (Leviticus 17:13), **but the *halakha*** is that the blood may be covered **in anything**[H] similar to dust. **The Torah states** with regard to the nazirite: "All the days of his vow of naziriteship there shall be no **razor**[N] come upon his head" (Numbers 6:5), **but the *halakha*** is that the nazirite may not remove his hair **with anything.**[H] **The Torah states:** "That he writes her a **bill** [*sefer*] of divorce" (Deuteronomy 24:1). The word *sefer* denotes a scroll, **but the *halakha*** is that the husband may inscribe the bill of divorce **on anything**[H] that is detached from the ground and suitable to be written upon, not only on a scroll.

וְאִם אִיתָא, לִיחְשׁוֹב נַמִי הַאי!

And if it is so that ashes may be placed in the water of a *sota* despite the verse's stipulation of dust, **consider this** fourth case **as well**[N] to be a *halakha* that supersedes the verse. Since it is omitted from Rabbi Yishmael's statement, it seems that ashes may not be used.

תָּנָא וְשִׁיֵּיר. וּמַאי שִׁיֵּיר דְּהַאי שִׁיֵּיר? שִׁיֵּיר מְצוֹרָע; דְּתַנְיָא: ״וְהָיָה בַיּוֹם הַשְּׁבִיעִי יְגַלַּח אֶת כׇּל שְׂעָרוֹ״ – כְּלָל; ״אֶת רֹאשׁוֹ וְאֶת זְקָנוֹ וְאֶת גַּבֹּת עֵינָיו״ – פְּרָט; ״וְאֶת כׇּל שְׂעָרוֹ יְגַלֵּחַ״ – חָזַר וְכָלַל. כְּלָל וּפְרָט וּכְלָל – אִי אַתָּה דָּן אֶלָּא כְּעֵין הַפְּרָט: מָה פְּרָט מְפוֹרָשׁ מְקוֹם כִּינּוּס שֵׂעָר וְנִרְאֶה, אַף כׇּל מְקוֹם כִּינּוּס שֵׂעָר וְנִרְאֶה;

The Gemara responds: Rabbi Yishmael **taught** some cases **and omitted** others; his list is not exhaustive. The Gemara asks: **What** else **did he omit that he omitted this?** It is not reasonable that he would provide a list lacking only one item. The Gemara answers: **He omitted the leper, as it is taught** in a *baraita* (*Tosefta, Nega'im* 1:9): In the verse: **"And it shall be on the seventh day, that he shall shave off all his hair"** (Leviticus 14:9), the phrase "all his hair" is a **generalization.** The phrase that follows: **"His head and his beard and his eyebrows,"** is a **detail.** And with the following phrase: **"Even all his hair he shall shave off,"** the verse **then generalized** again. In any case of **a generalization, and a detail, and a generalization, you may deduce** that the verse is referring **only** to items **similar to the detail. Just as the detail is explicitly** referring to **areas** where there is **a collection of hair which is visible, so too all areas** on the leper that have **a collection of hair which is visible** must be shaven.

מָה רַבֵּי? רַבֵּי שְׂעַר הָרַגְלַיִם. מַאי מִיעֵט? מִיעֵט דְּבֵית הַשֶּׁחִי וְדְכוּלֵּיהּ גּוּפֵיהּ.

To **what** otherwise excluded case does this *baraita* **extend** the *halakha*? It **extends** the *halakha* of hair to include **pubic hair. What** does the *baraita* **exclude? It excludes armpit hair,** which is not visible, **and body hair** that is not collected. This is the straightforward meaning of the verse.

NOTES

We do find ashes referred to as dust – מָצִינוּ אֵפֶר שֶׁקָּרוּי עָפָר: Some commentaries mention that according to Rabbeinu Tam, even Beit Shammai hold that ashes from burnt wood are considered dust. They disagree with regard to other kinds of ashes. Others dispute this opinion (see *Tosefot HaRash*).

***Halakha* supersedes [*okevet*] the verse – הֲלָכָה עוֹקֶבֶת מִקְרָא:** Rashi explains that *okevet* is derived from *ekev*, meaning heel, and connotes the dislodging of a heel from its grounding. According to the *Arukh*, *okevet* is related to the biblical word *vayakeveini*, meaning to supplant (Genesis 27:36). The most fitting definition appears to be that of the Meiri, who interprets *okevet* as being related to *okefet*, meaning to bypass. In this sense, the *halakha* bypasses the straightforward meaning of the verse and settles on a different meaning.

The Torah states, razor, etc. – הַתּוֹרָה אָמְרָה בְּתַעַר וכו׳: Rashi and other commentaries find the inclusion of this example difficult to understand. The *halakha* does not countermand the verse but merely adds ways in which a nazirite may not remove his hair. Rashi answers that according to the *halakha*, if the nazirite were to shave his hair without a razor he would be liable to receive lashes. However, as it is prohibited to administer lashes unlawfully, that *halakha* is therefore viewed as countermanding the Torah. The *Ḥiddushei Batra* challenges this explanation, as there are numerous recorded cases in which the Sages sentenced a person to lashes due even to infractions of rabbinic law. Because of the difficulty with the case of the nazirite, it is understandable that Rashi prefers a textual variant of the Jerusalem Talmud that lists another case instead: According to the Torah, a Hebrew slave who foregoes his emancipation must have his ear pierced with an awl; the *halakha* is that the ear may be pierced with anything.

Consider this as well – לִיחְשׁוֹב נַמִי הַאי: The early commentaries disagree as to whether one might answer simply that Rabbi Yishmael agrees with the opinion of Beit Shammai that ashes are not considered dust (see *Tosafot* and *Tosefot HaRosh*).

HALAKHA

In dust, but the *halakha* is in anything – בְּעָפָר, וַהֲלָכָה בְּכָל דָּבָר: Although the verse states that one must cover the blood of a slaughtered animal with dust, it may be covered with any substance used for growing seeds, or with any substance called dust, including eroded gold and ashes (Rambam *Sefer Kedusha, Hilkhot Sheḥita* 14:11–13; *Shulḥan Arukh, Yoreh De'a* 28:23).

Razor, but the *halakha* is with anything – בְּתַעַר, וַהֲלָכָה בְּכָל דָּבָר: A nazirite is liable to receive lashes if he cuts even one of his hairs, with a razor or with scissors, (Rambam *Sefer Hafla'a, Hilkhot Nezirut* 5:11).

A bill of divorce, but the *halakha* is on anything – סֵפֶר, וַהֲלָכָה בְּכָל דָּבָר: It is permitted to write a bill of divorce on any item detached from the ground that is suitable to be written upon (Rambam *Sefer Nashim, Hilkhot Geirushin* 4:2–3; *Shulḥan Arukh, Even HaEzer* 124:1–2).

וְהִלְכְתָא: מְגַלֵּחַ כִּדְלַעַת, דִּתְנַן: בָּא לוֹ לְהַקִּיף אֶת הַמְּצוֹרָע – מַעֲבִיר תַּעַר עַל כָּל בְּשָׂרוֹ. וְקָתָנֵי סֵיפָא: וּבַיּוֹם הַשְּׁבִיעִי מְגַלְּחוֹ, תִּגְלַחַת שְׁנִיָּה כְּתִגְלַחַת רִאשׁוֹנָה.

And yet the *halakha* is: The leper **shaves like a gourd,**[H] i.e., his entire body must be shaved. **As we learned** in a mishna (*Nega'im* 14:2): When the priest **comes to shave the leper, he passes a razor over all of his flesh. And in the latter clause,** the mishna **teaches: On the seventh day he shaves** the leper again. **The second shaving is** just **like the first shaving.**[H] The verse previously analyzed is referring to the second shaving, and its straightforward meaning is that not all of the leper's flesh needs to be shaved. However, the mishna states that the leper must shave all of his flesh in the second shaving as well. This is another instance where the *halakha* supersedes the straightforward meaning of the verse, yet it is omitted from Rabbi Yishmael's list.

אָמַר רַב נַחְמָן בַּר יִצְחָק: כִּי קָא חָשֵׁיב – הֲלָכָה עוֹקֶבֶת מִקְרָא, הָא – עוֹקֶבֶת מִדְּרַבָּנַן הִיא.

Rabbi Naḥman bar Yitzḥak said: Rabbi Yishmael consciously omitted the *halakha* of the leper because he **counted** only instances where the ***halakha*** **supersedes** the straightforward meaning of the **verse. This** *halakha* of the leper, however, **is** an instance where the *halakha* **supersedes** only an exegetical interpretation **of the Sages.**

רַב פָּפָּא אָמַר: כִּי קָא חָשֵׁיב – הֲלָכָה עוֹקֶבֶת וְעוֹקֶרֶת, הָא – עוֹקֶבֶת וּמוֹסֶפֶת הִיא.

Rav Pappa said: Rabbi Yishmael **counted** only cases where the ***halakha*** both **supersedes and uproots** the straightforward meaning of the verse. **This,** however, is an instance where the *halakha* **supersedes and adds.** The *halakha* does not overrule the verse but rather adds an additional requirement, i.e., that the whole body must be shaved.

רַב אַשִׁי אָמַר: הָא מַתְנִיתָא מַנִּי – רַבִּי יִשְׁמָעֵאל הִיא, דְּדָרֵישׁ כְּלָלֵי וּפְרָטֵי;

Rav Ashi said: This *baraita*, which teaches that only certain parts of the body must be shaved, **is** in accordance with **whose** opinion? **It is** in accordance with the opinion of **Rabbi Yishmael, who interprets** verses by means of the principle of **generalizations and details.** According to this interpretation, only collected areas of hair that are visible must be shaven.

HALAKHA

Shaves like a gourd – מְגַלֵּחַ כִּדְלַעַת: After the leper has been purified by the ritual of the two birds, the priest shaves off all his body hair, including his pubic and armpit hair, leaving him smooth as a gourd (Rambam *Sefer Tahara, Hilkhot Tumat Tzara'at* 11:1).

The second shaving is like the first shaving – תִּגְלַחַת שְׁנִיָּה כְּתִגְלַחַת רִאשׁוֹנָה: Seven days after the initial purification of the leper, the priest shaves him again (Rambam *Sefer Tahara, Hilkhot Tumat Tzara'at* 11:2).

Perek **II**
Daf **16** Amud **b**

כִּדְלַעַת, מַנִּי? רַבִּי עֲקִיבָא הִיא, דְּדָרֵישׁ רִיבּוּיֵי וּמִיעוּטֵי; דְּתַנְיָא: "וְהָיָה בַיּוֹם הַשְּׁבִיעִי יְגַלַּח אֶת כׇּל שְׂעָרוֹ" – רִיבָּה; "אֶת רֹאשׁוֹ וְאֶת זְקָנוֹ וְאֵת גַּבֹּת עֵינָיו" – מִיעֵט; "וְאֶת כׇּל שְׂעָרוֹ יְגַלֵּחַ" – חָזַר וְרִיבָּה, רִיבָּה וּמִיעֵט וְרִיבָּה – רִיבָּה הַכֹּל.

By contrast, the mishna states that the leper must be shaven **like a gourd.** In accordance with **whose** opinion is this? **It is** in accordance with the opinion of **Rabbi Akiva, who interprets** verses by means of the principle of **amplifications and restrictions.**[N] **As it is taught** in a *baraita*: In the verse: **"And it shall be on the seventh day, that he shall shave off all his hair,"** the phrase "all his hair" is an **amplification.** The phrase that follows: **"His head and his beard and his eyebrows,"** is a **restriction.** In the final phrase: **"Even all his hair he shall shave off,"** the verse **then amplified** again. The verse is therefore an instance of **amplification and restriction and amplification,** which **includes everything.**

מַאי רִיבָּה? רִיבָּה דְּכוּלֵּיהּ גּוּפֵיהּ, וּמַאי מִיעֵט? מִיעֵט שֵׂיעָר שֶׁבְּתוֹךְ הַחוֹטֶם.

What does it include? It includes the hair **of all of the body. What does it** nevertheless **exclude? It excludes nose hairs,**[H] which do not need to be shaved. Since the mishna presents only the opinion of Rabbi Akiva, it poses no challenge to Rabbi Yishmael's list.

מַאי הָוֵי עֲלַהּ? תָּא שְׁמַע, דְּאָמַר רַב הוּנָא בַּר אַשִׁי אָמַר רַב: אֵין שָׁם עָפָר, מֵבִיא רַקְבּוּבִית יָרָק וּמְקַדֵּשׁ.

The Gemara asks: **What** conclusion **was** reached **about it,**[N] i.e., whether ashes may be used instead of dust for the water of the *sota*? **Come** and **hear** evidence from that **which Rav Huna bar Ashi says** that **Rav says: If there is no dust** available for the *sota* water, the priest **brings decomposed vegetable** matter,[H] **and he consecrates**[N] the water with it. This indicates that it is permitted to substitute other substances for dust.

NOTES

Amplifications and restrictions – רִיבּוּיֵי וּמִיעוּטֵי: The hermeneutic principle of amplifications and restrictions and that of generalizations and details are similar in their applications. Both methods are applied to biblical verses in which there is a general statement followed by specific examples of the same *halakha*. They differ, however, in the hermeneutic weight afforded to the specific detail or restrictive phrase. The principle of generalizations and details interprets the detail mentioned in the verse as limiting the entire application of the rule to like cases. In this instance, the detail indicates that only visible collections of hair need to be shaved. The method of amplification and restriction, however, treats the restrictive phrase only as an indication that certain extreme cases should be excluded. In this case, the restrictive phrase comes only to exclude nose hair.

What conclusion was reached about it – מַאי הָוֵי עֲלַהּ: This phrase is used when the discussion has addressed comparable cases to the issue at hand but has not yet offered a definitive answer to the original query (see *Tosafot*).

And he consecrates – וּמְקַדֵּשׁ: The water of a *sota* is not truly consecrated. Rashi explains that the decomposed vegetables may be placed in the water only after having been placed on the Temple floor. According to this explanation, the word consecrates means to connect the mixture to the Temple by means of its dust.

HALAKHA

It excludes nose hairs – מִיעֵט שֵׂיעָר שֶׁבְּתוֹךְ הַחוֹטֶם: When the priest shaves the leper's hairs he does not shave the hair in his nostrils, since it is not visible (Rambam *Sefer Tahara, Hilkhot Tumat Tzara'at* 11:1).

Brings decomposed vegetable matter – מֵבִיא רַקְבּוּבִית יָרָק: If no dust is available, one may place decomposed vegetables in the water of a *sota* because they are like dust, in accordance with the statement of Rav (Rambam *Sefer Nashim, Hilkhot Sota* 4:12).

וְלָא הִיא, רַקְבּוּבִית יָרָק הוּא דַּהֲוַאי עָפָר, אֵפֶר לָא הֲוַאי עָפָר.

The Gemara responds: **But that is not so. Decomposed vegetable** matter **is** permitted because it will **become dust,** but **ashes will not become dust.**[H]

״כְּדֵי שֶׁיֵּרָאֶה עַל הַמַּיִם״. תָּנוּ רַבָּנַן – שְׁלֹשָׁה צְרִיכִין שֶׁיֵּרָאוּ: עֲפַר סוֹטָה, וְאֵפֶר פָּרָה, וְרוֹק יְבָמָה; מִשּׁוּם רַבִּי יִשְׁמָעֵאל אָמְרוּ: אַף דַּם צִפּוֹר.

§ The mishna states: He would take loose dust from underneath the tablet and place it into the vessel with the water, **so that** the dust **would be visible upon the water. The Sages taught** (*Tosefta* 1:8): **Three** items **are required to be seen:**[N] **The dust of the** ***sota***[H] must be visible in the water, **the ashes of the** red **heifer**[H] must be visible when placed in the waters of purification, **and the spittle of a woman whose husband, who has a brother, died childless** [***yevama***][H] must be visible. The *yavam*, brother-in-law of the *yevama*, is bound by Torah law to marry her, and this bond is dissolved through the ritual of *ḥalitza*, in which she spits before him in the presence of judges. **In the name of Rabbi Yishmael they said: Even the blood of the bird** used in a leper's purification ritual is required to be visible in the vessel.

מַאי טַעֲמָא דְּרַבִּי יִשְׁמָעֵאל? דִּכְתִיב: ״וְטָבַל אוֹתָם בְּדַם הַצִּפּוֹר״ וגו׳, וְתַנְיָא: ״בְּדַם״ – יָכוֹל בְּדָם וְלֹא בְּמַיִם, תַּלְמוּד לוֹמַר: ״בַּמַּיִם״. אִי מַיִם, יָכוֹל בְּמַיִם וְלֹא בְּדָם? תַּלְמוּד לוֹמַר: ״בְּדַם״. הָא כֵּיצַד? מֵבִיא מַיִם שֶׁדַּם צִיפּוֹר נִיכָּר בָּהֶן. וְכַמָּה? רְבִיעִית.

The Gemara asks: **What is the reasoning of Rabbi Yishmael? As it is written** with regard to the process of the purification of a leper: "And he shall take the cedar wood, and the hyssop, and the scarlet, and the living bird, **and dip them in the blood of the slain bird,** and in the running water" (Leviticus 14:51). **And it is taught** in a *baraita*: Had the verse stated only the phrase **"in the blood,"** one **might** have thought that these items must be dipped only **in the blood** and should **not** be dipped **in the water** at all. Therefore, **the verse** also **states: "In the** running **water."** If the verse had stated only the phrase "in the running **water,"** one **might** have thought they should be dipped only **in the water and not** be dipped **in the blood** at all. Therefore, **the verse** also **states: "In the blood." How** can **these** texts be reconciled? One must **bring** little enough **water** so **that the blood of the bird** will still **be recognizable**[N] **within it.**[H] **And how much** water is this? It is **a quarter-*log*.**

וְרַבָּנַן? הַהוּא לְגוּפֵיהּ, דְּהָכִי קָאָמַר רַחֲמָנָא: אַטְבֵּיל בְּדָם וּבְמַיִם.

And the Rabbis, who do not require that the blood of the bird be visible in the water, how do they understand the verse? **That** verse is necessary **for its own** sake, **as this is what the Merciful One is saying: Dip** the objects both **in blood and in water** together. The blood need not be visible.

וְרַבִּי יִשְׁמָעֵאל? אִם כֵּן, לִכְתּוֹב רַחֲמָנָא ״וְטָבַל בָּהֶם״; ״בְּדַם...וּבַמַּיִם״ לָמָּה לִי? לְנִיכָּר.

And why does **Rabbi Yishmael** reject this straightforward understanding of the verse? It is because **if** this understanding were **so,** then **the Merciful One should have written** simply: **And dip in them,** i.e., dip the cedar wood, hyssop, scarlet wool, and live bird in the blood and water, as the blood and water have already been mentioned beforehand. **Why do I** need the verse to list explicitly: "And dip them **in the blood** of the slain bird, **and in the** running **water**"? This is **to** teach that the blood must be **recognizable** in the water.

וְרַבָּנַן? אִי כָּתַב רַחֲמָנָא ״וְטָבַל בָּהֶם״, הֲוָה אָמִינָא הַאי לְחוּדֵיהּ וְהַאי לְחוּדֵיהּ. כָּתַב רַחֲמָנָא ״בְּדַם...וּבַמַּיִם״ לְעָרְבָן.

And what would **the Rabbis** respond to this? **If the Merciful One had written** simply: **And dip in them,** then **I would say** the items should be dipped in **this** liquid **separately and** in **that** liquid **separately.** Therefore, **the Merciful One writes:** "And dip them **in the blood** of the slain bird, **and in the** running **water,"** **to** teach that one must **mix them** together.

וְרַבִּי יִשְׁמָעֵאל? לְעָרְבָן – קְרָא אַחֲרִינָא כְּתִיב: ״וְשָׁחַט אֶת הַצִּפּוֹר הָאֶחָת״ וגו׳.

And from where does **Rabbi Yishmael** derive that one must **mix them** together? **Another verse is written: "And he shall slaughter one of the birds** in an earthen vessel over running water" (Leviticus 14:50). This indicates that the blood of the bird must fall directly into the water below, and the blood and the water will become mixed together.

HALAKHA

Ashes will not become dust – **אֵפֶר לָא הֲוַאי עָפָר**: One may not place ashes in the water of a *sota*, in accordance with the conclusion of the Gemara (Rambam *Sefer Nashim, Hilkhot Sota* 4:12).

The dust of the ***sota*** – **עֲפַר סוֹטָה**: Enough dust must be placed in the water of a *sota* for the dust to be visible in it (Rambam *Sefer Nashim, Hilkhot Sota* 3:10).

The ashes of the red heifer – **אֵפֶר פָּרָה**: Enough ashes must be placed in the waters of purification for them to be visible in the mixture (Rambam *Sefer Tahara, Hilkhot Para Aduma* 9:1).

The spittle of a ***yevama*** – **רוֹק יְבָמָה**: The spittle of a *yevama* must be visible to the judges who oversee the *ḥalitza* ritual (Rambam *Sefer Nashim, Hilkhot Yibbum* 4:7; *Shulḥan Arukh, Even HaEzer* 169:38).

That the blood of the bird will be recognizable within it – **שֶׁדַּם צִיפּוֹר נִיכָּר בָּהֶן**: For the purification process of the leper, a quarter-*log* of water is brought, and the blood of the bird must be recognizable in it (Rambam *Sefer Tahara, Hilkhot Tumat Tzara'at* 11:1).

NOTES

Are required to be seen – **צְרִיכִין שֶׁיֵּרָאוּ**: Apparently, a sufficient measure of dust or ashes must be added so that they will not immediately disappear in the water. Although the dust will inevitably settle, it should initially be visible. With regard to the spittle of the *yevama*, the term refers not to a requisite amount of spittle; rather, it means that it must be spat visibly. The blood of the leper's bird must merely be recognizable in the water; there is no requirement of a specific measure of blood (*Devar Shaul*).

So that the blood of the bird will still be recognizable – **שֶׁדַּם צִיפּוֹר נִיכָּר**: This does not mean merely that a red color should be recognizable in the water; that would occur even in a large amount of water. Rather, the blood should be recognizable as blood (*Devar Shaul*; see *Tosafot*).

וְרַבָּנַן? אִי מֵהַהוּא, הֲוָה אָמֵינָא לִישְׁחֲטֵיהּ סָמוּךְ לְמָנָא, וְנִינְקְטִינְהוּ לְוְורִידִין וּלְקַבְּלֵיהּ לְדָם בְּמָנָא אַחֲרִינָא. קָא מַשְׁמַע לַן.

And why do **the Rabbis** not learn it from that verse? **If** one were to learn it **from that** verse, **I would say** that one should **slaughter** the bird **adjacent to the vessel** holding the water, **and** one should **grasp the** opened **veins**[N] to ensure that no blood escapes immediately **and** then **collect the blood in a different vessel.** The blood and water would therefore be in separate vessels. Therefore, **this** first verse **teaches us** that the blood and water must be mixed together.

בְּעָא מִינֵּיהּ רַבִּי יִרְמְיָה מֵרַבִּי זֵירָא: גְּדוֹלָה וּמַדַּחַת אֶת הַמַּיִם, קְטַנָּה וְנִדְחֵית מִפְּנֵי הַמַּיִם, מַהוּ?

Rabbi Yirmeya raised a dilemma before Rabbi Zeira: If the bird is **big and** contains such a large amount of blood that it **effaces the water,** rendering it indistinguishable, or if the bird is **small and** contains so little blood that its blood **is effaced due to the water** and indistinguishable, **what is** the *halakha*?

אֲמַר לֵיהּ, לָאו אָמֵינָא לָךְ: לָא תַּפֵּיק נַפְשָׁךְ לְבַר מֵהִילְכְתָא? בְּצִפּוֹר דְּרוֹר שִׁיעֲרוּ רַבָּנַן: אֵין לָךְ גְּדוֹלָה שֶׁמַּדַּחַת אֶת הַמַּיִם, וְאֵין לָךְ קְטַנָּה שֶׁנִּדְחֵית מִפְּנֵי הַמַּיִם.

Rabbi Zeira **said to him: Haven't I told you not to take yourself**[N] out of the bounds **of the** practical ***halakha***? Do not ask questions about impossible eventualities. **The Sages measured** the ratio of blood to water specifically **with regard to a sparrow.**[B] **There is no** sparrow **big enough to efface the water, nor is there one small enough to be effaced due to the water.**

תָּנוּ רַבָּנַן: הִקְדִּים עָפָר לַמַּיִם פָּסוּל, וְרַבִּי שִׁמְעוֹן מַכְשִׁיר. מַאי טַעְמָא דְּרַבִּי שִׁמְעוֹן?

§ **The Rabbis taught** (*Tosefta, Para* 6:6): If one **places the dust** in the vessel **before the water,**[H] the mixture is **unfit; but Rabbi Shimon deems it fit.** The Gemara asks: **What is the reasoning of Rabbi Shimon?**

דִּכְתִיב: ״וְלָקְחוּ לַטָּמֵא מֵעֲפַר שְׂרֵפַת הַחַטָּאת״; וְתַנְיָא, אָמַר רַבִּי שִׁמְעוֹן: וְכִי עָפָר הוּא? וַהֲלֹא אֵפֶר הוּא! שִׁינָּה הַכָּתוּב בְּמַשְׁמָעוֹ לָדוּן הֵימֶנּוּ גְּזֵירָה שָׁוָה: נֶאֱמַר כָּאן ״עָפָר״, וְנֶאֱמַר לְהַלָּן ״עָפָר״, מָה לְהַלָּן עָפָר עַל גַּבֵּי מַיִם, אַף כָּאן עָפָר עַל גַּבֵּי מַיִם.

It is **as it is written** with regard to the red heifer: **"And for the unclean they shall take of the dust of the burning of the purification from sin,** and running water shall be put thereto in a vessel" (Numbers 19:17). **And it is taught** in a *baraita* that **Rabbi Shimon said: Is it dust** [*afar*] that is taken? **But isn't it** really **ashes** [*efer*]? Evidently **the Torah altered its usage**[N] and referred to ashes as dust **in order to derive a verbal analogy from it. Dust is stated** in the verse **here, and dust is stated there,** with regard to the *sota*. **Just as there,** with regard to the *sota*, the verse teaches that the **dust** must be placed **on top of water, so too here,** with regard to the red heifer, one learns that the **dust,** i.e., ashes, must be placed **on top of the water.**

וּמָה כָּאן, הִקְדִּים עָפָר לַמַּיִם - כָּשֵׁר, אַף לְהַלָּן, הִקְדִּים עָפָר לַמַּיִם - כָּשֵׁר.

And likewise, **just as here,** with regard to the red heifer, if one **places the dust** in the vessel **before the water, it is fit** after the fact, **so too there,** with regard to the *sota*, if one **places the dust** in the vessel **before the water, it is fit.**

וְהָתָם מְנָלַן? תְּרֵי קְרָאֵי כְּתִיבִי. כְּתִיב: ״עָלָיו״, אַלְמָא אֵפֶר בְּרֵישָׁא, וּכְתִיב: ״מַיִם חַיִּים אֶל כֶּלִי״, אַלְמָא מַיִם בְּרֵישָׁא. הָא כֵּיצַד? רָצָה - זֶה נוֹתֵן, רָצָה - זֶה נוֹתֵן.

The Gemara asks: **And there,** with regard to the red heifer, **from where do we** derive that the mixture is fit even if the dust is placed first? **Two phrases are written** in the verse. **It is written** that the water must be put: **"Thereto."** Therefore, **apparently,** the **ashes** should be placed **first. And it is written** that the **running water** must be placed: **"In a vessel." Apparently,** the **water** should be placed in the vessel **first,** while it is still empty. **How** can **these** texts be reconciled? If **he desires**[N] to place the water first **he places it,** and if **he desires** to place the ash first **he places it.**

וְרַבָּנַן? ״אֶל כֶּלִי״ - דַּוְקָא; ״עָלָיו״ - לְעָרְבָן.

And how do **the Rabbis,** who deem the mixture unfit, interpret the verse? The verse states: **"In a vessel,"**[H] **specifically.** The water must be placed first. When the verse states: **"Thereto,"** it teaches only that it is required **to mix** the ashes with the water.

NOTES

Grasp the veins – נִינְקְטִינְהוּ לְוְורִידִין: In slaughtering birds it is sufficient to cut either the windpipe or the gullet. It is therefore possible to leave the veins intact, even though it is proper *ab initio* to cut them as well (see, e.g., Rabbi David Luria and *Minḥa Ḥareva*). This explains the case described in the Gemara here, where the bird is slaughtered next to one vessel and bleeds into a different vessel.

Not to take yourself – לָא תַּפֵּיק נַפְשָׁךְ: This is a reference to Rabbi Yirmeya's frequent practice of raising questions about borderline issues in *halakha*, particularly with regard to the limits of legal measurements. See *Bava Batra* 23b, which relates that on one occasion he was evicted from the study hall for raising a question of this type. According to the Ritva, Rabbi Zeira holds that although measures must be clearly defined, one should not raise objections from borderline cases, since there is no end to such questions.

The Torah altered its usage – שִׁינָּה הַכָּתוּב בְּמַשְׁמָעוֹ: Beit Hillel conclude from this verse that ashes may be used in place of dust for the mitzva of covering blood. Still, the terminology of the verse is unique and teaches this verbal analogy as well (*Tosefot HaRash*).

If he desires, etc. – רָצָה וכו׳: *Tosefot HaRosh* assert that this is not a halakhic prescription. It means that had there been only two phrases, then one could decide based on personal preference. However, in fact the verbal analogy cited earlier teaches the proper order.

BACKGROUND

Sparrow – צִיפּוֹר דְּרוֹר: The sparrow, *Passer domesticus*, is one of the most common birds and can be found in almost every place where people live. It is brown-gray in color, and the males have a black spot on their necks. Sparrows can grow up to 14 cm long. Although they live alongside humans, they cannot be tamed. The Gemara (*Beitza* 24a) itself says that sparrows do not accept human authority and evade capture even in a house. In a temperate climate they lay eggs a few times a year. Although the chicks mature quickly, reaching full size after two to three weeks, the parents continue to care for them for some time.

Male house sparrow

Female house sparrow

HALAKHA

Places the dust before the water – הִקְדִּים עָפָר לַמַּיִם: If the dust is placed in the vessel before the water, the mixture is disqualified for the *sota* ritual, in accordance with the opinion of the Rabbis (Rambam *Sefer Nashim, Hilkhot Sota* 4:12).

In a vessel – אֶל כֶּלִי: When preparing the purifying waters of the red heifer, one must first place the water in a vessel and then place ashes upon it, in accordance with the opinion of the Rabbis. If one reversed the order the mixture is unfit. The verse, which states: "In a vessel," is understood to mean that one must mix the ashes in the water (Rambam *Sefer Tahara, Hilkhot Para Aduma* 9:1).

וְאֵימָא: "עָלָיו" דַּוְקָא, "אֶל כֶּלִי" – שֶׁתְּהֵא חִיּוּתָן בַּכְּלִי!

The Gemara asks: **But** one could just as easily **say** the opposite: "**Thereto**" should be understood **specifically,** and the ashes must be placed first. The phrase "running water shall be put… **in a vessel,**" should indicate only **that** the water **must run** directly **into the vessel** and that it may not be brought from the spring by means of another vessel.

מַה מָּצִינוּ בְּכָל מָקוֹם מַכְשִׁיר לְמַעְלָה, אַף כָּאן מַכְשִׁיר לְמַעְלָה.

The Gemara answers: **Just as we find in every instance** that the **facilitating item** goes **above** the primary item, e.g., in the case of a *sota* the dust goes on top of the water, **so too here,** in the case of the red heifer, the **facilitating item** must go **above** the primary item. The water must be placed first, and only then the ashes.

Perek **II**
Daf **17** Amud **a**

NOTES

Comes to write, etc. – בָּא לוֹ לִכְתּוֹב וכו׳: The mishna is not explicit as to the language in which the scroll is written. Although another mishna (32a) states that the oath of the *sota* may be taken in any language that the wife understands, apparently the scroll itself was to be written specifically in Hebrew. This is true especially according to the opinion that the scroll of a *sota* may be taken from a Torah scroll (see 20b), and this is the ruling of the Rambam (*Minḥa Ḥareva*).

מתני׳ בָּא לוֹ לִכְתּוֹב אֶת הַמְּגִילָּה, מֵאֵיזֶה מָקוֹם הוּא כּוֹתֵב?

MISHNA **When the priest comes to write**[N] **the scroll** of the *sota* that is to be placed in the water, **from what place** in the Torah passage concerning the *sota* (Numbers 5:11–31) **does he write?**[H]

מִ"וְאִם לֹא שָׁכַב אִישׁ" וגו׳, "וְאַתְּ כִּי שָׂטִית תַּחַת אִישֵׁךְ".

He starts **from** the verse: **"If no man has lain** with you, and if you have not gone astray to defilement while under your husband, you shall be free from this water of bitterness that causes the curse" (Numbers 5:19); and continues: **"But if you have gone astray while under your husband,** and if you are defiled, and some man has lain with you besides your husband" (Numbers 5:20).

וְאֵינוֹ כּוֹתֵב: "וְהִשְׁבִּיעַ הַכֹּהֵן אֶת הָאִשָּׁה". וְכוֹתֵב: "יִתֵּן ה׳ אוֹתָךְ לְאָלָה וְלִשְׁבֻעָה...וּבָאוּ הַמַּיִם הַמְאָרְרִים הָאֵלֶּה בְּמֵעַיִךְ לַצְבּוֹת בֶּטֶן וְלַנְפִּל יָרֵךְ", וְאֵינוֹ כּוֹתֵב: "וְאָמְרָה הָאִשָּׁה אָמֵן אָמֵן".

And then **he does not write** the beginning of the following verse, which states: **"Then the priest shall cause the woman to swear** with the oath of cursing, and the priest shall say to the woman" (Numbers 5:21), **but he does write** the oath recorded in the continuation of the verse: **"The Lord shall make you a curse and an oath** among your people when the Lord will cause your thigh to fall away, and your belly to swell. **And this water that causes the curse shall go into your bowels, and cause your belly to swell, and your thigh to fall away"** (Numbers 5:21–22); **but he does not write** the conclusion of the verse: **"And the woman shall say: Amen, amen"** (Numbers 5:22).

רַבִּי יוֹסֵי אוֹמֵר: לֹא הָיָה מַפְסִיק.

Rabbi Yosei says: He does not interrupt the verses but rather writes the entire passage without any omissions.

רַבִּי יְהוּדָה אוֹמֵר: כָּל עַצְמוֹ אֵינוֹ כּוֹתֵב אֶלָּא: "יִתֵּן ה׳ אוֹתָךְ לְאָלָה וְלִשְׁבֻעָה וגו׳ וּבָאוּ הַמַּיִם הַמְאָרְרִים הָאֵלֶּה בְּמֵעַיִךְ" וגו׳, וְאֵינוֹ כּוֹתֵב: "וְאָמְרָה הָאִשָּׁה אָמֵן אָמֵן".

Rabbi Yehuda says: He writes nothing other than curses recorded in the final verses cited above: **"The Lord shall make you a curse and an oath** among your people when the Lord will cause your thigh to fall away, and your belly to swell. **And this water that causes the curse shall go into your bowels,** and cause your belly to swell, and your thigh to fall away." **And he does not write** the conclusion of the verse: **"And the woman shall say: Amen, amen."**

גמ׳ בְּמַאי קָא מִיפַּלְגִי? בְּהַאי קְרָא קָמִיפַּלְגִי: "וְכָתַב אֶת הָאָלוֹת הָאֵלֶּה הַכֹּהֵן בַּסֵּפֶר",

GEMARA **With regard to what** issue **do** the Sages in the mishna **disagree?** What is the source of their disagreement? **They disagree concerning the** proper interpretation of the **verse: "And the priest shall write these** [*ha'eleh*] **curses** [*et ha'alot*] **in a scroll"** (Numbers 5:23).

HALAKHA

From what place does he write – מֵאֵיזֶה מָקוֹם הוּא כּוֹתֵב: The priest writes the scroll of the *sota* from the verse: "If no man has lain with you, and if you have not gone astray to defilement while under your husband, you shall be free from this water of bitterness that causes the curse" (Numbers 5:19); and continues: "But if you have gone astray while under your husband, and if you are defiled, and some man has lain with you besides your husband" (Numbers 5:20). And then he skips the beginning of the verse that follows: "Then the priest shall cause the woman to swear with the oath of cursing, and the priest shall say to the woman" (Numbers 5:21). But he does write the oath recorded in the continuation: "The Lord shall make you a curse and an oath among your people, when the Lord will cause your thigh to fall away, and your belly to swell. And this water that causes the curse shall go into your bowels, and cause your belly to swell, and your thigh to fall away" (Numbers 5:21–22). But he does not write the conclusion of the verse: "And the woman shall say: Amen, amen" (Numbers 5:22), in accordance with the first *tanna* of the mishna (Rambam *Sefer Nashim*, *Hilkhot Sota* 3:8).

רַבִּי מֵאִיר סָבַר: ״אָלוֹת״ – אָלוֹת מַמָּשׁ, ״הָאָלוֹת״ – לְרַבּוֹת קְלָלוֹת הַבָּאוֹת מֵחֲמַת בְּרָכוֹת, ״אֵלֶּה״ – לְמַעוּטֵי קְלָלוֹת שֶׁבְּמִשְׁנֵה תוֹרָה, ״הָאֵלֶּה״ – לְמַעוּטֵי צַוָּואוֹת וְקַבָּלוֹת אָמֵן.

Rabbi Meir, the first *tanna* of the mishna, **reasons:** The word "*alot*," curses, is referring to **actual curses.** The prefix *ha*, meaning: The, in the word "*ha'alot*" serves **to include curses that come on account of** the **blessings,** i.e., the curses that are inferred from the phrase: "You shall be free from this water of bitterness that causes the curse" (5:19). The word "*eleh*," meaning these, is a limiting term that serves **to exclude the** long list of **curses that are** recorded **in *Mishne Torah*,**[N] the book of Deuteronomy (chapter 28). Although these curses are also referred to as "*alot*," the priest does not write them. The addition of the definite article in the word "*ha'eleh*" serves **to exclude the commands** recorded in the *sota* passage **and the acceptances** by the word **"amen"** recorded there as well. The priest need not write these sections of the passage.

וְרַבִּי יוֹסֵי: כּוּלְּהוּ כִּדְקָאָמְרַתְּ, ״אֶת״ – לְרַבּוֹת צַוָּואוֹת וְקַבָּלוֹת.

And Rabbi Yosei interprets it: **It** would **all be as you,** Rabbi Meir, **said;** however, the additional word **"*et*"** in the verse amplifies its scope. It serves **to include** both **commands and acceptances,** as they must be written in the scroll as well.

וְרַבִּי מֵאִיר, אֶתִּים לָא דָּרֵישׁ.

And why does **Rabbi Meir** disagree? As a rule, he **does not interpret** the additional word ***et*** as amplifying a verse's scope.

וְרַבִּי יְהוּדָה, כּוּלְּהוּ בְּמִיעוּטֵי דָּרֵישׁ לְהוּ: ״אָלוֹת״ – אָלוֹת מַמָּשׁ, ״הָאָלוֹת״ – לְמַעוּטֵי קְלָלוֹת הַבָּאוֹת מֵחֲמַת בְּרָכוֹת, ״אֵלֶּה״ – לְמַעוּטֵי קְלָלוֹת שֶׁבְּמִשְׁנֵה תוֹרָה, ״הָאֵלֶּה״ – לְמַעוּטֵי צַוָּואוֹת וְקַבָּלוֹת.

And as for **Rabbi Yehuda, he interprets all of** the terms in the verse **as exclusionary:** The word **"*alot*"** is referring specifically to the **actual curses** recorded in the verses. The definite article in the word **"*ha'alot*"** serves **to exclude curses that come on account of blessings.** The word **"*eleh*"** serves **to exclude the curses** recorded **in the *Mishne Torah*.** And the definite article in the word **"*ha'eleh*"** serves **to exclude** the **commands and acceptances** recorded in the verses.

וְרַבִּי מֵאִיר, מַאי שְׁנָא הַאי הֵ״י דִּמְרַבֵּי בֵּיהּ, וּמַאי שְׁנָא הַאי הֵ״י דְּמַעֵיט בֵּיהּ?

The Gemara asks: **But** according to **Rabbi Meir, what is different** about **this** letter ***heh*** at the beginning of the word "*ha'alot*" such **that it amplifies** the *halakha* to include curses that come on account of the blessings, **and what is different** about **that** letter ***heh*** in the word "*ha'eleh*" such **that it excludes** the commands and acceptances by the word "amen"? Why should one amplify while the other excludes?

הֵ״י דְּגַבֵּיהּ דְּרִיבּוּיָא – רִיבּוּיָא הִיא; הֵ״י דְּגַבֵּיהּ דְּמִיעוּטָא – מִיעוּטָא.

The Gemara answers: The letter ***heh* when** written **near an amplifier is an amplifier.** The word "*alot*" itself amplifies the *halakha*, and the definite article extends that amplification; and a ***heh* when** written **near** a **restrictor is a restrictor.** The word "*eleh*" itself restricts the *halakha*, and the definite article before it extends that restriction.

וְהָא לֵית לֵיהּ לְרַבִּי מֵאִיר מִכְּלַל לָאו אַתָּה שׁוֹמֵעַ הֵן!

The Gemara asks: **But Rabbi Meir does not** accept the principle that **from a negative** statement **you** can **infer a positive** statement. What is to be gained by writing the blessings if one cannot infer the curses from them?

אָמַר רַבִּי תַּנְחוּם: ״הִנָּקִי״ כְּתִיב.

Rabbi Tanḥum says: It is written: "If no man has lain with you… **you shall be free** [***hinnaki***]" (Numbers 5:19).[N] The word "*hinnaki*" should be interpreted as if it were in fact *ḥinnaki*, meaning: You shall choke. When read with the beginning of the next verse, it then forms the sentence: You shall choke… if you have gone astray while under your husband. Therefore, Rabbi Meir understands the blessings themselves to have a dimension of a curse.

דָּרֵישׁ רַבִּי עֲקִיבָא: אִישׁ וְאִשָּׁה, זָכוּ – שְׁכִינָה בֵּינֵיהֶן, לֹא זָכוּ – אֵשׁ אוֹכַלְתָּן.

§ **Rabbi Akiva taught:** If **a man** [***ish***] **and woman** [***isha***] **merit** reward through a faithful marriage, **the Divine Presence** rests **between them.** The words *ish* and *isha* are almost identical; the difference between them is the middle letter *yod* in *ish*, and the final letter *heh* in *isha*. These two letters can be joined to form the name of God spelled *yod*, *heh*. But if due to licentiousness **they do not merit** reward, the Divine Presence departs, leaving in each word only the letters *alef* and *shin*, which spell *esh*, fire. Therefore, **fire consumes them.**[N]

NOTES

Curses in *Mishne Torah* – קְלָלוֹת שֶׁבְּמִשְׁנֵה תוֹרָה: There is also a long list of curses recorded in Leviticus. However, no verse is needed to exclude it, since the curses there are written in the plural and directed to the people as a whole, whereas the ones in Deuteronomy are written in the singular (*Tosefot HaRash*; *Tosefot HaRosh*). From the commentaries of Rashi and the Meiri, however, it seems that they had an alternate text that reads: To exclude all the curses in the Torah, including those in Leviticus.

You shall be free [*hinnaki*] – הִנָּקִי: A number of explanations have been given for the significance of this phrase. Most understand that the word *hinnaki* resembles *ḥinnaki*, taken to mean: You shall choke. The word is therefore a hint that if she is in fact guilty she will die a terrible death. The *Sefat Emet* adds that the phrase: You shall be free, indicates that there are additional curses not explicit in the verse from which the *sota* will be saved only if she is innocent.

Fire consumes them – אֵשׁ אוֹכַלְתָּן: A number of commentaries explain that this refers to the fire of discord, which appears as a result of the departure of the Divine Presence and leads to disputes between the couple (see, e.g., *Iyyun Ya'akov*). According to the *Halakhot Gedolot*, however, the consuming fire is the evil inclinations of the couple.

אֲמַר רָבָא: וּדְאִשָּׁה עֲדִיפָא מִדְּאִישׁ. מַאי טַעְמָא? הַאי מְצָרַף, וְהַאי לָא מְצָרַף.

Rava said: And the fire **that** consumes **the woman is stronger**[N] and more immediate **than that** which consumes **the man. What is the reason** for this? The letters *alef* and *shin* in the word *isha* **are** adjacent, **joined** together, **but** in the word *ish* **they are not joined,** as the letter *yod* is written between them.

אָמַר רָבָא, מִפְּנֵי מָה אָמְרָה תּוֹרָה: הָבֵא עָפָר לַסּוֹטָה? זָכְתָה – יוֹצֵא מִמֶּנָּה בֵּן כְּאַבְרָהָם אָבִינוּ, דִּכְתִיב בֵּיהּ "עָפָר וָאֵפֶר", לֹא זָכְתָה – תַּחֲזוֹר לַעֲפָרָהּ.

Additionally, **Rava says: For what** reason **did the Torah say: Bring dust for the *sota*?**[N] It is because if **she merits** to be proven faithful after drinking the water of the *sota*, **a child like our Patriarch Abraham will emerge from her, as it is written with regard to** Abraham that he said: "I am but **dust and ashes**" (Genesis 18:27). But **if she does not merit** to be proven faithful after drinking the water of the *sota*, **she shall** die and **return to her dust,** the soil from which mankind was formed.

דָּרֵישׁ רָבָא: בִּשְׂכַר שֶׁאָמַר אַבְרָהָם אָבִינוּ: "וְאָנֹכִי עָפָר וָאֵפֶר", זָכוּ בָּנָיו לִשְׁתֵּי מִצְוֹת: אֵפֶר פָּרָה וַעֲפַר סוֹטָה.

And **Rava** further **taught: As reward** for that **which our Patriarch Abraham said:**[N] **"And I am but dust and ashes"** (Genesis 18:27), **his children merited two mitzvot: The ashes of the** red **heifer** (see Numbers, chapter 19) **and the dust of the *sota*.**

וְהָאִיכָּא נַמִּי עֲפַר כִּיסּוּי הַדָּם!

The Gemara asks: **But there is also** another mitzva involving dust: **The dust** used for **covering the blood** of a slaughtered undomesticated animal or fowl (see Leviticus 17:13).

הָתָם הֶכְשֵׁר מִצְוָה אִיכָּא, הֲנָאָה לֵיכָּא.

The Gemara answers: **There,** the dust **does** serve as an **accessory to the mitzva** of covering the blood, but **there is no benefit** imparted by it. It occurs after the animal has been slaughtered and does not itself render the meat fit for consumption.

דָּרַשׁ רָבָא: בִּשְׂכַר שֶׁאָמַר אַבְרָהָם אָבִינוּ: "אִם מִחוּט וְעַד שְׂרוֹךְ נַעַל", זָכוּ בָּנָיו לִשְׁתֵּי מִצְוֹת: חוּט שֶׁל תְּכֵלֶת וּרְצוּעָה שֶׁל תְּפִלִּין.

Rava further **taught: As reward** for that **which our Patriarch Abraham said** to the king of Sodom: **"That** I will not take **a thread nor a shoe strap** nor anything that is yours" (Genesis 14:23), distancing himself from anything not rightfully his, **his children merited two mitzvot: The thread of sky-blue** wool[B] worn on ritual **fringes and the strap of phylacteries.**

בִּשְׁלָמָא רְצוּעָה שֶׁל תְּפִלִּין, דִּכְתִיב: "וְרָאוּ כׇּל עַמֵּי הָאָרֶץ כִּי שֵׁם ה׳ נִקְרָא עָלֶיךָ", וְתַנְיָא, רַבִּי אֱלִיעֶזֶר הַגָּדוֹל אוֹמֵר: אֵלּוּ תְּפִלִּין שֶׁבָּרֹאשׁ.

The Gemara asks: **Granted, the strap of** the **phylacteries** impart benefit, **as it is written: "And all the peoples of the earth shall see that the name of the Lord is called upon you;** and they shall be afraid of you" (Deuteronomy 28:10). **And it is taught** in a *baraita* that **Rabbi Eliezer the Great says: This is** a reference to **the phylacteries of the head,** upon which the name of God is written. Phylacteries therefore impart the splendor and grandeur of God and are a fit reward.

NOTES

And the fire that consumes the woman is stronger – וּדְאִשָּׁה עֲדִיפָא: According to the *Iyyun Ya'akov*, this means that the fire that consumes the woman expiates her sins more than that of the man. This is because from the time of Eve's curse, a woman undergoes much physical suffering through menstruation, pregnancy, and childbirth. This suffering serves as an additional expiating force.

Dust for the *sota* – עָפָר לַסּוֹטָה: In the Jerusalem Talmud the symbolism of the scroll of the *sota*, the dust, and the water is explained. The dust alludes to death, while the water alludes to the beginning of one's formation. The scroll represents the accounting one must provide before God. These are the three elements that one must contemplate so as to avoid sin, as stated in the mishna in tractate *Avot* (3:1): Know from where you come, and to where you are going, and before Whom you will have to give an accounting.

As reward for that which our Patriarch Abraham said, etc. – בִּשְׂכַר שֶׁאָמַר אַבְרָהָם אָבִינוּ וכו׳: Abraham's statement displayed his modesty; the Divine Presence rests with those who are modest. God provided mitzvot that ensure that the Divine Presence rests among the Jewish people. These mitzvot help eradicate impurity and adultery, both of which banish the Divine Presence (*Iyyun Ya'akov*).

BACKGROUND

Sky-blue wool [*tekhelet*] – תְּכֵלֶת: The Torah mentions the color *tekhelet* in many situations, and the word refers specifically to the dye from which the color is made. Various discussions in the Gemara make it clear that the blue dye of the *tekhelet* was extracted from a living creature called a *ḥilazon*. Because of the many passages that describe the *ḥilazon*, it is difficult to identify one particular animal that meets all of the criteria, and there are many different opinions with regard to its classification. Already during talmudic times the use of *tekhelet* became a rarity, and soon its true source was forgotten. In recent generations there have been efforts to identify the *ḥilazon* and to resume use of the dye. Various suggestions have been made as to the identity of the *ḥilazon*, including the common cuttlefish and the raft snail. Today, many are of the opinion that the *ḥilazon* is the snail *Murex trunculus*, which is found on the shores of the Mediterranean Sea in the north of Israel. This creature has a unique liquid dye, which, when mixed with other materials, produces the blue *tekhelet* color described in the Torah.

The Torah (Numbers 15:38) delineates a positive mitzva to use wool that is dyed with this color for ritual fringes. One of the four threads of the fringes must be dyed with this blue dye, and it is wound around the other threads. However, one can fulfill the mitzva to wear fringes even if the threads are not dyed, and today most ritual fringes are made without the dyed thread.

Murex

Common cuttlefish

Raft snail

אֶלָּא חוּט שֶׁל תְּכֵלֶת מַאי הִיא? דְּתַנְיָא, הָיָה רַבִּי מֵאִיר אוֹמֵר: מַה נִּשְׁתַּנָּה תְּכֵלֶת מִכׇּל מִינֵי צִבְעוֹנִין?

But what is the benefit imparted by **the thread of sky-blue** wool? The Gemara answers: **As it is taught** in a *baraita* that **Rabbi Meir would say: What is different about sky-blue from all other colors** such that it was specified for the mitzva of ritual fringes?

מִפְּנֵי שֶׁהַתְּכֵלֶת דּוֹמָה לַיָּם, וְיָם דּוֹמֶה לָרָקִיעַ, וְרָקִיעַ דּוֹמֶה לְכִסֵּא הַכָּבוֹד, שֶׁנֶּאֱמַר: ״וַיִּרְאוּ אֵת אֱלֹהֵי יִשְׂרָאֵל וְתַחַת רַגְלָיו כְּמַעֲשֵׂה לִבְנַת הַסַּפִּיר וּכְעֶצֶם הַשָּׁמַיִם לָטֹהַר״, וּכְתִיב: ״כְּמַרְאֵה אֶבֶן סַפִּיר דְּמוּת כִּסֵּא״.

It is **because** sky-blue dye **is similar** in its color **to the sea, and the sea is similar to the sky, and the sky is similar to the Throne of Glory, as it is stated: "And they saw the God of Israel; and there was under His feet the like of a paved work of sapphire stone, and the like of the very heaven for clearness"** (Exodus 24:10). This verse shows that the heavens are similar to sapphire, **and it is written:** "And above the firmament that was over their heads was **the likeness of a throne, as the appearance of a sapphire stone**" (Ezekiel 1:26). Therefore, the throne is similar to the heavens. The color of sky blue dye acts as an indication of the bond between the Jewish people and the Divine Presence.

מתני׳ אֵינוֹ כּוֹתֵב לֹא עַל הַלּוּחַ וְלֹא עַל הַנְּיָיר וְלֹא עַל

MISHNA The priest **does not write** the scroll of the *sota* **upon** a wooden **tablet**,[H] **and not upon paper** made from grass, **and not upon**

HALAKHA

The priest does not write upon a wooden tablet, etc. – אֵינוֹ כּוֹתֵב לֹא עַל הַלּוּחַ וכו׳: The curses of the *sota* are not written upon a wooden tablet, nor on unprocessed parchment, nor on paper. They must be written on a parchment scroll. If they are written on paper or unprocessed parchment, the scroll is unfit (Rambam *Sefer Nashim*, *Hilkhot Sota* 4:8).

הַדִּיפְתְּרָא – אֶלָּא עַל הַמְּגִילָּה, שֶׁנֶּאֱמַר: ״בַּסֵּפֶר״.

diftera,[L] a hide that is only partially processed, as it is salted and treated with flour but not gallnuts; **rather,** it must be written only **on a scroll** of parchment, **as it is stated:** "And the priest shall write these curses **in a scroll**" (Numbers 5:23).[N]

וְאֵינוֹ כּוֹתֵב לֹא בְּקוֹמוֹס וְלֹא בְּקַנְקַנְתּוֹם וְלֹא בְּכׇל דָּבָר שֶׁרוֹשֵׁם – אֶלָּא בִּדְיוֹ, שֶׁנֶּאֱמַר: ״וּמָחָה״, כְּתָב שֶׁיָּכוֹל לִמָּחוֹת.

And the scribe **may not write with gum** [*komos*],[LH] **and not with copper sulfate** [*kankantom*],[L] **nor with any substance that makes a mark** and cannot be completely erased, **but** only **with ink**[NB] made from soot, **as it is stated** in the continuation of the same verse: **"And he shall blot** them out into the water of bitterness" (Numbers 5:23). This indicates that the scroll must be written with **a writing that can be erased** in water.

גמ׳ אָמַר רָבָא: מְגִילַּת סוֹטָה שֶׁכְּתָבָהּ בַּלַּיְלָה – פְּסוּלָה. מַאי טַעְמָא? אָתְיָא ״תּוֹרָה״ ״תּוֹרָה״. כְּתִיב הָכָא: ״וְעָשָׂה לָהּ הַכֹּהֵן אֵת כׇּל הַתּוֹרָה הַזֹּאת״, וּכְתִיב הָתָם: ״עַל פִּי הַתּוֹרָה אֲשֶׁר יוֹרוּךָ וְעַל הַמִּשְׁפָּט״. מָה מִשְׁפָּט בַּיּוֹם, אַף מְגִילַּת סוֹטָה בַּיּוֹם.

GEMARA **Rava says: A scroll of a** *sota* **that one wrote at night**[H] **is unfit. What is the reason** for this? It is **derived** by verbal analogy between one instance of the word **"law"** and another instance of the word **"law." It is written here,** with regard to a *sota*: **"And the priest shall execute upon her all this law"** (Numbers 5:30), **and it is written there,** with regard to judgment: **"According to the law, which they shall teach you, and according to the judgment,** which they shall tell you" (Deuteronomy 17:11). **Just as judgment** may be done only **by day, so too the scroll of a** *sota* may be written only **by day.**

NOTES

On a scroll [*megilla*]…in a scroll [*sefer*] – עַל הַמְּגִילָּה...בַּסֵּפֶר: Rashi explains elsewhere (*Eiruvin* 15b) that whenever the Torah refers to a written object as a *sefer* it means a scroll [*megilla*]. This can be seen in Jeremiah (36:18–20), where the *sefer* written is later referred to as a *megilla*. The same verse in Jeremiah also indicates that one must write with ink.

But only with ink – אֶלָּא בִּדְיוֹ: Some question whether the scroll of a *sota* must be written specifically with ink, or whether it may be written with other writing substances that can be erased (see *Sefat Emet* and *Devar Shaul*). According to Rabbi David Luria, the verses in Jeremiah 36:18–20 indicate that all scrolls must be written with ink. Although it appears from the Gemara that ink must be made specifically of soot and oils, the consensus is that one may use other inks with similar stabilizing materials.

LANGUAGE

Diftera – דִּיפְתְּרָא: From the Greek διφθέρα, *difthera*, meaning a hide prepared for writing.

Gum [*komos*] – קוֹמוֹס: From the Greek κόμμι, *kommi*, meaning tree sap. It specifically refers to gum arabic from the acacia tree known as *Acacia arabica*. This sap has a variety of uses, including the production of strong inks.

Copper sulfate [*kankantom*] – קַנְקַנְתּוֹם: This word appears in other sources as *kalkantom* or *kalkantos*. It derives from the Greek χάλκανθος, *khalkanthos*, meaning copper sulfate ($CuSO_4$). This substance was used as a base for the ancient dye and ink industry and is still used nowadays to make ink and shoe polish.

HALAKHA

And the scribe may not write with gum, etc. – וְאֵינוֹ כּוֹתֵב לֹא בְּקוֹמוֹס וכו׳: The scroll of the *sota* may not be written with ink containing copper sulfate, nor may it be written with gum or any substance which makes a permanent mark (Rambam *Sefer Nashim*, *Hilkhot Sota* 3:8, 4:9).

Wrote at night – כְּתָבָהּ בַּלַּיְלָה: A scroll of a *sota* written at night is unfit, in accordance with the statement of Rava (Rambam *Sefer Nashim*, *Hilkhot Sota* 4:7).

BACKGROUND

Ink – דְּיוֹ: In talmudic times, various writing utensils and colored inks were used for writing on parchment and paper. Black was the most common color of ink. This ink was similar to India ink, a thick ink made from the soot of burnt wood or oil. The soot was collected and mixed with the appropriate quantity of oil. Sometimes sap was also added to the ink so that it would better adhere to the writing surface.

כְּתָבָהּ לְמַפְרֵעַ – פְּסוּלָה, דִּכְתִיב: "וְכָתַב אֶת הָאָלוֹת הָאֵלֶּה", כִּי דִּכְתִיבָא.

If one wrote the scroll **out of sequence,**[NH] **it is unfit, as it is written: "And the priest shall write these curses** in a scroll" (Numbers 5:23). They must be written in the scroll just **as they are written** in the Torah.

כְּתָבָהּ קוֹדֶם שֶׁתְּקַבֵּל עָלֶיהָ שְׁבוּעָה – פְּסוּלָה, שֶׁנֶּאֱמַר "וְהִשְׁבִּיעַ" וְאַחַר כָּךְ "וְכָתַב".

If one wrote the scroll **before** the *sota* **accepted the oath upon herself,**[NH] the scroll **is unfit, as it is stated: "Then** the priest **shall cause** the woman **to swear** with the oath of cursing" (Numbers 5:21), **and afterward** it states: **"And** the priest **shall write** these curses in a scroll" (Numbers 5:23).

כְּתָבָהּ אִיגֶּרֶת – פְּסוּלָה, "בַּסֵּפֶר" אָמַר רַחֲמָנָא.

If one wrote the scroll **as a letter,**[H] i.e., without first scoring the lines onto the parchment, **it is unfit,** as **the Merciful One states** in the Torah: **"In a scroll,"** indicating that it must be written like a Torah scroll, in which the parchment must be scored.

NOTES

If one wrote the scroll out of sequence – כְּתָבָהּ לְמַפְרֵעַ: The word "these," which is the biblical source for this *halakha*, is used in an exegetical interpretation for other purposes as well. Still, as a rule, a verse retains its straightforward meaning even when interpreted otherwise. The *halakha* here is taught based on the word's straightforward meaning.

Before she accepted the oath upon herself – קוֹדֶם שֶׁתְּקַבֵּל עָלֶיהָ שְׁבוּעָה: Although the Gemara here explicitly states that the scroll must be written after the oath is administered, the *amora'im* disagree concerning this issue. See *Tosafot* for a discussion of the source of this dispute.

HALAKHA

Wrote the scroll out of sequence – כְּתָבָהּ לְמַפְרֵעַ: A scroll of a *sota* written out of sequence is unfit (Rambam *Sefer Nashim, Hilkhot Sota* 4:7).

Before she accepted the oath upon herself – קוֹדֶם שֶׁתְּקַבֵּל עָלֶיהָ שְׁבוּעָה: If the scroll was written before the *sota* accepted the oath upon herself, it is unfit (Rambam *Sefer Nashim, Hilkhot Sota* 4:7).

Wrote the scroll as a letter – כְּתָבָהּ אִיגֶּרֶת: A scroll written in the form of a letter is unfit (Rambam *Sefer Nashim, Hilkhot Sota* 4:8).

Perek **II**
Daf **18** Amud **a**

כְּתָבָהּ עַל שְׁנֵי דַפִּין – פְּסוּלָה, "סֵפֶר" אֶחָד אָמַר רַחֲמָנָא, וְלֹא שְׁנַיִם וּשְׁלֹשָׁה סְפָרִים.

If one wrote the scroll **on two** unattached **pages,**[HN] **it is unfit,** as **the Merciful One states** in the Torah: "Scroll," in the singular. It must be written on **one scroll and not** on **two or three scrolls.**

כָּתַב אוֹת אַחַת וּמָחַק אוֹת אַחַת, וְכָתַב אוֹת אַחַת וּמָחַק אוֹת אַחַת – פְּסוּלָה, דִּכְתִיב: "וְעָשָׂה לָהּ הַכֹּהֵן אֶת כָּל הַתּוֹרָה הַזֹּאת".

If one wrote one letter[HN] **and erased** that **one letter** in water, **and** he then **wrote one** more **letter and erased** that **one letter, it is unfit, as it is written: "And the priest shall execute upon her all this law"** (Numbers 5:30). The entire passage must be written completely and only then erased, all at once.

בָּעֵי רָבָא: כָּתַב שְׁתֵּי מְגִילּוֹת לִשְׁתֵּי סוֹטוֹת, וּמְחָקָן לְתוֹךְ כּוֹס אֶחָד, מַהוּ? כְּתִיבָה לִשְׁמָהּ בָּעֵינַן – וְהָאִיכָּא, אוֹ דִילְמָא בָּעֵינַן נָמֵי מְחִיקָה לִשְׁמָהּ?

§ **Rava raised a dilemma: If one wrote two scrolls for two** separate *sota* **women but** then **erased** both of the scrolls **in one cup, what is** the *halakha*? Do **we require** that only the **writing** be performed **for the sake of** a specific woman, in which case **that is** accomplished **here? Or perhaps we require** that **also** the **erasure** be performed **for the sake of** a specific woman,[H] which is not accomplished here, since both scrolls are erased together?

וְאִם תִּמְצָא לוֹמַר: בָּעֵינַן נָמֵי מְחִיקָה לִשְׁמָהּ, מְחָקָן בִּשְׁתֵּי כוֹסוֹת וְחָזַר וְעֵירְבָן, מַהוּ? מְחִיקָה לִשְׁמָהּ בָּעֵינַן – וְהָאִיכָּא, אוֹ דִילְמָא: הָא לָאו דִּידַהּ קָא שָׁתְיָא, וְהָא לָאו דִּידַהּ קָא שָׁתְיָא?

And if you say that **we require** that **also** the **erasure** be **for the sake of** each specific woman, then if the priest **erased them in two** different **cups**[H] and afterward **mixed** the water from both together **again, what is** the *halakha*? **Do we require** that only the **erasure** be **for the sake of** a specific woman, in which case **that is** accomplished **here? Or perhaps** since **this** *sota* **does not drink** from only **her own** water **and that** *sota* **does not drink** from only **her own** water, the water is disqualified?

HALAKHA

If one wrote the scroll on two unattached pages – כְּתָבָהּ עַל שְׁנֵי דַפִּין: If the scroll of a *sota* is written on two pages, it is unfit (Rambam *Sefer Nashim, Hilkhot Sota* 4:8).

If one wrote one letter, etc. – כָּתַב אוֹת אַחַת וכו׳: If the priest wrote one letter and erased it, and then wrote another letter and erased it, the scroll is unfit (Rambam *Sefer Nashim, Hilkhot Sota* 4:10).

Erasure for the sake of a specific woman – מְחִיקָה לִשְׁמָהּ: If the priest erased the scroll not for the sake of a specific *sota*, the water of the *sota* is unfit. Whenever the Gemara states: If you say, this is an indication that what follows that introduction is the accepted *halakha* (Rambam *Sefer Nashim, Hilkhot Sota* 4:11).

Erased them in two different cups, etc. – מְחָקָן בִּשְׁתֵּי כוֹסוֹת וכו׳: If the priest wrote two scrolls for two *sota* women and erased them in one cup, or if he erased them in separate cups and mixed the water in one cup, the water of the *sota* is unfit (Rambam *Sefer Nashim, Hilkhot Sota* 4:11).

NOTES

If one wrote the scroll on two unattached pages – כְּתָבָהּ עַל שְׁנֵי דַפִּין: Most commentaries, including *Tosafot*, *Tosefot HaRosh*, and the Meiri, explain this as referring to a case where the contents of the scroll were written over two unattached pages of parchment. However, if they were attached, it is fit, just as a Torah scroll is written over many attached pages of parchment. By contrast, Rashi holds that the scroll is unfit even when written on two columns of attached parchment. Some explain Rashi's reasoning as follows: Since a Torah scroll is very long, it must, of necessity, be written on many pages of parchment. Therefore, it is still considered as one item. However, a scroll of a *sota* is short, and if written on separate pages of parchment, it appears to be two separate documents (*Meromei Sadeh*).

If one wrote one letter, etc. – כָּתַב אוֹת אַחַת וכו׳: According to the Meiri, the same *halakha* applies if one wrote a complete word and then erased it, or if one wrote part of the scroll properly and erased it. The scroll must be erased only after being completely written.

וְאִם תִּמְצָא לוֹמַר: הָא לָאו דִּידַהּ קָא שָׁתְיָא וְהָא לָאו דִּידַהּ קָא שָׁתְיָא, חָזַר וְחִילְּקָן מַהוּ? יֵשׁ בְּרֵירָה אוֹ אֵין בְּרֵירָה? תֵּיקוּ.

And furthermore, **if you say** that the water is disqualified because **this one does not drink** from only **her own** water **and that one does not drink** from only **her own** water, what if after mixing the two cups of water together the priest **divided them again**[H] into two cups and gave one to each? **What is the** *halakha* then? **Is there** retroactive **clarification,**[N] in which case one may claim that each woman drank her own water, **or is there no** retroactive **clarification?** The Gemara responds: The dilemma **shall stand** unresolved.

בָּעֵי רָבָא: הִשְׁקָה בְּסִיב, מַהוּ? בִּשְׁפוֹפֶרֶת, מַהוּ? דֶּרֶךְ שְׁתִיָּה בְּכָךְ, אוֹ אֵין דֶּרֶךְ שְׁתִיָּה בְּכָךְ? תֵּיקוּ.

Rava raised a dilemma: If the priest **administered** the bitter water to the *sota* **to drink through** a **palm fiber,**[N] **what is the** *halakha*? Or if he administered it **through a tube, what is the** *halakha*? **Is this** considered **a normal manner of drinking, or is it not** considered **a normal manner of drinking,** in which case the act is invalid? The Gemara responds: The dilemma **shall stand** unresolved.

בָּעֵי רַב אַשִׁי: נִשְׁפְּכוּ מֵהֶן וְנִשְׁתַּיְּירוּ מֵהֶן, מַהוּ? תֵּיקוּ.

Rav Ashi raised a dilemma: If some **of the** water of the *sota* **spilled** out **and some of it remained**[HN] in the cup, **what is the** *halakha*? Is it sufficient for the woman to drink some of the water in which the scroll has been erased or must she drink all of it? The Gemara responds: The dilemma **shall stand** unresolved.

אָמַר רַבִּי זֵירָא אָמַר רַב: שְׁתֵּי שְׁבוּעוֹת הָאֲמוּרוֹת בְּסוֹטָה לָמָּה? אַחַת קוֹדֶם שֶׁנִּמְחֲקָה מְגִילָּה, וְאַחַת לְאַחַר שֶׁנִּמְחֲקָה.

§ **Rabbi Zeira says** that **Rav says:** With regard to **the two oaths**[N] **that are stated with regard to the** *sota*: "And the priest shall cause her to swear" (Numbers 5:19), and: "Then the priest shall cause the woman to swear with the oath of cursing" (Numbers 5:21), **why** are they both necessary? **One** must be administered **before the scroll is erased and one** must be administered **after it is erased.**

מַתְקִיף לַהּ רָבָא: תַּרְוַיְיהוּ קוֹדֶם שֶׁנִּמְחֲקָה מְגִילָּה כְּתִיבָן! אֶלָּא אָמַר רָבָא: אַחַת שְׁבוּעָה שֶׁיֵּשׁ עִמָּהּ אָלָה, וְאַחַת שְׁבוּעָה שֶׁאֵין עִמָּהּ אָלָה.

Rava objects to this: Both of the oaths **are written** in the Torah **before** any mention of **the scroll being erased.** What is the basis to claim that one oath was administered afterward? **Rather, Rava said:** While both oaths are administered before the *sota* drinks, the two oaths are different: **One is an oath that has a curse with it, and one is an oath that does not have a curse with it.**

הֵיכִי דָּמֵי שְׁבוּעָה שֶׁיֵּשׁ עִמָּהּ אָלָה? אָמַר רַב עַמְרָם אָמַר רַב: "מַשְׁבִּיעֲנִי עָלַיִךְ שֶׁלֹּא נִטְמֵאת, שֶׁאִם נִטְמֵאת יָבוֹאוּ בִּיךְ".

The Gemara asks: **What are the circumstances of an oath that has a curse with it?** What is the language of this oath? **Rav Amram says** that **Rav says:** The priest says: **I administer an oath to you** that you are honest in your claim **that you were not defiled, as, if you were defiled,** all these curses **will come upon you.**

אָמַר רָבָא: אָלָה לְחוּדַהּ קָיְימָא, וּשְׁבוּעָה לְחוּדַהּ קָיְימָא! אֶלָּא אָמַר רָבָא: "מַשְׁבִּיעֲנִי עָלַיִךְ שֶׁאִם נִטְמֵאת יָבוֹאוּ בִּיךְ".

Rava said: This is insufficient, as **the curse stands by itself and the oath stands by itself.** They are said in separate statements, and it cannot be considered to be an oath with a curse. **Rather, Rava said:** The priest says: **I administer an oath to you that if you were defiled,** all these curses **will come upon you.**

אָמַר רַב אַשִׁי: אָלָה אִיכָּא, שְׁבוּעָה לֵיכָּא! אֶלָּא אָמַר רַב אַשִׁי: "מַשְׁבִּיעֲנִי עָלַיִךְ שֶׁלֹּא נִטְמֵאת, וְאִם נִטְמֵאת יָבוֹאוּ בִּיךְ".

Rav Ashi said: Even this is insufficient, as **there is a curse** but **there is no oath** that she was not defiled. **Rather, Rav Ashi said:** The priest must say: **I administer an oath to you that you were not defiled** and that **if you were defiled** all these curses **will come upon you.** Here the oath itself includes the curse.

מתני׳ עַל מָה הִיא אוֹמֶרֶת אָמֵן אָמֵן? אָמֵן עַל הָאָלָה, אָמֵן עַל הַשְּׁבוּעָה. אָמֵן מֵאִישׁ זֶה, אָמֵן מֵאִישׁ אַחֵר. אָמֵן שֶׁלֹּא שָׂטִיתִי אֲרוּסָה וּנְשׂוּאָה,

MISHNA **With regard to what does she say: "Amen, amen"** (Number 5:22),[H] twice, as recorded in the verse? The mishna explains that it includes of the following: **Amen on the curse,** as she accepts the curse upon herself if she is guilty, and **amen on the oath,** as she declares that she is not defiled. She states: **Amen** if I committed adultery **with this man** about whom I was warned, **amen** if I committed adultery **with another man. Amen that I did not stray** when I was **betrothed nor** after I was **married,**

HALAKHA

With regard to what does she say amen, amen – עַל מָה הִיא אוֹמֶרֶת אָמֵן אָמֵן: Through the principle of extension of an oath, the husband may have his wife include in her oath other cases as well. Not only did she not commit adultery with the man about whom she was warned, but neither did she do so with any other man, nor did she commit adultery even during the period of her betrothal (Rambam *Sefer Nashim*, *Hilkhot Sota* 4:17).

HALAKHA

If he divided them again – חָזַר וְחִילְּקָן: If the priest wrote two scrolls for two *sota* women, erased them in separate cups, and then mixed the water together in one cup, he should not administer this water of a *sota* to the *sota* women to drink *ab initio*. However, after the fact, if he separated the water again into two separate cups and they drank, the drinking is valid. The *Kesef Mishne* explains that the Rambam rules leniently on this question since no answer is provided to the Gemara's query, and such an uncertainty does not justify erasing the Divine Name again (Rambam *Sefer Nashim*, *Hilkhot Sota* 4:11).

If some of the water spilled out and some of it remained – נִשְׁפְּכוּ מֵהֶן וְנִשְׁתַּיְּירוּ מֵהֶן: If some of the water spilled out and some remained, one should not administer it to the *sota* to drink *ab initio*. However, the drinking is valid after the fact. The Rambam rules leniently on this question since no answer is provided to the Gemara's query, and such an uncertainty does not justify erasing the Divine Name again (Rambam *Sefer Nashim*, *Hilkhot Sota* 4:11).

NOTES

Retroactive clarification – בְּרֵירָה: This principle is a matter of controversy throughout the Talmud. It posits that a case of uncertainty at a given time may be decided retroactively based on a later event. In this case, when each woman drinks the water, it will be clarified that this was the water intended for her. The consensus among the halakhic authorities is that concerning matters of Torah law one may not claim retroactive clarification, but with regard to matters of rabbinic law one may do so.

Administered the bitter water to her to drink through a palm fiber – הִשְׁקָה בְּסִיב: Rashi explains that the fiber here is similar to a straw, whereas the *Arukh* asserts that it is a spongy material from which the *sota* sucks water that has been absorbed in it. According to this understanding, this question is distinct from the following question of whether the *sota* may drink the water from a tube. *Tosafot* say that the question is whether, if the water of the *sota* was absorbed by a fiber and the *sota* swallowed the fiber, this is considered valid drinking after the fact.

If some of the water spilled out and some of it remained – נִשְׁפְּכוּ מֵהֶן וְנִשְׁתַּיְּירוּ מֵהֶן: Rashi explains that this is describing one case, in which some of the water spilled out while the rest remained. According to the *Tosefot HaRosh*, however, these are two separate cases: In one, some of the water spilled out but a majority remains. In the other, more serious case, most of the water spilled out and only a small amount remains. Some hold that at least a quarter-*log* must remain in any event, because as a rule, consumption of less than this amount is not considered drinking (*Minḥat Kenaot*).

Two oaths, etc. – שְׁתֵּי שְׁבוּעוֹת וכו׳: In his commentary on the Torah, Ibn Ezra explains that the priest does administer the oath to the woman twice, as the Gemara indicates here. However, the Ramban explains in his commentary on the Torah that there is only one oath. This is the ruling of the Rambam as well. The *Sefat Emet* challenges this understanding as Rabbi Zeira explicitly states that there are two oaths. The *Ḥazon Yeḥezkel* explains that Rav Ashi's opinion is that there is only one oath, and this is the source of the opinion of the Rambam and Ramban. Still, this is not the straightforward understanding of Rav Ashi's statement, which seems concerned only with the wording of the oath, while accepting that there are in fact two oaths.

BACKGROUND

A widow waiting for her *yavam* – שׁוֹמֶרֶת יָבָם: If a married man dies childless and is survived by one or more brothers, his widow is prohibited from marrying anyone else until one of the brothers, preferably the eldest, either performs levirate marriage or releases her by performing the *ḥalitza* ceremony. Until one of these procedures is done, the widow is bound to her late husband's brothers by a bond known as a levirate bond. A woman subject to such a bond is known as a widow waiting for her *yavam*. The *amora'im* and *tanna'im* discuss the nature and strength of the levirate bond.

HALAKHA

Amen that I will not become defiled – אָמֵן שֶׁלֹּא אֶטָּמֵא: The husband may stipulate that the woman include in her oath that she will not commit adultery in the future even if he divorces and remarries her. If she will commit adultery in the future after such an oath, the water of the *sota* will then evaluate her, in accordance with the opinion of Rabbi Meir (Rambam *Sefer Nashim, Hilkhot Sota* 4:17).

With regard to what she did before becoming betrothed, etc. – עַל קוֹדֶם שֶׁתִּתְאָרֵס וכו׳: The husband may not have the *sota* include in her oath that she did not engage in sexual intercourse with another man before she was betrothed or during a period of divorce from him (Rambam *Sefer Nashim, Hilkhot Sota* 4:17).

This is the principle, etc. – זֶה הַכְּלָל וכו׳: This is the principle: A husband may stipulate that his wife include in her oath any case of adultery that would render her forbidden to him if she were guilty of it. He may not stipulate that she include in her oath any case that would not (Rambam *Sefer Nashim, Hilkhot Sota* 4:17).

A widow awaiting her *yavam* – שׁוֹמֶרֶת יָבָם: If a widow waiting for her *yavam* to perform levirate marriage commits adultery, she is permitted to the *yavam*, in accordance with the conclusion of the Gemara and contrary to the opinion of Rav Hamnuna (Rambam *Sefer Nashim, Hilkhot Yibbum VaḤalitza* 2:20; *Shulḥan Arukh, Even HaEzer* 159:3).

וְשׁוֹמֶרֶת יָבָם וּכְנוּסָה. אָמֵן שֶׁלֹּא נִטְמֵאתִי, וְאִם נִטְמֵאתִי – יָבוֹאוּ בִּי.

nor as a widow waiting for my *yavam*[B] to perform levirate marriage, since a woman at that stage is prohibited from engaging in sexual intercourse with any men, **nor when married** through levirate marriage to the *yavam*; **amen that I did not become defiled, and if I did become defiled, may** all these curses **come upon me.**

רַבִּי מֵאִיר אוֹמֵר: אָמֵן שֶׁלֹּא נִטְמֵאתִי, אָמֵן שֶׁלֹּא אֶטָּמֵא.

Rabbi Meir says that "amen, amen" means: **Amen that I did not become defiled** in the past, **amen that I will not become defiled**[H] in the future.

הַכֹּל שָׁוִין שֶׁאֵין מַתְנֶה עִמָּהּ לֹא עַל קוֹדֶם שֶׁתִּתְאָרֵס וְלֹא עַל אַחַר שֶׁתִּתְגָּרֵשׁ.

All agree that he may stipulate with her through this oath **neither with regard to** what she did **before becoming betrothed**[H] to him, **nor with regard to** what she will do **after she becomes divorced** from him.

נִסְתְּרָה לְאַחֵד וְנִטְמֵאת וְאַחַר כָּךְ הֶחֱזִירָהּ – לֹא הָיָה מַתְנֶה עִמָּהּ.

Similarly, if a husband divorced his wife, and while divorced **she secluded herself** with another man **and became defiled, and afterward** her husband **took her back** and remarried her, and he then warned her about a specific man, and she secluded herself, and she is now about to drink the water of the *sota*, **he cannot stipulate with her** that she take an oath that she did not become defiled during the period in which she was divorced. This is because her husband would become forbidden to her only if she had married another man after being divorced, not if she merely committed an act of promiscuity.

זֶה הַכְּלָל: כָּל שֶׁתִּבָּעֵל וְלֹא הָיְתָה אֲסוּרָה לוֹ – לֹא הָיָה מַתְנֶה עִמָּהּ.

This is the principle:[H] In **every** case **where** if **she would engage in sexual intercourse** with someone else **she would not become forbidden to** her husband due to this act, **he may not stipulate with her** that her oath include that act. The oath can include only cases in which she would be rendered forbidden to him.

גמ׳ אָמַר רַב הַמְנוּנָא: שׁוֹמֶרֶת יָבָם שֶׁזִּינְּתָה – אֲסוּרָה לִיבָמָהּ. מִמַּאי? מִדְּקָתָנֵי: שׁוֹמֶרֶת יָבָם וּכְנוּסָה.

GEMARA **Rav Hamnuna says:** In the case of **a widow awaiting her *yavam***[H] who **committed adultery,**[N] **she** becomes **forbidden to her *yavam*. From where** is this derived? It is **from** the fact **that** the mishna **teaches: Nor as a widow waiting for my *yavam*** to perform levirate marriage, **nor** when **married** through levirate marriage.

אִי אָמְרַתְּ בִּשְׁלָמָא אֲסִירָה, מִשּׁוּם הָכִי מַתְנֶה בַּהֲדָהּ. אֶלָּא אִי אָמְרַתְּ לָא אֲסִירָה, הֵיכִי מַתְנֶה בַּהֲדָהּ? וְהָתְנַן – זֶה הַכְּלָל: כָּל שֶׁאִילּוּ תִּיבָּעֵל וְלֹא תְּהֵא אֲסוּרָה לוֹ – לֹא הָיָה מַתְנֶה עִמָּהּ!

The Gemara explains: **Granted, if you say** that a woman awaiting levirate marriage who committed adultery **is forbidden** to the *yavam*, **due to that** reason a husband **may stipulate with** a *sota* that she take an oath that she did not commit adultery while she was awaiting levirate marriage with him. **But if you say that** such a woman **does not become forbidden, how can** a husband **stipulate** this **with her? But didn't we learn** in the mishna that **this is the principle:** In **every** case **where** if **she would engage in sexual intercourse** with someone else **she would not become forbidden to** her husband due to this act, **he may not stipulate with her** that her oath include that act? Clearly she must become forbidden to the *yavam* if she commits adultery.

אָמְרִי בְּמַעְרְבָא: לֵית הִילְכְתָא כְּרַב הַמְנוּנָא.

They say in the West, Eretz Yisrael: **The *halakha* is not in accordance with the opinion of Rav Hamnuna.** A woman awaiting levirate marriage who commits adultery does not become forbidden to the *yavam*.

NOTES

A widow awaiting her *yavam* who committed adultery – שׁוֹמֶרֶת יָבָם שֶׁזִּינְּתָה: The status of such a woman is discussed in the Jerusalem Talmud as well. Although the Gemara here attributes a specific opinion to the inhabitants of Eretz Yisrael, this refers only to a particular Sage there.

אֶלָּא הָא דְּקָתָנֵי: שׁוֹמֶרֶת יָבָם וּכְנוּסָה, הָא מַנִּי? רַבִּי עֲקִיבָא הִיא, דְּאָמַר: אֵין קִידּוּשִׁין תּוֹפְסִין בְּחַיָּיבֵי לָאוִין, וּמְשַׁוֵּי לַהּ כִּי עֶרְוָה.

The Gemara asks: **But** with regard to **that which is taught** in the mishna: **Nor as a widow waiting for my *yavam*** to perform levirate marriage, **nor** when **married** through levirate marriage, in accordance with **whose** opinion **is this? It is** in accordance with the opinion of **Rabbi Akiva, who says: Betrothal does not take effect** even **for** those who would be merely **liable for** violating ordinary **prohibitions** were they to be married. All agree that betrothal does not take effect for forbidden unions that carry the punishment of *karet*, e.g., unions between siblings. However, according to Rabbi Akiva, in matters of personal status an ordinary Torah prohibition is equivalent to prohibitions that carry the punishment of *karet*. **And** he therefore holds that just as a wife who commits adultery, rendering her liable to receive *karet*, is forbidden to her husband and must be divorced, so too, a widow awaiting her *yavam* who commits adultery, violating an ordinary Torah prohibition, **is considered to be a woman forbidden to** her *yavam*.[N]

בָּעֵי רַבִּי יִרְמְיָה: מַהוּ שֶׁיַּתְנֶה אָדָם עַל נִישּׂוּאִין הָרִאשׁוֹנִים? עַל נִישּׂוּאֵי אָחִיו, מַהוּ?

Rabbi Yirmeya raised a dilemma: If a man divorced his wife and then remarried her, and she then secluded herself and came to drink the water of a *sota*, **what is the** *halakha* as to **whether a man** in that situation **may stipulate** with her **concerning** their **first marriage?**[H] May he compel her to include in her oath that she did not commit adultery then either? Similarly, may a *yavam* stipulate with his *yevama* **concerning the marriage of his brother,** requiring her to attest that she did not commit adultery prior to the brother's death? **What is** the *halakha*?

תָּא שְׁמַע, זֶה הַכְּלָל: כֹּל שֶׁתִּיבָּעֵל וְלֹא תְּהֵא אֲסוּרָה לוֹ – לֹא הָיָה מַתְנֶה עִמָּהּ, הָא אֲסִירָה – הָכִי נַמִי דְּמַתְנֶה. שְׁמַע מִינַּהּ.

The Gemara proposes: **Come and hear** evidence from the conclusion of the mishna: **This is the principle:** In **every** case **where** if **she would engage in sexual intercourse** with someone else **she would not become forbidden to** her husband due to this act, **he may not stipulate with her** that her oath include that act. One may **therefore** infer **that he may indeed stipulate** with her concerning any case in which **she** would become **forbidden.** In both of the cases in question the woman would have become forbidden to her husband if she had been guilty. Therefore, the Gemara concludes: Indeed, **conclude from** the mishna that he is entitled to stipulate in these cases.

"רַבִּי מֵאִיר אוֹמֵר: אָמֵן שֶׁלֹּא נִטְמֵאתִי" וכו'. תַּנְיָא, לֹא כְּשֶׁאָמַר רַבִּי מֵאִיר: אָמֵן שֶׁלֹּא אֶטָּמֵא, שֶׁאִם תִּטָּמֵא – מַיִם בּוֹדְקִין אוֹתָהּ מֵעַכְשָׁיו. אֶלָּא, לִכְשֶׁתִּטָּמֵא מַיִם מְעַרְעֲרִין אוֹתָהּ וּבוֹדְקִין אוֹתָהּ.

§ The mishna states: **Rabbi Meir says** that "amen, amen" means: **Amen that I did not become defiled** in the past, amen that I will not become defiled in the future. With regard to this **it is taught** in a *baraita* (*Tosefta* 2:2): **When Rabbi Meir said: Amen that I will not become defiled** in the future, he did **not** mean to say **that if** God knows that **she will become defiled** in the future, the **water** that she drinks now **evaluates** whether **she** will be unfaithful and passes judgment on her **from now. Rather,** he meant **that** in the event **that she becomes defiled** in the future, the **water** that she drinks now will **destabilize her and evaluate** then whether **she** was unfaithful.

בָּעֵי רַב אָשֵׁי: מַהוּ שֶׁיַּתְנֶה אָדָם עַל נִישּׂוּאִין הָאַחֲרוֹנִים? הַשְׁתָּא מִיהָא לָא אֲסִירָה לֵיהּ, אוֹ דִּילְמָא זִימְנִין דִּמְגָרֵשׁ לַהּ וְהָדַר מַהֲדַר לַהּ?

Rav Ashi raised a dilemma: What is the *halakha* as to **whether a man may stipulate** with his wife **concerning a later marriage,**[H] in the event that he would divorce her and then remarry her? Do we say: **Now, at least,** if she remains faithful during this marriage, **she is not forbidden to him? Or perhaps** this includes a later marriage, as **sometimes** a man **divorces** his wife **and remarries her,** and if she then commits adultery she will become forbidden to him.

NOTES

And therefore she is considered to be a woman forbidden to her *yavam* – וּמְשַׁוֵּי לַהּ כִּי עֶרְוָה: The Jerusalem Talmud suggests other reasons that a man may stipulate with his wife with regard to her time as a widow awaiting levirate marriage to him. Some derive this from the stringent wording of the verse concerning the *yevama*: "The wife of the dead man shall not be married outside of the family to one not of his kin" (Deuteronomy 25:5), and explain that a widow awaiting levirate marriage who commits adultery is forbidden to her *yavam*. Others derive from the verse concerning the *sota*, which states twice: "And is jealous of his wife" (Numbers 5:14), that a man may warn even a woman who is only partially his wife, i.e., a *yevama* awaiting levirate marriage to him, who has a quasi-matrimonial relationship with him.

HALAKHA

Concerning their first marriage, etc. – עַל נִישּׂוּאִין הָרִאשׁוֹנִים וכו׳: A man who divorced his wife and remarried her may compel her to include in her oath that she did not commit adultery during the first marriage. One who performed levirate marriage may compel the *yevama* to include in her oath that she did not commit adultery when married to his brother (Rambam *Sefer Nashim*, *Hilkhot Sota* 4:17).

Concerning a later marriage – עַל נִישּׂוּאִין הָאַחֲרוֹנִים: The husband may stipulate that the *sota* include in her oath that the waters of a *sota* should evaluate even adultery she would commit after he divorces and remarries her, in accordance with the conclusion of the Gemara (Rambam *Sefer Nashim*, *Hilkhot Sota* 4:17).

תָּא שְׁמַע: הַכֹּל שָׁוִין שֶׁלֹּא הָיָה מַתְנֶה עִמָּהּ לֹא עַל קוֹדֶם שֶׁתִּתְאָרֵס וְלֹא עַל אַחַר שֶׁתִּתְגָּרֵשׁ. נִסְתְּרָה לְאֶחָד וְנִטְמֵאת וְאַחַר כָּךְ יַחֲזִירֶנָּה – לֹא הָיָה מַתְנֶה. הָא יַחֲזִירֶנָּה וְתִיטַּמֵּא הָכִי נַמִי דְּמַתְנֵי. שְׁמַע מִינַּהּ.

The Gemara answers: **Come** and **hear** evidence from the mishna: **All agree that he may stipulate with her** through this oath **neither with regard to** what she did **before becoming betrothed** to him, **nor with regard to** what she will do **after she becomes divorced** from him. And if while divorced she **secluded herself** with another man **and became defiled, and afterward** her husband **took her back** and remarried her, **he may not stipulate** with her with regard to the period in which she was divorced, since that act does not render her forbidden to him. The Gemara infers: **But if he remarries her and she** then **becomes defiled,** she would be forbidden to him. Therefore, **he may indeed stipulate** with her in advance with regard to this. The Gemara states: Indeed, **conclude from** the mishna that this is so.

תָּנוּ רַבָּנַן: "זֹאת תּוֹרַת הַקְּנָאֹת" – מְלַמֵּד, שֶׁהָאִשָּׁה שׁוֹתָה וְשׁוֹנָה.

§ **The Sages taught:** The verse states: **"This is the law of jealousy"** (Numbers 5:29), indicating that the same law is to be carried out in all cases of jealousy. This **teaches that the woman drinks and repeats,**[NH] i.e., she must drink a second time if she becomes a *sota* again.

רַבִּי יְהוּדָה אוֹמֵר: "זֹאת" – שֶׁאֵין הָאִשָּׁה שׁוֹתָה וְשׁוֹנָה. אָמַר רַבִּי יְהוּדָה: מַעֲשֶׂה וְהֵעִיד לְפָנֵינוּ נְחוּנְיָא חוֹפֵר שִׁיחִין, שֶׁהָאִשָּׁה שׁוֹתָה וְשׁוֹנָה, וְקִיבַּלְנוּ עֵדוּתוֹ בִּשְׁנֵי אֲנָשִׁים, אֲבָל לֹא בְּאִישׁ אֶחָד.

The *baraita* continues: **Rabbi Yehuda says:** The word **"this"** in the verse is a restricting term, indicating **that the woman does not drink and repeat. Rabbi Yehuda said:** There was **an incident** in which **Neḥunya the ditch digger**[P] **testified before us** in the name of his teachers **that the woman drinks and repeats, and we accepted his testimony with regard to two men, but not with regard to one man.** Even if she drinks the water of a *sota* while married to her first husband, she must drink again after violating a warning by her second husband. However, one husband cannot have his wife drink twice.

וַחֲכָמִים אוֹמְרִים: אֵין הָאִשָּׁה שׁוֹתָה וְשׁוֹנָה, בֵּין בְּאִישׁ אֶחָד בֵּין בִּשְׁנֵי אֲנָשִׁים.

The *baraita* concludes: **And the Rabbis say: The woman does not drink and repeat, whether with regard to one man or with regard to two men.**

וְתַנָּא קַמָּא נַמִי הָכְתִיב: "זֹאת"! וְרַבָּנַן בָּתְרָאֵי נַמִי הָא כְּתִיב: "תּוֹרַת"!

The Gemara asks: **But** according to **the first *tanna*** of the *baraita* **as well, isn't it written** in the verse: "**This,**" restricting the number of times a woman must drink? **And** according to **the Rabbis** mentioned **later** in the *baraita* **as well, isn't it written: "The law of** jealousy," amplifying the number of times a woman must drink to include all cases of jealousy?

אָמַר רָבָא: בְּאִישׁ אֶחָד וּבוֹעֵל אֶחָד – דְּכוּלֵּי עָלְמָא לָא פְּלִיגִי דְּאֵין הָאִשָּׁה שׁוֹתָה וְשׁוֹנָה,

Rava said: Different *halakhot* apply to different cases: **With regard to one husband** who accused his wife twice about **one paramour, everyone agrees that the woman does not drink and repeat,** having been proven innocent once,

Perek **II**
Daf **19** Amud **a**

דִּכְתִיב: "זֹאת". בִּשְׁנֵי אֲנָשִׁים וּשְׁנֵי בּוֹעֲלִין – דְּכוּלֵּי עָלְמָא לָא פְּלִיגִי דְּהָאִשָּׁה שׁוֹתָה וְשׁוֹנָה, דִּכְתִיב: "תּוֹרַת".

as it is written: "**This** is the law of jealousy." The word "this" is a restricting term and excludes that possibility. **With regard to two** different **husbands and two** different **paramours,** where her first husband suspected her with regard to one paramour during her first marriage and the second husband suspected her with regard to a different man during the second marriage, **everyone agrees that the woman drinks and repeats, as it is written:** "This is **the law of** jealousy," in all cases of jealousy.

כִּי פְּלִיגִי – בְּאִישׁ אֶחָד וּשְׁנֵי בּוֹעֲלִין, בִּשְׁנֵי אֲנָשִׁים וּבוֹעֵל אֶחָד.

They disagree when there is **one husband and two paramours,** i.e., where one husband warned her with regard to a second paramour after she survived her first ordeal. They also disagree **in** a case of **two husbands and one paramour,** i.e., if her second husband accused her with regard to the same paramour on account of whom she was compelled to drink by her first husband.

NOTES

Drinks and repeats – שׁוֹתָה וְשׁוֹנָה: The *Maharit* asks: Given that the *halakha* is in accordance with the opinion of Rabbi Meir that a man may stipulate with his wife with regard to adultery in the future, why would one ever need to have his wife drink a second time? Her initial drinking should be proof of her future fidelity. Some answer that this would be necessary if the husband himself committed adultery before she did, which would prevent the water of the *sota* from examining his wife, and after he repents, he wants her to drink again (see *Keren Ora* and *Meromei Sadeh*). Others explain that it would be necessary in the case of a woman whose punishment was initially delayed due to her merit, and whose husband therefore wished that she drink a second time (see *Sefat Emet*). Yet others say that the stipulation with regard to the fidelity of the *sota* in the future is not mandatory; in the event that the husband does not include it initially, he may have her drink again in the future (*Minḥat Ḥinnukh*).

HALAKHA

Drinks and repeats – שׁוֹתָה וְשׁוֹנָה: If a man warned his wife concerning another man, and after secluding herself with him she drank the waters of a *sota* and was found innocent, the husband may not compel her to drink a second time due to suspicion with regard to the same man. However, he may compel her to drink a second time if he suspects her with regard to another man. If a *sota* who drank waters of a *sota* and was found innocent was widowed or divorced and remarried another man, and her new husband suspects her with regard to the same man that the first husband suspected, he may compel her to drink a second time on that man's account (Rambam *Sefer Nashim*, *Hilkhot Sota* 1:12–13).

PERSONALITIES

Neḥunya the ditch digger – נְחוּנְיָא חוֹפֵר שִׁיחִין: This Sage lived at the time of the Second Temple and was an officer of the Temple. He was responsible for digging pits and wells for the benefit of the pilgrims and residents of Jerusalem. The Talmud relates a miracle that happened to his daughter when she fell into a large pit in Jerusalem and was saved. The Gemara also mentions elsewhere that God judges great people like him very exactingly.

תַּנָּא קַמָּא סָבַר: ״תּוֹרַת״ – לְרַבּוֹיֵי כּוּלְּהִי, ״זֹאת״ – לְמַעוּטֵי אִישׁ אֶחָד וּבוֹעֵל אֶחָד.

The opinions are justified as follows: **The first *tanna* holds** that the phrase **"the law of** jealousy" serves **to include all of these** cases. In almost all cases the woman drinks and repeats. The word **"this"** serves **to exclude** only the case of **one husband and one paramour,** in which she does not drink and repeat.

וְרַבָּנַן בַּתְרָאֵי סָבְרִי: ״זֹאת״ – לְמַעוּטֵי כּוּלְּהִי, ״תּוֹרַת״ – לְרַבּוֹיֵי שְׁנֵי אֲנָשִׁים וּשְׁנֵי בוֹעֲלִין.

And the Rabbis mentioned **later** in the *baraita* **hold** that the word **"this"** serves **to exclude all of these** cases. The woman almost never drinks and repeats. The phrase **"the law of** jealousy" serves **to include** only the case of **two husbands and two paramours,** in which she does drink and repeat.

וְרַבִּי יְהוּדָה: ״זֹאת״ – לְמַעוּטֵי תַּרְתֵּי, ״תּוֹרַת״ – לְרַבּוֹת תַּרְתֵּי. ״זֹאת״ לְמַעוּטֵי תַּרְתֵּי – אִישׁ אֶחָד וּבוֹעֵל אֶחָד, אִישׁ אֶחָד וּשְׁנֵי בוֹעֲלִין. ״תּוֹרַת״ לְרַבּוֹיֵי תַּרְתֵּי – שְׁנֵי אֲנָשִׁים וּבוֹעֵל אֶחָד, שְׁנֵי אֲנָשִׁים וּשְׁנֵי בוֹעֲלִין.

And Rabbi Yehuda holds: The word **"this"** serves **to exclude two**[N] of the cases, and the phrase **"the law of** jealousy" serves **to include two.** The word **"this"** serves **to exclude** the **two** cases of **one husband and one paramour** and **one husband and two paramours.** In neither of these cases does the woman drink and repeat. The phrase **"the law of** jealousy" serves **to include two** cases, i.e., **two husbands and one paramour,** and all the more so **two husbands and two paramours.** In both of these cases, the woman must drink and repeat.

הדרן עלך היה מביא

NOTES

This serves to exclude two – זֹאת לְמַעוּטֵי תַּרְתֵּי: Rashi explains the logic behind the opinion of Rabbi Yehuda. If one man warns his wife a second time after she was already found to be innocent, no matter whether he suspects a different paramour or the same one, it appears that his suspicions are unfounded and he is simply a quarrelsome person.

Summary of **Perek II**

The chapter began by enumerating the differences between the meal-offering of a *sota* and other meal-offerings. The meal-offering of a *sota* consists of barley, while most other meal-offerings contain wheat. Additionally, the meal-offering of a *sota* is not accompanied by oil and frankincense. The reason for these distinctions is that since the *sota* performed an animalistic and degrading act, her meal-offering must reflect this, with a grain that is usually used as animal fodder.

The chapter also discussed the procedure for drinking the bitter water. The woman drinks from a new earthenware drinking utensil, to which half a *log* of water from the Temple basin is added. Enough dust is added to be visible in the water. Ideally, the dust should be taken from a special place on the Temple floor; however, other dust is acceptable if this proves too difficult.

The scroll of the *sota* is written with the same ink and parchment as Torah scrolls, but the ink must be prepared in a way that makes it erasable in the water. The scroll must be written by a priest for the sake of the specific *sota*, and it is unfit for use by any other *sota*.

The Sages disagree as to which verses must appear on the scroll of the *sota*. The Gemara concluded that the priest must write all of the conditions and curses recorded in verses concerning the *sota* (Numbers 5:19–22), excluding the descriptions of the ritual itself.

The Gemara also addressed the oath of the *sota*. She must include in her oath that she never engaged in sexual intercourse that would render her forbidden to her husband, regardless of the identity of the paramour.

Introduction to **Perek III**

And he shall make the woman drink the water of bitterness that causes the curse; and the water that causes the curse shall enter into her and become bitter.

And the priest shall take the meal-offering of jealousy out of the woman's hand, and shall wave the meal-offering before the Lord, and bring it unto the altar.

And the priest shall take a handful of the meal-offering, as the memorial part of it, and burn it upon the altar, and afterward he shall make the woman drink the water.

And he shall make her drink the water, and then it shall come to pass, if she is defiled, and acted unfaithfully against her husband, that the water that causes the curse shall enter into her and become bitter, and her belly shall swell, and her thigh shall fall away; and the woman shall be a curse among her people.

And if the woman were not defiled, but she is untainted; then she shall be cleared, and shall conceive seed.

(Numbers 5:24–28)

The order in which the ritual of the *sota* should be performed is not clear from the above verses. It appears from the order of the description that the woman drinks the bitter water of a *sota* before the meal-offering is sacrificed. However, verse 26 states: "And afterward he shall make the woman drink the water," indicating that the meal-offering is sacrificed before the *sota* drinks the bitter water. This difficulty is one of the subjects discussed in this chapter.

Other issues related to the drinking ritual and the meal-offering of the *sota* are also discussed, including how the order is affected when certain aspects of the ritual cannot be performed. Also addressed are questions such as what should be done if the woman admits her guilt during the process or if she refuses to drink the bitter water, what happens if witnesses come forward during the ritual and testify as to her infidelity, and what is to be done if the meal-offering of the *sota* becomes ritually impure.

The chapter also enumerates the punishment of the *sota*, and what happens to a *sota* who is not affected by drinking the bitter water. The Sages discuss the possibility that if a woman drinks the water and survives, it is not always indicative of her innocence, as it is possible that her punishment is merely delayed due to her merits. This leads to a discussion concerning whether women are required or even permitted to study Torah. The chapter continues with the *halakhot* concerning the meal-offering of a *sota* who is married to a priest, and concludes with discussions about the halakhic differences between men and women.

מתני׳ הָיָה נוֹטֵל אֶת מִנְחָתָהּ מִתּוֹךְ כְּפִיפָה מִצְרִית וְנוֹתְנָהּ לְתוֹךְ כְּלִי שָׁרֵת וְנוֹתְנָהּ עַל יָדָהּ. וְכֹהֵן מֵנִיחַ יָדוֹ מִתַּחְתֶּיהָ וּמְנִיפָהּ. הֵנִיף וְהִגִּישׁ קָמַץ וְהִקְטִיר, וְהַשְּׁאָר נֶאֱכָל לַכֹּהֲנִים.

MISHNA **He would take**[N] **her meal-offering out of the Egyptian wicker basket** made of palm leaves in which it was lying **and would put it into a service vessel** and then **place it on her hand.**[H] **And the priest** would then **place his hand underneath hers**[N] **and wave it** together with her. The priest **waved** it **and brought** it near to the southwest corner of the altar, **removed a handful**[B] from it, **and burned** the handful; **and the remainder was eaten by the priests.**

הָיָה מַשְׁקָהּ וְאַחַר כָּךְ מַקְרִיב אֶת מִנְחָתָהּ. רַבִּי שִׁמְעוֹן אוֹמֵר: מַקְרִיב אֶת מִנְחָתָהּ וְאַחַר כָּךְ הָיָה מַשְׁקָהּ, שֶׁנֶּאֱמַר: ״וְאַחַר יַשְׁקֶה אֶת הָאִשָּׁה אֶת הַמָּיִם״. אִם הִשְׁקָה וְאַחַר כָּךְ הִקְרִיב אֶת מִנְחָתָהּ – כְּשֵׁרָה.

The priest **would force** the woman **to drink** the bitter water of a *sota*, **and afterward he would sacrifice her meal-offering.**[H] **Rabbi Shimon says:** The priest would **sacrifice her meal-offering and afterward he** would **force her to drink, as it is stated:** "And the priest shall take a handful of the meal-offering, as the memorial part of it, and burn it upon the altar, **and afterward he shall make the woman drink the water**" (Numbers 5:26). But Rabbi Shimon concedes that **if** the priest first **forced her to drink and afterward**[N] **sacrificed her meal-offering,** it is still **valid.**

גמ׳ אֲמַר לֵיהּ רַבִּי אֶלְעָזָר לְרַבִּי יֹאשִׁיָּה דָּרֵיהּ: לָא תֵּיתַב אַכַּרְעָךְ עַד דִּמְפָרְשַׁתְּ לַהּ לְהָא מִילְּתָא: מִנַּיִן לְמִנְחַת סוֹטָה שֶׁטְּעוּנָה תְּנוּפָה? מְנָא לַן? ״וְהֵנִיף״ כְּתִיב בַּהּ! בִּבְעָלִים מְנָלַן?

GEMARA **Rabbi Elazar said to Rabbi Yoshiya of his generation,**[P] i.e., his contemporary: **You shall not sit on your feet**[N] **until you explain this matter** to me: **From where** is it derived that **the meal-offering of a** ***sota*** **requires waving?** The Gemara expresses surprise at the question: **From where do we** derive this? It is explicitly **written with regard to** the meal-offering of a *sota*: "And the priest shall take the meal-offering of jealousy out of the woman's hand, **and shall wave** the meal-offering before the Lord, and bring it unto the altar" (Numbers 5:25). Rather, the question is as follows: **From where do we** derive that the waving is performed **by the owner,** i.e., the woman, and not only by the priest?

אָתְיָא ״יָד״ ״יָד״ מִשְּׁלָמִים. כְּתִיב הָכָא: ״וְלָקַח הַכֹּהֵן מִיַּד הָאִשָּׁה״, וּכְתִיב הָתָם: ״יָדָיו תְּבִיאֶינָה״,

Rabbi Yoshiya answered: This is **derived** by means of a verbal analogy between the term **"hand"** written here and **"hand" from** the **peace-offering: It is written here,** with regard to the meal-offering of a *sota*: **"And the priest shall take** the meal-offering of jealousy **out of the woman's hand"** (Numbers 5:25), **and it is written there,** with regard to the peace-offering: "He that offers his peace-offerings unto the Lord… **His own hands shall bring** the offerings…that the breast may be waved before the Lord" (Leviticus 7:29–30).

מָה כָּאן כֹּהֵן – אַף לְהַלָּן כֹּהֵן, וּמָה לְהַלָּן בְּעָלִים – אַף כָּאן בְּעָלִים. הָא כֵּיצַד? מֵנִיחַ יָדוֹ תַּחַת יְדֵי הַבְּעָלִים וּמֵנִיף.

Just as here, in the case of the *sota*, the **priest** waves the offering, **so too there,** in the case of the peace-offering, the **priest** waves the offering. **And just as there,** in the case of the peace-offering, the **owner** waves the offering, **so too here,** in the case of the *sota*, the **owner** waves the offering. **How is this** accomplished? The priest **places his hand beneath the hands of the owner and** then **waves** the offering with the owner.

״הֵנִיף וְהִגִּישׁ קָמַץ וכו׳ הָיָה מַשְׁקָהּ וְאַחַר כָּךְ מַקְרִיב אֶת מִנְחָתָהּ״. הָא אַקְרְבַהּ!

§ The mishna states: The priest **waved** it **and brought** it **near** to the southwest corner of the altar, **removed a handful** from it, and burned the handful. Yet the continuation of the mishna states: The priest **would force** the woman **to drink, and afterward he would sacrifice her meal-offering.** The Gemara asks: **Didn't** the mishna state in the previous phrase that the offering **was** already **sacrificed?**

NOTES

He would take, etc. – הָיָה נוֹטֵל וכו׳: The subject of this sentence is not explicit in the mishna. Rashi and Rabbi Ovadya Bartenura explain that the husband takes the meal-offering, as the mishna continues: And the priest would then place his hand, indicating that the priest was not involved beforehand. However, *Tosafot* and the Meiri explain that ideally, the priest was the one who would take the meal-offering. The reference to the priest in the continuation of the mishna merely means that from that point onward the priest must perform the actions, and a non-priest is not permitted to do so. This explanation is based on the Jerusalem Talmud (see *Melekhet Shlomo*).

The priest would then place his hand underneath hers – וְכֹהֵן מֵנִיחַ יָדוֹ מִתַּחְתֶּיהָ: In the Jerusalem Talmud it is asked: Why is it not improper for the priest to touch the woman's hand? The conclusion is that since this was only for a short time, there is no reason for concern lest the priest's desire be stimulated. Some explain that the priest did not actually touch her; his hands held the vessel, lower down than her hands, and did not touch her hands directly (*Tosefot HaRash*).

If the priest first forced her to drink and afterward, etc. – אִם הִשְׁקָה וְאַחַר כָּךְ וכו׳: It is stated in the Jerusalem Talmud that the Rabbis concede that if the priest sacrificed the meal-offering before giving the *sota* the water to drink, the offering is valid.

You shall not sit on your feet – לָא תֵּיתַב אַכַּרְעָךְ: One understanding of this expression is based on the principle that difficult subjects are learned while one is seated, while simpler subject matter is learned while standing (see *Megilla* 21a). Rabbi Elazar intended to indicate that due to Rabbi Yoshiya's extensive knowledge, this was a simple matter for him and he would not need to sit down and consider the matter much in order to provide a correct answer (*Minḥa Ḥareva*).

HALAKHA

And then place it on her hand, etc. – וְנוֹתְנָהּ עַל יָדָהּ וכו׳: After the woman drinks the water, the service vessel with the meal-offering is placed on the woman's hands. The priest places his hand under hers and waves it to the east of the altar in the same manner as all other wavings; he waves it to and fro to each side, and also up and down. After the waving, the priest brings the meal-offering near to the southwest corner of the altar, removes a handful, and burns it. The remainder is eaten by the priests in the same manner as other meal-offerings (Rambam *Sefer Nashim*, *Hilkhot Sota* 3:15).

The priest would force the woman to drink the water and afterward he would sacrifice her meal-offering – הָיָה מַשְׁקָהּ וְאַחַר כָּךְ מַקְרִיב אֶת מִנְחָתָהּ: The priest first forces the woman to drink the bitter water and afterward he sacrifices the meal-offering, in accordance with the unattributed opinion in the mishna. If the priest sacrificed the meal-offering first and afterward forced her to drink, the offering is valid, as indicated later in the Gemara and as stated explicitly in the Jerusalem Talmud (Rambam *Sefer Nashim*, *Hilkhot Sota* 4:14).

PERSONALITIES

Rabbi Yoshiya of his generation – רַבִּי יֹאשִׁיָּה דָּרֵיהּ: This title is used to distinguish this Rabbi Yoshiya, who was an *amora* and a contemporary of Rabbi Elazar, from the *tanna* of the same name. Rabbi Yoshiya was an *amora* of the third generation of *amora'im*. He lived in Eretz Yisrael and apparently was one of the older students of Rabbi Yoḥanan, as was Rabbi Elazar. His statements are recorded in the Jerusalem Talmud.

BACKGROUND

Removed a handful – קָמַץ: Most meal-offerings require that a handful be removed by a priest and burnt on the altar. This rite parallels the rite of slaughtering performed in the case of an animal offering. However, the slaughtering of an offering may be performed by a non-priest, whereas removing the handful from a meal-offering may be performed only by a priest. According to many authorities, the priest would remove the flour with only the three middle fingers of his right hand, using his thumb and little finger to remove any surplus flour from his closed fingers. He would then place the flour in a sacred service vessel in order to consecrate it. Since the priest had to scoop out a precise amount of flour, this was one of the more difficult services in the Temple.

הָכִי קָאָמַר: סֵדֶר מְנָחוֹת כֵּיצַד? הֵנִיף וְהִגִּישׁ קָמַץ וְהִקְטִיר, וְהַשְּׁאָר נֶאֱכָל לַכֹּהֲנִים.

The Gemara answers: **This is what** the mishna **is saying: What was the** sacrificial **order of meal-offerings** in general? The priest **waved** the meal-offering **and brought** it **near** to the southwest corner of the altar, **removed a handful** from it, **and burned** the handful, **and the remainder was eaten by the priests.**

וּבְהַשְׁקָאָה גּוּפָהּ פְּלִיגִי רַבִּי שִׁמְעוֹן וְרַבָּנַן, דְּרַבָּנַן סָבְרִי: מַשְׁקָה וְאַחַר כָּךְ מַקְרִיב אֶת מִנְחָתָהּ, וְרַבִּי שִׁמְעוֹן סָבַר: מַקְרִיב אֶת מִנְחָתָהּ וְאַחַר כָּךְ מַשְׁקָהּ, שֶׁנֶּאֱמַר: ״וְאַחַר יַשְׁקֶה״.

And as **for** the correct order for sacrificing the meal-offering of the *sota* and **forcing** her **to drink,** this **itself** is a matter about which **Rabbi Shimon and the Rabbis disagree,**[N] **as the Rabbis hold** that the priest would **force** the woman **to drink and afterward he** would **sacrifice her meal-offering; and Rabbi Shimon holds** that the priest would **sacrifice her meal-offering and afterward he** would **force her to drink, as** it **is stated:** "And the priest shall take a handful of the meal-offering, as the memorial part of it, and burn it upon the altar, **and afterward he shall make** the woman **drink** the water" (Numbers 5:26).

״וְאִם הִשְׁקָה וְאַחַר כָּךְ הִקְרִיב אֶת מִנְחָתָהּ – כְּשֵׁרָה״.

§ The mishna states: **But** Rabbi Shimon concedes that **if the** priest first **forced her to drink and afterward sacrificed her meal-offering,** the offering is still **valid.**

NOTES

Rabbi Shimon and the Rabbis disagree, etc. – פְּלִיגִי רַבִּי שִׁמְעוֹן וְרַבָּנַן וכו׳: It is explained in the Jerusalem Talmud that in addition to the dispute between them with regard to the proper understanding of the verses, Rabbi Shimon and the Rabbis also disagree with regard to which rite is central to the evaluation of whether the *sota* was unfaithful. Rabbi Shimon holds that the essential part of the evaluation is accomplished by the water, and the meal-offering is only a supplementary offering, whereas the Rabbis hold that the evaluation is accomplished primarily by the meal-offering, although the drinking of the bitter water is necessary in order to allow the curse to enter the women's body.

Perek **III**
Daf **19** Amud **b**

תָּנוּ רַבָּנַן: ״וְהִשְׁקָה״ – מָה תַּלְמוּד לוֹמַר? וַהֲלֹא כְּבָר נֶאֱמַר ״וְהִשְׁקָה״! שֶׁאִם נִמְחֲקָה מְגִילָּה וְאוֹמֶרֶת אֵינִי שׁוֹתָה, מְעַרְעֲרִין אוֹתָהּ וּמַשְׁקִין אוֹתָהּ בְּעַל כָּרְחָהּ, דִּבְרֵי רַבִּי עֲקִיבָא;

The Sages taught: What is the meaning when **the verse states** after the sacrifice of the meal-offering: **"And he shall make her drink** the water" (Numbers 5:27)? **But isn't it already stated: "And he shall make** the woman **drink** the water of bitterness that causes the curse" (Numbers 5:24)? The *baraita* answers: The repetition teaches **that if the scroll was** already **erased and** then the woman **says: I will not drink,**[H] **she is forced** [*me'arerin*][L] **to drink against her will.** This is **the statement of Rabbi Akiva.**[N]

רַבִּי שִׁמְעוֹן אוֹמֵר: ״וְאַחַר יַשְׁקֶה״ – מָה תַּלְמוּד לוֹמַר? וַהֲלֹא כְּבָר נֶאֱמַר ״וְהִשְׁקָה״! אֶלָּא לְאַחַר כָּל מַעֲשִׂים כּוּלָּן הָאֲמוּרִין לְמַעְלָה. מַגִּיד, שְׁלֹשָׁה דְּבָרִים מְעַכְּבִין בָּהּ: עַד שֶׁלֹּא קָרַב הַקּוֹמֶץ, וְעַד שֶׁלֹּא נִמְחֲקָה מְגִילָּה, וְעַד שֶׁלֹּא תְּקַבֵּל עָלֶיהָ שְׁבוּעָה.

Rabbi Shimon says: What is the meaning when **the verse states:** "And the priest shall take a handful of the meal-offering, as the memorial part of it, and burn it upon the altar, **and afterward he shall make** the woman **drink** the water" (Numbers 5:26)? **But isn't it already stated** previously: **"And he shall make** the woman **drink"** (Numbers 5:24)? **Rather,** this verse indicates that the *sota* is given the bitter water to drink only **after all the actions that are stated above** are performed, i.e., erasing the scroll, sacrificing the meal-offering, and administering the oath. Therefore, this verse **teaches** that **three matters preclude her** from drinking: She does not drink **until the handful is sacrificed, and until the scroll is erased, and until she accepts the oath upon herself.**

עַד שֶׁלֹּא קָרַב הַקּוֹמֶץ – רַבִּי שִׁמְעוֹן לְטַעְמֵיהּ, דְּאָמַר: מַקְרִיב אֶת מִנְחָתָהּ וְאַחַר כָּךְ מַשְׁקָהּ.

The Gemara elaborates: She does not drink **until the handful is sacrificed. Rabbi Shimon** conforms **to his** line of **reasoning** stated earlier, **as he says** that the priest **sacrifices her meal-offering and afterward forces her to drink.**

עַד שֶׁלֹּא נִמְחֲקָה מְגִילָּה, אֶלָּא מַאי מַשְׁקֶה לָהּ? אָמַר רַב אָשֵׁי: לֹא נִצְרְכָה לְשֶׁרֵישׁוּמוֹ נִיכָּר.

The Gemara questions the second condition: She does not drink **until the scroll is erased.** Why does the *baraita* need to state this? **But what** could **he give her to drink** if the scroll was not yet erased into the water? **Rav Ashi says: No,** this *halakha* **is necessary for** an instance **where** the scroll was erased, but **the impression** of the ink **is** still **discernible**[H] on the parchment. The woman does not drink until the scroll is totally erased.

HALAKHA

If the scroll was already erased and then the woman says I will not drink – נִמְחֲקָה מְגִילָּה וְאוֹמֶרֶת אֵינִי שׁוֹתָה: Once the scroll is erased, if the woman says: I will not drink, she is forcibly compelled to drink (Rambam *Sefer Nashim, Hilkhot Sota* 4:4).

Where the impression of the ink is still discernible – לְשֶׁרֵישׁוּמוֹ נִיכָּר: The scroll must be thoroughly erased so that the impression of the writing is not discernible. If the text is still discernible, it is invalid (Rambam *Sefer Nashim, Hilkhot Sota* 4:10).

LANGUAGE

Forced [*me'arerin*] – מְעַרְעֲרִין: Some explain that this term is derived from the word *irur*, which means breaking and is used here to denote the opening of her mouth by force. Others explain that the term means to place liquid in one's mouth without swallowing. It is similar to the talmudic Hebrew terms *me'arer* and *megarger*. According to this explanation, here the term means that the water is poured down her throat.

NOTES

The statement of Rabbi Akiva – דִּבְרֵי רַבִּי עֲקִיבָא: According to Rashi, Rabbi Akiva agrees with Rabbi Shimon that first the meal-offering is sacrificed and only afterward is she given to drink; however, Rabbi Akiva takes a more extreme position than Rabbi Shimon on this matter, asserting that if she were to drink first, it is considered as if nothing was done. By contrast, Rabbeinu Ḥananel asserts that Rabbi Akiva holds in accordance with the opinion of the Rabbis, who state that the woman should drink first. This explanation is based on an alternative version of the text. *Tosafot* note that later (20b) the Gemara apparently understands Rabbi Akiva's opinion as explained by Rashi; however, *Tosafot* explain that the *tanna'im* themselves disagree with regard to the opinion of Rabbi Akiva.

עַד שֶׁלֹּא תְּקַבֵּל עָלֶיהָ שְׁבוּעָה. מִישְׁתָּא הוּא דְּלָא שָׁתְיָא, הָא מִיכְתַּב כָּתְבֵי לַהּ? וְהָאָמַר רָבָא: מְגִילַּת סוֹטָה שֶׁכְּתָבָהּ קוֹדֶם שֶׁתְּקַבֵּל עָלֶיהָ שְׁבוּעָה – לֹא עָשָׂה וְלֹא כְלוּם! כְּדִי נַסְבָהּ.

The Gemara discusses the third condition: She does not drink **until she accepts the oath upon herself.** One might infer from this statement that **it is** only **that** she **does not drink** before she accepts the oath; **however,** the scroll **is written for her** before she accepts the oath. **But didn't Rava say:** With regard to **a scroll of a** ***sota*** **that was written before she accepted the oath upon herself,** whoever wrote it **did nothing,** and the scroll is rendered invalid. The Gemara responds: **This was cited for no reason,** as in fact the scroll is not even written before she accepts the oath upon herself, and nothing should be inferred.

בְּמַאי קָמִיפַּלְגִי? תְּלָתָא קְרָאֵי כְּתִיבִי: ״וְהִשְׁקָה״ קַמָּא, ״וְאַחַר יַשְׁקֶה״, ״וְהִשְׁקָהּ״ בָּתְרָא.

The Gemara asks: **With regard to what do** the Rabbis and Rabbi Shimon **disagree** in the mishna? The Gemara answers: **Three verses are written** which pertain to drinking the bitter water: **The first** occurrence of the term is in the verse: **"And he shall make** the woman **drink"** (Numbers 5:24); the second: **"And afterward he shall make** the woman **drink** the water" (Numbers 5:26); and **the last** occurrence of the term is in the verse: **"And he shall make her drink"** (Numbers 5:27).

רַבָּנַן סָבְרִי: ״וְהִשְׁקָה״ קַמָּא – לְגוּפוֹ, שֶׁמַּשְׁקָה וְאַחַר כָּךְ מַקְרִיב אֶת מִנְחָתָהּ. ״וְאַחַר יַשְׁקֶה״ – מִיבָּעֵי לֵיהּ לְשֶׁרִישׁוּמוֹ נִיכָּר. ״וְהִשְׁקָהּ״ בָּתְרָא – שֶׁאִם נִמְחֲקָה מְגִילָּה וְאוֹמֶרֶת ״אֵינִי שׁוֹתָה״, מְעַרְעֲרִין אוֹתָהּ וּמַשְׁקֶה אוֹתָהּ בְּעַל כָּרְחָהּ.

The Rabbis hold that **the first** occurrence of the term: **"And he shall make** the woman **drink,"** is written **to** teach the *halakha* **itself,** i.e., **that** the priest first **forces her to drink and afterward sacrifices her meal-offering.** The second instance: **"And afterward he shall make** the woman **drink," is necessary** to teach **that** as long as **the impression** of the writing **is** still **discernible,** the *sota* is not given the bitter water to drink. The third verse, **the last** occurrence of the term: **"And he shall make her drink,"** teaches **that if the scroll was erased and** then the woman **says: I will not drink, she is forced to drink against her will.**

וְרַבִּי שִׁמְעוֹן סָבַר: ״וְאַחַר יַשְׁקֶה״ – לְגוּפוֹ, שֶׁמַּקְרִיב אֶת מִנְחָתָהּ וְאַחַר כָּךְ מַשְׁקָה. ״וְהִשְׁקָה״ קַמָּא – שֶׁאִם הִשְׁקָה וְאַחַר כָּךְ הִקְרִיב אֶת מִנְחָתָהּ כְּשֵׁרָה. ״וְהִשְׁקָהּ״ בָּתְרָא – שֶׁאִם נִמְחֲקָה מְגִילָּה וְאָמְרָה ״אֵינִי שׁוֹתָה״, מְעַרְעֲרִין אוֹתָהּ וּמַשְׁקִין אוֹתָהּ בְּעַל כָּרְחָהּ.

And Rabbi Shimon holds that the second verse: **"And afterward he shall make** the woman **drink** the water" (Numbers 5:26), is written **to** teach the *halakha* **itself,** i.e., **that** the priest first **sacrifices her meal-offering and afterward forces her to drink. The first** occurrence of the term: **"And he shall make** the woman **drink,"** teaches **that if he forced her to drink and** only **afterward sacrificed her meal-offering,** the offering **is** nevertheless **valid. The last** occurrence of the term: **"And he shall make her drink,"** teaches **that if the scroll was erased and** then **she said: I will not drink, she is forced to drink against her will.**

וְרַבָּנַן – בְּדִיעֲבַד לָא פָּתַח קְרָא.

The Gemara explains the Rabbis' opinion: **And the Rabbis** would respond to Rabbi Shimon that the **verse does not begin** the discussion **with** a *halakha* that is applicable only **after the fact,** and therefore the initial mention of the drinking is referring to the proper time for the ritual.

וְסָבַר רַבִּי עֲקִיבָא מַשְׁקִין אוֹתָהּ בְּעַל כָּרְחָהּ? וְהָתַנְיָא, רַבִּי יְהוּדָה אוֹמֵר: כְּלַבּוּס שֶׁל בַּרְזֶל מְטִילִין לְתוֹךְ פִּיהָ, שֶׁאִם נִמְחֲקָה מְגִילָּה וְאָמְרָה ״אֵינִי שׁוֹתָה״, מְעַרְעֲרִין אוֹתָהּ וּמַשְׁקִין אוֹתָהּ בְּעַל כָּרְחָהּ. אָמַר רַבִּי עֲקִיבָא: כְּלוּם אָנוּ צְרִיכִין אֶלָּא לְבוֹדְקָהּ, וַהֲלֹא בְּדוּקָה וְעוֹמֶדֶת! אֶלָּא, עַד שֶׁלֹּא קָרַב הַקּוֹמֶץ יְכוֹלָה לַחֲזוֹר בָּהּ; מִשֶּׁקָּרַב הַקּוֹמֶץ אֵינָהּ יְכוֹלָה לַחֲזוֹר בָּהּ.

The Gemara asks: **But does Rabbi Akiva** in fact **hold** that the woman is **forced to drink against her will? But isn't it taught** in a *baraita* (*Tosefta* 2:3) that **Rabbi Yehuda says: A hook** [*kelabus*][L] made **of iron**[N] is forcibly **placed into her mouth,** so **that if the scroll was erased and she said: I will not drink, she is forced to drink against her will. Rabbi Akiva said:** It is not necessary to force her to drink. **Don't we need** to force her to drink the water **only** in order **to evaluate her** fidelity? **And isn't she established** as having been **evaluated** when she refuses to drink, as she is essentially admitting her guilt? **Rather,** Rabbi Akiva's statement should be understood as follows: **Until the handful is sacrificed she can retract** her decision to drink the bitter water; however, **once the handful is sacrificed she cannot retract** her decision to drink.

וְלִיטַעְמֵיךְ, תִּיקְשֵׁי לָךְ הִיא גּוּפָהּ: מִשֶּׁקָּרַב הַקּוֹמֶץ אֵינָהּ יְכוֹלָה לַחֲזוֹר בָּהּ – וַהֲלֹא בְּדוּקָה וְעוֹמֶדֶת!

The Gemara asks: **But according to your reasoning** in explanation of Rabbi Akiva's statement, **this** explanation **itself should pose a difficulty for you.** Why **can't she retract** her decision **once the handful is sacrificed? And isn't she established as** having been **evaluated** when she refuses to drink?

LANGUAGE

Hook [*kelabus*] – כְּלַבּוּס: Apparently from the Latin clavus, which means a nail. From the description of the *ge'onim* it appears the *kelabus* was an object similar to large tongs in which bent nails were inserted in order to grasp metal articles during forging.

NOTES

A hook [*kelabus*] made of iron – כְּלַבּוּס שֶׁל בַּרְזֶל: Although the commentaries disagree with regard to the exact meaning of the term *kelabus*, it appears that its purpose was not to open her mouth; rather, it was placed in her open mouth to ensure that her mouth remained open so that she could be forced to drink (see *Tosafot*). The *Tosefta* (2:3) cites the opinion of Rabbi Yehuda, who disagrees and holds that they opened her mouth with tongs.

לָא קַשְׁיָא: הָא דְּקָהָדְרָא בָּהּ מֵחֲמַת רְתִיתָא, וְהָא דְּקָהָדְרָא בָּהּ מֵחֲמַת בְּרִיוּתָא.

The Gemara answers: This is **not difficult; this** case, where she is forced to drink, is referring to a situation **where she retracts** her decision to drink **due to fear,** as her refusal is not viewed as an admission of guilt, and it is possible that if she drinks she will be found undefiled. **And that** case, where she does not drink, is referring to a situation **where she retracts** her decision **in a state of good health.**[N] Since she does not appear to be afraid, her refusal is viewed as an admission of guilt.

וְהָכִי קָאָמַר: כָּל מֵחֲמַת בְּרִיוּתָא – כְּלָל כְּלָל לָא שָׁתְיָא. מֵחֲמַת רְתִיתָא – עַד שֶׁלֹּא קָרֵב הַקּוֹמֶץ, דְּאַכַּתִּי לָא אִמְחוּק מְגִילָּה, אִי נַמִּי אִמְחוּק מְגִילָּה, דְּשֶׁלֹּא כַּדִּין עֲבִיד כֹּהֲנִים דְּמָחֲקֵי – מָצֵי הָדְרָא בָּהּ. מִשֶּׁקָּרֵב הַקּוֹמֶץ, דִּבְדִין עֲבִיד כֹּהֲנִים דְּמָחֲקֵי – לָא מָצֵי הָדְרָא בָּהּ.

And this is what Rabbi Akiva **is saying:** In **any** case where she retracts her decision to drink **in a state of** good **health, she does not drink at all.** With regard to a *sota* who retracts her decision **due to fear,** if she retracts her decision **before the handful is sacrificed, when the scroll has not yet been erased; or** even if the **scroll was** already **erased,** since **the priests acted incorrectly when they erased** it beforehand; **she can retract** her decision. **Once the handful is sacrificed, in which** case the **priests acted correctly when they erased** the scroll, **she cannot retract** her decision, and she is forced to drink against her will.

NOTES

In a state of good health – מֵחֲמַת בְּרִיוּתָא: The Gemara explains later that if the woman admits that she is defiled, she is never given the water to drink. The discussion here refers to a woman who does not explicitly admit her guilt, yet refuses to drink. In this case, if she retracts her decision to drink while she is in good health and of clear mind, and she does not appear frightened, it is assumed that her refusal to drink is akin to a confession that she is defiled. However, if she appears frightened, it is possible that her refusal is due to fear that she will be harmed by the water even if she is innocent. In this case, if the scroll was already erased and the handful sacrificed, she is forced to drink so that the erasure will not be for nothing, as it is possible that she will be found innocent.

Perek **III**
Daf **20** Amud **a**

קַשְׁיָא דְּרַבִּי עֲקִיבָא אַדְּרַבִּי עֲקִיבָא. הָתָם אֲמַר מְחִיקָה מְעַכְּבָא, וְהָכָא אֲמַר קוֹמֶץ מְעַכֵּב!

The Gemara asks: The statement **of Rabbi Akiva is difficult,** as it is contradicted **by** another statement **of Rabbi Akiva: There,** in the first *baraita*, **he said** that **erasure prevents** the authorities from compelling the woman to drink the water if she retracted her decision to drink, **and here he says** that the sacrifice of the **handful prevents** the authorities from compelling the woman to drink the water. In other words, according to the first *baraita* the woman can retract her decision to drink until the scroll is erased, whereas according to the second *baraita* she can retract her decision until the handful is sacrificed.

תְּרֵי תַּנָּאֵי וְאַלִּיבָּא דְּרַבִּי עֲקִיבָא.

The Gemara responds: There is a dispute between **two *tanna'im*, and** they disagree **with regard to** the opinion **of Rabbi Akiva.** They disagree with regard to what point in time, according to Rabbi Akiva, is the final moment at which a woman can refuse to drink the bitter water without being forced to do so.

אִיבַּעְיָא לְהוּ: אָמְרָה "אֵינִי שׁוֹתָה" מֵחֲמַת בְּרִיוּתָא, וְחָזְרָה וְאָמְרָה "שׁוֹתָה אֲנִי", מַהוּ? כֵּיוָן דְּאָמְרָה "אֵינִי שׁוֹתָה" – טְמֵאָה אֲנִי קָאָמְרָה, וְכֵיוָן דְּאַחְזִיק נַפְשָׁהּ בְּטוּמְאָה – לָא מָצְיָא הָדְרָה בָּהּ. אוֹ דִּילְמָא כֵּיוָן דְּאָמְרָה "שׁוֹתָה אֲנִי", גַּלְיָא דַּעְתָּהּ דְּמֵחֲמַת בִּיעֲתוּתָא הוּא דְּאָמְרָה? תֵּיקוּ.

A dilemma was raised before the Sages: If **she** initially **said: I will not drink, while in a state of** good **health, and** then **she** retracted her statement **and said: I will drink,**[N] **what is** the *halakha*? Does one say that **when she said: I will not drink,** it is as if **she** confessed and **said: I am defiled, and since she established herself as defiled she cannot retract** her statement?[H] **Or perhaps when she said: I will drink, she revealed her thoughts that it** was only **due to fear that she said** she will not drink? The Gemara concludes that the dilemma **shall stand** unresolved.

אָמַר אֲבוּהּ דִּשְׁמוּאֵל: צָרִיךְ שֶׁיִּתֵּן מַר לְתוֹךְ הַמַּיִם. מַאי טַעְמָא? דְּאָמַר קְרָא: "מֵי הַמָּרִים", שֶׁמָּרִים כְּבָר.

Shmuel's father says: It is **necessary** for one **to put a bitter** substance **into the water**[NH] that the *sota* drinks. **What is the reason** for this? It is **as the verse states:** "And he shall blot them out into **the water of bitterness**" (Numbers 5:23), indicating **that** they **are already bitter** before the scroll is erased.

NOTES

And then she retracted her statement and said I will drink, etc. – וְחָזְרָה וְאָמְרָה שׁוֹתָה אֲנִי וכו׳: If the woman said explicitly that she was defiled, she cannot retract her statement. The discussion here pertains to a woman who did not state explicitly that she was defiled; however, her refusal to drink is interpreted in this manner, and the Gemara questions whether she can claim that her refusal to drink was only due to fear. Some commentaries write that were she to claim explicitly that her initial refusal was due to fear, she would certainly be believed. This case is comparable to that of a woman who informed her husband that she was menstruating and afterward retracted her statement and claimed that she was ritually pure, in which case the *halakha* is that if she provided a pretext for her initial statement, she is believed. The Gemara raises this question only in a case where she did not explain her reasons for initially refusing to drink but merely claimed that she is now willing to drink the water (*Minḥat Ḥinnukh*).

It is necessary to put a bitter substance into the water, etc. – צָרִיךְ שֶׁיִּתֵּן מַר לְתוֹךְ הַמַּיִם וכו׳: The water is called "the water of bitterness" (Numbers 5:23) even before it is drunk, although it might not cause any harm. This indicates that it is not so named because it causes death, but because it is already bitter (Rashi). Others add that the additional phrase "the water of bitterness that causes the curse" (Numbers 5:18) indicates that the water's bitterness is unrelated to its causing a curse. The ink and dust added to the water do not cause it to be bitter, and therefore something bitter must be added.

HALAKHA

She cannot retract her statement – לָא מָצְיָא הָדְרָה בָּהּ: A *sota* who, due to fear, says: I will not drink, may later retract her statement and say: I will drink. However, if she said: I will not drink, when she is in good health and unafraid, she may not later recant and say: I will drink (Rambam *Sefer Nashim*, *Hilkhot Sota* 4:3).

It is necessary to put a bitter substance into the water, etc. – צָרִיךְ שֶׁיִּתֵּן מַר לְתוֹךְ הַמַּיִם וכו׳: A bitter substance, e.g., wormwood, must be placed into the water that the *sota* drinks, as the verse (Number 5:23) describes that water as "the water of bitterness" (Rambam *Sefer Nashim*, *Hilkhot Sota* 3:10).

מתני׳ עַד שֶׁלֹּא נִמְחֲקָה הַמְּגִילָּה אָמְרָה ״אֵינִי שׁוֹתָה״ – מְגִילָּתָהּ נִגְנֶזֶת, וּמִנְחָתָהּ מִתְפַּזֶּרֶת עַל הַדֶּשֶׁן, וְאֵין מְגִילָּתָהּ כְּשֵׁרָה לְהַשְׁקוֹת בָּהּ סוֹטָה אַחֶרֶת. נִמְחֲקָה הַמְּגִילָּה וְאָמְרָה ״טְמֵאָה אֲנִי״ – הַמַּיִם נִשְׁפָּכִין, וּמִנְחָתָהּ מִתְפַּזֶּרֶת עַל בֵּית הַדֶּשֶׁן. נִמְחֲקָה הַמְּגִילָּה וְאָמְרָה ״אֵינִי שׁוֹתָה״ – מְעַרְעֲרִין אוֹתָהּ וּמַשְׁקִין אוֹתָהּ בְּעַל כָּרְחָהּ.

MISHNA **If before the scroll was erased she said: I will not drink,**[H] **the scroll** that was written for **her is sequestered, and her meal-offering is** burned and **scattered over the** place of **the ashes, and her scroll is not fit to give to another** ***sota*** **to drink. If the scroll was erased** and afterward **she said: I am defiled,**[H] **the water is poured out, and her meal-offering is scattered**[N] **in the place of the ashes. If the scroll was** already **erased and she said: I will not drink, she is forced to drink against her will.**

אֵינָהּ מַסְפֶּקֶת לִשְׁתּוֹת עַד שֶׁפָּנֶיהָ מוֹרִיקוֹת וְעֵינֶיהָ בּוֹלְטוֹת וְהִיא מִתְמַלֵּאת גִּידִין, וְהֵם אוֹמְרִים: הוֹצִיאוּהָ, שֶׁלֹּא תְּטַמֵּא הָעֲזָרָה.

When a guilty woman drinks **she does not manage to** finish **drinking**[N] **before her face turns green**[H] **and her eyes bulge, and her** skin becomes **full of** protruding **veins, and the** people standing in the Temple **say: Remove her,** so **that she does not render the Temple courtyard impure** by dying there.

אִם יֵשׁ לָהּ זְכוּת הָיְתָה תּוֹלָה לָהּ. יֵשׁ זְכוּת תּוֹלָה שָׁנָה אַחַת, יֵשׁ זְכוּת תּוֹלָה שְׁתֵּי שָׁנִים, יֵשׁ זְכוּת תּוֹלָה שָׁלֹשׁ שָׁנִים. מִכָּאן אוֹמֵר בֶּן עַזַּאי: חַיָּיב אָדָם לְלַמֵּד אֶת בִּתּוֹ תּוֹרָה, שֶׁאִם תִּשְׁתֶּה תֵּדַע שֶׁהַזְּכוּת תּוֹלָה לָהּ. רַבִּי אֱלִיעֶזֶר אוֹמֵר: כָּל הַמְלַמֵּד בִּתּוֹ תּוֹרָה – (כְּאִילּוּ) לוֹמְדָהּ תִּפְלוּת.

The mishna limits the scope of the previous statement: **If she has merit, it delays** punishment **for her** and she does not die immediately. **There is a merit** that **delays** punishment for **one year, there is** a larger **merit** that **delays** punishment for **two years,** and **there is a merit** that **delays** punishment for **three years. From here Ben Azzai states: A person is obligated to teach**[N] **his daughter Torah,** so **that if she drinks** and does not die immediately, **she will know that** some **merit** she has **delayed** punishment **for her. Rabbi Eliezer says: Anyone who teaches his daughter Torah**[H] **is teaching her promiscuity** [***tiflut***].[NL]

רַבִּי יְהוֹשֻׁעַ אוֹמֵר: רוֹצָה אִשָּׁה בְּקַב וְתִפְלוּת מִתִּשְׁעָה קַבִּין וּפְרִישׁוּת. הוּא הָיָה אוֹמֵר: חָסִיד שׁוֹטֶה, וְרָשָׁע עָרוּם, וְאִשָּׁה פְּרוּשָׁה, וּמַכּוֹת פְּרוּשִׁין – הֲרֵי אֵלּוּ מְבַלֵּי עוֹלָם.

Rabbi Yehoshua says: A woman desires to receive the amount **of a** ***kav*** of food **and a** sexual relationship [***tiflut***] **rather than** to receive **nine** ***kav*** of food **and abstinence. He would say: A foolish man of piety, and a conniving wicked person, and an abstinent woman** [***perusha***],[B] **and those who injure** themselves out of false **abstinence;** all **these are** people **who erode the world.**[H]

NOTES

And her meal-offering is scattered – וּמִנְחָתָהּ מִתְפַּזֶּרֶת: The commentaries explain that if the woman refuses to drink without admitting infidelity, her meal-offering is burned in the place of the ashes, located in the Temple courtyard, and its ashes are scattered (see 22b). The reason for this is that since the meal-offering was consecrated in a service vessel, it must be burned. In the second case in the mishna, where the woman admits her infidelity, the meal-offering is scattered without being burned, as, although the meal-offering was consecrated in a service vessel, her admission clarifies that the consecration was in error, and therefore it need not be burned (Meiri).

She does not manage to finish drinking – אֵינָהּ מַסְפֶּקֶת לִשְׁתּוֹת: This is an exaggeration, as the water does not affect her until she drinks the entire amount. This phrase is used to emphasize that the effect of the water occurs immediately afterward (Jerusalem Talmud).

A person is obligated to teach, etc. – חַיָּיב אָדָם לְלַמֵּד וכו׳: If a woman learns Torah and is later accused of being a *sota*, she will know that even if she survives the evaluation of the water despite her infidelity, it is not because the water is powerless but because of her merit. Although the knowledge that it is possible to survive the evaluation of the water could cause a woman to commit adultery, it is nevertheless preferable that they become aware of this possibility, as the lack of this knowledge is more likely to cause a lack of fear of the water, as rumors will be spread that the water is powerless (*Etz Yosef*).

Is teaching her promiscuity [*tiflut*] – לוֹמְדָהּ תִּפְלוּת: Rashi interprets the term *tiflut* as referring to promiscuous behavior, while the Rambam interprets the term as referring to idle nonsense (Rambam's Commentary on the Mishna). According to some versions of the text, the mishna reads: Anyone who teaches his daughter Torah is considered as though he taught her promiscuity. However, it is evident from the Gemara (21b) that this is not the actual text of the mishna; rather it is the Gemara's interpretation of the mishna (Meiri).

LANGUAGE

Promiscuity [*tiflut*] – תִּפְלוּת: The root *tav*, *peh*, *lamed* refers to that which is meaningless or worthless. This literal definition fits well according to the Rambam's interpretation that the term here is referring to idle nonsense. Alternatively, the term can be understood as a euphemism for words or acts of a sexual nature, whether adulterous, as in the statement of Rabbi Eliezer, or of a permitted nature, as in the statement of Rabbi Yehoshua. This interpretation is indicated by the fact that the term is contrasted with abstinence, both here and elsewhere, and might have been influenced by the similar root *tet*, *peh*, *lamed*, which denotes attachment and bonding, as in the attachment of a man and a woman.

BACKGROUND

An abstinent woman [*perusha*] – אִשָּׁה פְּרוּשָׁה: The mishna refers critically to women who are unwilling to accept a life of abstinence, yet at the same time it declares that an abstinent woman, as well those who injure themselves out of false abstinence, are among those who erode the world. The Gemara (22a–b) explains that the mishna's criticism pertains to individuals who are self-righteous, sanctimonious, and hypocritical. The terms *perusha* and *perushin* can be translated as those who engage in self-restraint, but they can also carry the negative connotation of separatists who reject community norms. The term *perushim*, sometimes rendered *perushin*, i.e., Pharisees, was also used by the opponents of rabbinic Judaism in reference to the rabbinic Sages, often in a derogatory sense. Its usage here appears to be an example of self-criticism on the part of the Sages with regard to the activities of some members of their community.

HALAKHA

If before the scroll was erased she said I will not drink, etc. – עַד שֶׁלֹּא נִמְחֲקָה הַמְּגִילָּה אָמְרָה אֵינִי שׁוֹתָה וכו׳: If the woman says: I will not drink, before the scroll is erased, then the scroll is sequestered, and it is not fit to give to another *sota* to drink. Her meal-offering is scattered over the place of the ashes. If she says: I will not drink, once the scroll has been erased, she is forced to drink against her will, and it is explained to her that if she is not defiled she will not be harmed by the water (Rambam *Sefer Nashim*, *Hilkhot Sota* 4:4–5).

She said: I am defiled – אָמְרָה ״טְמֵאָה אֲנִי״: If she says: I am defiled, even if the scroll has been erased, the water is poured out and her meal-offering is scattered in the place of the ashes (Rambam *Sefer Nashim*, *Hilkhot Sota* 4:6).

Her face turns green, etc. – פָּנֶיהָ מוֹרִיקוֹת וכו׳: If she is defiled, her face immediately turns green, her eyes bulge out, and her veins protrude, and the people standing in the Temple say: Remove her from the Temple courtyard, lest she begin menstruating and render the Temple courtyard impure (see 20b). She is then removed from the women's courtyard where she is standing (Rambam *Sefer Nashim*, *Hilkhot Sota* 3:16).

Anyone who teaches his daughter Torah – כָּל הַמְלַמֵּד בִּתּוֹ תּוֹרָה: A woman who studies Torah receives a reward, but her reward is not equal to that of a man because, unlike men, she is not commanded to learn. Despite the fact that women receive a reward if they study Torah, the Sages ruled that a man should not teach Torah to his daughter, since most women's minds are not attuned to learning and they render the words of the Torah into nonsense. Therefore, the Sages stated: Anyone who teaches his daughter Torah is considered as though he taught her foolishness.

This applies only with regard to the Oral Torah; however, with regard to the Written Torah, although one should not teach the Written Torah to one's daughter, it is not considered as though he taught her foolishness. The distinction between the Oral and Written Torah stems from the statement of Rabbi Elazar ben Azarya in tractate *Ḥagiga* (3a) that women are also required to participate in the mitzva of assembly, i.e., the obligation to assemble in the Temple on *Sukkot* in the year following the Sabbatical Year in order to hear the Written Torah being read publicly (*Baḥ*).

Some of the later authorities state that the above ruling does not apply to a woman who decides to study Torah on her own initiative, as by doing so she proves that she does not belong in the category of women who turn the Torah into nonsense (*Perisha*).

The Rema writes that women are certainly obligated to learn the *halakhot* that are applicable to them. The later authorities write that nowadays, when women study secular subjects, it is incumbent upon them to study Torah as well, and girls should be taught at least the entire Written Torah and the ethical teachings of tractate *Avot* (*Likkutei Halakhot*). Furthermore, some authorities state that women are required to study those parts of the Torah that deal with matters of faith, as women are obligated to believe in God and to love and fear Him (Rambam *Sefer HaMadda*, *Hilkhot Talmud Torah* 1:13; *Shulḥan Arukh*, *Yoreh De'a* 246:6).

People who erode the world – מְבַלֵּי עוֹלָם: If one gives all his money to charity or spends all his money on other mitzvot, he is not pious but foolish, and he is considered one of those who erode the world (Rambam *Sefer Hafla'a*, *Hilkhot Arakhin VaḤaramim* 8:13).

גמ׳ אָמַר רַב יְהוּדָה אָמַר שְׁמוּאֵל מִשּׁוּם רַבִּי מֵאִיר: כְּשֶׁהָיִיתִי לָמֵד תּוֹרָה אֵצֶל רַבִּי עֲקִיבָא, הָיִיתִי מַטִּיל קַנְקַנְתּוֹם לְתוֹךְ הַדְּיוֹ, וְלֹא אָמַר לִי דָּבָר. כְּשֶׁבָּאתִי אֵצֶל רַבִּי יִשְׁמָעֵאל, אָמַר לִי: בְּנִי, מַה מְּלַאכְתְּךָ? אָמַרְתִּי לוֹ: לַבְלָר אֲנִי. אָמַר לִי: בְּנִי, הֱוֵי זָהִיר, שֶׁמְּלַאכְתְּךָ מְלֶאכֶת שָׁמַיִם הִיא. שֶׁמָּא תַּחְסִיר אוֹת אַחַת אוֹ תַּתִּיר אוֹת אַחַת, נִמְצֵאתָ אַתָּה מַחֲרִיב אֶת כָּל הָעוֹלָם כֻּלּוֹ.

GEMARA **Rav Yehuda says that Shmuel says in the name of Rabbi Meir: When I was studying Torah before Rabbi Akiva,** as his disciple, **I used to put copper sulfate into the ink** with which I wrote Torah scrolls, **and he did not say anything to me** in protest. Afterward, **when I came** to learn Torah **before Rabbi Yishmael, he said to me: My son, what is your vocation? I said to him: I am a scribe** [*lavlar*][L] who writes Torah scrolls. **He said to me: My son, be careful** in your work, **as your work is the work of Heaven, lest you omit a single letter**[N] from the Torah scroll **or add a single letter,** and in this **you are found to be destroying the entire world** if the mistake alters the meaning of the verse and results in blasphemy.

אָמַרְתִּי לוֹ: דָּבָר אֶחָד יֵשׁ לִי שֶׁאֲנִי מַטִּיל לְתוֹךְ הַדְּיוֹ, וְקַנְקַנְתּוֹם שְׁמוֹ. אָמַר לִי: וְכִי מַטִּילִין קַנְקַנְתּוֹם לְתוֹךְ הַדְּיוֹ? הַתּוֹרָה אָמְרָה: ״וּמָחָה״, כְּתָב שֶׁיּוּכַל לִמָּחוֹת.

Rabbi Meir continues: **I said to** Rabbi Yishmael: **I have one substance that I put into the ink, and it is called copper sulfate,** which prevents the writing from being erased. **He said to me: And may copper sulfate be put into the ink?**[H] **The Torah** clearly **said** with regard to the scroll of the *sota*: "And the priest shall write these curses in a scroll, **and he shall blot** them out into the water of bitterness" (Numbers 5:23). This indicates that the Torah requires **writing that can be blotted out.**

מַאי קָאָמַר לֵיהּ וּמַאי קָא מַהֲדַר לֵיהּ?

Since Rabbi Meir's remark about copper sulfate seems unrelated to Rabbi Yishmael's previous statement, the Gemara asks: **What is** Rabbi Yishmael **saying to** Rabbi Meir, **and what is** Rabbi Meir **replying to** Rabbi Yishmael?

הָכִי קָאָמַר לֵיהּ: לָא מִבָּעֲיָא בַּחֲסֵירוֹת וִיתֵירוֹת דְּבָקִי אֲנָא, אֶלָּא אֲפִילּוּ לְמֵיחַשׁ לִזְבוּב, דְּדִילְמָא אָתֵי וְיָתֵיב אַתָּגֵיהּ דְּדָלֵי״ת וּמָחֵיק לֵיהּ וּמְשַׁוֵּי לֵיהּ רֵי״שׁ – דָּבָר אֶחָד יֵשׁ לִי שֶׁאֲנִי מַטִּיל לְתוֹךְ הַדְּיוֹ וְקַנְקַנְתּוֹם שְׁמוֹ.

The Gemara explains: **This is what** Rabbi Meir **is saying to him: It is not necessary** to say that I do not err **in omissions and additions, as I am an expert. Rather,** there is not **even** any reason **for concern with regard to a fly lest** it **come and sit on the protrusion of** the letter ***dalet* and erase it,** thereby **rendering it** the letter ***reish***, which could be a critical error.[N] There is no concern of this erasure occurring, since **I have a certain substance that I put into the ink** and that prevents the writing from being erased, **and it is called copper sulfate.**

אִינִי?! וְהָא תַּנְיָא, אָמַר רַבִּי מֵאִיר: כְּשֶׁהָיִיתִי לָמֵד תּוֹרָה אֵצֶל רַבִּי יִשְׁמָעֵאל, הָיִיתִי מַטִּיל קַנְקַנְתּוֹם לְתוֹךְ הַדְּיוֹ, וְלֹא אָמַר לִי דָּבָר. כְּשֶׁבָּאתִי אֵצֶל רַבִּי עֲקִיבָא אֲסָרָהּ עָלַי.

The Gemara questions the initial part of Rabbi Meir's statement: **Is that so? But isn't it taught** in a *baraita* that **Rabbi Meir said: When I was studying Torah before Rabbi Yishmael, I used to put copper sulfate into the ink** with which I wrote Torah scrolls, **and he did not say anything to me.** Afterward, **when I came** to learn Torah **with Rabbi Akiva, he prohibited me** from doing **so.**

קַשְׁיָא שִׁמּוּשׁ אַשִּׁמּוּשׁ, קַשְׁיָא אֲסָרָהּ אַאֲסָרָהּ!

The Gemara points out that there are two separate contradictions between the two statements: Rav Yehuda's statement with regard to Rabbi Meir first **serving** Rabbi Akiva as a disciple is **difficult,** as it is contradicted **by** the statement of the *baraita* with regard to his first **serving** Rabbi Yishmael. Furthermore, Rav Yehuda's statement is **difficult,** since he states that it was Rabbi Yishmael **who prohibited** the addition of copper sulfate, and this is contradicted **by** the statement of the *baraita* that it was Rabbi Akiva **who prohibited it.**

בִּשְׁלָמָא שִׁמּוּשׁ אַשִּׁמּוּשׁ לָא קַשְׁיָא. מֵעִיקָּרָא אֲתָא לְקַמֵּיהּ דְּרַבִּי עֲקִיבָא. כֵּיוָן דְּלָא מָצֵי קָם אַלִּיבֵּיהּ, אֲתָא לְקַמֵּיהּ דְּרַבִּי יִשְׁמָעֵאל וְגָמַר גְּמָרָא. הֲדַר אֲתָא לְקַמֵּיהּ דְּרַבִּי עֲקִיבָא סָבַר סְבָרָא.

The Gemara answers: **Granted,** the apparent contradiction between Rav Yehuda's statement with regard to Rabbi Meir's **serving** Rabbi Akiva first, and the statement of the *baraita* with regard to **serving** Rabbi Yishmael first, poses **no difficulty. Initially, he came before Rabbi Akiva** to study, but **since he could not comprehend his** extremely complicated **method** of learning, **he came before Rabbi Yishmael and learned** the oral **tradition** from him. Afterward, **he returned** and **came before Rabbi Akiva** and **studied** his method of logical **reasoning** in order to understand the reasons behind the *halakhot* he had already learned.

LANGUAGE

Scribe [*lavlar*] – לַבְלָר: This word is derived from the Latin librarius, which means scribe or writer, and refers to one whose profession is to write promissory notes or other documents.

NOTES

Lest you omit a single letter – שֶׁמָּא תַּחְסִיר אוֹת אַחַת: According to the Ritva, Rabbi Yishmael means that any letter omitted or added to the text of a Torah scroll invalidates it, even if it does not alter the meaning of the verse. However, most of the commentaries explain that the Gemara is referring to additional or missing letters that change the meaning of the text and transform the text into a blasphemous statement. Rashi provides some examples of this. For instance, with regard to the verse: "But the Lord God is the true God [*emet*]" (Jeremiah 10:10), if one omitted the first letter of the word *emet*, the word would become *met*, which means: He is dead.

Rendering it the letter *reish* which could be a critical error – וּמְשַׁוֵּי לֵיהּ רֵי״שׁ: For example, if when writing: "The Lord is one [*eḥad*]" (Deuteronomy 6:4), the *dalet* at the end of *eḥad* became a *reish*, it would read: The Lord is another [*aḥer*].

HALAKHA

Copper sulfate put into the ink – קַנְקַנְתּוֹם לְתוֹךְ הַדְּיוֹ: A Torah scroll, as well as phylacteries and *mezuzot*, must be written with ink prepared from the soot produced by burning oils and soaked in gallnut juice, as this ink is both durable and erasable. If one wrote with ink containing copper sulfate or similar substances that prevent the writing from being erased, the Torah scroll is valid, in accordance with the opinion of Rabbi Meir, provided that the ink is black (Rambam *Sefer Ahava, Hilkhot Tefillin UMezuza VeSefer Torah* 1:4; *Shulḥan Arukh Yoreh De'a* 271:6).

אֶלָּא אֲסָרָהּ אֲסָרָהּ קַשְׁיָא! קַשְׁיָא.

However, the contradiction between Rav Yehuda's statement that it was Rabbi Yishmael **who prohibited** the addition of copper sulfate and the statement of the *baraita* that it was Rabbi Akiva **who prohibited it** still poses a **difficulty.** The Gemara concludes: Indeed, the matter is **difficult.**

תַּנְיָא: רַבִּי יְהוּדָה אוֹמֵר, אוֹמֵר הָיָה רַבִּי מֵאִיר: לַכֹּל מַטִּילִין קַנְקַנְתּוֹם לְתוֹךְ הַדְּיוֹ,

It is taught in a *baraita*: **Rabbi Yehuda says** that **Rabbi Meir would say: Copper sulfate may be put into the ink** that is used **for all** sacred writings, i.e., Torah scrolls, phylacteries, and *mezuzot*,

Perek **III**
Daf **20** Amud **b**

חוּץ מִפָּרָשַׁת סוֹטָה בִּלְבַד. רַבִּי יַעֲקֹב אוֹמֵר מִשְּׁמוֹ: חוּץ מִפָּרָשַׁת סוֹטָה שֶׁל מִקְדָּשׁ. מַאי בֵּינַיְיהוּ? אָמַר רַבִּי יִרְמְיָה: לִמְחוֹק לָהּ מִן הַתּוֹרָה אִיכָּא בֵּינַיְיהוּ.

except for the ink used to write the Torah **passage about the** ***sota***, even when written in a Torah scroll. **Rabbi Ya'akov says in the name of** Rabbi Meir: It is **except for** the ink used to write the scroll with the ***sota*** **passage** used **in the Temple.**[H] The Gemara asks: **What is the** difference **between these** two opinions? The Gemara replies: **Rabbi Yirmeya says** that there is a difference **between them** with regard to whether it is permitted **to erase** the passage **for the** *sota* **from a Torah** scroll. According to Rabbi Yehuda, Rabbi Meir holds that this is permitted, and therefore the passage in the Torah scroll must be written with ink that does not contain copper sulfate, so that it can be erased. By contrast, according to Rabbi Ya'akov, Rabbi Meir holds that it is prohibited to erase the passage from a Torah scroll, and therefore the passage may be written with ink containing copper sulfate.

HALAKHA

Except for the ink used to write the scroll with the *sota* passage used in the Temple – חוּץ מִפָּרָשַׁת סוֹטָה שֶׁל מִקְדָּשׁ: The *sota* scroll is written with ink that does not contain copper sulfate and therefore can be erased (Rambam *Sefer Nashim, Hilkhot Sota* 3:8).

The scroll of one *sota* is not fit, etc. – אֵין מְגִילָּתָהּ כְּשֵׁירָה וכו׳: The *sota* scroll must be written for the sake of a specific *sota*. If it was not written for her sake, it is unfit for use. A scroll written for the sake of one woman is not fit for use in the evaluation of any other woman (Rambam *Sefer Nashim, Hilkhot Sota* 4:4).

וְהָנֵי תַּנָּאֵי כִּי הָנֵי תַּנָּאֵי; דְּתַנְיָא: אֵין מְגִילָּתָהּ כְּשֵׁירָה לְהַשְׁקוֹת בָּהּ סוֹטָה אַחֶרֶת. רַבִּי אַחַי בַּר יֹאשִׁיָּה אוֹמֵר: מְגִילָּתָהּ כְּשֵׁירָה לְהַשְׁקוֹת בָּהּ סוֹטָה אַחֶרֶת.

The Gemara assumes that according to Rabbi Ya'akov it is prohibited to erase the passage from a Torah scroll, since he holds that the scroll must be written for the sake of the *sota*, whereas Rabbi Yehuda, who permits this, holds that the scroll need not be written for the sake of the *sota*. **And** therefore, the opinions of **these** ***tanna'im*** **are parallel** to the opinions of **those** ***tanna'im***, **as it is taught** in a *baraita*: **The scroll** of one *sota* **is not fit**[H] to be used in the preparation of the water **to give to another** ***sota*** **to drink,** as it was not written for the sake of the other *sota*. **Rabbi Aḥai bar Yoshiya says: Her scroll is fit** to be used in the preparation of the water **to give** to **another** ***sota*** **to drink,** since it does not need to be written for the sake of the *sota*.

אָמַר רַב פַּפָּא: דִּילְמָא לָא הִיא. עַד כָּאן לָא קָאָמַר תַּנָּא קַמָּא הָתָם, אֶלָּא כֵּיוָן דְּאִינְתִּיק לְשׁוּם רָחֵל – לָא הָדְרָא מִינַּתְקָא לְשׁוּם לֵאָה, אֲבָל תּוֹרָה דִּסְתָמָא כְּתִיבָה, הָכִי נַמִּי דְּמָחֲקִינַן.

Rav Pappa said: **Perhaps** that **is not so,** and the two disputes are not comparable. It is possible that **the first** ***tanna*** of the *baraita* **states** that the scroll may not be used for another *sota* **only there,** in the case if a scroll written for a specific woman; **since it was** originally **designated in the name of** one woman, e.g., **Rachel, it cannot again be designated in the name of** another woman, e.g., **Leah. However,** in the case of **a Torah** scroll, **which is written without specifying** anyone, **indeed we may erase** the passage to prepare the water for a *sota* even though it was not written for her sake.

אָמַר רַב נַחְמָן בַּר יִצְחָק: דִּילְמָא לָא הִיא. עַד כָּאן לָא קָאָמַר רַבִּי אַחַי בַּר יֹאשִׁיָּה הָתָם, אֶלָּא בִּמְגִילָּה דְּאִיכְּתוּב לְשׁוּם אָלוֹת בָּעוֹלָם, אֲבָל תּוֹרָה דִּלְהִתְלַמֵּד כְּתִיבָה, הָכִי נַמִּי דְּלָא מָחֲקִינַן.

Rav Naḥman bar Yitzḥak said that the comparison between the two disputes can be refuted for a different reason: **Perhaps** that **is not so.** It is possible that **Rabbi Aḥai bar Yoshiya states** that the scroll may be used for another *sota* **only there, with regard to the scroll** written for a specific *sota*, **as it was written for the purpose of** the **curses** of a *sota* **in general. However,** in the case **of a Torah scroll, which is written to be learned** from, **indeed we may not erase** it for a *sota*, as it was not written for the sake of a *sota* at all.

וְרַבִּי אַחַי בַּר יֹאשִׁיָּה לֵית לֵיהּ: כָּתַב לְגָרֵשׁ אֶת אִשְׁתּוֹ וְנִמְלַךְ. מְצָאוֹ בֶּן עִירוֹ וְאָמַר לוֹ: שְׁמִי כְּשִׁמְךָ וְשֵׁם אִשְׁתִּי כְּשֵׁם אִשְׁתְּךָ – פָּסוּל לְגָרֵשׁ בּוֹ?

The Gemara asks: **And doesn't Rabbi Aḥai bar Yoshiya hold** in accordance with that which is taught in a mishna (*Gittin* 24a): With regard to one who **wrote** a bill of divorce with which **to divorce his wife**[H] **but** later **reconsidered** and did not divorce her, if **a resident of his city found him and said to him: My name** is the same **as your name, and my wife's name** is the same **as your wife's name;** give me the bill of divorce, and I will use it to divorce my wife, it **is unfit to divorce** the other woman **with it.** The reason for this is that it was written for the sake of another woman. Seemingly, the same principle should apply with regard to the scroll of a *sota*.

אָמְרִי: הָתָם "וְכָתַב לָהּ" אָמַר רַחֲמָנָא, בָּעֵינַן כְּתִיבָה לִשְׁמָהּ. הָכָא נַמִי "וְעָשָׂה לָהּ"! מַאי עֲשִׂיָּיה? מְחִיקָה.

The Sages **say** in response: **There,** with regard to a bill of divorce, **the Merciful One states: "And he shall write for her** a bill of divorce" (Deuteronomy 24:1). This teaches that **we require the writing** to be performed **for the sake of** the specific woman. However, no similar requirement is mentioned with regard to a *sota*. The Gemara asks: **Here, too,** with regard to the *sota*, the verse states: **"And** the priest shall **perform with her** all of this law" (Numbers 5:30), indicating that the ritual must be performed for the sake of the specific woman. The Gemara answers: **What** is the **performance** referred to in the verse? It is referring to the **erasure,**[N] whereas the writing need not be done for the sake of a specific woman.

"אֵינָהּ מַסְפֶּקֶת לִשְׁתּוֹת עַד שֶׁפָּנֶיהָ [כו']". מַנִּי? רַבִּי שִׁמְעוֹן הִיא, דְּאָמַר: מַקְרִיב אֶת מִנְחָתָהּ וְאַחַר כָּךְ מַשְׁקָהּ, דְּכַמָּה דְּלָא קָרְבָה מִנְחָתָהּ לָא בָּדְקִי לָהּ מַיָּא, דִּכְתִיב: "מִנְחַת זִכָּרוֹן מַזְכֶּרֶת עָוֹן".

§ The mishna states: When a guilty woman drinks **she does not manage to** finish **drinking before her face** turns green and her eyes bulge, and her skin becomes full of protruding veins. The Gemara asks: In accordance with **whose** opinion is this mishna, which indicates that the water evaluates her while she is still drinking? **It is** in accordance with the opinion of **Rabbi Shimon, who says:** The priest **sacrifices her meal-offering and afterward forces her to drink, because** according to the opinion of the Rabbis the meal-offering is sacrificed only after she drinks, and **as long as her meal-offering has not been sacrificed the water does not evaluate her, as it is written:** "And he shall bring her offering for her… for it is a meal-offering of jealousy, **a meal-offering of remembrance, a reminder of iniquity"** (Numbers 5:15).

אֵימָא סֵיפָא: יֵשׁ לָהּ זְכוּת הָיְתָה תּוֹלָה לָהּ. אֲתָאן לְרַבָּנַן, דְּאִי רַבִּי שִׁמְעוֹן, הָאֲמַר: אֵין זְכוּת תּוֹלָה בַּמַּיִם הַמָּרִים!

The Gemara asks: **Say the latter clause** of the mishna: If **she has merit, it delays** her punishment **for her. We arrive at** the opinion of **the Rabbis, as,** if this statement were in accordance with the opinion of **Rabbi Shimon, didn't he say: Merit does not delay** punishment **in** the case of **the bitter water** of a *sota*?

אֲמַר רַב חִסְדָּא: הָא מַנִּי? רַבִּי עֲקִיבָא הִיא, דְּאָמַר: מַקְרִיב אֶת מִנְחָתָהּ וְאַחַר כָּךְ מַשְׁקָהּ. וּבִזְכוּת – סָבַר לָהּ כְּרַבָּנַן.

Rav Ḥisda said: In accordance with **whose** opinion **is this** mishna? **It is** in accordance with the opinion of **Rabbi Akiva, who says:** The priest **sacrifices her meal-offering and afterward forces her to drink.** With regard to the order of the ritual he holds in accordance with Rabbi Shimon, **and with regard to** the matter of **merit** delaying punishment, **he holds in accordance with** the opinion of **the Rabbis.**

"וְהֵם אוֹמְרִים: הוֹצִיאוּהָ" וכו'. מַאי טַעְמָא? דְּדִילְמָא מֵתָה. לְמֵימְרָא, דְּמֵת אָסוּר בְּמַחֲנֵה לְוִיָּה?

§ The mishna states: **And** the people standing in the Temple **say: Remove her,** so that she does not render the Temple courtyard impure. The Gemara explains: **What is the reason** for this? It is **lest she die** there immediately and render the women's courtyard, where she drinks the water, impure. The Gemara asks: **Is this to say that a corpse is prohibited** from being **in** the women's courtyard, which has the same status as the **Levite camp**[B] in the desert?

HALAKHA

One who wrote a bill of divorce with which to divorce his wife, etc. – **כָּתַב לְגָרֵשׁ אֶת אִשְׁתּוֹ וכו׳:** If a bill of divorce was not written for the sake of the specific man and woman using the bill of divorce, it is not valid. Therefore, if one wrote a bill of divorce and then decided not to use it, then even if he later found a person from his city with the same name who is married to a woman of the same name, the second individual cannot use the bill of divorce (Rambam *Sefer Nashim, Hilkhot Geirushin* 3:1–2; *Shulḥan Arukh, Even HaEzer* 131:1–2).

NOTES

It is referring to the erasure – **מְחִיקָה:** The Rosh explains that although the *sota* passage need not be written for the sake of a specific woman, it does need to be written for the purpose of cursing, as the verse states: "And he shall write the curses" (Numbers 5:23). Therefore, the *sota* passage in the Torah scroll, which is written for study purposes, may not be used for a *sota* (*Tosefot HaRosh*).

BACKGROUND

In the Levite camp – **בְּמַחֲנֵה לְוִיָּה:** When the Jewish people were in the wilderness, the camp was arranged around the Tabernacle and divided into three areas. The first camp was that of the Divine Presence, which included the Tabernacle and its courtyard. The second camp was the Levite camp, whose tents surrounded the Tabernacle. Surrounding this was the Israelite camp, where the rest of the nation pitched their tents. Those who were impure were required to remain outside the first, the second, or the third camp, depending on the type of ritual impurity involved.

When the Temple was built in Jerusalem, a corresponding division was instituted. The Temple and its courtyard were equivalent to the camp of the Divine Presence, the Temple Mount was equivalent to the Levite camp, and the city of Jerusalem was equivalent to the Israelite camp. The women's courtyard was situated immediately outside the entrance to the Temple courtyard, and by Torah law its sanctity was equivalent to that of the Temple Mount. However, the Sages ordained that the sanctity of the women's courtyard would be greater than that of the Temple Mount.

וְהָתַנְיָא: טְמֵא מֵת מוּתָּר לִיכָּנֵס לְמַחֲנֵה לְוִיָּה. וְלֹא טְמֵא מֵת בִּלְבַד אָמְרוּ – אֶלָּא אֲפִילּוּ מֵת עַצְמוֹ, שֶׁנֶּאֱמַר: ״וַיִּקַּח מֹשֶׁה אֶת עַצְמוֹת יוֹסֵף עִמּוֹ״, עִמּוֹ בִּמְחִיצָתוֹ!

But isn't it taught in a *baraita*: **One who is ritually impure** with impurity imparted by **a corpse is permitted to enter**[N] **the Levite camp.**[H] **And the** Sages **said** this **not only** with regard to **one who is ritually impure** with impurity imparted by **a corpse; rather, even a corpse itself** may be brought into the Levite camp, **as it is stated: "And Moses took the bones of Joseph with him"** (Exodus 13:19), which is interpreted to mean: **With him, in his vicinity,** even though Moses was in the Levite camp.

אָמַר אַבַּיֵּי: שֶׁמָּא תִּפְרוֹס נִדָּה. לְמֵימְרָא, דִּבְעִיתוּתָא מְרַפְּיָא? אִין, דִּכְתִיב: ״וַתִּתְחַלְחַל הַמַּלְכָּה מְאֹד״, וְאָמַר רַב: שֶׁפֵּירְסָה נִדָּה. וְהָא אֲנַן תְּנַן: חֲרָדָה מְסַלֶּקֶת דָּמִים! פַּחְדָּא צָמֵית, בִּיעֲתוּתָא מְרַפְּיָא.

Abaye said: The woman is removed not due to a concern that she will die there but **lest** the fear of the water cause her to **begin to menstruate,** and it is prohibited for a menstruating woman to enter the Levite camp. The Gemara asks: **Is this to say that fear causes** muscular **relaxation** and menstrual bleeding?[B] The Gemara responds: **Yes, as it is written: "And the Queen was exceedingly pained"** (Esther 4:4), **and Rav says:** This means that **she began to menstruate.** The Gemara asks: **But didn't we learn** in a mishna (*Nidda* 39a) that **trepidation eliminates** the flow of menstrual **blood?** Presumably, the *sota* experiences trepidation. The Gemara answers: **Trepidation** generated by extended worry **contracts** the muscles and prevents the blood from flowing, but sudden **fear relaxes** the muscles and causes the blood to flow.

״יֵשׁ לָהּ זְכוּת הָיְתָה״ וכו׳. מַנִּי מַתְנִיתִין? לָא אַבָּא יוֹסֵי בֶּן חָנָן, וְלָא רַבִּי אֶלְעָזָר בֶּן יִצְחָק אִישׁ כְּפַר דָּרוֹם, וְלָא רַבִּי יִשְׁמָעֵאל!

§ The mishna states: **If she has merit, it** delays punishment…for one year…for two years…for three years. The Gemara asks: **Whose** opinion is expressed in **the mishna?** It is **not** the opinion of **Abba Yosei ben Ḥanan, and not** the opinion of **Rabbi Elazar ben Yitzḥak of Kefar Darom, and not** the opinion of **Rabbi Yishmael.**

דְּתַנְיָא: אִם יֵשׁ לָהּ זְכוּת תּוֹלָה לָהּ שְׁלֹשָׁה חֳדָשִׁים, כְּדֵי הַכָּרַת הָעוּבָּר, דִּבְרֵי אַבָּא יוֹסֵי בֶּן חָנָן. רַבִּי אֶלְעָזָר בֶּן יִצְחָק אִישׁ כְּפַר דָּרוֹם אוֹמֵר: תִּשְׁעָה חֳדָשִׁים, שֶׁנֶּאֱמַר: ״וְנִקְּתָה וְנִזְרְעָה זָרַע״, וּלְהַלָּן הוּא אוֹמֵר: ״זֶרַע יַעַבְדֶנּוּ יְסֻפַּר״, זֶרַע הָרָאוּי לְסַפֵּר.

This is **as it is taught** in a *baraita*: **If she has merit, it delays** punishment **for her** for **three months, equivalent** to the time necessary **to recognize the fetus;** this is **the statement of Abba Yosei ben Ḥanan.**[N] **Rabbi Elazar ben Yitzḥak of Kefar Darom says:** Merit delays punishment for **nine months, as it is stated: "Then she shall be cleared, and shall conceive seed"** (Numbers 5:28). It is possible to infer from this that if she has merit she will be cleared temporarily, for the length of time required to conceive a child, **and there,** in Psalms, **it says: "A seed shall serve him; it shall be told** of the Lord unto the next generation" (Psalms 22:31). This indicates that the **seed** must **be fit to tell** of the Lord once it matures, and a child can live only if it is born after the culmination of nine months in the womb.

רַבִּי יִשְׁמָעֵאל אוֹמֵר: שְׁנֵים עָשָׂר חֹדֶשׁ. וְאַף עַל פִּי שֶׁאֵין רְאָיָה לַדָּבָר – זֵכֶר לַדָּבָר, דִּכְתִיב: ״לָהֵן מַלְכָּא מִלְכִּי יִשְׁפַּר עֲלָךְ וַחֲטָיָךְ בְּצִדְקָה פְרֻק וַעֲוָיָתָךְ בְּמִחַן עֲנָיִן

Rabbi Yishmael says: Merit delays punishment for **twelve months. And although there is no** explicit **proof for the concept** of merit delaying punishment for twelve months, there is **an allusion to the concept, as it is written** that Daniel said to Nebuchadnezzar after interpreting Nebuchadnezzar's dream concerning the evil which would befall him: **"Therefore, O king, let my counsel be acceptable to you, and redeem your sins with charity, and your iniquities by showing mercy to the poor;**

NOTES

One who is ritually impure with impurity imparted by a corpse is permitted to enter, etc. – טְמֵא מֵת מוּתָּר לְהִכָּנֵס וכו׳: The early commentaries raise a difficulty: A mishna (*Kelim* 1:8) states that one who contracted impurity imparted by a corpse may not enter even the rampart, which was situated beyond the women's courtyard. This contradicts the Gemara's statement here that even a corpse may reside in the women's courtyard. They answer that the prohibition cited in tractate *Kelim* is a rabbinic prohibition, whereas the Gemara here is referring to Torah law.

The commentaries ask: Why does the Gemara conclude that the *sota* is removed lest she begin to menstruate? Perhaps she is removed due to the rabbinic prohibition against a corpse being present in the women's courtyard. Some explain that the rabbinic prohibition prohibits an impure person only from entering the sanctified areas, but if one is rendered impure with impurity imparted by a corpse within the rampart, he is not obligated to leave (*Tosefot HaRash*). Similarly, the Meiri cites *Tosafot*, who explain that the Sages prohibited one from entering the rampart and the women's courtyard while impure lest one continue beyond the permitted area. However, the *sota* clearly has no intention of entering further, as she likely wishes to leave as quickly as possible, and therefore the rabbinic prohibition does not apply to her. The Meiri also cites an alternative answer in the name of *Tosafot*: If the *sota* were removed due to this rabbinic prohibition, she would not be removed until she showed signs of dying.

Equivalent to the time necessary to recognize the fetus; this is the statement of Abba Yosei ben Ḥanan – כְּדֵי הַכָּרַת הָעוּבָּר, דִּבְרֵי אַבָּא יוֹסֵי בֶּן חָנָן: Rashi explains that Abba Yosei also bases his opinion on the verse cited below by Rabbi Elazar ben Yitzḥak: "Then she shall be cleared, and shall conceive seed" (Numbers 5:28). Abba Yosei infers from the verse that if she has merit she will be cleared temporarily, for the length of time required to visibly conceive seed.

HALAKHA

One who is ritually impure with impurity imparted by a corpse is permitted to enter the Levite camp – טְמֵא מֵת מוּתָּר לִיכָּנֵס לְמַחֲנֵה לְוִיָּה: The Temple Mount has a status equivalent to the Levite camp in the desert, and entry to it is prohibited for anyone who is ritually impure due to a bodily secretion, e.g., a *zav* or a *zava*. However, a corpse may be brought onto the Temple Mount, and certainly one who is ritually impure due to contact with a corpse may enter (Rambam *Sefer Avoda*, *Hilkhot Beit HaBeḥira* 7:15).

BACKGROUND

Fear causes muscular relaxation and menstrual bleeding – חֲרָדָה מְסַלֶּקֶת דָּמִים: The menstrual cycle is dependent on hormonal activity, which is heavily impacted by one's mind-set. Extreme emotional stress, e.g., a continuous state of fear, can prevent a woman from menstruating for a lengthy period of time. On the other hand, sudden fear and other strong emotions can lead to a flow of menstrual blood, even at an abnormal time in the menstrual cycle.

HALAKHA

One who is not commanded to do so and performs a mitzva – אֵינָהּ מְצֻוָּה וְעוֹשָׂה: A woman is not commanded to learn Torah. However, if she does learn Torah, she is rewarded as one who performs a mitzva in which one is not obligated (Rambam *Sefer HaMadda, Hilkhot Talmud Torah* 1:1, 13; *Shulḥan Arukh, Yoreh De'a* 246:6).

NOTES

This is referring to the time of death – זוֹ מִיתָה: Some commentaries explain that the Torah one learns protects one from a painful death. Others explain that it protects one from punishment in the grave. The Meiri explains that the Torah watches over one's soul in heaven between death and the time to come after the resurrection of the dead.

Of the thorns and of the pits, etc. – מִן הַקּוֹצִים וּמִן הַפְּחָתִים וכו׳: These represent three types of spiritual dangers that one encounters during one's lifetime. Thorns, pits, and thistles are obstacles one encounters while walking; they allude to worldly temptations that do not entice one unless one engages in them of his own accord. Thieves and wild animals represent dangers that creep up on a person; they allude to wicked individuals who might persuade one to follow evil paths. The third danger, losing one's way, alludes to the fundamental question of whether one is following the right path in life (Rabbi David Luria).

הֵן תֶּהֱוֵי אַרְכָא לִשְׁלֵוְתָךְ", וּכְתִיב: "כֹּלָּא מְטָא עַל נְבוּכַדְנֶצַּר מַלְכָּא", וּכְתִיב: "לִקְצָת יַרְחִין תְּרֵי עֲשַׂר"!

and then there shall be an extension to your tranquility" (Daniel 4:24). **And it is written: "All this came upon King Nebuchadnezzar"** (Daniel 4:25), **and it is written** in the following verse that this occurred: **"At the end of twelve months"** (Daniel 4:26). None of the opinions in the *baraita* are in accordance with the mishna's statement that merit can delay punishment for up to three years.

לְעוֹלָם רַבִּי יִשְׁמָעֵאל, וְאַשְׁכַּח קְרָא דְּאָמַר וְתָנֵי, דִּכְתִיב: "כֹּה אָמַר ה׳ עַל שְׁלֹשָׁה פִּשְׁעֵי אֱדוֹם".

The Gemara answers: **Actually,** the mishna is in accordance with the opinion of **Rabbi Yishmael,** who states that merit delays punishment for one year, **and he found a verse which states and repeats** the possibility that punishment can be delayed, indicating that merit can delay punishment up to three times, **as it is written: "Thus says the Lord: For three transgressions of Edom,** yes, but for four, I will not reverse it" (Amos 1:11). Punishment can therefore be delayed for three consecutive periods of one year.

וּמַאי אַף עַל פִּי שֶׁאֵין רְאָיָה לַדָּבָר זֵכֶר לַדָּבָר? דִּלְמָא שָׁאנֵי גּוֹיִם, דְּלָא מְפַקֵּיד דִּינָא עֲלַיְיהוּ.

The Gemara asks: **And what** does Rabbi Yishmael mean by stating: **Although there is no** explicit **proof for the concept** of merit delaying punishment for twelve months, there is **an allusion to the concept?** The verses he cites state explicitly that punishment can be delayed for twelve months. The Gemara answers: The proof is not explicit, as **perhaps gentiles are different, as** swift **judgment is not administered upon them** as readily as it is upon the Jewish people, with whom God is more precise in executing judgment.

"וְיֵשׁ זְכוּת תּוֹלָה שָׁלֹשׁ שָׁנִים" כו׳. זְכוּת דְּמַאי? אִילֵימָא זְכוּת דְּתוֹרָה – הָא אֵינָהּ מְצֻוָּה וְעוֹשָׂה הִיא! אֶלָּא זְכוּת דְּמִצְוָה,

§ The mishna states: **And there is a merit** that **delays** punishment for **three years.** The Gemara asks: **Which merit** can delay the punishment of a *sota*? **If we say** it is the **merit of** the **Torah** that she has studied; **but** a woman who studies Torah **is** one who is **not commanded** to do so **and performs** a mitzva,[H] whose reward is less than that of one who is obligated? Therefore, it would be insufficient to suspend her punishment. **Rather,** perhaps it is the **merit of a mitzva** that she performed.

זְכוּת דְּמִצְוָה מִי מַגְנָא כּוּלֵּי הַאי? וְהָתַנְיָא, אֶת זוֹ דָּרַשׁ רַבִּי מְנַחֵם בַּר יוֹסֵי: "כִּי נֵר מִצְוָה וְתוֹרָה אוֹר" – תָּלָה הַכָּתוּב אֶת הַמִּצְוָה בְּנֵר וְאֶת הַתּוֹרָה בְּאוֹר. אֶת הַמִּצְוָה בְּנֵר, לוֹמַר לָךְ: מָה נֵר אֵינָהּ מְגִינָּה אֶלָּא לְפִי שָׁעָה, אַף מִצְוָה אֵינָהּ מְגִינָּה אֶלָּא לְפִי שָׁעָה.

The Gemara asks: **Does** the **merit of a mitzva protect** one **so much** as to delay her punishment? **But isn't it taught** in a *baraita*: **Rabbi Menaḥem bar Yosei interpreted this** verse **homiletically: "For the mitzva is a lamp and the Torah is light"** (Proverbs 6:23). **The verse associates the mitzva with a lamp and the Torah with** the **light** of the sun. **The mitzva** is associated **with a lamp** in order **to say to you: Just as a lamp does not protect** one by its light extensively but **only temporarily,** while the lamp is in one's hand, **so too, a mitzva protects** one **only temporarily,** i.e., while one is performing the mitzva.

וְאֶת הַתּוֹרָה בְּאוֹר, לוֹמַר לָךְ: מָה אוֹר מֵגֵין לְעוֹלָם, אַף תּוֹרָה מְגִינָּה לְעוֹלָם. וְאוֹמֵר: "בְּהִתְהַלֶּכְךָ תַּנְחֶה אֹתָךְ" וגו׳. "בְּהִתְהַלֶּכְךָ תַּנְחֶה אֹתָךְ" – זֶה הָעוֹלָם הַזֶּה; "בְּשָׁכְבְּךָ תִּשְׁמוֹר עָלֶיךָ" – זוֹ מִיתָה; "וַהֲקִיצוֹתָ הִיא תְשִׂיחֶךָ" – לֶעָתִיד לָבֹא.

And the Torah is associated **with light** in order **to say to you: Just as** the **light** of the sun **protects** one **forever, so too,** the **Torah** one studies **protects** one **forever; and it states** in the previous verse with regard to the Torah: **"When you walk, it shall lead you;** when you lie down, it shall watch over you; and when you awake, it shall talk with you" (Proverbs 6:22). The Gemara explains: **"When you walk, it shall lead you"; this is** referring to when one is in **this world. "When you lie down, it shall watch over you"; this is** referring to the time of **death,**[N] when one lies in his grave. **"And when you awake, it shall talk with you";** this is referring **to the time to come** after the resurrection of the dead. The Torah that one studies protects and guides him both in this world and in the next world.

מָשָׁל לְאָדָם שֶׁהָיָה מְהַלֵּךְ בְּאִישׁוֹן לַיְלָה וַאֲפֵילָה, וּמִתְיָירֵא מִן הַקּוֹצִים וּמִן הַפְּחָתִים וּמִן הַבַּרְקָנִים וּמֵחַיָּה רָעָה וּמִן הַלִּסְטִין, וְאֵינוֹ יוֹדֵעַ בְּאֵיזֶה דֶּרֶךְ מְהַלֵּךְ.

This can be illustrated by **a parable,** as it is comparable **to a man who is walking in the blackness of night and the darkness, and he is afraid of the thorns, and of the pits,**[N] **and of the thistles,** which he cannot see due to the darkness. **And** he is also afraid **of the wild animals and of the bandits** that lurk at night, **and he does not know which way he is walking.**

נִזְדַּמְּנָה לוֹ אֲבוּקָה שֶׁל אוֹר, נִיצַּל מִן הַקּוֹצִים וּמִן הַפְּחָתִים וּמִן הַבַּרְקָנִים, וַעֲדַיִין מִתְיָירֵא מֵחַיָּה רָעָה וּמִן הַלִּיסְטִין וְאֵינוֹ יוֹדֵעַ בְּאֵיזֶה דֶּרֶךְ מְהַלֵּךְ. כֵּיוָן שֶׁעָלָה עַמּוּד הַשַּׁחַר נִיצַּל מֵחַיָּה רָעָה וּמִן הַלִּיסְטִין, וַעֲדַיִין אֵינוֹ יוֹדֵעַ בְּאֵיזֶה דֶּרֶךְ מְהַלֵּךְ. הִגִּיעַ לְפָרָשַׁת דְּרָכִים נִיצַּל מִכּוּלָּם.

If a **torch of fire comes his way,** which is analogous to a mitzva, **he is safe from the thorns and from the pits and from the thistles, but he is still afraid of** the **wild animals and of the bandits,** and still **does not know which way he is walking. Once the light of dawn rises,** which is analogous to Torah study, **he is safe from** the **wild animals and from the bandits,** which no longer roam the roads, **but he still does not know which way he is walking.** If **he arrives at a crossroads** and recognizes the way, **he is saved from all of them.**

דָּבָר אַחֵר: עֲבֵירָה מְכַבָּה מִצְוָה, וְאֵין עֲבֵירָה מְכַבָּה תּוֹרָה, שֶׁנֶּאֱמַר: ״מַיִם רַבִּים לֹא יוּכְלוּ לְכַבּוֹת אֶת הָאַהֲבָה״!

Alternatively, the verse associates the mitzva with a lamp and the Torah with the light of the sun in order to teach that **a transgression extinguishes** the merit of **a mitzva**[N] one performed, **but a transgression does not extinguish** the merit of the **Torah** one studied, **as it is stated: "Many waters cannot extinguish the love,** neither can the floods drown it" (Song of Songs 8:7). The Torah is compared to love several times in the Song of Songs. One can conclude from the *baraita* that the merit of performing a mitzva is insufficient to suspend punishment.

אָמַר רַב יוֹסֵף: מִצְוָה, בְּעִידָּנָא דְּעָסֵיק בַּהּ – מַגְנָא וּמַצְּלָא; בְּעִידָּנָא דְּלָא עָסֵיק בַּהּ – אַגּוֹנֵי מַגְנָא, אַצּוֹלֵי לָא מַצְּלָא. תּוֹרָה, בֵּין בְּעִידָּנָא דְּעָסֵיק בַּהּ וּבֵין בְּעִידָּנָא דְּלָא עָסֵיק בַּהּ – מַגְנָא וּמַצְּלָא.

Rav Yosef said that with regard to **a mitzva, at the time when one is engaged in its** performance it **protects** one from misfortune **and saves** one from the evil inclination; **at the time when one is not engaged in its** performance, it **protects** one from misfortune but it **does not save** one from the evil inclination. With regard to **Torah** study, **both at the time when one is engaged in it and at the time when one is not engaged in it,** it **protects** one from misfortune **and saves** one from the evil inclination. Therefore, the merit of the woman's mitzvot does protect her from misfortune and delay her punishment.

מַתְקִיף לַהּ רַבָּה: אֶלָּא מֵעַתָּה, דּוֹאֵג וַאֲחִיתוֹפֶל מִי לָא עֲסָקֵי בַּתּוֹרָה? אַמַּאי לָא הֲגִינָּה עֲלַיְיהוּ? אֶלָּא אָמַר רָבָא: תּוֹרָה, בְּעִידָּנָא דְּעָסֵיק בַּהּ – מַגְנָא וּמַצְּלָא, בְּעִידָּנָא דְּלָא עָסֵיק בַּהּ – אַגּוֹנֵי מַגְנָא, אַצּוֹלֵי לָא מַצְּלָא. מִצְוָה, בֵּין בְּעִידָּנָא דְּעָסֵיק בַּהּ בֵּין בְּעִידָּנָא דְּלָא עָסֵיק בַּהּ – אַגּוֹנֵי מַגְנָא, אַצּוֹלֵי לָא מַצְּלָא.

Rabba objects to this explanation: **If that is so,** then with regard to **Doeg** (see I Samuel, chapters 21–22) **and Ahithophel** (see II Samuel, chapter 16), who were both wise scholars despite their wickedness, **did they not engage in the** study of **Torah?**[N] **Why did** it **not protect them** from sinning? **Rather, Rava said:** With regard to **Torah** study, **at the time when one is engaged in it, it protects and saves; at the time when one is not engaged in it, it protects** one from misfortune but **it does not save** one from the evil inclination. With regard to **a mitzva, both at the time when one is engaged in its** performance **and at the time when one is not engaged in its** performance, **it protects** one from misfortune but it **does not save** one from the evil inclination.

רָבִינָא אָמַר: לְעוֹלָם זְכוּת תּוֹרָה, וּדְקָאָמְרַתְּ אֵינָהּ מְצוּוָּה וְעוֹשָׂה, נְהִי דִּפְקוּדֵי לָא מִפַּקְדָא, בְּאַגְרָא דְּמַקְרְיָין וּמַתְנְיָין בְּנַיְיהוּ וְנָטְרָן לְהוּ לְגַבְרַיְיהוּ עַד דְּאָתוּ מִבֵּי מִדְרְשָׁא, מִי לָא פַּלְגָאן בַּהֲדַיְיהוּ?

Ravina said: Actually, the merit that delays the punishment of the *sota* is the **merit of Torah** study, **and** with regard to that **which you say,** i.e., that **she is not commanded** to do so **and performs** a mitzva, the mishna is not referring to the merit of her own Torah study. **Granted, she is not commanded** to study Torah herself;[H] however, **in reward for causing their sons to read** the Written Torah **and to learn** the Mishna,[N] **and for waiting for their husbands until they come** home **from the study hall, don't they share** the reward **with their** sons and husbands? Therefore, if the *sota* enabled her sons and husband to study Torah, the merit of their Torah study can protect her and delay her punishment.

מַאי פָּרָשַׁת דְּרָכִים? אָמַר רַב חִסְדָּא: זֶה תַּלְמִיד חָכָם וְיוֹם מִיתָה. רַב נַחְמָן בַּר יִצְחָק אָמַר: זֶה תַּלְמִיד חָכָם וְיִרְאַת חֵטְא. מָר זוּטְרָא אָמַר: זֶה תַּלְמִיד חָכָם דְּסַלְקָא לֵיהּ שְׁמַעְתְּתָא אַלִּיבָּא דְּהִלְכְתָא.

With regard to the aforementioned parable, the Gemara asks: **What is the meaning of the crossroads,** which provide clarity? **Rav Ḥisda says: This is** referring to **a Torah scholar and** his **day of death.** Due to his continued commitment to the Torah, when the time comes for him to die, it is clear to him that he will go to the place of his eternal reward. **Rav Naḥman bar Yitzḥak says: This is a Torah scholar** who has also acquired **fear of sin,** as his fear of sin guides him to the correct understanding of the Torah. **Mar Zutra says: This is a Torah scholar who reaches** conclusions from **his discussion in accordance with the *halakha*,** as that is an indication that he is following the right path.

NOTES

A transgression extinguishes the merit of a mitzva – עֲבֵירָה מְכַבָּה מִצְוָה: This does not mean that one's mitzvot are offset by one's transgressions, as the reward for one's mitzvot always remains. Rather, it means that one's mitzvot will not be sufficient to protect one from punishment, due to the punishment one deserves for his transgressions (Meiri).

Doeg and Ahithophel, did they not engage in the study of Torah – דּוֹאֵג וַאֲחִיתוֹפֶל מִי לָא עֲסָקֵי בַּתּוֹרָה: Ahithophel's wisdom is mentioned explicitly in the Bible, while the description of Doeg as: "The chief of the herdsman of Saul" (I Samuel 21:8), is interpreted by the Sages as referring to the fact that he was head of the Sanhedrin. The Gemara (*Sanhedrin* 106b) describes his vast wisdom and Torah knowledge. Although the Gemara concludes that Torah study protects one from misfortune even when one is not engaged in it, the Maharsha explains that Doeg and Ahithophel were not saved from an untimely death, as the Torah protects one only from suffering but not from death. Some commentaries add that the merit of their Torah study did not extend their life, as an early death is beneficial to the wicked because it saves them from further sin (*Torat HaKenaot*).

Causing their sons to read the Written Torah and to learn the Mishna – דְּמַקְרְיָין וּמַתְנְיָין בְּנַיְיהוּ: The Gemara refers to the mothers causing their sons to study Torah and Mishna, but not to studying Talmud. The reason for this is that when the children are young, it is the mother who persuades and entices them to go and study even when they are reluctant to go. However, once they are older and reach the age of studying Talmud, it is the father who generally uses his authority to ensure that they continue learning (*Iyyun Ya'akov*).

HALAKHA

Granted, she is not commanded to study Torah herself, etc. – נְהִי דִּפְקוּדֵי לָא מִפַּקְדָא וכו׳: If a *sota* has the merit of Torah study, even though she is not commanded to study, this merit delays her punishment and she does not die immediately. The *Arukh HaShulḥan* explains that the Rambam is referring to the merit of Torah that she acquired by assisting her sons and her husband to study, as explained by Ravina (Rambam *Sefer Nashim, Hilkhot Sota* 3:20; *Arukh HaShulḥan, Even HaEzer* 178:66).

דָּבָר אַחֵר: עֲבֵירָה מְכַבָּה מִצְוָה, וְאֵין עֲבֵירָה מְכַבָּה תּוֹרָה. אָמַר רַב יוֹסֵף: דְּרָשֵׁיהּ רַבִּי מְנַחֵם בַּר יוֹסֵי לְהַאי קְרָא כְּסִינַי, וְאִילְמָלֵא דְּרָשׁוּהָ דּוֹאֵג וַאֲחִיתוֹפֶל הָכִי, לָא רָדְפוּ בָּתַר דָּוִד, דִּכְתִיב: ״לֵאמֹר אֱלֹהִים עֲזָבוֹ״ וגו׳.

The *baraita* states: **Alternatively: A transgression extinguishes** the merit of **a mitzva, but a transgression does not extinguish** the merit of the **Torah. Rav Yosef says: Rabbi Menaḥem bar Yosei interpreted this verse as** it was given on Mount **Sinai, and had Doeg and Ahithophel only interpreted it in this way they would not have pursued David,**[N] **as it is written:** "For my enemies speak concerning **me… saying, God has forsaken him;** pursue and take him, for there is none to deliver" (Psalms 71:10–11). Doeg and Ahithophel incorrectly thought that since David had sinned, his sins had extinguished his merits and God had forsaken him.

מַאי דְּרוּשׁ? ״וְלֹא יִרְאֶה בְךָ עֶרְוַת דָּבָר״ וגו׳, וְהֵן אֵינָן יוֹדְעִין, שֶׁעֲבֵירָה מְכַבָּה מִצְוָה וְאֵין עֲבֵירָה מְכַבָּה תּוֹרָה.

The Gemara asks: **What** verse **did** Doeg and Ahithophel **interpret** incorrectly, causing them to err? They interpreted this verse: "For the Lord your God walks in the midst of your camp… to give up your enemies before you… **that He see no licentious matter in you,** and turn away from you" (Deuteronomy 23:15), to indicate that God turns away from one who engaged in forbidden relations, and since David had sinned with Bathsheba God must have turned away from him. **But they did not know that a transgression extinguishes** the merit of **a mitzva, but a transgression does not extinguish** the merit of the **Torah.**

מַאי ״בּוֹז יָבוּזוּ לוֹ״? אָמַר עוּלָּא: לֹא כְּשִׁמְעוֹן אֲחִי עֲזַרְיָה, וְלֹא כְּרַבִּי יוֹחָנָן דְּבֵי נְשִׂיאָה,

The Gemara interprets the continuation of the verse cited by the *baraita* with regard to Torah study: **What** is the meaning of: "Many waters cannot extinguish the love… if a man would give all the fortune of his house for love, **he would utterly be condemned**" (Song of Songs 8:7)? The Torah is compared to love several times in the Song of Songs. Therefore, the verse indicates that one cannot acquire a share in the reward for Torah study with money. **Ulla says:** The verse is **not** speaking of individuals **like Shimon, brother of Azarya,**[P] whose brother Azarya supported him and enabled him to study Torah. **And** it is **not** speaking of individuals **like Rabbi Yoḥanan of the house of the *Nasi*,**[P] whom the *Nasi* supported so that he could study Torah.

אֶלָּא כְּהִלֵּל וְשֶׁבְנָא. דְּכִי אֲתָא רַב דִּימִי אֲמַר: הִלֵּל וְשֶׁבְנָא אַחֵי הָווּ. הִלֵּל עָסַק בַּתּוֹרָה, שֶׁבְנָא עֲבַד עִיסְקָא. לְסוֹף אֲמַר לֵיהּ: תָּא נַעֲרוֹב וְלִיפְלוֹג. יָצְתָה בַּת קוֹל וְאָמְרָה: ״אִם יִתֵּן אִישׁ אֶת כָּל הוֹן בֵּיתוֹ״ וגו׳.

Rather, it is speaking of individuals **like Hillel and Shevna,**[N] **as when Rav Dimi came**[B] to Babylonia **he said: Hillel and Shevna were brothers; Hillel engaged in Torah** study and remained impoverished, whereas **Shevna entered into a** business **venture** and became wealthy. **In the end,** Shevna **said to** Hillel: **Come, let us join** our wealth **together and divide** it between us; I will give you half of my money and you will give me half of the reward for your Torah study. In response to this request **a Divine Voice issued forth and said: "If a man would give all the fortune of his house**[N] for love, he would utterly be condemned" (Song of Songs 8:7).

BACKGROUND

When Rav Dimi came – כִּי אֲתָא רַב דִּימִי: Rav Dimi was one of the Sages of Eretz Yisrael who would often travel to Babylonia, primarily in order to transmit the Torah learned in the study halls of Eretz Yisrael to the Torah centers of the Diaspora, although occasionally he traveled on business as well. Many questions, particularly those concerning the opinions of the Sages of Eretz Yisrael, remained unresolved in Babylonia until one of these messengers from Eretz Yisrael arrived and elucidated the *halakha*, explained a novel expression, or clarified the unique circumstances pertaining to a particular statement.

NOTES

They would not have pursued David – לָא רָדְפוּ בָּתַר דָּוִד: The Rosh notes that actually, the Gemara's statement applies only to Ahithophel. Doeg's name should not appear here, since according to the Gemara elsewhere, Doeg was no longer alive at the time that the incident involving David and Bathsheba occurred. Ahithophel was still alive at the time, and in fact Bathsheba was his granddaughter (*Tosefot HaRosh*).

Shevna – שֶׁבְנָא: *Tosefot HaRash* cites Rabbeinu Tam, who says that the name here should actually read: Shekhna, as the Shevna mentioned in the Bible was wicked, and it is improper to name one's child after a wicked person. Others disagree, noting that there were two individuals by the name of Shevna, and one of them was not wicked. Therefore, the name may be used in naming the child after the other Shevna.

If a man would give all the fortune of his house – אִם יִתֵּן אִישׁ אֶת כָּל הוֹן בֵּיתוֹ: The Gemara distinguishes between one who financially assists another to learn Torah, and one who wishes to acquire the reward for the Torah that another already studied under difficult financial conditions. One who assists another to learn does share in the merit of his Torah study; by contrast, after one has already learned Torah without assistance, his merit cannot be bought, and even entertaining the thought that it could be bought is worthy of condemnation (*Iyyun Ya'akov*).

PERSONALITIES

Shimon brother of Azarya – שִׁמְעוֹן אֲחִי עֲזַרְיָה: Shimon, brother of Azarya, was a *tanna* who lived at the time of the destruction of the Temple, and he is mentioned several times in the Mishna. According to the Rambam, the Azariah mentioned here was the father of Rabbi Elazar ben Azarya. Azarya was a Torah scholar, but he was also very wealthy, and he supported his brother Shimon, who was a greater Torah scholar. Despite the fact that Shimon was a greater scholar, he is known as the brother of Azarya because Azarya supported him (see *Vayikra Rabba* 25:1).

Rabbi Yoḥanan of the house of the *Nasi* – רַבִּי יוֹחָנָן דְּבֵי נְשִׂיאָה: Apparently, this is referring to a poverty-stricken scholar unknown to us, who was known by this appellation because the house of the *Nasi* supported him and enabled him to learn Torah. It is unlikely that this is referring to the great *amora* Rabbi Yoḥanan, as he sold all his vast possessions in order to devote himself to Torah study. In fact, the *Pesikta DeRav Kahana* (27:1) cites the verse mentioned here: "If a man would give all the fortune of his house for love" (Song of Songs 8:7), in reference to Rabbi Yoḥanan.

Perek **III**
Daf **21** Amud **b**

״אוֹמֵר בֶּן עַזַּאי: חַיָּיב אָדָם לְלַמֵּד אֶת וכו׳. רַבִּי אֱלִיעֶזֶר אוֹמֵר: כָּל הַמְלַמֵּד אֶת בִּתּוֹ תּוֹרָה מְלַמְּדָהּ תִּיפְלוּת״. תִּיפְלוּת סָלְקָא דַּעְתָּךְ? אֶלָּא אֵימָא: כְּאִילּוּ לִמְּדָהּ תִּיפְלוּת.

§ The mishna states: From here **ben Azzai states: A person is obligated to teach** his daughter Torah, so that if she drinks and does not die immediately, she will know that some merit of hers has delayed her punishment. **Rabbi Eliezer says: Anyone who teaches his daughter Torah is teaching her promiscuity.** The Gemara asks: Could it **enter your mind** to say that teaching one's daughter Torah is actually teaching her **promiscuity? Rather, say:** It is considered **as if he taught her promiscuity.**

אָמַר רַבִּי אַבָּהוּ: מַאי טַעְמָא דְּרַבִּי אֱלִיעֶזֶר? דִּכְתִיב: "אֲנִי חָכְמָה שָׁכַנְתִּי עָרְמָה" – כֵּיוָן שֶׁנִּכְנְסָה חָכְמָה בְּאָדָם, נִכְנְסָה עִמּוֹ עַרְמוּמִית.	**Rabbi Abbahu says: What is the reason for Rabbi Eliezer's** statement? It is **as it is written: "I, wisdom, dwell with cunning"** (Proverbs 8:12), which indicates that **once wisdom enters into a person, cunning enters with it.**[N] Rabbi Eliezer fears that the woman will use the cunning she achieves by learning the wisdom of the Torah to engage in promiscuous behavior.
וְרַבָּנַן, הַאי "אֲנִי חָכְמָה" מַאי עָבְדִי לֵיהּ? מִיבְּעֵי לֵיהּ לְכִדְרַבִּי יוֹסֵי בְּרַבִּי חֲנִינָא, דְּאָמַר רַבִּי יוֹסֵי בְּרַבִּי חֲנִינָא: אֵין דִּבְרֵי תוֹרָה מִתְקַיְּימִין אֶלָּא בְּמִי שֶׁמַּעֲמִיד עַצְמוֹ עָרוֹם עֲלֵיהֶן, שֶׁנֶּאֱמַר: "אֲנִי חָכְמָה שָׁכַנְתִּי עָרְמָה". אָמַר רַבִּי יוֹחָנָן: אֵין דִּבְרֵי תוֹרָה מִתְקַיְּימִין אֶלָּא בְּמִי שֶׁמֵּשִׂים עַצְמוֹ כְּמִי שֶׁאֵינוֹ, שֶׁנֶּאֱמַר: "וְהַחָכְמָה מֵאַיִן תִּמָּצֵא".	The Gemara asks: **And the Rabbis** who disagree with him, **what do they do with this** verse: "**I, wisdom,** dwell with cunning [*orma*]"; how do they interpret it? The Gemara responds: **He requires that** verse **for that which Rabbi Yosei, son of Rabbi Ḥanina,** states, interpreting the word "*orma*" as nakedness rather than cunningness, **as Rabbi Yosei, son of Rabbi Ḥanina, says: The matters of Torah do not endure except in one who stands naked for them,**[N] **as it is stated: "I, wisdom, dwell with nakedness [*orma*]"** (Proverbs 8:12). This means that wisdom dwells only in one who is prepared to give away all of his possessions for the sake of Torah study. **Rabbi Yoḥanan says: The matters of Torah do not endure except in one who considers himself as one who does not** exist, **as it is stated: "But wisdom, it can be found in nothingness"** (Job 28:12).
"רַבִּי יְהוֹשֻׁעַ אוֹמֵר: רוֹצָה אִשָּׁה" וכו'. מַאי קָאָמַר? הָכִי קָאָמַר: רוֹצָה אִשָּׁה בְּקַב וְתִיפְלוּת עִמּוֹ, מִתִּשְׁעַת קַבִּין וּפְרִישׁוּת.	§ The mishna states that **Rabbi Yehoshua says: A woman desires** to receive the amount of a *kav* of food and a sexual relationship rather than to receive nine *kav* of food and abstinence. The Gemara asks: **What is he saying? This is what** Rabbi Yehoshua **is saying: A woman desires to** receive the amount of **a *kav*** of food **and with it a sexual relationship,**[N] i.e., her husband's availability to fulfill her sexual desires, rather **than nine *kav*** of food **and** with it **abstinence,** and since her desires are of a sexual nature, it is undesirable for her to study Torah.
"הוּא הָיָה אוֹמֵר: חָסִיד שׁוֹטֶה" כו'. הֵיכִי דָּמֵי חָסִיד שׁוֹטֶה? כְּגוֹן דְּקָא טָבְעָה אִיתְּתָא בְּנַהֲרָא, וְאָמַר: לָאו אוֹרַח אַרְעָא לְאִיסְתַּכּוֹלֵי בַּהּ וְאַצּוֹלַהּ.	§ The mishna continues: **He,** Rabbi Yehoshua, **would say: A foolish man of piety,**[N] and a conniving wicked person, and an abstinent woman, and those who injure themselves out of false abstinence; all these are people who erode the world. The Gemara asks: **Who is considered a foolish man of piety? For example,** it is one who sees **that a woman is drowning**[N] **in a river, and he says:** It is **not proper conduct to look at her** while she is undressed **and save her.**

NOTES

Cunning enters with it – נִכְנְסָה עִמּוֹ עַרְמוּמִית: According to Rashi, who explains the term *tiflut* as referring to licentious behavior, the connection between cunning and *tiflut* is that a woman might use the ingenuity she achieves by learning Torah in order to hide her immorality. The Meiri, who explains *tiflut* as meaning worthless matters, interprets the connection differently. Although she attains a little wisdom by learning Torah, she comprehends her studies only partially. Yet she believes herself to have understood fully, and attempts to show off her wisdom to all.

One who stands naked for them – מִי שֶׁמַּעֲמִיד עַצְמוֹ עָרוֹם עֲלֵיהֶן: Rashi, in his first interpretation, explains that this statement refers to one who relinquishes all his possessions in order to acquire wisdom. The Meiri adds that only when one does not care at all about physical possessions can he be sure that nothing will prevent him from learning. In his second interpretation, Rashi explains that in order to attain the wisdom of the Torah, one must view himself as bare and devoid of all knowledge, as this enables him to learn from everyone, even from those of lesser stature. The Meiri offers an alternative explanation as well, suggesting that Rabbi Yosei, son of Rabbi Ḥanina, also interprets *orma* in the sense of cunning and states that the matters of Torah do not endure except in one who renders himself cunning for them. One must use cunning in order to discover the methods and techniques of learning that best suit him. For example, some memorize their learning through repetition, but there are others who find other methods more efficient.

The amount of a *kav* of food and with it a sexual relationship, etc. – בְּקַב וְתִיפְלוּת עִמּוֹ וכו': Women generally prefer a less luxurious lifestyle that involves more sexual intercourse to a life of greater luxury that involves a lack of sexual intercourse, possibly due to a husband's extended absences from home for work. *Tosafot* cite Rabbeinu Ḥananel, who illustrates this concept by means of a halakhic ruling. The Gemara states elsewhere that a donkey driver may not become a camel driver without his wife's consent, since although a camel driver earns more than a donkey driver, he arrives home less frequently. Alternatively, the Meiri explains that a woman generally prefers that her husband attain only minimal knowledge of Torah and be at home with her, rather than attain great wisdom but be distant from her.

A foolish man of piety – חָסִיד שׁוֹטֶה: Also included in this category are those whose concepts of piety cause them to neglect mitzvot that are incumbent upon them, and those who behave with exaggerated piety, e.g., one who fasts every single day (Rambam; Meiri).

One who sees that a woman is drowning, etc. – דְּקָא טָבְעָה אִיתְּתָא וכו': Some of the commentaries raise the question that this behavior is not merely foolish but wicked, as the Torah explicitly obligates one to save those whose lives are in danger, as stated in the verse: "You shall not stand idly by the blood of your neighbor" (Leviticus 19:16). The commentaries therefore explain that the Gemara is referring to a case where there are others present who can perform the rescue but he, due to his misplaced piety, does not hasten to perform this mitzva (*Minḥa Ḥareva*; see *Eshel Avraham*).

הֵיכִי דָּמֵי רָשָׁע עָרוּם? אָמַר רַבִּי יוֹחָנָן: זֶה הַמַּטְעִים דְּבָרָיו לַדַּיָּין קוֹדֶם שֶׁיָּבֹא בַּעַל דִּין חֲבֵרוֹ. רַבִּי אַבָּהוּ אוֹמֵר: זֶה הַנּוֹתֵן דִּינָר לֶעָנִי לְהַשְׁלִים לוֹ מָאתַיִם זוּז, דִּתְנַן: מִי שֶׁיֵּשׁ לוֹ מָאתַיִם זוּז – לֹא יִטּוֹל לֶקֶט שִׁכְחָה וּפֵאָה וּמַעְשַׂר עָנִי. הָיָה לוֹ מָאתַיִם חָסֵר דִּינָר – אֲפִילּוּ אֶלֶף נוֹתְנִין לוֹ כְּאַחַת הֲרֵי זֶה יִטּוֹל.

The Gemara asks: **Who is considered a conniving wicked person? Rabbi Yoḥanan says: This is one who presents his statement to the judge**[NH] **before the other litigant comes** and thereby prejudices the judge in his favor. **Rabbi Abbahu says: This** is referring to **one who gives a dinar to a poor man** in order **to complete** the sum of **two hundred dinars for him,** so that he will no longer be entitled to receive charity, **as we learned** in a mishna (*Pe'a* 8:8): **One who has two hundred**[H] **dinars may not collect gleanings,**[B] **forgotten** sheaves,[B] ***pe'a*,**[B] **and the poor man's tithe,**[B] since he is not defined as poor. However, if **he has two hundred less** one **dinar, even if he is given one thousand** dinars **at once, he may collect.**

רַבִּי אַסִּי אָמַר רַבִּי יוֹחָנָן: זֶה הַמַּשִּׂיא עֵצָה לִמְכּוֹר בִּנְכָסִים מוּעָטִין, דְּאָמַר רַבִּי אַסִּי אָמַר רַבִּי יוֹחָנָן: יְתוֹמִים שֶׁקָּדְמוּ וּמָכְרוּ בִּנְכָסִים מוּעָטִין, מַה שֶּׁמָּכְרוּ מָכְרוּ.

Rabbi Asi says that **Rabbi Yoḥanan says:** A conniving wicked person is **one who provides advice** to male orphans **to sell from the small quantity of property** left to them by their father, before it is appropriated by the court for the purpose of providing for the daughters, who do not inherit property. This causes the daughters to lose their right to sustenance, because although it is improper to do so, the sale is valid, **as Rabbi Asi says** that **Rabbi Yoḥanan says:** With regard to male **orphans who preemptively sold**[H] the property **from a small estate, that which they sold, they sold,** and the sons retain the money.

אַבַּיֵי אָמַר: זֶה הַמַּשִּׂיא עֵצָה לִמְכּוֹר בִּנְכָסִים כְּרַבָּן שִׁמְעוֹן בֶּן גַּמְלִיאֵל, דְּתַנְיָא: ״נְכָסַי לְךָ וְאַחֲרֶיךָ לִפְלוֹנִי״, וְיָרַד הָרִאשׁוֹן וּמָכַר וְאָכַל – הַשֵּׁנִי מוֹצִיא מִיַּד הַלָּקוֹחוֹת, דִּבְרֵי רַבִּי. רַבָּן שִׁמְעוֹן בֶּן גַּמְלִיאֵל אוֹמֵר: אֵין לַשֵּׁנִי אֶלָּא מַה שֶּׁשִּׁיֵּיר רִאשׁוֹן.

Abaye says: A conniving wicked person **is one who provides advice to sell property**[H] **in accordance with** the ruling of **Rabban Shimon ben Gamliel, as it is taught** in a *baraita*: With regard to one who said: **My property** is given **to you, and after you** die, **to so-and-so, and the first** beneficiary **entered** the property **and sold** it **and consumed** the profits, **the second** beneficiary **repossesses** the property **from the purchasers,** as the property belongs to him after the death of the first beneficiary; **this is the statement of Rabbi** Yehuda HaNasi. **Rabban Shimon ben Gamliel says: The second** beneficiary receives **only that which the first** beneficiary **left,** since his sale is valid. However, it is not permitted to sell the property *ab initio*, since the giver intended for the second beneficiary to receive the property.

רַב יוֹסֵף בַּר חָמָא אָמַר רַב שֵׁשֶׁת: זֶה הַמַּכְרִיעַ אֲחֵרִים בְּאוֹרְחוֹתָיו. רַבִּי זְרִיקָא אָמַר רַב הוּנָא: זֶה הַמֵּיקֵל לְעַצְמוֹ וּמַחְמִיר לַאֲחֵרִים. עוּלָּא אָמַר: זֶה

Rav Yosef bar Ḥama says that **Rav Sheshet says:** A conniving wicked person is **one who persuades others with his ways,**[N] convincing others to mimic his seemingly righteous behavior, in order to hide his faults. **Rabbi Zerika** says that **Rav Huna says:** A conniving wicked person is **one who is lenient** in the *halakha* **for himself and strict for others. Ulla says: This**

NOTES

One who presents his statement to the judge, etc. – הַמַּטְעִים דְּבָרָיו לַדַּיָּין וכו׳: A judge who hears one litigant when the other litigant is not present transgresses the prohibition: "Do not accept a false report" (Exodus 23:1). The Sages expound this verse to apply to the litigant as well, prohibiting him from presenting his case when the other litigant is not present. The rationale behind this prohibition is that once a judge has heard the argument of one side while the other side is not present, the impression created is likely to remain fixed in his mind, making it difficult for him to accept the arguments of the other side (Rashi). *Ben Yehoyada* adds that the Gemara is not referring to an individual who openly states his case before the judge in this manner, as the judge will not be prepared to listen to him; rather, it refers to one who discusses the particulars of his case with the judge incidentally, or in the course of a Torah discussion.

One who persuades others with his ways – הַמַּכְרִיעַ אֲחֵרִים בְּאוֹרְחוֹתָיו: The Maharsha explains that this refers to one who gives advice to others, surreptitiously advising them to perform actions that benefit him and cause loss to others.

BACKGROUND

Gleanings – לֶקֶט: The Torah prohibits the owner of a field from gathering individual stalks that fell during the harvest (Leviticus 19:9). Less than three stalks that fell in one place are considered gleanings and belong to the poor.

Forgotten sheaves – שִׁכְחָה: If one forgot a sheaf in the field while harvesting, he may not return to collect it, as it must be left for the poor (Deuteronomy 24:19).

Pe'a – פֵּאָה: The Torah states that one is prohibited from harvesting the produce in the corner of his field; rather, one must allow the poor to collect this produce themselves. The Sages decreed that the area of the corner must be at least one-sixtieth of the field. This mitzva is stated in the Torah (Leviticus 19:9, 23:22), and the details of the mitzva are explained in tractate *Pe'a*.

The poor man's tithe – מַעְשַׂר עָנִי: During the third and sixth years of the Sabbatical cycle, after one separates *teruma* from his produce, which is given to the priests, and first tithe, which is given to the Levites, one-tenth of the remaining produce is distributed to the poor. During the other years of the Sabbatical cycle, second tithe is separated instead of the poor man's tithe.

HALAKHA

One who presents his statement to the judge, etc. – הַמַּטְעִים דְּבָרָיו לַדַּיָּין וכו׳: It is prohibited for a judge to hear the arguments of one litigant when the other litigant is not present. The litigants are also prohibited from presenting their claims in this manner (Rambam *Sefer Shofetim*, *Hilkhot Sanhedrin* 21:7; *Shulḥan Arukh*, *Ḥoshen Mishpat* 17:5).

One who has two hundred, etc. – מִי שֶׁיֵּשׁ לוֹ מָאתַיִם וכו׳: One who has two hundred dinars may not collect gleanings, forgotten sheaves, *pe'a*, or the poor man's tithe. If he has two hundred dinars less one, even if he is given one thousand dinars at once, he may collect. The same applies with regard to receiving charity. Some authorities say that these specific amounts applied only in the past; nowadays one may collect charity if one does not have sufficient funds to be able to earn a living from the profits thereof (Rambam *Sefer Zera'im*, *Hilkhot Mattenot Aniyyim* 9:13; *Shulḥan Arukh*, *Yoreh De'a* 253:1–2).

Orphans who preemptively sold, etc. – יְתוֹמִים שֶׁקָּדְמוּ וּמָכְרוּ וכו׳: If one dies and leaves insufficient property for his children to sustain themselves until his daughters reach the age of majority, the court first appropriates funds to provide for the daughters and then gives the remainder to the sons. If the estate is sufficient only to provide for the daughters, the entire estate is given to the daughters. However, if the sons preemptively sold the property from a small estate, the sale is valid, in accordance with the opinion of Rabbi Yoḥanan. The Rema, citing the Rosh, holds that the sale is valid only if it took place prior to the court's appropriating the daughters' sustenance from the estate (Rambam *Sefer Nashim*, *Hilkhot Ishut* 19:19; *Shulḥan Arukh*, *Even HaEzer* 112:11, 14).

One who provides advice to sell property – הַמַּשִּׂיא עֵצָה לִמְכּוֹר בִּנְכָסִים: If one says: My property is given to you, and after you die, to so-and-so, the second beneficiary receives only that which the first beneficiary left. Although it is prohibited for the first beneficiary to sell or give away the property, if he does so, the second beneficiary does not repossess the property from the purchasers, in accordance with the ruling of Rabban Shimon ben Gamliel. One who advises the first beneficiary to sell the property is considered wicked (Rambam *Sefer Kinyan*, *Hilkhot Zekhiya UMattana* 12:8–9; *Shulḥan Arukh*, *Ḥoshen Mishpat* 248:3).

שֶׁקָּרָא וְשָׁנָה וְלֹא שִׁימֵּשׁ תַּלְמִידֵי חֲכָמִים.

is one who read the Written Torah and learned the Mishna but did not serve Torah scholars[N] in order to learn the reasoning behind the *halakhot*. Since he believes himself knowledgeable, he issues halakhic rulings, but due to his lack of understanding he rules erroneously and is therefore considered wicked. His cunning is in his public display of knowledge, which misleads others into considering him a true Torah scholar.

אִתְּמַר: קָרָא וְשָׁנָה וְלֹא שִׁימֵּשׁ תַּלְמִידֵי חֲכָמִים – רַבִּי אֶלְעָזָר אוֹמֵר: הֲרֵי זֶה עַם הָאָרֶץ. רַבִּי שְׁמוּאֵל בַּר נַחְמָנִי אָמַר: הֲרֵי זֶה בּוּר. רַבִּי יַנַּאי אוֹמֵר: הֲרֵי זֶה כּוּתִי.

It was stated: With regard to one who read the Written Torah **and learned** the Mishna **but did not serve Torah scholars, Rabbi Elazar says: This** person **is an ignoramus. Rabbi Shmuel bar Naḥmani said: This** person **is a boor. Rabbi Yannai says: This** person **is** comparable to **a Samaritan,** who follows the Written Torah but not the traditions of the Sages.

רַב אַחָא בַּר יַעֲקֹב אוֹמֵר: הֲרֵי זֶה מָגוֹשׁ. אָמַר רַב נַחְמָן בַּר יִצְחָק: מִסְתַּבְּרָא כְּרַב אַחָא בַּר יַעֲקֹב, דְּאָמְרִי אֱינָשֵׁי: רָטֵין מָגוֹשָׁא וְלָא יָדַע מַאי אָמַר, תָּנֵי תַּנָּא וְלָא יָדַע מַאי אָמַר.

Rav Aḥa bar Ya'akov says: This person **is** comparable to **a sorcerer** [*magosh*],[NB] who uses his knowledge to mislead people. **Rav Naḥman bar Yitzḥak said: It is reasonable to** accept the opinion **of Rav Aḥa bar Ya'akov, as people say** proverbially: **The sorcerer chants**[N] **and does not know what he is saying;** so too, **the *tanna* teaches** the Mishna **and does not know what he is saying.**

תָּנוּ רַבָּנַן: אֵיזֶהוּ עַם הָאָרֶץ? כָּל שֶׁאֵינוֹ קוֹרֵא קְרִיאַת שְׁמַע שַׁחֲרִית וְעַרְבִית בְּבִרְכוֹתֶיהָ, דִּבְרֵי רַבִּי מֵאִיר. וַחֲכָמִים אוֹמְרִים: כָּל שֶׁאֵינוֹ מַנִּיחַ תְּפִילִּין. בֶּן עַזַּאי אוֹמֵר: כָּל שֶׁאֵין לוֹ צִיצִית בְּבִגְדוֹ. רַבִּי יוֹנָתָן בֶּן יוֹסֵף אָמַר: כָּל שֶׁיֵּשׁ לוֹ בָּנִים וְאֵינוֹ מְגַדְּלָן לְלִמּוּד תּוֹרָה. אֲחֵרִים אוֹמְרִים: אֲפִילּוּ קוֹרֵא וְשׁוֹנֶה וְלֹא שִׁימֵּשׁ תַּלְמִידֵי חֲכָמִים – זֶהוּ עַם הָאָרֶץ;

§ **The Sages taught: Who is an ignoramus** [*am ha'aretz*]?[NB] It is **anyone who does not recite *Shema***[N] in the **morning and evening with its blessings;** this is **the statement of Rabbi Meir. And the Rabbis say:** It is **anyone who does not don phylacteries. Ben Azzai says:** It is **anyone who does not have ritual fringes on his garment. Rabbi Yonatan ben Yosef said:** It is **anyone who has sons and does not raise them to study Torah. *Aḥerim* say:**[N] **Even if one reads** the Written Torah **and learns** the Mishna **but does not serve Torah scholars, he is an ignoramus.**

NOTES

Did not serve Torah scholars – לֹא שִׁימֵּשׁ תַּלְמִידֵי חֲכָמִים: Rashi explains that this refers to one who did not study the Gemara, which teaches the proper analysis of the Mishna and the systematic reasoning underlying *halakha*. Others explain that serving Torah scholars literally means one who visits and serves Torah scholars in order to learn from their ways. One who does not do so shows that his Torah study is insincere, and he is therefore considered a conniving, wicked person (*Tosefot HaRash*; Meiri).

He is comparable to a sorcerer – הֲרֵי זֶה מָגוֹשׁ: Each of the opinions presented here voices stronger criticism than the preceding one. An ignoramus is one who has positive traits but is insufficiently educated, whereas a boor is one devoid of anything positive. A Samaritan does not even accept the Torah and therefore separates himself from the Jewish people. The comparison to a sorcerer, who was considered an apostate, is the most derogatory.

The sorcerer chants, etc. – רָטֵין מָגוֹשָׁא וכו׳: A sorcerer whispers all kinds of incantations without understanding their meaning, yet he relies upon the efficacy of his actions. So too, one who does not understand the depths of the Torah simply repeats statements that he heard, believing that by merely reciting the words he does something important (Rashi).

Who is an ignoramus [*am ha'aretz*] – אֵיזֶהוּ עַם הָאָרֶץ: *Tosafot* note that the Gemara provides varying definitions of an ignoramus, depending on the context. One definition applies when defining those who are unfit to testify, another with regard to those suspect of not tithing their produce, and yet another with regard to matters of ritual purity. *Tosefot HaRash* writes that the discussion in this *baraita* might be with regard to joining in a *zimmun*, the introductory blessing recited by three or more adults before Grace after Meals.

Who does not recite *Shema* – שֶׁאֵינוֹ קוֹרֵא קְרִיאַת שְׁמַע: The Gemara states elsewhere that if one is incapable of learning more, he can fulfill the obligation to study Torah by at least reciting the *Shema* with intent and understanding in the morning and the evening. Consequently, one who does so is not defined as an ignoramus (*Maharsha*; *Etz Yosef*).

***Aḥerim* say** – אֲחֵרִים אוֹמְרִים: The term *aḥerim* literally means others. *Tosefot HaRash* notes that although this term generally refers to Rabbi Meir, here it obviously does not refer to Rabbi Meir, as Rabbi Meir states a different opinion in the *baraita*. *Tosafot* elsewhere suggest that perhaps the term *aḥerim* is used in cases where Rabbi Meir cited the opinion of his teacher, Elisha ben Avuya, who was referred to as *Aḥer*.

BACKGROUND

Sorcerer [*magosh*] – מָגוֹשׁ: The term *magosh* refers to Zoroastrian priests, also known in the Talmud as *ḥabbarim*. The biblical term "*rab-mag*" (Jeremiah 39:3) is apparently derived from the same Persian term. It later became an accepted term for sorcerers in Greek and Latin, as well as other languages.

These sorcerers would perform ritual ceremonies in the ancient Avestan language, an Eastern Iranian language that derives its name from the language of Zoroastrian scripture, the Avesta. The sorcerers did not understand this language, and from this stems the aphorism: The sorcerer chants and does not know what he is saying.

Relief of Zoroastrian priest, referred to in the Gemara as a *magosh*

Ignoramus [*am ha'aretz*] – עַם הָאָרֶץ: The term *am ha'aretz*, which literally means: People of the land, appears in the books of Ezra and Nehemiah, but there it refers only to gentiles. The term later evolved into a derogatory epithet referring to a Jew who behaves in the manner of a gentile.

The concept of an *am ha'aretz* was not clearly defined, and therefore there were many opinions among the *tanna'im* with regard to who should be characterized as an *am ha'aretz*. They ranged from the opinion that the term refers to one who does not serve Torah scholars and learn from them, to the opinion that the term refers to one with no Torah, no Mishna, and no manners. According to the first opinion, many learned people were included in this category. According to the second opinion, an *am ha'aretz* was the basest of individuals, to whom the most derogatory epithets were generally applied. The common application of the term was to one devoid of spirituality, with no profession or occupation, no education, and no connection to Torah and mitzvot.

In the talmudic era, and even more so in later times, the situation changed in two respects. First, while there remained many who were uneducated, the most extreme form of an *am ha'aretz* disappeared, as even simple Jews upheld Torah and mitzvot to the best of their ability. Secondly, to avoid causing rifts within the nation in exile, the *halakhot* restricting interactions with an *am ha'aretz* were repealed.

קָרָא וְלֹא שָׁנָה – הֲרֵי זֶה בּוּר; לֹא קָרָא וְלֹא שָׁנָה – עָלָיו הַכָּתוּב אוֹמֵר: ״וְזָרַעְתִּי אֶת בֵּית יִשְׂרָאֵל וְאֶת בֵּית יְהוּדָה זֶרַע אָדָם וְזֶרַע בְּהֵמָה״.

If one **read** the Written Torah **but did not learn** the Mishna, **he is a boor. With regard to** one who **did not read and did not learn** at all, **the verse states:** "Behold, the days come, says the Lord, **and I will sow the house of Israel and the house of Judah with the seed of man, and with the seed of beast**" (Jeremiah 31:26). One who has not studied at all is comparable to a beast.

״יְרָא אֶת ה׳ בְּנִי וָמֶלֶךְ עִם שׁוֹנִים אַל תִּתְעָרָב״ – אָמַר רַבִּי יִצְחָק: אֵלּוּ שֶׁשּׁוֹנִים הֲלָכוֹת. פְּשִׁיטָא! מַהוּ דְּתֵימָא שׁוֹנִין בְּחֵטְא, וְכִדְרַב הוּנָא, דְּאָמַר רַב הוּנָא: כֵּיוָן שֶׁעָבַר אָדָם עֲבֵירָה וְשָׁנָה בָּהּ הוּתְּרָה לוֹ, קָא מַשְׁמַע לַן.

The verse states: **"My son, fear the Lord and the king; and meddle not with those who are repeating"** (Proverbs 24:21). **Rabbi Yitzḥak says: These are** individuals **who repeatedly learn** the ***halakhot*** but do not know the reasons behind them. The Gemara asks: **Isn't** that **obvious?** How else could the verse be understood? The Gemara answers: He states this **lest you say** that the verse is referring to individuals who **repeatedly** commit **sins, and** this is **in accordance with** the words of **Rav Huna, as Rav Huna says: Once a person committed a transgression and repeated it,** in his eyes **it became permitted for him.** Since the verse could be interpreted in this manner, Rabbi Yitzḥak **teaches us** that the verse is referring to those who learn without understanding.

תָּנָא: הַתַּנָּאִים מְבַלֵּי עוֹלָם. מְבַלֵּי עוֹלָם סָלְקָא דַּעְתָּךְ? אָמַר רָבִינָא: שֶׁמּוֹרִין הֲלָכָה מִתּוֹךְ מִשְׁנָתָן. תַּנְיָא נַמִּי הָכִי, אָמַר רַבִּי יְהוֹשֻׁעַ: וְכִי מְבַלֵּי עוֹלָם הֵן? וַהֲלֹא מְיַישְּׁבֵי עוֹלָם הֵן, שֶׁנֶּאֱמַר: ״הֲלִיכוֹת עוֹלָם לוֹ״! אֶלָּא, שֶׁמּוֹרִין הֲלָכָה מִתּוֹךְ מִשְׁנָתָן.

It was taught in a *baraita*: **The *tanna'im*,**[B] who recite the tannaitic sources by rote, **are** individuals **who erode the world.** The Gemara is puzzled by this statement: **Could** it **enter your mind** that they are individuals **who erode the world? Ravina says:** This statement is referring to those **who issue halakhic rulings based** on **their** knowledge of ***mishnayot*. This is also taught** in a *baraita*: **Rabbi Yehoshua said: Are they** individuals **who erode the world? Aren't they settling the world, as it is stated: "His ways [*halikhot*] are eternal"** (Habakkuk 3:6)? The Sages read the term *halikhot* as *halakhot*, inferring that one who learns *halakhot* attains eternal life. **Rather,** this is referring to those **who issue halakhic rulings based** on **their** knowledge of ***mishnayot*.**

״אִשָּׁה פְּרוּשָׁה״ וכו׳. תָּנוּ רַבָּנַן: בְּתוּלָה צַלְיינִית, וְאַלְמָנָה שׁוֹבָבִית, וְקָטָן שֶׁלֹּא כָּלוּ לוֹ חֳדָשָׁיו – הֲרֵי אֵלּוּ מְבַלֵּי עוֹלָם.

§ The mishna states that **an abstinent woman** is among those who erode the world. **The Sages taught: A maiden who prays** constantly,[N] **and a neighborly [*shovavit*]** widow[N] who constantly visits her neighbors, **and a child whose months** of gestation **were not completed,** all **these are** people **who erode the world.**

אִינִי? וְהָאָמַר רַבִּי יוֹחָנָן: לָמַדְנוּ יִרְאַת חֵטְא מִבְּתוּלָה, וְקִיבּוּל שָׂכָר מֵאַלְמָנָה. יִרְאַת חֵטְא מִבְּתוּלָה, דְּרַבִּי יוֹחָנָן שְׁמָעָהּ לְהַהִיא בְּתוּלָה דִּנְפַלָה אַאַפָּהּ, וְקָאָמְרָה: רִבּוֹנוֹ שֶׁל עוֹלָם, בָּרָאתָ גַּן עֵדֶן וּבָרָאתָ גֵּיהִנָּם, בָּרָאתָ צַדִּיקִים וּבָרָאתָ רְשָׁעִים. יְהִי רָצוֹן מִלְּפָנֶיךָ שֶׁלֹּא יִכָּשְׁלוּ בִּי בְּנֵי אָדָם.

The Gemara asks: **Is that so? But didn't Rabbi Yoḥanan say: We learned** the meaning of **fear of sin from a maiden,**[N] **and** the significance of **receiving** divine **reward from a widow.** The meaning of **fear of sin** can be learned **from a maiden, as Rabbi Yoḥanan heard a certain maiden who fell on her face** in prayer, **and she was saying: Master of the Universe, You created the Garden of Eden and You created Gehenna, You created** the **righteous and You created** the **wicked. May it be Your will that men shall not stumble because of me** and consequently go to Gehenna.

BACKGROUND

The *tanna'im* – הַתַּנָּאִים: This does not refer to the Sages of the Mishna. In the amoraic period, the term *tanna* sometimes took on another meaning, referring to those who had broad knowledge of tannaitic statements and *mishnayot*. Despite this knowledge, they were not considered among the Sages because they were unable to resolve the difficult issues that arose in the texts that they recited. The *tanna* would recite the material in the presence of one of the Sages, who would assess its accuracy and either confirm it or, if need be, correct it.

NOTES

A maiden who prays constantly – בְּתוּלָה צַלְיינִית: The *Arukh* explains that this refers to a woman who spends all day in prayer while ignoring her other obligations. According to a variation of the text found in the Jerusalem Talmud, the phrase means: A maiden who fasts constantly and loses her virginity. Some commentaries explain that literally, due to her self-mortifying behavior, her hymen is eroded. *Tosafot* suggest that this refers to a woman who fasts outwardly in order to appear righteous and hide her licentiousness.

A neighborly [*shovavit*] widow – אַלְמָנָה שׁוֹבָבִית: Various interpretations have been offered for this term. Rashi explains that it is derived from the Aramaic *shivava*, which means neighbor, referring to a widow who often visits her neighbors. The Meiri explains that Rashi is referring to one who attempts to appear God-fearing and visits her neighbors in order to show off her piety. Some early commentaries render the term as *sovavit*, which is derived from the Hebrew root *samekh*, *beit*, *beit*, meaning to circuit, to go around, and refers to a widow who constantly frequents the markets and alleys in an immodest manner (*Arukh*). This would also appear to be the understanding of the Jerusalem Talmud, in which it is explained that her behavior causes her name to become tarnished, as she is accused of immoral behavior due to the length of time she spends in the houses of others.

Others explain that the term *shovavit* means penitent, and refers to a widow who publicly acts as one who is repenting. She claims that she desires only to serve God and does not intend to remarry; however, she is unable to maintain this way of life and in the end falls into sin (Rabbeinu Nissim Gaon; *Arukh*).

The meaning of fear of sin from a maiden, etc. – יִרְאַת חֵטְא מִבְּתוּלָה וכו׳: It was not merely the maiden's fear of sin or the widow's efforts to receive reward that impressed Rabbi Yoḥanan; rather, it was the unique manner in which they expressed these traits. The maiden's fear of sin caused her to ensure not only that she did not sin herself, but also that she would not cause others to sin. Similarly, the widow concerned herself with finding new ways to increase the value of the mitzvot she performed and their reward.

קִיבּוּל שָׂכָר מֵאַלְמָנָה, דְּהַהִיא אַלְמָנָה דַּהֲוַאי בֵּי כְנִישְׁתָּא בְּשִׁיבָבוּתָהּ, כָּל יוֹמָא הֲוַת אָתְיָא וּמְצַלְּיָא בֵּי מִדְרְשֵׁיהּ דְּרַבִּי יוֹחָנָן. אֲמַר לַהּ: בִּתִּי, לֹא בֵּית הַכְּנֶסֶת בְּשִׁיבָבוּתֵךְ? אֲמַרָה לֵיהּ: רַבִּי, וְלֹא שְׂכַר פְּסִיעוֹת יֵשׁ לִי?

The significance of **receiving** divine **reward** can be learned **from a widow, as there was a certain widow in whose neighborhood there was a synagogue,** and despite this **every day she went and prayed in the study hall of Rabbi Yoḥanan.** Rabbi Yoḥanan **said to her: My daughter,** is there **not a synagogue in your neighborhood? She said to him: My teacher, don't I attain a reward** for all **the steps** I take while walking to pray in the distant study hall?

כִּי קָאָמַר – כְּגוֹן יוֹחָנִי בַּת רְטִיבִי.

The Gemara answers: **When it is stated** in the *baraita* that a maiden who prays constantly is one who erodes the world, it is referring, **for example,** to **Yoḥani bat Retivi,** who constantly prayed and pretended to be saintly but actually engaged in sorcery.

מַאי קָטָן שֶׁלֹּא כָּלוּ לוֹ חֳדָשָׁיו? הָכָא תַּרְגִּימוּ: זֶה תַּלְמִיד חָכָם הַמְּבַעֵט בְּרַבּוֹתָיו.

The Gemara asks: **What** is the meaning of **a child whose months** of gestation **were not completed?**[N] **Here,** in Babylonia, **they interpreted this** as alluding to an imperfect, incomplete **Torah scholar who scorns his teachers.**[N]

רַבִּי אַבָּא אָמַר: זֶה תַּלְמִיד שֶׁלֹּא הִגִּיעַ לְהוֹרָאָה וּמוֹרֶה. דְּאָמַר רַבִּי אַבָּהוּ אָמַר רַב הוּנָא אָמַר רַב, מַאי דִּכְתִיב: ״כִּי רַבִּים חֲלָלִים הִפִּילָה וַעֲצֻמִים כָּל הֲרֻגֶיהָ״? ״כִּי רַבִּים חֲלָלִים הִפִּילָה״ – זֶה תַּלְמִיד חָכָם שֶׁלֹּא הִגִּיעַ לְהוֹרָאָה וּמוֹרֶה. ״וַעֲצֻמִים כָּל הֲרֻגֶיהָ״ – זֶה תַּלְמִיד חָכָם שֶׁהִגִּיעַ לְהוֹרָאָה וְאֵינוֹ מוֹרֶה.

Rabbi Abba says: This is a student who has not yet **attained** the ability **to issue** halakhic **rulings, and** yet **he issues rulings** and is therefore compared to a prematurely born child. This is **as Rabbi Abbahu says** that **Rav Huna says** that **Rav says: What** is the meaning of that **which is written: "For she has cast down many wounded; and a mighty host are all her slain"** (Proverbs 7:26)? **"For she has cast down [*hippila*] many wounded";**[N] **this** is referring to **a Torah scholar who has not** yet **attained** the ability **to issue rulings, and** yet **he issues rulings.**[H] **"And a mighty host [*ve'atzumim*] are all her slain";**[N] **this** is referring to **a Torah scholar who has attained** the ability **to issue rulings, but does not issue rulings**[NH] and prevents the masses from learning Torah properly.

NOTES

A child whose months of gestation were not completed – קָטָן שֶׁלֹּא כָּלוּ לוֹ חֳדָשָׁיו: It is explained in the Jerusalem Talmud that this refers to an extremely young but successful Torah scholar, who uses his knowledge to embarrass his elders. An alternative opinion, also found in the Jerusalem Talmud, explains that this refers literally to a child, who is only nine years old but appears much older. If he involves himself in forbidden sexual intercourse, the woman is punished, while he is exempt from punishment.

Who scorns his teachers – הַמְּבַעֵט בְּרַבּוֹתָיו: Rashi explains that according to this understanding, the expression: A child whose months were not completed, refers to the fact that his actions cause his life to be shortened. Others explain that this refers to a student who is so convinced of his greatness that he feels he should already be recognized as the leader of his generation, and therefore he prays that his teachers die so that he can take their place. Consequently, he is punished measure for measure by having his own life shortened (*Iyyun Ya'akov*).

For she has cast down [*hippila*] many wounded – כִּי רַבִּים חֲלָלִים הִפִּילָה: The term *hippila* is derived from the same root as the word *nefel*, which means a stillborn child. This alludes to the aforementioned comparison of a prematurely born child to a student who issues rulings while his abilities are still premature (Rashi). The term "many wounded" referred to in the verse alludes to the many people who stumble in matters of *halakha* due to his incorrect rulings.

And a mighty host [*ve'atzumim*] are all her slain – וַעֲצֻמִים כָּל הֲרֻגֶיהָ: The term *ve'atzumim* is derived from the root *ayin*, *tzadi*, *mem*, which also denotes shutting, closing. This alludes to one who is able to issue rulings but keeps his mouth closed.

Who has attained the ability to issue rulings but does not issue rulings – שֶׁהִגִּיעַ לְהוֹרָאָה וְאֵינוֹ מוֹרֶה: The Rambam explains that the severity of this statement is not only due to the fact that such a person prevents others from learning Torah, but also because if he does not issue rulings, others issue rulings even though they are not capable of doing so, and their rulings are incorrect.

HALAKHA

Who has not yet attained the ability to issue rulings and yet he issues rulings – שֶׁלֹּא הִגִּיעַ לְהוֹרָאָה וּמוֹרֶה: A student who has not yet attained the ability to issue halakhic rulings, and yet he issues rulings, is a fool and a wicked and haughty person. It is stated with regard to these individuals: "For she has cast down many wounded" (Proverbs 7:26).

The *Kesef Mishne* discusses why the Rambam does not mention the distinction stated later in the Gemara (22b) between one who has reached the age of forty and one who has not yet reached that age (Rambam *Sefer HaMadda, Hilkhot Talmud Torah* 5:4; *Shulḥan Arukh, Yoreh De'a* 242:13).

Who has attained the ability to issue rulings but does not issue rulings – שֶׁהִגִּיעַ לְהוֹרָאָה וְאֵינוֹ מוֹרֶה: A scholar who has reached the level where he is capable of rendering halakhic decisions but does not do so withholds Torah from the people and places stumbling blocks in front of others, and the verse (Proverbs 7:26) states with regard to him: "And a mighty host are all her slain" (Rambam *Sefer HaMadda, Hilkhot Talmud Torah* 5:4; *Shulḥan Arukh, Yoreh De'a* 242:14).

וְעַד כַּמָּה? עַד אַרְבְּעִין שְׁנִין. אִינִי? וְהָא רַבָּה אוֹרֵי! בְּשָׁוִין.

And until when is it considered too premature for a scholar to issue halakhic rulings? It is **until forty years.**[N] The Gemara asks: **Is that so? But didn't Rabba**[P] **issue rulings,** even though he lived for only forty years? The Gemara answers: It is permitted for a scholar who has not studied for so long to issue rulings **when** his knowledge reaches the level of the foremost scholar in his city and **they are equals.**

״וּמַכּוֹת פְּרוּשִׁין״ וכו׳. תָּנוּ רַבָּנַן – שִׁבְעָה פְּרוּשִׁין הֵן: פָּרוּשׁ שִׁיכְמִי, פָּרוּשׁ נִקְפִּי, פָּרוּשׁ קִיזָאִי, פָּרוּשׁ מָדוּכְיָא, פָּרוּשׁ ״מָה חוֹבָתִי וְאֶעֱשֶׂנָּה״, פָּרוּשׁ מֵאַהֲבָה, פָּרוּשׁ מִיִּרְאָה.

§ It states in the mishna: **And those who injure** themselves out of false **abstinence** [*perushin*] are people who erode the world. **The Sages taught: There are seven** pseudo-**righteous** people[N] who erode the world: The **righteous of Shechem,** the self-**flagellating righteous,** the **bloodletting righteous,** the **pestle**-like **righteous,** the **righteous** who say: Tell me **what my obligation** is **and I will perform it,** those who are **righteous due to love,** and those who are **righteous due to fear.**

פָּרוּשׁ שִׁיכְמִי – זֶה הָעוֹשֶׂה מַעֲשֵׂה שְׁכֶם. פָּרוּשׁ נִקְפִּי – זֶה הַמְנַקֵּיף אֶת רַגְלָיו. פָּרוּשׁ קִיזָאִי – אָמַר רַב נַחְמָן בַּר יִצְחָק: זֶה הַמַּקִּיז דָּם לַכְּתָלִים. פָּרוּשׁ מָדוּכְיָא – אָמַר רַבָּה בַּר שֵׁילָא: דְּמִשְׁפַּע כִּי מָדוּכְיָא.

The Gemara explains: The **righteous of Shechem** [*shikhmi*];[N] **this is** one **who performs** actions comparable to the **action** of the people of **Shechem,** who agreed to circumcise themselves for personal gain (see Genesis, chapter 34); so too, he behaves righteously only in order to be honored. The self-**flagellating righteous;**[N] **this is** one **who injures his feet,** as he walks slowly, dragging his feet on the ground in an attempt to appear humble, and injures his feet in the process. The **bloodletting righteous;**[N] **Rav Naḥman bar Yitzḥak says** that **this is** one **who lets blood** by banging his head **against the walls** because he walks with his eyes shut, ostensibly out of modesty. The **pestle**-like **righteous; Rabba bar Sheila says** that this is one **who** walks **bent over like** the **pestle** of a mortar.[N]

PERSONALITIES

Rabba – רַבָּה: Rav Abba bar Naḥmani, commonly referred to as Rabba throughout the Babylonian Talmud, was a third-generation Babylonian *amora*. He was a disciple of Rav Huna, who was a disciple of Rav, and his approach to *halakha* was consistent with Rav's teachings. Rabba was considered the sharpest among his peers; he was described as one who uproots mountains, in contrast to his colleague, Rav Yosef, whose was referred to as Sinai, due to his broad knowledge (*Berakhot* 64a). In virtually every dispute between them, the *halakha* is ruled in accordance with the opinion of Rabba. Rabba had many disciples, and virtually all of the Sages of the following generation studied with him. His personal life was tragic; his children apparently died during his lifetime. He was poverty stricken throughout his life, barely subsisting on agricultural work. When his nephew Abaye was orphaned at a young age, Rabba took him into his home and raised him.

NOTES

Until forty years – עַד אַרְבְּעִין שְׁנִין: *Tosafot* explain that this means forty years from the time one commenced learning, whereas the Maharsha writes that this means until one reaches the age of forty, as the mishna states: One must reach the age of forty in order to attain understanding (*Avot* 4:21). The *Kesef Mishne* suggests a different interpretation: The Gemara's question refers to a scholar who has already attained the ability to issue rulings, and discusses the question of how long he may refrain from issuing rulings without incurring the aforementioned criticism.

There are seven pseudo-righteous people – שִׁבְעָה פְּרוּשִׁין הֵן: According to some versions of the text, the *baraita* explicitly states that all those listed here are insincere individuals who erode the world. However, in the Jerusalem Talmud (*Berakhot* 9:5) it is explained that the last two are sincerely righteous, citing Abraham as an example of the righteous due to love, and Job as an example of the righteous due to fear.

The righteous of Shechem [*shikhmi*] – פָּרוּשׁ שִׁיכְמִי: Most commentaries explain that this refers to one who acts in the manner of the people of Shechem, who circumcised themselves not for the sake of Heaven but rather for their own benefit (see Meiri). The commentaries ask how this individual differs from an individual who performs the mitzvot not for their own sake, who is referred to below in a positive context. The Maharsha, apparently understanding that the Gemara is referring to Shechem, the son of the leader of the city of that name, answers that since Shechem had already transgressed, he evidently circumcised himself only in order to appear repentant, and therefore his actions were disgraceful. Alternatively, *Ben Yehoyada* explains that performing one's obligations is worthy behavior, even if one does not do so for the sake of Heaven. However, it is disgraceful to adopt pious behavior beyond one's obligations only in order to appear righteous, in the manner of Shechem, who was not obligated to circumcise himself. In the Jerusalem Talmud this phrase is interpreted differently, and it is explained that the term *shikhmi* is derived from the word *shekhem*, which means shoulder. This refers to one who overtly carries on his shoulders items required to perform a mitzva, intending to advertise the fact that he is on his way to perform a mitzva.

The self-flagellating [*nikfi*] righteous – פָּרוּשׁ נִקְפִּי: Some explain that this refers to one who claims that his feet are bruised because he walks great distances in order to perform mitzvot (Rabbeinu Nissim Gaon). Others explain that this is one who walks slowly, his eyes upturned to heaven, attempting to appear God-fearing (Meiri). In the Jerusalem Talmud this phrase is interpreted differently, and it is explained that the term *nikfi* is derived from the term *hakafa*, which means payment on credit. This refers to one who demands to receive credit, claiming that he requires the money in order to perform mitzvot.

The bloodletting [*kiza'i*] righteous – פָּרוּשׁ קִיזָאִי: The Ran explains that this refers to one who walks close to the walls and knocks into them, as he attempts to avoid contact with other people, feeling that everyone is impure in comparison to him. In the Jerusalem Talmud this phrase is interpreted differently, and it is explained that the term *kiza'i* means one who cancels out. This refers to one who performs a mitzva for each sin he performs, believing that he can cancel out his sins in this manner.

Who walks bent over like the pestle of a mortar – דְּמִשְׁפַּע כִּי מָדוּכְיָא: According to one interpretation, this refers to an individual who bends over excessively, seemingly due to his fear of sin (Ran). Others explain that it refers to one who covers himself with clothes in order to avoid becoming impure through contact with others. Alternatively, this refers to one who cloaks himself with a large garment that covers him like an upturned mortar, in a demonstration of arrogance (*Arukh*).

פָּרוּשׁ ״מָה חוֹבָתִי וְאֶעֱשֶׂנָּה״ – הָא מַעַלְיוּתָא הִיא! אֶלָּא דְּאָמַר: ״מַה חוֹבָתִי תּוּ וְאֶעֱשֶׂנָּה״.

With regard to the **righteous** one who says: Tell me **what my obligation is**[N] **and I will perform it,** the Gemara asks: **Isn't this virtuous** behavior, as he desires to be aware of his obligations? **Rather,** this is referring to one **who says:** Tell me **what further obligations** are incumbent **upon me and I will perform them,** indicating that he fulfills all of his mitzvot perfectly and therefore seeks additional obligations.

פָּרוּשׁ מֵאַהֲבָה, פָּרוּשׁ מִיִּרְאָה – אֲמַרוּ לֵיהּ אַבַּיֵי וְרָבָא לְתַנָּא: לָא תִּיתְנֵי פָּרוּשׁ מֵאַהֲבָה פָּרוּשׁ מִיִּרְאָה, דְּאָמַר רַב יְהוּדָה אָמַר רַב: לְעוֹלָם יַעֲסוֹק אָדָם בַּתּוֹרָה וּבַמִּצְוֹת אֲפִילּוּ שֶׁלֹּא לִשְׁמָהּ, שֶׁמִּתּוֹךְ שֶׁלֹּא לִשְׁמָהּ בָּא לִשְׁמָהּ.

The *baraita* also includes in the list of pseudo-righteous people those who are **righteous due to love**[N] and those who are **righteous due to fear,** i.e., one who performs mitzvot due to love of their reward or due to fear of punishment. **Abaye and Rava said to the** ***tanna*** who transmitted this *baraita*: **Do not teach** in the *baraita*: Those who are **righteous due to love** and those who are **righteous due to fear, as Rav Yehuda says that Rav says: A person should always engage**[H] **in Torah** study **and in** performance of **the mitzvot even if** he does **not** do so **for their own sake,**[N] **as through** performing them **not for their own sake,** one **comes** to perform them **for their own sake.**

אֲמַר רַב נַחְמָן בַּר יִצְחָק: דְּמִטַּמְרָא מִטַּמְרָא, וּדְמִגַּלְיָא מִגַּלְיָא, בֵּי דִינָא רַבָּה לִיתְפְּרַע מֵהָנֵי דְּחָפוּ גּוּנְדֵי. אֲמַר לָהּ יַנַּאי מַלְכָּא לִדְבֵיתְהּ: אַל תִּתְיָרְאִי מִן הַפְּרוּשִׁין וְלֹא מִמִּי שֶׁאֵינָן פְּרוּשִׁין, אֶלָּא מִן הַצְּבוּעִין שֶׁדּוֹמִין לִפְרוּשִׁין, שֶׁמַּעֲשֵׂיהֶן כְּמַעֲשֵׂה זִמְרִי וּמְבַקְשִׁין שָׂכָר כְּפִנְחָס.

Rav Naḥman bar Yitzḥak said: That **which is hidden is hidden, and** that **which is revealed is revealed,** but in Heaven everything is known, and **the great court** in Heaven **will exact payment from those who wear the cloak** of the righteous[N] but are in fact unworthy. The Gemara relates: **King Yannai said to his wife**[B] before he died: **Do not be afraid of the Pharisees [*perushin*],**[B] **and neither** should you fear **from those who are not Pharisees,** i.e., the Sadducees; **rather,** beware **of the hypocrites who appear like Pharisees, as their actions are like the act of** the wicked **Zimri**[N] **and they request** a **reward like** that of the righteous **Pinehas** (see Numbers, chapter 25).

HALAKHA

A person should always engage, etc. – לְעוֹלָם יַעֲסוֹק אָדָם וכו׳: Ideally, one should engage in Torah study and in performance of the mitzvot out of love for and fear of God. Nevertheless, one should always engage in Torah study and in the performance of mitzvot, even if one does not do so for their own sake, as through performing them not for their own sake one comes to perform them for their own sake (Rambam *Sefer HaMadda, Hilkhot Talmud Torah* 3:5 and *Hilkhot Teshuva* 10:5; *Shulḥan Arukh, Yoreh De'a* 246:20).

BACKGROUND

King Yannai said to his wife – אֲמַר לָהּ יַנַּאי מַלְכָּא לִדְבֵיתְהּ: Josephus (*Antiquities of the Jews* XIII) gives an account of the final will of King Yannai to his wife, which primarily involved his counsel to her to accept the authority of the Pharisees in every matter, as she did in fact do during the remaining years of her rule. According to the Gemara here, he apparently also advised her that she need not fear the Pharisees, even though they were his bitter enemies during most of his reign. Rather, she should fear the hypocrites who use the crown of Torah to further their personal objectives.

The Pharisees [*perushin*] – הַפְּרוּשִׁין: The name Pharisees is usually understood as referring to the rabbinic Sages, particularly during the late Second Temple period. Nevertheless, the Sages rarely referred to themselves by this term, and it was used more often by their opponents. Although some suggest that the term means: Those who interpret or expound, i.e., those who expound the Written Torah, many explain that the term means separatists. The reference to the Sages as separatists who reject community norms could be either a positive or a negative appellation, depending on one's perspective on general society at the time. The term *perushin* is also used by the mishna and Gemara earlier in reference to those who injure themselves as a sign of false abstinence and the pseudo-righteous. The choice of this term may be an example of self-criticism on the part of the Sages with regard to the activities of some members of their community.

NOTES

Tell me what my obligation is, etc. – מָה חוֹבָתִי וכו׳: In the Jerusalem Talmud this phrase is rendered as: Tell me what my transgression is, and I will perform a mitzva in order to cancel it out.

Those who are righteous due to love – פָּרוּשׁ מֵאַהֲבָה וכו׳: The Ran explains that this refers to one who acts righteously out of love for or fear of another person.

Engage in Torah study…even if he does not do so for their own sake – יַעֲסוֹק...בַּתּוֹרָה...אֲפִילּוּ שֶׁלֹּא לִשְׁמָהּ: *Tosafot* cite a number of sources which maintain that if one studies Torah not for its own sake, it would have been preferable for him had he not been created. This apparently contradicts Rav's statement. *Tosafot* resolve this difficulty by distinguishing between different types of impure intentions: If one studies Torah with the intention of ridiculing the Torah or Torah scholars, it would be better for him not to study at all. If, however, one studies Torah out of external motives, e.g., in order to attain honor, this is acceptable, if not ideal, behavior, as it will lead one to engage in Torah study and mitzvot for the sake of Heaven. The Rambam explains that performing mitzvot due to external motivation is a necessary educational method; children are taught to behave correctly by receiving small rewards, and as they grow older their interest shifts to more substantial rewards, until ultimately they attain the understanding that one should perform the mitzvot for no reason other than the sake of Heaven.

Who wear the cloak [*gundei*] of the righteous, etc. – דְּחָפוּ גּוּנְדֵי וכו׳: Some of the early commentaries explain that the term *gundei* refers to black garments (*Arukh*). The Maharsha explains that this might refer to individuals who wore black clothes in order to appear in mourning for the destruction of the Temple.

Their actions are like the act of the wicked Zimri, etc. – שֶׁמַּעֲשֵׂיהֶן כְּמַעֲשֵׂה זִמְרִי וכו׳: The Maharsha notes that the comparison of the pseudo-righteous to Zimri is difficult, as Zimri transgressed publicly and did not hide his actions. He explains that Pinehas received a reward because of his zeal in stopping the behavior of Zimri. The essence of this aphorism is that the pseudo-righteous behave sinfully and yet present themselves as deserving of reward for those very matters in which they secretly transgress. Others explain that Zimri claimed that his behavior was permitted, and so too, the hypocrites find justification for their actions (*Ben Yehoyada*).

Alternatively, some explain that the main emphasis of this aphorism is in the concluding statement that they request a reward like that of Pinehas. This refers to those who intend to appear zealous for the sake of Heaven like Pinehas, while their intent is not in the least for the sake of Heaven but only to attain a reward for their demonstration of zealotry. King Yannai advised his wife not to fear the actions of the Pharisees, which stemmed from true fear of God, but rather to fear the zealots whose zealotry stemmed from false motives (*Iyyun Ya'akov*; *Ben Yehoyada*).

MISHNA Rabbi Shimon says: Merit does not delay the punishment of the bitter water of a *sota*, and if you say that merit does delay the punishment of the water that causes the curse, as stated earlier by the Rabbis (20a), you weaken [*madhe*][L] the power of the bitter water before all the women who drink the water, who will no longer be afraid of it, as they will rely on their merit to save them. And you defame the untainted women who drank the water and survived, as people say: They are defiled but it is their merit that delayed the punishment for them. Rabbi Yehuda HaNasi says: Merit delays[H] the punishment of the water that causes the curse, but a woman whose punishment is delayed does not give birth and does not flourish; rather, she progressively deteriorates. Ultimately she dies by the same death as a *sota* who dies immediately.

מתני׳ רַבִּי שִׁמְעוֹן אוֹמֵר: אֵין זְכוּת תּוֹלָה בְּמַיִם הַמָּרִים. וְאִם אַתָּה אוֹמֵר הַזְּכוּת תּוֹלָה בְּמַיִם הַמְאָרְרִין – מְדַהֶה אַתָּה אֶת הַמַּיִם בִּפְנֵי כׇּל הַנָּשִׁים הַשּׁוֹתוֹת, וּמוֹצִיא אַתָּה שֵׁם רַע עַל הַטְּהוֹרוֹת שֶׁשָּׁתוּ, שֶׁאוֹמְרִים: טְמֵאוֹת הֵן, אֶלָּא שֶׁתָּלְתָה לָהֶן זְכוּת. רַבִּי אוֹמֵר: הַזְּכוּת תּוֹלָה בְּמַיִם הַמְאָרְרִים, וְאֵינָהּ יוֹלֶדֶת וְאֵינָהּ מְשַׁבַּחַת, אֶלָּא מִתְנַוְּונָה וְהוֹלֶכֶת, לְסוֹף הִיא מֵתָה בְּאוֹתָהּ מִיתָה.

§ If the meal-offering of the *sota* is rendered impure[H] before it has been sanctified in the service vessel, its status is like that of all the other meal-offerings that are rendered impure before being sanctified in a service vessel, and it is redeemed. But if it is rendered impure after it has been sanctified in the service vessel, its status is like that of all the other meal-offerings that are rendered impure after being sanctified in a service vessel, and it is burned. And these are the *sota* women whose meal-offerings are burned if they have already been sanctified in a service vessel:

נִטְמֵאת מִנְחָתָהּ עַד שֶׁלֹּא קָדְשָׁה בִּכְלִי – הֲרֵי הִיא כְּכׇל הַמְּנָחוֹת וְתִפָּדֶה. וְאִם מִשֶּׁקָּדְשָׁה בִּכְלִי – הֲרֵי הִיא כְּכׇל הַמְּנָחוֹת וְתִשָּׂרֵף. וְאֵלּוּ שֶׁמִּנְחוֹתֵיהֶן נִשְׂרָפוֹת:

LANGUAGE

Weaken [*madhe*] – מְדַהֶה: The term *madhe* literally means to cause a color to become dull and weak. Here it is used in the borrowed sense of causing power to weaken. The root of the word is *dalet, heh, heh*, which is similar in meaning to the root *dalet, het, heh*, which denotes removing an item from its place or from its previous status.

HALAKHA

Merit delays, etc. – הַזְּכוּת תּוֹלָה וכו׳: If a woman has the merit of Torah study, it delays the punishment of the bitter water, and she does not die immediately. Rather, she becomes sick and continually deteriorates until she finally dies the death described for a *sota* (Rambam *Sefer Nashim, Hilkhot Sota* 3:20).

If the meal-offering of the *sota* is rendered impure – נִטְמֵאת מִנְחָתָהּ: If the meal-offering of a *sota* is rendered impure before it has been sanctified in a service vessel, it is redeemed and another meal-offering is brought in its place. If it is rendered impure after it has been sanctified in a service vessel, it is burned (Rambam *Sefer Nashim, Hilkhot Sota* 4:14).

Perek **III**
Daf **23** Amud **a**

A woman who confesses and says: I am defiled, and therefore prohibited to you;[H] and a woman with regard to whom witnesses came and testified that she is defiled; and a woman who says: I will not drink the bitter water of a *sota*, even if she does not confess her guilt; and a woman whose husband changed his mind and does not want to force her to drink; and a woman whose husband engaged in sexual intercourse with her on the way to the Temple.

הָאוֹמֶרֶת ״טְמֵאָה אֲנִי לָךְ״; וְשֶׁבָּאוּ לָהּ עֵדִים שֶׁהִיא טְמֵאָה; וְהָאוֹמֶרֶת ״אֵינִי שׁוֹתָה״; וְשֶׁבַּעְלָהּ אֵינוֹ רוֹצֶה לְהַשְׁקוֹתָהּ, וְשֶׁבַּעְלָהּ בָּא עָלֶיהָ בַּדֶּרֶךְ.

And all the women who are married to priests,[N] their meal-offerings are always burned, as the verse states: "And every meal-offering of a priest shall be completely burned; it shall not be eaten" (Leviticus 6:16). An Israelite woman who is married to a priest, her meal-offering is burned; and the daughter of a priest who is married to an Israelite, her meal-offering is eaten.

וְכׇל הַנְּשׂוּאוֹת לְכֹהֲנִים – מִנְחוֹתֵיהֶן נִשְׂרָפוֹת. בַּת יִשְׂרָאֵל שֶׁנְּשֵׂאת לְכֹהֵן – מִנְחָתָהּ נִשְׂרֶפֶת, וְכֹהֶנֶת שֶׁנְּשֵׂאת לְיִשְׂרָאֵל – מִנְחָתָהּ נֶאֱכֶלֶת.

The mishna asks a general question: What are the differences between a priest and the daughter of a priest? The meal-offering of the daughter of a priest is eaten by the priests, but the meal-offering of a priest is not eaten.[H] The daughter of a priest can become disqualified[HN] from marrying a priest and from partaking of *teruma* by engaging in sexual intercourse with someone forbidden to her, but a priest does not become desacralized[N] by engaging in sexual intercourse with a woman forbidden to him.

מַה בֵּין כֹּהֵן לְכֹהֶנֶת? מִנְחַת כֹּהֶנֶת נֶאֱכֶלֶת וּמִנְחַת כֹּהֵן אֵינָהּ נֶאֱכֶלֶת, כֹּהֶנֶת מִתְחַלֶּלֶת וְכֹהֵן אֵין מִתְחַלֵּל,

HALAKHA

A woman who confesses and says, I am defiled to you, etc. – הָאוֹמֶרֶת טְמֵאָה אֲנִי לָךְ וכו׳: If, before the handful is removed from the meal-offering, the woman confesses that she is defiled; or if she says: I will not drink; or if her husband does not want to force her to drink; or if witnesses come and say that she is defiled; or if either the man or the woman dies; then the entire meal-offering is burned. If any of these events occur after the handful is removed, then the remainder of the meal-offering is eaten (Rambam *Sefer Nashim, Hilkhot Sota* 4:14).

The meal-offering of a priest is not eaten – מִנְחַת כֹּהֵן אֵינָהּ נֶאֱכֶלֶת: The handful is not removed from any of the meal-offerings brought by priests, neither from voluntary meal-offerings or from obligatory meal-offerings. Their meal-offerings are burned on the altar in their entirety (Rambam *Sefer Avoda, Hilkhot Ma'aseh HaKorbanot* 2:9).

The daughter of a priest can become disqualified, etc. – כֹּהֶנֶת מִתְחַלֶּלֶת וכו׳: If the daughter of a priest engaged in sexual intercourse with someone forbidden to her, she is disqualified from marrying a priest and from partaking of *teruma*. If a priest engaged in sexual intercourse with a woman forbidden to him, he does not become desacralized (Rambam *Sefer Zera'im, Hilkhot Terumot* 6:7 and *Sefer Kedusha, Hilkhot Issurei Bia* 19:1; *Shulḥan Arukh, Even HaEzer* 7:13).

NOTES

And all the women who are married to priests, etc. – וְכׇל הַנְּשׂוּאוֹת לְכֹהֲנִים וכו׳: According to Rashi this principle applies to any meal-offering, both obligatory and voluntary, brought by the wife of a priest. The commentaries find this explanation difficult; if she brings a meal-offering from her own money, why should it be considered the meal-offering of a priest? Although generally anything acquired by a woman belongs to her husband, there are instances where a woman might own possessions to which her husband has no rights. Some suggest that in a case where the meal-offering belongs entirely to the woman, Rashi would agree that it is not burned (*Devar Shaul*). However, in the Jerusalem Talmud it is explained that this principle applies only to the meal-offering of a *sota*, in which the husband certainly has a share (see *Keren Ora*).

The daughter of a priest can become disqualified – כֹּהֶנֶת מִתְחַלֶּלֶת: This *halakha* applies to any woman who engages in forbidden sexual intercourse, not only to the daughter of a priest. Nevertheless, since a priest does not become desacralized in this manner, this *halakha* is listed among the differences between a priest and the daughter of a priest (*Tosefot HaRosh*).

A priest does not become desacralized – כֹּהֵן אֵין מִתְחַלֵּל: Although a priest does not become desacralized by engaging in forbidden sexual intercourse, as long as he remains married to a woman forbidden to him he is unfit to serve in the Temple (Rambam's Commentary on the Mishna).

כֹּהֶנֶת מִטַּמְּאָה לַמֵּתִים וְאֵין כֹּהֵן מִטַּמֵּא לַמֵּתִים, כֹּהֵן אוֹכֵל בְּקָדְשֵׁי קָדָשִׁים וְאֵין כֹּהֶנֶת אוֹכֶלֶת בְּקָדְשֵׁי קָדָשִׁים.

The **daughter of a priest may become impure**[H] with impurity imparted **by a corpse, but a priest may not become impure** with impurity imparted **by a corpse** except for the burial of his seven closest relatives. **A priest may eat from offerings of the most sacred order,**[H] **but the daughter of a priest may not eat from offerings of the most sacred order.**

מַה בֵּין אִישׁ לְאִשָּׁה? הָאִישׁ פּוֹרֵעַ וּפוֹרֵם וְאֵין הָאִשָּׁה פּוֹרַעַת וּפוֹרֶמֶת, הָאִישׁ מַדִּיר אֶת בְּנוֹ בְּנָזִיר וְאֵין הָאִשָּׁה מַדֶּרֶת בְּנָהּ בְּנָזִיר, הָאִישׁ מְגַלֵּחַ עַל נְזִירוּת אָבִיו וְאֵין הָאִשָּׁה מְגַלַּחַת עַל נְזִירוּת אָבִיהָ,

What are the halakhic differences **between a man and a woman?**[N] **A man lets** his hair **grow and rends** his garments[H] when he is a leper, **but a woman does not let** her hair **grow or rend** her garments when she is a leper. **A man can vow** that **his** minor **son** shall **be a nazirite,**[HN] obligating the son to remain a nazirite even during his adulthood, **but a woman cannot vow**[N] that **her son** shall **be a nazirite. A man can shave**[H] at the culmination of his nazariteship by using offerings originally designated for **his father's naziriteship,** i.e., if one's father was also a nazirite and he died having already designated offerings for the culmination of his naziriteship; **but a woman cannot shave** at the culmination of her naziriteship by using offerings designated for **her father's naziriteship.**

הָאִישׁ מְקַדֵּשׁ אֶת בִּתּוֹ וְאֵין הָאִשָּׁה מְקַדֶּשֶׁת אֶת בִּתָּהּ, הָאִישׁ מוֹכֵר אֶת בִּתּוֹ וְאֵין הָאִשָּׁה מוֹכֶרֶת אֶת בִּתָּהּ, הָאִישׁ נִסְקָל עָרוֹם וְאֵין הָאִשָּׁה נִסְקֶלֶת עֲרוּמָּה, הָאִישׁ נִתְלֶה וְאֵין הָאִשָּׁה נִתְלֵית, הָאִישׁ נִמְכָּר בִּגְנֵיבָתוֹ וְאֵין הָאִשָּׁה נִמְכֶּרֶת בִּגְנֵיבָתָהּ.

A man can betroth his daughter[H] to another man while she is a minor, **but a woman cannot betroth her daughter** even while she is a minor. **A man can sell his daughter**[H] as a maidservant while she is a minor, **but a woman cannot sell her daughter** as a maidservant even while she is a minor. **A man is stoned naked, but a woman is not stoned naked. A man is hanged** after he is stoned for certain transgressions, **but a woman is not hanged. A man is sold for his** committing an act of **theft** in order to pay his debt, **but a woman is not sold for her** committing an act of **theft.**

גמ׳ תָּנוּ רַבָּנַן: כָּל הַנְּשׂוּאוֹת לִכְהוּנָּה – מִנְחוֹתֵיהֶן נִשְׂרָפוֹת. כֵּיצַד? כֹּהֶנֶת, לְוִיָּה וְיִשְׂרְאֵלִית שֶׁנִּשֵּׂאת לְכֹהֵן – אֵין מִנְחָתָהּ נֶאֱכֶלֶת מִפְּנֵי שֶׁיֵּשׁ לוֹ חֵלֶק בָּהּ; וְאֵינָהּ עוֹלָה כָּלִיל מִפְּנֵי שֶׁיֵּשׁ לָהּ חֵלֶק בָּהּ. אֶלָּא הַקּוֹמֶץ קָרֵב בְּעַצְמוֹ וְהַשִּׁירַיִם קְרֵיבִין בְּעַצְמָן.

GEMARA **The Sages taught** (*Tosefta* 2:6): **All the women who are married into the priesthood, their meal-offerings are burned. How so?** With regard to **the daughter of a priest,** or **the daughter of a Levite or an Israelite woman who is married to a priest, her meal-offering is not eaten due to** the fact **that** her father or husband, respectively, **has a share in** the meal-offering, and it is therefore treated as the meal-offering of a priest, which is not eaten. **But it is not completely burned** without removing a handful from it, as the Torah states with regard to the meal-offering of a priest, **due to** the fact **that she** also **has a share in it. Rather, the handful is sacrificed by itself, and the remainder** of the meal-offering **is sacrificed by itself.**

NOTES

What are the halakhic differences between a man and a woman – מַה בֵּין אִישׁ לְאִשָּׁה: *Tosafot* note that this list is not comprehensive, and many additional differences are listed in the *Tosefta.*

A man can vow that his minor son shall be a nazirite – הָאִישׁ מַדִּיר אֶת בְּנוֹ בְּנָזִיר: According to Rashi, the father's vow continues to obligate the son even after the son reaches the age of majority. Conversely, *Tosafot* (*Nazir* 30a) and the Rambam hold that once the son reaches the age of majority, his father ceases to have authority over him, and therefore the father's vow cannot obligate him against his will.

But a woman cannot vow, etc. – וְאֵין הָאִשָּׁה מַדֶּרֶת וכו׳: The Radak asks how Hannah could vow that if she gave birth to a son, he would be a nazirite all his life (see I Samuel, chapter 1), as a woman cannot vow that her son shall be a nazirite. Some commentaries answer that her declaration did not effect the vow; her intention was that she would entreat her husband until he imposed the vow on their son (*Tiferet Yisrael*). In any event, Hannah's vow certainly falls outside the general *halakhot* of naziriteship, as she took the vow before her son was even conceived, and a vow taken with regard to an entity that is not yet in the world does not take effect.

HALAKHA

The daughter of a priest may become impure, etc. – כֹּהֶנֶת מִטַּמְּאָה וכו׳: A priest is prohibited from becoming impure with impurity imparted by a corpse, except in the case of the burial of his seven closest relatives or of a corpse with no one to bury it. This prohibition does not apply to the daughter of a priest (Rambam *Sefer Shofetim, Hilkhot Evel* 3:1, 11; *Shulḥan Arukh, Even HaEzer* 369:1).

A priest may eat from offerings of the most sacred order, etc. – כֹּהֵן אוֹכֵל בְּקָדְשֵׁי קָדָשִׁים וכו׳: The sin-offering, the guilt-offering, and the remainder of the meal-offering are offerings of the most sacred order. They are eaten only by the males of the priesthood (Rambam *Sefer Avoda, Hilkhot Ma'aseh HaKorbanot* 10:3).

A man lets his hair grow and rends his garments, etc. – הָאִישׁ פּוֹרֵעַ וּפוֹרֵם וכו׳: It is a positive mitzva for the leper to cover his head and upper lip in the manner of a mourner throughout the period of his confirmed leprosy. He must also rend his garments. A female leper does not let her hair grow or rend her garments, and she does not cover her upper lip (Rambam *Sefer Tahara, Hilkhot Tumat Tzara'at* 10:6, 8).

A man can vow that his minor son shall be a nazirite – הָאִישׁ מַדִּיר אֶת בְּנוֹ בְּנָזִיר: A man can vow that his minor son shall be a nazirite, even before the son reaches the age at which his own vows are valid. A woman cannot vow that her son shall be a nazirite (Rambam *Sefer Hafla'a, Hilkhot Nezirut* 2:13).

A man can shave, etc. – הָאִישׁ מְגַלֵּחַ וכו׳: If a man vowed to be a nazirite, and his father was also a nazirite but died before he finished his naziriteship, then at the culmination of the son's naziriteship he can sacrifice the offerings that his father designated for his own naziriteship, and he can shave on account of them. However, a woman cannot shave at the culmination of her naziriteship by using offerings designated for her father's naziriteship (Rambam *Sefer Hafla'a, Hilkhot Nezirut* 8:15).

A man can betroth his daughter, etc. – הָאִישׁ מְקַדֵּשׁ אֶת בִּתּוֹ וכו׳: A father can betroth his daughter to another man even without her knowledge, as long as she is a minor or a young woman. However, a mother does not have the authority to betroth her daughter even while she is a minor. In the case of a minor girl who has no father, if her mother or her brothers marry her off with her consent, the marriage is valid by rabbinic ordinance. In that case, if upon reaching majority she does not wish to remain with her husband she does not require a bill of divorce, and her refusal to remain married to him is sufficient in order to annul the marriage (Rambam *Sefer Nashim, Hilkhot Ishut* 3:11 and *Hilkhot Geirushin* 11:1; *Shulḥan Arukh, Even HaEzer* 37:1, 155:1).

A man can sell his daughter – הָאִישׁ מוֹכֵר אֶת בִּתּוֹ: A minor girl who was sold by her father is considered a Hebrew maidservant (Rambam *Sefer Kinyan, Hilkhot Avadim* 4:1).

אִיקְרֵי כָּאן: כׇּל שֶׁהוּא מִמֶּנּוּ לָאִישִּׁים – הֲרֵי הוּא בְּבַל תַּקְטִירוּ! אֲמַר יְהוּדָה בְּרֵיהּ דְּרַבִּי שִׁמְעוֹן בֶּן פָּזִי: דְּמַסִּיק לְהוּ לְשׁוּם עֵצִים, כְּרַבִּי אֱלִיעֶזֶר. דְּתַנְיָא, רַבִּי אֱלִיעֶזֶר אוֹמֵר: לְרֵיחַ נִיחוֹחַ אִי אַתָּה מַעֲלֶה, אֲבָל אַתָּה מַעֲלֵיהוּ לְשׁוּם עֵצִים.

The Gemara asks: One should **apply here** the principle that in the case of **any** offering **that is** meant to be **partly** burned **on the flames** of the altar,[H] one who burns the remainder of the offering **is** subject **to** the prohibition: **Do not burn.** This prohibition is derived from the verse: "You shall not burn of it as an offering made by fire unto the Lord" (Leviticus 2:11). **Yehuda, son of Rabbi Shimon ben Pazi, said that** the priest **burns** the remainder not as an offering but **for the purpose of firewood.** This is permitted, **in accordance with** the opinion of **Rabbi Eliezer, as it is taught** in a *baraita* that **Rabbi Eliezer says:** With regard to those parts of an offering which may not be burned, **for a pleasing aroma you may not burn** them; **however, you may burn them** on the altar **for the purpose of firewood.**[H]

הָנִיחָא לְרַבִּי אֱלִיעֶזֶר, דְּאִית לֵיהּ הַאי סְבָרָא, אֶלָּא לְרַבָּנַן דְּלֵית לְהוּ הַאי סְבָרָא, מַאי אִיכָּא לְמֵימַר? דְּעָבְדִי לְהוּ כְּרַבִּי אֶלְעָזָר בְּרַבִּי שִׁמְעוֹן. דְּתַנְיָא, רַבִּי אֶלְעָזָר בְּרַבִּי שִׁמְעוֹן אוֹמֵר: הַקּוֹמֶץ קָרֵב בְּעַצְמוֹ, וְהַשִּׁירַיִם מִתְפַּזְּרִים עַל בֵּית הַדֶּשֶׁן.

The Gemara continues: **This works out well according to** the opinion of **Rabbi Eliezer, who holds** in accordance with **this reasoning** and permits burning the remainder of an offering as firewood; **however,** according **to the Rabbis, who do not hold** in accordance with **this reasoning, what can be said?** How is the remainder burned on the altar? The Gemara answers: **With** regard to the remainder, **they act in accordance with** the opinion **of Rabbi Elazar, son of Rabbi Shimon, as it is taught** in a *baraita*: **Rabbi Elazar, son of Rabbi Shimon, says** with regard to the meal-offering of a sinner who is a priest: **The handful is** removed from the meal-offering and **sacrificed by itself, and the remainder** is neither eaten nor burned on the altar; rather, it **is scattered on the place of the ashes.**

HALAKHA

Any offering which is meant to be partly burned on the flames of the altar – כׇּל שֶׁהוּא מִמֶּנּוּ לָאִישִּׁים: It is prohibited to burn on the altar anything that is not fit for burning on the altar, e.g., the flesh of sin-offerings and guilt-offerings or the remainder of meal-offerings, as there is a *halakha* transmitted by tradition that prohibits burning the remainder of any offering that is meant to be partly burned on the altar (Rambam *Sefer Avoda, Hilkhot Issurei Mizbe'aḥ* 5:5).

You may burn them for the purpose of firewood – אַתָּה מַעֲלֵיהוּ לְשׁוּם עֵצִים: In a case where one burned leaven or honey by itself on the altar, if one burned it only as firewood, he is exempt from punishment, as although it is prohibited to burn these as an offering to God, it is permitted to burn them as firewood (Rambam *Sefer Avoda, Hilkhot Issurei Mizbe'aḥ* 5:3).

Perek **III**
Daf **23** Amud **b**

וַאֲפִילּוּ רַבָּנַן לָא פְּלִיגִי עֲלֵיהּ דְּרַבִּי אֶלְעָזָר בְּרַבִּי שִׁמְעוֹן אֶלָּא בְּמִנְחַת חוֹטֵא שֶׁל כֹּהֲנִים דְּבַת הַקְרָבָה הִיא, אֲבָל בְּהָא – אֲפִילּוּ רַבָּנַן מוֹדוּ.

And even the Rabbis do not disagree with Rabbi Elazar, son of Rabbi Shimon, except with regard to the meal-offering of a sinner who is **a priest,** as they hold that **it is fit to be sacrificed** in its entirety without removing a handful. **However, in this** case, i.e., in the case of the meal-offering of a *sota* who is married to a priest, **even the Rabbis agree**[H] that its remainder is scattered on the place of the ashes, since the handful is removed from the offering.

"בַּת יִשְׂרָאֵל הַנְּשׂוּאָה" וכו׳. מַאי טַעְמָא? דְּאָמַר קְרָא: "וְכׇל מִנְחַת כֹּהֵן כָּלִיל תִּהְיֶה, לֹא תֵאָכֵל" – כֹּהֵן וְלֹא כֹּהֶנֶת.

§ The mishna states: In the case of **an Israelite woman who is married** to a priest, her meal-offering is burned; and in the case of the daughter of a priest who is married to an Israelite, her meal-offering is eaten. The Gemara asks: **What is the reason** for this? This is **as the verse states: "And every meal-offering of a priest shall be completely burned; it shall not be eaten"** (Leviticus 6:16). One can infer that this applies to **a priest, but not** to **the daughter of a priest.**[H]

"כֹּהֶנֶת מִתְחַלֶּלֶת, כֹּהֵן אֵין מִתְחַלֵּל". מְנָלַן? דְּאָמַר קְרָא: "וְלֹא יְחַלֵּל זַרְעוֹ בְּעַמָּיו" – זַרְעוֹ מִתְחַלֵּל וְהוּא אֵינוֹ מִתְחַלֵּל.

The mishna states: The **daughter of a priest can become disqualified** from marrying a priest and from partaking of *teruma* by engaging in sexual intercourse with someone forbidden to her, but a **priest does not become desacralized** by engaging in sexual intercourse with a woman forbidden to him. The Gemara asks: **From where do we** derive this? It is **as the verse states** with regard to a priest who marries a woman forbidden to him: **"And he shall not disqualify**[N] **his offspring among his people"** (Leviticus 21:15), indicating that **his offspring** from forbidden intercourse **are desacralized, but he is not** personally **desacralized** through his actions.

"כֹּהֶנֶת מִטַּמְּאָה" כו׳. מַאי טַעְמָא? אָמַר קְרָא: "אֱמֹר אֶל הַכֹּהֲנִים בְּנֵי אַהֲרֹן" – "בְּנֵי אַהֲרֹן" וְלֹא בְּנוֹת אַהֲרֹן.

The mishna states: **A daughter of a priest may become impure** with impurity imparted by a corpse, but a priest may not. The Gemara asks: **What is the reason** for this? The Gemara answers: **The verse states: "Speak to the priests, the sons of Aaron,** and say to them: None shall become impure for the dead among his people" (Leviticus 21:1). The verse indicates that this applies to **the sons of Aaron and not** to **the daughters of Aaron.**

HALAKHA

In this case even the Rabbis agree, etc. – בְּהָא אֲפִילּוּ רַבָּנַן מוֹדוּ: In the case of a woman who is married to a priest, whether she is the daughter of a priest or an Israelite, the remainder of her meal-offering is not eaten on account of the share of her husband, who is a priest; neither is it burned, on account of her share. Rather, the handful is sacrificed by itself, and the remainder is scattered on the place of the ashes, in accordance with the conclusion of the Gemara. This applies both to the meal-offering of a *sota* and to any other meal-offering brought by the wife of a priest (Rambam *Sefer Avoda, Hilkhot Ma'aseh HaKorbanot* 12:12 and *Sefer Nashim, Hilkhot Sota* 4:15).

A priest but not to the daughter of a priest – כֹּהֵן וְלֹא כֹּהֶנֶת: The meal-offering of the daughter of a priest is sacrificed in the manner of all other meal-offerings; the handful is sacrificed on the altar and the remainder is eaten (Rambam *Sefer Avoda, Hilkhot Ma'aseh HaKorbanot* 2:10).

NOTES

And he shall not disqualify etc. – וְלֹא יְחַלֵּל וכו׳: The Gemara here presents the interpretation of these verses in an abbreviated form. Elsewhere (*Kiddushin* 77a) the Gemara explains fully why a priest who engages in sexual intercourse with a woman forbidden to him does not become desacralized, yet the woman with whom he engages in intercourse is disqualified from marrying a priest.

"כֹּהֵן אוֹכֵל בְּקָדְשֵׁי קָדָשִׁים", דִּכְתִיב: "כָּל זָכָר בִּבְנֵי אַהֲרֹן יֹאכְלֶנָּה".

The mishna states: **A priest may eat from offerings of the most sacred order,** but a daughter of a priest may not eat from offerings of the most sacred order. The Gemara explains: This is derived **as it is written** with regard to the meal-offering, which is an offering of the most sacred order: **"Every male among the children of Aaron may eat of it"** (Leviticus 6:11).

"וּמָה בֵּין אִישׁ" כו׳. תָּנוּ רַבָּנַן: "אִישׁ" – אֵין לִי אֶלָּא אִישׁ, אִשָּׁה מִנַּיִן? כְּשֶׁהוּא אוֹמֵר: "וְהַצָּרוּעַ אֲשֶׁר בּוֹ" – הֲרֵי כָּאן שְׁנַיִם.

§ The mishna states: **And what** are the halakhic differences **between a man** and a woman? A man lets his hair grow and rends his garments when he is a leper, but a woman does not. **The Sages taught:** The verse states: "He is a leprous **man,** he is impure" (Leviticus 13:44). **I have** derived **only** that the *halakhot* of a confirmed leper apply to a **man; from where** do I derive that they apply to **a woman? When it says** in the subsequent verse: **"And the leper**[N] **in whom** the plague is, his clothes shall be rent, and the hair of his head shall grow wild and he shall cover his upper lip; and he shall cry: Impure, impure" (Leviticus 13:45), **there are two** individuals indicated **here,**[H] as this verse did not need to restate "and the leper," as the subject of the verse was clear from the previous verse.

אִם כֵּן מָה תַּלְמוּד לוֹמַר "אִישׁ"? לְעִנְיַן שֶׁלְּמַטָּה: "אִישׁ פּוֹרֵעַ" וכו׳.

If so, what is the meaning when **the verse states:** A leprous **"man"?** This is referring **to the matter** of rending one's clothes and letting one's hair grow wild, **which** is stated in the verse **below,** and teaches that **a man lets** the hair of his head **grow** and rends his garments, but a woman does not.

"הָאִישׁ מַדִּיר אֶת בְּנוֹ בְּנָזִיר, וְאֵין הָאִשָּׁה מַדֶּרֶת בְּנָהּ בְּנָזִיר". אָמַר רַבִּי יוֹחָנָן: הֲלָכָה הִיא בְּנָזִיר. "הָאִישׁ מְגַלֵּחַ עַל נְזִירוּת אָבִיו, וְאֵין הָאִשָּׁה מְגַלַּחַת עַל נְזִירוּת אָבִיהָ". אָמַר רַבִּי יוֹחָנָן: הֲלָכָה הִיא בְּנָזִיר.

The mishna states: **A man can vow** that **his** minor **son** shall **be a nazirite, but a woman cannot vow** that **her son** shall **be a nazirite. Rabbi Yoḥanan says: This is a** *halakha* transmitted orally to Moses from Sinai **with regard to** the **nazirite,** and it is not derived from the Bible. The mishna states: **A man can shave** at the culmination of his naziriteship **by** using offerings designated for **his father's naziriteship, but a woman cannot shave by** using offerings designated for **her father's naziriteship. Rabbi Yoḥanan says: This is a** ***halakha*** transmitted orally to Moses from Sinai **with regard to** the **nazirite,** and it is not derived from the Bible.

"הָאִישׁ מְקַדֵּשׁ אֶת בִּתּוֹ, וְאֵין הָאִשָּׁה מְקַדֶּשֶׁת אֶת בִּתָּהּ", דִּכְתִיב: "אֶת בִּתִּי נָתַתִּי לָאִישׁ הַזֶּה". "הָאִישׁ מוֹכֵר אֶת בִּתּוֹ, וְאֵין הָאִשָּׁה מוֹכֶרֶת אֶת בִּתָּהּ", דִּכְתִיב: "וְכִי יִמְכּוֹר אִישׁ אֶת בִּתּוֹ".

The mishna states: **A man can betroth his daughter** to another man while she is a minor, **but a woman cannot betroth her daughter.** The Gemara explains: This is **as it is written:** "And the father of the maiden shall say to the elders: **I gave my daughter to this man** as a wife" (Deuteronomy 22:16), indicating that it is only the father who has the power to betroth his daughter. The mishna states: **A man can sell his daughter** as a maidservant **but a woman cannot sell her daughter.** The Gemara explains: This is derived **as it is written: "And if a man sells his daughter** to be a maidservant" (Exodus 21:7), indicating that only a man can sell his daughter, while a woman cannot.

"הָאִישׁ נִסְקָל עָרוֹם" כו׳. מַאי טַעְמָא? "וְרָגְמוּ אוֹתוֹ". מַאי "אוֹתוֹ"? אִילֵימָא "אוֹתוֹ" – וְלֹא אוֹתָהּ, וְהָכְתִיב: "וְהוֹצֵאתָ אֶת הָאִישׁ הַהוּא אוֹ אֶת הָאִשָּׁה הַהִיא"! אֶלָּא אוֹתוֹ בְּלֹא כְּסוּתוֹ, וְלֹא אוֹתָהּ בְּלֹא כְּסוּתָהּ.

§ The mishna states: **A man is stoned naked,** but a woman is not stoned naked. The Gemara asks: **What is the reason** for this? The Gemara answers: The verse states: **"And** let the entire congregation **stone him"** (Leviticus 24:14). **What** does the term **"him"** come to exclude? **If we say** this means that they stone **him but not her,** i.e., that a woman is not stoned at all, **but isn't it written: "And you shall take out that man or that woman,** who did this evil thing, to your gates, that man or that woman; and you shall stone them with stones, and they shall die" (Deuteronomy 17:5). **Rather,** the term **"him"** excludes his garment, indicating that he is stoned **without his garment.**[H] **And** a woman is excluded from this *halakha,* as one may infer from the term "him" that they do **not** stone **her without her garment.**

"הָאִישׁ נִתְלֶה וְאֵין" כו׳. מַאי טַעְמָא? אָמַר קְרָא: "וְתָלִיתָ אוֹתוֹ עַל עֵץ", "אוֹתוֹ" – וְלֹא אוֹתָהּ.

The mishna states: **A man is hanged, but** a woman is **not** hanged. The Gemara asks: **What is the reason** for this? **The verse states:** "And if a man has committed a sin worthy of death, and he is put to death, **and you shall hang him on a tree"** (Deuteronomy 21:22). The verse indicates that one should hang **"him,"** a man, **but not her,**[H] a woman.

NOTES

When it says, and the leper, etc. – כְּשֶׁהוּא אוֹמֵר "וְהַצָּרוּעַ" וכו׳: The later commentaries write that the *baraita* derives this from the term: And the, which is apparently superfluous and comes to include women in these *halakhot* (see *Minḥa Ḥareva*).

HALAKHA

There are two individuals indicated here – הֲרֵי כָּאן שְׁנַיִם: Even if a woman or a eunuch grows a beard, it can become impure with leprosy of the beard (Rambam *Sefer Tahara, Hilkhot Tumat Tzara'at* 8:1).

The term him, without his garment, etc. – אוֹתוֹ בְּלֹא כְּסוּתוֹ וכו׳: When one is taken to be stoned, he is first stripped of his clothes, and his nakedness is covered on his front. A woman is not stoned naked; rather, she wears a single robe (Rambam *Sefer Shofetim, Hilkhot Sanhedrin* 15:1).

Hang him…but not her – וְתָלִיתָ אוֹתוֹ...וְלֹא אוֹתָהּ: It is a positive mitzva to hang the body of a blasphemer or an idol worshipper after he is stoned. Only a man is hanged, but a woman is not (Rambam *Sefer Shofetim, Hilkhot Sanhedrin* 15:6).

The mishna states: **A man is sold for his** committing an act of **theft, but a woman is not sold for her** committing an act of **theft.** The Gemara asks: **What is the reason** for this? **The verse states:** "If the sun rose upon him, there is blood-guilt for him; he shall make restitution; if he has nothing, **then he shall be sold for his theft"** (Exodus 22:2). The verse indicates that he is sold **for his theft,**[H] **but** she is **not** sold **for her theft.**

"הָאִישׁ נִמְכָּר בִּגְנֵיבָתוֹ, וְאֵין הָאִשָּׁה נִמְכֶּרֶת בִּגְנֵיבָתָהּ". מַאי טַעְמָא? אָמַר קְרָא: "וְנִמְכַּר בִּגְנֵיבָתוֹ", "בִּגְנֵיבָתוֹ" – וְלֹא בִּגְנֵיבָתָהּ.

הדרן עלך היה נוטל

HALAKHA

He is sold for his theft, etc. – בִּגְנֵיבָתוֹ וכו׳: A man is sold for committing an act of theft, but a woman is not sold for committing an act of theft (Rambam *Sefer Nezikim, Hilkhot Geneiva* 3:12).

Summary of **Perek III**

The chapter commenced with a discussion concerning the correct order of the Temple ritual for a *sota*. The Gemara concluded that first the woman drinks the bitter water of a *sota*, and afterward her meal-offering is sacrificed.

The chapter then proceeded to discuss the *halakha* in the case of a woman who refuses to drink the water or admits that she is defiled. If she recants before the scroll is erased she is not forced to drink the bitter water, but if she recants once the scroll is erased she is forced to drink unless she admits that she is defiled. With regard to the meal-offering of the *sota*, if the woman refuses to drink the water or admits to being defiled, her offering is scattered and burnt in the place of the ashes. The same *halakha* applies to a meal-offering that was rendered impure, and to a meal-offering that was invalidated because witnesses came and testified that the woman was unfaithful.

The Torah describes the death of a *sota* who is found to be unfaithful: Her belly swells, and her thigh falls away. The Talmud teaches that sometimes her death is delayed due to her merits, and she suffers while she slowly deteriorates until her death.

Also discussed in this chapter was whether it is proper to teach women Torah. Although the Talmud cites different opinions on this matter, the Gemara's conclusion is that women should not be taught those parts of the Torah that they are not required to learn, even though a woman who studies Torah attains reward.

This chapter also listed and discussed a number of halakhic distinctions between men and women.

Introduction to **Perek IV**

Speak to the children of Israel, and say unto them: If the wife of any man goes astray, and acts unfaithfully against him.

(Numbers 5:12)

But if you have gone astray while under your husband, and if you are defiled, and some man has lain with you besides your husband.

(Numbers 5:20)

And the man shall be clear from iniquity, and that woman shall bear her iniquity.

(Numbers 5:31)

The previous chapters detailed the manner in which a husband issues a warning to his wife not to seclude herself with another man, and explained under what circumstances the woman becomes a *sota* if she disregards the warning. The particulars of the ritual in which the *sota* drinks the bitter water were also discussed.

This chapter discusses situations in which certain aspects of the *sota* ritual do not apply. The cases discussed here fall primarily into two categories. The first consists of cases where the marriage has not yet been completed, such as the case of a betrothed woman or a *yevama*, a widow waiting for her brother-in-law to perform levirate marriage. The second concerns cases where the marriage was prohibited in the first place. The chapter also explores whether the woman collects payment of her marriage contract in cases where the *sota* ritual cannot be performed.

Additionally, the limits of the husband's ability to issue a warning to his wife are discussed. For example, can a husband warn his wife against secluding herself with another man, even if he does not suspect that she will engage in sexual intercourse with that man?

The chapter also deals with whether issuing a warning is exclusively the husband's prerogative or whether the court can issue a warning if a woman acts promiscuously during her husband's absence. In situations where the court is entitled to issue a warning, the parameters of that warning are enumerated.

מתני׳ אֲרוּסָה וְשׁוֹמֶרֶת יָבָם לֹא שׁוֹתוֹת וְלֹא נוֹטְלוֹת כְּתוּבָּה, שֶׁנֶּאֱמַר: "אֲשֶׁר תִּשְׂטֶה אִשָּׁה תַּחַת אִישָׁהּ", פְּרָט לַאֲרוּסָה וְשׁוֹמֶרֶת יָבָם.

MISHNA With regard to **a betrothed woman**[B] who secluded herself with another man after being warned by her betrothed, **and a widow waiting for her brother-in-law [*yavam*]** to perform levirate marriage who secluded herself with another man after being warned by her *yavam*,[N] **they neither drink** the bitter water **nor collect** payment of their **marriage contracts.**[NH] The reason they are not entitled to payment of their marriage contracts is that the betrothed woman became forbidden to her betrothed or the widow became forbidden to her *yavam* due to her own actions of entering into seclusion with the paramour. And the fact that they do not drink the bitter water is **as it is stated:** "This is the law of jealousy, **when a wife, while under her husband, goes astray,** and is defiled" (Numbers 5:29). The verse **excludes a betrothed woman and a widow awaiting her *yavam*;** since they are not yet married, neither is considered as "under her husband."

אַלְמָנָה לְכֹהֵן גָּדוֹל, גְּרוּשָׁה וַחֲלוּצָה לְכֹהֵן הֶדְיוֹט, מַמְזֶרֶת

The mishna delineates cases where the woman's marriage was prohibited in the first place: With regard to **a widow** who was married **to a High Priest,**[H] **or a divorcée or *ḥalutza***[B] who was married **to a common priest,**[B] or **a *mamzeret***

NOTES

And a widow waiting for her brother-in-law who secluded herself after being warned by her *yavam* – וְשׁוֹמֶרֶת יָבָם: The commentaries raise a difficulty: The Gemara (18b) concludes that if a widow awaiting her *yavam* engaged in sexual intercourse with another man, she is not forbidden to the *yavam*. If so, why does she forfeit payment of her marriage contract? Rashi explains that although the *yavam* is permitted to marry her, he can refuse to marry her due to her promiscuous behavior, and since his refusal is prompted by her actions, she forfeits payment of her marriage contract.

Many commentaries question Rashi's understanding and offer alternative explanations. *Tosafot* note that according to the Gemara (24b), the mishna is referring to a case where the *yavam* already engaged in sexual intercourse with the widow. In this case, by engaging in sexual intercourse with another man, the widow becomes prohibited to the *yavam*, and therefore she forfeits payment of her marriage contract.

Other early commentaries explain that this mishna is not in accordance with the *halakha*. Rather, it is in accordance with the opinion of Rabbi Akiva, who equates women who are forbidden by a standard Torah prohibition to women who are forbidden on penalty of *karet*. Since a widow awaiting her *yavam* is prohibited to everyone else, Rabbi Akiva holds that if she engages in sexual intercourse with another man she becomes prohibited to the *yavam* (*Tosefot HaRash*; *Tosefot HaRosh*).

A betrothed woman…nor collect payment of their marriage contracts – אֲרוּסָה...וְלֹא נוֹטְלוֹת כְּתוּבָּה: Although there is an amoraic dispute as to whether a betrothed woman is entitled to a marriage contract, all agree that under normal circumstances, if her betrothed wrote her a marriage contract, she is entitled to collect at least the main sum, which is one hundred dinars for a widow or a divorcée and two hundred dinars for a virgin. This is what she stands to lose if she secludes herself with another man after being warned by her betrothed.

The phrase "while under her husband" (Numbers 5:29) excludes these women only from drinking the bitter water, but not from the *halakha* that prohibits a *sota* to her husband until the bitter water evaluates her fidelity, and since she cannot drink the bitter water, divorce is the only alternative. Since the woman put herself in this position, she loses her right to collect payment of her marriage contract, even though there is no certainty that she was defiled. For this reason, even Beit Shammai, who hold that a woman who cannot drink the bitter water due to her husband's death collects payment of her marriage contract, concede that in this case she does not collect payment of her marriage contract.

BACKGROUND

A betrothed woman – אֲרוּסָה: A Jewish wedding is divided into two distinct parts: Betrothal and marriage. The betrothal is the first stage and is usually effected with money or a monetary equivalent, such as a ring, which the man gives the bride. After the betrothal, the woman is considered a married woman who does not yet reside with her husband. She therefore cannot marry another man without first receiving a bill of divorce. Although they are legally married, the couple may not yet live together as man and wife, and most of their mutual obligations do not yet apply. If a betrothed woman engages in sexual intercourse with another man, both have violated the prohibition against adultery and are liable to be executed.

The second stage of the marriage process is the marriage ceremony. Marriage is effected by having the bride and groom come under the bridal canopy, and it confers upon the couple both the rights and the responsibilities associated with marriage.

In talmudic times it was not unusual for a year to elapse between betrothal and marriage, allowing the bride and groom to prepare for the wedding. However, later it became the accepted practice to perform both the betrothal ceremony and the marriage ceremony at the same time, in order to prevent many halakhic and practical difficulties.

***Ḥalutza* – חֲלוּצָה:** A *yevama* who performed the *ḥalitza* ritual, releasing her from her levirate bond, is known as a *ḥalutza*. The term *ḥalitza* is derived from the central element of this ritual, in which the widow removes a special sandal from the foot of one of her deceased husband's brothers, as when the verse states the mitzva for her to remove his sandal, it uses the term "*vaḥaletza*" (Deuteronomy 25:9).

A widow who was married to a High Priest or a divorcée or *ḥalutza* who was married to a common priest – אַלְמָנָה לְכֹהֵן גָּדוֹל גְּרוּשָׁה וַחֲלוּצָה לְכֹהֵן הֶדְיוֹט: By Torah law, it is prohibited for a priest to marry a divorcée and it is prohibited for a High Priest to marry a widow (Leviticus 21:7, 14). By rabbinic law, it is also prohibited for a priest to marry a *ḥalutza*. Since these prohibitions are not punishable by *karet*, if a priest betroths one of these women, the betrothal takes effect; however, it is still prohibited for them to live together, and the offspring of this union are *ḥalalim*, priests disqualified due to flawed lineage.

HALAKHA

A betrothed woman and a widow waiting for her brother-in-law…nor collect payment of their marriage contracts – אֲרוּסָה וְשׁוֹמֶרֶת יָבָם...וְלֹא נוֹטְלוֹת כְּתוּבָּה: With regard to a betrothed woman or a widow awaiting her *yavam*, whose betrothed or *yavam* issued a warning to her and who was then observed by witnesses to seclude herself with the other man, even if she wishes to drink the bitter water and the betrothed or the *yavam* wants her to drink it, she cannot drink it. Rather, she is divorced without receiving payment of her marriage contract (Rambam *Sefer Nashim*, *Hilkhot Sota* 2:2).

A widow who was married to a High Priest – אַלְמָנָה לְכֹהֵן גָּדוֹל: With regard to a man whose wife was forbidden to him, such as a High Priest who was married to a widow, if he issued a warning to her and she then secluded herself with the other man, she does not drink the bitter water. Rather, she is divorced without receiving payment of her marriage contract. This *halakha* applies whether his wife was forbidden to him by an explicit prohibition, by a prohibition stated as a positive mitzva, or even by rabbinic law, e.g., the husband and wife were secondary relatives (Rambam *Sefer Nashim*, *Hilkhot Sota* 2:9).

וּנְתִינָה לְיִשְׂרָאֵל, וּבַת יִשְׂרָאֵל לְמַמְזֵר וּלְנָתִין – לֹא שׁוֹתוֹת וְלֹא נוֹטְלוֹת כְּתוּבָּה.

or Gibeonite woman who was married **to a Jew** of unflawed lineage, **or a Jewish woman** of unflawed lineage who was married **to a *mamzer* or a Gibeonite,** all of these women **neither drink** the bitter water **nor collect** payment of their **marriage contracts,** as the *sota* ritual applies only to permitted marriages.

וְאֵלּוּ לֹא שׁוֹתוֹת וְלֹא נוֹטְלוֹת כְּתוּבָּה: הָאוֹמֶרֶת "טְמֵאָה אֲנִי", וְשֶׁבָּאוּ לָהּ עֵדִים שֶׁהִיא טְמֵאָה, וְהָאוֹמֶרֶת "אֵינִי שׁוֹתָה".

And the following women **neither drink** the bitter water **nor collect** payment of their **marriage contracts:** A woman **who** confesses and **says: I am defiled,**[H] **and** a woman **with regard to whom witnesses came**[H] and testified **that she is defiled, and** a woman **who says: I will not drink** the bitter water,[H] even if she does not confess her guilt.

אָמַר בַּעְלָהּ "אֵינִי מַשְׁקֶה", וְשֶׁבַּעְלָהּ בָּא עָלֶיהָ בַּדֶּרֶךְ – נוֹטְלוֹת כְּתוּבָּה וְלֹא שׁוֹתוֹת.

However, a woman whose **husband said: I will not have** her **drink,**[H] **and** a woman **whose husband engaged in sexual intercourse with her on the way** to the Temple, **collect** payment of their **marriage contracts** even though **they do not drink** the bitter water, as it is due to the husbands that they do not drink.

מֵתוּ בַּעְלֵיהֶן עַד שֶׁלֹּא שָׁתוּ – בֵּית שַׁמַּאי אוֹמְרִים: נוֹטְלוֹת כְּתוּבָּה וְלֹא שׁוֹתוֹת, וּבֵית הִלֵּל אוֹמְרִים: אוֹ שׁוֹתוֹת אוֹ לֹא נוֹטְלוֹת כְּתוּבָּתָן.

If **the husbands** of *sota* women **died before** their wives **drank**[H] the bitter water, **Beit Shammai say: They collect** payment of their **marriage contracts and they do not drink** the bitter water. **And Beit Hillel say: They either drink** the bitter water **or they do not collect** payment of **their marriage contracts.**[N]

מְעוּבֶּרֶת חֲבֵירוֹ וּמֵינִיקַת חֲבֵירוֹ – לֹא שׁוֹתוֹת וְלֹא נוֹטְלוֹת כְּתוּבָּה, דִּבְרֵי רַבִּי מֵאִיר; וַחֲכָמִים אוֹמְרִים: יָכוֹל הוּא לְהַפְרִישָׁהּ וּלְהַחֲזִירָהּ לְאַחַר זְמַן.

A woman who was pregnant with the child **of another**[N] man[H] at the time of her marriage **and a woman who was nursing** the child **of another** man at the time of her marriage **neither drink** the bitter water **nor collect** payment of their **marriage contracts.** This is because by rabbinic law they may not marry for twenty-four months after the baby's birth, and therefore these also constitute prohibited marriages. This is **the statement of Rabbi Meir. And the Rabbis say: He can separate** from her,[N] **and remarry her after** the **time** of twenty-four months has elapsed, and therefore these are considered permitted marriages, and the women can drink the bitter water.

NOTES

They either drink the bitter water or they do not collect payment of their marriage contracts – אוֹ שׁוֹתוֹת אוֹ לֹא נוֹטְלוֹת כְּתוּבָּתָן: The Gemara explains elsewhere (*Ketubot* 81a) that only the husband can bring the *sota* to the Temple to drink. The mishna's intention here is that since the *sota* women must drink the bitter water in order to collect payment of their marriage contracts, and they cannot do so once their husbands have died, they consequently do not collect payment of their marriage contracts.

A woman who was pregnant with the child of another, etc. – מְעוּבֶּרֶת חֲבֵירוֹ וכו׳: The Sages prohibited one from marrying a pregnant or nursing woman until the child is born and weaned, as the woman is liable to become pregnant and cease lactating. This could endanger the child's life, since his sustenance must be claimed from the former husband or from his estate, and the second husband might be lax in his efforts to ensure proper care of a child who is not his own. The *tanna'im* elsewhere disagree with regard to the length of time required until the woman may remarry; however, the *halakha* is in accordance with the opinion that states that this stricture is in effect until a child is twenty-four months old.

He can separate from her, etc. – יָכוֹל הוּא לְהַפְרִישָׁהּ וכו׳: According to the Rabbis, even if one married a pregnant or nursing woman when it was prohibited to marry her, he is permitted to separate from her and remarry her after the requisite time has elapsed. Rabbi Meir, however, disagrees with the Rabbis, and holds that since the man married the pregnant or nursing woman when he was prohibited from doing so, he is required to divorce her and may never remarry her, and therefore, this constitutes a prohibited marriage with regard to the *halakha* of a *sota* (Rambam's Commentary on the Mishna).

HALAKHA

A woman who confesses and says, I am defiled – הָאוֹמֶרֶת טְמֵאָה אֲנִי: A woman who secluded herself with another man after being warned is not forced to drink the bitter water. Therefore, if she confesses and says: I am defiled, she does not drink. Her husband is required to divorce her, she forfeits payment of her marriage contract, and she is forbidden to him forever (Rambam *Sefer Nashim*, *Hilkhot Sota* 2:1).

And a woman with regard to whom witnesses came, etc. – וְשֶׁבָּאוּ לָהּ עֵדִים וכו׳: If witnesses testified that a *sota* was defiled, she does not drink the bitter water. Her husband is required to divorce her, she forfeits payment of her marriage contract, and she is forbidden to him forever (Rambam *Sefer Nashim*, *Hilkhot Sota* 1:14).

And a woman who says, I will not drink the bitter water, etc. – וְהָאוֹמֶרֶת אֵינִי שׁוֹתָה וכו׳: A woman who does not want to drink the bitter water is not forced to drink, even if she maintains that she is innocent of adultery. However, her husband must divorce her, and she does not collect payment of her marriage contract, and she is forbidden to him forever (Rambam *Sefer Nashim*, *Hilkhot Sota* 2:1).

A woman whose husband said, I will not have her drink, etc. – אָמַר בַּעְלָהּ אֵינִי מַשְׁקֶה וכו׳: If a woman secluded herself with another man after she was warned but her husband does not want to have her drink, or if her husband engaged in sexual intercourse with her after the seclusion, she does not drink the bitter water. Her husband is required to divorce her and pay her the sum of her marriage contract, and she is forbidden to him forever (Rambam *Sefer Nashim*, *Hilkhot Sota* 2:1).

If the husbands of *sota* women died before their wives drank – מֵתוּ בַּעְלֵיהֶן עַד שֶׁלֹּא שָׁתוּ: A *sota* whose husband died before she drank the bitter water does not drink it. She also does not collect payment of her marriage contract, in accordance with the opinion of Beit Hillel (Rambam *Sefer Nashim*, *Hilkhot Sota* 2:7).

A woman who was pregnant with the child of another man, etc. – מְעוּבֶּרֶת חֲבֵירוֹ וכו׳: In this case, either a man married a woman who was pregnant with the child of another man, or he married a woman who was nursing the child of another man, in violation of the rabbinic prohibition against such a marriage. Subsequently, the woman secluded herself with a different man, after being warned. The woman is required to drink the bitter water, as her marriage, though prohibited, could be rectified, in accordance with the opinion of the Rabbis (Rambam *Sefer Nashim*, *Hilkhot Sota* 2:9).

אַיְילוֹנִית, וּזְקֵינָה, וְשֶׁאֵינָהּ רְאוּיָה לְיֵלֵד – לֹא נוֹטְלוֹת כְּתוּבָּה וְלֹא שׁוֹתוֹת; רַבִּי אֶלְעָזָר אוֹמֵר: יָכוֹל הוּא לִישָּׂא אִשָּׁה אַחֶרֶת וְלִפְרוֹת וְלִרְבּוֹת הֵימֶנָּה.

A sexually underdeveloped woman who is incapable of bearing children [*ailonit*],[B] **and an elderly woman,**[H] **and** a woman **who is incapable of giving birth** for other reasons, **neither collect** payment of their **marriage contracts nor drink** the bitter water, as marrying a woman who cannot give birth constitutes a violation of the mitzva to be fruitful and multiply. **Rabbi Elazar says: He can marry another woman and procreate through her;** therefore, these are considered permitted marriages, and women in these categories can drink the bitter water.

וּשְׁאָר כׇּל הַנָּשִׁים – אוֹ שׁוֹתוֹת אוֹ לֹא נוֹטְלוֹת כְּתוּבָּה. אֵשֶׁת כֹּהֵן שׁוֹתָה וּמוּתֶּרֶת לְבַעְלָהּ. אֵשֶׁת סָרִיס שׁוֹתָה.

And all other women either drink the bitter water **or do not collect** payment of their **marriage contracts. The wife of a priest drinks,**[H] **and** if she is found to be innocent of adultery, she **is permitted to her husband. The wife of a eunuch** also **drinks.**[H]

עַל יְדֵי כׇּל עֲרָיוֹת מְקַנִּין, חוּץ מִן הַקָּטָן וּמִמִּי שֶׁאֵינוֹ אִישׁ.

A husband **can issue a warning** to his wife forbidding her to seclude herself with any man, even **with regard to all those** men **with whom relations are forbidden,**[H] e.g., her father or brother, with **the exception of a minor and of one who is not a man,** i.e., in a situation where a man suspects his wife of bestiality.

וְאֵלּוּ שֶׁבֵּית דִּין מְקַנִּין לָהֶן: מִי שֶׁנִּתְחָרֵשׁ בַּעְלָהּ, אוֹ נִשְׁתַּטָּה, אוֹ שֶׁהָיָה חָבוּשׁ בְּבֵית הָאֲסוּרִין. לֹא לְהַשְׁקוֹתָהּ אָמְרוּ, אֶלָּא לְפוֹסְלָהּ מִכְּתוּבָּתָהּ. רַבִּי יוֹסֵי אוֹמֵר: אַף לְהַשְׁקוֹתָהּ, לִכְשֶׁיֵּצֵא בַּעְלָהּ מִבֵּית הָאֲסוּרִין יַשְׁקֶנָּה.

And these are the women **to whom the court issues a warning**[H] in place of their husbands: **One whose husband became a deaf-mute or became an imbecile,**[B] **or was incarcerated in prison.** The Sages **said** that the court warns her **not** in order **to have her drink** the bitter water if she disobeys the warning, **but** in order **to disqualify her from** receiving payment of **her marriage contract. Rabbi Yosei says:** The court's warning **also** serves **to have her drink,** and **when her husband is released from prison he has her drink.**

BACKGROUND

A sexually underdeveloped woman who is incapable of bearing children [*ailonit*] – אַיְילוֹנִית: The Talmud discusses the *halakhot* of an *ailonit* in great detail, primarily in tractate *Yevamot*. It appears from these discussions that an *ailonit* is a woman with a genetic disorder that renders her incapable of bearing children. This condition is viewed as being distinct from that of other women, who have suffered from medical complications or defects that subsequently rendered them infertile, although their physical and sexual development was normal. By contrast, the *ailonit* can be recognized by certain abnormal physical traits, including a lack of secondary sex characteristics such as pubic hair. There appear to be several types of medical situations in which a woman is considered to be an *ailonit*, including women who suffer from a surplus of male hormones and those who suffer from Turner syndrome.

The halakhic literature contains many discussions with regard to the status of the *ailonit*, primarily due to the fact that her secondary sex characteristics are either entirely absent or appear only at an older age. One of the discussions concerns the age at which the *ailonit* reaches her majority.

One whose husband became a deaf-mute or became an imbecile – מִי שֶׁנִּתְחָרֵשׁ בַּעְלָהּ אוֹ נִשְׁתַּטָּה: In the past, individuals who were deaf and mute were generally unable to communicate with their surroundings, and as a result, their intellectual development was extremely limited. The categories of a deaf-mute, an imbecile, and a minor are frequently grouped together in the Talmud, as they were viewed as sharing the characteristics of limited intellectual capacity and the lack of ability to act responsibly. As a result, they are exempt from the obligation to perform mitzvot, and are not held responsible for any damage they may cause. They also lack the legal capacity to act as agents. Although these categories are often mentioned together, there are many differences between the *halakhot* governing each of them. The later authorities discuss the legal status of a deaf-mute who acquires the ability to communicate and is therefore not considered to be comparable to an imbecile.

HALAKHA

A sexually underdeveloped woman and an elderly woman, etc. – אַיְילוֹנִית וּזְקֵינָה וכו׳: With regard to one who married a woman who is unable to conceive, including a woman who is sexually underdeveloped or elderly; if he has not yet fulfilled the mitzva of procreation and does not have another wife who is fertile, and he issues a warning to his wife and she nevertheless secludes herself with another man, she does not drink the bitter water and she does not collect payment of her marriage contract. However, if the husband has already fulfilled the mitzva of procreation or if he has another wife who is fertile, and he issues a warning to his wife who is unable to conceive, she may drink the bitter water. This ruling is in accordance with the unattributed mishna, as explained in the Gemara (Rambam *Sefer Nashim, Hilkhot Sota* 2:9).

The wife of a priest drinks – אֵשֶׁת כֹּהֵן שׁוֹתָה: A *sota* who drank the bitter water and did not die immediately is permitted to her husband, even if he is a priest. She is permitted to her husband even if her health begins to deteriorate, as long as she is not afflicted in her belly and thighs in the manner described in the Torah (see Numbers 5:27) with regard to a *sota* who was defiled (Rambam *Sefer Nashim, Hilkhot Sota* 3:21).

The wife of a eunuch drinks – אֵשֶׁת סָרִיס שׁוֹתָה: The wife of a eunuch drinks the bitter water. This *halakha* applies both with regard to someone who was born a eunuch and to someone who was castrated, provided that the woman was permitted to marry him (Rambam *Sefer Nashim, Hilkhot Sota* 2:6).

A husband can issue a warning with regard to all those with whom relations are forbidden, etc. – עַל יְדֵי כׇּל עֲרָיוֹת מְקַנִּין וכו׳: A husband issues a warning to his wife by cautioning her before two witnesses not to seclude herself with a particular man. He may issue a warning to his wife with regard to any man who has reached majority, even with regard to forbidden relatives, e.g., her father or brother, or with regard to a gentile. One may even warn her with regard to a man who is incapable of completing sexual intercourse. However, if one issues a warning to his wife with regard to a minor or with regard to an animal, this is not considered a valid warning (Rambam *Sefer Nashim, Hilkhot Sota* 1:1, 6; *Shulḥan Arukh, Even HaEzer* 178:2).

And these are the women to whom the court issues a warning, etc. – וְאֵלּוּ שֶׁבֵּית דִּין מְקַנִּין לָהֶן וכו׳: If a husband becomes a deaf-mute or an imbecile, or if he is in another country or incarcerated in prison, and the court hears rumors concerning the promiscuous behavior of his wife, the court summons her and warns her not to seclude herself with a particular man. If she then secludes herself with that individual, the court forbids her to her husband and tears up her marriage contract. If the husband is capable of divorcing her, he must do so; he cannot make her drink the bitter water, as he did not issue the warning himself, in accordance with the opinion of the unattributed mishna (Rambam *Sefer Nashim, Hilkhot Sota* 1:10–11; *Shulḥan Arukh, Even HaEzer* 178:13).

גמ׳ מִישְׁתָּא הוּא דְּלָא שָׁתְיָיא, הָא קַנּוּיֵי מְקַנֵּי לַהּ. מְנָא הָנֵי מִילֵּי? דְּתָנוּ רַבָּנַן: ״דַּבֵּר אֶל בְּנֵי יִשְׂרָאֵל וְאָמַרְתָּ״ – לְרַבּוֹת אֲרוּסָה וְשׁוֹמֶרֶת יָבָם לְקִינּוּי;

GEMARA The mishna states that a betrothed woman and a widow awaiting her *yavam* do not drink the bitter water. The Gemara infers: **She does not drink, but** the husband or *yavam* **can warn her** against secluding herself with another man, and if she violates his warning, she is forbidden to him. The Gemara asks: **From where are these matters** derived? The Gemara answers: This is derived **as the Sages taught** with regard to the verse: "**Speak to the children of Israel and say** unto them: If the wife of any man goes astray, and acts unfaithfully against him" (Numbers 5:12). The superfluous phrase "and say unto them" is an amplification, and serves **to include a betrothed woman and a widow awaiting her *yavam* in** the *halakhot* of **warning.**

וּמַתְנִיתִין מַנִּי? רַבִּי יוֹנָתָן הִיא, דְּתַנְיָא: ״תַּחַת אִישֵׁךְ״ – פְּרָט לַאֲרוּסָה. יָכוֹל שֶׁאֲנִי מוֹצִיא אַף שׁוֹמֶרֶת יָבָם? תַּלְמוּד לוֹמַר: ״אִישׁ אִישׁ״, דִּבְרֵי רַבִּי יֹאשִׁיָּה;

And whose opinion is expressed in the **mishna? It is** the opinion of **Rabbi Yonatan, as it is taught** in a *baraita* with regard to the verse: "And the priest shall cause her to swear, and shall say to the woman: If no man has lain with you, and if you have not gone aside to defilement **while under your husband**" (Numbers 5:19). This **excludes a betrothed woman,** who does not yet live with her betrothed, from the ritual of the bitter water. One **might** have thought **that I exclude even a widow awaiting her *yavam*;** therefore, **the verse states:** "If the wife of **any man** goes astray" (Numbers 5:12). The term "any man" serves to include a widow awaiting her *yavam* in the ritual of the bitter water. This is **the statement of Rabbi Yoshiya.**[P]

רַבִּי יוֹנָתָן אוֹמֵר: ״תַּחַת אִישֵׁךְ״ – פְּרָט לְשׁוֹמֶרֶת יָבָם. אוֹצִיא שׁוֹמֶרֶת יָבָם וְלֹא אוֹצִיא אֶת אֲרוּסָה? תַּלְמוּד לוֹמַר: ״אֲשֶׁר תִּשְׂטֶה אִשָּׁה תַּחַת אִישָׁהּ״ – פְּרָט לַאֲרוּסָה.

Rabbi Yonatan says: The phrase **"while under your husband" excludes a widow awaiting her *yavam*** from drinking the bitter water. Lest one would say that **I will exclude a widow awaiting her *yavam* but I will not exclude a betrothed woman, the verse** therefore **states:** "This is the law of jealousy, **when a wife, while under her husband, goes astray,** and is defiled" (Numbers 5:29). The term "while under her husband" **excludes a betrothed woman** from drinking the bitter water.

מָר אַלִּימָא לֵיהּ אֲרוּסָה, דְּקִידּוּשֵׁי דִּידֵיהּ וְסוֹקְלִין עַל יָדוֹ;

The Gemara explains the dispute: One **Sage,** Rabbi Yonatan, holds that the bond with the **betrothed woman is stronger, as** it is **his** own **betrothal,** whereas in the case of a widow awaiting her *yavam*, the bond stems from his brother's betrothal. **And** furthermore, if the betrothed woman commits adultery, she **is stoned due to** her bond with **him,** whereas a widow awaiting her *yavam* who engages in sexual intercourse with another man is liable only to receive lashes. Since the bond with the betrothed woman is stronger, Rabbi Yonatan derives from the phrase "while under your husband" that a widow awaiting her *yavam* is excluded with respect to the bitter water, whereas a betrothed woman is excluded only because of the phrase "and say unto them."

וּמָר אַלִּימָא לֵיהּ שׁוֹמֶרֶת יָבָם, דְּלָא מִיחַסְּרָא מְסִירָה לַחוּפָּה.

And one **Sage,** Rabbi Yoshiya, holds that the bond with the **widow awaiting her *yavam* is stronger, as she is not lacking entry into the wedding canopy,** as her marriage to the *yavam* is completed through sexual intercourse alone. Rabbi Yoshiya therefore excludes only a betrothed woman from drinking the bitter water.

וְרַבִּי יוֹנָתָן, הַאי ״אִישׁ אִישׁ״ מַאי עָבֵיד לֵיהּ? מִיבְּעֵי לֵיהּ: לְרַבּוֹת אֵשֶׁת חֵרֵשׁ, וְאֵשֶׁת שׁוֹטָה, וְאֵשֶׁת

The Gemara asks: **And Rabbi Yonatan,** who excludes both a betrothed woman and a widow awaiting her *yavam* from drinking the bitter water, **what does he do with this** term **"any man"?** What does it serve to include? The Gemara answers: Rabbi Yonatan **requires it** in order **to include the wife of a deaf-mute and the wife of an imbecile, and the wife of**

Perek **IV**
Daf **24** Amud **b**

שַׁעֲמוּם. וְרַבִּי יֹאשִׁיָּה, הַאי ״תַּחַת אִישָׁהּ״ מַאי עָבֵיד לֵיהּ? מִיבְּעֵי לֵיהּ: לְהַקִּישׁ אִישׁ לְאִשָּׁה וְאִשָּׁה לְאִישׁ.

a mentally ill person [*shiamum*],[N] whom the court warns on behalf of the husband. The Gemara asks: **And** according to **Rabbi Yoshiya, what does he do with this** term **"while under her husband"?** The Gemara answers: Rabbi Yoshiya **requires it** in order **to compare a man to a woman and a woman to a man,** as explained later (27a).

PERSONALITIES

Rabbi Yoshiya – רַבִּי יֹאשִׁיָּה: A fourth-generation *tanna*, Rabbi Yoshiya was one of the younger students of Rabbi Yishmael, and the colleague and regular disputant of Rabbi Yonatan. It appears that he lived a long life, as he also appears in disputes with Rabbi Yehuda HaNasi.

NOTES

A mentally ill person [*shiamum*] – שַׁעֲמוּם: The term *shiamum* refers to a form of mental illness in which one might cease functioning due to severe depression or melancholy. It is used to refer both to the illness and to the sick individual.

אֶלָּא טַעְמָא דִּכְתִיבִי הָנֵי קְרָאֵי, הָא לָאו הָכִי, הֲוָה אָמֵינָא אֲרוּסָה שׁוֹתָה, וְהָא כִּי אֲתָא רַבִּי אַחָא בַּר חֲנִינָא מִדָּרוֹמָא, אֲתָא וְאַיְיתֵי מַתְנִיתָא בִּידֵיהּ: ״מִבַּלְעֲדֵי אִישֵׁךְ״ – מִשֶּׁקָּדְמָה שְׁכִיבַת בַּעַל לְבוֹעֵל, וְלֹא שֶׁקָּדְמָה שְׁכִיבַת בּוֹעֵל לְבַעַל!

The Gemara asks: **But** according to both opinions, **the reason** for the exclusion of a betrothed woman is **that these verses are written;** if it **were not so, I** would say that **a betrothed woman drinks. But when Rabbi Aḥa bar Ḥanina came from the South,**[B] **he came and brought** the following ***baraita* with him:** The verse states: "But if you have gone astray while under your husband, and if you are defiled, and some man has lain with you **besides your husband**" (Numbers 5:20). This indicates that the *halakhot* of a *sota* apply only **when sexual intercourse with the husband preceded**[H] sexual intercourse with **the paramour, and not** in a case **when sexual intercourse with the paramour preceded** intercourse with **the husband.** In the case of a betrothed woman who committed adultery, intercourse with the paramour preceded intercourse with the betrothed, and this verse excludes her from drinking the bitter water of the *sota*.

אָמַר רָמִי בַּר חָמָא: מַשְׁכַּחַתְּ לַהּ, כְּגוֹן שֶׁבָּא עָלֶיהָ אָרוּס בְּבֵית אָבִיהָ.

Rami bar Ḥama said: You find the necessity for an additional exclusion in a case **where** her **betrothed engaged in sexual intercourse with her in her father's house,** i.e., before they were married, and before the sexual intercourse with the paramour.

דִּכְווֹתַהּ גַּבֵּי שׁוֹמֶרֶת יָבָם, כְּגוֹן שֶׁבָּא עָלֶיהָ יָבָם בְּבֵית חָמִיהָ. הָא שׁוֹמֶרֶת יָבָם קָרֵית לַהּ? אִשְׁתּוֹ מַעַלְיְיתָא הִיא. דְּהָאָמַר רַב: קָנָה לַכֹּל!

The Gemara questions this explanation: **In the corresponding** situation **with regard to a widow awaiting her *yavam*,** whom Rabbi Yonatan excludes from the *sota* ritual due to the exclusion from the phrase "while under your husband," is the necessity for this exclusion due to a case **where** the ***yavam* engaged in sexual intercourse with her in her father-in-law's house** before the levirate marriage took place? **But do you call that** woman **a widow awaiting her *yavam*? She is his full-fledged wife, as didn't Rav say:** If a widow awaiting her *yavam* engaged in sexual intercourse with her *yavam*, even without the intention of implementing a levirate marriage, he **has acquired** her as his wife with respect **to all** aspects of marriage,[H] including the *halakhot* of a *sota*.

כִּשְׁמוּאֵל, דְּאָמַר: לֹא קָנָה אֶלָּא לִדְבָרִים הָאֲמוּרִים בַּפָּרָשָׁה.

The Gemara answers: Rabbi Yonatan's opinion is **in accordance with** the opinion of **Shmuel, as** Shmuel **says:** A *yavam* who engages in sexual intercourse with his *yevama* without intending to consummate the levirate marriage **does not acquire** her as his wife **except with regard to** those **matters that are stated in the passage** in the Torah that deals with levirate marriage, i.e., that he inherits his brother's estate, and he can free the widow with a bill of divorce without *ḥalitza* (see *Yevamot* 56a). He is not considered fully married to the woman, and, according to Rabbi Yonatan, the *halakhot* of a *sota* do not apply to her.

אִי הָכִי, לֵימָא, רַב דְּאָמַר כְּרַבִּי יֹאשִׁיָּה, וּשְׁמוּאֵל דְּאָמַר כְּרַבִּי יוֹנָתָן! אָמַר לָךְ רַב: אֲנָא דַּאֲמַרִי אֲפִילּוּ לְרַבִּי יוֹנָתָן. מִדְּאִיצְטְרִיךְ קְרָא לְמַעוּטַהּ, מִכְּלָל דְּאִשְׁתּוֹ מַעַלְיְיתָא הִיא.

The Gemara asks: **If so, let us say** that **Rav stated** his opinion **in accordance with** the opinion of **Rabbi Yoshiya, and Shmuel stated** his opinion **in accordance with** the opinion of **Rabbi Yonatan.** The Gemara rejects this interpretation: **Rav** could have **said to you: I state** my opinion **even according to** the opinion of **Rabbi Yonatan. Since** it **was necessary** for **the verse to exclude** a *yevama* who engaged in sexual intercourse with her *yavam* from the *sota* ritual, **by inference** one may derive **that she is his full-fledged wife** with regard to all other matters.

HALAKHA

When sexual intercourse with the husband preceded, etc. – מִשֶּׁקָּדְמָה שְׁכִיבַת בַּעַל וכו׳: With regard to a married woman who secluded herself with another man after being warned, if the seclusion occurred before her husband engaged in sexual intercourse with her, she does not drink the bitter water. Her husband is required to divorce her, she forfeits payment of her marriage contract, and she is forbidden to him forever (Rambam *Sefer Nashim*, *Hilkhot Sota* 2:5).

He has acquired her as his wife for all aspects of marriage – קָנָה לַכֹּל: A *yavam* who engages in sexual intercourse with his *yevama* acquires her as his wife with regard to all aspects of marriage, as the *halakha* is in accordance with Rav in his disputes with Shmuel, with the exception of disputes concerning monetary matters. He acquires her as his wife irrespective of whether he engaged in sexual intercourse with her intentionally, unwittingly, or even under duress, and irrespective of whether the intercourse was complete or partial.

However, this ruling applies only with regard to a *yevama* who had been married to the brother of the *yavam*. In the case of a *yevama* who had only been betrothed to the brother of the *yavam*, if the *yavam* engages in sexual intercourse with her unwittingly or under duress, he does not acquire her as his full-fledged wife; furthermore, if the *yavam* is a priest, he does not enable her to partake of *teruma*. In addition, some say that if the *yavam* engaged in intercourse with her unwittingly or under duress, he does not acquire her as his wife with regard to inheriting from her, becoming ritually impure for her when she dies if he is a priest, or nullifying her vows. Some authorities add that the same is true with regard to a *yavam* who performed only the initial stage of intercourse (Rambam *Sefer Zera'im*, *Hilkhot Terumot* 8:6 and *Sefer Nashim*, *Hilkhot Yibbum VaḤalitza* 2:3; *Shulḥan Arukh*, *Even HaEzer* 166:7, 9).

BACKGROUND

Came from the South – אֲתָא...מִדָּרוֹמָא: This refers to Judea, which is south of the Galilee. After the bar Kokheva revolt, the land of Judea was almost completely devastated and the center of Jewish life in Eretz Yisrael shifted to the Galilee. Despite this, there remained some important centers of learning in Judea, including Lod, and further south, in the vicinity of Beit Guvrin. These centers preserved many ancient traditions that were unknown in the Galilee, and at times Sages from there traveled to the Galilee and reported these traditions to the Sages in the Galilee.

Ruins of ancient synagogue in Susya, southeast of Beit Guvrin

וּשְׁמוּאֵל אָמַר: אֲנָא דַּאֲמַרִי אֲפִילּוּ לְרַבִּי יֹאשִׁיָּה. מִדְּאִיצְטְרִיךְ קְרָא לְרַבּוּיָיה, מִכְּלָל דְּלָאו אִשְׁתּוֹ הִיא כְּלָל.

And Shmuel could have **said: I state** my opinion **even according to** the opinion of **Rabbi Yoshiya. Since** it **was necessary** for **the verse to** specifically **include** in the *sota* ritual a *yevama* who engaged in sexual intercourse with her *yavam*, **by inference** one may conclude **that she is not his wife at all** with regard to any matters other than those explicit in the verse.

אִיבַּעְיָא לְהוּ: עוֹבֶרֶת עַל דָּת, צְרִיכָה הַתְרָאָה לְהַפְסִידָהּ כְּתוּבָּתָהּ אוֹ אֵינָהּ צְרִיכָה? מִי אָמְרִינַן, כֵּיוָן דְּעוֹבֶרֶת עַל דָּת הִיא לָא בָּעְיָא הַתְרָאָה? אוֹ דִלְמָא תִּיבְּעֵי הַתְרָאָה, דְּאִי הָדְרָה בָּהּ תִּיהְדַּר בָּהּ?

§ **A dilemma was raised before** the Sages: With regard to **a woman who violates** the **precepts** of *halakha* or Jewish custom[N] with regard to modesty, who may be divorced without payment of her marriage contract, is **forewarning** from her husband **required** in order to cause **her to forfeit** her right to collect payment of **her marriage contract or is** forewarning **not required? Do we say** that **since she is a woman who violates** the **precepts, forewarning is not required,** as she is aware that her actions are prohibited? **Or perhaps forewarning is required,** so **that if she** desires to **repent, she will** be reminded to **repent?**

תָּא שְׁמַע: אֲרוּסָה וְשׁוֹמֶרֶת יָבָם לֹא שׁוֹתוֹת וְלֹא נוֹטְלוֹת כְּתוּבָּה; מִישְׁתָּא הוּא דְּלָא שָׁתְיָא, הָא קַנּוּיֵי מְקַנֵּי לַהּ. לְמַאי? לָאו לְהַפְסִידָהּ כְּתוּבָּתָהּ?

The Gemara suggests: **Come** and **hear** a proof from the mishna: **A betrothed woman and a widow awaiting her *yavam* neither drink** the bitter water **nor collect** payment of their **marriage contracts.** It is possible to infer that **she does not drink, but** the husband or *yavam* **can warn her** against secluding herself with another man. **For what** *halakha* is his warning relevant? **Is it not** relevant **to cause her to forfeit** her right to collect payment of **her marriage contract?** Accordingly, a woman forfeits payment of her marriage contract due to immodest behavior only if she is warned.

אָמַר אַבָּיֵי: לָא, לְאוֹסְרָהּ עָלָיו. רַב פָּפָּא אָמַר: לְהַשְׁקוֹתָהּ כְּשֶׁהִיא נְשׂוּאָה, כִּדְתַנְיָא: אֵין מְקַנִּין לַאֲרוּסָה לְהַשְׁקוֹתָהּ כְּשֶׁהִיא אֲרוּסָה, אֲבָל מְקַנִּין לַאֲרוּסָה לְהַשְׁקוֹתָהּ כְּשֶׁהִיא נְשׂוּאָה.

Abaye said: No, the relevance of the warning of the husband or *yavam* is **to render her forbidden to him** in the event that she secludes herself with another man. **Rav Pappa said:** The relevance of the warning is **to have her drink** if she secludes herself with another man **when she is married, as it is taught** in a *baraita*: **One does not issue a warning to a betrothed woman** in order **to have her drink while she is betrothed. However, one can issue a warning to a betrothed woman** in order **to have her drink when she is married.**[H]

אָמַר רָבָא, תָּא שְׁמַע: אַלְמָנָה לְכֹהֵן גָּדוֹל, גְּרוּשָׁה וַחֲלוּצָה לְכֹהֵן הֶדְיוֹט, מַמְזֶרֶת וּנְתִינָה לְיִשְׂרָאֵל, בַּת יִשְׂרָאֵל לְמַמְזֵר וּלְנָתִין – לֹא שׁוֹתוֹת וְלֹא נוֹטְלוֹת כְּתוּבָּה;

Rava said: Come and **hear** a proof from the continuation of the mishna: **A widow** who was married **to a High Priest,** or a *ḥalutza* who was married **to a common priest,** or a ***mamzeret* or Gibeonite woman** who was married **to a Jew** of unflawed lineage, **or a Jewish woman** of unflawed lineage who was married **to a *mamzer* or a Gibeonite;** all of these women **neither drink** the bitter water **nor collect** payment of their **marriage contracts.**

מִישְׁתָּא הוּא דְּלָא שָׁתְיָא, הָא קַנּוּיֵי מְקַנֵּי לְהוּ, וּלְמַאי? אִי לְאוֹסְרָן עָלָיו – הָא אֲסִירָן וְקָיְימָן! אֶלָּא לָאו לְהַפְסִידָן כְּתוּבָּתָן?

The Gemara infers: **She does not drink, but** the husband or *yavam* **can warn her** against secluding herself with another man. **But for what** *halakha* is his warning relevant? **If** it is in order **to prohibit** these women **to him, aren't they currently prohibited** to him? **Rather, is it not** relevant **to cause them to forfeit** their rights to collect payment of **their marriage contracts?** This indicates that only when a woman is warned in advance does her immodest behavior cause her to forfeit her right to collect payment of her marriage contract.

אָמַר רַב יְהוּדָה מִדִּיסְקַרְתָּא: לָא, לְאוֹסְרָהּ לְבוֹעֵל כְּבַעַל, דִּתְנַן: כְּשֵׁם שֶׁאֲסוּרָה לַבַּעַל כָּךְ אֲסוּרָה לַבּוֹעֵל.

Rav Yehuda of Diskarta said: No, the relevance of the warning is **to render her** permanently **forbidden to** her **paramour,** should she seclude herself with him, just as she would become forbidden **to** her **husband, as we learned** in a mishna (27b): **Just as she is forbidden to** her **husband, so is she forbidden to** her **paramour.**

NOTES

A woman who violates the precepts of *halakha* or Jewish custom – עוֹבֶרֶת עַל דָּת: The mishna in tractate *Ketubot* (72a) discusses two types of women who may be divorced without payment of their marriage contracts: A woman who violates the precepts of Moses, and a woman who violates the precepts of Jewish women, i.e., custom. A woman who violates the precepts of Moses is one who violates Torah law. The early commentaries explain that this applies specifically to a woman who violates Torah law in a manner that causes her husband to transgress as well, e.g., a woman who serves him untithed food or engages in sexual intercourse with him without immersing in a ritual bath after menstruating (see Meiri). A woman who violates the precepts of Jewish women is one who conducts herself immodestly, in a manner unbefitting a Jewish woman.

HALAKHA

One can issue a warning to a betrothed woman to have her drink when she is married – מְקַנִּין לַאֲרוּסָה לְהַשְׁקוֹתָהּ כְּשֶׁהִיא נְשׂוּאָה: In the case of one who issues a warning to his betrothed or to his *yevama* while she is awaiting levirate marriage, and she secludes herself with the other man after they are married, the woman drinks the bitter water (Rambam *Sefer Nashim*, *Hilkhot Sota* 2:5).

אָמַר רַב חֲנִינָא מִסּוּרָא: תָּא שְׁמַע – וְאֵלּוּ שֶׁבֵּית דִּין מְקַנִּין לָהֶן: מִי שֶׁנִּתְחָרֵשׁ בַּעְלָהּ, אוֹ נִשְׁתַּטָּה, אוֹ שֶׁהָיָה חָבוּשׁ בְּבֵית הָאֲסוּרִין. וְלֹא לְהַשְׁקוֹתָהּ אָמְרוּ אֶלָּא לְפוֹסְלָהּ מִכְּתוּבָּתָהּ; שְׁמַע מִינַּהּ בָּעֵי הַתְרָאָה. שְׁמַע מִינַּהּ.

Rav Ḥanina of Sura said: **Come and hear** a proof from the continuation of the mishna: **And these** are the women **to whom the court issues a warning** in place of their husbands: **One whose husband became a deaf-mute or became an imbecile, or was incarcerated in prison. And** the Sages **said** that the court warns her **not** in order **to have her drink** the bitter water if she disobeys the warning; **rather** in order **to disqualify her from** receiving payment of **her marriage contract.** Since the sole purpose of the warning issued by the court is to disqualify her from receiving payment of her marriage contract in the event she secludes herself with the man, one can **learn from** the mishna that similarly, a woman who violates the precepts **requires forewarning.**[H] The Gemara concludes: Indeed, one can **learn from** the mishna that a warning is required.

וְכוּלְּהוּ מַאי טַעְמָא לָא אָמְרִי מֵהָא? דִּלְמָא שָׁאנֵי הָתָם, דְּלֵית לַהּ אֵימְתָא דְּבַעַל כְּלָל.

The Gemara asks: With regard to **all of** the other Sages, who proposed inconclusive proofs from other clauses of the mishna, **what is the reason they did not say** that proof can be adduced **from this** explicit statement? The Gemara answers: They reasoned that **perhaps** it **is different there, as** the wife **has no fear of** her **husband at all,** since he is either incapacitated or incarcerated, and therefore she must be warned first. In other cases, an explicit warning is unnecessary.

אִיבַּעְיָא לְהוּ: עוֹבֶרֶת עַל דָּת וְרָצָה בַּעַל לְקַיְּימָהּ, מְקַיְּימָהּ אוֹ אֵינוֹ מְקַיְּימָהּ? מִי אָמְרִינַן בִּקְפִידָה דְּבַעַל תְּלָא רַחֲמָנָא, וְהָא לָא קָפֵיד, אוֹ דִּלְמָא כֵּיוָן דְּקָפֵיד – קָפֵיד?

A dilemma was raised before the Sages: If a woman **violates the precepts and** her **husband desires to maintain her**[H] as his wife, **may he maintain her** as his wife **or may he not maintain her** as his wife? **Do we say** that **the Merciful One made** the requirement to divorce her **dependent on the husband's objection** to her behavior, **and** as **this** husband **does not raise an objection** he may maintain her as his wife? **Or perhaps, since** the Torah **objects** to this behavior, it is considered as though **he objected,** as the requirement to divorce her is due to the Torah's objection to this behavior, irrespective of the husband's wishes.

תָּא שְׁמַע, וְאֵלּוּ שֶׁבֵּית דִּין מְקַנִּין לָהֶן: מִי שֶׁנִּתְחָרֵשׁ בַּעְלָהּ, אוֹ נִשְׁתַּטָּה, אוֹ שֶׁהָיָה חָבוּשׁ בְּבֵית הָאֲסוּרִין. וְאִי אָמְרַתְּ רָצָה בַעַל לְקַיְּימָהּ מְקַיְּימָהּ, עָבְדִי בֵּית דִּין מִידֵּי דְּדִלְמָא לָא נִיחָא לֵיהּ לְבַעַל? סְתָמָא דְּמִילְּתָא כֵּיוָן דְּעוֹבֶרֶת עַל דָּת הִיא, מֵינָח נִיחָא לֵיהּ.

The Gemara cites poof: **Come** and **hear** the mishna: **And these** are the women **to whom the court issues a warning** in place of their husbands: **One whose husband became a deaf-mute or became an imbecile, or was incarcerated in prison. And if you** say that should the **husband desire to maintain her** as his wife **he may maintain her** as his wife, perhaps he may not want the court to warn her. Would **the court perform a matter that is perhaps not amenable to the husband?** The Gemara replies: **The ordinary situation** is that **since she is violating the precepts, it is amenable to** the husband to divorce her, and the court acts under this assumption.

אִיבַּעְיָא לְהוּ: בַּעַל שֶׁמָּחַל עַל קִינּוּיוֹ, קִינּוּיוֹ מָחוּל אוֹ אֵינוֹ מָחוּל? מִי אָמְרִינַן בְּקִינּוּי דְּבַעַל תְּלָא רַחֲמָנָא, וּבַעַל הָא מָחֵיל לֵיהּ לְקִינּוּיוֹ? אוֹ דִּלְמָא כֵּיוָן דְּקַנֵּי לֵיהּ מֵעִיקָּרָא – לָא מָצֵי מָחֵיל לֵיהּ?

§ **A dilemma was raised before** the Sages: With regard to a **husband who** issued a warning to his wife and later **retracted his warning,** as he did not wish his wife to acquire the status of a *sota*, **is his warning retracted, or is it not retracted? Do we say** that **the Merciful One made** acquiring the status of a *sota* **dependent on** the **husband's warning,**[N] **and the husband retracted his warning? Or perhaps, since he warned** her **at the outset, he can no** longer **retract** his warning?

תָּא שְׁמַע, וְאֵלּוּ שֶׁבֵּית דִּין מְקַנִּין לָהֶן: מִי שֶׁנִּתְחָרֵשׁ בַּעְלָהּ, אוֹ נִשְׁתַּטָּה, אוֹ שֶׁהָיָה חָבוּשׁ בְּבֵית הָאֲסוּרִין; וְאִי אָמְרַתְּ בַּעַל שֶׁמָּחַל עַל קִינּוּיוֹ קִינּוּיוֹ מָחוּל, עָבְדִינַן מִידֵּי דְּאָתֵי בַּעַל מָחֵיל לֵיהּ? סְתָמָא דְּמִילְּתָא אָדָם מַסְכִּים עַל דַּעַת בֵּית דִּין.

The Gemara cites proof that the husband cannot retract his warning: **Come** and **hear** the mishna: **And these** are the women **to whom the court issues a warning** in place of their husbands: **One whose husband became a deaf-mute or became an imbecile, or was incarcerated in prison. And if you say** that in the case of a **husband who retracted his warning, his warning is retracted,** would **we,** i.e., the court, **do something that** the **husband** can **come** and **retract?** This would cause a diminution of the esteem of the court. The Gemara replies: **The ordinary situation** is that **a person concurs with the opinion of the court** and would not retract a warning issued by the court, so this is not a concern. Therefore, no proof can be brought from the mishna.

HALAKHA

Learn from the mishna that a woman who violates the precepts requires forewarning – שְׁמַע מִינַּהּ בָּעֵי הַתְרָאָה: A woman who violates the precepts of Moses, i.e., Torah law, or the precepts of Jewish women, i.e., custom, must be warned in the presence of witnesses in order to cause her to forfeit her right to collect payment of her marriage contract. Some authorities (Maharam of Rothenberg) hold that the husband must explicitly state that if she does not repent she will forfeit payment of her marriage contract, whereas others hold that it is unnecessary to state this explicitly (see *Beit Shmuel*). If there are no witnesses and she claims that she did not violate the precepts, she may collect payment of her marriage contract only after taking an oath to that effect (Rambam *Sefer Nashim, Hilkhot Ishut* 24:16; *Shulḥan Arukh, Even HaEzer* 115:4).

A woman violates the precepts and her husband desires to maintain her – עוֹבֶרֶת עַל דָּת וְרָצָה בַּעַל לְקַיְּימָהּ: In the case of a woman who violates the precepts of Moses or the precepts of Jewish women, her husband is not forced to divorce her. If he wishes to maintain her as his wife, he may do so, although it is a mitzva for him to divorce her. However, even if he does not divorce her, she still forfeits her right to collect payment of her marriage contract. The *Ḥelkat Meḥokek* holds that if her husband did not divorce her and she then repented, he must write her a new marriage contract, as the old one lost its validity (Rambam *Sefer Nashim, Hilkhot Sota* 2:16; *Shulḥan Arukh, Even HaEzer* 115:4).

NOTES

The Merciful One made acquiring the status of a *sota* dependent on the husband's warning – בְּקִינּוּי דְּבַעַל תְּלָא רַחֲמָנָא: An alternate version of the text renders this phrase: The Merciful One made acquiring the status of a *sota* dependent on the husband's objection (*She'iltot deRav Aḥai Gaon*). This clarifies the rationale for the possibility that a husband can retract his warning: Since he issued a warning only because he objected to his wife's behavior, he can claim that he no longer objects.

תָּא שְׁמַע: וּמוֹסְרִין לוֹ שְׁנֵי תַלְמִידֵי חֲכָמִים, שֶׁמָּא יָבֹא עָלֶיהָ בַּדֶּרֶךְ; וְאִי אָמְרַתְּ בַּעַל שֶׁמָּחַל עַל קִינּוּיוֹ קִינּוּיוֹ מָחוּל, לְחַלְּיֵהּ לְקִינּוּיֵהּ וְלִבְעוֹל!

The Gemara cites proof: **Come and hear** another mishna (7a): When the husband takes the *sota* to the Temple, he first takes her to the local court, **and** the court **provides him with two Torah scholars** who accompany them, **lest he engage in sexual intercourse with her on the way** to the Temple, which is prohibited due to her status as a *sota*. **And if you say** that with regard to **a husband who retracted his warning, his warning is retracted, let him retract his warning and engage in sexual intercourse** with her.

מַאי שְׁנָא תַּלְמִידֵי חֲכָמִים? דִּגְמִירִי, דְּאִי בָּעֵי לְמִיבְעַל, אָמְרִי לֵיהּ: אַחְלֵיהּ לְקִינּוּיָיךְ וּבְעַלָהּ.

The Gemara replies that perhaps the husband can retract his warning: **What is different** about **Torah scholars** that they are chosen to accompany the husband? They differ from other people **as they are learned, and if** they see that the husband **desires to engage in sexual intercourse** with his wife, **they say to him: Retract your warning and** then you **may engage in sexual intercourse with her** in a permitted manner.

תָּא שְׁמַע: דְּאָמַר רַבִּי יֹאשִׁיָּה, שְׁלֹשָׁה דְּבָרִים סָח לִי זְעֵירָא מֵאַנְשֵׁי יְרוּשָׁלַיִם: בַּעַל שֶׁמָּחַל עַל קִינּוּיוֹ – קִינּוּיוֹ מָחוּל; וְזָקֵן מַמְרֵא שֶׁרָצוּ בֵּית דִּין לִמְחוֹל לוֹ – מוֹחֲלִין לוֹ; וּבֵן סוֹרֵר וּמוֹרֶה שֶׁרָצוּ אָבִיו וְאִמּוֹ לִמְחוֹל לוֹ – מוֹחֲלִין לוֹ.

The Gemara cites proof: **Come and hear that** which **Rabbi Yoshiya says: Ze'eira,** who was one **of the men of Jerusalem,**[P] **told me three matters: A husband who retracted his warning, his warning is retracted; and** in the case of **a rebellious Elder**[B] **whom the court wishes to forgive,** the court **may forgive him; and** in the case of **a stubborn and rebellious son**[BH] **whose father and mother wish to forgive him** for his sins, they **may forgive him.**

וּכְשֶׁבָּאתִי אֵצֶל חֲבֵירַי שֶׁבַּדָּרוֹם, עַל שְׁנַיִם הוֹדוּ לִי, וְעַל זָקֵן מַמְרֵא לֹא הוֹדוּ לִי, שֶׁלֹּא יִרְבּוּ מַחֲלוֹקֶת בְּיִשְׂרָאֵל; שְׁמַע מִינַּהּ: בַּעַל שֶׁמָּחַל עַל קִינּוּיוֹ – קִינּוּיוֹ מָחוּל. שְׁמַע מִינַּהּ.

And when I came to my colleagues in the South and told them these rulings, **they agreed with me with regard to two** of them, **but with regard to** forgiving **a rebellious Elder they did not agree with me.**[H] They held that a rebellious Elder cannot be forgiven, in order **that discord not proliferate among the Jewish people.** The Gemara comments: One **can conclude from** Rabbi Yoshiya's statement that with regard to **a husband who retracted his warning,**[H] **his warning is retracted.** The Gemara concludes: Indeed, one **can conclude from** Rabbi Yoshiya's statement that the husband can retract his warning.

פְּלִיגִי בָּהּ רַב אַחָא וְרָבִינָא – חַד אָמַר: קוֹדֶם סְתִירָה מָחוּל, לְאַחַר סְתִירָה אֵינוֹ מָחוּל. וְחַד אָמַר: לְאַחַר סְתִירָה נַמִי מָחוּל. וּמִסְתַּבְּרָא כְּמַאן דְּאָמַר אֵינוֹ מָחוּל.

Rav Aḥa and Ravina disagree with regard to the limits of **this** *halakha* permitting a husband to retract his warning. **One says** that if he retracts his warning **before** her **seclusion** with another man, his warning **is retracted,** but if he retracts his warning **after** her **seclusion** with another man, it **is not retracted. And one says** that if he retracts his warning **after** her **seclusion** with another man, it **is also retracted. And it is reasonable** to hold **according to the one who says** that the husband's warning **is not retracted** after her seclusion with another man.

מִמַּאי? מִדְּקָא מְהַדְּרִי רַבָּנַן לְרַבִּי יוֹסֵי; דְּתַנְיָא, רַבִּי יוֹסֵי אוֹמֵר: בַּעְלָהּ נֶאֱמָן עָלֶיהָ, מִקַּל וָחוֹמֶר: וּמַה נִּדָּה שֶׁהִיא בְּכָרֵת – בַּעְלָהּ נֶאֱמָן עָלֶיהָ, סוֹטָה שֶׁהִיא בְּלָאו – לֹא כׇּל שֶׁכֵּן!

The Gemara asks: **From where** can one derive that after the wife's seclusion with another man, the warning cannot be retracted? It can be derived **from** the answer **that the Rabbis gave in reply to Rabbi Yosei, as it is taught** in a *baraita*: **Rabbi Yosei says:** It is unnecessary to provide an escort to accompany the *sota* and her husband, as the **husband** of a *sota* **is trusted** not to engage in sexual intercourse **with her, on** the basis of **an** ***a fortiori*** inference: **And just as** in the case of **a menstruating woman, who is** prohibited from engaging in sexual intercourse with her husband **by** penalty of ***karet*****, her husband** is nevertheless **trusted with regard to her,** as he is permitted to seclude himself with her, so too, with regard to **a** ***sota*****, who is** prohibited from engaging in sexual intercourse with her husband only **by an** ordinary **prohibition,** is it **not all the more so** that he should be trusted?

אָמְרוּ לוֹ: לֹא, אִם אָמַרְתָּ בְּנִדָּה שֶׁכֵּן יֵשׁ לָהּ הֶיתֵּר, תֹּאמַר בְּסוֹטָה שֶׁאֵין לָהּ הֶיתֵּר?

The Rabbis **said to** Rabbi Yosei: **No, if you say** that he is trusted **with regard to a menstruating woman,** the reason is not due to the severity of the prohibition. Rather, he is trusted **because she has** the ability to become **permitted** to her husband after her menstrual flow has ceased and she has immersed in a ritual bath. **Shall you** also **say** that he is trusted **with regard to a** ***sota*****, who** potentially **does not have** the ability to become **permitted** to her husband, due to her suspected adultery?

PERSONALITIES

Ze'eira, of the men of Jerusalem – זְעֵירָא מֵאַנְשֵׁי יְרוּשָׁלַיִם: This scholar is mentioned in a few sources, and it appears from the names of his colleagues that he lived toward the end of the tannaitic period. He cites statements of the people of Jerusalem, referring to a small community that devotedly remained in the holy city of Jerusalem even after the destruction of the city and the subsequent period of persecution.

BACKGROUND

A rebellious Elder – זָקֵן מַמְרֵא: Whenever there was a major dispute among the Sages as to how a halakhic practice should be performed, the matter was brought before the Great Sanhedrin for clarification and resolution. If the Sanhedrin did not reach a unanimous conclusion, the matter was decided according to the majority, and the decision was binding upon the entire nation. A Sage could disagree with that decision, but he was obliged to follow the opinion of the majority and to instruct others to do so. If a Sage who was ordained and fit to serve in the Great Sanhedrin instructed others to follow his opinion in contradiction of the opinion of the majority, he was deemed a rebellious Elder and liable to be executed by strangulation, provided that the question in dispute was of a significant degree of importance.

A stubborn and rebellious son – בֵּן סוֹרֵר וּמוֹרֶה: The Torah (Deuteronomy 21:18–21) states that a stubborn and rebellious son, who does not obey his parents, is liable to receive the death penalty. The Sages explain that this refers to a child between the ages of thirteen and thirteen and three months who steals money from his parents in order to eat a gluttonous meal of meat and wine in the company of worthless men. If his parents bring him to court because of this act, he is exhorted to desist and is liable to receive lashes. If he repeats the same misdeed and is again brought to court within this three-month period, he is liable to receive the death penalty. The Gemara (*Sanhedrin* 72a) explains that the severe punishment in this case stems from the fact that this individual will inevitably continue down a path of moral deterioration, eventually becoming a robber and a murderer. Therefore, it is better that he should die innocent rather than guilty. The halakhic details limiting the application of this case are so restrictive that according to some of the Sages, this *halakha* was never put into practice. The details of this *halakha* are discussed in the eighth chapter of tractate *Sanhedrin*.

HALAKHA

And a stubborn and rebellious son, etc. – וּבֵן סוֹרֵר וּמוֹרֶה וכו׳: A stubborn and rebellious son whose parents forgave him before the court issued a verdict is exempt from being punished (Rambam *Sefer Shofetim*, *Hilkhot Mamrim* 7:8).

But with regard to forgiving a rebellious Elder they did not agree with me – וְעַל זָקֵן מַמְרֵא לֹא הוֹדוּ לִי: The court may not relinquish its honor and forgive a rebellious Elder. This is so that discord will not proliferate among the Jewish people (Rambam *Sefer Shofetim*, *Hilkhot Mamrim* 3:4).

A husband who retracted his warning, etc. – בַּעַל שֶׁמָּחַל עַל קִינּוּיוֹ וכו׳: The husband can retract his warning before his wife secludes herself with the other man; however, once the seclusion occurs, he cannot retract his warning. If one divorces his wife, the divorce effects a retraction of the warning; in a case where a husband issues a warning and later divorces his wife and subsequently remarries her, then if he wants to warn her he must issue a new warning (Rambam *Sefer Nashim*, *Hilkhot Sota* 1:7; *Shulḥan Arukh*, *Even HaEzer* 178:12).

וְאִי אָמְרַתְּ לְאַחַר סְתִירָה מָחוּל לָהּ, מַשְׁכַּחַתְּ לָהּ דְּיֵשׁ לָהּ הֶיתֵּר, דְּאִי בָּעֵי מָחֵיל לֵיהּ לְקִינּוּיֵהּ וּבָעֵיל! אֶלָּא שְׁמַע מִינַּהּ: לְאַחַר סְתִירָה אֵינוֹ מָחוּל. שְׁמַע מִינַּהּ.

The Gemara explains the proof: **And if you say** that **after** her **seclusion** with another man the warning can be **retracted for her, you** therefore **find** an instance in **which** the *sota* **has** the ability to become **permitted** to her husband, **as,** if the husband **desires** he **can retract his warning and engage in sexual intercourse** with her. **Rather, conclude from** the Rabbis' statement that if he retracts his warning **after** her **seclusion** with another man, the warning **is not retracted.** The Gemara concludes: Indeed, one can **conclude from** the Rabbis' statement that the warning cannot be retracted.

״מֵתוּ בַּעֲלֵיהֶן עַד שֶׁלֹּא שָׁתוּ – בֵּית שַׁמַּאי״ כו׳. בְּמַאי קָמִיפַּלְגִי? בֵּית שַׁמַּאי סָבְרִי: שְׁטָר הָעוֹמֵד לִגְבּוֹת כְּגָבוּי דָּמֵי,

§ The mishna states: **If the husbands** of the *sota* women **died before** their wives **drank** the bitter water, **Beit Shammai** say: They collect payment of their marriage contracts and they do not drink the bitter water. And Beit Hillel say: They either drink the bitter water or they do not collect payment of their marriage contracts. The Gemara asks: **With regard to what do** Beit Shammai and Beit Hillel **disagree?** The Gemara answers: **Beit Shammai hold** that a promissory **note that stands to be collected is considered** to be **as** though it was already **collected,** and since the woman possesses the marriage contract, the payment of the marriage contract is considered as though it is already in her possession. Since the burden of proof rests upon the claimant, she does not lose her rights to the money unless the inheritors prove that she committed adultery.

וּבֵית הִלֵּל סָבְרִי: שְׁטָר הָעוֹמֵד לִגְבּוֹת לָאו כְּגָבוּי דָּמֵי.

And Beit Hillel hold that a promissory **note that stands to be collected is not considered as** though it was already **collected.** Therefore, the payment of the marriage contract is not considered to be in the wife's possession, and as this means that she is the claimant, she is not entitled to the money unless she proves that she did not commit adultery.

״מְעוּבֶּרֶת חֲבֵירוֹ״ כו׳. אָמַר רַב נַחְמָן אָמַר רַבָּה בַּר אֲבוּהּ: מַחְלוֹקֶת – בַּעֲקָרָה וּזְקֵינָה,

§ The mishna states (24a): **A woman who was pregnant** with the child **of another** man at the time of her marriage… A sexually underdeveloped woman, who is incapable of bearing children [*ailonit*], and an elderly woman, and a woman who is incapable of giving birth for other reasons, neither collect payment of their marriage contracts nor drink the bitter water. Rabbi Elazar says: He can marry another woman and procreate through her; therefore these are considered permitted marriages, and the women can drink the bitter water. **Rav Naḥman says** that **Rabba bar Avuh says:** The **dispute** between the first *tanna* and Rabbi Elazar is only **in** the case of **a barren woman and an elderly woman.**

אֲבָל אַיְילוֹנִית – דִּבְרֵי הַכֹּל לֹא שׁוֹתָה וְלֹא נוֹטֶלֶת כְּתוּבָּתָהּ, שֶׁנֶּאֱמַר: ״וְנִקְּתָה וְנִזְרְעָה זָרַע״, מִי שֶׁדַּרְכָּהּ לְהַזְרִיעַ, יָצְתָה זוֹ שֶׁאֵין דַּרְכָּהּ לְהַזְרִיעַ.

However, with regard to **a sexually underdeveloped woman, all agree** that **she neither drinks** the bitter water **nor collects** payment of **her marriage contract.** This is **as it is stated** with regard to a *sota* who is found to be innocent of adultery: **"And she shall be cleared, and shall conceive seed"** (Numbers 5:28), indicating that the *sota* ritual pertains only to **one whose way is to bear seed** and give birth, **excluding this** sexually underdeveloped woman, **whose way is not to bear seed.**[N]

מֵיתִיבִי: הַמְקַנֵּא לַאֲרוּסָתוֹ וְלְשׁוֹמֶרֶת יָבָם שֶׁלּוֹ, אִם עַד שֶׁלֹּא כְּנָסָהּ נִסְתְּרָה – לֹא שׁוֹתָה וְלֹא נוֹטֶלֶת כְּתוּבָּתָהּ;

The Gemara **raises an objection** to Rav Naḥman's statement from a *baraita* in the *Tosefta* (5:4): With regard to **one who issues a warning to his betrothed, or to his** *yevama* while she is a **widow awaiting her** *yavam*,[H] **if she secluded herself** with the other man **before** her husband **consummated** the marriage, **she neither drinks** the bitter water **nor collects** payment of **her marriage contract.**

NOTES

Whose way is not to bear seed – שֶׁאֵין דַּרְכָּהּ לְהַזְרִיעַ: According to Rav Naḥman, it is necessary to differentiate between a sexually underdeveloped woman, who is essentially unable to bear children, and barren or elderly women, who do not usually give birth but are not essentially unable to do so (*Mishne LaMelekh*).

HALAKHA

One who issues a warning to his betrothed, or to his *yevama* while she is a widow awaiting her *yavam*, etc. – הַמְקַנֵּא לַאֲרוּסָתוֹ וּלְשׁוֹמֶרֶת יָבָם שֶׁלּוֹ וכו׳: If one issues a warning to his betrothed or to his *yevama* while she is awaiting levirate marriage and she secludes herself with the other man before the marriage is consummated, she neither drinks the bitter water nor collects payment of her marriage contract (Rambam *Sefer Nashim*, *Hilkhot Sota* 2:2).

NOTES

His own pregnant or nursing wife – מְעוּבֶּרֶת וּמֵינֶקֶת עַצְמוֹ: Rashi and the Rambam hold that a pregnant woman drinks the bitter water immediately, even though it might cause her death and, consequently, the death of the fetus. *Tosafot*, however, explain that she does not drink immediately. Rather, the ritual is delayed until she gives birth. This opinion is supported by the statement of Rabban Gamliel in the *Sifrei Zuta* that a *sota* does not drink the bitter water while she is pregnant.

מְעוּבֶּרֶת חֲבֵירוֹ וּמֵינֶקֶת חֲבֵירוֹ – לֹא שׁוֹתוֹת וְלֹא נוֹטְלוֹת כְּתוּבָּה, דִּבְרֵי רַבִּי מֵאִיר,

The *baraita* continues: **A woman who was pregnant** with the child **of another** man at the time of her marriage **and a woman who was nursing** the child **of another** man at the time of her marriage **neither drink** the bitter water **nor collect** payment of their **marriage contracts,** as their marriages were prohibited by rabbinic law. This is **the statement of Rabbi Meir.**

שֶׁהָיָה רַבִּי מֵאִיר אוֹמֵר: לֹא יִשָּׂא אָדָם מְעוּבֶּרֶת חֲבֵירוֹ וּמֵינֶקֶת חֲבֵירוֹ; וְאִם נָשָׂא – יוֹצִיא וְלֹא יַחֲזִיר עוֹלָמִית. וַחֲכָמִים אוֹמְרִים: יוֹצִיא, וּכְשֶׁיַּגִּיעַ זְמַנּוֹ לִכְנוֹס – יִכְנוֹס.

The *baraita* continues: The reason for this is **as Rabbi Meir would say: A man may not marry a woman who is pregnant**[H] with the child **of another** man **or a woman who is nursing** the child **of another** man, until twenty-four months pass after the baby's birth, so as to ensure that the woman will not become pregnant while the child needs to nurse. **And if he married** her, **he must divorce** her **and may never remarry** her, as the Sages penalized him for transgressing the prohibition. **And the Rabbis say: He must divorce** her, **and when his time to marry** her **arrives,**[H] i.e., twenty-four months after the baby's birth, **he can marry** her again.

וְהָרוֹבָא שֶׁנָּשָׂא עֲקָרָה וּזְקֵינָה, וְאֵין לוֹ אִשָּׁה וּבָנִים מֵעִיקָּרָא – לֹא שׁוֹתָה וְלֹא נוֹטֶלֶת כְּתוּבָּה. רַבִּי אֶלְעָזָר אוֹמֵר: יָכוֹל הוּא לִישָּׂא אַחֶרֶת וְלִפְרוֹת וְלִרְבּוֹת הֵימֶנָּה.

The *baraita* continues: In **the** case of a **young man who married a barren woman**[H] **or an elderly woman, and he did not have a wife and children beforehand,** the woman **neither drinks nor collects** payment of her **marriage contract,** as it is prohibited for him to marry a woman with whom he cannot procreate. **Rabbi Elazar says:** This marriage is not forbidden, as **he can marry another** woman **and procreate through her,** and therefore she can drink the bitter water.

אֲבָל הַמְקַנֵּא לַאֲרוּסָתוֹ וּלְשׁוֹמֶרֶת יָבָם שֶׁלּוֹ וּמִשֶּׁכְּנָסָהּ נִסְתְּרָה – אוֹ שׁוֹתָה אוֹ לֹא נוֹטֶלֶת כְּתוּבָּה. מְעוּבֶּרֶת וּמֵינֶקֶת עַצְמוֹ – אוֹ שׁוֹתָה אוֹ לֹא נוֹטֶלֶת כְּתוּבָּתָהּ. הָרוֹבָא שֶׁנָּשָׂא עֲקָרָה וּזְקֵינָה וְיֵשׁ לוֹ אִשָּׁה וּבָנִים – אוֹ שׁוֹתָה אוֹ לֹא נוֹטֶלֶת כְּתוּבָּה.

The *baraita* continues: **However,** in the case of **one who issued a warning to his betrothed,**[H] or to his *yevama* while she was a **widow awaiting her** ***yavam*****, and she secluded herself** with the other man **after he consummated** the marriage, **she either drinks** the bitter water **or does not collect** payment of her **marriage contract.** If **his own pregnant or nursing** wife[NH] becomes a *sota*, then despite the concern that the bitter water may harm the fetus, she **either drinks** the bitter water **or does not collect** payment of **her marriage contract.** In **the** case of a **young man who married a barren woman or an elderly woman, and he** already **had a wife and children**[H] and was therefore permitted to marry his barren or elderly wife, the woman **either drinks** the bitter water **or does not collect** payment of her **marriage contract.**

HALAKHA

A man may not marry a woman who is pregnant, etc. – לֹא יִשָּׂא אָדָם מְעוּבֶּרֶת וכו׳: The Sages decreed that a man may not marry or betroth a woman who is pregnant with the child of another man or nursing the child of another man until twenty-four months elapse after the baby's birth. This prohibition applies both with regard to a widow and with regard to a divorcée. She may not marry even if she already entrusted her child to a wet nurse or weaned the child. However, if the child died she is permitted to remarry immediately. If the mother weaned the child during her husband's lifetime, or entrusted the child to a wet nurse three months before her husband's death, or if she is a woman who does not nurse her children at all, she is required to wait only three months from the time of her husband's death in order to remarry. These three months are required in order to differentiate between a child born from the first husband and a child born from the second husband (Rambam *Sefer Nashim, Hilkhot Geirushin* 11:25; *Shulḥan Arukh, Even HaEzer* 13:11).

He must divorce her and when his time to marry her arrives, etc. – יוֹצִיא וּכְשֶׁיַּגִּיעַ זְמַנּוֹ לִכְנוֹס וכו׳: If one marries a woman who is pregnant with the child of another man or nursing the child of another man, in violation of the rabbinic decree prohibiting this marriage, he is ostracized until he divorces her. This applies even if he is a priest and he will not be permitted to remarry her. If he is an Israelite, then after the period of twenty-four months elapses he is permitted to remarry her. If he married her and fled to a distant land from which he will not return until the twenty-four months elapse, then when he returns he may maintain her as his wife.

If one betrothed a pregnant or nursing woman, he is not forced to divorce her; however, he may not consummate the marriage until after the twenty-four months elapse. The Rema, however, writes that there is no distinction between marriage and betrothal, and he must divorce her. See the *Be'er Heitev* and the *Beit Shmuel*, who discuss whether it is possible to rely on the more lenient opinion in the case of a priest who betrothed a pregnant or nursing woman, since if he divorces her, he will not be permitted to remarry her (Rambam *Sefer Nashim, Hilkhot Geirushin* 11:28; *Shulḥan Arukh, Even HaEzer* 13:12).

A young man who married a barren woman, etc. – הָרוֹבָא שֶׁנָּשָׂא עֲקָרָה וכו׳: In the case of a man young enough to father a child who has not yet fulfilled the mitzva to procreate and who married a barren or elderly woman, if the woman secluded herself with another man after being warned, she does not drink the bitter water. She must be divorced and she does not collect payment of her marriage contract (Rambam *Sefer Nashim, Hilkhot Sota* 2:10).

One who issued a warning to his betrothed, etc. – הַמְקַנֵּא לַאֲרוּסָתוֹ וכו׳: In the case of one who issued a warning to his betrothed, or to his *yevama* while she was awaiting levirate marriage, and she secluded herself with the other man after the marriage was consummated, she may drink the bitter water (Rambam *Sefer Nashim, Hilkhot Sota* 2:5).

His own pregnant or nursing wife, etc. – מְעוּבֶּרֶת וּמֵינֶקֶת עַצְמוֹ וכו׳: A husband may have his pregnant or nursing wife drink the bitter water, even while she is pregnant or nursing. The *Arukh HaShulḥan*, citing *Tosafot*, rules that in the case of a pregnant woman the ritual is delayed until she gives birth (Rambam *Sefer Nashim, Hilkhot Sota* 2:7).

The case of a young man who married a barren woman… and he already had a wife and children, etc. – הָרוֹבָא שֶׁנָּשָׂא עֲקָרָה...וְיֵשׁ לוֹ אִשָּׁה וּבָנִים וכו׳: A barren, elderly, or sexually underdeveloped woman may drink the bitter water if her husband has already fulfilled the mitzva to procreate or if he was already married to a fertile woman. This is despite the fact that the Torah states with regard to a *sota* who is found to be innocent of adultery: "And she shall be cleared, and shall conceive seed" (Numbers 5:28). This verse does not exclude a woman who cannot give birth. Rather, the verse teaches that a fertile woman who is found by the *sota* ritual to be innocent of adultery is blessed by giving birth with ease, and by giving birth to male offspring (Rambam *Sefer Nashim, Hilkhot Sota* 2:10).

אֵשֶׁת מַמְזֵר לְמַמְזֵר, וְאֵשֶׁת נָתִין לְנָתִין, וְאֵשֶׁת גֵּר, וְעֶבֶד מְשׁוּחְרָר, וְאַיְילוֹנִית – אוֹ שׁוֹתָה אוֹ לֹא נוֹטֶלֶת כְּתוּבָּה. קָתָנֵי מִיהָא אַיְילוֹנִית. תְּיוּבְתֵּיהּ דְּרַב נַחְמָן!

The *baraita* concludes: With regard to **the wife of a *mamzer***[B] who is married **to a *mamzer***[H] in a permitted marriage, **and the wife of a Gibeonite** who is married **to a Gibeonite** in a permitted marriage, **and the wife of a convert or an emancipated slave, and a sexually underdeveloped woman,** if any of these women becomes a *sota* she **either drinks** the bitter water **or does not collect** payment of her **marriage contract,** as the marriage is permitted. After citing the entire *baraita,* the Gemara explains the difficulty: **In any event, the *baraita* teaches** that **a sexually underdeveloped woman** can drink the bitter water if the marriage is permitted, and this is **a conclusive refutation** of the opinion **of Rav Naḥman.**

אָמַר לָךְ רַב נַחְמָן: תַּנָּאֵי הִיא, וַאֲנָא דַּאֲמַרִי כִּי הַאי תַּנָּא; דְּתַנְיָא, רַבִּי שִׁמְעוֹן בֶּן אֶלְעָזָר אוֹמֵר: אַיְילוֹנִית לֹא שׁוֹתָה וְלֹא נוֹטֶלֶת כְּתוּבָּה, שֶׁנֶּאֱמַר: ״וְנִקְּתָה וְנִזְרְעָה זָרַע״, מִי שֶׁדַּרְכָּהּ לְהַזְרִיעַ, יָצְאתָה זוֹ שֶׁאֵין דַּרְכָּהּ לְהַזְרִיעַ.

The Gemara answers: **Rav Naḥman** could have **said to you:** There **is a dispute between *tanna'im*** with regard to this matter, **and I state** my opinion **in accordance with** the opinion of **this *tanna,* as it is taught** in a *baraita*: **Rabbi Shimon Ben Elazar says: A sexually underdeveloped woman neither drinks nor collects** payment of her **marriage contract, as it is stated: "And she shall be cleared, and shall conceive seed"** (Numbers 5:28), indicating that the *sota* ritual pertains only to **one whose way is to bear seed** and give birth, **excluding this** sexually underdeveloped woman, **whose way is not to bear seed.**

וְרַבָּנַן, הַאי ״וְנִקְּתָה וְנִזְרְעָה זָרַע״ מַאי עָבְדִי לֵיהּ? מִיבָּעֵי לְהוּ לְכִדְתַנְיָא: ״וְנִקְּתָה וְנִזְרְעָה [זָרַע]״ – שֶׁאִם הָיְתָה עֲקָרָה נִפְקֶדֶת, דִּבְרֵי רַבִּי עֲקִיבָא. אָמַר לוֹ רַבִּי יִשְׁמָעֵאל: אִם כֵּן, יִסָּתְרוּ כׇּל הָעֲקָרוֹת וְיִפָּקְדוּ, וְזוֹ הוֹאִיל וְלֹא נִסְתְּרָה הִפְסִידָה!

The Gemara asks: **And as for the Rabbis, what do they do with this** verse: **"And she shall be cleared, and shall conceive seed"?** Since they hold that a sexually underdeveloped woman drinks the bitter water, what do they derive from the verse? The Gemara answers: **They require** it **for that which is taught** in a *baraita*: The verse: **"And she shall be cleared, and shall conceive seed"** (Numbers 5:28), indicates **that if she was barren, she will be remembered** and conceive a child; this is **the statement of Rabbi Akiva. Rabbi Yishmael said to him: If so, all the barren women will seclude themselves** with other men, **and they will be remembered** and conceive after drinking the bitter water and being found innocent; **but that** virtuous barren woman, who does not transgress the prohibition of seclusion, **since she does not seclude herself** with other men, **she loses** the opportunity to receive this blessing.

אִם כֵּן, מַה תַּלְמוּד לוֹמַר: ״וְנִקְּתָה וְנִזְרְעָה זָרַע״? שֶׁאִם הָיְתָה יוֹלֶדֶת בְּצַעַר – יוֹלֶדֶת בְּרֶיוַח, נְקֵבוֹת – יוֹלֶדֶת זְכָרִים, קְצָרִים – יוֹלֶדֶת אֲרוּכִים, שְׁחוֹרִים – יוֹלֶדֶת לְבָנִים.

Rabbi Yishmael continues: **If so, what** is the meaning when **the verse states: "And she shall be cleared, and shall conceive seed"** (Numbers 5:28)? This means **that if** in the past she **would give birth in pain,** from then on **she will give birth with ease;** if she gave birth to **females, she will** now **give birth to males;** if her children were **short, she will** now **give birth to tall** children; if her children were **black, she will give birth to white** children.

״אֵשֶׁת מַמְזֵר לְמַמְזֵר״. פְּשִׁיטָא! מַהוּ דְּתֵימָא: אַפּוּשֵׁי פְּסוּלִין לָא לֵיפּוּשׁ. קָא מַשְׁמַע לָן.

§ The *baraita* in the *Tosefta* cited above states: **The wife of a *mamzer*** who is married **to a *mamzer*** in a permitted marriage… either drinks the bitter water or does not collect payment of her marriage contract. The Gemara asks: **Isn't** that **obvious?** Since their marriage is permitted, why should the *sota* ritual not apply? The Gemara answers: It is necessary **lest you say** that she should not drink, since if she drinks and is found to be innocent of adultery, she is permitted to her husband. This is undesirable since their offspring are also *mamzerim,* and **we do not cause** the number of individuals **of flawed lineage to proliferate.** The *baraita* in the *Tosefta* therefore **teaches us** that this is not a concern, and the wife of a *mamzer* is permitted to drink.

״אֵשֶׁת גֵּר וְעֶבֶד מְשׁוּחְרָר וְאַיְילוֹנִית״. פְּשִׁיטָא!

The aforementioned *baraita* in the *Tosefta* states: **The wife of a convert or an emancipated slave, and a sexually underdeveloped woman** can drink the bitter water. The Gemara asks with regard to the wife of a convert or an emancipated slave, who also has the status of a convert: **Isn't** that **obvious?** Since their marriage is permitted, why should the *sota* ritual not apply?

BACKGROUND

Mamzer – מַמְזֵר: A *mamzer* or *mamzeret* is the male or female offspring, respectively, of an adulterous or incestuous relationship, i.e., a child born from relations between a married woman and a man other than her husband, or between relatives who are prohibited from marrying by a prohibition punishable by *karet*. The case of a child conceived through relations with a menstruating woman is an exception to this principle, as, although engaging in sexual relations with a menstruating woman is punishable by *karet*, the child is not a *mamzer* or *mamzeret*. Similarly, a child conceived out of wedlock by a man and woman who are permitted to marry is not a *mamzer* or *mamzeret*. A *mamzer* is prohibited from marrying a Jewish woman of unflawed lineage. However, he may marry a convert or a *mamzeret*. Similarly, a *mamzeret* can marry only a convert or a *mamzer*. The offspring of these unions are also *mamzerim*. A *mamzer* inherits from his father and is considered his father's son in all respects.

HALAKHA

The wife of a *mamzer* who is married to a *mamzer*, etc. – אֵשֶׁת מַמְזֵר לְמַמְזֵר וכו׳: If a woman is a convert, or an emancipated maidservant, or the wife of a convert or emancipated slave, or a *mamzeret*, or the wife of a *mamzer*, if she was permitted to her husband, she may drink the bitter water (Rambam *Sefer Nashim*, *Hilkhot Sota* 2:6).

מַהוּ דְּתֵימָא? "דַּבֵּר אֶל בְּנֵי יִשְׂרָאֵל" – וְלֹא גֵּרִים. קָא מַשְׁמַע לָן. וְאֵימָא הָכִי נַמִּי! "וְאָמַרְתָּ" – רִבּוּיָא הוּא.

The Gemara answers: It is necessary **lest you say** that she does not drink, as the verse states: **"Speak to the children of Israel,** and say unto them: If the wife of any man goes astray, and acts unfaithfully against him" (Numbers 5:12). One might have inferred from this verse that the *sota* ritual applies only to those born as Jews **and not** to **converts;** the *baraita* in the *Tosefta* therefore **teaches us** that this is not so. The Gemara asks: Why not **say** that **indeed** the verse excludes converts? The Gemara answers: The subsequent term: **"And say** unto them" (Numbers 5:12) **is an amplification,** which serves to include converts.

"אֵשֶׁת כֹּהֵן שׁוֹתָה" כו'. "אֵשֶׁת כֹּהֵן שׁוֹתָה" פְּשִׁיטָא! מַהוּ דְּתֵימָא? "וְהִיא לֹא נִתְפָּשָׂה" אֲסוּרָה, הָא נִתְפְּשָׂה מוּתֶּרֶת, וְזוֹ הוֹאִיל וְנִתְפְּשָׂה אֲסוּרָה – אֵימָא לֹא תִּשְׁתֶּה. קָא מַשְׁמַע לָן.

§ The mishna states: **The wife of a priest drinks** the bitter water, and if she is found to be innocent of adultery she is permitted to her husband. The Gemara asks: Why does the mishna state: **The wife of a priest drinks? Isn't** that **obvious?** The Gemara answers: It is necessary **lest you say** that she does not drink, as the verse states: "And a man lay with **her… neither was she seized"** (Numbers 5:13). This indicates that if the *sota* was not seized **she is forbidden; however,** if she was **seized,** i.e., raped, she is **permitted** to her husband. **And** with regard to **this** woman, the wife of a priest, **since** even if she was **seized** she is **forbidden** to her husband, as a priest may not remain married to his wife if she was raped while they were married, one might **say** that the *sota* ritual does not apply to her, and she **does not drink.** Therefore, the mishna **teaches us** that she does drink.

"וּמוּתֶּרֶת לְבַעְלָהּ". פְּשִׁיטָא! אָמַר רַב הוּנָא: בְּמִתְנַוְּונָה. מִתְנַוְּונָה, הָא בְּדַקוּהָ מַיָּא!

§ The mishna states: The wife of a priest drinks, **and** if she is found to be innocent of adultery, **she is permitted to her husband.** The Gemara asks: **Isn't** that **obvious? Rav Huna says:** The mishna is referring to a case **where** the woman's health **deteriorates** after she drinks the bitter water, and one might have thought that she is defiled. The Gemara asks: In the case of a woman whose health **deteriorates, hasn't the** bitter **water** already **evaluated** that **she** was unfaithful? The fact that her health deteriorates indicates that she is defiled and forbidden to her husband, and her death is delayed due to her merit in other matters.

בְּמִתְנַוְּונָה דֶּרֶךְ אֵבָרִים. מַהוּ דְּתֵימָא? הָא זַנּוּיֵי זְנַאי, וְהָא דְּלָא בְּדַקוּהָ מַיָּא כִּי אוֹרְחֵיהּ – מִשּׁוּם דְּבְאוֹנֶס זְנַאי, וּלְגַבֵּי כֹּהֵן אֲסִירָא. קָא מַשְׁמַע לָן.

The Gemara answers: The mishna is referring to a case **where her** health **deteriorates,** but not in the manner of a *sota*, who is afflicted in her belly and thighs (see Numbers 5:27). Rather, she is afflicted **by way of** other **limbs.**[H] **Lest you say: This** woman **engaged in licentious intercourse, and** the fact **that the** bitter **water did not evaluate her in** the **usual manner** is **because she engaged in licentious intercourse under duress, and with regard to a priest,** even rape **renders her forbidden to her** to her husband, the mishna therefore **teaches us** that the woman's deteriorating health does not indicate anything.

"אֵשֶׁת סָרִיס שׁוֹתָה". פְּשִׁיטָא! מַהוּ דְּתֵימָא: "מִבַּלְעֲדֵי אִישֵׁךְ" אָמַר רַחֲמָנָא, וְהַאי לָאו בַּר הָכִי הוּא. קָא מַשְׁמַע לָן.

§ The mishna states: **The wife of a eunuch drinks.** The Gemara asks: **Isn't** that **obvious?** Since their marriage is permitted, why should the *sota* ritual not apply? The Gemara replies: It is necessary **lest you say** that she does not drink, since **the Merciful One states** with regard to the *sota*: "But if you have gone astray while under your husband, and if you are defiled, and some man has lain with you **besides your husband"** (Numbers 5:20). This indicates that her husband had lain with her, **and this** husband, the eunuch, **is not capable of that.** The mishna therefore **teaches us** that the wife of a eunuch does drink the bitter water.

"עַל יְדֵי כָּל עֲרָיוֹת מְקַנִּין". פְּשִׁיטָא!

§ The mishna states: A husband **can issue a warning** to his wife **with regard to all those with whom relations are forbidden,** e.g., her father or brother. The Gemara asks: **Isn't** that **obvious?**

HALAKHA

Where her health deteriorates by way of other limbs – בְּמִתְנַוְּונָה דֶּרֶךְ אֵבָרִים: A *sota* who drinks the bitter water and does not die immediately is permitted to her husband, even if he is a priest. She is permitted to him even if she is afflicted by sickness, as long as her belly does not swell and her thigh does not fall (see Numbers 5:27). However, if her belly begins to swell and her thigh begins to fall, she is certainly forbidden to her husband, in accordance with the statement of Rav Huna (Rambam *Sefer Nashim*, *Hilkhot Sota* 3:21).

מַהוּ דְּתֵימָא: ״נִטְמְאָה״, ״נִטְמָאָה״ שְׁנֵי פְעָמִים – אֶחָד לַבַּעַל וְאֶחָד לַבּוֹעֵל, הֵיכָא דְּקָא מִיתַּסְרָא בְּהָא זְנוּת, אֲבָל הָא הוֹאִיל וַאֲסוּרָה וְקַיְימָא – אֵימָא לָא. קָא מַשְׁמַע לַן.

The Gemara answers: It is necessary, **lest you say** that the *sota* ritual does not apply with regard to forbidden relatives, as the Torah states: "And she **was defiled**" (Numbers 5:13), "And she **was defiled**" (Numbers 5:14), **two times. One** verse teaches that she is defiled and forbidden **to** her **husband, and one** verse teaches that she is forbidden **to** her **paramour.** One might understand that the *sota* ritual applies only **where she is forbidden** to the paramour **due to this licentious intercourse; however,** with regard to **that** woman, who secluded herself with a forbidden relative, **since** the woman already **stands prohibited** to him due to the prohibition of incest, one might **say** that the *sota* ritual **does not** apply. The mishna therefore **teaches us** that one can issue a warning even with regard to forbidden relatives.

״חוּץ מִן הַקָּטָן״ וכו׳. ״אִישׁ״ אָמַר רַחֲמָנָא – וְלֹא קָטָן. ״וְשֶׁאֵינוֹ אִישׁ״ לְמַעוּטֵי מַאי? אִילֵימָא לְמַעוּטֵי שָׁחוּף – וְהָאָמַר שְׁמוּאֵל: שָׁחוּף מְקַנִּין עַל יָדוֹ וּפוֹסֵל בִּתְרוּמָה.

§ The mishna states: A husband can issue a warning to his wife with regard to all those with whom relations are forbidden, **with the exception of a minor** and of one who is not a man. The Gemara cites the source for this *halakha*: **The Merciful One states** in the Torah: "And **a man** lay with her" (Numbers 5:13), indicating that one can warn his wife with regard to a man **but not** with regard to **a minor.**[N] The Gemara asks: The phrase: **And** of one **who is not a man,** serves **to exclude what? If we say** that it serves **to exclude a sick man who lacks the ability to complete intercourse** [***shaḥuf***],[NB] **but didn't Shmuel say: One can issue a warning with regard to a *shaḥuf*,**[H] **and** if a *shaḥuf* engages in sexual intercourse with the daughter of a priest, he **disqualifies** her **from** partaking of ***teruma*.**[H]

״מְקַנִּין עַל יָדוֹ״, פְּשִׁיטָא! מַהוּ דְּתֵימָא: ״וְשָׁכַב אִישׁ אֹתָהּ שִׁכְבַת זֶרַע״ אָמַר רַחֲמָנָא, וְהָא לָאו בַּר הָכִי הוּא. קָא מַשְׁמַע לַן.

With regard to Shmuel's statement that **one can issue a warning with regard to** a *shaḥuf*, the Gemara asks: **Isn't** that **obvious?** The Gemara answers: It is necessary, **lest you say** that one cannot issue a warning with regard to a *shaḥuf*, as **the Merciful One states** in the Torah: **"And a man lay with her carnally** [***shikhvat zera***]" (Numbers 5:13), literally, a lying of seed, **and this** man **is not capable of that,** as he cannot ejaculate. Shmuel therefore **teaches us** that one can issue a warning with regard to a *shaḥuf*.

״וּפוֹסֵל בִּתְרוּמָה״, פְּשִׁיטָא! מַהוּ דְּתֵימָא: ״לֹא יְחַלֵּל זַרְעוֹ״ אָמַר רַחֲמָנָא – דְּאִית לֵיהּ זֶרַע לִיחַלֵּל, דְּלֵית לֵיהּ זֶרַע לָא לִיחַלֵּל. קָא מַשְׁמַע לַן.

The Gemara asks with regard to Shmuel's statement that a *shaḥuf* who engages in sexual intercourse with the daughter of a priest **disqualifies** her **from** partaking of ***teruma*: Isn't** that **obvious?** The Gemara answers: It is necessary **lest you say** that a *shaḥuf* does not disqualify the daughter of a priest from partaking of *teruma*, as **the Merciful One states** in the Torah with regard to a priest: "And **he shall not disqualify his offspring** among his people" (Leviticus 21:15). One might infer from this verse that one **who** can **have offspring disqualifies** a woman from partaking of *teruma*, through forbidden sexual intercourse, and that one **who cannot have offspring does not disqualify** a woman from partaking of *teruma*. Shmuel therefore **teaches us** that this is not so. In any event, Shmuel states that one can issue a warning on account of a *shaḥuf*, unlike the initial interpretation of the mishna.

NOTES

A man but not a minor – אִישׁ...וְלֹא קָטָן: The Rambam explains that this excludes a minor under the age of nine, whose sexual act does not have the legal status of a sexual act. Although a minor's sexual act does not render a woman forbidden to her husband, a verse is required in order to exclude a minor, as one might have thought that due to the husband's objection to this contact, he may issue a warning. An alternative approach is provided by *Tosafot*, who explain that the verse excludes all minors, i.e., anyone under the age of thirteen. Despite the fact that the sexual act of a minor above the age of nine renders a woman forbidden to her husband, the verse nevertheless states that one may issue a warning only on account of a man, i.e., one who has reached majority (see *Ḥeshek Shlomo*).

A sick man who lacks the ability to complete intercourse [*shaḥuf*] – שָׁחוּף: There are various opinions with regard to the exact definition of a *shaḥuf*. For the purposes of this discussion, a *shaḥuf* is an individual who suffers from impotency and is unable to properly engage in sexual intercourse. He can engage in intercourse with a flaccid penis, but this is not considered intercourse, except with regard to disqualifying a woman from partaking of *teruma*. The Meiri explains that one may issue a warning on account of a *shaḥuf* because, unlike a eunuch, a *shaḥuf* is sometimes able to maintain a partial erection.

BACKGROUND

A sick man who lacks the ability to complete intercourse [*shaḥuf*] – שָׁחוּף: The term *shaḥuf* refers to a sick individual whose illness prevents him from properly absorbing and digesting food. This causes excessive weight loss due to the body exhausting its supply of fatty tissue, and also causes impotency and a lack of sexual desire. These symptoms can appear, for example, in severe cases of diabetes mellitus.

HALAKHA

One can issue a warning with regard to a *shaḥuf* – שָׁחוּף מְקַנִּין עַל יָדוֹ: A man can issue a warning to his wife even on account of a *shaḥuf*, who is unable to maintain an erection and cannot ejaculate. If she subsequently secludes herself with the *shaḥuf* she is forbidden to her husband (Rambam *Sefer Nashim, Hilkhot Sota* 1:1; *Shulḥan Arukh, Even HaEzer* 178:2).

If a *shaḥuf* engages in intercourse with the daughter of a priest he disqualifies her from partaking of *teruma* – שָׁחוּף...וּפוֹסֵל בִּתְרוּמָה: A woman who engaged in prohibited intercourse, even with a *shaḥuf*, is disqualified from partaking of *teruma* (Rambam *Sefer Zera'im, Hilkhot Terumot* 8:11).

וְאֶלָּא לְמַעוּטֵי נׇכְרִי? וְהָאָמַר רַב הַמְנוּנָא: נׇכְרִי מְקַנִּין עַל יָדוֹ וּפוֹסֵל בִּתְרוּמָה.

Since Shmuel's statement contradicts the suggestion that the mishna excludes a *shaḥuf*, the Gemara suggests another explanation: **Rather,** the mishna serves **to exclude a gentile,** and teaches that one cannot issue a warning with regard to him. The Gemara asks: **But didn't Rav Hamnuna say: One can issue a warning with regard to a gentile,**[H] **and** if a gentile engages in sexual intercourse with the daughter of a priest, he **disqualifies** her **from** partaking of ***teruma.***[H]

״מְקַנִּין עַל יָדוֹ״, פְּשִׁיטָא! מַהוּ דְּתֵימָא: ״נִטְמְאָה״, ״נִטְמְאָה״ שְׁתֵּי פְּעָמִים – אֶחָד לַבַּעַל וְאֶחָד לַבּוֹעֵל הֵיכָא דְּקָמִיתַּסְרָא בְּהָא זְנוּת, אֲבָל הָא הוֹאִיל וַאֲסוּרָה וְקָיְימָא – אֵימָא לָא. קָמַשְׁמַע לַן.

The Gemara asks with regard to Rav Hamnuna's statement that **one can issue a warning with regard to** a gentile: **Isn't** that **obvious?** The Gemara answers: It is necessary **lest you say** that one cannot issue a warning in this case, as the verse states: "And she **was defiled**" (Numbers 5:13), "And she **was defiled**" (Numbers 5:14), **twice. One** verse teaches that she is defiled and forbidden **to** her **husband, and one** verse teaches that she is forbidden **to** her **paramour.** One might understand that the *sota* ritual applies only **where she is forbidden** to the paramour **due to this licentious intercourse; however,** with regard to **that** woman, who engaged in sexual intercourse with a gentile, **since** she already **stands prohibited** to him, one might **say** that the *sota* ritual **does not** apply. Rav Hamnuna therefore **teaches us** that one can issue a warning even with regard to a gentile.

״וּפוֹסֵל בִּתְרוּמָה״, פְּשִׁיטָא! מַהוּ דְּתֵימָא? ״וּבַת כֹּהֵן כִּי תִהְיֶה לְאִישׁ זָר״ אָמַר רַחֲמָנָא – דְּבַר הֲוָיָה אִין, דְּלָאו בַּר הֲוָיָה לָא. קָמַשְׁמַע לַן דְּפָסֵיל מִדְּרַבִּי יוֹחָנָן,

The Gemara asks with regard to Rav Hamnuna's statement that a gentile who engages in sexual intercourse with the daughter of a priest **disqualifies** her **from** partaking of ***teruma*****: Isn't** that **obvious?** The Gemara answers: It is necessary **lest you say** that he does not disqualify her, as **the Merciful One states** in the Torah: **"And if a priest's daughter should be unto a strange man,** she shall not eat of that which is set apart from the holy things" (Leviticus 22:12), indicating that if a woman engages in sexual intercourse with one who is unfit for her, he disqualifies her from partaking of *teruma*. Since the term "should be unto" denotes marriage, one might say **that one who is eligible for betrothal, yes,** he disqualifies the woman; but a gentile, **who is not eligible for betrothal, does not** disqualify her. Rav Hamnuna therefore **teaches us that** a gentile **disqualifies** the woman from partaking of *teruma,* as one can learn **from** the ruling **of Rabbi Yoḥanan.**

דְּאָמַר רַבִּי יוֹחָנָן מִשּׁוּם רַבִּי יִשְׁמָעֵאל: מִנַּיִן לְנׇכְרִי וְעֶבֶד שֶׁבָּאוּ עַל הַכֹּהֶנֶת וְעַל הַלְּוִיָּה וְעַל בַּת יִשְׂרָאֵל שֶׁפְּסָלוּהָ? שֶׁנֶּאֱמַר: ״וּבַת כֹּהֵן כִּי תִהְיֶה אַלְמָנָה וּגְרוּשָׁה״ – מִי שֶׁיֵּשׁ לוֹ אַלְמָנוּת וְגֵירוּשִׁין בָּהּ, יָצְאוּ נׇכְרִי וְעֶבֶד שֶׁאֵין לוֹ אַלְמָנוּת וְגֵירוּשִׁין בָּהּ!

This is **as Rabbi Yoḥanan says in the name of Rabbi Yishmael: From where** is it derived **that a gentile or a slave who engaged in sexual intercourse with the daughter of a priest or with the daughter of a Levite or with** the **daughter of an Israelite, disqualified her** from marrying a priest and from partaking of *teruma*? This is derived **as it is stated: "But if a priest's daughter should be a widow or a divorcée…** she returns to her father's house…she may eat of her father's bread" (Leviticus 22:13). This indicates that the daughter of a priest returns to eat of her father's bread, i.e., *teruma,* if she engaged in sexual intercourse with **one whose** marriage **to her has** the potential to end in **widowhood or divorce,** i.e., a Jew whom she is permitted to marry. This **excludes a gentile and a slave, whose** marriage **to her does not have** the potential to end in **widowhood or divorce,** as their betrothal is invalid.

וְאֶלָּא לְמַעוּטֵי מַאי? אָמַר רַב פַּפָּא: לְמַעוּטֵי בְּהֵמָה, דְּאֵין זְנוּת בִּבְהֵמָה.

Since Rav Hamnuna's statement contradicts the suggestion that the mishna excludes a gentile, the Gemara asks: **Rather, what** does the term: And of one who is not a man, serve **to exclude? Rav Pappa says:** This serves **to exclude an animal, as** the concept of **licentiousness does not** apply **with regard to an animal.**[H] Therefore, the *halakhot* of a *sota* do not apply in this case.

אֲמַר לֵיהּ רָבָא מִפַּרְזַקְיָא לְרַב אַשִׁי: מְנָא הָא מִילְּתָא דַּאֲמוּר רַבָּנַן אֵין זְנוּת בִּבְהֵמָה? דִּכְתִיב: ״לֹא תָבִיא אֶתְנַן זוֹנָה וּמְחִיר כֶּלֶב״ וגו׳,

Rava of Parzakya said to Rav Ashi: From where is this matter that the Sages stated derived, that **licentiousness does not** apply **with regard to an animal?** Rav Ashi replied that it is **as it is written: "You shall not bring the hire of a harlot, or the price of a dog,** into the house of the Lord your God for any vow; for both of them are an abomination to the Lord your God" (Deuteronomy 23:19). This verse prohibits one from sacrificing an animal that served as payment to a prostitute or as payment for the purchase of a dog.

HALAKHA

One can issue a warning with regard to a gentile – **נׇכְרִי מְקַנִּין עַל יָדוֹ**: If one issued a warning to his wife on account of a gentile, and she then secluded herself with that gentile, she is forbidden to her husband (Rambam *Sefer Nashim, Hilkhot Sota* 1:1; *Shulḥan Arukh, Even HaEzer* 178:2).

If a gentile engages in intercourse with the daughter of a priest he disqualifies her from partaking of *teruma* – **נׇכְרִי...וּפוֹסֵל בִּתְרוּמָה**: A woman who engages in sexual intercourse with a gentile acquires the legal status of a *zona* and is disqualified from marrying a priest. If she is the daughter of a priest she is also disqualified from partaking of *teruma* (Rambam *Sefer Kedusha, Hilkhot Issurei Bia* 18:2).

The concept of licentiousness does not apply with regard to an animal – **אֵין זְנוּת בִּבְהֵמָה**: A woman who engages in intercourse with an animal does not acquire the legal status of a *zona*, i.e., a woman who has engaged in sexual intercourse with a man forbidden to her, and is not disqualified from marrying a priest. This is so despite the fact that this act is punishable by stoning (Rambam *Sefer Kedusha, Hilkhot Issurei Bia* 18:1; *Shulḥan Arukh, Even HaEzer* 6:8).

וְתַנְיָא: אֶתְנַן כֶּלֶב וּמְחִיר זוֹנָה – מוּתָּרִין, שֶׁנֶּאֱמַר: ״גַּם שְׁנֵיהֶם״, שְׁנַיִם וְלֹא אַרְבָּעָה.

And it is taught in a mishna (*Temura* 30a): In the converse cases, **the hire of a dog,** i.e., a kosher animal that was given to the owner of a dog as payment for engaging in intercourse with it, **and the price of a prostitute,**[H] i.e., a kosher animal which served as payment in the purchase of a maidservant acquired for prostitution, **are permitted** to be sacrificed, **as it is stated** in the aforementioned verse: **For both of them.** This term indicates that only those **two** animals may not be sacrificed, i.e., those which served as the hire of a harlot and as the price of a dog; **and not four** animals, as the reverse cases are excluded from this *halakha*. This indicates that the concept of licentiousness does not apply with regard to animals, as the payment for intercourse with a dog is not considered payment for prostitution.

וְאֶלָּא ״שִׁכְבַת זֶרַע״ לָמָּה לִי? מִיבְּעֵי לֵיהּ לְכִדְתַנְיָא: ״שִׁכְבַת זֶרַע״ – פְּרָט לְדָבָר אַחֵר.

The Gemara asks: Shmuel states that one can issue a warning with regard to a *shaḥuf* even though he is unable to discharge semen. **But rather, why do I** need the verse to state: "And a man lay with her **carnally** [***shikhvat zera***]" (Numbers 5:13)? The Gemara answers: **It is necessary for that which is taught** in a *baraita*: The term **"*shikhvat zera*" excludes something else.**

מַאי ״דָּבָר אַחֵר״? אָמַר רַב שֵׁשֶׁת: פְּרָט לְשֶׁקִּינֵּא לָהּ שֶׁלֹּא כְּדַרְכָּהּ. אָמַר לֵיהּ רָבָא: שֶׁלֹּא כְּדַרְכָּהּ, ״מִשְׁכְּבֵי אִשָּׁה״ כְּתִיב!

The Gemara asks: **What is** meant by the term: **Something else? Rav Sheshet said:** This **excludes** a case **where** the husband **issued a warning to** his wife not to engage in sexual intercourse **in an atypical manner,** i.e., anal intercourse, with another man, and teaches that this is not considered a valid warning. **Rava said to** Rav Sheshet: Intercourse **in an atypical manner** is considered sexual intercourse, as **it is written: "The cohabitations of a woman"** (Leviticus 18:22), indicating that there are two forms of sexual intercourse with a woman, vaginal and anal, and there is no halakhic differentiation between them.

אֶלָּא אָמַר רָבָא: פְּרָט לְשֶׁקִּינֵּא לָהּ דֶּרֶךְ אֵבָרִים. אֲמַר לֵיהּ אַבָּיֵי: פְּרִיצוּתָא בְּעָלְמָא הִיא, וּפְרִיצוּתָא מִי אָסַר רַחֲמָנָא?

Rather, Rava said: It **excludes** a case **where** the husband **issued a warning to** his wife not to engage in intimate contact with another man **by way of** other **limbs,**[HN] as this is not considered sexual intercourse. **Abaye said to** Rava: That **is merely licentious** behavior, **and does the Merciful One render** a woman **forbidden** to her husband on account of merely **licentious** behavior, without sexual intercourse? Since this does not render her forbidden to her husband, it is obvious that if the husband issues a warning in this manner, violating the warning does not cause her to become a *sota*. The verse is therefore not required to exclude this case.

אֶלָּא אָמַר אַבָּיֵי: פְּרָט לְשֶׁקִּינֵּא לָהּ בִּנְשִׁיקָה. הָנִיחָא לְמַאן דְּאָמַר: הָעֲרָאָה זוֹ הַכְנָסַת עֲטָרָה, אֲבָל נְשִׁיקָה וְלָא כְּלוּם הִיא, הַיְינוּ דְּאָתֵי קְרָא לְמַעוּטֵי נְשִׁיקָה. אֶלָּא לְמַאן דְּאָמַר: הָעֲרָאָה זוֹ נְשִׁיקָה, מַאי אִיכָּא לְמֵימַר?

Rather, Abaye said: The verse **excludes** a case **where** the husband **issued a warning to** his wife **with regard to** engaging in genital **contact** without actual penetration. The Gemara asks: **This works out well according to the one who says** that the definition of the **initial stage of intercourse is the insertion of the corona**[H] **but** that genital **contact is nothing; this is** the reason **that the verse came to exclude** genital **contact. However, according to the one who says** that the definition of the **initial stage of intercourse is** genital **contact, what is there to say?** Why should this case be excluded from the *halakhot* of a *sota*?

לְעוֹלָם לְשֶׁקִּינֵּא לָהּ דֶּרֶךְ אֵבָרִים, וּמַהוּ דְּתֵימָא? בְּקַפֵּידָא דְּבַעַל תַּלְיָא רַחֲמָנָא, וּבַעַל הָא קָא קָפֵיד. קָמַשְׁמַע לַן.

The Gemara answers: **Actually,** the verse serves **to** exclude a case **where** the husband **issued a warning to** his wife not to engage in intimate contact with another man **by way of** other **limbs. And** the verse explicitly excludes this case from the *halakhot* of a *sota*, **lest you say that** the woman is rendered a *sota* due to this warning, as **the Merciful One made** this *halakha* **dependent on the husband's objection, and the husband objects** to contact of this nature. The verse therefore **teaches us** that this is not considered a warning, as it does not involve sexual intercourse.

אָמַר שְׁמוּאֵל: יִשָּׂא אָדָם

§ **Shmuel says:** It is better that **a man marry**

HALAKHA

The hire of a dog and the price of a prostitute – אֶתְנַן כֶּלֶב וּמְחִיר זוֹנָה: The hire of a dog, i.e., an animal given as payment for engaging in intercourse with a dog, and the price of a prostitute, i.e., an animal which served as payment in the purchase of a prostitute, are permitted to be sacrificed on the altar (Rambam *Sefer Avoda, Hilkhot Issurei Mizbe'aḥ* 4:18).

Excludes a case where he issued a warning to her not to engage in intimate contact by way of other limbs – פְּרָט לְשֶׁקִּינֵּא לָהּ דֶּרֶךְ אֵבָרִים: The Rambam rules that if a woman's husband issued a warning to her, and she then secluded herself with another man and is given the bitter water to drink, if she engaged only in intimate contact with the paramour by way of other limbs, she is not evaluated by the bitter water. The *Arukh HaShulḥan*, citing Rashi, rules that if the husband specified in his warning that she should not engage in intimate conduct with another man by way of other limbs, the warning is not a valid warning (Rambam *Sefer Nashim, Hilkhot Sota* 3:24).

The initial stage of intercourse is the insertion of the corona – הָעֲרָאָה זוֹ הַכְנָסַת עֲטָרָה: The initial stage of intercourse is the insertion of the corona into the vagina, and the final stage is the complete penetration of the penis. With regard to prohibited sexual intercourse, there is no difference between the initial stage of intercourse and complete intercourse (Rambam *Sefer Kedusha, Hilkhot Issurei Bia* 1:10; *Shulḥan Arukh, Even HaEzer* 20:1).

NOTES

Where he issued a warning to her not to engage in intimate contact by way of other limbs – לְשֶׁקִּינֵּא לָהּ דֶּרֶךְ אֵבָרִים: According to Rashi and *Tosafot* (*Yevamot* 55b), the Gemara is referring to a case where the husband issued a warning to his wife not to seclude herself with another man and engage in intimate contact by way of other limbs, without suspecting her of engaging in actual sexual intercourse with another man. Although a husband may issue a warning merely by saying: Do not seclude yourself with so-and-so, and he does not need to state the nature of his suspicions, that is because a general warning clearly expresses the husband's concern that his wife will engage in sexual intercourse with her paramour. However, if the husband explicitly states that he does not suspect her of engaging in sexual intercourse but only in other forms of sexual misconduct, since these actions would not render her forbidden to her husband, the warning is not considered a valid warning (Rosh). According to the Rambam and the Meiri, the discussion here does not pertain to the nature of the warning issued by the husband. Rather, the Gemara is discussing a case where the woman disobeyed her husband's warning and engaged in intimate contact with another man by way of other limbs. The Gemara states that since this is not considered to be sexual intercourse, the bitter water would not evaluate whether she was defiled.

LANGUAGE

A woman whose suspected promiscuity is publicly spoken of [*duma*] – דּוּמָה: The Sages use this term with regard to anything that serves as the subject of gossip and rumors. It is usually, though not always, used in a negative sense.

HALAKHA

If a married woman engages in adulterous sexual intercourse her children are considered of unflawed lineage – אִשָּׁה מְזַנָּה בָּנֶיהָ כְּשֵׁרִין: If a woman is rumored to have committed adultery, one need not be concerned that perhaps her children are *mamzerim*, even if she is the subject of communal gossip, in accordance with the ruling of Rav Taḥalifa. However, there is reason for concern that perhaps she has acquired the status of a *zona*, i.e., a woman who has engaged in sexual intercourse with a man forbidden to her, and if her husband is a priest he is forbidden by Torah law to remain married to her. Furthermore, even an Israelite should refrain from marrying her in order to distance himself from alleged impropriety. If she is extremely promiscuous, her children's lineage is also considered uncertain, as the Gemara's dilemma concerning whether the husband will ensure she does not become impregnated by another man stands unresolved. The Rema writes that even so, if she states that her children are of unflawed lineage, her testimony is accepted. If she behaved extremely licentiously before her marriage but not afterward, then even if she was once seen committing adultery, her children are considered of unflawed lineage (Rambam *Sefer Kedusha*, *Hilkhot Issurei Bia* 15:20; *Shulḥan Arukh*, *Even HaEzer* 4:15).

דּוּמָה וְאַל יִשָּׂא בַּת דּוּמָה, שֶׁזּוֹ בָּאָה מִטִּיפָּה כְּשֵׁרָה, וְזוֹ בָּאָה מִטִּיפָּה פְּסוּלָה;

a woman whose suspected promiscuity is publicly spoken of [*duma*],[L] **and not marry the daughter of a woman suspected of promiscuity, as this** woman, who is herself suspected of promiscuity, **comes from seed** of **unflawed** lineage; **but that** woman, the daughter of a woman suspected of promiscuity, **comes from seed** of **flawed** lineage, as she might be a *mamzeret*.

וְרַבִּי יוֹחָנָן אָמַר: יִשָּׂא אָדָם בַּת דּוּמָה וְאַל יִשָּׂא דּוּמָה, שֶׁזּוֹ עוֹמֶדֶת בְּחֶזְקַת כַּשְׁרוּת, וְזוֹ אֵינָהּ עוֹמֶדֶת בְּחֶזְקַת כַּשְׁרוּת.

And Rabbi Yoḥanan says: It is better that **a man marry the daughter of a woman suspected of promiscuity, and not marry a woman suspected of promiscuity, as this** daughter **maintains** the **presumptive status of virtuousness, but that** woman suspected of promiscuity **does not maintain** the **presumptive status of virtuousness.**

מֵיתִיבֵי: נוֹשֵׂא אָדָם דּוּמָה! אֲמַר רָבָא: וְתִסְבְּרָא נוֹשֵׂא לְכַתְּחִלָּה? אֶלָּא אִם נָשָׂא; תְּנֵי נַמִּי בַּת דּוּמָה.

The Gemara **raises an objection** to Rabbi Yoḥanan's statement from a *baraita*: **A man** may **marry a woman suspected of promiscuity. Rava said** in response: **And** how can **you understand** the *baraita* at face value? The *baraita* states that a man **may marry** her ***ab initio***, yet clearly it is undesirable to do so. **Rather,** the wording of the *baraita* is imprecise, and one must render it: **If one married** a woman suspected of promiscuity, she is permitted to him. Since the *baraita* is imprecise, one should **also** correct it and **teach: The daughter of a woman suspected of promiscuity.**

וְהִלְכְתָא: יִשָּׂא אָדָם בַּת דּוּמָה וְאַל יִשָּׂא דּוּמָה, דְּתָנֵי רַב תַּחֲלִיפָא בַּר מַעַרְבָא קַמֵּיהּ דְּרַבִּי אַבָּהוּ: אִשָּׁה מְזַנָּה – בָּנֶיהָ כְּשֵׁרִין, רוֹב בְּעִילוֹת אַחַר הַבַּעַל.

The Gemara concludes: **And the *halakha*** is that it is better that **a man marry the daughter of a woman suspected of promiscuity, and not marry a woman suspected of promiscuity.** This is as **Rav Taḥalifa, from the West,** i.e., Eretz Yisrael, **taught before Rabbi Abbahu:** If a married **woman engages in adulterous sexual intercourse, her children are** considered of **unflawed** lineage,[H] as **most** instances of **sexual intercourse are attributed to the husband,** and consequently it is presumed that the children were conceived by the husband and not by the paramour. Therefore, the daughter of a woman suspected of promiscuity is not suspected of being a *mamzeret*.

בָּעֵי רַב עַמְרָם: הָיְתָה פְּרוּצָה בְּיוֹתֵר, מַהוּ? אַלִּיבָּא דְּמַאן דְּאָמַר אֵין אִשָּׁה מִתְעַבֶּרֶת אֶלָּא סָמוּךְ לְווֹסְתָּהּ, לָא תִּיבָּעֵי לָךְ, דְּלָא יָדַע בָּהּ וְלָא מְנַטַּר לַהּ.

Rav Amram raises a dilemma: What is the *halakha* if the woman **was extremely promiscuous** and one cannot reasonably attribute most instances of intercourse to the husband? Are her children considered of unflawed lineage, or is their lineage uncertain? **According to** the opinion of **the one who says** that **a woman becomes pregnant**[B] **only close to** the time of the onset of **her menstruation, you do not** need to **raise this dilemma, as** the husband **does not know** the time of **this,** i.e., the time of her menstruation, in advance, **and** he **does not watch her** actions in order to prevent her from conceiving from another man. Her children are therefore of uncertain lineage.

כִּי תִּיבָּעֵי לָךְ – אַלִּיבָּא דְּמַאן דְּאָמַר אֵין אִשָּׁה מִתְעַבֶּרֶת אֶלָּא סָמוּךְ לִטְבִילָתָהּ. מַאי? כֵּיוָן דְּיָדַע בָּהּ – נָטוֹרֵי מְנַטַּר לַהּ, אוֹ דִּלְמָא כֵּיוָן דִּפְרוּצָה בְּיוֹתֵר – לָא? תֵּיקוּ.

When do you need to **raise this dilemma?** It is necessary **according to** the opinion of **the one who says** that **a woman becomes pregnant only close to** the time of **her immersion. What** is the *halakha*? Can it be assumed that **since he knows** the time of **this,** i.e., of her immersion, **he watches her** actions on that day in order to prevent her from conceiving from another man; **or perhaps, since** she **is extremely promiscuous,** her husband **cannot** adequately watch her and her children are considered of uncertain lineage? The Gemara concludes: The dilemma **shall stand** unresolved.

BACKGROUND

A woman becomes pregnant – אִשָּׁה מִתְעַבֶּרֶת: A woman can become pregnant only at the time of ovulation, which usually occurs around fourteen days before she menstruates. The time of a woman's immersion is seven days after she ceases to menstruate. Consequently, the duration of the time between ovulation and the time of menstruation or the time of immersion depends on the length of a woman's menstrual cycle. A woman with a regular menstrual cycle of approximately a month will ovulate around two weeks after the beginning of menstruation, close to the time of her immersion, while a woman with a much shorter menstrual cycle will ovulate closer to the time she ceased menstruating.

"וְאֵלּוּ שֶׁבֵּית דִּין" כו׳. תָּנוּ רַבָּנַן: "אִישׁ" – מַה תַּלְמוּד לוֹמַר: "אִישׁ אִישׁ"? לְרַבּוֹת אֵשֶׁת חֵרֵשׁ, וְאֵשֶׁת שׁוֹטֶה, וְאֵשֶׁת שִׁעֲמוּם, וְשֶׁהָלַךְ בַּעְלָהּ לִמְדִינַת הַיָּם, וְשֶׁהָיָה חָבוּשׁ בְּבֵית הָאֲסוּרִין – שֶׁבֵּית דִּין מְקַנִּין לָהֶן לְפוֹסְלָן מִכְּתוּבָּתָן.

§ The mishna states (24a): **And these** are the women **to whom the court issues a warning** in place of their husbands: One whose husband became a deaf-mute or became an imbecile, or if he were incarcerated in prison. **The Sages taught:** The verse states: "If the wife of any man goes astray" (Numbers 5:12). As the verse could have said: The wife of **a man, what** is the meaning when **the verse states:** "The wife of **any man**"? It serves **to include the wife of a deaf-mute, and the wife of an imbecile, and the wife of an insane person, and** one **whose husband went overseas, and** one **whose** husband **was incarcerated in prison;** and it teaches **that the court issues a warning to** these women in order **to disqualify them from** receiving payment of **their marriage contract.**

יָכוֹל אַף לְהַשְׁקוֹתָן – תַּלְמוּד לוֹמַר: "וְהֵבִיא הָאִישׁ אֶת אִשְׁתּוֹ". רַבִּי יוֹסֵי אוֹמֵר: אַף לְהַשְׁקוֹתָהּ, וְלִכְשֶׁיֵּצֵא בַּעְלָהּ מִבֵּית הָאֲסוּרִין יַשְׁקֶנָּה.

One **might** have thought that the court's warning is effective **even to have** the women **drink** the bitter water; therefore, **the verse states: "Then the man shall bring his wife** to the priest" (Numbers 5:15), indicating that only the warning issued by the husband causes his wife to drink. **Rabbi Yosei says:** The court's warning is effective **even to have her drink, and when her husband is released from prison he has her drink.**

בְּמַאי קָא מִיפַּלְגִי? רַבָּנַן סָבְרִי: בָּעֵינַן "וְקִנֵּא...וְהֵבִיא". וְרַבִּי יוֹסֵי סָבַר: לָא בָּעֵינַן "וְקִנֵּא...וְהֵבִיא".

The Gemara asks: **With regard to what do they disagree?** The Gemara answers: **The Rabbis hold** that **we require** the same person who issues the warning to bring the woman to the Temple, as the verse states: **"And he warned** his wife… **then** the man **shall bring** his wife to the priest" (Numbers 5:14–15). **And Rabbi Yosei holds** that **we do not require** that the actions stated in the verse, i.e., **"And he warned… then** the man **shall bring,"** be performed by the same person; and although only the husband may bring the woman to the priest to drink the bitter water, the warning may be issued by the court.

תָּנוּ רַבָּנַן: "אֲשֶׁר תִּשְׂטֶה אִשָּׁה תַּחַת אִישָׁהּ" – לְהַקִּישׁ אִישׁ לְאִשָּׁה וְאִשָּׁה לְאִישׁ. לְמַאי הִלְכְתָא? אָמַר רַב שֵׁשֶׁת: כְּשֵׁם שֶׁאִם הוּא סוּמָא לֹא הָיָה מַשְׁקֶה, דִּכְתִיב: "וְנֶעְלַם מֵעֵינֵי אִישָׁהּ", כָּךְ הִיא אִם הָיְתָה סוּמָא לֹא הָיְתָה שׁוֹתָה. רַב אַשִׁי אָמַר: כְּשֵׁם שֶׁחִיגֶּרֶת וְגִידֶּמֶת לֹא הָיְתָה שׁוֹתָה, דִּכְתִיב:

§ **The Sages taught** that the verse: "This is the law of jealousy, **when a wife, while under her husband, goes astray** and is defiled" (Numbers 5:29), is superfluous, and serves **to compare a man to a woman and a woman to a man.**[H] The Gemara asks: **With regard to what** ***halakha*** is this comparison necessary? **Rav Sheshet says:** This teaches that **just as if** the husband **was blind he would not have her drink, as it is written: "And it was hidden from the eyes of her husband"** (Numbers 5:13), indicating that the *sota* ritual applies only if the husband was capable of seeing her infidelity but did not do so; **so too,** with regard to the woman, **if she were blind, she would not drink. Rav Ashi** also **says: Just as a lame woman and a woman without hands would not drink, as it is written:**

Perek **IV**
Daf **27** Amud **b**

"וְהֶעֱמִיד הַכֹּהֵן אֶת הָאִשָּׁה לִפְנֵי ה׳... וְנָתַן עַל כַּפֶּיהָ", כָּךְ הוּא אִם הָיָה חִיגֵּר אוֹ גִּידֵּם לֹא הָיָה מַשְׁקֶה. מָר בַּר רַב אַשִׁי אָמַר: כְּשֵׁם שֶׁאִילֶּמֶת לֹא הָיְתָה שׁוֹתָה, דִּכְתִיב: "וְאָמְרָה הָאִשָּׁה אָמֵן אָמֵן", כָּךְ הוּא אִם הָיָה אִילֵּם לֹא הָיָה מַשְׁקֶה.

הדרן עלך ארוסה

"And the priest shall stand the woman before the Lord… and place the meal-offering of memorial **in her hands"** (Numbers 5:18), indicating that if she is unable to stand up straight or if she does not have hands with which to accept the offering, then she does not drink; **so too, if** the husband **were lame or without hands, he would not cause** his wife **to drink. Mar Bar Rav Ashi says: Just as a mute woman would not drink, as it is written: "And the woman shall say: Amen, Amen"** (Numbers 5:22), indicating that she must be able to speak; **so too, if** the husband **were mute,** he **would not cause** his wife **to drink.**

HALAKHA

To compare a man to a woman and a woman to a man – לְהַקִּישׁ אִישׁ לְאִשָּׁה וְאִשָּׁה לְאִישׁ: If the husband or the wife has a physical defect that prevents either of them from fulfilling the literal details stated in the verses, the woman does not drink the bitter water. Furthermore, because the Torah compares a man to a woman and a woman to a man, the woman does not drink the bitter water if one of them has a physical defect that would have prevented the other from fulfilling the details stated in the verses had he or she had that same defect. Consequently, the wife of a man who is blind, deaf, lame, missing a hand, or mute, does not drink the bitter water. Likewise, a woman who is blind, deaf, lame, missing a hand, or mute does not drink the bitter water (Rambam *Sefer Nashim*, *Hilkhot Sota* 2:2–3).

Summary of **Perek IV**

In this chapter the Talmud taught that there are cases where the *sota* ritual is not performed, despite the fact that the woman secluded herself with another man after being warned by her husband. There are a several restrictions that define who may undergo the entire *sota* ritual and drink the bitter water.

A woman may drink the bitter water only if the marriage bond between the couple is complete. This excludes a couple who are only betrothed, or a woman who has only a levirate bond with her *yavam* and is waiting for him to perform levirate marriage. Even after a marriage has been consummated, if the marriage is prohibited the woman cannot drink the bitter water.

The Torah states that if a *sota* drinks the bitter water and it is evaluated that she is innocent of adultery, she will conceive. It is understood, based on this, that women who cannot conceive are excluded from the *sota* ritual.

A *sota* drinks the bitter water only if her husband engaged in sexual intercourse with her at least once before she secluded herself with her paramour. If the husband or wife is blind, deaf, mute, lame, or missing a hand, then the woman does not drink the bitter water, as certain aspects of the *sota* ceremony cannot be properly fulfilled.

The chapter also discussed in which cases a *sota* who does not drink the bitter water is entitled to collect payment of her marriage contract, and when she forfeits that right. The Gemara concludes that whenever she secludes herself with another man after being warned she forfeits her right to collect payment of her marriage contract, unless she drinks the bitter water and is found to be innocent of adultery. The only exception is in a case where the husband prevented her from drinking the bitter water, either because he did not want her to drink it or because he engaged in sexual intercourse with her after she became forbidden to him.

The chapter also explained in which cases a husband can issue a warning to his wife. He can issue a warning with regard to any man, including the wife's close relatives, such as her father or son, and a gentile. However, he cannot issue a warning with regard to a minor, or with regard to animals.

In a case where a woman is acting promiscuously and her husband is unable to issue a warning to her, either because he is not present or because he is mentally ill, the court issues a warning to the woman on the husband's behalf. This warning is sufficient to cause the woman to forfeit her right to collect payment of her marriage contract; however, a woman may drink the bitter water only when warned by her husband.

Introduction to **Perek V**

And the spirit of jealousy comes upon him, and he warns his wife, and she is defiled; or if the spirit of jealousy comes upon him, and he warns his wife, and she is not defiled.

(Numbers 5:14)

And he shall make the woman drink the water of bitterness that causes the curse; and the water that causes the curse shall enter into her and become bitter.

(Numbers 5:24)

And he shall make her drink the water, and then it shall come to pass, if she is defiled, and acted unfaithfully against her husband, that the water that causes the curse shall enter into her and become bitter, and her belly shall swell, and her thigh shall fall away; and the woman shall be a curse among her people.

(Numbers 5:27)

This is the law of jealousy, when a wife, being under her husband, goes astray and is defiled.

(Numbers 5:29)

And the open land about the cities, which you shall give to the Levites, shall be from the wall of the city and outward one thousand cubits round about. And you shall measure outside the city for the east side two thousand cubits, and for the south side two thousand cubits, and for the west side two thousand cubits, and for the north side two thousand cubits, the city being in the middle. This shall be for them the open land outside the cities.

(Numbers 35:4–5)

This chapter begins with a homiletical interpretation of a verse concerning the *halakhot* of *sota* that was apparently taught on the day that Rabbi Elazar ben Azarya was appointed *Nasi* of the Sanhedrin in place of Rabban Gamliel. On that day the manner of discussion in the study hall of the Sanhedrin changed, as permission was granted to various Sages to present traditions with which they were familiar, as well as their own interpretations of biblical verses. Therefore, many new *halakhot* were revealed on that day; they serve as the basis for tractate *Eduyyot*.

As the first mishna of this chapter cites a *halakha* concerning a *sota* that was taught on that day, a number of other interpretations of verses that were taught on the same day are cited in this chapter, although they bear no relation to the *halakhot* of *sota*. The homiletical interpretations found in this chapter comprise statements of both *halakha* and *aggada*.

מתני׳ כְּשֵׁם שֶׁהַמַּיִם בּוֹדְקִין אוֹתָהּ כָּךְ הַמַּיִם בּוֹדְקִין אוֹתוֹ, שֶׁנֶּאֱמַר: ״וּבָאוּ״, ״וּבָאוּ״.

MISHNA Just as the water evaluates her fidelity,[NH] **so too, the water evaluates his,** i.e., her alleged paramour's, involvement in the sin, **as it is stated: "And** the water that causes the curse **shall enter** into her" (Numbers 5:24), and it is stated again: **"And** the water that causes the curse **shall enter** into her and become bitter" (Numbers 5:27). It is derived from the double mention of the phrase "and…shall enter" that both the woman and her paramour are evaluated by the water.

כְּשֵׁם שֶׁאֲסוּרָה לַבַּעַל כָּךְ אֲסוּרָה לַבּוֹעֵל, שֶׁנֶּאֱמַר: ״נִטְמָאָה״, ״וְנִטְמָאָה״, דִּבְרֵי רַבִּי עֲקִיבָא.

Furthermore, prior to her drinking the water, **just as she is forbidden to** her **husband,** so too **is she forbidden to** her **paramour,**[H] **because** in contrast to the verse stating: **"Is defiled** [*nitma'a*]" (Numbers 5:14), a superfluous conjoining prefix *vav* is added to a later verse, rendering the phrase: **"And is defiled** [*venitma'a*]" (Numbers 5:29). The addition indicates another prohibition, that of the woman to her paramour. This is **the statement of Rabbi Akiva.**

אָמַר רַבִּי יְהוֹשֻׁעַ: כָּךְ הָיָה דּוֹרֵשׁ זְכַרְיָה בֶּן הַקַּצָּב. רַבִּי אוֹמֵר: שְׁנֵי פְעָמִים הָאֲמוּרִים בַּפָּרָשָׁה ״נִטְמָאָה״, ״וְנִטְמָאָה״, אֶחָד לַבַּעַל וְאֶחָד לַבּוֹעֵל.

Rabbi Yehoshua said: That was how Zekharya ben HaKatzav would interpret it, i.e., he also derived from the superfluous *vav* that the woman is forbidden to her paramour. **Rabbi** Yehuda HaNasi **says** an alternate source: The **two times that** the defilement of the wife **is stated in the passage,** namely: "And he warns his wife, and **she is defiled"** (Numbers 5:14),[N] and the later verse: "When a wife, being under her husband, goes astray **and is defiled"** (Numbers 5:29), indicate that her defilement results in two prohibitions. **One** is that she is forbidden **to** her **husband and one** is that she is forbidden **to** her **paramour.**

בּוֹ בַּיּוֹם דָּרַשׁ רַבִּי עֲקִיבָא: ״וְכׇל כְּלִי חֶרֶשׂ אֲשֶׁר יִפֹּל מֵהֶם אֶל תּוֹכוֹ כֹּל אֲשֶׁר בְּתוֹכוֹ יִטְמָא״. אֵינוֹ אוֹמֵר ״טָמֵא״ אֶלָּא ״יִטְמָא״ – לְטַמֵּא אֲחֵרִים. לִמֵּד עַל כִּכָּר שֵׁנִי שֶׁמְּטַמֵּא אֶת הַשְּׁלִישִׁי.

§ **On that same day**[N] that Rabbi Elazar ben Azarya was appointed head of the Sanhedrin, **Rabbi Akiva interpreted** the verse: **"And every earthen vessel into which any of them falls, whatever is in it shall be impure** [*yitma*], and you shall break it" (Leviticus 11:33), as follows: The verse **does not state: Is impure** [*tamei*], **but rather: "Shall be impure,"** in order **to** indicate that not only does the vessel itself become ritually impure, but it can now **render other** items **ritually impure.** This **teaches with regard to a loaf** that has **second**-degree ritual impurity status due to its being placed inside an earthenware vessel that had first-degree impurity, **that it can render** other food with which it comes into contact **impure** with **third**-degree impurity[N] status.

NOTES

Just as the water evaluates her fidelity, etc. – כְּשֵׁם שֶׁהַמַּיִם בּוֹדְקִין אוֹתָהּ וכו׳: The Jerusalem Talmud cites a number of additional derivations, most of which are quoted in *Tosafot*, for the *halakha* that the water evaluates not only the wife but the paramour as well. Among the sources is the fact that the numerical value of the word used to describe the ability of the water to cause the curse, *hame'arerim* (Numbers 5:18), is 496. This is twice the number 248, which corresponds to the number of limbs in a person's body. It indicates that the water evaluates not only the 248 limbs of the woman, but the 248 limbs of the alleged paramour as well.

The two times that it is stated in the passage: She is defiled – שְׁנֵי פְּעָמִים הָאֲמוּרִים בַּפָּרָשָׁה נִטְמָאָה: In fact, this phrase is stated more than twice in the passage, and therefore the early commentaries discuss which verses are being discussed here and why the others are not counted here, as they are later. Rashi explains that only two mentions of the phrase are expounded here because the other mentions are interpreted elsewhere as teaching other *halakhot*.

On that same day – בּוֹ בַּיּוֹם: Rashi comments, based on the Gemara (*Berakhot* 28a), that whenever the Mishna uses this description it is referring to the day that Rabban Gamliel was removed from his position as *Nasi* of the Sanhedrin and was replaced by Rabbi Elazar ben Azarya. On that day many halakhic matters were discussed, elucidated, and clarified, many of which are cited in tractate *Eduyyot*. It appears that this day marked a change in the method of study in the study hall, as rather than having the discussion centered only around the Nasi, other Sages were able to express their opinions with greater freedom. Some commentaries explain that apparently the initial statement of Rabbi Akiva in this mishna was also stated on that day, and that is why the mishna continues to mention other seemingly unconnected matters that were taught on that day.

A loaf that has second-degree impurity…can render other food impure with third-degree impurity – כִּכָּר שֵׁנִי שֶׁמְּטַמֵּא אֶת הַשְּׁלִישִׁי: A loaf that has second-degree impurity refers to one that is rendered impure by being placed in an earthenware vessel, such as an oven, which itself has first-degree impurity. Rabbi Akiva states that this loaf, which has second-degree impurity, can impart third-degree impurity to another loaf, even if the other loaf is non-sacred. Rabban Yoḥanan ben Zakkai seems to take the opposite extreme opinion, that a loaf with second-degree impurity cannot transmit impurity even to a loaf of *teruma*. However, the *halakha* is not in accordance with either of these extreme opinions; an item that has second-degree impurity can transmit impurity to *teruma* and consecrated food, thereby disqualifying them from being eaten, but it cannot transmit impurity to non-sacred food.

HALAKHA

Just as the water evaluates her fidelity, etc. – כְּשֵׁם שֶׁהַמַּיִם בּוֹדְקִין אוֹתָהּ וכו׳: At the very same time that the *sota* dies, her paramour with whom she committed the act of adultery dies as well, in the same manner as she did, no matter where he may be at the time (Rambam *Sefer Nashim*, *Hilkhot Sota* 3:17).

Just as she is forbidden to her husband so too is she forbidden to her paramour – כְּשֵׁם שֶׁאֲסוּרָה לַבַּעַל כָּךְ אֲסוּרָה לַבּוֹעֵל: If a woman who was warned by her husband subsequently secludes herself with the man she was warned about, she is forbidden to her husband as well as to her paramour. If the paramour transgresses the *halakha* and marries her, he is obligated to give her a bill of divorce. However, if a man engages in sexual intercourse with a married woman in such a manner that she remains permitted to her husband, e.g., if he rapes her, she is not rendered forbidden to him in the event she is either widowed or divorced (*Beit Shmuel*). For a summary of some of the many discussions surrounding this *halakha* see *Arukh HaShulḥan* (Rambam *Sefer Nashim*, *Hilkhot Sota* 2:12; *Shulḥan Arukh*, *Even HaEzer* 11:1, 178:17).

אָמַר רַבִּי יְהוֹשֻׁעַ: מִי יְגַלֶּה עָפָר מֵעֵינֶיךָ רַבָּן יוֹחָנָן בֶּן זַכַּאי, שֶׁהָיִיתָ אוֹמֵר: עָתִיד דּוֹר אַחֵר לְטַהֵר כִּכָּר שְׁלִישִׁי, שֶׁאֵין לוֹ מִקְרָא מִן הַתּוֹרָה שֶׁהוּא טָמֵא. וַהֲלֹא רַבִּי עֲקִיבָא תַּלְמִידְךָ מֵבִיא לוֹ מִקְרָא מִן הַתּוֹרָה שֶׁהוּא טָמֵא, שֶׁנֶּאֱמַר: ״כֹּל אֲשֶׁר בְּתוֹכוֹ יִטְמָא״.

After hearing Rabbi Akiva's statement, **Rabbi Yehoshua said: Who will remove the dirt from your eyes,**[N] **Rabban Yoḥanan ben Zakkai,**[P] so that you could live and see this? **As you would say:** In the **future, another generation** is destined **to deem pure a loaf** that contracted **third**-degree impurity, **as there is no** explicit **verse from the Torah** stating **that it is impure. But now Rabbi Akiva, your disciple, brings a verse from the Torah** indicating **that it is impure, as it is stated: "Whatever is in it shall be impure."**

בּוֹ בַּיּוֹם דָּרַשׁ רַבִּי עֲקִיבָא: ״וּמַדֹּתֶם מִחוּץ לָעִיר אֶת פְּאַת קֵדְמָה אַלְפַּיִם בָּאַמָּה״ וגו׳, וּמִקְרָא אַחֵר אָמַר: ״מִקִּיר הָעִיר וָחוּצָה אֶלֶף אַמָּה סָבִיב״.

Furthermore, **on that same day Rabbi Akiva interpreted** the verses with regard to the Levite cities as follows: One verse states: **"And you shall measure outside the city for the east side two thousand cubits...** this shall be for them the open land outside the cities" (Numbers 35:5), **and another verse states:** "And the open land around the cities, which you shall give to the Levites, shall be **from the wall of the city and outward one thousand cubits round about"** (Numbers 35:4).

אִי אֶפְשָׁר לוֹמַר ״אֶלֶף אַמָּה״ שֶׁכְּבָר נֶאֱמַר ״אַלְפַּיִם אַמָּה״, וְאִי אֶפְשָׁר לוֹמַר ״אַלְפַּיִם אַמָּה״ שֶׁכְּבָר נֶאֱמַר ״אֶלֶף אַמָּה״. הָא כֵּיצַד? אֶלֶף אַמָּה מִגְרָשׁ, וְאַלְפַּיִם אַמָּה תְּחוּם הַשַּׁבָּת.

It is impossible to say that the area around the cities given to the Levites was only **one thousand cubits, as it is already stated: "Two thousand cubits." And it is impossible to say** that **two thousand cubits** were left for them, **as it is already stated: "One thousand cubits." How** can **these** texts be reconciled? **One thousand cubits** are to be set aside as **a tract**[H] of open land surrounding the city, **and the two thousand cubits** are mentioned not in order to be given to the Levites, but to indicate the boundary of **the Shabbat limit,** beyond which it is forbidden to travel on Shabbat. This verse thereby serves as the source for the two-thousand-cubit Shabbat limit.

רַבִּי אֱלִיעֶזֶר בְּנוֹ שֶׁל רַבִּי יוֹסֵי הַגְּלִילִי אוֹמֵר: אֶלֶף אַמָּה מִגְרָשׁ, וְאַלְפַּיִם אַמָּה שָׂדוֹת וּכְרָמִים.

Rabbi Eliezer, son of Rabbi Yosei HaGelili, says otherwise: **One thousand cubits** were given to the Levites as an open **tract** of land, that could not be planted or built upon, **and two thousand cubits** of additional land were given to the Levites for planting **fields and vineyards.**[N]

בּוֹ בַּיּוֹם דָּרַשׁ רַבִּי עֲקִיבָא: ״אָז יָשִׁיר מֹשֶׁה וּבְנֵי יִשְׂרָאֵל אֶת הַשִּׁירָה הַזֹּאת לַה׳ וַיֹּאמְרוּ לֵאמֹר״ – שֶׁאֵין תַּלְמוּד לוֹמַר ״לֵאמֹר״, וּמַה תַּלְמוּד לוֹמַר ״לֵאמֹר״? מְלַמֵּד, שֶׁהָיוּ יִשְׂרָאֵל עוֹנִין שִׁירָה אַחֲרָיו שֶׁל מֹשֶׁה עַל כָּל דָּבָר וְדָבָר כְּקוֹרְאִין אֶת הַלֵּל (״אָשִׁירָה לַה׳ כִּי גָאֹה גָּאָה״). לְכָךְ נֶאֱמַר ״לֵאמֹר״.

Additionally, **on that same day Rabbi Akiva interpreted** the verse: **"Then Moses and the children of Israel sang this song to the Lord, and said, saying"** (Exodus 15:1), as follows: **As** there is **no** need for **the verse to state** the word **"saying,"** because it states the word "said" immediately prior to it, **why** must **the verse state** the word **"saying"? It teaches that the Jewish people would repeat in song after Moses every single statement** he said, **as** is done when **reciting** ***hallel*****.** After Moses would recite a verse, they would say as a refrain: **"I will sing to the Lord, for He is highly exalted"** (Exodus 15:1). It is **for this** reason that the word **"saying" is stated,** in addition to the word "said."

NOTES

Who will remove the dirt from your eyes – מִי יְגַלֶּה עָפָר מֵעֵינֶיךָ: This phrase is understood to mean: How I wish that you were resurrected from death. This is because during burial the eyes of the deceased are covered with dirt, and this expression alludes to the time when the deceased will remove the dirt as he opens his eyes and sees again (*Mitzpe Eitan*).

Two thousand cubits for fields and vineyards – וְאַלְפַּיִם אַמָּה שָׂדוֹת וּכְרָמִים: Rashi explains this to mean that every Levite city was surrounded by a two-thousand-cubit area on all sides; the inner one thousand cubits were set aside as the city's tract of open space and the outer one thousand cubits were designated for fields and vineyards. The Rambam, however, rules in accordance with the straightforward meaning of the mishna (see *Kesef Mishne*), that beyond the one thousand cubits of the city's tract of open space was an additional two thousand cubits of fields and vineyards. Accordingly, the limits of the Levite cities stretched three thousand cubits outward in every direction.

HALAKHA

One thousand cubits as a tract, etc. – אֶלֶף אַמָּה מִגְרָשׁ וכו׳: The Levite cities are provided with a surrounding area spanning a radius of three thousand cubits; the first thousand cubits constitute the tract and the remaining two thousand are used for fields and vineyards. This ruling is in accordance with the Rambam's understanding of the statement of Rabbi Eliezer, son of Rabbi Yosei HaGelili. This is not in accordance with Rabbi Akiva's ruling, as most authorities agree that by Torah law the Shabbat limit is not two thousand cubits as Rabbi Akiva maintains (Rambam *Sefer Zera'im*, *Hilkhot Shemitta VeYovel* 13:2 and *Kesef Mishne* there).

PERSONALITIES

Rabban Yoḥanan ben Zakkai – רַבָּן יוֹחָנָן בֶּן זַכַּאי: Rabban Yoḥanan ben Zakkai was the youngest of Hillel the Elder's students. He headed the Sanhedrin after the destruction of the Second Temple and was one of the greatest leaders in the history of the Jewish people. He lived to an old age and served as the leader of the Jewish people for many years. The Sages said of him that there was not a single area of Torah that he neglected. Despite his prominence, he was a modest individual who greeted every person he met, including gentiles in the marketplace.

Even while the Temple stood Rabban Yoḥanan was acknowledged as a leading Torah scholar, and most of the Sages of that generation were his students. He strongly opposed the Jewish Great Revolt against the Romans and instead attempted to resolve issues with Rome peacefully. As one of the leaders of the besieged Jerusalem, he was aware that the city would soon fall. He succeeded in escaping with the help of several of his students in order to appear before the Roman general Vespasian, who received him warmly. When his prediction that Vespasian would be appointed emperor was fulfilled, Vespasian rewarded him by allowing him to establish a new center of Torah study and Jewish leadership in Yavne and by saving the life of the Nasi, Rabban Gamliel.

In Yavne Rabban Yoḥanan instituted a wide range of ordinances that offered hope for Jewish continuity in the absence of the Temple, even as they served to commemorate the Temple and promised the possibility of its ultimate rebuilding. The results of his efforts are integral to the modern practice of halakhic Judaism. His students taught Torah throughout Eretz Yisrael following the destruction of the Temple, and he served as a mentor for Rabban Gamliel of Yavne, who succeeded him in the leadership capacity as the acting *Nasi*.

רַבִּי נְחֶמְיָה אוֹמֵר: כְּקוֹרִין אֶת שְׁמַע וְלֹא כְּקוֹרִין אֶת הַלֵּל.

Rabbi Neḥemya says: The people sang the song together with Moses **as** is done when **reciting *Shema*,** which is recited in unison after the prayer leader begins, **and not as** is done when **reciting *hallel*.**

בּוֹ בַּיּוֹם דָּרַשׁ רַבִּי יְהוֹשֻׁעַ בֶּן הוּרְקְנוֹס: לֹא עָבַד אִיּוֹב אֶת הַקָּדוֹשׁ בָּרוּךְ הוּא אֶלָּא מֵאַהֲבָה, שֶׁנֶּאֱמַר: ״הֵן יִקְטְלֵנִי לוֹ אֲיַחֵל״. וַעֲדַיִין הַדָּבָר שָׁקוּל, לוֹ אֲנִי מְצַפֶּה אוֹ אֵינִי מְצַפֶּה? תַּלְמוּד לוֹמַר: ״עַד אֶגְוָע לֹא אָסִיר תֻּמָּתִי מִמֶּנִּי״, מְלַמֵּד שֶׁמֵּאַהֲבָה עָשָׂה.

On that same day Rabbi Yehoshua ben Hyrcanus[P] **taught: Job served the Holy One, Blessed be He, only out of love, as it is stated: "Though He will slay me, still I will trust in Him"** (Job 13:15). **And still, the matter is even,**[N] i.e., the verse is ambiguous, as there are two possible interpretations of the verse. Was Job saying: **I will await Him,** expressing his yearning for God; **or** should the verse be interpreted as saying **I will not await** Him. As the word "lo" can mean either "to him" or "not," it is unclear which meaning is intended here. This dilemma is resolved elsewhere, where **the verse states** a clearer indication of Job's intent: **"Till I die I will not put away my integrity from me"** (Job 27:5). **This teaches that he acted out of love.**

אָמַר רַבִּי יְהוֹשֻׁעַ: מִי יְגַלֶּה עָפָר מֵעֵינֶיךָ רַבָּן יוֹחָנָן בֶּן זַכַּאי, שֶׁהָיִיתָ דּוֹרֵשׁ כׇּל יָמֶיךָ שֶׁלֹּא עָבַד אִיּוֹב אֶת הַמָּקוֹם אֶלָּא מִיִּרְאָה, שֶׁנֶּאֱמַר: ״אִישׁ תָּם וְיָשָׁר יְרֵא אֱלֹהִים וְסָר מֵרָע״, וַהֲלֹא יְהוֹשֻׁעַ תַּלְמִיד תַּלְמִידְךָ לִמֵּד שֶׁמֵּאַהֲבָה עָשָׂה.

Rabbi Yehoshua said: Who will remove the dirt from your eyes, Rabban Yoḥanan ben Zakkai, so that you could live and see this? **As you taught all your life that Job worshipped the Omnipresent only out of fear, as it is stated:** "And that **man** was **wholehearted and upright, and God-fearing, and shunned evil"** (Job 1:1); **but** now **Yehoshua** ben Hyrcanus, **the disciple of your disciple,**[N] **has taught that** Job **acted out of love.**

גמ׳ ״אוֹתוֹ״. לְמַאן? אִילֵימָא לַבַּעַל, בַּעַל מַאי עֲבֵיד? וְכִי תֵּימָא,

GEMARA

It is stated in the mishna that just as the water evaluates whether the woman was unfaithful, so too, the water evaluates whether **he** committed this sin. The Gemara asks: **To whom** does this refer? **If we say** that it is referring **to the husband, what did the husband do** that he should be evaluated? **And if you would say**

PERSONALITIES

Rabbi Yehoshua ben Hyrcanus – רַבִּי יְהוֹשֻׁעַ בֶּן הוּרְקְנוֹס: This Sage is mentioned only in this mishna, and it is unknown who he was. It would appear from the context that he was a disciple of Rabbi Akiva. Some scholars maintain that he was the younger brother of Rabbi Eliezer ben Hyrcanus, but there is no evidence of this.

NOTES

And still the matter is even – וַעֲדַיִין הַדָּבָר שָׁקוּל: According to the simple interpretation of the mishna, the reason for the ambiguity is the discrepancy between the two ways in which the word *"lo"* can be understood. However, Rabbi David Luria questions this interpretation, as the word *"lo,"* written with the letter *vav*, is generally understood as meaning: To him. He therefore suggests that the ambiguity exists even assuming the meaning of: To him, as the verse can be read either as a declarative sentence: "Though He will slay me, still I will trust in Him"; or it can be read as a rhetorical question: "Shall I still trust in Him even if He slays me?" Therefore, further evidence is necessary to resolve the ambiguity, as the problem cannot be resolved through the verse itself.

The disciple of your disciple – תַּלְמִיד תַּלְמִידְךָ: Earlier in the mishna Rabbi Yehoshua refers to Rabbi Akiva as the disciple of Rabban Yoḥanan ben Zakkai, although Rabbi Akiva, like Rabbi Yehoshua ben Hyrcanus, was only a disciple of his disciples, as he studied under Rabban Yoḥanan's students Rabbi Eliezer and Rabbi Yehoshua. The Rambam (Commentary on the Mishna) explains that Rabbi Yehoshua refers to Rabbi Akiva as Rabban Yoḥanan's disciple in order to emphasize that due to the spectacular degree of Rabbi Akiva's scholarship, he could be considered worthy of being a disciple of Rabban Yoḥanan himself, while Rabbi Yehoshua ben Hyrcanus, whose greatness was of a smaller magnitude, did not deserve as lofty a description. Alternatively, since Rabbi Yehoshua ben Hyrcanus was a student of Rabbi Akiva, he was therefore referred to as a disciple of Rabban Yoḥanan ben Zakkai's disciple (*Torat Ḥayyim*).

דְּאִי אִית בֵּיהּ עָוֹן בָּדְקִי לֵיהּ מַיָּא, כִּי אִית בֵּיהּ עָוֹן בְּדִידֵיהּ מִי בָּדְקִי לָהּ מַיָּא לְדִידָהּ? וְהָא תַּנְיָא: ״וְנִקָּה הָאִישׁ מֵעָוֹן וְהָאִשָּׁה הַהִיא תִּשָּׂא אֶת עֲוֹנָהּ״ – בִּזְמַן שֶׁהָאִישׁ מְנוּקֶּה מֵעָוֹן, הַמַּיִם בּוֹדְקִין אֶת אִשְׁתּוֹ; אֵין הָאִישׁ מְנוּקֶּה מֵעָוֹן, אֵין הַמַּיִם בּוֹדְקִין אֶת אִשְׁתּוֹ!

that if he has committed a similar **iniquity**[N] **the water evaluates** his actions, this is difficult, as in a case **where he has** committed a similar **iniquity does the water** even **evaluate her** fidelity? **But isn't it taught** in a *baraita* that the verse: **"And the man shall be clear from iniquity, and that woman shall bear her iniquity"** (Numbers 5:31), indicates that only **when the man is clear of iniquity**[H] **does the water evaluate** the fidelity **of his wife,** but if **the man is not clear of iniquity**[N] **the water does not evaluate** the fidelity **of his wife?**

וְאֶלָּא לַבּוֹעֵל – לִיתְנֵי כִּדְקָתָנֵי סֵיפָא: כְּשֵׁם שֶׁאֲסוּרָה לַבַּעַל, כָּךְ אֲסוּרָה לַבּוֹעֵל!

And if the mishna is **rather** referring **to the** alleged **paramour,** who is also evaluated by the water that the woman drinks, then **let** the mishna **teach as is taught** in its **latter clause: Just as she is forbidden to** her **husband, so too is she forbidden to** her **paramour.** Just as there the paramour is mentioned explicitly, so too here, the mishna should have stated: Just as the water evaluates whether she was unfaithful, so too, it evaluates whether the paramour committed this iniquity.

NOTES

If he has committed a similar iniquity – אִי אִית בֵּיהּ עָוֹן בָּדְקִי לֵיהּ מַיָּא: Rashi explains that this is referring to the husband having engaged in sexual intercourse with his wife after her seclusion with the other man. However, later commentaries question the notion that this transgression should be punishable by death. One explanation is that the husband may have caused his wife to sin through his own sinful behavior, and is therefore liable to receive the same punishment (*Eshel Avraham*). Others explain that the Gemara does not entertain the possibility that the husband should die, but rather that if he is guilty of forbidden intercourse with his wife he is punished with suffering similar to hers, albeit on a smaller scale (*Torat HaKenaot*; *Devar Shaul*).

If the man is not clear of iniquity – אֵין הָאִישׁ מְנוּקֶּה מֵעָוֹן: The Rambam understands this principle in a very broad sense, stating that any man who has engaged in illicit sexual intercourse at any point in his adult lifetime cannot be considered clear of iniquity, and the water will not evaluate his wife. Others disagree, maintaining that this principle applies only to one who transgressed the prohibition against engaging in sexual intercourse with his wife after she was rendered a *sota*. The Ramban, in his Commentary on the Torah, rules based on the Gemara below (47b) that not only is the water ineffective in evaluating the wife when the husband is not clear of iniquity, but this is the case even if any members of their household are not clear of such a transgression. See *Mishne LaMelekh*, where there is a discussion as to why the Rambam does not cite that Gemara.

HALAKHA

When the man is clear of iniquity, etc. – בִּזְמַן שֶׁהָאִישׁ מְנוּקֶּה מֵעָוֹן וכו׳: The Rambam maintains that the water does not evaluate the wife of any man who has engaged in any illicit sexual intercourse during his adulthood. However, many of the early commentaries disagree; in their opinion, this fact applies only to one who engaged in sexual intercourse with his wife after she was rendered a *sota* by secluding herself with the alleged paramour after her husband's warning (Rambam *Sefer Nashim*, *Hilkhot Sota* 2:8).

לְעוֹלָם לַבּוֹעֵל, וְרֵישָׁא אַיְּידֵי דְּתָנָא "אוֹתָהּ" תָּנֵי "אוֹתוֹ"; סֵיפָא אַיְּידֵי דְּתָנָא בַּעַל תָּנָא בּוֹעֵל.

The Gemara answers: The entire mishna **actually** does refer **to the paramour, and** the reason he is not mentioned explicitly in **the first clause** of the mishna is because **since** it **teaches** that the water evaluates whether the wife was unfaithful by using the direct object **her,** it also **teaches** that the water evaluates whether the paramour committed the by act using the direct object **him,** without mentioning the paramour explicitly. In **the latter clause** of the mishna, on the other hand, **since** it **teaches** explicitly that the woman is forbidden to her **husband,** it also **teaches** explicitly that she is forbidden to her **paramour.**

"שֶׁנֶּאֱמַר: וּבָאוּ, וּבָאוּ". אִיבַּעְיָא לְהוּ: "בָּאוּ" "וּבָאוּ" קָאָמַר, אוֹ "וּבָאוּ" "וּבָאוּ" קָאָמַר?

§ In the mishna Rabbi Akiva proves that the water evaluates the paramour as well, **as it is stated: "And** the water that causes the curse **shall enter** into her" (Numbers 5:24), and: "**And** the water that causes the curse **shall enter** into her and become bitter" (Numbers 5:27). **A dilemma was raised before** the Sages concerning the precise wording of the mishna: **Does** the mishna **state: "Shall enter** [*ba'u*]," "**and shall enter** [*uva'u*]"**?** According to this version of the mishna, it is derived from the superfluous conjoining prefix *vav* that the paramour is also evaluated by the water. **Or,** alternatively, **does** the mishna **state: "And shall enter," "and shall enter,"** indicating that this *halakha* is derived from the repetition of the phrase in two separate verses?

תָּא שְׁמַע: כְּשֵׁם שֶׁאֲסוּרָה לַבַּעַל כָּךְ אֲסוּרָה לַבּוֹעֵל, שֶׁנֶּאֱמַר: "נִטְמָאָה", "וְנִטְמָאָה".

Come and **hear** a proof from Rabbi Akiva's second statement in the mishna, where he says: **Just as she is forbidden to** her **husband, so** too **is she forbidden to** her **paramour, as it is stated: "Is defiled** [*nitma'a*]," "**And is defiled** [*venitma'a*]" (Numbers 5:29). Here it seems that Rabbi Akiva derives his interpretation from the superfluous prefix *vav* rather than from the repetition of the phrase. Therefore, the first derivation should be understood in the same manner.

וַעֲדַיִין תִּיבָּעֵי: "נִטְמָאָה" "נִטְמָאָה" קָאָמַר, אוֹ "נִטְמָאָה" "וְנִטְמָאָה" קָאָמַר?

The Gemara asks: **But still, let the dilemma be raised** with regard to this *halakha* too: **Does** Rabbi Akiva **state** that the source for the *halakha* is the mention of the phrase **"is defiled," "is defiled,"** in two different verses (Numbers 5:14, 29), **or does he state** that the *halakha* is derived from the superfluous *vav* in the phrase **"is defiled,"** rendering it "**and is defiled**" (Numbers 5:29)?

תָּא שְׁמַע: מִדְּקָתָנֵי סֵיפָא, רַבִּי אוֹמֵר: שְׁנֵי פְּעָמִים הָאֲמוּרִין בַּפָּרָשָׁה "וְנִטְמָאָה", "וְנִטְמָאָה" – אֶחָד לַבַּעַל וְאֶחָד לַבּוֹעֵל; מִכְּלָל דְּרַבִּי עֲקִיבָא וָו"י קָדָרֵישׁ.

Come and **hear** a proof **from** the fact **that** the mishna **teaches** in **the latter clause** that **Rabbi** Yehuda HaNasi **says:** The **two times that** the wife's defilement **is stated in the passage,** namely: "And he warns his wife, **and she is defiled**" (Numbers 5:14), and the later verse: "When a wife, being under her husband, goes astray **and is defiled**" (Numbers 5:29), indicate that there are two prohibitions due to her defilement. **One is** to forbid her **to** her **husband and one is** to forbid her **to** her **paramour. By inference** from the fact that the dissenting derivation of Rabbi Yehuda HaNasi is from the repetition of the entire phrase, evidently **Rabbi Akiva derives** this *halakha* from the superfluous ***vav.***

הִלְכָּךְ לְרַבִּי עֲקִיבָא שִׁיתָּא קְרָאֵי כְּתִיבִי:

Therefore, according to the opinion of **Rabbi Akiva,** since the phrase "and the water… shall enter" is mentioned three times in the passage, and the prefix *vav,* written each time, is expounded as though the phrase were mentioned twice, the phrase is treated as though it were **written** in **six verses,** as follows.

חַד לְצַוָּאָה דִּידָהּ, וְחַד לְצַוָּאָה דִּידֵיהּ;

One of the mentions (Numbers 5:27) is interpreted **for** the **command concerning her,** the woman, meaning that God empowered the waters to punish the woman; **and one,** the prefix *vav* in that same verse, is expounded **for** the **command concerning him,** the paramour, i.e., that he too shall be punished by the water if he is guilty.

חַד לַעֲשִׂיָּיה דִּידָהּ, וְחַד לַעֲשִׂיָּיה דִּידֵיהּ;

One mention of the phrase, in the description of the drinking of the bitter water of a *sota* (Numbers 5:24), is interpreted **for the execution** of **her** punishment, as the punishment will go into effect so long as the process was performed properly; **and one,** the prefix *vav* in that verse, is expounded **for the execution** of **his** punishment.

חַד לִידִיעָה דִּידָהּ, וְחַד לִידִיעָה דִּידֵיהּ.

One mention (Numbers 5:22) **is for her knowledge,** i.e., the priest informs her that this punishment will be the result; **and one,** the prefix *vav,* **is for his knowledge.**

וְרַבִּי תְּלָתָא קְרָאֵי כְּתִיבִי: חַד לְצַוָּאָה, וְחַד לַעֲשִׂיָּה, וְחַד לִידִיעָה.

But Rabbi Yehuda HaNasi maintains that only **three verses** worthy of exposition **are written** with regard to the water entering the woman; he does not derive anything additional from the prefix *vav* that introduces the various mentions of this matter. He therefore interprets **one for the command, and one for the execution, and one for the knowledge,** all with regard to the woman herself.

וְרַבִּי, כְּשֵׁם שֶׁהַמַּיִם בּוֹדְקִין אוֹתָהּ כָּךְ בּוֹדְקִין אוֹתוֹ מְנָא לֵיהּ?

The Gemara asks: **And from where does Rabbi** Yehuda HaNasi derive the principle in the mishna that **just as the water evaluates** whether **she** was unfaithful, **so too, it evaluates** whether **he** committed the sin?

נָפְקָא לֵיהּ מִדְּתַנְיָא: ״לַצְבּוֹת בֶּטֶן וְלַנְפִּל יָרֵךְ״ – בִּטְנוֹ וִירֵיכוֹ שֶׁל בּוֹעֵל; אַתָּה אוֹמֵר: בִּטְנוֹ וִירֵיכוֹ שֶׁל בּוֹעֵל, אוֹ אֵינוֹ אֶלָּא בִּטְנָהּ וִירֵיכָהּ שֶׁל נִבְעֶלֶת? כְּשֶׁהוּא אוֹמֵר: ״וְצָבְתָה בִטְנָהּ וְנָפְלָה יְרֵכָהּ״, הֲרֵי בִּטְנָהּ וִירֵיכָהּ שֶׁל נִבְעֶלֶת אָמוּר. וּמָה אֲנִי מְקַיֵּים ״לַצְבּוֹת בֶּטֶן וְלַנְפִּל יָרֵךְ״? בִּטְנוֹ וִירֵיכוֹ שֶׁל בּוֹעֵל.

The Gemara answers: **He derives it from that which is taught** in a *baraita,* that the verse: **"And cause the belly to swell and the thigh to fall away"** (Numbers 5:22), is referring to **the belly and thigh of the paramour.** Do **you say** that the intention is **the belly and the thigh of the paramour, or is it only the belly and the thigh of the adulteress? When it says later: "And her belly shall swell, and her thigh shall fall away"** (Numbers 5:27), **the belly and thigh of the adulteress are** explicitly **stated. And** therefore, **how do I realize** the meaning of the former verse: **"And cause the belly to swell, and the thigh to fall away"?** Clearly, it is referring to **the belly and thigh of the paramour.**

וְאִידָּךְ? הַהוּא, דְּמוֹדַע לָהּ כֹּהֵן דְּבֶטֶן בְּרֵישָׁא וַהֲדַר יָרֵךְ, שֶׁלֹּא לְהוֹצִיא לַעַז עַל הַמַּיִם הַמָּרִים.

And how does **the other** *tanna,* Rabbi Akiva, interpret the repetition of verses? The former verse indicates **that** the **priest informs her that** her **belly** will be afflicted **first and then** her **thigh,**[H] so **as not to cast aspersions on the bitter water** of a *sota,* i.e., to prevent people from claiming that the guilty woman's death was not due to the bitter water but rather to some other cause. The reason people might claim this is that the priest says to the woman: "The Lord will make you a curse and an oath among your people, when the Lord makes your thigh fall away, and your belly swell" (Numbers 5:21). This seems to imply that her thigh is supposed to be afflicted before her belly. Therefore, when her belly swells first, people might conclude that it is not due to the water. It is for this reason that the priest needs to inform her that her belly will swell first.

וְאִידָּךְ? אִם כֵּן, לִכְתּוֹב קְרָא ״בִּטְנָהּ וִירֵכָהּ״. מַאי ״בֶּטֶן וְיָרֵךְ״? שְׁמַע מִינָּהּ לְבוֹעֵל.

And why does **the other** *tanna,* Rabbi Yehuda HaNasi, disagree with Rabbi Akiva? The Gemara answers: **If** it is **so** that the verse: "And cause the belly to swell, and the thigh to fall away" (Numbers 5:22), is referring to the woman, **the verse should have written: Her belly… and her thigh. What** is meant by the phraseology of **"the belly… and the thigh"? Conclude from it** that it is referring **to** the belly and thigh of **the paramour.**

וְאֵימָא: כּוּלֵּיהּ לְהָכִי הוּא דְּאָתָא! אִם כֵּן, לִכְתּוֹב ״בִּטְנוֹ וִירֵכוֹ״. מַאי ״בֶּטֶן וְיָרֵךְ״? שְׁמַע מִינָּהּ תַּרְתֵּי.

The Gemara asks: **And say that the entire** verse **comes for this,** to indicate that the water evaluates the paramour as well, and does not teach the order of the punishment? The Gemara answers: **If so,** the Torah **should have written: His belly… and his thigh. What** is the meaning of the general wording: **"The belly… and the thigh"? Conclude from it two** conclusions: That the paramour is punished and that the priest informs the woman with regard to the order of the punishment.

״אָמַר רַבִּי יְהוֹשֻׁעַ: כָּךְ הָיָה דּוֹרֵשׁ זְכַרְיָה״ כו׳.

§ It is stated in the mishna that **Rabbi Yehoshua said: That was how Zekharya** ben HaKatzav **would interpret** it. Rabbi Yehuda HaNasi says: The two times that the defilement of the wife is stated in the passage indicate that there are two prohibitions due to her defilement; one is to forbid her to her husband and one is to forbid her to her paramour.

HALAKHA

The priest informs her that her belly will be afflicted first and then her thigh – דְּמוֹדַע לָהּ כֹּהֵן דְּבֶטֶן בְּרֵישָׁא וַהֲדַר יָרֵךְ: The priest informs the woman that her belly will be afflicted first, and then her thigh, so that people will not cast aspersions on the effectiveness of the water (Rambam *Sefer Nashim, Hilkhot Sota* 3:7).

תָּנוּ רַבָּנַן: שָׁלֹשׁ פְּעָמִים הָאֲמוּרִין בַּפָּרָשָׁה "אִם נִטְמָאָה", "נִטְמָאָה", "וְנִטְמָאָה" לָמָּה? אֶחָד לַבַּעַל, וְאֶחָד לַבּוֹעֵל, וְאֶחָד לִתְרוּמָה, דִּבְרֵי רַבִּי עֲקִיבָא.

The Sages taught in a *baraita*: With regard to the **three times that** the defilement of the wife **is stated in the passage,** namely: **"If she is defiled"** (Numbers 5:27), "and he warns his wife, and **she is defiled"** (Numbers 5:14), and "when a wife being under her husband goes astray **and is defiled"** (Numbers 5:29), **why** are all three necessary? **One** is to prohibit her **to** her **husband, and one** is to prohibit her **to** her **paramour, and one** is **to** prohibit her from partaking of ***teruma,*** even if she is the wife or daughter of a priest. This is **the statement of Rabbi Akiva.**

אָמַר רַבִּי יִשְׁמָעֵאל, קַל וָחוֹמֶר: וּמַה גְּרוּשָׁה שֶׁמּוּתֶּרֶת לִתְרוּמָה – אֲסוּרָה לִכְהוּנָּה, זוֹ שֶׁאֲסוּרָה בִּתְרוּמָה – אֵינוֹ דִּין שֶׁאֲסוּרָה לִכְהוּנָּה.

Rabbi Yishmael said: It is unnecessary to derive from a verse that it would also be prohibited for this woman to marry a priest, as it can be derived ***a fortiori*****: If a divorced** daughter of a priest, **who is permitted to** partake of ***teruma,*** **is** nevertheless **forbidden to** marry into the **priesthood,** then with regard to **this** *sota,* **who is forbidden** to partake **of *teruma,* is it not logical that it is** also **prohibited** for her **to** marry into the **priesthood?**

מַה תַּלְמוּד לוֹמַר: "וְהִיא נִטְמָאָה", "וְהִיא לֹא נִטְמָאָה"? אִם נִטְמְאָה לָמָּה שׁוֹתָה? אִם לֹא נִטְמְאָה לָמָּה מַשְׁקָה? מַגִּיד לְךָ הַכָּתוּב, שֶׁהַסָּפֵק אֲסוּרָה;

The *baraita* continues by citing additional expositions involving the verse: "And she is defiled" (Numbers 5:14): **What** is the meaning when **the verse states** with regard to the cases in which a husband can compel his wife to drink the bitter water of a *sota*: "And he warns his wife, **and she is defiled;** or if the spirit of jealousy comes upon him, and he warns his wife, **and she is not defiled"** (Numbers 5:14)? **If she is defiled, why does she** need to **drink?** And **if she is not defiled, why does he make her drink?** The *baraita* answers: **The verse tells you that** it is discussing a case when there is **uncertainty** as to whether the woman was faithful to her husband, yet **it is prohibited** for her to engage in sexual intercourse with her husband until the matter is clarified.

מִכָּאן אַתָּה דָּן לַשֶּׁרֶץ: וּמַה סוֹטָה שֶׁלֹּא עָשָׂה בָּהּ שׁוֹגֵג כְּמֵזִיד וְאוֹנֵס כְּרָצוֹן – עָשָׂה בָּהּ סָפֵק כְּוַדַּאי, שֶׁרֶץ שֶׁעָשָׂה בּוֹ שׁוֹגֵג כְּמֵזִיד וְאוֹנֵס כְּרָצוֹן – אֵינוֹ דִּין שֶׁיַּעֲשֶׂה בּוֹ סָפֵק

From here you can derive the *halakha* in a case of uncertainty **with regard to** whether the carcass of **a creeping animal**[NH] has imparted ritual impurity: **Just as** in the case of **a *sota,* where** the Torah **does not consider unwitting** adultery **like intentional** adultery,[H] **and rape** is not treated **like a willing** transgression, because if a married woman committed adultery unwittingly or was raped she is not punished, yet still the Torah **considers an uncertain** case of adultery **like a certain** violation inasmuch as the woman is forbidden to her husband until the truth is clarified; so too, with regard to **a creeping animal** or other agents of ritual impurity, **where** the Torah **does consider unwitting** contact with impure items **like intentional** contact, as one contracts impurity whether or not his contact was intentional **and an accident** is treated **like willing** contact, **is it not logical that** the Torah must also **consider an uncertain** case of transmission of ritual impurity

NOTES

From here you can derive the *halakha* with regard to a creeping animal – מִכָּאן אַתָּה דָּן לַשֶּׁרֶץ: *Tosafot* note that logically one might refute this *a fortiori* argument: With regard to a *sota* there is circumstantial evidence that she is guilty, as her husband had warned her to stay away from a specific man and she subsequently secluded herself with him, and one witness testified that they engaged in sexual intercourse. With regard to uncertain ritual impurity, however, that is not the case.

Other early commentaries point out additional refutations for this *a fortiori* argument. Consequently, several of them concur with the understanding of Rabbeinu Tam (*Sefer HaYashar*), who states based on the Gemara in tractate *Ḥullin* (9b) that the real source for this *halakha* is an oral tradition from Sinai, and the *a fortiori* inference is cited only as an additional corroboration for the *halakha*. Therefore, the Gemara does not deal with the numerous possible ways of refuting the argument.

HALAKHA

From here you can derive the *halakha* with regard to a creeping animal – מִכָּאן אַתָּה דָּן לַשֶּׁרֶץ: The Sages derive various *halakhot* with regard to ritual impurity from the *halakhot* of *sota*, e.g., cases of uncertain impurity that arise in the private domain are to be treated as impure, just as a *sota* is treated stringently and is forbidden to her husband in a case where she secluded herself with another man in the private domain (Rambam *Sefer Tahara, Hilkhot She'ar Avot HaTumot* 16:1–2).

In the case of a *sota* where the Torah does not consider unwitting adultery like intentional adultery, etc. – סוֹטָה שֶׁלֹּא עָשָׂה בָּהּ שׁוֹגֵג כְּמֵזִיד וכו׳: If a woman committed adultery unwittingly, or if she was raped, the water does not evaluate her (Rambam *Sefer Nashim, Hilkhot Avot HaTuma* 3:24).

כְּוַדַּאי.

like a case of **certain** contact with an impure item? Accordingly, any cases of uncertain ritual impurity should be treated like certain impurity.

וּמִמָּקוֹם שֶׁבָּאתָ: מָה סוֹטָה רְשׁוּת הַיָּחִיד, אַף שֶׁרֶץ רְשׁוּת הַיָּחִיד,

The *baraita* continues: **And** since the case of *sota* is the source for the *halakha* with regard to uncertain ritual impurity, the details of the *halakha* are also derived from the case of *sota*. Therefore, **from the place that you came** from, i.e., from the source, it is derived that **just as** the prohibition with regard to **a *sota*** applies only when the uncertainty arises in **the private domain,** i.e., when she has secluded herself with the alleged paramour, **so too,** uncertain contact with the carcass of **a creeping animal** renders an item impure only if the contact was in **the private domain.**[H]

וּמָה סוֹטָה דָּבָר שֶׁיֵּשׁ בּוֹ דַּעַת לִישָּׁאֵל, אַף שֶׁרֶץ דָּבָר שֶׁיֵּשׁ בּוֹ דַּעַת לִישָּׁאֵל.

And furthermore, **just as a *sota* is an entity that has awareness** in order for her **to be asked** whether she actually committed adultery, **so too,** contact with **a creeping animal** renders an item impure only if it is **an entity that has awareness** in order for it **to be asked,**[H] i.e., a person, or an item that may have contracted impurity in a place where a person was present and could have known.

וּמִכָּאן אָמְרוּ: דָּבָר שֶׁיֵּשׁ בּוֹ דַּעַת לִישָּׁאֵל, בִּרְשׁוּת הַיָּחִיד – סְפֵיקוֹ טָמֵא, בִּרְשׁוּת הָרַבִּים – סְפֵיקוֹ טָהוֹר; וְשֶׁאֵין בּוֹ דַּעַת לִישָּׁאֵל, בֵּין בִּרְשׁוּת הַיָּחִיד בֵּין בִּרְשׁוּת הָרַבִּים – סְפֵיקוֹ טָהוֹר.

The *baraita* concludes: **And from here** the Sages **stated** that if **an entity that has awareness** in order for it **to be asked** may have contracted impurity **in the private domain, its uncertain** impurity renders it **impure;** but if it may have contracted impurity **in the public domain, its uncertain** impurity leaves it **pure.**[N] **And** with regard to an entity **that lacks awareness** in order for it **to be asked, whether** the uncertainty arose **in the private domain or in the public domain, its uncertain** impurity is deemed **pure,** as it is not similar to a *sota*.

וְרַבִּי יִשְׁמָעֵאל, אָמַר רַבִּי עֲקִיבָא תְּרוּמָה, וּמְהַדַּר לֵיהּ אִיהוּ כְּהוּנָּה!

The Gemara begins its discussion of the *baraita* by inquiring about the exchange between Rabbi Yishmael and Rabbi Akiva: **And** what was the intention of **Rabbi Yishmael?** Apparently, he commented on a statement of **Rabbi Akiva,** who **said** that it is prohibited for a *sota* to partake of ***teruma*****, and he answered him** concerning the matter of the woman's being prohibited to marry into the **priesthood,** which was not mentioned by Rabbi Akiva at all.

וְתוּ, לְרַבִּי עֲקִיבָא כְּהוּנָּה מְנָא לֵיהּ? וְכִי תֵּימָא, כְּהוּנָּה לָא צְרִיכָא קְרָא,

And furthermore, from where does Rabbi Akiva derive that it is prohibited for a *sota* to marry into the **priesthood? And if you would say** that with regard to her prohibition against marrying into the **priesthood a verse is not necessary,**

HALAKHA

So too a creeping animal in the private domain – אַף שֶׁרֶץ רְשׁוּת הַיָּחִיד: The *halakha* of *sota* is the source for the *halakha* that any case of uncertain ritual impurity that arises in the private domain is deemed impure. However, if the uncertainty arises in the public domain, which is defined as a place where three or more people are present, the uncertainty is deemed pure (Rambam *Sefer Tahara, Hilkhot She'ar Avot HaTumot* 15:8; 16:2).

An entity that has awareness for it to be asked – דָּבָר שֶׁיֵּשׁ בּוֹ דַּעַת לִישָּׁאֵל: Just as a *sota* has awareness that allows her to be asked whether she committed adultery, so too, with regard to all cases of uncertain contraction of ritual impurity, an item is deemed impure only in instances where it has the awareness to be asked whether or not it touched an impure item. Therefore, uncertain contraction of ritual impurity by a deaf-mute, an imbecile, or a minor is deemed pure, even if the uncertainty arises in a private domain (Rambam *Sefer Tahara, Hilkhot She'ar Avot HaTumot* 15:8; 16:2).

NOTES

In the public domain its uncertain impurity leaves it pure – בִּרְשׁוּת הָרַבִּים סְפֵיקוֹ טָהוֹר: The Gemara here would seem to indicate that the principle that uncertainty with regard to the contraction of ritual impurity that arises in the public domain is deemed pure is derived from the *halakhot* of *sota*. However, elsewhere, other sources are cited as the basis for this principle. In the Jerusalem Talmud and the *Tosefta*, later codified by the Rambam, it is derived from the *halakha* that a Paschal offering can be sacrificed in impurity.

One reason not to derive this principle from the case of a *sota* is that the whole concept of *sota* refers to a woman who secluded herself with another man, which is not at all applicable in a public domain. Therefore, nothing can be inferred from *sota* with regard to impurity in the public domain (*Aḥiezer*). In tractates *Ḥullin* (9b) and *Avoda Zara* (37b) the Gemara writes that this principle is a tradition transmitted to Moses from Sinai, and is not inferred by logic.

Tosafot in *Avoda Zara* (37b) explain that in fact, the case of a *sota* serves as the source only for the principle that uncertain impurity in the private domain is considered impure. By inference, one can say that any uncertainty with regard to ritual impurity that arises in the public domain is not rendered impure. However, in tractate *Ḥullin* (9b), *Tosafot* write that it is derived from *sota* that uncertainty with regard to impurity in the public domain is considered pure even if the item in question did not have a presumptive status of purity, and uncertainty with regard to impurity in the private domain is deemed impure even if the item had a presumptive status of purity. They explain that a *sota* herself has lost her presumptive status of innocence by secluding herself with the alleged paramour.

שֶׁהֲרֵי עָשָׂה בָּהּ סְפֵק זוֹנָה כְּזוֹנָה, תְּרוּמָה נַמִּי לָא תִּיבָּעֵי קְרָא, שֶׁהֲרֵי עָשָׂה בָּהּ סְפֵק זוֹנָה כְּזוֹנָה!

as the Torah has already **rendered an uncertain** case of **a woman who has engaged in sexual intercourse with a man forbidden to her by the Torah** [*zona*] **as though** she is certainly **a** ***zona***, since a *sota* is forbidden to her husband after seclusion even though there are no witnesses that she committed adultery, and therefore it should be prohibited for her to marry a priest just like any *zona*, then with regard to her prohibition against partaking of ***teruma*** **a verse should also not be necessary, as** it is prohibited for a *zona* to partake of *teruma*. Therefore, the Torah **renders an uncertain** ***zona*** **like** a certain ***zona***.

אֶלָּא, לְרַבִּי עֲקִיבָא אַרְבָּעָה קְרָאֵי כְּתִיבִי: חַד לְבַעַל, וְחַד לְבוֹעֵל, וְחַד לִכְהוּנָּה וְחַד לִתְרוּמָה;

Rather, it must be explained that **according to Rabbi Akiva,** the equivalent of **four verses** worthy of exposition **are written** with regard to the defilement of a *sota*, as he maintains that an additional *halakha* should be derived from the superfluous prefix *vav* in the verse: "And is defiled [*venitma'a*]" (Numbers 5:29). Therefore, **one** verse is written to forbid her **to** her **husband, and one** is to forbid her **to** her **paramour, and one** is to forbid her **to** marry into the **priesthood, and one** is to forbid her **to** partake of ***teruma***.[N]

וְרַבִּי יִשְׁמָעֵאל תְּלָתָא קְרָאֵי כְּתִיבִי: חַד לְבַעַל, וְחַד לְבוֹעֵל וְחַד לִתְרוּמָה, וּכְהוּנָּה אָתְיָא בְּקַל וָחוֹמֶר.

And Rabbi Yishmael disagrees with Rabbi Akiva, as he does not expound on the superfluous *vav*, and therefore maintains that only **three verses are written: One** is to forbid her **to** her **husband, and one** is to forbid her **to** her **paramour, and one** is to forbid her **to** partake of ***teruma***. **And** her being prohibited to marry into the **priesthood is derived through an** ***a fortiori*** inference,[B] as described in the *baraita*.

וְרַבִּי יִשְׁמָעֵאל, מִמַּאי דְּאִיצְטְרִיךְ קְרָא לִתְרוּמָה, וּכְהוּנָּה אָתְיָא בְּקַל וָחוֹמֶר? דִּילְמָא כִּי אִצְטְרִיךְ לִכְהוּנָּה, וּתְרוּמָה שַׁרְיָא!

The Gemara asks: **And from where does Rabbi Yishmael** derive **that the verse was necessary** to teach the prohibition of a *sota* **to** partake of ***teruma***, **and** her prohibition against marrying into the **priesthood is derived through an** ***a fortiori*** inference? **Perhaps** the verse **was necessary** in order to teach that it is prohibited for the woman to marry **into the priesthood, but** ***teruma*** **is permitted** for her?

אָמַר לָךְ: מִסְתַּבְּרָא דּוּמְיָא דְּבַעַל וּבוֹעֵל, מָה בַּעַל וּבוֹעֵל מֵחַיִּים, אַף תְּרוּמָה נַמִּי מֵחַיִּים, לְאַפּוֹקֵי כְּהוּנָּה דִּלְאַחַר מִיתָה.

The Gemara answers: Rabbi Yishmael could have **said to you: It is reasonable** to derive from this verse a prohibition that is **similar to** the prohibitions derived from the other verses, i.e., that she is forbidden **to** her **husband and** her **paramour. Just as** she is forbidden to her **husband and** her **paramour** even **during** the **lifetime** of her husband, **so too,** the prohibition against partaking of ***teruma*** applies **also during** the **lifetime** of her husband, **to the exclusion of** her prohibition against marrying into the **priesthood, which** is relevant only **after** the **death** of her husband. The reason is that if her husband would divorce her it would be prohibited for her to marry a priest anyway.

וְרַבִּי עֲקִיבָא – דּוּמְיָא דְּבַעַל וּבוֹעֵל לֵית לֵיהּ;

And how would **Rabbi Akiva** respond? The Gemara answers: **He is not** of the opinion that it is more reasonable to derive a prohibition from the phrase "and is defiled" that is **similar to** the prohibitions involving her **husband and** her **paramour,** and therefore he requires two separate derivations; one for *teruma* and one for the priesthood.

וְאִי נַמִּי אִית לֵיהּ, מִילְּתָא דְּאָתְיָא בְּקַל וָחוֹמֶר טָרַח וְכָתַב לַהּ קְרָא.

Or alternatively, perhaps **he accepts** the opinion that the *halakha* derived from "and is defiled" should be similar to the prohibitions involving the husband and paramour, but nevertheless, in certain instances with regard to **a matter that can be derived through an** ***a fortiori*** inference,[N] the **verse** nevertheless **takes the trouble and writes** explicitly. Therefore, although unnecessary, two verses are stated, one for *teruma* and one for the priesthood.

NOTES

One to priesthood and one to *teruma* – וְחַד לִכְהוּנָּה וְחַד לִתְרוּמָה: *Tosafot* ask: Why doesn't the Gemara suggest that once the verse deems a sota defiled with regard to her husband, it should follow that she is disqualified from ever marrying a priest or form partaking of *teruma* if her husband is a priest, as she is assumed to have committed adultery? They answer, somewhat cryptically, that absent the additional verses one could have said that a *sota* is considered defiled only with regard to her husband, as there could be court-imposed capital punishment because of him. The *Eshel Avraham* explains that *Tosafot* mean that even if the wife had not in fact committed adultery, her improper behavior will eventually lead to her doing so, which will render her liable to receive court-imposed capital punishment, in the event that she is caught in the act in the presence of witnesses. Therefore, it is preferable that she become forbidden to her husband until she drinks the bitter water, and she is forbidden to her husband in order that he will be more likely to make her drink the bitter water. However, this should not be taken as an indication that the verse regards her as having been defiled, and as such, one cannot assume that she will become forbidden to a priest or to partake of *teruma*.

Keren Ora suggests another explanation as to why the *halakha* that a *sota* is forbidden to her husband does not serve as proof with regard to *teruma* and marrying a priest: The reason she is forbidden to her husband could be that even if she did not actually engage in sexual intercourse, her promiscuous behavior was clearly contrary to her husband's warning and warranted his disapproval. This unique prohibition for the husband, however, does not apply to the other matters under discussion.

A matter that can be derived through an *a fortiori* inference, etc. – מִילְּתָא דְּאָתְיָא בְּקַל וָחוֹמֶר וכו׳: This principle, which is cited in many places in the Talmud, states that although the Torah will not repeat explicit *halakhot* more than once if it is not teaching a specific novelty, the Torah will state a *halakha* explicitly although it could be derived through an *a fortiori* inference. The reason why a *halakha* that could be derived through logical reasoning might be stated explicitly could be either to emphasize the *halakha*, or to provide it with the additional power that only *halakhot* stated explicitly in the Torah have, such as the ability of the court to punish one who violates such a *halakha*.

BACKGROUND

An *a fortiori* inference – קַל וָחוֹמֶר: One of the fundamental principles of rabbinic exegesis, *a fortiori* inference appears in all of the standard lists of exegetical principles. In essence, it is a principle of logical argumentation where a comparison is drawn between two cases, one more lenient and the other more stringent. The *a fortiori* inference asserts that if the *halakha* is stringent in a case where the ruling is usually lenient, then all the more so will it be stringent in a more serious case; likewise, if the *halakha* is lenient in a case where the ruling is not usually lenient, then it will certainly be lenient in a less stringent case. *A fortiori* inferences appear in the Bible, and the Sages compiled lists of verses in which they appear. For example: "If you have run with the foot soldiers, and they have wearied you, how can you contend with horses?" (Jeremiah 12:5).

אָמַר רַב גִּידֵּל אָמַר רַב: דָּבָר שֶׁיֵּשׁ בּוֹ דַּעַת לִישָּׁאֵל וְאֵין בּוֹ דַּעַת לִישָּׁאֵל – מֵהַאי קְרָא נָפְקָא: "וְהַבָּשָׂר אֲשֶׁר יִגַּע בְּכָל טָמֵא לֹא יֵאָכֵל" – וַדַּאי טָמֵא הוּא דְּלָא יֵאָכֵל, הָא סָפֵק טָמֵא וְסָפֵק טָהוֹר – יֵאָכֵל.

The Gemara continues discussing the *baraita*. **Rav Giddel said** that **Rav said:** The *halakha* with regard to **an entity that has awareness** in order for it **to be asked and** an entity that **lacks awareness** in order for it **to be asked** in cases of uncertain ritual impurity **is derived from this verse: "And the flesh that touches any impure thing shall not be eaten"** (Leviticus 7:19). This would seem to indicate that specifically food that is **impure** for **certain is** that **which shall not be eaten, but** food for which it is **uncertain** whether it is **impure and uncertain** whether it is **pure can be eaten.**

אֵימָא סֵיפָא: "וְהַבָּשָׂר כָּל טָהוֹר יֹאכַל בָּשָׂר" – וַדַּאי טָהוֹר הוּא דְּיֹאכַל בָּשָׂר, הָא סָפֵק טָמֵא וְסָפֵק טָהוֹר – לֹא יֹאכַל!

However, **say the latter clause** of the verse: **"And as for the flesh, every one that is pure may eat the flesh"** (Leviticus 7:19), which would seem to indicate that specifically one who is **pure** for **certain is** one **who shall eat meat, but** one for whom it is **uncertain** whether he is **impure and uncertain** whether he is **pure shall not eat.** The two clauses in the verse seem to contradict one another with regard to the status of uncertain purity.

אֶלָּא לָאו שְׁמַע מִינָּהּ: כָּאן שֶׁיֵּשׁ בּוֹ דַּעַת לִישָּׁאֵל, כָּאן שֶׁאֵין בּוֹ דַּעַת לִישָּׁאֵל.

Rather, must one **not conclude from it** that the Torah differentiates between two different types of uncertainty? **Here,** the latter clause, which discusses "every one that is pure," is referring to an entity **that has awareness** in order for it **to be asked,** e.g., a person, who is considered impure if he is uncertain whether he contracted ritual impurity. **There,** the former clause which discusses impure meat presents the principle of an entity **that lacks awareness** in order for it **to be asked,** where an uncertain case of ritual impurity is deemed pure.

וְאִיצְטְרִיךְ דְּרַב גִּידֵּל אָמַר רַב וְאִיצְטְרִיךְ לְמִיגְמַר מִסּוֹטָה; דְּאִי מִדְּרַב, הֲוָה אָמִינָא בֵּין בִּרְשׁוּת הַיָּחִיד וּבֵין בִּרְשׁוּת הָרַבִּים, אִיצְטְרִיךְ לְמִיגְמַר מִסּוֹטָה;

The Gemara explains the need for two separate derivations concerning uncertain contractions of ritual impurity: **And** the derivation **that Rav Giddel** said that **Rav said was necessary, and** it **was** also **necessary to derive** the principle of uncertain ritual impurity **from *sota*; since if** it were derived only **through** the derivation **of Rav, I would say** that it makes no difference **whether** the uncertain contraction of impurity occurred **in the private domain or whether** it occurred **in the public domain.** Therefore, it **was necessary to derive from *sota*** that uncertain impurity is considered impure only in the private domain.

וְאִי מִסּוֹטָה, הֲוָה אָמִינָא עַד דְּאִיכָּא דַּעַת נוֹגֵעַ וּמַגִּיעַ, צְרִיכָא.

And if it is derived only **from *sota*, I would say** that similar to *sota*, where both the woman and the paramour possess awareness in order to be asked if they committed the act, so too, items with uncertain impurity should not be deemed impure **unless there is awareness** on the part of both **the one who touches** the impure item **and the one who causes him to touch,**[N] i.e., the agent of impurity and the recipient of impurity are both competent people. Therefore, the derivation of Rav was **necessary,** as it teaches that in an uncertain case of impurity in the private domain, one is deemed impure even if only the contractor of impurity possesses the awareness to be asked.

NOTES

Awareness of both the one who touches the impure item and the one who causes him to touch – דַּעַת נוֹגֵעַ וּמַגִּיעַ: The Gemara assumes that the awareness of both parties is not necessary with regard to uncertain ritual impurity. However, the Gemara does not specify which side needs awareness. The Meiri writes that it does not matter; if either the agent of impurity or the recipient of impurity is a human being the uncertainty is treated stringently. However, Rashi and the Rambam maintain that specifically the recipient must be a person.

BACKGROUND

Third-degree impurity – **שְׁלִישִׁי**: The further removed an item is from contact with the initial source of ritual impurity, the lower its own level of impurity. An item that comes into contact with the initial source will contract first-degree ritual impurity, and any food that the item touches thereafter will in turn have second-degree ritual impurity, and so on.

HALAKHA

An item of second-degree impurity status can impart third-degree impurity upon *teruma* – **שֵׁנִי עוֹשֶׂה שְׁלִישִׁי בִּתְרוּמָה**: *Teruma* that becomes impure with first- or second-degree ritual impurity can transmit ritual impurity to other *teruma*. *Teruma* that has third-degree impurity is disqualified, but it cannot transmit impurity to other *teruma*, as there is no fourth degree of impurity that applies to *teruma* (Rambam *Sefer Tahara*, *Hilkhot She'ar Avot HaTumot* 11:3).

"בּוֹ בַּיּוֹם דָּרַשׁ רַבִּי עֲקִיבָא: וְכָל כְּלִי חֶרֶשׂ" כּו׳.

§ It is stated in the mishna: **On that same day Rabbi Akiva interpreted** the phrase "shall be impure" in the verse: **"And every earthen vessel** into which any of them falls, whatever is in it shall be impure [*yitma*], and you shall break it" (Leviticus 11:33), as indicating that a loaf that has second-degree ritual impurity can render other food with which it comes into contact impure with third-degree impurity. Rabbi Yehoshua related that Rabban Yoḥanan ben Zakkai had predicted that a future generation would purify a loaf that contracted third-degree impurity, as there is no explicit verse in the Torah stating that this degree of impurity exists.

וּמֵאַחַר דְּאֵין לוֹ, לָמָּה טָמֵא?

The Gemara asks: **But since** the loaf **does not have** an explicit verse stating that it is impure, **why** did Rabban Yoḥanan ben Zakkai himself maintain that it is **impure?**

אָמַר רַב יְהוּדָה אָמַר רַב: מִן הַתּוֹרָה אֵין לוֹ, מִדִּין קַל וָחוֹמֶר יֵשׁ לוֹ: וּמָה טְבוּל יוֹם שֶׁמּוּתָּר בְּחוּלִּין – פּוֹסֵל בִּתְרוּמָה, כִּכָּר שֵׁנִי שֶׁפָּסוּל בְּחוּלִּין – אֵינוֹ דִּין שֶׁיַּעֲשֶׂה שְׁלִישִׁי בִּתְרוּמָה.

Rav Yehuda says that **Rav says:** Rabban Yoḥanan ben Zakkai maintained that although **it has no** explicit basis **from** a verse in **the Torah, it has** proof for its impurity **through an *a fortiori* inference: If** even **one who immersed** in a ritual bath **that day** and will become completely purified after nightfall, **who is** therefore **permitted to** touch **non-sacred** articles, i.e., he does not transmit impurity to them, **disqualifies *teruma*** that he touches, then with regard to **a loaf** that has **second**-degree impurity as result of contact with an impure item of the first degree, **which is disqualified,** i.e., it is rendered impure, even if it is **non-sacred, isn't it logical that it should impart third**-degree impurity[B] **upon *teruma*?**[H]

אִיכָּא לְמִיפְרַךְ: מָה לִטְבוּל יוֹם שֶׁכֵּן אַב הַטּוּמְאָה!

The Gemara challenges: This *a fortiori* inference **can be refuted. What** is unique **about one** who was ritually impure **who immersed that day** and is waiting for nightfall for the purification process to be completed **is that** prior to his immersion, he was **a primary source of impurity.** He therefore retains his stringent status even after immersion with regard to his capability of disqualifying *teruma*. The loaf, by contrast, has second-degree impurity from the outset, and should therefore be treated more lightly.

תֵּיתֵי

The Gemara answers: **Derive** this *halakha*

Perek **V**
Daf **29** Amud **b**

מִטְּבוּל יוֹם דְּשֶׁרֶץ.

from one who immersed that day who was never a primary source of impurity, as he was rendered impure only **through** contact with **a creeping animal,** and nevertheless he disqualifies *teruma* upon contact.

מָה לִטְבוּל יוֹם דְּשֶׁרֶץ שֶׁכֵּן בְּמִינוֹ אַב הַטּוּמְאָה!

The Gemara continues to challenge the inference: **What** is unique **about** the impurity of **one who immersed that day** who was rendered impure **through** contact with **a creeping animal is that** this impurity can apply to either a person or a utensil, as people and utensils are capable of achieving purity through immersion, and **within its type** there can be **a primary source of impurity.** A loaf, however, is food, which can never be a primary source of impurity. It can only be rendered impure as a secondary source of impurity.

כְּלִי חֶרֶשׂ יוֹכִיחַ.

The Gemara answers: The *halakhot* of **an earthenware vessel can prove** that the fact that there are primary sources of impurity within its type is not a relevant factor. An earthenware vessel can never become a primary source of impurity, and nevertheless, if it is impure it disqualifies *teruma* upon contact.

מָה לִכְלִי חֶרֶשׂ שֶׁכֵּן מְטַמֵּא מֵאֲוִירוֹ!

The Gemara challenges: **What** is unique **about an earthenware vessel is that** unlike a loaf, it **can render** items **impure** or it can itself become impure **from its airspace.** An earthenware vessel is the only vessel that does not require direct contact with another item in order to contract or transfer impurity, but can effect or contract impurity through its airspace.

טְבוּל יוֹם יוֹכִיחַ.

The Gemara answers: **One who immersed that day can prove** that being able to render items impure through airspace is not a relevant factor. Such an item disqualifies *teruma*, but imparts impurity only through direct contact and not through its airspace.

וְחוֹזֵר הַדִּין, לֹא רְאִי זֶה כִּרְאִי זֶה וְלֹא רְאִי זֶה כִּרְאִי זֶה. הַצַּד הַשָּׁוֶה שֶׁבָּהֶן – שֶׁמּוּתָּרִין בְּחוּלִּין וּפוֹסְלִין בִּתְרוּמָה, כׇּל שֶׁכֵּן כִּכָּר שֵׁנִי שֶׁפּוֹסֵל בְּחוּלִּין דְּפוֹסֵל בִּתְרוּמָה.

And the derivation has reverted to its starting point. **The aspect of this** case **is not like the aspect of that** case **and the aspect of that** case **is not like the aspect of this** case, as each case has its own unique stringencies. However, **their common denominator is that non-sacred** food they come into contact with **is permitted,**[N] i.e., is not rendered impure, **but they disqualify *teruma*.** Therefore, Rabban Yoḥanan ben Zakkai infers *a fortiori* that **all the more so, a loaf** that contracted **second**-degree impurity, **which is disqualified,** i.e., rendered impure, even if it is **non-sacred,** should also **disqualify *teruma*** with which it comes into contact. This was Rabban Yoḥanan ben Zakkai's logical *a fortiori* inference that led him to rule that a loaf of second-degree impurity status disqualifies *teruma*.

וְדוֹר אַחֵר פָּרֵיךְ: מַה לְּהַצַּד הַשָּׁוֶה שֶׁבָּהֶן שֶׁכֵּן יֵשׁ בָּהֶן צַד חָמוּר.

And another generation, i.e., the later generation that Rabban Yoḥanan ben Zakkai predicted would deem *teruma* that came into contact with second-degree impurity pure, would **refute** this inference as follows: **What** is unique **about their common denominator is that** both cases **have a stringent aspect** that does not exist in other impure items.

וְרַבָּן יוֹחָנָן בֶּן זַכַּאי, צַד חָמוּר לָא פָּרֵיךְ.

And Rabban Yoḥanan ben Zakkai maintained that *teruma* that came into contact with second-degree impurity is pure, as he **would not refute** an inference that is based on two sources due to the fact that both sources have **a stringent aspect,** since each source's stringency is not shared by the other.

תַּנְיָא, אָמַר רַבִּי יוֹסֵי: מִנַּיִן לָרְבִיעִי בַּקּוֹדֶשׁ שֶׁפָּסוּל?

§ **It is taught** in a *baraita* (*Tosefta, Ḥagiga* 3:18) that **Rabbi Yosei said: From where** is it derived with regard **to sacrificial** food with **fourth**-degree ritual impurity **that it is disqualified** although it is not capable of imparting impurity to other items?

וְדִין הוּא: מַה מְּחוּסַּר כִּיפּוּרִים שֶׁמּוּתָּר בִּתְרוּמָה – פָּסוּל בַּקּוֹדֶשׁ, שְׁלִישִׁי שֶׁפָּסוּל בִּתְרוּמָה – אֵינוֹ דִּין הוּא שֶׁיַּעֲשֶׂה רְבִיעִי בַּקּוֹדֶשׁ;

It is derived through **logical** inference: **Just as one who is lacking atonement,** e.g., a *zav* or leper who immersed at the conclusion of his period of impurity but has not yet brought an offering for his atonement, **who is permitted** to partake **of *teruma*,** nevertheless **disqualifies sacrificial** food if he comes into contact with it, so too, with regard to an item of **third-degree impurity** status, **which disqualifies *teruma*** and is therefore more severe than one who is lacking atonement, **is it not logical that it should render sacrificial** food with which it comes into contact as having **fourth**-degree impurity?

וְלָמַדְנוּ שְׁלִישִׁי לְקוֹדֶשׁ מִן הַתּוֹרָה, וּרְבִיעִי מִקַּל וָחוֹמֶר.

The *baraita* concludes: **And we have** therefore **derived** that **third**-degree impurity applies **to sacrificial** food **from** an explicit verse in **the Torah, and** we have derived that **fourth**-degree impurity applies to sacrificial food **by** means of the above ***a fortiori*** inference.

שְׁלִישִׁי לְקוֹדֶשׁ מִן הַתּוֹרָה מְנָלַן? דִּכְתִיב: ״וְהַבָּשָׂר אֲשֶׁר יִגַּע בְּכׇל טָמֵא לֹא יֵאָכֵל״ – מִי לָא עָסְקִינַן דְּנָגַע בְּשֵׁנִי, וְאָמַר רַחֲמָנָא: ״לֹא יֵאָכֵל״. רְבִיעִי מִקַּל וָחוֹמֶר, כְּדַאֲמַרַן.

The Gemara asks: **From where in the Torah do we** derive that third-degree impurity applies **to sacrificial** food?[H] The Gemara answers: **As it is written: "And the flesh that touches any impure thing shall not be eaten"** (Leviticus 7:19). **Are we not dealing** in the verse with meat **that touches** even an item of **second**-degree impurity? **And the Merciful One states** that it **"shall not be eaten,"** indicating that it assumes third-degree impurity. Therefore, **fourth**-degree impurity can be derived **by** means of the ***a fortiori*** inference of Rabbi Yosei, **as we stated** above.

אָמַר רַבִּי יוֹחָנָן: טַעַם בְּרִיבִּי אֵינִי יוֹדֵעַ מַה הוּא, שֶׁהֲרֵי תְּשׁוּבָתוֹ בְּצִדּוֹ: אוֹכֶל הַבָּא מֵחֲמַת טְבוּל יוֹם יוֹכִיחַ, שֶׁפָּסוּל בִּתְרוּמָה וְאֵינוֹ עוֹשֶׂה רְבִיעִי בַּקּוֹדֶשׁ!

Rabbi Yoḥanan says: With regard to **the reasoning** behind **the Distinguished** Rabbi Yosei's *a fortiori* inference, **I do not know what it is, as the response to his** inference is right **by its side: Food** whose impurity **came from** contact with **one who immersed that day can prove** that a degree of impurity that disqualifies *teruma* does not necessarily impart fourth-degree impurity to sacrificial food, as this food **disqualifies *teruma*** upon contact, **but it does not impart fourth**-degree impurity **upon sacrificial** food.

NOTES

That non-sacred food they come into contact with is permitted – שֶׁמּוּתָּרִין בְּחוּלִּין: Rashi rejects this version of the text, as an earthenware vessel can have only first-degree impurity and therefore will always render impure any non-sacred food that comes into contact with it. Rabbeinu Meshullam suggests that the Gemara is referring to an earthenware vessel that was purified by means of breaking the vessel, but was not broken entirely. In this case, although there is still a minor degree of impurity in the vessel, the degree is not enough to transmit impurity to non-sacred food. Rabbeinu Tam rejects the opinion of Rabbeinu Meshullam, claiming that there is no source that indicates that any level of impurity remains in the broken shards of an earthenware vessel. Other commentaries present alternative explanations of the text.

HALAKHA

From where…do we derive that third-degree impurity applies to sacrificial food – שְׁלִישִׁי לְקוֹדֶשׁ...מְנָלַן: Sacrificial food that contracts impurity of the first, second, or third degree is considered impure, and can impart impurity to other sacrificial food. However, sacrificial food that contracts fourth-degree impurity is merely disqualified, and cannot impart impurity to other sacrificial food, as there is no fifth degree of impurity, even with regard to sacrificial food (Rambam *Sefer Tahara, Hilkhot She'ar Avot HaTumot* 11:4).

HALAKHA

Just as he disqualifies *teruma* foods, etc. – כְּשֵׁם שֶׁפּוֹסֵל אוֹכְלֵי תְרוּמָה וכו׳: One who immersed that day is considered to have second-degree impurity status. Consequently, he disqualifies *teruma* foods and liquids by touching them. Even if he touches sacrificial food, it is merely disqualified, assuming fourth-degree impurity status, but it cannot impart impurity to other sacrificial food. This is in accordance with the opinion of the Rabbis (Rambam *Sefer Tahara*, *Hilkhot She'ar Avot HaTumot* 10:3).

דְּתַנְיָא, אַבָּא שָׁאוּל אוֹמֵר: טְבוּל יוֹם תְּחִילָּה לְקוֹדֶשׁ, לְטַמֵּא שְׁנַיִם וְלִפְסוֹל אֶחָד;

As it is taught in a *baraita* (*Tosefta*, *Teharot* 1:4) that **Abba Shaul says:** With regard to **one who immersed that day,** until sunset he is treated as one who is impure with **first-degree** impurity **vis-à-vis sacrificial** food, in that he is able **to render two** items of sacrificial food **impure and to disqualify one** additional item. In other words, the first item of sacrificial food that he touches assumes the status of a second-degree impurity. A second item that comes into contact with the first one assumes third-degree impurity. A third item that comes into contact with the second assumes fourth-degree impurity and is therefore disqualified from being eaten, though it cannot impart impurity to other items.

רַבִּי מֵאִיר אוֹמֵר: מְטַמֵּא אֶחָד וּפוֹסֵל אֶחָד; וַחֲכָמִים אוֹמְרִים: כְּשֵׁם שֶׁפּוֹסֵל אוֹכְלֵי תְרוּמָה וּמַשְׁקֵי תְרוּמָה, כָּךְ פּוֹסֵל אוֹכְלֵי קוֹדֶשׁ וּמַשְׁקֵי קוֹדֶשׁ.

Rabbi Meir says: One who immersed that day is considered impure with second-degree impurity, even vis-à-vis sacrificial food, and as such **renders** only **one** item **impure and disqualifies one** additional item. **And the Rabbis say: Just as he** merely **disqualifies** ***teruma*** **foods**[H] **and** ***teruma*** **liquids,** without transferring to them impurity that can then be transferred further, **so too, he** merely **disqualifies sacrificial foods and sacrificial liquids.** In other words, the impurity imparted by one who immersed that day can reach only third-degree impurity and not fourth-degree impurity, contrary to the opinion of Rabbi Yosei.

מַתְקִיף לַהּ רַב פָּפָּא: מִמַּאי דְּרַבִּי יוֹסֵי כְּרַבָּנַן סְבִירָא לֵיהּ? דִּילְמָא כְּאַבָּא שָׁאוּל סְבִירָא לֵיהּ, דְּאָמַר: לְטַמֵּא שְׁנַיִם וְלִפְסוֹל אֶחָד!

Rav Pappa objects to Rabbi Yoḥanan's argument: **From where is** the presumption derived **that Rabbi Yosei holds in accordance with** the opinion of **the Rabbis? Perhaps he holds in accordance with** the opinion of **Abba Shaul, who says** that one who immersed that day is able **to render two** items of sacrificial food **impure, and to disqualify one** additional item.

אִי סָלְקָא דַּעְתָּךְ כְּאַבָּא שָׁאוּל סְבִירָא לֵיהּ, לֵייתֵיהּ לִרְבִיעִי בְּקוֹדֶשׁ מֵאוֹכֶל שֶׁבָּא מֵחֲמַת טְבוּל יוֹם:

The Gemara answers: **If it enters your mind** that Rabbi Yosei **holds in accordance with** the opinion of **Abba Shaul, he should have brought** proof **for** the existence of a **fourth** degree of ritual impurity **with regard to sacrificial** food **from** the case of **food whose** impurity **came from one who immersed that day,** as follows:

וּמָה אוֹכֶל הַבָּא מֵחֲמַת טְבוּל יוֹם, דִּטְבוּל יוֹם גּוּפֵיהּ מוּתָּר בְּחוּלִּין – אָמַרְתָּ עוֹשֶׂה רְבִיעִי בְּקוֹדֶשׁ, אוֹכֶל

Just as with regard to **food whose** impurity **came from one who immersed that day, while the one who immersed that day is himself permitted to** consume **non-sacred** food, nevertheless **you say** that the food **imparts fourth**-degree impurity status **upon sacrificial** food, then with regard to **food**

Perek **V**
Daf **30** Amud **a**

שְׁלִישִׁי הַבָּא מֵחֲמַת שֵׁנִי, דְּשֵׁנִי גּוּפֵיהּ אָסוּר בְּחוּלִּין – אֵינוֹ דִּין שֶׁעוֹשֶׂה רְבִיעִי בְּקוֹדֶשׁ.

whose third-degree impurity **came from** contact with an item of **second**-degree impurity, in **which** case the item with the **second**-degree impurity **is itself forbidden,** i.e. impure, even if it is **non-sacred** food, **isn't it logical** to infer **that it should** be able to **impart fourth**-degree impurity **upon sacrificial** food?

וְכִי תֵּימָא, מִשּׁוּם דְּאִיכָּא לְמִיפְרַךְ: מָה לִטְבוּל יוֹם שֶׁכֵּן אַב הַטּוּמְאָה! הָא אַיְיתִינָהּ מִמְּחוּסַּר כִּיפּוּרִים וְלָא פָּרְכֵיהּ.

And if you would say that the reason Rabbi Yosei did not employ this *a fortiori* inference is **because it can be refuted** as follows: **What** is unique **about one who immersed that day is that** prior to his immersion he was **a primary source of impurity,** this cannot be, as Rabbi Yosei **brought** proof for the existence of a fourth degree of impurity **from** the case of **one who has not yet** brought an **atonement** offering, who was also a primary source of impurity prior to his immersion, **and** Rabbi Yosei clearly **did not refute** the proof due to this factor. Therefore, the reason Rabbi Yosei did not employ an *a fortiori* inference from the case of food that contracted impurity from one who immersed that day is clearly that he disagrees with the opinion of Abba Shaul. Consequently, Rabbi Yoḥanan concluded that he cannot understand Rabbi Yosei's reasoning.

אֲמַר רַב אַסִי אֲמַר רַב, וְאָמְרִי לָהּ אֲמַר רַבָּה בֶּן אִיסִי אֲמַר רַב: רַבִּי מֵאִיר וְרַבִּי יוֹסֵי וְרַבִּי יְהוֹשֻׁעַ וְרַבִּי אֶלְעָזָר וְרַבִּי אֱלִיעֶזֶר, כּוּלְּהוּ סְבִירָא לְהוּ דְּאֵין שֵׁנִי עוֹשֶׂה שְׁלִישִׁי בְּחוּלִּין.

§ **Rabbi Asi said** that **Rav said, and some say Rabba ben Isi said** that **Rav said: Rabbi Meir, and Rabbi Yosei, and Rabbi Yehoshua, and Rabbi Elazar, and Rabbi Eliezer all hold that** an item of second-degree ritual impurity status **cannot impart** third-degree ritual impurity status **to non-sacred items.**[H] Rav proceeds to prove this by attributing support from the rulings of each of these *tanna'im*.

רַבִּי מֵאִיר, דִּתְנַן: כָּל הַטָּעוּן בִּיאַת מַיִם מִדִּבְרֵי סוֹפְרִים – מְטַמֵּא אֶת הַקּוֹדֶשׁ וּפוֹסֵל אֶת הַתְּרוּמָה, וּמוּתָּר בְּחוּלִּין וּבְמַעֲשֵׂר, דִּבְרֵי רַבִּי מֵאִיר; וַחֲכָמִים אוֹסְרִין בְּמַעֲשֵׂר.

Rabbi Meir is of this opinion, **as we learned** in a mishna (*Para* 11:5): **Anything that requires immersion in water**[H] **by rabbinic law renders sacrificial** food **impure** upon contact, with second-degree impurity, **and disqualifies** ***teruma***, meaning that it renders the *teruma* itself impure, but not to the extent that the *teruma* can render other *teruma* impure. **And** anything that requires immersion in water by rabbinic law **is permitted for non-sacred** food **and for** the second **tithe,** i.e., it does not render these items impure. This is **the statement of Rabbi Meir. But the Rabbis prohibit** one who has this degree of impurity from partaking of the second **tithe.**[H] From the fact that Rabbi Meir permits him to partake of the second tithe, it is inferred that he maintains that an item of second-degree impurity cannot impart third-degree impurity upon non-sacred items.

רַבִּי יוֹסֵי, הָא דַּאֲמָרַן, דְּאִם אִיתֵיהּ, לַיְיתֵיהּ לִרְבִיעִי בִּתְרוּמָה וַחֲמִישִׁי בַּקּוֹדֶשׁ.

It is evident that **Rabbi Yosei** is of this opinion from **that which we have stated** above, that he derives that sacrificial food can contract fourth-degree impurity, **because if he holds** that non-sacred items can contract third-degree impurity, **he should have derived** through his *a fortiori* inference that there is **fourth**-degree impurity **vis-à-vis** ***teruma*** **and fifth**-degree impurity **vis-à-vis sacrificial** food, since each of these categories has a unique level of impurity.

רַבִּי יְהוֹשֻׁעַ, דִּתְנַן, רַבִּי אֱלִיעֶזֶר אוֹמֵר: הָאוֹכֵל אוֹכֶל רִאשׁוֹן – רִאשׁוֹן; שֵׁנִי – שֵׁנִי; שְׁלִישִׁי – שְׁלִישִׁי; רַבִּי יְהוֹשֻׁעַ אוֹמֵר: הָאוֹכֵל אוֹכֶל רִאשׁוֹן וְאוֹכֶל שֵׁנִי – שֵׁנִי; שְׁלִישִׁי – שֵׁנִי בַּקּוֹדֶשׁ וְאֵין שֵׁנִי בִּתְרוּמָה,

Rabbi Yehoshua is of this opinion, **as we learned** in a mishna (*Teharot* 2:2): **Rabbi Eliezer says: One who eats food** with **first**-degree impurity[H] assumes **first**-degree impurity. One who eats food with **second**-degree impurity assumes **second**-degree impurity. One who eats food with **third**-degree impurity assumes **third**-degree impurity. **Rabbi Yehoshua says: One who eats food** with **first**-degree impurity **or** food with **second**-degree impurity assumes **second**-degree impurity. One who eats food with **third**-degree impurity assumes **second**-degree impurity **vis-à-vis sacrificial** food,[H] **and** he does **not** assume **second**-degree impurity **vis-à-vis** ***teruma***.

HALAKHA

An item of second-degree impurity status cannot impart third-degree impurity status to non-sacred items – אֵין שֵׁנִי עוֹשֶׂה שְׁלִישִׁי בְּחוּלִּין: A non-sacred food item with first-degree ritual impurity status imparts impurity upon other items with which it comes into contact. A non-sacred item with second-degree impurity status cannot impart impurity to another non-sacred item, as non-sacred food cannot contract third-degree impurity status (Rambam *Sefer Tahara, Hilkhot She'ar Avot HaTumot* 11:2).

Anything that requires immersion in water, etc. – כָּל הַטָּעוּן בִּיאַת מַיִם וכו׳: The Sages decreed that if one's head and most of his body are immersed in drawn water, he assumes second-degree impurity status until he immerses himself in a ritual bath. If this individual, or any other person who is impure due to a similar rabbinic decree, touches *teruma*, he imparts upon the *teruma* third-degree impurity status. If he touches sacrificial food, he imparts upon it fourth-degree impurity status (Rambam *Sefer Tahara, Hilkhot She'ar Avot HaTumot* 10:2–3).

But the Rabbis prohibit the second tithe – וַחֲכָמִים אוֹסְרִין בְּמַעֲשֵׂר: It is prohibited to partake of the second tithe if one is ritually impure. Even if he is rendered impure merely due to rabbinically enacted ritual impurity, it is still prohibited for him to partake of the second tithe (Rambam *Sefer Tahara, Hilkhot Tumat Okhalin* 16:8).

One who eats food with first-degree impurity – הָאוֹכֵל אוֹכֶל רִאשׁוֹן: The Sages decreed that one who eats food of first- or second-degree impurity status assumes second-degree impurity status, in accordance with the opinion of Rabbi Yehoshua (Rambam *Sefer Tahara, Hilkhot She'ar Avot HaTumot* 8:10).

One who eats food with third-degree impurity assumes second-degree impurity vis-à-vis sacrificial food, etc. – שְׁלִישִׁי שֵׁנִי בַּקּוֹדֶשׁ וכו׳: One who eats food with third-degree impurity status, which can be either *teruma* or non-sacred food that has been kept to the standards of *teruma*, although he remains ritually pure in that he does not render *teruma* he touches impure, nevertheless he is considered as one who has second-degree impurity status vis-à-vis sacrificial food. One who eats non-sacred food that has been kept to the standards of sacrificial food and has contracted third-degree impurity status cannot impart impurity to sacrificial food (Rambam *Sefer Tahara, Hilkhot She'ar Avot HaTumot* 11:12).

בְּחוּלִּין שֶׁנַּעֲשׂוּ עַל טׇהֳרַת תְּרוּמָה;

Eating an item with third-degree impurity is possible only in the case of non-sacred items, as eating impure *teruma* or sacrificial food is prohibited. However, generic non-sacred food cannot contract third-degree impurity at all. Therefore, the case of one who eats food with third-degree impurity refers specifically **to non-sacred** food items **that were prepared** as if their level of purity were **on the** level of the **purity of *teruma*.** By means of a vow, one can establish the purity status of non-sacred food items to be treated on the level of purity necessary for *teruma*.

עַל טׇהֳרַת הַתְּרוּמָה – אִין, עַל טׇהֳרַת הַקּוֹדֶשׁ – לָא.

The Gemara infers from Rabbi Yehoshua's statement that **yes,** one is able to prepare items as if their level of purity were **on the** level of the **purity of *teruma*;** but one is **not** able to prepare items as if their level of purity were **on the** level of the **purity of sacrificial** food, and such items would not contract third-degree impurity.

אַלְמָא קָסָבַר: אֵין שֵׁנִי עוֹשֶׂה שְׁלִישִׁי בְּחוּלִּין.

The Gemara concludes: **Apparently,** Rabbi Yehoshua **holds** that an item of second-degree impurity **cannot impart** third-degree impurity **upon** ordinary **non-sacred items** that were not prepared on the level of the purity of *teruma*.

רַבִּי אֶלְעָזָר, דְּתַנְיָא, רַבִּי אֶלְעָזָר אוֹמֵר: שְׁלׇשְׁתָּן שָׁוִין, הָרִאשׁוֹן שֶׁבַּקּוֹדֶשׁ וְשֶׁבַּחוּלִּין וְשֶׁבַּתְּרוּמָה –

Rabbi Elazar is of this opinion, **as it is taught** in a mishna (*Teharot* 2:7): **Rabbi Elazar says:** The **three of these** are **equal** in their ability to impart ritual impurity to other items: An item of **first**-degree impurity, whether it is an item **of sacrificial** food, **or of non-sacred** food, **or of *teruma*.**

מְטַמֵּא שְׁנַיִם וּפוֹסֵל אֶחָד בַּקּוֹדֶשׁ,

With regard to sacrificial food, such an item **renders impure two** additional levels of contact, enabling the items that contracted ritual impurity from it to transfer that impurity to items that they in turn touch afterward. **And** it **disqualifies one** level afterward, imparting upon the food fourth-degree impurity, which cannot impart impurity to a fifth item.

מְטַמֵּא אֶחָד וּפוֹסֵל אֶחָד בִּתְרוּמָה,

With regard to *teruma*, an item of first-degree impurity **renders impure one** additional level of contact, i.e., it imparts second-level impurity to *teruma* food with which it comes into contact, **and** that item in turn **disqualifies one** additional level afterward, as that *teruma* food imparts third-degree impurity upon *teruma*.

וּפוֹסֵל אֶחָד בְּחוּלִּין.

And with regard to non-sacred food, an item of first-degree impurity merely **disqualifies one** additional level of non-sacred food. Evidently, non-sacred items cannot go beyond a second-degree impurity.

רַבִּי אֱלִיעֶזֶר, דִּתְנַן, רַבִּי אֱלִיעֶזֶר אוֹמֵר: חַלָּה נִיטֶּלֶת מִן הַטְּהוֹרָה עַל הַטְּמֵאָה. כֵּיצַד? שְׁתֵּי עִיסּוֹת אַחַת טְהוֹרָה וְאַחַת טְמֵאָה, נוֹטֵל כְּדֵי חַלָּה מֵעִיסָּה שֶׁלֹּא הוּרְמָה חַלָּתָהּ, וְנוֹתֵן פָּחוֹת מִכַּבֵּיצָה בָּאֶמְצַע כְּדֵי לִיטּוֹל מִן הַמּוּקָּף.

Rabbi Eliezer also agrees with this principle, **as we learned** in a mishna (*Ḥalla* 2:8): **Rabbi Eliezer says: *Ḥalla*[B] can be taken from ritually pure** dough **on** behalf of **ritually impure** dough.[N] **How so?** If there are **two batches of dough,**[H] **one** of which is **pure and one** of which is **impure,** one **takes** the required **amount of** dough for separating **ḥalla** for both of the batches **from the** pure **dough when its *ḥalla* has not** yet **been separated** for itself, **and** then **places less than an egg-bulk**[N] of dough, which is not susceptible becoming ritually impure due to its size, **in the middle,** between the impure dough and the pure dough set aside for being used as the separated *ḥalla*. This joins all of the dough together, **so that** one can fulfill the requirement **to take** dough for separating *ḥalla* **from** dough **that is situated near** the dough it comes to exempt.

BACKGROUND

Ḥalla – חַלָּה: The Torah commands the separation of a portion of one's dough, which is declared as *ḥalla* and is later given to the priests (see Numbers 15:20). This portion of *ḥalla* is governed by all the *halakhot* pertaining to *teruma*, the portion of produce set aside for the priests. *Ḥalla* must be taken from all dough made from any of the five types of grain, provided that the quantity of flour of the batch is at least a tenth of an ephah in volume. If *ḥalla* is not taken, the dough has the status of untithed produce and may not be eaten.

The Torah does not specify a measure for *ḥalla*. However, the Sages required an individual baking for personal use to give one twenty-fourth of his dough as *ḥalla*, and a commercial baker to give one forty-eighth. Nowadays, as all Jews are assumed to be ritually impure, *ḥalla* is governed by *halakhot* similar to impure *teruma*; it cannot be eaten and therefore must be burned. Accordingly, the measures mentioned above no longer apply; only a small portion is separated from the dough and burned, and the rest of the dough may then be used. A blessing is recited for the separation of *ḥalla*. The *halakhot* of this mitzva, which is one of the mitzvot performed particularly by women, are discussed comprehensively in tractate *Ḥalla*.

NOTES

Ḥalla can be taken from ritually pure dough on behalf of ritually impure dough – חַלָּה נִיטֶּלֶת מִן הַטְּהוֹרָה עַל הַטְּמֵאָה: Why is it necessary to separate *ḥalla* from ritually pure dough on behalf of ritually impure dough? Rashi explains that according to Rabbi Eliezer one must do so only if he purposely rendered the dough impure, as a fine. In *Tosefot HaRosh*, however, it is argued that one who has impure dough must always separate *ḥalla* from pure dough on its behalf, in order to provide the priest with ritually pure dough from which he can eat.

And places less than an egg-bulk, etc. – וְנוֹתֵן פָּחוֹת מִכַּבֵּיצָה וכו׳: The way in which this process is performed would seem to indicate that it is not considered as if two batches of dough are situated near each other unless they are actually touching, and it would not be sufficient to just place the two batches in the same basket to group them together, as otherwise this whole process would be unnecessary. The Maharam of Rothenburg, however, states that this procedure needs to be done only in such a situation where one of the batches of dough is pure and the other impure; since one clearly does not want to combine the two batches, in order to separate *ḥalla* for both of them together it is necessary that they actually touch. Otherwise, placing different batches of dough in the same basket would suffice.

HALAKHA

Two batches of dough – שְׁתֵּי עִיסּוֹת: If one has two batches of dough, one of which is ritually pure and the other of which is ritually impure, he must take the entire required amount of dough for separating *ḥalla* from the pure dough, and then place less than an egg-bulk of impure dough between the pure batch and the impure batch, in order to separate *ḥalla* from dough that is situated near the dough it comes to exempt (Rambam *Sefer Zera'im*, *Hilkhot Bikkurim* 7:12).

וַחֲכָמִים אוֹסְרִין.

And the Rabbis prohibit separating *ḥalla* in this manner.

וְתַנְיָא: כַּבֵּיצָה;

And it is taught in a *baraita* that Rabbi Eliezer even allows the ritually pure dough placed in the middle to be as large as **an egg-bulk,**[N] even though dough of that size is susceptible to the *halakhot* of ritual impurity.

סַבְרוּהָ אִידִי וְאִידִי בְּעִיסָּה רִאשׁוֹנָה, וְחוּלִּין הַטְּבוּלִין לְחַלָּה לָא כְּחַלָּה דָּמוּ.

The Gemara now explains the reasoning of those who tried to prove from here that Rabbi Eliezer is of the opinion that second-degree ritual impurity cannot impart third-degree ritual impurity upon non-sacred items: **They assumed**[N] that both **this** mishna **and this** *baraita* are referring to cases **where the dough** is of **first**-degree impurity. **And** furthermore, they assumed that all the *tanna'im* agree that **non-sacred** food **that is untithed with regard to** the obligation to separate *ḥalla*, as its *ḥalla* has not yet been separated, **is not** treated **like *ḥalla*** as far as its ability to contract third-degree ritual impurity. Rather, it is regarded as generic non-sacred food, which is susceptible only to second-degree impurity.

מַאי לָאו בְּהָא קָמִיפַּלְגִי, דְּמָר סָבַר: אֵין שֵׁנִי עוֹשֶׂה שְׁלִישִׁי בְּחוּלִּין,

Based on these assumptions the Gemara explains how these authorities understood the tannaitic dispute: **What, is it not** clear that Rabbi Eliezer and the Rabbis **disagree with regard to** the following matter:[N] One **Sage,** Rabbi Eliezer, **holds** that an item of second-degree impurity **cannot impart** third-degree impurity **to non-sacred items.** Therefore, there is no problem placing an egg-bulk of pure dough in the middle, as although it will touch the impure dough and will thereby contract second-degree impurity, nevertheless it is unable to transmit impurity to the pure dough.

וּמָר סָבַר: שֵׁנִי עוֹשֶׂה שְׁלִישִׁי בְּחוּלִּין.

And one **Sage,** i.e., the Rabbis, **holds** that an item of second-degree impurity **can impart** third-degree ritual impurity **to non-sacred items.** They therefore prohibit placing an egg-bulk of dough in the middle, as it will assume second-degree impurity status, which, in their opinion, can impart third-degree impurity status upon the pure dough.

אָמַר רַב מָרִי בְּרֵיהּ דְּרַב כָּהֲנָא: דְּכוּלֵּי עָלְמָא אֵין שֵׁנִי עוֹשֶׂה שְׁלִישִׁי בְּחוּלִּין. וְהָכָא בְּחוּלִּין הַטְּבוּלִין לְחַלָּה קָמִיפַּלְגִי, מָר סָבַר: כְּחַלָּה דָּמוּ, וּמָר סָבַר: לָא כְּחַלָּה דָּמוּ.

Rav Mari, son of Rav Kahana, said that the dispute can be understood differently: **Everyone** agrees that an item of second-degree ritual impurity **cannot impart** third-degree ritual impurity **to non-sacred items. But here,** the dispute concerns another matter, as **they disagree with regard to** the status of **non-sacred** food that is **untithed vis-à-vis *ḥalla*,** as its *ḥalla* has not yet been separated. One **Sage,** i.e., the Rabbis, **holds** that **it is** treated **like *ḥalla*** with regard to its ability to contract third-degree impurity, **and** one **Sage,** Rabbi Eliezer, **holds** that **it is not** treated **like *ḥalla*** and cannot contract third-degree impurity. Therefore, he permits separating *ḥalla* in this manner.

וְאִיבָּעֵית אֵימָא: דְּכוּלֵּי עָלְמָא – חוּלִּין הַטְּבוּלִין לְחַלָּה לָא כְּחַלָּה דָּמוּ, וְאֵין שֵׁנִי עוֹשֶׂה שְׁלִישִׁי בְּחוּלִּין. וְהָכָא בְּמוּתָּר לִגְרוֹם טוּמְאָה לְחוּלִּין שֶׁבְּאֶרֶץ יִשְׂרָאֵל קָמִיפַּלְגִי,

And if you wish, say instead that they disagree with regard to a different issue: **Everyone** agrees that **non-sacred** food that is **untithed with regard to *ḥalla* is not** treated **like *ḥalla*** and cannot contract third-degree impurity, **and** that an item of second-degree ritual impurity **cannot impart** third-degree ritual impurity **to non-sacred items. But here, they disagree with regard to** whether or not **it is permitted to cause ritual impurity to non-sacred** food **that is in Eretz Yisrael.**[HN]

NOTES

An egg-bulk – כַּבֵּיצָה: Although it is agreed upon that an egg-bulk is the minimum measurement necessary for food to contract ritual impurity, there is a dispute between Rashi and *Tosafot* with regard to the details of this requirement. Rashi understands that at least an egg-bulk of food is necessary in order for it to be capable of imparting impurity upon other food items with which it comes into contact. However, according to *Tosafot* (*Pesaḥim* 33b), less than an egg-bulk of food cannot contract ritual impurity either. This disagreement leads to conflicting interpretations of the Gemara here.

They assumed – סַבְרוּהָ: Usually when a statement is introduced by the expression: They assumed, it is an indication that this opinion was expressed in the study hall but was eventually rejected. The Meiri points out that in this case, only part of the opinion presented is rejected in the continuation of the Gemara, as there is no rejection of the assumption that the reference is to dough of first-degree impurity status.

Disagree with regard to the following matter – בְּהָא קָמִיפַּלְגִי: Does this refer to the mishna or to the *baraita*? Rashi maintains that the Gemara is explaining the dispute in the mishna. Although Rabbi Eliezer's opinion, as quoted in the mishna, is that one should use a piece of dough small enough that it is not susceptible to the *halakhot* of ritual impurity, nevertheless, the Gemara assumes that he is not concerned about it transferring impurity to the *ḥalla*. Otherwise, he would prohibit this procedure lest one accidently use an egg-bulk of dough, thereby imparting impurity upon the pure dough. Accordingly, the *baraita* is mentioned tangentially, as it is not necessary for the discussion.

According to this explanation, later commentaries ask why the Gemara does not suggest that the core dispute between Rabbi Eliezer and the Rabbis is whether or not the concern that use of a smaller piece of dough will lead to use of an egg-bulk should be taken into account. *Torat HaKenaot* answers that this concern is obviously valid, as it is difficult for people to discern between these measurements.

In the Commentary of Rabbi Shimshon of Saens on tractate *Terumot*, the Gemara here is explained as discussing the dispute between the mishna and the *baraita* with regard to the opinion of Rabbi Eliezer.

It is permitted to cause ritual impurity to non-sacred food that is in Eretz Yisrael – מוּתָּר לִגְרוֹם טוּמְאָה לְחוּלִּין שֶׁבְּאֶרֶץ יִשְׂרָאֵל: The reason why this issue applies only in Eretz Yisrael is that non-sacred food outside of Eretz Yisrael is automatically impure due to the inherent impurity of what is called the land of the nations, i.e., any territory outside of Eretz Yisrael.

The opinion that it is prohibited to cause impurity in Eretz Yisrael is perhaps related to the fact that although eating impure non-sacred food is halakhically permitted, many individuals who were devoted to the meticulous observance of mitzvot would make sure to keep their food ritually pure. Furthermore, it can be reasoned that if people are not careful to avoid causing food to become impure, they may accidently impart impurity to items that are prohibited to become impure, e.g., *teruma* and sacrificial food.

HALAKHA

It is permitted to cause ritual impurity to non-sacred food that is in Eretz Yisrael – מוּתָּר לִגְרוֹם טוּמְאָה לְחוּלִּין שֶׁבְּאֶרֶץ יִשְׂרָאֵל: Just as it is permitted to eat non-sacred food while in a state of ritual impurity, so too, it is permitted to cause impurity to non-sacred food that is in Eretz Yisrael (Rambam *Sefer Tahara, Hilkhot Tumat Okhalin* 16:9).

מָר סָבַר: מוּתָּר לִגְרוֹם טוּמְאָה לְחוּלִּין שֶׁבְּאֶרֶץ יִשְׂרָאֵל, וּמָר סָבַר: אָסוּר לִגְרוֹם טוּמְאָה לְחוּלִּין שֶׁבְּאֶרֶץ יִשְׂרָאֵל.

One Sage, Rabbi Eliezer, **holds** that **it is permitted to cause impurity to non-sacred** food **that is in Eretz Yisrael.** Therefore, since the dough placed in the middle cannot impart third-degree ritual impurity status upon the dough designated for *ḥalla*, there is no reason to prohibit doing so. **And one Sage,** i.e., the Rabbis, **holds** that **it is prohibited to cause impurity to non-sacred** food **that is in Eretz Yisrael.** Therefore, although the dough of the ritually pure batch will not become impure, nevertheless the Rabbis prohibit separating *ḥalla* in this manner, as causing the dough in the middle to become impure is prohibited.

״בּוֹ בַּיּוֹם דָּרַשׁ רַבִּי עֲקִיבָא״ וכו׳.

§ It is stated in the mishna: **On that same day Rabbi Akiva interpreted** one of the contradictory verses with regard to the amount of land surrounding the Levite cities as teaching that one may not travel beyond a two-thousand-cubit radius around his city limits on Shabbat. Rabbi Eliezer, son of Rabbi Yosei HaGelili, on the other hand, interprets the contradictory verses as referring to different types of land left for the Levites around their cities.

בְּמַאי קָא מִיפַּלְגִי? מָר סָבַר: תְּחוּמִין דְּאוֹרַיְיתָא, וּמָר סָבַר: דְּרַבָּנַן.

The Gemara asks: **With regard to what** halakhic matter **do they disagree?** The Gemara answers: One **Sage,** Rabbi Akiva, **holds** that the *halakha* of Shabbat **boundaries**[B] is mandated **by Torah law,**[N] as he bases it on a verse; **and one Sage,** Rabbi Eliezer, son of Rabbi Yosei HaGelili, **holds** that the *halakha* of Shabbat boundaries is mandated **by rabbinic law,**[H] and he therefore derives other matters from the verse.

תָּנוּ רַבָּנַן, בּוֹ בַּיּוֹם דָּרַשׁ רַבִּי עֲקִיבָא: בְּשָׁעָה שֶׁעָלוּ יִשְׂרָאֵל מִן הַיָּם נָתְנוּ עֵינֵיהֶם לוֹמַר שִׁירָה. וְכֵיצַד אָמְרוּ שִׁירָה? כְּגָדוֹל הַמַּקְרֵא אֶת הַלֵּל וְהֵן עוֹנִין אַחֲרָיו רָאשֵׁי פְּרָקִים. מֹשֶׁה אָמַר ״אָשִׁירָה לַה׳״ וְהֵן אוֹמְרִים ״אָשִׁירָה לַה׳״; מֹשֶׁה אָמַר ״כִּי גָאֹה גָּאָה״ וְהֵן אוֹמְרִים ״אָשִׁירָה לַה׳״.

§ **The Sages taught: On that same day Rabbi Akiva taught** that **at the time that the Jewish people ascended from the** split **sea they set their eyes on reciting a song** of gratitude to God. **And how did they recite** the **song?** In the same manner **as an adult man reciting *hallel*** on behalf of a congregation, as his reading enables all who hear to fulfill their obligation, **and** the congregation listening merely **recite after him the chapter headings** of *hallel*. So too, by the sea, **Moses said: "I will sing unto the Lord"** (Exodus 15:1), **and** the people **said** after Moses: **"I will sing unto the Lord." Moses** continued and **said: "For He is highly exalted"** (Exodus 15:1), **and they said** once again the chapter heading: **"I will sing unto the Lord."**

רַבִּי אֱלִיעֶזֶר בְּנוֹ שֶׁל רַבִּי יוֹסֵי הַגְּלִילִי אוֹמֵר: כְּקָטָן הַמַּקְרֵא אֶת הַלֵּל וְהֵן עוֹנִין אַחֲרָיו כׇּל מַה שֶּׁהוּא אוֹמֵר, מֹשֶׁה אָמַר ״אָשִׁירָה לַה׳״ וְהֵן אוֹמְרִים ״אָשִׁירָה לַה׳״; מֹשֶׁה אָמַר ״כִּי גָאֹה גָּאָה״ וְהֵן אוֹמְרִים ״כִּי גָאֹה גָּאָה״.

Rabbi Eliezer, son of Rabbi Yosei HaGelili, says: The Jewish people sang just **like a minor boy reciting *hallel* and** the congregation who hear him **repeat after him all that he says,** word for word, as hearing the recital of a minor is insufficient for fulfilling one's obligation. So too, by the sea, **Moses said: "I will sing unto the Lord"** (Exodus 15:1), **and** the people **said** after Moses: **"I will sing to the Lord." Moses said: "For He is highly exalted," and they said** after him the same words: **"For He is highly exalted."**

רַבִּי נְחֶמְיָה אוֹמֵר: כְּסוֹפֵר הַפּוֹרֵס עַל שְׁמַע בְּבֵית הַכְּנֶסֶת, שֶׁהוּא פּוֹתֵחַ תְּחִילָּה וְהֵן עוֹנִין אַחֲרָיו.

Rabbi Neḥemya says: They sang the song of the sea **like a scribe,** a cantor, **who recites** aloud **the** introductory prayers and blessings before ***Shema* in the synagogue; as he begins** by saying the **first** words of the blessing, **and they repeat after him** the initial words and continue reciting the rest of *Shema* together with him in unison. So too, in the song of the sea, Moses began and then everyone recited the entire song together with him.

בְּמַאי קָמִיפַּלְגִי? רַבִּי עֲקִיבָא סָבַר: ״לֵאמֹר״ – אַמִּילְּתָא קַמַּיְיתָא,

The Gemara asks: **With regard to what do they disagree?** The Gemara answers that they disagree with regard to the interpretation of the verse: "Then Moses and the children of Israel sang this song unto the Lord, and said, saying" (Exodus 15:1). **Rabbi Akiva holds** that the word **"saying,"** which indicates that the people sang after Moses, is referring only **to the first words** of the song, which the people continually repeated: "I will sing unto the Lord" (Exodus 15:1).

וְרַבִּי אֱלִיעֶזֶר בְּנוֹ שֶׁל רַבִּי יוֹסֵי הַגְּלִילִי סָבַר: ״לֵאמֹר״ – אַכׇּל מִילְּתָא וּמִילְּתָא, וְרַבִּי נְחֶמְיָה סָבַר: ״וַיֹּאמְרוּ״ – דְּאָמוּר כּוּלְּהוּ בַּהֲדֵי הֲדָדֵי; ״לֵאמֹר״ – דִּפְתַח מֹשֶׁה בְּרֵישָׁא.

And Rabbi Eliezer, son of Rabbi Yosei HaGelili, holds that the word **"saying"** is referring **to every single word,** as they would repeat after Moses every word. **And Rabbi Neḥemya holds** that the phrase **"and they said"** (Exodus 15:1) indicates **that everyone recited** the song of the sea **together,** and the word **"saying"** means **that Moses began** singing the song **first;** and then the rest of the people sang the beginning after him and they all continued in unison.

BACKGROUND

Shabbat boundary – **תְּחוּם שַׁבָּת**: By rabbinic decree, and some say by Torah law, a person is not permitted to travel more than a certain distance away from the place where he established his residence at the onset of Shabbat. That distance is known as the Shabbat boundary. Even animals and inanimate objects have a boundary, determined by that of the person to whose care they are entrusted, beyond which they may not be taken. Generally, the Shabbat boundary is defined as two thousand cubits outside of the person's city, in any direction.

NOTES

One Sage holds that the *halakha* of Shabbat boundaries is mandated by Torah law, etc. – **מָר סָבַר תְּחוּמִין דְּאוֹרַיְיתָא וכו׳**: It is explained in the Jerusalem Talmud that both *tanna'im* agree that the Shabbat limit is by Torah law and the dispute is with regard to its extent. Rabbi Akiva holds that it is two thousand cubits, and Rabbi Eliezer, son of Rabbi Yosei HaGelili, holds that by Torah law it is larger than that, and the two-thousand-cubit measure is by rabbinic law.

HALAKHA

The *halakha* of Shabbat boundaries is mandated by rabbinic law – **תְּחוּמִין...דְּרַבָּנַן**: One who goes beyond the Shabbat limit is liable to receive lashes. The extent of this limit is not explicitly defined in the Torah, but there is a tradition that by Torah law it is twelve *mil*, which is approximately twelve kilometers, whereas the Sages limited it to two thousand cubits, approximately one kilometer. The Ramban and the Rashba, cited in *Maggid Mishne*, are of the opinion that by Torah law there is no Shabbat limit at all. They claim that it is only the opinion of Rabbi Akiva that the Shabbat limit is mandated by Torah law, whereas the other Sages maintain that it is by rabbinic law (Rambam *Sefer Zemanim*, *Hilkhot Shabbat* 27:1).

תָּנוּ רַבָּנַן, דָּרַשׁ רַבִּי יוֹסֵי הַגְּלִילִי: בְּשָׁעָה שֶׁעָלוּ יִשְׂרָאֵל מִן הַיָּם נָתְנוּ עֵינֵיהֶם לוֹמַר שִׁירָה. וְכֵיצַד אָמְרוּ שִׁירָה? עוֹלָל מוּטָל עַל בִּרְכֵּי אִמּוֹ וְתִינוֹק יוֹנֵק מִשְּׁדֵי אִמּוֹ. כֵּיוָן שֶׁרָאוּ אֶת הַשְּׁכִינָה, עוֹלָל הִגְבִּיהַּ צַוָּארוֹ וְתִינוֹק שָׁמַט דַּד מִפִּיו, וְאָמְרוּ: "זֶה אֵלִי וְאַנְוֵהוּ", שֶׁנֶּאֱמַר: "מִפִּי עוֹלְלִים וְיֹנְקִים יִסַּדְתָּ עֹז".

§ **The Sages taught** in a *baraita* that **Rabbi Yosei HaGelili taught: At the time that the Jewish people ascended from the sea they resolved to sing** a song of gratitude to God. **And how did they recite** this song? If **a baby was lying on his mother's lap or an infant was nursing from his mother's breasts, once they saw the Divine Presence, the baby straightened his neck and the infant dropped the breast from his mouth, and they recited: "This is my God and I will glorify Him"** (Exodus 15:2). **As it is stated: "Out of the mouths of babies and sucklings You have founded strength"** (Psalms 8:3).

הָיָה רַבִּי מֵאִיר אוֹמֵר: מִנַּיִן שֶׁאֲפִילּוּ עוּבָּרִים שֶׁבִּמְעֵי אִמָּן אָמְרוּ שִׁירָה? שֶׁנֶּאֱמַר:

Rabbi Meir would say: From where is it derived **that even fetuses**[N] **in their mother's womb recited** the **song** at the sea? **As it is stated:**

NOTES

Babies…fetuses – עוֹלְלִים...עוּבָּרִים: The Maharsha writes that it is possible that according to Rabbi Yosei HaGelili the infants sang but the fetuses did not, as it is stated in the Midrash that in Egypt, Jewish babies were born in the fields and God raised them miraculously. Therefore, these infants recognized God at the sea and could say: "This is my God and I will glorify Him" (Exodus 15:2). In *Iyyun Ya'akov*, however, it is claimed that both opinions agree that the fetuses sang, as the Gemara (*Nidda* 31b) writes that while in its mother's womb a fetus is taught the entire Torah by an angel, and therefore it is in a position to recognize God.

"בְּמַקְהֵלוֹת בָּרְכוּ אֱלֹהִים ה' מִמְּקוֹר יִשְׂרָאֵל".

"In full assemblies, bless God, the Lord, you that are from the source of Israel" (Psalms 68:27), indicating that even children that are in the "source," i.e., their mother's womb, blessed God when they gathered at the sea.

וְהָא לָא חָזוּ! אָמַר רַבִּי תַּנְחוּם: כֶּרֶס נַעֲשָׂה לָהֶן כְּאַסְפַּקְלַרְיָא הַמְּאִירָה, וְרָאוּ.

The Gemara asks: **But** the fetuses **could not see,**[N] so how could they have honestly said: "This is my God and I will glorify him"? **Rabbi Tanḥum says:** Their mother's **stomach was transformed for them like luminous crystal** [*aspaklarya*],[L] **and they saw** through it.

"בּוֹ בַּיּוֹם דָּרַשׁ רַבִּי יְהוֹשֻׁעַ בֶּן הוּרְקָנוֹס, שֶׁלֹּא עָבַד אִיּוֹב" כו'. וְלֵיחֱזֵי הַאי "לֹא", אִי בְּלָמֶ"ד אָלֶ"ף כְּתִיב – "לֹא" הוּא, אִי בְּלָמֶ"ד וָי"ו כְּתִיב – "לוֹ" הוּא!

§ **On that same day Rabbi Yehoshua ben Hyrcanus taught that Job served** the Holy One, Blessed be He, **only** out of love, as it is stated: "Though He will slay me, still I will trust in Him [*lo*]" (Job 13:15). The mishna continues that the word *lo* in the verse is ambiguous as to whether it is indicative of Job expressing his yearning for God or his lack thereof. The Gemara asks: **Let us see whether this** word ***lo* is written *lamed alef*,** and therefore its meaning **is:** I will **not** trust, **or whether it is written *lamed vav*,** according to which its meaning **is:** I trust **in Him.** Why is there room for doubt with regard to the meaning of the verse?

וְכָל הֵיכָא דִּכְתִיב בְּלָמֶ"ד אָלֶ"ף – "לֹא" הוּא? אֶלָּא מֵעַתָּה "בְּכָל צָרָתָם לֹא צָר", דִּכְתִיב בְּלָמֶ"ד אָלֶ"ף, הָכִי נַמִי דְּ"לֹא" הוּא?

The Gemara counters: **But** is it true that **anywhere that** the word *lo* **is written *lamed alef***, its meaning **is: Not? If that is so,** then in the verse: **"In all their affliction He was [*lo*] afflicted"** (Isaiah 63:9), **where** the word *lo* **is written *lamed alef*, so too, does it** mean: **Not,** i.e., God was not afflicted in the afflictions of the Jewish people?

וְכִי תֵּימָא הָכִי נַמִי, וְהָכְתִיב: "וּמַלְאַךְ פָּנָיו הוֹשִׁיעָם"! אֶלָּא לָאו מַשְׁמַע הָכִי וּמַשְׁמַע הָכִי.

And if you would say that **indeed** that is the meaning of the verse, **but isn't it written** in the continuation of that same verse: **"And the angel of His Presence saved them,"** which clearly indicates that God was concerned with their afflictions? Evidently, the word *lo* in that verse means: "In all their affliction He was afflicted." **Rather, is it not** clear that *lamed alef* sometimes **indicates this and** sometimes **indicates that?** Therefore, the mishna had to derive the proper meaning of the word from another verse.

תַּנְיָא, רַבִּי מֵאִיר אוֹמֵר: נֶאֱמַר "יְרֵא אֱלֹהִים" בְּאִיּוֹב וְנֶאֱמַר "יְרֵא אֱלֹהִים" בְּאַבְרָהָם, מַה "יְרֵא אֱלֹהִים" הָאָמוּר בְּאַבְרָהָם – מֵאַהֲבָה, אַף "יְרֵא אֱלֹהִים" הָאָמוּר בְּאִיּוֹב – מֵאַהֲבָה.

It is taught in a *baraita* (*Tosefta* 6:1) that **Rabbi Meir says: It is stated with regard to Job** that he was **"God-fearing"** (Job 1:1), **and it is stated with regard to Abraham** that he was **"God-fearing"** (Genesis 22:12).[N] **Just as the description "God-fearing," which is stated with regard to Abraham,** is referring to Abraham's fearing God **out of love, so too,** the description **"God-fearing" that is stated with regard to Job** indicates that Job feared God **out of love.**

NOTES

But the fetuses could not see – וְהָא לָא חָזוּ: The commentaries point out that the Gemara is bothered by the question of how the fetuses could see, when it is seemingly secondary to the problem of how they could sing. If their singing is not a problem, as it was miraculous, why is Gemara troubled by their inability to see? The *Torat HaKenaot* answers that the Gemara asks its question only to introduce the description of the miracle that allowed them to see.

With regard to Abraham, he was God-fearing – יְרֵא אֱלֹהִים בְּאַבְרָהָם: The fear of God mentioned with regard to Abraham is not a reference to his fear of divine retribution, but rather to his awe of God's exaltedness, an attribute that derives from one's recognition and intense love of God (see *Sefer Tanya*; *Kerem Natua*; *Ḥazon Yeḥezkel*).

LANGUAGE

Crystal [*aspaklarya*] – אַסְפַּקְלַרְיָא: From the Latin specularis, of a mirror, or speculare, to examine, which possibly derives from Greek. It refers to a transparent item, pane, or optical instrument. Sometimes it means a mirror.

Ancient lens, possibly used as part of a telescope

NOTES

One who performs mitzvot out of love and one who performs mitzvot out of fear – עוֹשֶׂה מֵאַהֲבָה לְעוֹשֶׂה מִיִּרְאָה: Rashi emphasizes that these two categories are not the same as those of a person who is righteous out of love and a person who is righteous out of fear mentioned above (22b). Here the Gemara is discussing individuals who worship God out of feelings of love and awe of God Himself, while there the Gemara discusses individuals who worship God out of love of the reward and fear of retribution. In the Jerusalem Talmud there is a description of the spiritual benefits of both love and fear of God, as both are necessary in certain situations.

HALAKHA

Greater is the one who performs mitzvot out of love – גָּדוֹל הָעוֹשֶׂה מֵאַהֲבָה: One who worships God out of love is one who is involved in Torah and mitzvot and follows the path of wisdom, not due to desire for worldly benefit or out of fear of retribution or the desire to be rewarded. But rather, he performs that which is true because it is true, and ultimately the reward will come about. This is a very lofty level of worship (Rambam *Sefer HaMadda*, *Hilkhot Teshuva* 10:2).

וְאַבְרָהָם גּוּפֵיהּ מְנָלַן? דִּכְתִיב: ״זֶרַע אַבְרָהָם אֹהֲבִי״.

The Gemara asks: **And** with regard to **Abraham himself, from where do we** derive that he acted out of a sense of love? **As it is written: "The offspring of Abraham who loved Me"** (Isaiah 41:8).

מַאי אִיכָּא בֵּין עוֹשֶׂה מֵאַהֲבָה לְעוֹשֶׂה מִיִּרְאָה? אִיכָּא הָא דְּתַנְיָא, רַבִּי שִׁמְעוֹן בֶּן אֶלְעָזָר אוֹמֵר: גָּדוֹל הָעוֹשֶׂה מֵאַהֲבָה יוֹתֵר מִן הָעוֹשֶׂה מִיִּרְאָה, שֶׁזֶּה תָּלוּי לְאֶלֶף דּוֹר, וְזֶה תָּלוּי לְאַלְפַּיִם דּוֹר.

The Gemara asks: **What** difference **is there between one who performs** mitzvot **out of love and one who performs** mitzvot **out of fear?**[N] The Gemara answers: **There is that which is taught** in a *baraita* that **Rabbi Shimon ben Elazar says: Greater is the one who performs** mitzvot **out of love**[H] **than the one who performs** mitzvot **out of fear,** as with regard to **this** one who acts out of fear, his merits **endure for one thousand generations, and** with regard to **that** one who serves God out of love, his merits **endure for two thousand generations.**

הָכָא כְּתִיב: ״לַאֲלָפִים לְאֹהֲבַי וּלְשֹׁמְרֵי מִצְוֹתָי״, וְהָתָם כְּתִיב: ״וּלְשֹׁמְרֵי מִצְוֹתָו לְאֶלֶף דּוֹר״.

Proof of this assertion is that **here it is written: "And showing mercy unto thousands of generations of those who love Me and keep My commandments"** (Exodus 20:5), indicating that merits can last for thousands of generations for those who act out of love, **and there it is written:** "Know therefore that the Lord your God, He is God; the faithful God, Who keeps the covenant and mercy with those who love Him **and keep His commandments for a thousand generations"** (Deuteronomy 7:9). The first verse indicates that those who act out of love retain their merits for thousands of generations, whereas the second verse, which mentions only one thousand generations of merit, is referring to the merits of those who keep God's mitzvot out of fear.

הָתָם נַמִי כְּתִיב: ״לְאֹהֲבָיו וּלְשֹׁמְרֵי מִצְוֹתָו לְאֶלֶף דּוֹר״!

The Gemara asks: But **there also,** in the second verse, **it is written:** "The faithful God, Who keeps the covenant and mercy **with those who love Him and keep His commandments for a thousand generations"** (Deuteronomy 7:9). Why is the verse interpreted specifically with regard to those who worship God out of fear, yet it is written that they keep His mitzvot out of love? Both types of people seem to be indicated in both verses.

הַאי לִדְסָמֵיךְ לֵיהּ, וְהַאי לִדְסָמֵיךְ לֵיהּ.

The Gemara answers: **That** verse, which mentions one thousand generations, is understood as referring **to that which is adjacent to it.** The phrase "for a thousand generations" is understood as referring those who perform mitzvot out of fear, as it is written immediately preceding the phrase "and keep His commandments," which does not mention love. **And this** verse, which mentions thousands of generations, is understood as referring **to that which is adjacent to it:** "Unto thousands of generations of those who love Me."

הָנְהוּ תְּרֵי תַּלְמִידֵי דַּהֲווּ יָתְבִי קַמֵּיהּ דְּרָבָא. חַד אֲמַר לֵיהּ: אַקְרִיּוּן בְּחֶלְמַאי ״מָה רַב טוּבְךָ אֲשֶׁר צָפַנְתָּ לִּירֵאֶיךָ״, וְחַד אֲמַר לֵיהּ: אַקְרִיּוּן בְּחֶלְמַאי ״וְיִשְׂמְחוּ כָל חוֹסֵי בָךְ לְעוֹלָם יְרַנֵּנוּ...וְיַעְלְצוּ בְךָ אֹהֲבֵי שְׁמֶךָ״. אֲמַר לְהוּ: תַּרְוַיְיכוּ רַבָּנַן צַדִּיקֵי גְּמוּרֵי אַתּוּן, מָר מֵאַהֲבָה, וּמָר מִיִּרְאָה.

It happened that there were **these two students who were sitting before Rava,** and **one said to him: It was read to me in my dream: "How abundant is Your goodness, which You have laid up for those who fear You"** (Psalms 31:20). **And one said to** Rava: **It was read to me in my dream: "So shall all those who take refuge in You rejoice; they will forever shout for joy,** and You will shelter them; **let them also who love Your name exult in You"** (Psalms 5:12). Rava **said to them: You are both completely righteous Sages.** One **Sage,** the second dreamer, serves God **out of love, and** one **Sage,** the first dreamer, serves God **out of fear.** Each Sage's dream corresponded to his manner of serving God.

הדרן עלך כשם שהמים

Summary of **Perek V**

The *halakhot* mentioned in this chapter are primarily derived from interpretations of biblical verses. The first *halakha* mentioned is that just as the bitter water of a *sota* evaluates the fidelity of the *sota* and causes her death if she was unfaithful to her husband, so too, her drinking evaluates the behavior of her alleged paramour; he too dies if he was a party to her adultery, even though he does not drink the bitter water.

Additionally, there was a discussion of the prohibition of the woman to her paramour after she secluded herself with him in the wake of her husband's warning. In the same way that she is forbidden to her husband unless she proves her fidelity by drinking the bitter water, likewise she is forbidden to her paramour. She may not marry him even if her husband dies or divorces her without her having been evaluated by the bitter water.

A number of statements concerning ritual impurity were cited as well in this chapter. Among them is Rabbi Akiva's exposition that even non-sacred food can contract a third-degree ritual impurity. However, his opinion is not the accepted *halakha*, even though Rabbi Yehoshua praised the opinion.

The chapter also mentioned Rabbi Akiva's opinion that the Shabbat limit is two thousand cubits by Torah law. Here too, his opinion is not the accepted *halakha*; all halakhic authorities maintain that this limit is by rabbinic law. While some of them recognize a wider limit by Torah law, others claim there is no Shabbat limit at all by Torah law.

Introduction to **Perek VI**

Speak to the children of Israel, and say to them: If any man's wife goes astray, and acts unfaithfully against him; and a man lie with her carnally, and it was hidden from the eyes of her husband, she was defiled secretly, and there was no witness against her, and she was not taken in the act.

(Numbers 5:12–13)

The *halakhot* of *sota* described in the fifth chapter of the book of Numbers refer to a woman whose husband warned her not to seclude herself with a certain man and she subsequently did so, raising the suspicion of her infidelity. This chapter will discuss the *halakhot* that apply to a woman suspected of infidelity, where there is some form of corroboration of the suspicion. Generally only the testimony of two valid witnesses can be accepted as proof that a woman has committed adultery. However, this chapter discusses cases in which a woman had previously been warned, and in such cases even corroboration by one disqualified from bearing witness may suffice.

The discussion here centers on what degree of outside corroboration is sufficient to establish the infidelity of a *sota*. Also discussed is the question of which specific suspicions can be corroborated by one disqualified from bearing witness, as well as what should be done in the event of conflicting testimony.

Although some aspects of the issues addressed here were touched upon briefly in earlier chapters, they are discussed in this chapter in more detail.

מתני׳ מִי שֶׁקִּינֵּא לְאִשְׁתּוֹ וְנִסְתְּרָה, אֲפִילּוּ שָׁמַע מֵעוֹף הַפּוֹרֵחַ – יוֹצִיא וְיִתֵּן כְּתוּבָּה, דִּבְרֵי רַבִּי אֱלִיעֶזֶר;

MISHNA In the case of **one who warned his wife** not to seclude herself with a particular man **and she** subsequently **secluded herself**[N] with the man she was warned about, **even if he heard** about it **from a flying bird,**[N] or any other source whatsoever, **he must divorce** his wife. However, he must still **grant her** the money accorded to her by her **marriage contract** because there is no actual proof of her seclusion with the man in question. This is **the statement of Rabbi Eliezer,** who, as quoted in the first mishna of the tractate (2a), holds that there is no necessity for witnesses to testify with regard to the seclusion, and the woman becomes forbidden to her husband even in the absence of witnesses, by the husband's word alone.

רַבִּי יְהוֹשֻׁעַ אוֹמֵר: עַד שֶׁיִּשְׂאוּ וְיִתְּנוּ בָּהּ מוֹזְרוֹת בַּלְּבָנָה.

Rabbi Yehoshua disagrees, as he did in the mishna (2a), and **says:** He does not divorce his wife in the absence of witnesses **until** the gossiping women who sit and **spin** thread **by the light of the moon** begin to **discuss her**[H] behavior, as they share the gossip of the town. The Gemara earlier (6b) taught that a woman whose infidelity became subject to this public discussion can no longer be tested by the bitter water of a *sota*. Consequently, she must get divorced.

אָמַר עֵד אֶחָד: אֲנִי רְאִיתִיהָ שֶׁנִּטְמֵאת – לֹא הָיְתָה שׁוֹתָה; וְלֹא עוֹד, אֶלָּא אֲפִילּוּ עֶבֶד אֲפִילּוּ שִׁפְחָה – הֲרֵי אֵלּוּ נֶאֱמָנִין אַף לְפוֹסְלָהּ מִכְּתוּבָּתָהּ.

The mishna continues to list various possible testimonies concerning of such acts of seclusion. If **one witness said: I saw that she became defiled** during her seclusion by engaging in sexual intercourse with that other man, **she does not drink** the bitter water, but rather, he divorces her immediately. **And furthermore, even** if the one who testified was **a slave or a maidservant,**[H] neither of whom is generally regarded as a valid witness, **they are deemed credible** to testify to the wife's adultery **even to** the extent that their testimony **disqualifies her from** receiving **her marriage contract**[N] and prevents her from drinking the bitter water.

חֲמוֹתָהּ, וּבַת חֲמוֹתָהּ, וְצָרָתָהּ, וִיבִמְתָּהּ, וּבַת בַּעְלָהּ – הֲרֵי אֵלּוּ נֶאֱמָנוֹת, וְלֹא לְפוֹסְלָהּ מִכְּתוּבָּתָהּ אֶלָּא שֶׁלֹּא תִשְׁתֶּה;

The mishna continues by listing women whose testimony is only partially accepted concerning this matter: **Her mother-in-law, and her mother in-law's daughter,**[NH] **and her rival wife,** i.e., a second wife of the husband, **and her** ***yevama***, i.e., her husband's brother's wife, **and her husband's daughter,** all of whom are generally not deemed credible if they say anything incriminating pertaining to this woman due to the tumultuous relationships these women often have. **They are** all **deemed credible** to testify concerning the woman's defilement while in seclusion, **but** are **not** deemed credible **to** the extent that their testimony will **disqualify her from** receiving **her marriage contract; rather,** it is deemed credible to the extent that she will **not drink** of the bitter water of a *sota*.

HALAKHA

Until the gossiping women…discuss her – עַד שֶׁיִּשְׂאוּ וְיִתְּנוּ בָּהּ: If after warning his wife not to seclude herself with a specific man the husband hears people gossiping that she had committed adultery with that man, she becomes forbidden to him. He must divorce her, although she still receives the money for her marriage contract. The *Kesef Mishne* notes that this is the *halakha* even if there were not two witnesses to her seclusion (Rambam *Sefer Nashim, Hilkhot Sota* 1:8; *Shulḥan Arukh, Even HaEzer* 178:11).

Even a slave or a maidservant – אֲפִילּוּ עֶבֶד אֲפִילּוּ שִׁפְחָה: If a woman, slave, maidservant, or any heretofore valid witness who became disqualified from bearing witness due to having violated a rabbinic prohibition testifies that a woman had committed adultery, this testimony is deemed credible so long as valid witnesses had previously testified that the wife had secluded herself with another man after being warned by her husband. In this case, the woman becomes forbidden to her husband forever, and she does not drink the bitter water, and is divorced without receiving the money stipulated in her marriage contract (Rambam *Sefer Nashim, Hilkhot Sota* 1:15; *Shulḥan Arukh, Even HaEzer* 178:14).

Her mother-in-law and her mother-in-law's daughter, etc. – חֲמוֹתָהּ וּבַת חֲמוֹתָהּ וכו׳: Even the five women listed in the mishna who are generally assumed to hate each other are nevertheless deemed credible to testify that a woman committed adultery after she was warned by her husband. Their testimony is accepted to the degree that the woman is rendered forbidden to her husband and does not have the option to drink the bitter water. However, the testimony of any of these women is not considered credible in order to deprive her of the money entitled to her by her marriage contract (Rambam *Sefer Nashim, Hilkhot Sota* 1:15; *Shulḥan Arukh, Even HaEzer* 178:15).

NOTES

One who warned his wife and she secluded herself – מִי שֶׁקִּינֵּא לְאִשְׁתּוֹ וְנִסְתְּרָה: The early commentaries provide two primary opposing explanations for this mishna. Rashi and *Tosafot* understand this mishna as referring to a person who warned his wife not to seclude herself with a specific man and later discovered, by means other than testimony of two witnesses, that his wife had subsequently secluded herself with that man. These commentaries discuss the particular details of the mishna, and whether the mishna requires the husband to divorce his wife even though he cannot compel her to drink the bitter water of a *sota* because there are no actual witnesses to testify about the seclusion, or whether the mishna merely says that the husband has the option to divorce her based on the proof that he has.

However, according to Rabbeinu Ḥananel (*Tosefot HaRosh*) and the Rambam's Commentary on the Mishna, this mishna is discussing a case in which there are witnesses attesting both to the husband's warning as well as to the woman's subsequent seclusion, and afterward the man hears, through means other than eyewitness testimony, that the woman actually engaged in sexual intercourse with another man. Based on this explanation, the mishna rules that the wife cannot drink the bitter water due to the outside knowledge that she is in fact guilty. However, because there is no valid testimony, the husband cannot divorce her without paying her the money stipulated in her marriage contract. The Rosh (*Tosefot HaRosh*) writes that this dispute among the early commentaries as to the proper understanding of the mishna seems to mirror a much earlier dispute found in the Jerusalem Talmud between Rabbi Yoḥanan and Reish Lakish. Rabbi Yoḥanan maintains that the entire chapter is discussing a woman after she has secluded herself, whereas Reish Lakish holds that the mishna is referring to testimony with regard to her seclusion itself.

Even if he heard from a flying bird – אֲפִילּוּ שָׁמַע מֵעוֹף הַפּוֹרֵחַ: This refers to a rumor that has spread about the woman, the source of which cannot be verified. Consequently, there is no way to determine whether or not it is true (Jerusalem Talmud; Rashbam). Rashi explains that this case is referring to a situation where there is testimony of a slave or a maidservant, both of whom are disqualified from bearing witness. Rambam's Commentary on the Mishna explains this statement literally, that even if a bird chirps in a certain way that convinces the husband that his wife was unfaithful, it is sufficient grounds for him to divorce her (see Meiri).

Even to the extent that their testimony disqualifies her from receiving her marriage contract – אַף לְפוֹסְלָהּ מִכְּתוּבָּתָהּ: In the Jerusalem Talmud, a dispute between Rabbi Akiva and Rabbi Tarfon is cited over the question of whether testimony from a single witness testifying to a wife's infidelity is sufficient to cause her to lose the rights to her marriage contract. Rabbi Akiva states, in accordance with the mishna here, that it is sufficient, while Rabbi Tarfon disagrees and says that even though a single witness is sufficient to forbid a *sota* to her husband, it is not sufficient to cause her to forfeit the money of her marriage contract. The conclusion offered in the Jerusalem Talmud is that Rabbi Akiva changed his mind and later accepted Rabbi Tarfon's opinion.

Her mother-in-law and her mother-in-law's daughter, etc. – חֲמוֹתָהּ וּבַת חֲמוֹתָהּ וכו׳: The mishna in tractate *Yevamot* (117a) states that these five women are not allowed to testify concerning this woman, because it is suspected that they may hate her and have ill intentions toward her that will lead them to lie if it will be to her detriment. The Gemara there provides reasons why each one of these women would hate her, perhaps due to competitiveness or feelings that she is causing the family to lose money.

שֶׁהָיָה בַּדִּין: וּמָה אִם עֵדוּת רִאשׁוֹנָה שֶׁאֵין אוֹסַרְתָּהּ אִיסּוּר עוֹלָם – אֵינָהּ מִתְקַיֶּימֶת בְּפָחוֹת מִשְּׁנַיִם, עֵדוּת אַחֲרוֹנָה שֶׁאוֹסַרְתָּהּ אִיסּוּר עוֹלָם – אֵינוֹ דִּין שֶׁלֹּא תִּתְקַיֵּים בְּפָחוֹת מִשְּׁנַיִם!

This ruling allowing one witness's testimony with regard to defilement needs to be stated, **as, by right,** it **should** not **have been** deemed credible based on the following *a fortiori* inference: **And just as if** with regard to **the first testimony** concerning seclusion, **which does not forbid her** with **an irrevocable prohibition,** as the woman can be found innocent permitting her again to her husband by drinking the bitter water, **is not established with fewer than two** witnesses, since according to the mishna the testimony of seclusion requires two witnesses, then with regard to **the final testimony** concerning defilement, **which forbids her** to her husband with **an irrevocable prohibition, is it not logical that it** should also **not be established with fewer than two** witnesses?

תַּלְמוּד לוֹמַר: ״וְעֵד אֵין בָּהּ״, כֹּל עֵדוּת שֶׁיֵּשׁ בָּהּ.

Therefore, to counter this derivation, **the verse states: "And there be no witness against her"** (Numbers 5:13), teaching that **any** testimony with regard to defilement **that there is against her** is sufficient, and two witnesses are not required.

וְקַל וָחוֹמֶר לְעֵדוּת הָרִאשׁוֹנָה מֵעַתָּה: וּמָה אִם

The Gemara asks: **And from now** that it is established that one witness suffices to testify with regard to defilement, **an *a fortiori*** inference can be made **with regard to the first testimony** of seclusion: **And just as if**

Perek **VI**
Daf **31** Amud **b**

עֵדוּת אַחֲרוֹנָה שֶׁאוֹסַרְתָּהּ אִיסּוּר עוֹלָם – הֲרֵי הִיא מִתְקַיֶּימֶת בְּעֵד אֶחָד, עֵדוּת הָרִאשׁוֹנָה שֶׁאֵין אוֹסַרְתָּהּ אִיסּוּר עוֹלָם – אֵינוֹ דִּין שֶׁתִּתְקַיֵּים בְּעֵד אֶחָד!

concerning **the final testimony** of defilement, **which forbids her** with **an irrevocable prohibition,** yet it **is established by one witness,** then with regard to **the first testimony, which does not forbid her** with **an irrevocable prohibition, is it not logical that it should be established with** only **one witness?**

תַּלְמוּד לוֹמַר: ״כִּי מָצָא בָהּ עֶרְוַת דָּבָר״, וּלְהַלָּן הוּא אוֹמֵר: ״עַל פִּי שְׁנֵי עֵדִים יָקוּם דָּבָר״, מָה לְהַלָּן עַל פִּי שְׁנַיִם, אַף כָּאן פִּי שְׁנַיִם.

Therefore, to counter this derivation, **the verse states:** "When a man takes a wife, and marries her, and it comes to pass, if she finds no favor in his eyes, **because he has found some unseemly matter** [*davar*] **in her"** (Deuteronomy 24:1), **and there,** in the laws concerning monetary matters, **it states: "At the mouth of two witnesses,** or at the mouth of three witnesses, **shall a matter** [*davar*] **be established"** (Deuteronomy 19:15), teaching that **just as** the "matter" stated **there** is established **"at the mouth of two witnesses," so too, here** the "matter" of her seclusion must be established **"at the mouth of two** witnesses."

עֵד אוֹמֵר ״נִטְמֵאת״ וְעֵד אוֹמֵר ״לֹא נִטְמֵאת״, אִשָּׁה אוֹמֶרֶת ״נִטְמֵאת״ וְאִשָּׁה אוֹמֶרֶת ״לֹא נִטְמֵאת״ – הָיְתָה שׁוֹתָה.

The mishna discusses the *halakha* in a case where two single witnesses contradict each other concerning her defilement. If one **witness says: She was defiled, and** another **witness says: She was not defiled,** or similarly in the case of those normally disqualified from bearing witness, if one **woman says: She was defiled, and** another **woman says: She was not defiled, she would drink** the bitter water of a *sota,* due to the uncertainty engendered by the contradictory testimonies.

אֶחָד אוֹמֵר ״נִטְמֵאת״ וּשְׁנַיִם אוֹמְרִים ״לֹא נִטְמֵאת״ – הָיְתָה שׁוֹתָה. שְׁנַיִם אוֹמְרִים ״נִטְמֵאת״ וְאֶחָד אוֹמֵר ״לֹא נִטְמֵאת״ – לֹא הָיְתָה שׁוֹתָה.

Similarly, if **one** witness **says: She was defiled, and two** witnesses **say: She was not defiled, she would drink** the bitter water. However, if **two** would **say: She was defiled, and one says: She was not defiled,** the testimony of the two witnesses is accepted and **she would not drink** the bitter water, and the husband must divorce her.

גמ׳ הַאי ״תַּלְמוּד לוֹמַר: כִּי מָצָא בָהּ עֶרְוַת דָּבָר״,

GEMARA The Gemara questions why the mishna proves the need for two witnesses to testify about the seclusion based upon the verbal analogy of "matter" and "matter," if there is an explicit source in the Torah stating that two witnesses are required. **This** reason is given by the mishna: **The verse states:** "When a man takes a wife, and marries her, and it comes to pass, if she finds no favor in his eyes, **because he has found some unseemly matter** [*davar*] **in her"** (Deuteronomy 24:1), which through a verbal analogy based on the word "*davar*" teaches the need for two witnesses, seems to be superfluous.

תַּלְמוּד לוֹמַר: ״בָּהּ״, ״בָּהּ״ – וְלֹא בְּקִינּוּי, ״בָּהּ״ – וְלֹא בִּסְתִירָה, מִיבָּעֵי לֵיהּ!

As, the mishna **should have** said in its place: The **verse states:** "She was defiled secretly and there was no witness [*ed*] **against her** [*bah*]" (Numbers 5:13), which is explained to mean there were not two witnesses, but only one, who testified concerning her defilement. One can infer from the term "*bah*," which could also be understood as: **With regard to it,** that in this matter of defilement one witness suffices, **but not with regard to** the **warning.** Additionally, one can infer: **With regard to it, but not with regard to** the **seclusion.** Therefore, there must be two witnesses to testify about both the warning and seclusion.

הָכִי נַמִי קָאָמַר, תַּלְמוּד לוֹמַר: ״בָּהּ״, ״בָּהּ״ – וְלֹא בְּקִינּוּי, ״בָּהּ״ – וְלֹא בִּסְתִירָה.

The Gemara answers: **That is also what** the *tanna* of the mishna **is saying.** The source for the *halakha* that there is a requirement for two witnesses to testify about the seclusion is that **the verse states: With regard to it,** that in this matter of defilement one witness suffices, **but not with regard to the warning. With regard to it, but not with regard to the seclusion.**

וְטוּמְאָה בְּעָלְמָא בְּלֹא קִינּוּי וּבְלֹא סְתִירָה דְּלָא מְהֵימַן עֵד אֶחָד מְנָלַן? נֶאֱמַר כָּאן ״דָּבָר״ וְנֶאֱמַר לְהַלָּן ״דָּבָר״, מַה לְּהַלָּן בִּשְׁנֵי עֵדִים, אַף כָּאן בִּשְׁנֵי עֵדִים.

The Gemara continues to explain the mishna: **And** concerning **an ordinary** accusation of **defilement without a** previous **warning and without** an act of **seclusion** with another man, **from where do we** derive that **a single witness is not deemed credible?** It is for this *halakha* that the mishna cites the verbal analogy: **It is stated here:** "Because he has found some unseemly **matter** [*davar*] in her" (Deuteronomy 24:1), **and it is stated there** concerning monetary matters: "At the mouth of two witnesses, or at the mouth of three witnesses, shall **a matter** [*davar*] be established" (Deuteronomy 19:15). **Just as** the "matter" stated **there** with regard to monetary matters is clarified specifically **by** the testimony of **two witnesses, so too, here** with regard to adultery the "matter" of her defilement must be established **by** the testimony of at least **two witnesses.**

״עֵד אוֹמֵר נִטְמֵאת״. טַעְמָא דְּקָא מַכְחִישׁ לֵיהּ, הָא לָא קָא מַכְחִישׁ לֵיהּ – עֵד אֶחָד מְהֵימַן.

§ The mishna taught: If one **witness says: She was defiled,** and another witness says: She was not defiled, she drinks the bitter water of a *sota*. The Gemara infers from this statement in the mishna that **the reason** the woman would drink the bitter water in this case is specifically **because** the second witness **refutes his** testimony, **but if** a second witness **did not refute his testimony,** then **a single witness** would be **relied upon** in this case and the woman would be forbidden to her husband forever.

מְנָהָנֵי מִילֵּי? דְּתָנוּ רַבָּנַן: ״וְעֵד אֵין בָּהּ״ – בִּשְׁנַיִם הַכָּתוּב מְדַבֵּר.

From where are these matters derived? **As the Sages taught** in reference to the verse describing the circumstances in which a woman defiled through an act of adultery becomes prohibited to her husband, which states: "And a man lie with her carnally… **and there be no witness** [*ed*] **against her**" (Numbers 5:13); **the verse is speaking of** a lack of **two** witnesses. When the verse refers to the lack of an *ed*, written in the singular, it actually indicates that there are not two witnesses against her, but only one, as the *baraita* will now explain.

אַתָּה אוֹמֵר: בִּשְׁנַיִם, אוֹ אֵינוֹ אֶלָּא בְּאֶחָד? תַּלְמוּד לוֹמַר: ״לֹא יָקוּם עֵד אֶחָד בְּאִישׁ״ וגו׳.

The *baraita* continues and asks: Do **you say** that the verse refers **only** to a case where there was not **even one** witness to the act of sexual intercourse, as the singular usage of the word *ed* would seem to indicate? The *baraita* now proves that the singular usage notwithstanding, elsewhere the word *ed* is used to indicate two witnesses, as **the verse states:** "**One witness** [*ed*] **shall not rise up against a man** for any iniquity or any sin that he sins; at the mouth of two witnesses, or at the mouth of three witnesses, shall a matter be established" (Deuteronomy 19:15).

מִמַּשְׁמַע שֶׁנֶּאֱמַר ״לֹא יָקוּם עֵד״, אֵינִי יוֹדֵעַ שֶׁהוּא אֶחָד? מַה תַּלְמוּד לוֹמַר ״אֶחָד״? זֶה בָּנָה אָב: כָּל מָקוֹם שֶׁנֶּאֱמַר ״עֵד״ הֲרֵי כָּאן שְׁנַיִם, עַד שֶׁיִּפְרוֹט לְךָ הַכָּתוּב ״אֶחָד״.

The *baraita* infers a general principle from this verse by asking: **By inference from that** which **is stated** in the verse, even with the omission of the word "one": "**A witness shall not rise up** against a man" (Deuteronomy 19:15), **do I not know that it is** referring to **one** witness, as the verse is written in the singular form? **What** is the meaning when **the verse states** explicitly: "**One** witness," being that it is obviously referring to only one witness? The *baraita* answers: **This established a paradigm** for the principle that **every place** where the word "**witness** [*ed*]" **is stated** in the Torah without specifying a number, **there are two** witnesses **here, until the verse specifies** that it is referring to only one witness, by writing the word "**one.**"

וְאָמַר רַחֲמָנָא: תְּרֵי לֵית בָּהּ אֶלָּא חַד, ״וְהִיא לֹא נִתְפָּשָׂה״ – אֲסוּרָה.

The *baraita* returns to discuss the verse concerning a *sota*. **And the Merciful One states:** "There was no witness [*ed*] against her," which therefore means that: **There are not two** witnesses to the sexual intercourse that could testify **with regard to her, rather** there is only **one** witness. The *baraita* completes its interpretation: Further in the verse it states: **"And she was not taken in the act"** (Numbers 5:13), indicating that the verse is referring to a case in which it is known that the woman had not been raped. This knowledge is based on the testimony of only one witness, as the verse had already stated that there were not two witnesses, and since one witness saw her willingly engage in sexual intercourse with another man, **she is forbidden** to her husband.

וְכֵיוָן דִּמְדְּאוֹרַיְיתָא עֵד אֶחָד מְהֵימַן, אִידָּךְ הֵיכִי מָצֵי מַכְחִישׁ לֵיהּ? וְהָא אָמַר עוּלָּא: כָּל מָקוֹם שֶׁהֶאֱמִינָה תּוֹרָה עֵד אֶחָד הֲרֵי כָּאן שְׁנַיִם, וְאֵין דְּבָרָיו שֶׁל אֶחָד בִּמְקוֹם שְׁנַיִם!

The Gemara asks: **But since** the *baraita* taught **that by Torah law one witness is deemed credible** to state that the woman is defiled, **how can the other** witness who denies the wife's infidelity **refute him** with his conflicting testimony and enable the woman to drink the bitter water instead of becoming forbidden outright to her husband? **But doesn't Ulla say: Wherever the Torah relies on one witness,**[NH] **there is** the equivalent of the testimony of **two** witnesses **here.** Consequently, the testimony of the contradicting witness should be insignificant, as **the statement of one** witness **has no** standing **in a place where** it is contradicted by **two** witnesses, for the witness testifying about her infidelity is deemed credible as if two witnesses had testified.

אֶלָּא אֲמַר עוּלָּא, תְּנֵי: לֹא הָיְתָה שׁוֹתָה. וְכֵן אֲמַר רַבִּי יִצְחָק: לֹא הָיְתָה שׁוֹתָה. וְרַבִּי חִיָּיא אָמַר: הָיְתָה שׁוֹתָה.

Rather, Ulla said: Teach the mishna in the following way: If one witness says: She was defiled, and another witness says: She was not defiled, **she would not drink** the bitter water. **And likewise, Rabbi Yitzḥak said: She would not drink. But Rabbi Ḥiyya says** in line with the standard text of the mishna: **She would drink** the bitter water even in the case of a contradiction between two single witnesses with regard to her infidelity.

לְרַבִּי חִיָּיא קַשְׁיָא דְּעוּלָּא! לָא קַשְׁיָא: כָּאן בְּבַת אַחַת, כָּאן בְּזֶה אַחַר זֶה.

The Gemara asks: But **for Rabbi Ḥiyya,** how will he respond to the same **difficulty** due to the teaching **of Ulla,** who explained that when a single witness is deemed credible he is considered as two and cannot be contradicted by a single witness to the contrary? The Gemara answers: This is **not difficult: Here,** the mishna is discussing a case where both witnesses arrived in court and testified **simultaneously,** thereby canceling each other out. But **there,** Ulla's principle, that whenever a single witness's testimony is accepted it is considered as two and cannot be contradicted by a single witness testifying to the contrary, is referring to a case **in which** the two conflicting witnesses came to court and testified **one after the other.**

תְּנַן: עֵד אוֹמֵר ״נִטְמֵאת״ וּשְׁנַיִם אוֹמְרִים ״לֹא נִטְמֵאת״ – הָיְתָה שׁוֹתָה; הָא חַד וְחַד – לֹא הָיְתָה שׁוֹתָה. תְּיוּבְתָּא דְּרַבִּי חִיָּיא!

But **we learned** in the mishna above that if **one witness says: She was defiled, and two say: She was not defiled, she would drink** the bitter water. The Gemara deduces from here: The implications of this statement are that the woman drinks only because the testimony of the incriminating witness was contradicted by two witnesses, **but** if there was **one** witness saying she was defiled **and** only **one** witness saying the opposite, **she would not drink;** this is **a conclusive refutation**[B] of the opinion **of Rabbi Ḥiyya.**[N]

אָמַר לָךְ רַבִּי חִיָּיא: וְלִיטַעֲמִיךְ, אֵימָא סֵיפָא: שְׁנַיִם אוֹמְרִים ״נִטְמֵאת״ וְאֶחָד אוֹמֵר ״לֹא נִטְמֵאת״ – לֹא הָיְתָה שׁוֹתָה; הָא חַד וְחַד – הָיְתָה שׁוֹתָה!

The Gemara answers: **Rabbi Ḥiyya** could have **said to you: And according to your reasoning** that she would not drink, **say the latter clause** of the mishna, which states: If **two** witnesses **say: She was defiled, and one says: She was not defiled,** the testimony of the two witnesses is accepted and **she would not drink** the bitter water. **But** you should deduce from here that if there was **one** witness testifying to her defilement **and one** witness stating the opposite, **she would drink** the bitter water. This inference is in line with Rabbi Ḥiyya's explanation, and contradicts the inference from the previous clause.

NOTES

Wherever the Torah relies on one witness – כָּל מָקוֹם שֶׁהֶאֱמִינָה תּוֹרָה עֵד אֶחָד: There is a dispute between the commentaries, cited in the *Nimmukei Yosef*, as to how far this principle should be taken. One opinion maintains that this principle is a general *halakha* that is applicable in all situations where the testimony of one witness is relied upon, which would include situations where the testimony of one witness is accepted with regard to matters of prohibitions. Others, however, maintain that this principle applies only to situations in which there is a corresponding biblical source that a single witness is accepted, as is the case when one witness testifies to the defilement of the *sota* and the explicit source indicates that one witness in that case should be accepted as two. With regard to the reliance on one witness in matters of prohibitions, however, since there is no explicit source, the witness is not accepted with the weight of two witnesses and may be contradicted by an opposing witness.

A conclusive refutation of the opinion of Rabbi Ḥiyya – תְּיוּבְתָּא דְּרַבִּי חִיָּיא: Rashi explains that although it would be possible to explain that the middle case in the mishna is dealing with a situation where the witnesses came to testify one after another, the Gemara does not understand the case in this manner, as the language of the mishna seems to clearly indicate that all of the witnesses testified simultaneously.

HALAKHA

Wherever the Torah relies on one witness – כָּל מָקוֹם שֶׁהֶאֱמִינָה תּוֹרָה עֵד אֶחָד: If one valid witness testifies that a woman committed adultery, she does not drink the bitter water of a *sota*. Even if a second witness testifies and refutes the first witness's testimony, his refutation is not accepted because in the case of a *sota*, the testimony of a single witness is considered equivalent to that of two witnesses in other matters. Consequently, the second witness cannot nullify the testimony of the first, who is treated like two witnesses. However, if two contradictory witnesses come at the same time, one testifying that she committed adultery and the other testifying that she did not, then she drinks the bitter water (Rambam *Sefer Nashim*, *Hilkhot Sota* 1:16–17).

BACKGROUND

Conclusive refutation [*teyuvta*] – תְּיוּבְתָּא: An amoraic statement can be refuted on the basis of a tannaitic source that contradicts the statement of the *amora*. This word, *teyuvta*, is one of several terms based on the same Aramaic root. For example, where one *amora* raises an objection to the opinion of another *amora* by citing a tannaitic source, the expression used is *meitivei*, meaning Rabbi X raised an objection to Rabbi Y's opinion. Where an *amora* raises an objection to an unattributed amoraic opinion by citing a tannaitic source, the expression employed is *mativ*, i.e., Rabbi X raised an objection. In the case cited above, where the Gemara itself raises the objection by citing a tannaitic source, the expression used is *meitivi*. When there is no response to the objection, it is deemed a conclusive refutation and the term *teyuvta* is used.

אֶלָּא כּוּלָּהּ בִּפְסוּלֵי עֵדוּת, וְרַבִּי נְחֶמְיָה הִיא; דְּתַנְיָא, רַבִּי נְחֶמְיָה אוֹמֵר: כָּל מָקוֹם שֶׁהֶאֱמִינָה תּוֹרָה עֵד אֶחָד – הַלֵּךְ אַחַר רוֹב דֵּעוֹת, וְעָשׂוּ שְׁתֵּי נָשִׁים בְּאִישׁ אֶחָד כִּשְׁנֵי אֲנָשִׁים בְּאִישׁ אֶחָד.

The Gemara explains: **Rather,** the correct understanding is that **the entire** mishna is not dealing with valid witnesses, and stating an obvious *halakha* in order to enable an inference, but **with** people who are **disqualified** from giving **testimony,** and is teaching us a novel ruling. **And** the mishna **is** in accordance with the opinion **of Rabbi Neḥemya. As it is taught** in a *baraita* (*Tosefta Yevamot* 14:1) that **Rabbi Neḥemya says: Wherever the Torah relies on one witness, follow the majority of opinions.** In other words, if the testimonies of two disqualified witnesses conflict, the court rules in accordance with the version supported by more witnesses, whether or not they are qualified to testify. **And** the Sages **established** that the testimony of **two women,** who are usually disqualified from testifying, when they testify in opposition to **one man,** should be **like** that of **two men against one man,** and the court will rule in accordance with the testimony of the two women.

וְאִיכָּא דְּאָמְרִי: כָּל הֵיכָא דַּאֲתָא עֵד אֶחָד כָּשֵׁר מֵעִיקָּרָא, אֲפִילּוּ מֵאָה נָשִׁים נַמִי כְּעֵד אֶחָד דָּמְיָין,

And some say that Rabbi Neḥemya actually stated something different: **And there are** those **who say** a different version of Rabbi Neḥemya's approach: **Anywhere that one valid witness came initially,**[H] **even one hundred women** who later contradict him **are considered like one** witness, and do not override his testimony.

HALAKHA

Anywhere that one valid witness came initially – כָּל הֵיכָא דַּאֲתָא עֵד אֶחָד כָּשֵׁר מֵעִיקָּרָא: If one valid witness testifies that the woman committed adultery, and simultaneously several women or other individuals who are disqualified from bearing witness testify that the woman did not commit adultery, the matter is viewed as uncertain and the woman drinks the bitter water. This ruling, which appears second in the Gemara, is cited using the phrase: Some say.

If, however, all of the testimony is provided by those disqualified from bearing witness, then the majority is followed. For example, if two women say that she committed adultery and three say that she did not, she drinks the water. If three say that she did not and four say that she did, she does not drink it. If there were equal numbers of invalid witnesses on both sides, then she drinks due to the uncertainty. This follows the Gemara's conclusion that with regard to testimonies from invalid witnesses, the ruling follows the majority regardless if it is stringent or lenient (Rambam *Sefer Nashim, Hilkhot Sota* 1:18; *Shulḥan Arukh, Even HaEzer* 17:40).

Perek **VI**
Daf **32** Amud **a**

וְהָכָא בְּמַאי עָסְקִינַן – כְּגוֹן דַּאֲתַאי אִשָּׁה מֵעִיקָּרָא.

And with what are we dealing here in the mishna? A case **where a woman,** who is generally disqualified from bearing witness, **came initially,**[N] and testified that the woman committed adultery, and two witnesses say that she did not.

וְתַרְצָה לְדְרַבִּי נְחֶמְיָה הָכִי – רַבִּי נְחֶמְיָה אוֹמֵר: כָּל מָקוֹם שֶׁהֶאֱמִינָה תּוֹרָה עֵד אֶחָד, הַלֵּךְ אַחַר רוֹב דֵּיעוֹת. וְעָשׂוּ שְׁתֵּי נָשִׁים בְּאִשָּׁה אַחַת כִּשְׁנֵי אֲנָשִׁים בְּאִישׁ אֶחָד, אֲבָל שְׁתֵּי נָשִׁים בְּאִישׁ אֶחָד – כִּי פַּלְגָא וּפַלְגָא דָּמֵי.

And according to this interpretation you must **amend the** statement **of Rabbi Neḥemya** so that it reads **like this: Rabbi Neḥemya says: Wherever the Torah relies on one witness, follow the majority of opinions. And** the Sages **established** that **two women against one woman** are **like two men against one man. But two women** in opposition **to one man** that is a valid witness, **is like half** of a pair of witnesses **and a half** of a pair of witnesses, and the mishna did not address that case.

וְתַרְתֵּי בִּפְסוּלֵי עֵדוּת לָמָּה לִי? מַהוּ דְּתֵימָא, כִּי אָזְלִינַן בָּתַר רוֹב דֵּיעוֹת – לְחוּמְרָא, אֲבָל לְקוּלָּא לָא אָזְלִינַן. קָא מַשְׁמַע לָן.

The Gemara poses a question on these two interpretations of the mishna: **And why do I need two** cases in the mishna to teach the *halakha* that the majority opinion of **those disqualified from** bearing **witness** is followed? The Gemara explains: It is necessary, **lest you say** that **when we follow the majority opinion** in the case of invalid witnesses, this is **to be stringent** to force the woman to drink the bitter water, e.g., if one witness said that she committed adultery and two said that she did not, **but to be lenient**[N] and absolve her from having to drink the water we do **not** follow the majority opinion, and she would still drink the water even if there is one witness saying that she did not commit adultery, therefore the mishna **teaches us** that there is no difference in this regard, and the majority opinion is followed in any case.

הדרן עלך מי שקינא

NOTES

Where a woman came initially – דַּאֲתַאי אִשָּׁה מֵעִיקָּרָא: The Gemara does not explicitly rule in an instance where a woman or any other invalid witness testified and afterward a single valid witness refuted her testimony. Consequently, the *halakha* in that case is a matter of dispute. According to the Rambam and Rashi, the testimony of a single valid witness, and likewise any number of invalid witnesses, are all considered to be equal. However, according to the Ra'avad a single valid witness is deemed credible only if the valid witness testifies initially, before others arrive.

To be stringent…but to be lenient – לְחוּמְרָא...לְקוּלָּא: Rashi explains that the lenient ruling refers to a case where the majority claims that she committed adultery, and as their testimony is accepted, she does not drink the bitter water. A stringent ruling refers to a case where the majority claims she did not commit adultery. Consequently, she is obligated to drink the bitter water. Others question this application of the terms lenient and stringent. Therefore, they explain the terms conversely (*Keren Ora*). Others maintain that concerning these matters, there is no actual leniency or stringency in any particular instance, but that every hypothetical scenario has a lenient aspect and a stringent aspect, whether the ruling is that she drinks or that she does not drink. The Sages therefore teach that they accept the majority testimony on either side in each case (*Torat HaKenaot*).

Summary of **Perek VI**

This chapter discussed the different types of testimony that are required in order to question a woman's fidelity and establish her status as a *sota*. In order to establish a woman as a *sota* of uncertain fidelity there is a requirement that either the warning, the act of seclusion, or both be corroborated through the testimony of two valid witnesses, as discussed in the first chapter of the tractate. Nevertheless, after it is determined that the woman is a *sota*, even lesser forms of corroboration are sufficient to impact the *halakhot* of the woman.

In order to put the woman to death two witnesses are necessary. To disqualify the woman from drinking the bitter water of a *sota*, however, one witness is sufficient. Even one generally disqualified from bearing witness can testify in this regard, and even the testimony of the five women normally suspected of hating this woman is accepted. Additionally, even an unsubstantiated public rumor that has become the widespread gossip of the city, e.g., after being discussed by the women who spin thread by the light of the moon, is sufficient to prohibit the woman from drinking the bitter water.

Although all these lesser forms of corroboration are sufficient to prevent the woman from drinking the bitter water, there are differences between them as to the degree of their acceptability. For instance, if the corroboration was based only on a public rumor or the testimony of one of the women who is known to hate the *sota*, then the *sota* will still receive payment of her marriage contract. However, if the corroboration is based on the testimony of a single witness, even if it is someone who is generally disqualified from testifying such as a woman or a slave, then the testimony is sufficient to cause the woman to lose her rights to the marriage contract.

These *halakhot* apply in situations where there is no testimony available to contradict the testimony concerning the woman's guilt. However, if others testify that the woman did not commit adultery, it is not always considered valid. In the event that one valid witness testified to her infidelity and his testimony was accepted initially, but it was later contradicted by another, then so long as only one individual contradicts the initial witness the woman remains disqualified from drinking. However, if there are two witnesses contradicting the testimony concerning her guilt then the individual witness's testimony is not accepted. If, however, all the witnesses testify at the same time, then the witness to her guilt is not accepted and the woman can drink the bitter water. If, however, all the witnesses are those who are usually disqualified from giving testimony, then the majority of witnesses are followed, either concerning guilt in order to prevent her from drinking, or concerning her innocence in order to allow her to drink.

Image **Credits**

My Notes

My Notes

My Notes

My Notes

My Notes

My Notes

My Notes